Fundraising

Michael Urselmann

Fundraising

Professionelle Mittelbeschaffung für steuerbegünstigte Organisationen

6., überarbeitete und aktualisierte Auflage

Springer Gabler

Michael Urselmann
Fachhochschule Köln
Köln
Deutschland

1.-5. Auflage erschienen im Haupt-Verlag: 1998, 1999, 2002, 2007, 2012

ISBN 978-3-658-01794-1 ISBN 978-3-658-01795-8 (eBook)
DOI 10.1007/978-3-658-01795-8

Die Deutsche Nationalbibliothek verzeichnet diese Publikation in der Deutschen Nationalbibliografie; detaillierte bibliografische Daten sind im Internet über http://dnb.d-nb.de abrufbar.

Springer Gabler

Lektorat: Stefanie Brich, Dorothee Kammel

Gedruckt auf säurefreiem und chlorfrei gebleichtem Papier

Springer Gabler ist eine Marke von Springer DE. Springer DE ist Teil der Fachverlagsgruppe Springer Science+Business Media
www.springer-gabler.de

Für Karin

Vorwort

Dieses Buch stellt Ihnen das aktuell verfügbare Wissen über professionelles Fundraising und sein systematisches Management zur Verfügung. Dabei profitieren Sie sowohl von den neuesten wissenschaftlichen Erkenntnissen zu Nonprofit-Management und Fundraising als auch von der mehr als 20-jährigen Praxiserfahrung aus über 80 Beratungsprojekten zum Auf- und Ausbau von Fundraising in kleinen und großen gemeinnützigen Organisationen. Ich habe größten Wert darauf gelegt, das Wissen klar und stringent zu strukturieren, und didaktisch leicht nachvollziehbar aufzubereiten. Mehr als 200 Best-Practice-Beispiele aus der Praxis sowie über 180 Abbildungen und Tabellen veranschaulichen Ihnen praxisnah, wie Sie das Fundraising für Ihre gemeinnützige Organisation systematisch einsetzen können. Auch für kleinere Organisationen werden zahlreiche Tipps und Empfehlungen gegeben. Jedes Kapitel schließt mit einer Zusammenfassung der wichtigsten Erkenntnisse sowie vertiefender Literatur. Ein umfassender Service-Teil am Ende nennt Adressen von Fachverbänden, Anbietern von Aus- und Weiterbildung sowie Dienstleistern in Deutschland, Österreich und Schweiz.

Der Professionalisierungsprozess des Fundraising im deutschsprachigen Raum ist in den 15 Jahren seit der 1. Auflage in großen Schritten vorangekommen. Die 6. Auflage trägt dieser Entwicklung Rechnung, indem die 5. Auflage nicht nur vollständig überarbeitet und aktualisiert, sondern auch erheblich auf den doppelten Umfang erweitert wurde. Während sich die ersten fünf Auflagen auf das Fundraising gegenüber Privatpersonen konzentrierten, umfasst die 6. Auflage zusätzlich das Fundraising gegenüber allen anderen Gruppen von Ressourcenbereitstellern: Unternehmen, Stiftungen und öffentlichen Ressourcenbereitstellern. Hinzu kommt ein umfangreiches eigenes Kapitel über Online-Fundraising, das eine immer bedeutendere Rolle im Fundraising spielt.

Da Fundraising eine spezielle Ausprägung des (Beschaffungs-) Marketing einer steuerbegünstigten Organisation darstellt, wurde die 6. Auflage konsequent der Marketing-Logik und –Systematik untergeordnet. Dadurch kann das Fundraising stärker von Entwicklungen im Marketing profitieren und begriffliche Fragen präziser klären. Die neue Auflage ist nicht nur für Einsteiger oder Einsteigerinnen[1] sondern auch für Fortgeschrittene im Fundraising interessant, die aktuell vor den Herausforderungen der Professionalisierung ihres Fundraising in einem sich verschärfenden Wettbewerbsumfeld stehen.

In das Buch sind auch das Wissen und die Erfahrung von mehr als 20 Experten aus unterschiedlichsten Bereichen des Fundraising eingeflossen. Aus Platzgründen findet sich die namentliche Nennung im Anhang. Diesen Experten gilt mein ganz besonderer Dank!

Tagesaktuelle Informationen rund um das Thema Fundraising finden Sie auf *www.facebook.com/UrselmannFundraisingConsulting* und *www.urselmann.de*. Für Ergänzungen und Kritik bin ich jederzeit dankbar. Am einfachsten können Sie mich per E-Mail (michael@urselmann.de) kontaktieren.

Anregende Lektüre und erfolgreiche Anwendung wünscht Ihnen

Michael Urselmann

[1] Im Interesse einer besseren Lesbarkeit wird im Rahmen dieses Buches darauf verzichtet, jedes Mal die männlich und weibliche Form zu nennen. Die Leserinnen des Buches mögen dies entschuldigen!

Inhaltsverzeichnis

Der Autor

Dr. Michael Urselmann ist seit 2004 Professor für Sozialmanagement mit dem Forschungsschwerpunkt Fundraising, seit 2005 an der Fachhochschule Köln. Daneben berät er freiberuflich gemeinnützige Organisationen in allen Fragen des Auf- und Ausbaus von Fundraising-, Sponsoring- und Stiftungsaktivitäten (www.urselmann.de, www.facebook.com/UrselmannFundraisingConsulting). Von 1997 bis 2004 leitete Urselmann die Agentur GFS Fundraising & Marketing in Bad Honnef, Berlin und Hamburg, seit 2000 als Geschäftsführer. Seine 1997 fertig gestellte Dissertation zum Thema „Erfolgsfaktoren im Fundraising von Nonprofit-Organisationen" wurde 1999 mit dem Lorenz-Werthmann-Preis des Deutschen Caritasverbandes ausgezeichnet. Urselmann war von 1994 bis 2001 Vorstandsmitglied des Deutschen Fundraising Verbandes. Seit 2009 ist er gewähltes Mitglied im Deutschen Komitee für UNICEF und seit 2012 Mitglied im Beirat der Initiative Pro Dialog.

Abkürzungsverzeichnis

ADD	Aufsichts- und Dienstleistungsdirektion (Rheinland-Pfalz)
ADH	Aktion Deutschland Hilft e. V.
AFP	Association of Fundraising Professionals
AGMA	Arbeitsgemeinschaft Media-Analyse
ANF	Agentur für Nachlass-Fundraising
AO	Abgabenordnung
ARC	American Red Cross
ASB	Arbeiter-Samariter-Bund
BBE	Bundesnetzwerk Bürgerschaftliches Engagement
BCG	Boston Consulting Group
BDSG	Bundesdatenschutzgesetz
BFS	Bank für Sozialwirtschaft
BGB	Bürgerliches Gesetzbuch
BGH	Bundesgerichtshof
BIC	Bank Identifier Code
BITKOM	Bundesverband Informationswirtschaft, Telekommunikationund neue Medien e. V.
BSM	Bundesarbeitsgemeinschaft Sozialmarketing e.V. (seit 2003: Deutscher Fundraising Verband)
BUND	Bund für Umwelt und Naturschutz Deutschland
CC	Corporate Citizen
CCCD	Centrum für Corporate Citizenship Deutschland
CCV	Call Center Verband
CEPS	Center for Philanthropy Studies
CI	Corporate Identitiy
CMS	Content Management System
CPC	Cost-per-Click
CPI	Cost-per-Impression
CRM	Consumer Relationship Management
CSR	Corporate Social Responsibility
DDV	Deutscher Direktmarketing Veband

D2D	Door-to-Door
DFB	Deutschen Fußball-Bund
DFRV	Deutscher Fundraising Verband
DFÜ	Datenfernübertragung
DGCS	Deutsche Gesellschaft für Management und Controlling in der Sozialwirtschaft e. V.
DGzRS	Deutschen Gesellschaft zur Rettung Schiffbrüchiger
Diss.	Dissertation
DIW	Deutsches Institut für Wirtschaftsforschung
DPSG	Deutsche Pfadfinderschaft St. Georg
DRK	Deutsches Rotes Kreuz
DRTV	Direct Response Television
DSK	Deutsches Spendeninstitut Krefeld
DZI	Deutsches Zentralinstitut für soziale Fragen
EFA	European Fundraising Association
EFF	Europäischer Fischereifonds.
EFQM	European Foundation for Quality Management
EFRE	Europäischer Fonds für regionale Entwicklung,
EGFL	Europäischer Garantiefonds für die Landwirtschaft,
EKD	Evangelische Kirche Deutschlands
ELER	Europäischer Landwirtschaftsfonds für die Entwicklung des ländlichen Raumes,
ESB	Europäische Sponsoring-Börse
ESF	Europäischer Sozialfonds,
EStG	Einkommenssteuergesetz
EUFIS	EU-Fachinformationssystem
e. V.	eingetragener Verein
F2F	Face-to-Face
FASPO	Fachverband Sponsoring
FVA	Fundraising Verband Austria
gGmbH	gemeinnützige Gesellschaft mit beschränkter Haftung
GPS	Global Positioning System
HBR	Harvard Business Review
Hrsg.	Herausgeber
HTML	Hypertext Markup Language
IBAN	International Bank Account Number
IdW	Institut der Wirtschaftsprüfer
INSM	Initiative Neue Soziale Marktwirtschaft
KfW	Kreditanstalt für Wiederaufbau
KMU	Kleine und mittlere Unternehmen
KStG	Körperschaftsteuergesetz
LTV	Lifetime Value

Marketing-ZFP	Marketing – Zeitschrift für Forschung und Praxis
MIME	Multipurpose Internet Mail Extensions
NABU	Naturschutzbund Deutschland
NGO	Non-Government(al)-Organisation
NJW	Neue Juristische Wochenschrift
NPO	Nonprofit-Organisation
NRO	Nichtregierungsorganisation
NSFRE	National Society of Fund-Raising Executives (heute: AFP)
OLG	Oberlandesgericht
PAL	Postauflieferungstag
PFRA	Public Fundraising Regulatory Association
PO	Profit-Organisation
PPC	Pay per Click
PR	Public Relations
PwC	PricewaterhouseCoopers AG
QF2F	Qualitätszirkel Face-to-Face-Fundraising
QTFR	Qualitätszirkel Telefon-Fundraising
QUIF	Qualitätsinitiative Fördererwerbung
RDS	Register Deutscher Spendenorganisationen
Rh.Pf. SammlG	Sammlungsgesetz für Rheinland-Pfalz
RSPCA	Royal Society for the Prevention of Cruelty against Animals
SEA	Search Engine Advertizing
SEM	Search Engine Marketing
SEO	Search Engine Optimization
SEPA	Single Euro Payments Area
SGE	Strategische Geschäftseinheit
SM	Sozio- oder Social Marketing
SMS	Short Message Service
SOEP	Sozio-ökonomisches Panel
SOFII	Showcase of Fundraising Innovation and Inspiration
SPSS	Superior Performing Software System
TKP	Tausenderkontaktpreis
TLS	Transport Layer Security
TMG	Telemediengesetz
TQE	Total Quality Excellence
TQM	Total Quality Management
UNICEF	United Nations Children Fund
USD	US-Dollar
USP	Unique Selling Proposition
UWG	Gesetz gegen den unlauteren Wettbewerb
VENRO	Verband der entwicklungspolitischen Nichtregierungs- organisationen in Deutschland

VM	Verbands-Management
VMI	Verbands-Management Institut
WASG	Arbeit & Soziale Gerechtigkeit – Die Wahlalternative
WSPA	World Society for the Protection of Animals
WWF	Worldwide Fond for Nature
WZB	Wissenschaftszentrum Berlin für Sozialforschung
ZEWO	Schweizerische Zertifizierungsstelle für gemeinnützige, Spenden sammelnde Organisationen
ZHAW	Zürcher Hochschule für Angewandte Wissenschaften
ZögU	Zeitschrift für öffentliche und gemeinwirtschaftliche Unternehmen

Abbildungsverzeichnis

Tabellenverzeichnis

Definition des Begriffs „Fundraising" 1

Zunächst soll der Begriff Fundraising definiert werden. Eine exakte Definition ist wichtig, da der Begriff weiten Teilen der Gesellschaft nach wie vor nicht geläufig ist. Selbst wenn der Begriff bekannt ist, bestehen oft nur diffuse Vorstellungen. Fundraising wird dann gerne in einen Topf geworfen mit Spendenwerbung, Spendenmarketing und Sponsoring. Auch wenn alle diese Begriffe etwas miteinander zu tun haben, so können sie doch nicht synonym verwendet werden. Fundraising ist weit mehr als nur „Geldbeschaffung" (to raise funds). Sich dessen klar zu werden lohnt sich! Zunächst soll eine Definition vorgeschlagen und anschließend die einzelnen Elemente der Definition anhand von Beispielen erläutert werden:

Fundraising ist die *systematische* Analyse, Planung, Durchführung und Kontrolle sämtlicher Aktivitäten einer *steuerbegünstigten Organisation*, welche darauf abzielen, *alle benötigten Ressourcen* (Geld-, Sach- und Dienstleistungen) durch eine konsequente Ausrichtung an den *Bedürfnissen* der *Ressourcenbereitsteller* (Privatpersonen, Unternehmen, Stiftungen, öffentliche Institutionen) *zu möglichst geringen Kosten* zu beschaffen.

Es geht dem Fundraising also nicht nur um die Beschaffung von Geld, mit dessen Hilfe eine Organisation dann in einem zweiten Schritt die Ressourcen erwerben kann, die sie zur Erfüllung ihres Satzungszwecks benötigt. Vielmehr sollte sie versuchen, die benötigten Ressourcen direkt – und nicht über den Umweg des Geldes – zu „fundraisen".

1.1 Was ist mit „benötigte Ressourcen" gemeint?

Jede Organisation benötigt zur Erfüllung ihres Satzungszwecks eine Vielzahl von Ressourcen. Das Beispiel der *Tafeln* (www.tafel.de) soll dies veranschaulichen. Eine Tafel sammelt unverkäufliche Lebensmittel bei Händlern ein und verteilt sie an Bedürftige und gemeinnützige Organisationen. Zur Erfüllung dieses Satzungszwecks benötigt eine Tafel u. a. folgende Ressourcen:

M. Urselmann, *Fundraising*,
DOI 10.1007/978-3-658-01795-8_1, © Springer Fachmedien Wiesbaden 2014

- Mitarbeiter, die die Lebensmittel beim Handel abholen, zur Tafel transportieren, dort sortieren und den Bedürftigen aushändigen.
- Transporter, mit denen die Lebensmittel vom Handelsunternehmen zur Tafel transportiert werden können.
- Räumlichkeiten, in denen die Lebensmittel sortiert und anschließend den Bedürftigen ausgehändigt werden können.

Statt Geldspenden zu sammeln, mit denen die Transporter bezahlt werden könnten, wird diese benötigte Ressource mittels Fundraising beschafft: *Mercedes-Benz* und andere Unternehmen stellen Transporter als **Sachleistung** zur Verfügung. Darüber hinaus konnte erreicht werden, dass *Continental* neue Reifen und der *ADAC* einen Schutzbrief für jeden Transporter bereitstellen.

Statt Geldspenden zu sammeln, mit denen die Miete für die Räumlichkeiten bezahlt werden könnte, wird versucht, auch diese benötigte Ressource als Sachleistung bei Eigentümern von Gewerbeimmobilien mittels Fundraising zu beschaffen.

Selbst die unverkäuflichen Lebensmittel, die die Tafel Bedürftigen zur Verfügung stellt, sind Sachleistungen der Händler. Das kostenlose Überlassen der Lebensmittel hat dabei nicht nur altruistische Gründe. Die Händler sparen sich die Entsorgungskosten für die unverkäuflichen Lebensmittel.

Neben Sachleistungen benötigt jede Organisation immer auch eine ganze Reihe von **Dienstleistungen**. Dies können Dienstleistungen im Rahmen der Kernkompetenz einer Organisation sein. So versucht in obigem Beispiel die Tafel, die benötigte Ressource Arbeitsleistung (Transport, Sortierung und Verteilung der Lebensmittel) so weit wie möglich zu fundraisen. Statt jedoch Geldleistungen einzuwerben, mit denen die Gehälter der Mitarbeiter bezahlt werden könnten, wird versucht, die benötigte Ressource Arbeitsleistung so weit wie möglich direkt als Dienstleistung zu fundraisen: Die Tafel arbeitet mit Ehrenamtlichen, die ihre Arbeitszeit als Zeitspende zur Verfügung stellen. Die Anzahl der hauptamtlichen Mitarbeiter wird auf ein Minimum beschränkt.

Daneben können im Rahmen des Fundraising aber auch lediglich unterstützende **Dienstleistungen** eingeworben werden, die nicht zur Kernkompetenz einer Organisation gehören. Hier einige Beispiele:

- Transportmittel für Mitarbeiter (Auto, Bahn, Flugzeug). Beispiel: Die Autovermietung *Sixt* stellt Mitarbeitern der Organisation *McDonald's Kinderhilfe Stiftung* kostenlos Mietwagen zur Verfügung, um die nötige Mobilität zu ermöglichen.
- Kommunikationsmittel für Mitarbeiter. Beispiel: Der Mobilfunkanbieter *Vodafone* stellt Sozialarbeitern der Organisation *Off Road Kids* Mobiltelefone zur Verfügung, um die nötige Kommunikation für die aufsuchende Jugendsozialarbeit zu ermöglichen.
- Management-Beratung zur Optimierung der Abläufe in der Organisation. Beispiel: Das Beratungsunternehmen *Booz, Allen und Hamilton* überließ 1996 dem *Deutschen Roten Kreuz* Top-Management-Berater pro bono für Strategieberatung.

- Steuerberatungsleistungen wie Kontierung von Belegen, Erstellen eines Jahresabschlusses, Formulierung einer Steuererklärung etc.
- Netzwerkbetreuung des Computer-Netzwerks einer steuerbegünstigten Organisation.
- Gebäudereinigung.
- Catering.
- u. v. m.

Statt Geldleistungen zu sammeln, mit denen alle benötigten Dienstleistungen bezahlt werden könnten, sollte jede Organisation versuchen, Dienstleistungen so weit wie möglich direkt bei Privatpersonen und Unternehmen mit entsprechenden Kompetenzen mittels Fundraising zu beschaffen.

Beim Auffinden benötigter Sach- und Dienstleistungen helfen:

- Internet-Plattformen wie spendenportal.de oder sachspende.de.
- Freiwilligenagenturen, früher Ehrenamtsbörsen genannt. Sie stellen eine interessante Möglichkeit dar, benötigte Dienstleistungen zu fundraisen. Freiwilligenagenturen bringen Anbieter und Nachfrager ehrenamtlich erbrachter Leistungen zusammen. Bürger, die sich gerne ehrenamtlich engagieren möchten, können sich unter Angabe ihrer Kenntnisse, Erfahrungen und zeitlichen Verfügbarkeit in eine Datenbank aufnehmen lassen. Organisationen, die (qualifizierte) ehrenamtliche Unterstützung benötigen, können in dieser Datenbank gezielt nach einem Wunschprofil suchen lassen. Auf der Homepage der Bundesarbeitsgemeinschaft Freiwilligenagenturen (www.bagfa.de) können Sie eine Freiwilligenagentur in Ihrer Nähe auswählen.
- Unternehmen, die im Rahmen des sog. **Corporate Volunteering** Mitarbeiter während der Arbeitszeit steuerbegünstigten Organisationen kostenlos zur Verfügung stellen. Siehe hierzu Kap. 3.2.1.3.

Alle Beispiele zeigen, dass es beim Fundraising nicht immer nur um die Beschaffung finanzieller Mittel gehen muss. Im Gegenteil: Für eine Organisation ist es mindestens genauso gut, wenn sie die Dinge, die sie für ihre satzungsmäßige Arbeit benötigt, *direkt* bereitgestellt bekommt. Diese Form der Unterstützung wird im Englischen auch **Non-Cash Assistance** genannt, was man wohl am besten mit „Überlassen geldwerter Vorteile" ins Deutsche übersetzen könnte. Dahinter steht die Erfahrung, dass es für ein Unternehmen wesentlich interessanter ist, seine Waren als Sachleistungen bereitzustellen, als den entsprechenden Gegenwert in Geldleistung. Die (variablen) Kosten für die Sachleistung können weit unter dem Verkaufswert der Ware liegen.

Beispiel

Microsoft stellte 1998 sieben Organisationen Software im Wert von über 6,4 Mio. $ zur Verfügung. Die tatsächlichen Kosten für die Bereitstellung der Software liegen für Microsoft natürlich ganz erheblich unter diesem Wert.

Der finanzielle Wert einer solchen Non-Cash Assistance lässt sich problemlos in Euro und Cent berechnen; schließlich bieten die Bereitsteller die Leistung ja normalerweise zu Marktpreisen kommerziell an. Die überlassenen („geldwerten") Güter und Dienstleistungen sind dadurch exakt monetarisierbar und damit der Beschaffung von finanziellen Mitteln gleichgestellt. Die Beschaffung von Non-Cash Assistance soll deshalb dem Fundraising unmittelbar zugerechnet werden, auch wenn die Silbe „Fund" in Fundraising einen zunächst nur an die Beschaffung finanzieller Mittel denken lässt.

Schlussfolgerung und Empfehlung Den Aspekt der Non-Cash Assistance innerhalb des Fundraising haben die meisten Organisationen noch längst nicht voll ausgeschöpft. Stellen Sie sich selbst einmal folgende Fragen:

- Welche Sachleistungen benötigen wir und wer könnte sie uns billiger oder gar kostenlos zur Verfügung stellen? Beispiel: Große Computer-Hersteller und -Händler sammeln in Zentrallagern PCs, die als Vorführgeräte genutzt wurden und verkaufen sie dort zu symbolischen Preisen. Sie könnten bereit sein, die noch aktuellen und voll funktionsfähigen Rechner einem gemeinnützigen Zweck kostenlos zur Verfügung zu stellen.
- Hat unsere Organisation durch (Vorstands-) Mitglieder oder Spender gute Kontakte zu großen Firmen? Großunternehmen treten oft als Großnachfrager für Sachleistungen auf, die auch unsere Organisation benötigt. Beispiel: Ein Großunternehmen beschafft gerade hundert PCs bei einem Computer-Händler. In Verbindung mit diesem Großauftrag fällt es dem Computer-Händler leichter, zehn weitere Rechner günstig unserer Organisation zur Verfügung zu stellen, da er selbst durch Mengenrabatt bessere Konditionen erhält. Natürlich dürfen im Einzelfall die Bestimmungen des Rabattgesetzes nicht verletzt werden.

Auf jeden Fall ist es für einen kommerziellen Anbieter von Sach- oder Dienstleistungen immer einfacher, einer Organisation seine Leistungen billiger oder kostenlos anzubieten, als den entsprechenden finanziellen Gegenwert als Geldspende zur Verfügung zu stellen!

1.2 Wer ist mit „steuerbegünstigte Organisation" gemeint?

Nach obiger Definition kann Fundraising nur von einer „steuerbegünstigten Organisation" betrieben werden. (Steuer-) Rechtlich gesehen, wäre es eigentlich präziser von einer „steuerbegünstigten Körperschaft" zu sprechen. In der nicht-juristischen Literatur ist der Begriff „Organisation" jedoch verbreiteter. Eine Organisation wird dann steuerbegünstigt (d. h. von einigen Steuern wie z. B. der Körperschaftssteuer, Gewerbesteuer oder Erbschaftssteuer befreit), wenn ihr Satzungszweck von den zuständigen Finanzbehörden anerkannt wird als:

- **„gemeinnützig"** (§ 52 Abgabenordnung), Beispiel: Selbstlose Förderung der Jugend- und Altenhilfe.
- **„mildtätig"** (§ 53 Abgabenordnung), Beispiel: Selbstlose Unterstützung von Personen, die infolge ihres körperlichen, geistigen oder seelischen Zustandes auf die Hilfe anderer angewiesen sind.
- **„kirchlich"** (§ 54 Abgabenordnung), Beispiel: Selbstlose Förderung einer Religionsgemeinschaft, die Körperschaft des öffentlichen Rechts ist.

In Bezug auf das Drei-Sektoren-Modell, wonach die Versorgung einer Gesellschaft mit Waren und Dienstleistungen durch den Markt (Erster Sektor), den Staat (Zweiter Sektor) und den Nonprofit-Sektor (Dritter Sektor) erfolgen kann, wurde das Fundraising zunächst dem Nonprofit-Sektor zugerechnet. Fundraising wurde demnach nur von sog. „Nonprofit-Organisationen (NPO)", manchmal auch „Nichtregierungsorganisationen (NRO)" bzw. „Non-Governmental Organizations (NGO)" genannt, betrieben. Dabei wird jedoch nicht berücksichtigt, dass auch Organisationen, die dem Sektor Staat zugerechnet werden, steuerbegünstigt sein und Fundraising betreiben können. So haben in den letzten Jahren immer mehr öffentliche Hochschulen, Schulen, Kindertagesstätten und Krankenhäuser begonnen, Fundraising zu betreiben. Beispiel: Seit der Umstrukturierung der Stadtverwaltung von Hochheim, ist seit dem Jahr 2009 ein Mitarbeiter zuständig, durch gezielte Fundraising-Maßnahmen Ressourcen für städtische Projekte einzuwerben.

Auch die Amtskirchen, die als Körperschaften des öffentlichen Rechts mit kirchlicher Zielsetzung per se steuerbefreit sind, betreiben neben der Erhebung von Kirchensteuern immer schon Fundraising-Aktivitäten, indem sie um Spenden, (Zu-) Stiftungen und öffentliche Mittel, beispielsweise für kirchliche Schulen und Hochschulen, werben.

Noch zwei Überlegungen zur Begriffsabgrenzung:

- Eine einzelne Privatperson kann nicht steuerbefreit werden und demnach für sich auch kein Fundraising betreiben. Bittet sie um Spenden für sich selbst, also keinen gemeinnützigen sondern eigennützigen Zweck, so ist dies Betteln, aber kein Fundraising.
- Auch im Ersten Sektor, genauer gesagt auf Finanzmärkten, taucht der Begriff Fundraising auf. Gemeint ist dann das Einsammeln außerbörslicher Gelder durch Beteiligungsgesellschaften bzw. Private-Equity-Fonds (von *Peer Steinbrück* auch „Heuschrecken" genannt), die sich mit den eingesammelten Geldern z. B. an unterbewerteten Unternehmen beteiligen, um von einer anschließend zu realisierenden Wertsteigerung profitieren zu können.

1.3 Wer ist mit „Ressourcenbereitsteller" gemeint?

Jede steuerbegünstigte Organisation benötigt also zur Erreichung ihrer satzungsmäßigen Ziele verschiedenste Ressourcen. Wer könnte die benötigten Ressourcen in Form von Geld-, Sach- und Dienstleistungen zur Verfügung stellen? Im Fundraising werden vier Gruppen von **Ressourcenbereitstellern** unterschieden:

- Privatpersonen,
- Unternehmen,
- Stiftungen,
- Öffentliche Institutionen.

Die erste Gliederungsebene dieses Buches orientiert sich an dieser Einteilung. Wie man diese Ressourcenbereitsteller im Einzelnen anspricht, wird in den folgenden Kapiteln ausführlich erläutert.

1.4 Welche „Bedürfnisse" haben die Ressourcenbereitsteller?

Eine zentrale Frage des Fundraising ist, warum (potenzielle) Ressourcenbereitsteller einer steuerbegünstigten Organisation ihre Geld-, Sach- und Dienstleistungen zur Verfügung stellen sollten? Aus welcher Motivation bzw. dahinter stehenden Bedürfnissen heraus tun sie dies? Welchen Nutzen zieht ein Ressourcenbereitsteller aus seinem Tun?

Bei den **Privatpersonen** ist man zunächst geneigt, selbstlose Gründe zu unterstellen. Da die steuerbegünstigte Organisation selbstlos gemeinnützige, mildtätige und kirchliche Zwecke verfolgt, wird vermutet, dass auch die Ressourcenbereitstellung der Privatpersonen altruistisch erfolgt. Bei genauerer Betrachtung unterstützen Privatpersonen steuerbegünstigte Organisationen jedoch nicht nur aus reinem Altruismus. Vielmehr erwarten sie – ausgesprochen oder unausgesprochen – zumindest immaterielle Formen der Gegenleistung. *Kotler/Levy* schreiben dazu: „Fund raisers have learned that people give because they are getting something."[1] Damit wird deutlich, dass trotz Immaterialität der Gegenleistung ein Ressourcenbereitsteller nicht nur altruistische, sondern durchaus auch egoistische Ziele verfolgen kann. In einer umfangreichen empirischen Studie fand *Schneider* sogar heraus, „dass egoistischen Nutzenkomponenten hohe Bedeutung zukommt, während altruistische Motive einen zwar immer noch hochsignifikanten, jedoch tendenziell geringeren Einfluss ausüben."[2] Dies wird später im Rahmen der Analyse bzw. Marktforschung (siehe Kap. 6.2.3) genau zu erforschen, und anschließend im Rahmen der Produkt- und Programmpolitik (siehe Kap. 2.3) zu entscheiden sein.

---

[1] Kotler, Philip; Levy, Sidney J.: Broadening the Concept of Marketing, in: Journal of Marketing, Vol. 33 (1969), S. 10–15, S. 14.

[2] Schneider, Willy: Die Akquisition von Spenden als eine Herausforderung für das Marketing, Berlin 1996, S. 406.

Bei **Unternehmen** als Ressourcenbereitsteller dürften wohl die Wenigsten eine selbstlose Motivation unterstellen – obwohl diese, wie beim klassischen Mäzen angenommen, durchaus denkbar wäre. Ist Altruismus bei einer Privatperson denkbar, so muss sie beispielsweise auch bei einem mittelständischen Unternehmer denkbar sein, der ja schließlich gleichzeitig Privatperson ist. In aller Regel dürften bei Unternehmen aber (zumindest teilweise) Eigeninteressen im Spiel sein, wenn sie steuerbegünstigte Organisationen unterstützen. Zu nennen sind beispielsweise folgende Interessen:

- Positive Beeinflussung des Unternehmensimage bei allen relevanten internen und externen Stakeholdern (Anspruchsgruppen): Kunden, Mitarbeiter, Lieferanten, Geldgeber, Öffentlichkeit.
- Steigerung der Identifikation und Motivation der Mitarbeiter mit dem Unternehmen.
- Differenzierung vom Wettbewerb.
- Dokumentation der Übernahme gesellschaftlicher Verantwortung („Corporate Social Responsibility").

Dass Unternehmen auch Eigeninteressen verfolgen, ist wohl genauso wenig verwerflich wie bei Privatpersonen. Allerdings bekommt die Frage der Gegenleistung für ein unterstützendes Unternehmen an anderer Stelle eine wichtige Bedeutung: Aus steuerrechtlicher Sicht wird großer Wert auf die Unterscheidung gelegt, ob die Ressourcenbereitstellung durch ein Unternehmen aus selbstlosen Gründen in Form einer (Unternehmens-) Spende erfolgt, oder ob eine Gegenleistung vorliegt, die ein Sponsoring begründet. Im Falle eines Sponsoring gelten nach dem sog. Sponsoring-Erlass nämlich sowohl für das unterstützende Unternehmen als auch für die unterstützte Organisation teilweise andere steuerliche Regelungen als bei einer Spende. Diese Unterscheidung wird später in Kap. 3.2.2 noch näher auszuführen sein.

Übrigens haben selbst **Stiftungen**, die steuerbegünstigten Organisationen Ressourcen zur Verfügung stellen (siehe Kap. 4) durchaus Eigeninteressen. Sie streben in aller Regel eine Erhöhung ihres Stiftungskapitals durch Zustiftungen an und sind deshalb an ähnlichen Gegenleistungen interessiert, wie auch Unternehmen (siehe oben). Dies darf beim Fundraising gegenüber Stiftungen nie vergessen werden.

Sogar **öffentliche Institutionen** sind nicht vollkommen frei von Eigeninteressen. Wenn schon nicht auf institutioneller Ebene, so doch oft auf persönlicher Ebene. Ein Mitarbeiter einer öffentlichen Institution tendiert dazu, bevorzugt solche steuerbegünstigten Organisationen zu unterstützen, bei denen er mit professioneller Projektadministration rechnen kann – was seinen eigenen administrativen Aufwand bei der Abwicklung der Förderung minimiert.

1.5 Was ist mit „zu möglichst geringen Kosten“ gemeint?

Das Fundraising soll die von einer steuerbegünstigten Organisation benötigten Ressourcen zu möglichst geringen Kosten beschaffen. Im Idealfall verzichtet ein Ressourcenbereitsteller ganz auf eine (materielle) Gegenleistung. Die Ressourcen werden dann als (Geld-, Sach- oder Zeit-) **Spende** freiwillig und unentgeltlich zur Verfügung gestellt. Dies heißt übrigens nicht, dass damit gar keine Kosten entstehen. Wie bereits ausgeführt, erwarten die meisten Spender immaterielle Formen der Gegenleistung wie Dank, Anerkennung und Informationen (z. B. in Form von Rechenschaft über die Verwendung der Spenden). Diese immateriellen Formen der Gegenleistung sind nicht zum Nulltarif zu haben. Es entstehen beispielsweise Kosten für die Erstellung und den Versand von Jahresberichten oder für den Aufbau und die Pflege einer Website. Dass Kosten entstehen ist also unvermeidbar – entscheidend ist die Frage, wie hoch der Anteil dieser Kosten an den eingeworbenen Ressourcen ist. Damit ist der sog. Verwaltungskostenanteil angesprochen, auf den in Kap. 6.3.3 noch näher einzugehen sein wird.

Selbst wenn nicht erreicht werden kann, dass ein Ressourcenbereitsteller ganz auf eine materielle Gegenleistung verzichtet, kann auch dann noch von einem Fundraising-Erfolg gesprochen werden, wenn es einer Organisation aufgrund ihrer Steuerbegünstigung gelingt, die benötigten Ressourcen zu einem Preis unterhalb des Marktpreises zu beschaffen. Ein realisierter Preisnachlass kann durchaus als „gefundraist“ angesehen werden, da der Differenzbetrag ansonsten hätte bezahlt werden müssen.

Ist der Ressourcenbereitsteller ein Unternehmen, das eine Gegenleistung erwartet, so ist von Seiten der steuerbegünstigten Organisation immer darauf zu achten, dass die Kosten für die Erbringung der erwarteten Gegenleistungen minimiert werden und noch in einem vernünftigen Verhältnis zu den beschafften Ressourcen stehen. So manche steuerbegünstigte Organisation fühlt sich verpflichtet, unverhältnismäßig hohe Gegenleistungen für erhaltene Ressourcen zu erbringen.

1.6 Fundraising – eine Erscheinungsform des Marketing

Die oben vorgestellte Definition des Fundraising-Begriffs orientiert sich ganz bewusst an gängigen Definitionen des Marketing-Begriffs,[3] weil das Fundraising als eine Erscheinungsform des Marketings betrachtet werden kann. Wie auch im Marketing, geht es im Fundraising um die systematische Gestaltung von Austauschbeziehungen.

Dabei sind zwei Betrachtungsweisen denkbar:

Zum einen könnte man das Fundraising als eine Erscheinungsform des **Beschaffungsmarketings** einer steuerbegünstigten Organisation betrachten, da es dem Fundraising um die Beschaffung derjenigen Ressourcen geht, die eine steuerbegünstige Organisation be-

[3] Siehe beispielsweise: Meffert, Heribert; Burmann, Christoph; Kirchgeorg, Manfred: Marketing, Grundlagen marktorientierter Unternehmensführung, Konzepte – Instrumente – Praxisbeispiele, 11. Auflage, (Gabler) Wiesbaden 2012.

nötigt, um ihre Absatzleistung (Hilfeleistung, Beratungsleistung, Aufklärungsleistung etc.) erbringen zu können. An dieser Stelle ist jedoch ein wesentlicher Unterschied zwischen steuerbegünstigten und nicht begünstigten Organisationen zu beachten. Steuerlich nicht begünstigte Organisationen (kommerzielle Unternehmen des Ersten Sektors) finanzieren die Beschaffung der von ihnen benötigten Ressourcen aus den Umsatzerlösen des Absatzes ihrer Produkte oder Dienstleistungen. Sie beschaffen die von ihnen benötigten Ressourcen auf kommerziellen Waren- und Dienstleistungsmärkten (Arbeitsmarkt, Immobilienmarkt, Telekommunikationsmarkt etc.). Dies ist steuerbegünstigten Organisationen (des Zweiten oder Dritten Sektors) oft dadurch nicht (vollständig) möglich, dass der Absatz ihrer (gemeinnützigen) Dienstleistung vom Leistungsempfänger nicht (vollständig) bezahlt werden kann. Damit können auch keine (ausreichenden) Umsatzerlöse erzielt werden, aus denen die Beschaffung der benötigten Ressourcen auf kommerziellen Märkten (vollständig) finanziert werden könnte. Die Ressourcen müssen dann anderweitig – durch Fundraising – beschafft werden. Wie bereits erläutert, gelingt dies zum einen, in dem Ressourcenbereitsteller (insbesondere Privatpersonen und Unternehmen, weniger Stiftungen und öffentliche Institutionen) benötigte Sach- und Dienstleistungen unmittelbar als Sach- und Zeitspenden und damit unter Verzicht auf eine (adäquate) Bezahlung zur Verfügung stellen.

Zum anderen können Ressourcenbereitsteller aber auch Geldleistungen in Form von Geldspenden zur Verfügung stellen, mit denen sich eine steuerbegünstigte Organisation ihre benötigten Ressourcen anschließend auf kommerziellen Beschaffungsmärkten besorgen kann. Bei dieser mittelbaren Form der Ressourcenbereitstellung stellt sich aus Marketing-Sicht die Frage nach den zugrundeliegenden Austauschprozessen anders dar. Streng genommen stellt das Einwerben von Geldspenden aus Sicht einer steuerbegünstigten Organisation noch nicht die eigentliche Beschaffung dar. Die erfolgt erst anschließend, wenn die Organisation mit Hilfe der Geldspenden ihre benötigten Ressourcen auf (kommerziellen) Beschaffungsmärkten (Arbeitsmarkt, Immobilienmarkt, Telekommunikationsmarkt etc.) beschafft. Somit stellt sich die Frage, welche Art Austauschbeziehung zwischen Geldspender und steuerbegünstigter Organisation vorliegt, wenn keine (unmittelbare) Beschaffungsbeziehung?

Hier soll das Einwerben von Geldspenden im Rahmen des Fundraising als eine Erscheinungsform des **Absatzmarketing** einer steuerbegünstigten Organisation betrachtet werden, bei der ein immaterielles (Spenden-)Produkt angeboten wird, aus dessen Verkaufserlösen die eigentlich benötigten Ressourcen auf (kommerziellen) Beschaffungsmärkten beschafft werden können. Neben ihrer **originären** Absatzleistung (dem Absatz ihrer steuerbegünstigten Dienstleistung an bedürftige Leistungsempfänger) erbringt eine Fundraising betreibende, steuerbegünstigte Organisation demnach eine zweite, eine **derivative** Absatzleistung um die benötigten Ressourcen – trotz geringer oder fehlender Umsatzerlöse aus der originären Absatzleistung – finanzieren zu können. Entsprechend orientiert sich das vorliegende Buch zum Fundraising in Aufbau, Systematik und Vorgehensweise an Büchern zum (Absatz-) Marketing.

Aufgrund der Immaterialität des (Spenden-) Produktes, schlägt *Gahrmann* vor, in dem Produkt eine Dienstleistung zu sehen, die eine Organisation an ihre Ressourcenbereitsteller absetzt.[4] Tatsächlich könnte man aus Marketing-Sicht im Einwerben einer Geldspende zunächst einmal so etwas wie den Absatz einer Dienstleistung sehen. Die Dienstleistung bestünde dann in einer Art Treuhandleistung, die die steuerbegünstigte Organisation für den Spender erbringt. Ist es einem Spender aus zeitlichen, räumlichen, kapazitären, fachlichen oder anderen Gründen nicht möglich, durch Bereitstellung von Zeit- und Sachmitteln selber und unmittelbar zur Erreichung der Ziele einer Organisation beizutragen, so betrachtet er seine Geldspende als mittelbare Möglichkeit zur Zielerreichung beizutragen. Nach dieser Überlegung gibt er der Organisation so etwas wie einen treuhänderischen Auftrag, die Zielerreichung stellvertretend für ihn voranzutreiben. Tatsächlich betrachtet ein Spender eine durch ihn geförderte Organisation ja auch als seinen „verlängerten Arm". Die Organisation soll in seinem Auftrag die jeweiligen Satzungsziele möglichst effektiv und effizient erreichen, und anschließend Rechenschaft ablegen. Die Geldspende wäre dann der Preis bzw. die Bezahlung des Spenders für die Erbringung der (treuhänderischen) Dienstleistung durch die Organisation.

Dieser Überlegung muss jedoch entgegengehalten werden, dass dem (Spenden-) Produkt eines der drei konstitutiven Merkmale einer Dienstleistung fehlt. Nach der von *Meffert* und *Bruhn* vertretenen Drei-Phasen-Auffassung von Dienstleistungen resultiert erst aus den spezifischen Fähigkeiten und der Bereitschaft des Dienstleistungsanbieters zur Erbringung einer Dienstleistung (Potenzialorientierung) und der Einbringung des externen Faktors durch den Dienstleistungsnachfrager als prozessauslösendes und –begleitendes Element (Prozessorientierung) ein Dienstleistungsergebnis (Ergebnisorientierung). Dabei ist der Dienstleistungsprozess gekennzeichnet durch Synchronität von Erbringung und Inanspruchnahme der Dienstleistung.[5] Diese Synchronität liegt im Fall des (Spenden-) Produkts nicht vor, da die immaterielle Gegenleistung der Organisation sowohl in Form der Durchführung des Treuhandauftrages als auch in Form von Dank, Anerkennung etc. in der Regel erst deutlich nach der Leistung der Geldspende (und damit zeitlich entkoppelt) erfolgt. Anstelle einer Dienstleistung soll im Fundraising der (derivative) Absatz eines immateriellen (Spenden-) Produktes im Sinne des generischen Produktbegriffs nach Kotler gesehen werden, der unter einem Produkt „alles versteht, was einer Person angeboten werden kann, um ein Bedürfnis oder einen Wunsch zu befriedigen."[6] Welche Bedürfnisse ein (Spenden-) Produkt befriedigen kann, wird später in Kap. 2.3.1 zu klären sein.

1.7 Fundraising – Freiwillige Umverteilung von Ressourcen

Fundraising sorgt also für freiwillige Umverteilung von Ressourcen von Ressourcenbereitstellern auf steuerbegünstigte Organisationen des Zweiten oder Dritten Sektors. Damit erfüllt das Fundraising eine ähnliche Umverteilungsfunktion wie das Steuersystem. Mit

[4] Vgl. Gahrmann, Christian: Strategisches Fundraising, (Gabler) Wiesbaden 2012, S. 19 ff.

[5] Vgl. Meffert, Heribert; Bruhn, Manfred: Dienstleistungsmarketing, Grundlagen – Konzepte – Methoden, 7. Aufl., (Gabler) Wiesbaden 2012, S. 14-17.

[6] Kotler, Philip; Keller, Kevin L.; Bliemel, Friedhelm: Marketing-Management: Strategien für wertschaffendes Handeln, 12. Aufl., (Addison-Wesley) München 2007, S. 12.

dem entscheidenden Unterschied freilich, dass Ersteres eine freiwillige und Zweiteres eine Zwangsumverteilung darstellt. Hierüber lohnt es sich noch einmal nachzudenken. Einerseits scheint sich jeder Bürger einen Sport daraus zu machen, seine persönliche Steuerlast nach Möglichkeit zu minimieren. Andererseits sind Bürger zunehmend bereit, Teile ihres Vermögens der Gesellschaft freiwillig zur Verfügung zu stellen. Das wohl bekannteste Beispiel für freiwillig geleistete Umverteilung stellt die Initiative *The Giving Pledge* (http://givingpledge.org) dar. Nachdem die Multimilliardäre Bill Gates, Melinda Gates und Warren Buffett 2010 erklärt hatten, mindestens die Hälfte ihres Vermögens bis zu ihrem Lebensende steuerbegünstigen Zwecken zukommen lassen zu wollen, sprachen sie seitdem weltweit weitere Milliardäre an. Inzwischen haben sich laut Website 105 Personen bzw. Paare der Initiative angeschlossen (Stand März 2013), darunter mit dem SAP-Gründer Hasso Plattner auch ein erster Deutscher.

Statt immer nur über weitere Zwangsumverteilung in Form von höherer Einkommens- und Erbschaftssteuer, sollte in der politischen Diskussion mehr über Anreize zur freiwilligen Umverteilung nachgedacht werden – sie kann offensichtlich erhebliche Beträge mobilisieren. Erste Schritte in diese Richtung wurden in Deutschland mit dem „Gesetz zur weiteren steuerlichen Förderung von Stiftungen" (2000) und dem „Gesetz zur weiteren Stärkung des bürgerschaftlichen Engagements (Hilfe für Helfer)" (2007) bereits gegangen. Schließlich hat sich in Deutschland durch eine (historisch einzigartige) Friedensphase von mittlerweile 68 Jahren (Stand 2013) ein enormes Vermögen entwickelt, das sich – u. a. bedingt durch die demographische Entwicklung – auf immer weniger Köpfe verteilt. Fundraising sollte neben dem Steuersystem stärker dazu beitragen können, die (derzeit auseinander gehende) „Vermögensschere" in der Bevölkerung wieder besser zu schließen. Ähnliches gilt für die Kirchen. Bei rückläufigen Kirchensteuereinnahmen sollte nicht über neue Zwangsabgaben (z. B. in Form der Wiedereinführung von Kirchgeld) nachgedacht werden. Viel erfolgsversprechender erscheint, auf freiwillige Abgaben der Gläubigen zu setzen.

Weiterführende Literatur zu diesem Kapitel

Fabisch, N.: Fundraising – Spenden, Sponsoring und mehr, 3. Aufl. Deutscher Taschenbuch Verlag, München (2013)

Gahrmann, C.: Strategisches Fundraising, S. 19. Gabler, Wiesbaden (2012)

Güssow, C.: Die Ökonomie der Spende, Dissertation, St. Gallen (2007)

Kotler, P., Levy, S.J.: Broadening the concept of marketing. J. Market. **33**, 10–15, 14 (1969)

Kotler, P., Keller, K.L., Bliemel, F.: Marketing-Management: Strategien für wertschaffendes Handeln, 12. Aufl. Addison-Wesley, München (2007)

Luthe, D.: Fundraising als beziehungsorientiertes Marketing – Entwicklungsaufgaben für Nonprofit-Organisationen. Maro, Augsburg (1997)

Meffert, H., Bruhn, M.: Dienstleistungsmarketing, Grundlagen – Konzepte – Methoden, 7. Aufl., S. 14.17. Gabler, Wiesbaden (2012)

Meffert, H., Burmann, C., Kirchgeorg, M.: Marketing, Grundlagen marktorientierter Unternehmensführung, Konzepte – Instrumente – Praxisbeispiele, 11. Aufl. Gabler, Wiesbaden (2012)

Müllerleile, C.: Charity Shops als Fundraising-Instrument – Britische Organisation gewinnt mit erfolgreicher Geschäftsidee auch in Deutschland an Boden. BSM-Newsl. **2**, (1995)

Schneider, W.: Die Akquisition von Spenden als eine Herausforderung für das Marketing, S. 406. Duncker & Humblot, Berlin (1996a)

Schneider, W.: Philanthropie und Gratifikationsprinzip – Ein Beitrag zur theoretischen und empirischen Erforschung des Problemfeldes „Spendenmarketing". zfbf. **48**(4), 394–408 (1996b)

Uekermann, J.: Fundraising-Grundlagen – Wie Sie Freunde und Spenden für Ihre gute Sache gewinnen. Fundraiser Magazin, Dresden (2010)

Urselmann, M.: Erfolgsfaktoren im Fundraising von Nonprofit-Organisationen. (Nachdruck 2006). Gabler, Wiesbaden (1998)

Fundraising bei Privatpersonen 2

In der Definition des Fundraising-Begriffs wurden vier Gruppen von Ressourcenbereitstellern (Privatpersonen, Unternehmen, Stiftungen und öffentliche Institutionen) unterschieden. Da sich das Vorgehen im Fundraising gegenüber diesen vier Gruppen von Ressourcenbereitstellern deutlich unterscheidet, wird das vorliegende Buch auf der ersten Gliederungsebene nach diesen vier Gruppen gegliedert. Als erstes soll hier das Fundraising bei Privatpersonen vorgestellt werden, da Privatpersonen die wichtigste Gruppe von Ressourcenbereitstellern darstellen. Im Mittelpunkt steht die Frage, wie es gelingen kann, Privatpersonen zu gewinnen, zu (Geld-, Sach- und/oder Zeit-) Spendern zu werden?

2.1 Relationship Fundraising

Ausgangspunkt ist folgende, simple Überlegung: Benötigte Ressourcen kann eine steuerbegünstigte Organisation nur bei denjenigen Privatpersonen einwerben, die diese Organisation auch kennen und ihr vertrauen. Bekanntheit und Vertrauen können nur durch nachhaltige Kommunikation aufgebaut werden. Dabei erweist sich der Dialog erfahrungsgemäß als erfolgreicher als der Monolog (darauf wird später noch genauer einzugehen sein). Soll Fundraising erfolgreich sein, so muss es ihm also gelingen, durch Kommunikation eine vertrauensvolle Beziehung zu den Ressourcenbereitstellern aufzubauen. Dies gilt natürlich nicht nur für die privaten sondern auch für alle anderen Ressourcenbereitsteller. *Burnett* spricht in diesem Zusammenhang von „**Relationship Fundraising**", was etwa mit „Fundraising durch Beziehungsaufbau" übersetzt werden könnte: „Relationship fundraising is an approach to the marketing of a cause which centers not around raising money but on developing to its full potential the unique and special relationship that exists between a charity and its supporter. Whatever strategies and techniques are employed to boost funds, the overriding consideration in relationship fundraising is to care for and develop that special bond and not to do anything that might damage or jeopardise it. In relationship fundraising every activity of the organisation is therefore geared towards ma-

M. Urselmann, *Fundraising*,

DOI 10.1007/978-3-658-01795-8_2, © Springer Fachmedien Wiesbaden 2014

king donors feel important, valued and considered. In this way relationship fundraising will ensure more funds per donor in the long term".[1]

Dem Relationship Fundraising geht es also nicht um den „schnellen Euro", sondern um Aufbau und Pflege einer dauerhaften, langfristigen und möglichst individuellen Beziehung zwischen einer Organisation und ihren Spendern. Relationship Fundraising fordert von einer Organisation, ihre Spender entsprechend ihrer hohen Bedeutung für die Finanzierung der Organisation wertzuschätzen und zu würdigen. Dies ist leider längst nicht so selbstverständlich, wie man glauben möchte. Auch heute noch gibt es Organisationen, die ihre Spender lediglich als „zu melkendes Spendenvieh" betrachten. Nach dem Motto: „Du darfst uns gerne Dein Geld zur Verfügung stellen, ansonsten aber bitte den Betrieb nicht stören. Rückfragen, Anregungen und Kritik oder gar Mitsprache unerwünscht!"

Mittlerweile lässt sich jedoch ein Generationswechsel unter den Spendern beobachten. Die in der Nachkriegszeit zu mehr Kritikfähigkeit Erzogenen sind ins „spendenrelevante" Alter von fünfzig plus gekommen. Viel stärker als ihre Elterngeneration knüpfen sie ihre Spendenbereitschaft an konkrete Forderungen. Sie wollen nicht die Organisation als solche, sondern gezielt Projekte unterstützen, die sie sich selbst unter verschiedenen Alternativen aussuchen können. Ein Mitspracherecht bei der Mittelverwendung ist ihnen ebenso wichtig wie Transparenz, Information und Rechenschaft. Für die Organisation bedeutet dies die Notwendigkeit, sich ihren Spendern zu öffnen, sich auf sie einzulassen, ja sie aktiv in ihre Arbeit einzubeziehen.

Nur Organisationen, denen es gelingt, in diesem Sinne eine möglichst individuelle und nachhaltige Beziehung zu ihren Spendern aufzubauen, werden künftig im Fundraising Erfolg haben. Hier liegt übrigens gerade eine große Chance kleinerer Organisationen, die in der Regel noch eine persönliche Beziehung zu ihren Spendern haben. Längst wird jeder Bundesbürger (vor allem in der Vorweihnachtszeit) gleich von mehreren Organisationen als potenzieller Spender umworben. Ein Spendenwilliger wird sich in dieser Auswahlsituation immer für diejenige Organisation entscheiden, der es am besten gelingt, eine persönliche Beziehung zu ihm aufzubauen und seine spezifischen Interessen und Wünsche möglichst individuell zu berücksichtigen. Wie im Folgenden noch detailliert auszuführen sein wird, stellt das Relationship Fundraising heute also deutlich höhere Anforderungen an eine Organisation als in der Vergangenheit.

Ziel des Beziehungsaufbaus ist die **langfristige Bindung** eines Spenders an die Organisation. Sie ist aus mehreren Gründen von hoher Bedeutung. Zum einen bedeutet die langfristige Bindung eines Spenders immer auch bessere **Planbarkeit** der zur Verfügung stehenden Mittel. Diese Planbarkeit ist umso wichtiger, je höher der Anteil der Personalkosten einer Organisation ist. Schließlich können Personalkosten (schon allein aus arbeitsrechtlichen Gründen) bei Spendeneinbrüchen kurzfristig nicht beliebig gesenkt werden. Auch dürfen steuerbegünstigte Organisationen aus Spenden nur in sehr begrenztem Umfang Rücklagen bilden. Prinzipiell unterliegen Spenden dem Gebot der „zeitnahen Mittel-

[1] Burnett, Ken: Relationship Fundraising – A Donor-Based Approach to the Business of Money Raising, (White Lion Publishing) London 1992, S. 59.

verwendung". Nach Abgabenordnung ist eine zeitnahe Mittelverwendung gegeben, wenn die Mittel spätestens in den auf den Zufluss folgenden zwei Kalender- oder Wirtschaftsjahren für die steuerbegünstigten satzungsmäßigen Zwecke verwendet werden.[2] Mittel- und langfristig angelegte Projektarbeit kann demnach nicht aus Rücklagen, sondern nur mit kontinuierlichen und einigermaßen prognostizierbaren Mittelzuflüssen, erreicht werden. Regelmäßige Einnahmen von dauerhaft gebundenen Spendern ermöglichen demnach eine deutlich bessere Finanzplanung für die Projektarbeit.

Ein weiterer wichtiger Grund für die Notwendigkeit einer langfristigen Bindung von Spendern liegt im zunehmenden **Verdrängungswettbewerb** auf dem Spendenmarkt. Laut „Deutschem Spendenmonitor", erhoben vom Marktforschungsinstitut „TNS Infratest", sank der Anteil der Bevölkerung, der spendet („Spenderquote") von 40 % im Jahr 2007 auf 35 % im Jahr 2011 (siehe auch Abb. 2.119). Die Anzahl der neu auf den deutschen Spendenmarkt drängenden Organisationen steigt jedoch kontinuierlich. So betreiben in den letzten Jahren beispielsweise immer mehr Schulen, Hochschulen und Krankenhäuser Fundraising. Der dadurch entstehende Verdrängungswettbewerb hat zu einer geschätzten Verzehnfachung der Kosten der (Erst-) Spendergewinnung zwischen 1990 und 2010 geführt. Bei Vollkostenbetrachtung liegen die Kosten für die Gewinnung eines Erstspenders je nach Organisation heute schon zwischen 100 € und 200 €. Auch sinkt die Verweildauer von Spendern bei einer Organisation, wenn sich diese nicht aktiver als bisher um die Bindung ihrer Spender bemüht.

2.1.1 Spenderpyramide und Upgrading

Ziel des Relationship Fundraising muss deshalb der Aufbau einer langfristigen Beziehung zwischen einer Organisation und ihren Spendern sein. Je besser und länger diese Beziehung ist, umso größer kann das Vertrauen des Spenders in „seine" Organisation werden. Je größer dieses Vertrauen, umso größer die Bereitschaft, (im Rahmen der jeweiligen finanziellen Möglichkeiten) Schritt für Schritt auch mehr (finanzielle) Verantwortung für die Organisation zu übernehmen. Veranschaulichen lassen sich die Überlegungen des Relationship Fundraising am Modell der **Spenderpyramide** (siehe Abb. 2.1).

In einem ersten Schritt gilt es, aus der breiten Öffentlichkeit zunächst einmal Diejenigen zu identifizieren, die überhaupt ein Interesse an den Zielen der Organisation haben – selbst wenn Sie (noch) nicht bereit sein sollten, auch gleich Geld zu geben. Umgekehrt wird jemand, der nicht einmal Interesse an den Aufgaben einer Organisation hat, ihr auch nicht spenden. Voraussetzung für Interesse ist wiederum ein entsprechender Bekanntheitsgrad. Wie bereits erwähnt, kann eine Organisation Spenden nur von Menschen bekommen, die die Organisation und ihre Ziele auch kennen. Für eine Organisation wie das Deutsche Rote Kreuz (DRK) ist das kein Problem. Das DRK verfügt über einen Bekanntheitsgrad von über 90 % in der Bevölkerung. Andere Organisationen müssen sich im Vorfeld des Fund-

[2] Siehe § 55 Abs. 1 Nr. 5 Abgabenordnung.

Abb. 2.1 Die Spenderpyramide

raising durch entsprechende Öffentlichkeitsarbeit (siehe Kap. 2.6.2) einen ausreichenden Bekanntheitsgrad als Grundlage erfolgreichen Fundraising erst mühevoll erarbeiten und erhalten. Wie eine Organisation ihre Interessenten als Basis der Spenderpyramide finden und gewinnen kann, wird im folgenden Kapitel ausführlich dargestellt werden.

Relationship Fundraising zielt nun darauf ab, **Interessenten** durch regelmäßige Information über ihre Arbeit an die Organisation heranzuführen. Dabei werden ihnen immer konkrete Angebote unterbreitet, das (bislang eher passive) Interesse an der Organisation in eine aktive Unterstützung münden zu lassen. Die Unterstützung kann in Form einer (Geld-, Sach- oder Zeit-) Spende erfolgen. Im Modell der Spenderpyramide bedeutet dies eine Heraufstufung (engl. **Upgrading**) von der Stufe des Interessenten auf die Stufe des **Erstspenders**. Erstspendern wiederum werden im Rahmen des Relationship Fundraising Angebote unterbreitet, **Mehrfachspender** und schließlich **Dauerspender** zu werden, die sich langfristig für die Organisation engagieren. Dauerspender, die es sich leisten können, könnten eines Tages zu **Großspendern** werden und am Ende ihres Lebens vielleicht sogar den Wunsch haben, die Organisation über ihren eigenen Tod hinaus durch Erbschaft oder Vermächtnis unterstützen zu wollen und so zum **Testamentspender** werden.

Eine Organisation sollte also jedem Interessenten bzw. Spender aktiv anbieten, sein Engagement für die Organisation auf die nächst höhere Stufe in der Spenderpyramide zu steigern. Freilich wird nicht jeder Spender bereit sein, alle Stufen der Spenderpyramide zu „erklimmen", weshalb sich die Spenderpyramide ja auch nach oben verjüngt. Angeboten werden muss es ihm trotzdem. Ohne entsprechendes Angebot von Seiten der Organisation werden erfahrungsgemäß nur wenige Spender von sich aus Veranlassung sehen, den jeweils nächsten Schritt zu gehen. Auch in Deutschland gilt der Fundraising-Grundsatz „You only get what you ask for!". Professionell arbeitende Fundraiser haben dies längst erkannt und für jede Stufe der Spenderpyramide ein eigenes, in sich geschlossenes Marketing-Konzept entwickelt. Darin ist detailliert festgelegt, wie mit einem Spender auf der jeweiligen Stufe kommuniziert werden soll bzw. welche konkreten Angebote ihm für das Erklimmen der nächst höheren Stufe unterbreitet werden sollten. So ist beispielsweise genau festgelegt, wer einem Interessenten wann welche Information zukommen lässt und wann in welcher Form um eine erste Spende gebeten wird. Ähnliches wird für alle weiteren Stufen der Spenderpyramide erarbeitet. Das genaue Vorgehen wird in den folgenden Kapiteln detailliert erläutert.

2.1.1.1 Spenderpyramide und Pareto-Prinzip

Je höher die Stufe in der Spenderpyramide, umso höher der Betrag, der pro Kopf gespendet wird. Untersuchungen bei verschiedenen Organisationen ergaben, dass auch hier das bekannte **Pareto-Prinzip** zu gelten scheint. Demnach steuert bei einer Organisation mit ausgereiftem Fundraising eine Mehrheit von 80 % der Spender (in der Basis der Spenderpyramide) lediglich 20 % des Spendenvolumens bei, während umgekehrt eine Minderheit von 20 % der Spender (in der Spitze der Spenderpyramide) für den Löwenanteil von 80 % der Spenden verantwortlich ist. Dass die 20 % besten Spender auch eine überdurchschnittliche Betreuung verdient hätten, scheint auf der Hand zu liegen. Tatsächlich aber haben viele Organisationen in der Vergangenheit alle ihre Spender gleich gut – leider muss man oft auch sagen: gleich schlecht – betreut. Daraus übrigens zu schließen, das Fundraising nur noch in der Spitze der Spenderpyramide zu betreiben, wäre falsch. Ohne den, zum Teil langjährigen, Vertrauensaufbau in der Basis der Spenderpyramide ist ein nachhaltiger Erfolg in der Spitze der Spenderpyramide nicht zu haben. Viele Großspender hatten mit zunächst kleineren Spenden erst einmal getestet, ob eine Organisation auch größere Spenden überhaupt verdient. Auf eine solide „Grundlagenarbeit" in der Basis der Spenderpyramide kann also nicht verzichtet werden.

Der zentralen Frage, *wie* die angestrebte Beziehung zu den Spendern in der Praxis aufzubauen ist, wird in den folgenden Kapiteln noch ausführlich einzugehen sein. Vorab jedoch noch eine grundsätzliche Überlegung dazu: Die beste Möglichkeit, eine vertrauensvolle Beziehung aufzubauen, ist aus kommunikationstheoretischer Sicht immer das persönliche Gespräch. Allerdings muss in der Fundraising-Praxis der Aufwand eines persönlichen Gesprächs im Verhältnis zur (erwartenden) Spende stehen. Ein persönliches Gespräch eines hauptamtlichen Fundraiser mit allen Kleinspendern würde allein schon durch die anfallenden Lohnkosten unverhältnismäßige „Verwaltungskosten" verursachen. Deshalb wird in der Basis der Spenderpyramide (vom Interessenten bis zum Dauerspender) die kostengünstigere Massenansprache (i. d. R in Form eines Mailings) gewählt. Spätestens von der Ebene der Großspender an aufwärts, ist jedoch eine persönliche Betreuung nicht nur ökonomisch sinnvoll sondern wird von den Großspendern auch – zu Recht – erwartet.

2.1.1.2 Beziehungsaufbau durch Dialog

Im Fundraising muss es uns also gelingen, eine möglichst individuelle Beziehung zu jedem unserer Spender aufzubauen. Aus Alltagserfahrung wissen wir, dass Beziehungen nur durch Dialog aufgebaut und aufrechterhalten werden können. Ohne Dialog keine Bezie-

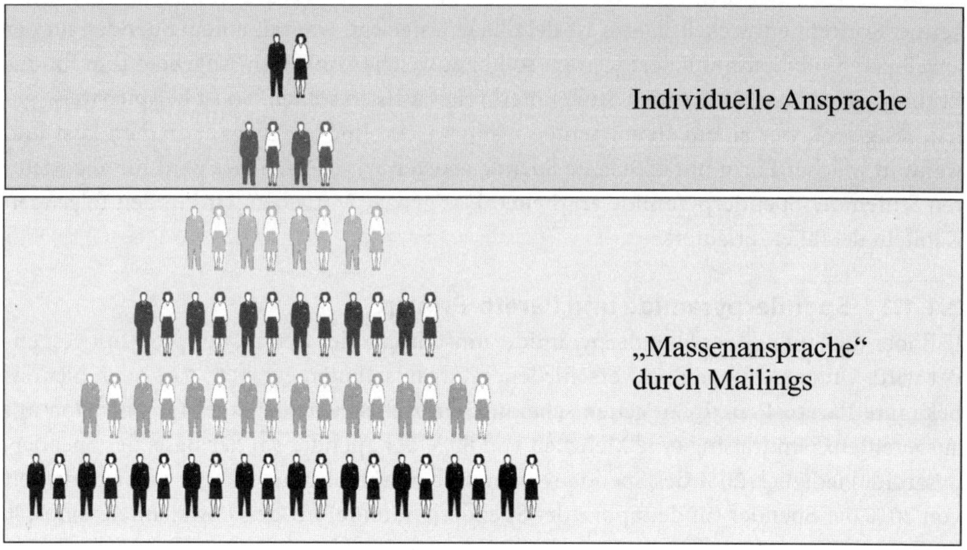

Abb. 2.2 Massenhafte und persönliche Spenderbetreuung

hung. Also auch kein Fundraising ohne Dialog. Diese Erkenntnis hat Konsequenzen. So reicht beispielsweise die klassische Öffentlichkeitsarbeit einer Organisation für das Fundraising nicht aus. Öffentlichkeitsarbeit ist durch den Einsatz der klassischen Massenmedien Fernsehen, Radio und Print (siehe Kap. 2.6.4) oft genug lediglich monologisch ausgerichtet. Dies ist für die Zielsetzung der Öffentlichkeitsarbeit, Bekanntheit und Vertrauen in der Öffentlichkeit aufzubauen, ja vielleicht auch ausreichend. Fundraising braucht darüber hinaus aber die persönliche, individualisierte Ansprache. Die wiederum ist nur möglich, wenn die Adresse der (potenziellen) Spender in Form von Postanschrift oder E-Mail-Adresse bekannt sind. Auf die Gewinnung und Pflege von Adressen ist deshalb, wie später noch weiter erläutert werden wird, ein besonderes Gewicht zu legen.

In der Spitze der Spenderpyramide (Großspender aufwärts) wird der Dialog mit den Spendern „klassisch“ in Form eines persönlichen Gesprächs geführt. In der Basis der Spenderpyramide (vom Interessenten bis zum Dauerspender) wäre dies, wie bereits erwähnt, jedoch mit zu hohen Kosten verbunden (wenn nicht von ehrenamtlichen Kräften übernommen). Als Ersatz für das persönliche Gespräch muss auf andere Instrumente zurückgegriffen werden, insbesondere das Mailing. Dem kostengünstigeren Mailing muss es gelingen, einen Dialog zwischen Organisation und Spender möglichst gut zu simulieren. Dabei führt ein Mailing nicht automatisch zu Dialog. Erst wenn wir unseren Spendern Antwort- bzw. Reaktionsmöglichkeiten anbieten, kann aus einem zunächst monologischen Mailing auch wirklich Dialog entstehen. Solche Response-Möglichkeiten können vielfältig sein: ein Zahlschein, eine Antwortpostkarte, ein Antwortfax, die Nummer eines Spendertelefons oder eine Einladung, die Website der Organisation zu besuchen.

Spender sollten von der Organisation, wo immer es geht, aktiv dazu ermutigt werden, ihre passive Rolle aufzugeben, ihre Meinung mitzuteilen, Beiträge und Anregungen zu

Abb. 2.3 Dialogplattform des WWF

liefern und sich bei Unzufriedenheit mit der Organisation bzw. ihrer Arbeit auch zu beschweren. Auf jeden Fall muss es gelingen, die Angeschriebenen zu einem Feedback, einer aktiven Reaktion zu bewegen. Auf die wiederum die Organisation reagieren kann. So entsteht nach und nach Dialog und Beziehung. Dazu *Burnett*: „Make the dialogue as two-way as you possibly can!"[3]

Beispiel

Die Umweltorganisation WWF Deutschland bietet allen Interessierten den Dialog auf einer eigens dafür eingerichteten Dialogplattform im Internet an (http://dialog.wwf.de). Über den Slogan „Wir müssen reden" wird explizit zum Dialog aufgefordert. Die Dialogplattform wird über Plakate und andere Kommunikationskanäle breit kommuniziert (siehe Abb. 2.3).

Die eigene wissenschaftliche Untersuchung ergab, dass Organisationen, denen es gelang, eine individuelle Beziehung zu ihren Spendern aufzubauen, sich als signifikant erfolgreicher erwiesen, als solche denen dies nicht oder weniger gelang.[4] Dieser Zusammenhang mag nach einer Binsenweisheit klingen. Gerade größere Organisationen scheuen jedoch den echten Dialog mit einer fünf- oder gar sechsstelligen Anzahl von Spendern. Aus Zeit- und Kostengründen ist dies ja auch nachvollziehbar. Dafür muss jedoch in Kauf genommen werden, dass die Beziehung zu ihren Spendern bei vielen, gerade größeren

[3] Burnett, Ken: Relationship Fundraising – A Donor-Based Approach to the Business of Money Raising, (White Lion Publishing) London 1992, S. 59.

[4] Vgl. Urselmann, Michael: Erfolgsfaktoren im Fundraising von Nonprofit-Organisationen, (Gabler) Wiesbaden 1998, S. 92 ff. und S. 163 ff.

Organisation, auf einem nur geringen Niveau stagniert, was in der Praxis zu abnehmender Spendertreue führt.

Die Qualität der Beziehung zu einem Spender zeigt sich auch und gerade bei Unzufriedenheit eines Spenders. Durch Beschwerde-Management, verstanden als aktiver Umgang mit Beschwerden für eine zielgerichtete Gestaltung der Marktbeziehungen[5], kann es einer Organisation wie gesagt gelingen, unzufriedene Spender zurückzugewinnen. Relationship Fundraising zeichnet sich deshalb auch dadurch aus, dass negative kritische Briefe und Äußerungen von Spendern als Warnungen erkannt werden, auf die angemessen und positiv durch die Organisation reagiert werden muss. Unzufriedene Spender beschweren sich, weil ihnen die Organisation noch am Herzen liegt. In diesem Fall hat die Organisation noch eine Chance, den unzufriedenen Spender zurückzugewinnen. Viel schlimmer für die Organisation sind jene unzufriedenen Spender, die sich nicht mehr beschweren, weil sie längst resigniert haben. Ihre Unzufriedenheit erfährt die Organisation (wenn überhaupt) erst viel später, nämlich dann, wenn der betreffende Spender sie nicht mehr unterstützt. Der Aufwand, der dann für die Rückgewinnung des Spenders betrieben werden muss, ist ungleich höher.[6] Beschwerden stellen also eine Art „Frühwarnsystem" dar, das wertvolle Hinweise auf Schwachstellen in der eigenen Organisation geben kann.[7] Die eigene wissenschaftliche Untersuchung bestätigte, dass solche Organisationen, die individuell auf Beschwerden ihrer Spender eingehen, sich als tendenziell erfolgreicher erwiesen, als jene, die dies nicht taten.[8]

Wann ist das Ziel einer vertrauensvollen Beziehung zwischen einer Organisation und einem Spender erreicht? Wenn ein Spender sich soweit mit „seiner" Organisation identifiziert, dass er sich als einen Teil der Organisation versteht. Er spricht dann nicht mehr von „denen", sondern von „wir". Diese „Innen-Außen-Problematik", wer zur Organisation gehört bzw. außerhalb steht, führt in der Praxis immer wieder zu Problemen. Hauptamtliche Mitarbeiter einer Organisation neigen gerne dazu, sich selbst als „Innen" zu definieren, Geldspender und Zeitspender (Ehrenamtliche) aber als „Außen". Entsprechend behandelt, entsteht bei Spendern ein dem Fundraising abträgliches Gefühl des „Nicht-Dazugehörens". Diese „Innen-Außen-Problematik" sollten Fundraiser (aber auch alle anderen Mitarbeiter einer Organisation) im Eigeninteresse regelmäßig selbstkritisch reflektieren.

---

[5] Vgl. Hansen, Ursula; Jeschke, Kurt; Schöber, Peter: Beschwerdemanagement – Die Karriere einer kundenorientierten Unternehmensstrategie im Konsumgüterbereich, in: Marketing ZFP, o.Jg., 1995, Nr. 2, S. 77–88, S. 77.

[6] Burnett, Ken: Relationship Fundraising – A Donor-Based Approach to the Business of Money Raising, (White Lion Publishing) London 1992, S. 51 f.

[7] Vgl. Riemer, Martin: „Beschwerde-Management" in sozialen Einrichtungen – Unzufriedenheit bei der Klientel als Anlass für Organisationsentwicklung, in: Blätter der Wohlfahrtspflege, o.Jg., 1988, Nr. 3, S. 58–60, S. 58.

[8] Vgl. Urselmann, Michael: Erfolgsfaktoren im Fundraising von Nonprofit-Organisationen, (Gabler) Wiesbaden 1998, S. 92 ff. und S. 163 ff.

2.1.1.3 Fundraising – erst säen, dann ernten

Fundraising ist also nicht möglich ohne das Vertrauen der (potenziellen) Spender in eine Organisation. Dieses Vertrauen muss durch Beziehungsaufbau im Rahmen des Relationship Fundraising erworben werden. Das kostet Zeit – viel Zeit! Organisationen, die ihr Fundraising „von Null weg“ aufbauen, müssen wissen, dass die Zeitdauer vom Beginn der Fundraising-Aktivitäten bis zu dem Zeitpunkt, an dem die eingeworbenen Spenden die bis dahin angefallenen Fundraising-Kosten gerade decken (man spricht vom sog. „Break Even Punkt“), bei etwa drei Jahren liegt. Erst nach dem dritten Jahr ist also mit Überschüssen aus dem Fundraising zu rechnen, die in die Projekte gesteckt werden können. Fundraising stellt also immer zunächst eine Investition dar, die sich erst später (hoffentlich) auszahlt. Oder anders gesagt: Bevor geerntet werden kann, muss gesät werden. Diese simple Weisheit führt in der Praxis immer wieder zu Problemen. So warten viele Organisationen mit der Einführung von Fundraising so lange, bis sie durch Kürzungen staatlicher Unterstützung finanziell bereits „mit dem Rücken zur Wand stehen“. Es bleibt dann weder die Zeit noch das Investitionsvolumen, die wegbrechenden öffentlichen Mittel durch Fundraising zu kompensieren. Aufgrund des langen Vorlaufs sollten Fundraising-Aktivitäten deshalb bei Zeiten begonnen werden. Ein anderes, in diesem Zusammenhang häufig auftretendes Problem beim Aufbau des Fundraising sind die Arbeitsverträge der neu eingestellten Fundraiser. Befristet auf ein oder zwei Jahre, lassen sie dem Fundraiser i. d. R keine Chance, bei noch so guter Arbeit den Break Even Punkt für das Fundraising zu erreichen, was regelmäßig zu Frustrationen auf beiden Seiten führt. Bei zeitlich befristeten Arbeitsverträgen oder erfolgsabhängiger Vergütung für den Fundraiser sollte deshalb die Dauer der anfänglichen Investitionsphase nicht unterschätzt werden.

2.1.1.4 Was ich in diesem Kapitel gelernt habe

- Bauen Sie eine möglichst individuelle, langfristige Beziehung zu jedem Ihrer Spender auf!
- Versuchen Sie, in der Bevölkerung ihre Interessenten zu identifizieren und diese durch Relationship Fundraising schrittweise zu Erst-, Mehrfach-, Dauer-, Groß- und Testamentspender zugunsten Ihrer Organisation zu machen („Upgrading“)!
- Konzipieren Sie für jede Stufe der Spenderpyramide ein eigenes Marketing-Konzept! Erstspender müssen anders als Großspender und die wiederum anders als (potenzielle) Testamentspender angesprochen werden!
- Stellen Sie sicher, dass ein Spender jederzeit und niedrigschwellig mit Ihrer Organisation kommunizieren kann!
- Richten Sie ein spezielles Spendertelefon ein (möglichst mit einer gebührenfreien Nummer) über das Sie für Ihre Spender jederzeit erreichbar sind!
- Sorgen Sie dafür, dass das Spendertelefon zu den üblichen Geschäftszeiten durchgängig mit einer kompetenten Kraft besetzt ist! Sollte dies nicht möglich sein, lagern Sie diese Funktion auf einen externen Dienstleister aus!
- Weisen Sie Ihre Spender bei jeder möglichen Gelegenheit explizit auf die Existenz dieses Spendertelefons hin!

- Ermutigen Sie Ihre Spender immer wieder zu jeder Form von Dialog (Fragen, Beiträge, Anregungen, Kritik etc.)!
- Sehen Sie in Beschwerden Ihrer Spender eine Chance zur Verbesserung Ihres Fundraising!
- Ermuntern Sie unzufriedene Spender nachdrücklich, ihren Unmut der Organisation mitzuteilen!
- Schulen Sie die Kraft am Spendertelefon Ihrer Organisation in Beschwerde-Management und verpflichten Sie sie, in jedem Fall eine positive Lösung für den unzufriedenen Spender anzubieten!
- Sorgen Sie dafür, dass alle Ihre Mitarbeiter Spendern ein Gefühl der Zugehörigkeit vermitteln („Innen-Außen-Problematik")!
- Beginnen Sie mit dem Aufbau des Fundraising bei Zeiten! Berücksichtigen Sie den etwa dreijährigen Vorlauf bis Fundraising echte Überschüsse erzielt!
- Schließen Sie nur Arbeitsverträge ab, die die Investitionsphase beim Aufbau des Fundraising angemessen berücksichtigen!

2.1.1.5 Weiterführende Literatur zu diesem Kapitel

Burnett, K.: Friends for Life – Relationship Fundraising in Practice. White Lion Press, London (1996)

Burnett, K.: Relationship Fundraising – A Donor-Based Approach to the Business of Money Raising. Jossey-Bass, San Francisco (2002)

Hansen, U., Jeschke, K., Schöber, P.: Beschwerdemanagement – Die Karriere einer kundenorientierten Unternehmensstrategie im Konsumgüterbereich. Marketing ZFP. **2**, 77–88 (1995)

Kotler, P., Andreasen, A.R.: Strategic Marketing for Nonprofit Organisations, 5. Aufl. Prentice Hall, New Jersey (1996)

Meyer, C.: Fund Raising für Greenpeace – Erfolgreich durch den Dialog. In: Dallmer, H. (Hrsg.) Handbuch Direct Marketing, 6. Aufl., S. 843–852. Gabler, Wiesbaden (1991)

Riemer, M.: „Beschwerde-Management" in sozialen Einrichtungen – Unzufriedenheit bei der Klientel als Anlass für Organisationsentwicklung. Blätter Wohlfahrtspfl. (3), 58–60 (1988)

Schneider, W.: Die Akquisition von Spenden als eine Herausforderung für das Marketing. Duncker & Humblot, Berlin (1996)

Schulz, L.: Beschwerdemanagement. In: Fundraising Akademie (Hrsg.) Fundraising – Handbuch für Grundlagen, Strategien und Instrumente, S. 461–472. (Gabler) Wiesbaden (2001)

Smith, G.: Asking Properly – The Art of Creative Fundraising. The White Lion Press Ltd., London (1996)

2.1.2 Die Stufe der Interessenten

Nach der Klärung, wer als Interessent zu betrachten ist, soll im Rahmen dieses Kapitels aufgezeigt werden, wie eine Organisation in der Praxis Interessenten gewinnen und anschließend binden kann.

2.1.2.1 Wer ist Interessent?

Als Interessent ist jeder zu betrachten, der auf irgendeine Art und Weise Interesse an der Zielsetzung einer Organisation zeigt. Da jeder Interessent einen potenziellen Spender für die Organisation darstellt, muss er von Anfang an entsprechend behandelt bzw. betreut werden. Bereits an dieser Stelle verschenken die meisten Organisationen ein enormes Potenzial! Adressen von Interessenten werden nicht systematisch erfasst, obwohl sie die Voraussetzung für einen (zunächst schriftlichen) Dialog darstellen. Dabei hätten die meisten Organisationen weit mehr Gelegenheiten, Adressen von Interessenten zu erhalten, als sie oftmals auf den ersten Blick erkennen.

Erster Schritt des Relationship Fundraising muss also sein, die Adressen aller bzw. möglichst vieler Interessenten zu erfassen. An dieser Stelle sei eine kurze Bemerkung erlaubt: Die Empfehlung zur Erfassung von Adressen mag bei dem Einen oder der Anderen ein unwohles Gefühl auslösen. Das riecht nach „gläsernem Mensch“ und George Orwell‘s „big brother is watching you“. Die Adresserfassung bereits bei den Interessenten ist für professionelles Fundraising jedoch unerlässlich und – verantwortlich gehandhabt – letztlich auch im Interesse eines (potenziellen) Spenders. Nur wenn eine Organisation die individuellen Adressen und Erwartungen ihrer Interessenten gespeichert hat, kann sie bei der Vielzahl der Interessenten auch wirklich individuell auf sie eingehen. Würde eine Organisation nicht auf die individuellen Wünsche ihrer Interessenten eingehen (können), würde sie ihre Interessenten verärgern. Das kann dazu führen, dass sie sich einer anderen Organisation zuwenden, die besser den individuellen Vorstellungen entsprechen kann.

Beispiel

Bei jeder Organisation erwartet ein Teil der Interessenten Rechenschaft, z. B. in Form eines Geschäftsberichtes. Andere Interessenten betrachten das Verschicken von Geschäftsberichten als Verschwendung und bevorzugen, die entsprechenden Mittel lieber in die Projektarbeit zu stecken. Diesen entgegengesetzten Erwartungen kann eine Organisation nicht dadurch gerecht werden, dass sie entweder allen oder keinen Interessenten einen Geschäftsbericht zuschickt. Ein solch pauschales Vorgehen würde immer den Teil der Interessenten verärgern, auf dessen Bedürfnisse keine Rücksicht genommen wurde. Die Lösung kann nur darin bestehen, auf die individuellen Bedürfnisse der Interessenten auch individuell einzugehen. Dies ist ohne Adresserfassung in einer geeigneten Datenbank nicht möglich. Jeder, der einen Geschäftsbericht wünscht, wird als solcher in der Datenbank markiert und kann anschließend dann auch für den Versand eines Geschäftsberichtes selektiert werden. Analog erhalten alle, die dies nicht wünschen, keinen Geschäftsbericht. Näheres zur Speicherung individueller Spenderwünsche in Kap. 2.1.4.

2.1.2.2 Gewinnung von Interessenten

Wie kann eine Organisation nun systematisch die Adressen ihrer Interessenten gewinnen? Indem sie mit dem Naheliegenden beginnt und zunächst alle Personen um ihre Adresse bittet, die **im direkten Umfeld** der Organisation ihr Interesse bereits dadurch aktiv signalisieren, dass sie:

- Informationsmaterial über die Organisation (schriftlich, telefonisch oder per Internet) anfordern,
- die Organisation besuchen,
- Informationsveranstaltungen und Feste der Organisation besuchen (z. B. „Tag der offenen Tür“, Sommerfeste, Weihnachtsfeiern etc.),
- der Organisation selbst einmal angehört haben („Ehemalige“, z. B. einer Universität),
- ein fachliches Interesse an der Arbeit der Organisation haben (z. B. Ärzte bei Organisationen, die Hilfe für kranke Menschen anbieten),
- die Leistungen der Organisation in Anspruch nehmen oder deren Angehörige, die mittelbar von den Leistungen der Organisation profitieren.

Eine Ausnahme bilden jedoch Bewohner von **stationären** Pflegeeinrichtungen. Das Heimgesetz regelt in § 14, dass es einem Träger eines Heimes untersagt ist, sich von oder zugunsten von Bewohnern Geld oder geldwerte Leistungen über das vereinbarte Entgelt hinaus versprechen oder gewähren zu lassen. Vermieden werden soll, dass sich Heimbewohner aus einem Abhängigkeitsverhältnis heraus zu einer Spende genötigt fühlen könnten, die eine geringwertige Aufmerksamkeit übersteigen. Diese Regelung gilt übrigens nicht für Organisationen, die **ambulante** Pflegeleistungen anbieten.

Sind die Adressen dieser Interessenten aus dem direkten Umfeld der Organisation erfasst, sollten auch Interessenten **aus dem weiteren Umfeld** der Organisation gewonnen werden. Dazu können im Prinzip alle Kommunikationskanäle der klassischen Werbung, der Direktwerbung und der Dialogwerbung (siehe Kap. 2.6) auch im Internet (siehe Kap. 2.7) genutzt werden. Die wichtigsten, in der Praxis zur Interessentengewinnung genutzten Kommunikationskanäle sollen im Folgenden kurz vorgestellt werden.

2.1.2.2.1 Interessentengewinnung über Fernseh-, Radio-, Kino- und Außenwerbung

Gute Möglichkeiten, Adressen von Interessenten zu gewinnen, sind Aufrufe über Fernseh-, Radio-, Kino- und Außenwerbung (siehe Kap. 2.6.4).

Beispiel

Die Berliner Jugendhilfeorganisation Cirkus Cabuwazi schaltet Radio-Spots, um Besucher für die eigene Benefiz-Veranstaltung und darüber Interessenten an der eigenen Sozialarbeit zu werben. Der Berliner Regionalsender Radio Paradiso verzichtet auf die üblichen Schaltungskosten für Radio-Spots.

2.1.2.2.2 Interessentengewinnung durch Anzeigen und Fülleranzeigen

Besonderer Beliebtheit bei der Interessentengewinnung erfreuen sich sog. **Fülleranzeigen** (siehe Kap. 2.6.4.4).

Beispiel

Das Kinderhilfswerk Kindernothilfe spricht einmal pro Jahr die Anzeigenleiter der Verlage (siehe Abb. 2.4) direkt an, die über die Schaltung ihrer Fülleranzeigen (siehe Abb. 2.5) entscheiden. Um im Anzeigenumfeld überhaupt wahrgenommen zu werden, bildet die Kindernothilfe in ihren Fülleranzeigen auch prominente Spender der Organisation ab. Die Adressen der Verlage samt Ansprechpartner sind elektronisch erhältlich.

Einige Organisationen sind bei der Ansprache von Interessenten bereits dazu übergegangen, neben kostenlosen (Füller-) Anzeigen, auch bezahlte **Anzeigen** in Zeitungen und Zeitschriften (mit thematischen Bezug zur Organisation) zu schalten. Je nach Zeitung oder Zeitschrift kann eine einzige Schaltung einer solchen Anzeige durchaus einen hohen fünfstelligen Betrag kosten und stellt daher eine nicht unerhebliche Investition dar, die sich für die betreffenden Organisationen über das spätere Upgrading der so gewonnenen Interessenten wieder auszahlen muss.

2.1.2.2.3 Interessentengewinnung durch Beilagen, Beihefter, Beikleber

Auch Beilagen, Beihefter und Beikleber (siehe Kap. 2.6.4.4) in Printmedien werden von Organisationen gerne zur Interessentengewinnung eingesetzt.

2.1.2.2.4 Interessentengewinnung durch Außenwerbung

Ein wichtiges Instrument zur Interessentengewinnung ist die Außenwerbung (siehe Kap. 2.6.4.5).

Beispiel

Das Hilfswerk Brot für die Welt schaltet Plakate, um Interessenten für das Thema „Hungerbekämpfung" zu gewinnen (siehe Abb. 2.6).

2.1.2.2.5 Interessentengewinnung durch Unterschriftenlisten

Auch über Unterschriftenlisten werden Adressen von Interessenten (z. B. in Fußgängerzonen) gesammelt. Dabei sollte sichergestellt werden, dass die anschließende Verwendung

Abb. 2.4 Beispiel einer direkten Ansprache von Anzeigenleitern

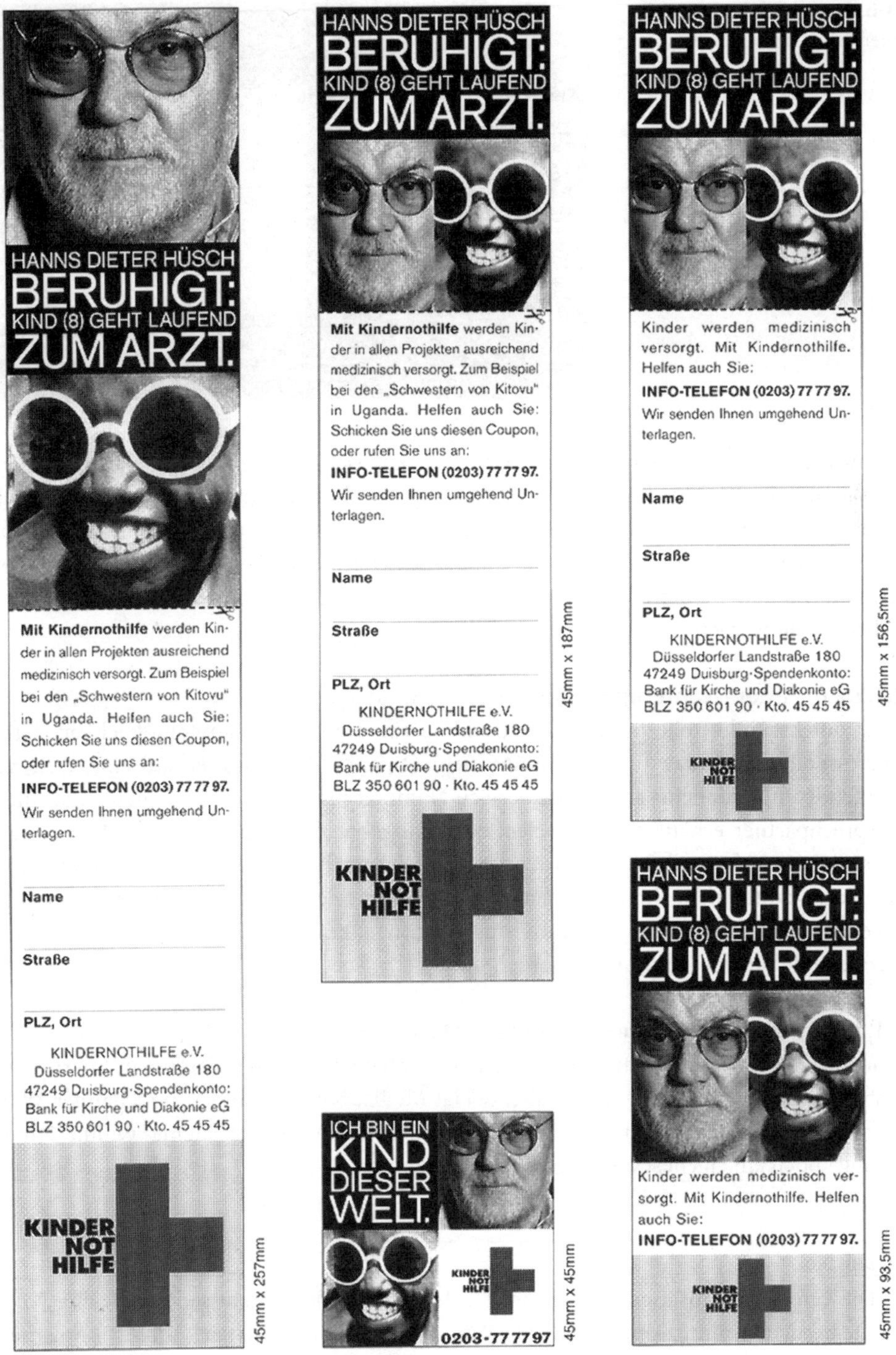

Abb. 2.5 Beispiele für Fülleranzeigen (der Kindernothilfe)

Abb. 2.6 Plakat zur Interessentengewinnung

der Adressen weder gegen Bestimmungen des Datenschutzes verstößt, noch den Unterschreibenden verärgern könnte. Die Organisation sollte die Unterschreibenden deshalb bitten, einer weiteren Verwendung der Adresse zu Informationszwecken explizit zuzustimmen. Dies kann beispielsweise durch das Ankreuzen eines Feldes „Ja, ich möchte weitere Informationen über die Arbeit der Organisation erhalten“ auf der Unterschriftenliste sichergestellt werden.

2.1.2.2.6 Interessentengewinnung über Telefon

Eine zunehmende Rolle bei der Bereitstellung von Kontaktaufnahmemöglichkeiten für Interessenten spielt das Telefon. Immer mehr Organisationen weisen auf eine leicht zu merkende und möglichst kostenlose Service-Nummer hin, unter der ein Interessent einen Ansprechpartner erhält, der kompetent Auskunft über die Organisation und ihre Ziele geben kann. Aufgabe des Telefonisten ist, die Adresse des Interessenten vollständig und korrekt aufzunehmen. Dabei ist unerheblich, ob der Telefonist in der Organisation oder bei einer beauftragten Telefon-Fundraising-Agentur sitzt. Nähere Informationen zum Einsatz des Telefons im Fundraising werden in Kap. 2.5.4 gegeben.

2.1.2.2.7 Interessentengewinnung im Internet

Eine immer größere Bedeutung bei der Interessentengewinnung kommt dem Internet zu. Insbesondere über die eigene Website, Social Media, Suchmaschinen und Banner Werbung lassen sich Interessenten leicht gewinnen. Deshalb wird dem Thema „Online-Fundraising“ noch ein eigenes Kapitel gewidmet (siehe Kap. 2.7).

Beispiel

Die Umweltorganisation Greenpeace Deutschland fordert Interessenten, die ihre Website besuchen, auf: „Komm an Bord. Werde Meeresschützer.“ (siehe Abb. 2.7). So erhält Greenpeace die Postanschrift und E-Mail-Adresse des Interessenten und schafft damit die Grundlage für den späteren Dialog mit dem Interessenten. Dies ist naheliegend, da

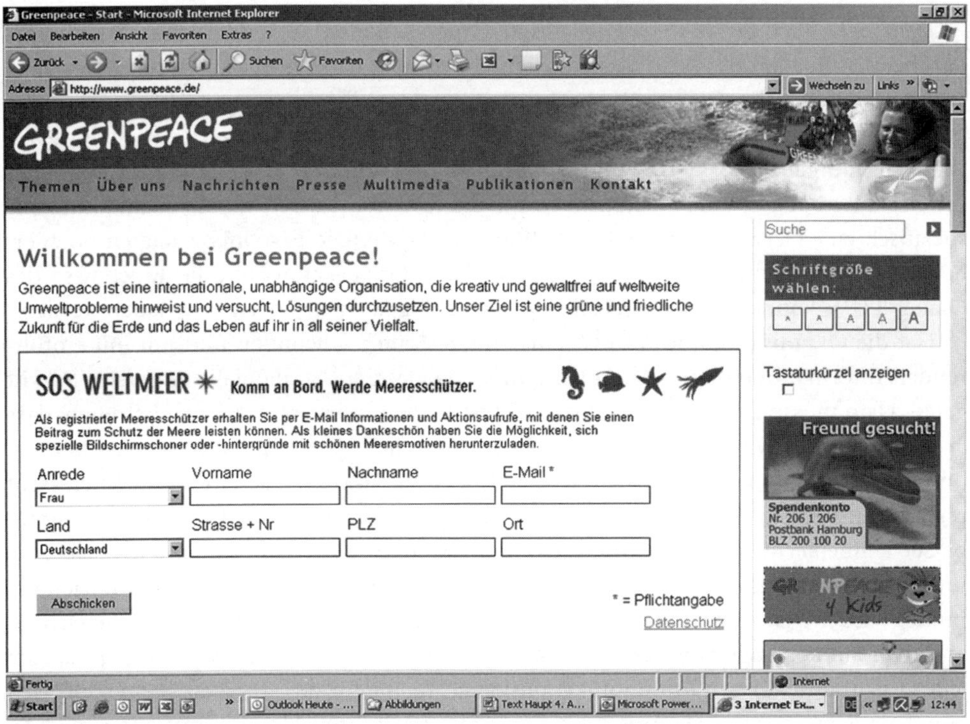

Abb. 2.7 Interessentengewinnung über die Website

die Wahrscheinlichkeit hoch sein dürfte, dass ein Besucher einer Website sich für die Organisation der besuchten Website interessiert.

2.1.2.3 Bindung von Interessenten

Hat ein Interessent sein Interesse für die Organisation erkennbar artikuliert, ist ein „neuralgischer" Zeitpunkt im Aufbau der Beziehung zu ihm erreicht. Der Interessent muss die gewünschten Informationen nun schnell, freundlich und kompetent erhalten. In diesem frühen Beziehungsstadium ist das Involvement eines Interessenten i. d. R noch sehr gering. Wird auf das gezeigte Interesse nicht entsprechend reagiert, verebbt es schnell wieder. Organisationen sollten deshalb sämtliche denkbaren Prozesse der Kontaktaufnahme durch einen Interessenten genauestens untersuchen und optimieren. So muss z. B. der Empfang wissen, an wen er telefonische Anfragen schnell weiterleiten kann bzw. wer einen abwesenden Ansprechpartner vertritt. Ein Anrufbeantworter muss auch außerhalb der Geschäftszeiten der Organisation die Kontaktaufnahme jederzeit ermöglichen. Auch bei schriftlichen Anfragen muss ein Interessent umgehend umfassendes Informationsmaterial, verbunden mit einem Dank für sein Interesse, erhalten. Das zugesandte Informationsmaterial sollte bereits eine Möglichkeit zur Spende (beispielsweise durch beigelegten oder aufgespendeten Überweisungsträger), eventuell noch eine Antwortkarte zum Anfordern weiteren Informationsmaterials, umfassen.

Dass viele, auch große steuerbegünstigte Organisationen noch deutlichen Nachholbedarf bei der Qualität der Beantwortung von Interessentenanfragen haben, zeigte der 2011 von der Initiative ProDialog durchgeführte „Spenden-TÜV". Getarnt als ein normaler privater Interessent, kontaktierte eine Mitarbeiterin von ProDialog 50 deutsche Organisationen. Einmal per Brief und einmal per E-Mail wurde um Informationsmaterial über die Organisation gebeten. Untersucht wurde die Reaktionszeit, Reaktionsqualität und wie spezifisch eine Organisation auf die Anfragen reagierte. Die Ergebnisse zeigten noch erheblich Verbesserungspotenziale bei den meisten Organisationen! Alle Ergebnisse des Dialog-TÜVs können auf der Website von ProDialog kostenlos heruntergeladen werden.

Hat die Organisation die Adresse eines Interessenten gewonnen und ihn mit einführenden Informationen über die Organisation versorgt, so ist allenfalls ein erster Schritt getan. Dem müssen nun weitere folgen. Ziel ist es, den Interessenten so zu betreuen, dass er baldmöglichst bereit sein wird, die nächste Stufe der Spenderpyramide zu erklimmen und die Organisation mit einer ersten Spende zu unterstützen. Dazu muss der Interessent regelmäßig so über die Organisation informiert werden, dass er die Organisation immer besser kennenlernt und irgendwann der Wunsch reift, die Organisation auch selber zu unterstützen. Im Sinne des Relationship Fundraisings sind schon zu Beginn der Beziehung immer wieder Dialogangebote zu machen. Wie bereits erwähnt, lassen sich solche Dialogangebote am kostengünstigsten durch ein Mailing unterbreiten. Deshalb setzt praktisch jede Organisation diesen Kommunikationskanal ein, indem sie ihre Interessentenadressen von Anfang an in ihren Mailing-Zyklus aufnimmt! Mit ihren Mailings informiert die Organisation Ihre Interessenten nach und nach über Ihre verschiedenen Projekte. Außerdem wird jedem (!) Mailing als Response-Element zumindest ein Zahlschein beigelegt.

Früher oder später werden so aus einzelnen Interessenten Erstspender. Sicherlich ist nicht jeder Interessent bereit, irgendwann einmal Erstspender zu werden. Deshalb verjüngt sich die Spenderpyramide ja auch nach oben hin. Es kann sein, dass sich unterschiedliche Interessentengruppen unterschiedlich gut zu Erstspendern upgraden lassen. Organisationen sollten dies testen, indem Sie jeder Interessentengruppe in der Adressdatenbank ein eigenes Herkunftskennzeichen (z. B. für Besucher des Tages der offenen Tür, für Angehörige oder für Ehemalige) geben und anschließend analysieren, welche Gruppe am häufigsten mit einer Erstspende reagiert hat.

2.1.2.4 Was ich in diesem Kapitel gelernt habe

- Sehen Sie in jedem Interessenten an Ihrer Organisation einen potenziellen Spender und behandeln Sie ihn entsprechend!
- Erfassen Sie sofort und systematisch zumindest die Adresse (Name und Anschrift) jedes Interessenten! Die Adresse ist eine unverzichtbare Grundlage für das Fundraising.
- Machen Sie es einem Interessenten möglichst einfach, Ihnen seine Adresse zu übermitteln (z. B. durch eine vorbereitete Antwortkarte oder eine Maske auf der Website Ihrer Organisation)!
- Geben Sie einem Interessenten Anreize, seine Adresse zu übermitteln (Zusendung von Information, Teilnahme an Verlosung etc.)!

- Geben Sie Interessenten mit Hilfe aller zur Verfügung stehender Medien (Print, Rundfunk, Fernsehen, Internet, Plakate, Unterschriftenlisten etc.) die Möglichkeit, möglichst bequem (z. B. per Telefon) in Kontakt mit Ihrer Organisation zu treten!
- Sorgen Sie dafür, dass ein Interessent die gewünschte Information schnell, freundlich und kompetent erhält!
- Sorgen Sie zumindest durch einen Anrufbeantworter für ständige Erreichbarkeit der Organisation!
- Betreuen Sie Ihre Interessenten indem Sie sie in Ihren Mailing-Zyklus aufnehmen, sie über Ihre verschiedenen Projekte informieren und ihnen Dialogangebote unterbreiten! Insbesondere der Zahlschein darf nie fehlen!

2.1.2.5 Weiterführende Literatur zu diesem Kapitel

List-Gessler, B.: Anzeigen und Beilagen. In: Fundraising Akademie (Hrsg.) Fundraising – Handbuch für Grundlagen, Strategien und Instrumente, S. 649–660. Gabler, Wiesbaden (2001)

Holzhauer, H.-J.: Prospekte und Broschüren. In: Fundraising Akademie (Hrsg.) Fundraising – Handbuch für Grundlagen, Strategien und Instrumente, S. 661–686. Gabler, Wiesbaden (2001)

Tapp, P.: Telemarketing, Callcenter. In: Fundraising Akademie (Hrsg.) Fundraising – Handbuch für Grundlagen, Strategien und Instrumente, S. 713–724. Gabler, Wiesbaden (2001)

Urselmann, M.: Kommunikationsmuster kirchlicher Spendenorganisationen, Schriftenreihe der Bundesarbeitsgemeinschaft Sozialmarketing, Heft 8. Nonprofit-Verlag, Bietigheim-Bissingen (1996)

2.1.3 Die Stufe der Erstspender

Reagiert ein Interessent auf ein erhaltenes Mailing irgendwann mit einer ersten Spende, ist aus Fundraising-Sicht ein wichtiger Schritt getan. Aus dem Interessent ist ein **Erstspender** geworden. Viele Organisationen unterschätzen die Bedeutung dieses Schrittes. Jemand ist erstmals bereit, aus der Passivität des „Sich-informieren-lassens" in die Aktivität der Unterstützung zu wechseln. Der Organisation ist es gelungen, einen weiteren aktiven Mitstreiter zu gewinnen. Ähnlich wie Henry Ford im Verkauf eines seiner Autos nicht den Abschluss des Geschäfts sah, sondern den Beginn einer Beziehung[9], sollte die Erstspende eines Spenders nicht als der Abschluss der Fundraising-Bemühungen, sondern im Sinne des Relationship Fundraising als der Beginn einer nach Möglichkeit langjährigen Beziehung gesehen werden.

[9] Zitiert nach Simon, Hermann; Homburg, Christian: Kundenzufriedenheit als strategischer Erfolgsfaktor – Einführende Überlegungen, in: Simon, Hermann; Homburg, Christian (Hrsg.): Kundenzufriedenheit – Konzepte, Methoden, Erfahrungen, (Gabler) Wiesbaden 1995, S. 17–27, S. 17.

2.1.3.1 Wer ist Erstspender?

Unter einem Erstspender soll eine Privatperson verstanden werden, die zum ersten Mal in ihrem Leben eine Einzelspende (nicht Dauerspende) an eine bestimmte Organisation gegeben hat. Dieser Begriff ist nicht automatisch deckungsgleich mit dem Begriff „**Neuspender**". Zwar gibt es Organisationen die beide Begriffe synonym verwenden. Für andere Organisationen kann ein Neuspender jedoch auch ein Spender sein, der nach einer inaktiven Phase erneut gewonnen (im Sinne von reaktiviert) werden konnte (siehe Kap. 2.1.3.4).

2.1.3.2 Gewinnung von Erstspendern

Nachdem geklärt wurde, wer als Erstspender betrachtet werden kann, soll nun der Frage nachgegangen werden, über welche Vertriebskanäle (siehe Kap. 2.5) und welche Kommunikationskanäle (siehe Kap. 2.6) Erstspender gewonnen werden können. Lange Jahre war der Postvertrieb der mit Abstand wichtigste Vertriebskanal für die Erstspendergewinnung.

2.1.3.2.1 Erstspendergewinnung durch Postvertrieb

Im Rahmen des Postvertriebs wird potenziellen Erstspendern ein Spendenbrief bzw. Mailing zugeschickt, das mit Hilfe eines beigelegten Zahlscheins eine Spende ermöglicht. Nach der Systematik der Spenderpyramide werden zunächst alle vorab gewonnenen Interessenten als potenzielle Erstspender betrachtet und mit einem sog. „Eigenadress-Mailing" angeschrieben. Darüber hinaus können aber auch angemietete Adressen Fremder mit einem sog. „Fremdadress-Mailing" angeschrieben werden (siehe Kap. 2.6.5.1).

2.1.3.2.2 Erstspendergewinnung durch Online-Vertrieb

Neben dem Mailing spielt mittlerweile auch das Internet eine wichtige Rolle bei der Erstspendergewinnung. Immer mehr Menschen nutzen die Möglichkeit, eine erste (Online-) Spende insbesondere über die Website einer Organisation zu machen. Umso verwunderlicher ist, dass nicht längst alle steuerbegünstigten Organisationen eine Möglichkeit der (Erst-) Spende auf Ihren Websites (möglichst gleich auf der Homepage) anbieten. Diese vergleichsweise einfache und kostengünstige Möglichkeit der (Erst-) Spendergewinnung sollte jede Organisation aus Fundraising-Sicht unbedingt nutzen! Aufgrund seiner steigenden Bedeutung, soll auf das Internet später in Kap. 2.7 noch einmal separat und ausführlich eingegangen werden.

Beispiel

Das Hilfswerk Welthungerhilfe bietet Besuchern seiner Website gleich auf der Homepage (mehrere) Möglichkeiten zur (Erst-)Spende an („Spenden & Helfen", „Jede Spende hilft!", „Jetzt spenden") (siehe Abb. 2.8).

2.1.3.2.3 Erstspendergewinnung durch persönlichen Vertrieb

Eine Erst- oder Einzelspende im persönlichen Gespräch anzubieten, ist i. d. R unverhältnismäßig teuer und deshalb sehr selten. Ausnahmen bestehen nur dann, wenn der – z. B.

Abb. 2.8 Erstspendergewinnung auf der Website

im Rahmen einer Capital Campaign (siehe Kap. 2.1.7.5) angesprochene (potenzielle) Erstspender gleich ein (potenzieller) Großspender ist. Oder aber die Kosten der persönlichen Ansprache deshalb nur sehr gering sind, weil die Ansprache durch einen Ehrenamtlichen erfolgt.

Beispiel

Im Rahmen der sog. „Caritas-Sammlung" bitten Ehrenamtliche (meist Pfarreimitglieder) die Bewohner eines bestimmten Wohngebietes (oft ihre Nachbarn) an der Haustüre um eine Erst- bzw. Einzelspende.

2.1.3.2.4 Erstspendergewinnung durch Telefon-Vertrieb

Telefonisch um eine Erstspende zu bitten, ist in Deutschland – im Gegensatz beispielsweise zu den USA – unüblich. Der Grund dafür liegt in der ungeklärten rechtlichen Situation. Im Regelfall dürfen in Deutschland Privatpersonen nur dann angerufen werden, wenn der Anrufende eine Geschäftsbeziehung zum Angerufenen hat bzw. nachweisen kann. Wann genau eine solche Geschäftsbeziehung vorliegt ist ebenso (gerichtlich) ungeklärt wie die Frage, ob eine steuerbegünstigte Organisation überhaupt unter diese Regelung fällt. Unstrittig zulässig ist ein Anruf nur dann, wenn der Angerufene (z. B. ein Interessent) vorab schriftlich eingewilligt hat, dass ihn die Organisation anrufen darf.

2.1.3.2.5 Kommunikation der Erstspende

Für die Kommunikation der Erstspende und ihre verschiedenen Vertriebskanäle sollten alle Kommunikationskanäle nach innen und außen (siehe Kap. 2.6) genutzt werden, die geeignet sind, die Zielgruppe der (potenziellen) Erstspender zu erreichen. Über welche Merkmale sich die Zielgruppe potenzieller Erstspender einer bestimmten Organisation charakterisieren lässt, kann zu Beginn bei Aufbau des Fundraising nur schwer bzw. gar nicht gesagt werden. Allenfalls können bestimmte Affinitäten und Interessen vermutet werden. Durch Tests und systematische Analysen (siehe Kap. 6.2.3) ist dies nach und nach herauszufinden.

Grundsätzlich können dieselben (möglichst zielgruppenrelevanten) Kommunikationskanäle der klassischen Werbung (z. B. Fernsehen, Radio, Kino, Anzeigen, Fülleranzeigen, Beilagen, Beihefter, Beikleber, Plakate), der Direktwerbung (z. B. Mailings) und der Dialogwerbung (z. B. Telefon, Events) eingesetzt werden wie oben bereits bei der Interessentengewinnung dargestellt, jedoch nicht zunächst zur Interessenten-, sondern gleich zur Erstspendergewinnung. Entsprechend lauten die konkreten Handlungsaufforderungen („Call to Action") in der Kommunikation nicht mehr „Informieren Sie sich unter folgender Telefonnummer!", sondern „Spenden Sie unter folgender Telefonnummer!".

2.1.3.2.6 Erstspendergewinnung durch Anzeigen- und Beilagenwerbung

Die **Anzeigenwerbung** und die **Beilagenwerbung** sind in der Praxis häufig eingesetzte Kommunikationskanäle zur Erstspendergewinnung. Beide werden in Kap. 2.6.4.4 ausführlich erläutert.

Beispiel

Die Caritas legt zur (Erst-)Spendergewinnung eigenen und fremden Medien ihren Flyer „Am Ende bin ich nicht allein – Ihre Spende für den Hospiz-Betreuungsdienst" bei (siehe Abb. 2.9).

2.1.3.2.7 Erstspendergewinnung über Massenmedien

Bei der Gewinnung von (Erst-) Spendern können Massenmedien wie Fernseh-, Radio-, Kino- und Printmedien einen enormen Multiplikator für das Fundraising darstellen. Hierauf wird in Kap. 2.6.4 noch ausführlich einzugehen sein.

Beispiele

- José Carreras konnte mit Hilfe von 18 Fernsehgalas (siehe Kap. 2.6.4.1) in der ARD zwischen 1995 und 2012 über 100 Mio. € an Spenden für seinen Verein *Deutsche José Carreras Leukämie-Stiftung* einsammeln.
- Die *Stiftung Kartei der Not*, ein Hilfswerk der *Mediengruppe Pressedruck* und des *Allgäuer Zeitungsverlages*, konnte zwischen 1965 und 2013 über 35 Mio. € für Menschen, die in der Region Bayerisch-Schwaben unverschuldet in Not geraten sind, sammeln.
- Der *Bayerische Rundfunk* unterstützt mit Radiosendungen (siehe Kap. 2.6.4.2) und Fernsehsendungen seit 20 Jahren seinen Verein *Sternstunden*. Dieser hat bislang (Stand 2013) für mehr als 2.200 Kinderhilfsprojekte eine Gesamtfördersumme von über 150 Mio. € eingeworben.

Abb. 2.9 Erstspendergewinnung über Flyer/Beileger

- Die diakonische Einrichtung *Berliner Stadtmission* ruft 2013 in einem 30-sekündigen Kinospot zu Spenden zugunsten ihrer Kältehilfe auf. Die gesamte Produktion und Schaltung des Kino-Spots (siehe Kap. 2.6.4.3) wurde gefundraist: vom Regisseur Robin von Hardenberg, über die Filmcrew von omstudios Berlin, bis zum Hauptdarsteller, dem ehemaligen Obdachlosen Guido Brück.

2.1.3.3 Bindung von Erstspendern

Soweit zur Gewinnung von Erstspendern. Jetzt zu deren Bindung. Der erfolgreichen Bindung von Erstspendern kommt aus mehreren Gründen eine immer größere Bedeutung zu, die sich in zunehmender Literatur zu diesem Thema wiederspiegelt.[10] Ein erster, wichtiger Grund besteht darin, dass durch den zunehmenden Verdrängungswettbewerb auf dem Spendenmarkt die meisten Organisationen in Deutschland in den letzten Jahren unter einer sinkenden Anzahl von gewonnenen Erstspendern leiden. Nach einer umfassenden Studie des Fundraising-Dienstleisters Blackbaud ist die Anzahl der von US-amerikanischen Organisationen gewonnenen Erstspender zwischen 2006 und 2011 um 14 % gesun-

[10] Vgl. Naskrent, Julia: Verhaltenswissenschaftliche Determinanten der Spenderbindung – Eine empirische Untersuchung und Implikationen für das Spenderbindungsmanagement, (Peter Lang) Frankfurt/Main 2010.

ken. Umso wichtiger wird es, die kleinere Anzahl gewonnener Erstspender anschließend auch zu binden.

Ein zweiter, wichtiger Grund für eine erfolgreiche Bindung von Erstspendern liegt in der Tatsache, dass erfahrungsgemäß nur 50 % der gewonnenen Erstspender später auch bereit sind, mindestens eine zweite Spende zu geben – Tendenz sinkend! Führt man sich vor Augen, dass sich die Kosten der Gewinnung eines Erstspenders zwischen 1990 und 2010 verzehnfacht haben, und bei Vollkostenbetrachtung mittlerweile zwischen 100 € und 200 € liegen, wird deutlich, wie (auch finanziell) schmerzlich geringe Bindungsraten mittlerweile geworden sind. Schon aus diesem Kostendruck heraus werden Organisationen künftig um eine substantiell verbesserte Erstspenderbindung nicht mehr herumkommen – selbst wenn auch die mit zunächst höheren Kosten verbunden ist. Gelingt es, so zeigt die Erfahrung, einen Erstspender in den ersten zwölf Monaten zu einer zweiten Spende zu bewegen, so ist mit hoher Wahrscheinlichkeit danach mit einer langen Bindung des Spenders zu rechnen. Fazit: Der wichtigste Teil der Spenderbindung steht gleich am Anfang der Beziehung zu einem Spender!

Wie kann diese Bindung erreicht werden? Zunächst sollte selbstverständlich sein, dass einem Erstspender schnellstmöglich und angemessen gedankt wird. Schon Cicero wusste: „Keine Schuld ist dringender als die, Dank zu sagen." Ein rascher **Dank** ist zum einen deshalb so wichtig, weil der Spender erst mit erhaltenem Dank wirklich sicher sein kann, dass seine Spende auch tatsächlich angekommen und nicht irgendwo verloren gegangen ist. Organisationen, die nicht sofort bedanken, machen immer wieder die Erfahrung, dass besorgte Spender anrufen und sich nach dem Erhalt ihrer Spende erkundigen. Es gibt aber noch ein zweites, schlagendes Argument für eine rasche Bedankung: Den Abbau eventueller kognitiver Dissonanzen beim Spender. Wie auch beim Kauf von Produkten, können bei einem Spender nach der Spende innere Konflikte entstehen, die Verunsicherung und Spannung auslösen: Wäre es nicht besser gewesen, das Geld lieber zu sparen als es zu spenden? Habe ich vielleicht doch zu viel gespendet? Habe ich wirklich der richtigen Organisation gespendet oder hätte ich es nicht besser einer anderen Organisation anvertraut? Diese (potenziellen) kognitiven Dissonanzen können von der Organisation in einem Dankschreiben vorsorglich aufgegriffen und entkräftet werden: „Sehr geehrter Herr Meyer, dank Ihrer Spende können wir auch weiterhin zahlreiche Betroffene unterstützen. Dies ist ein wichtiger und unverzichtbarer Beitrag zu unserem Projekt. Ich danke Ihnen im Namen unserer Organisation sehr herzlich für Ihre Hilfe!".

Leider wird auch im Fundraising die Bedeutung eines angemessenen Dankes immer wieder unterschätzt. Minimum sollte ein möglichst individueller **Dankbrief** oder Postkarte sein. Um dem Erstspender eine Freude zu bereiten, sollten bei der Erstellung des Dankbriefes der Kreativität keine Grenzen gesetzt werden.

Beispiele

- Eine Kindertagesstätte bedankt sich bei Erstspendern mit Postkarten, die von den Kindern der Einrichtung bemalt wurden.

- Die Deutsche Hospiz-Stiftung bedankt sich bei (Erst-)Spendern ab einer gewissen Größenordnung mit einem individualisierten Dankschreiben, das von der Schauspielerin Uschi Glas original unterschrieben wird. Der Spender erhält so ein Dankschreiben mit Autogrammcharakter und freut sich, dass auch bekannte Persönlichkeiten sich demselben Anliegen widmen wie er selbst.

Ein sofortiger Dankbrief ist übrigens auch dann zu empfehlen, wenn sich eine Organisation entschlossen hat, keine Einzelzuwendungsbestätigungen (wie die „Spendenquittungen“ bzw. „Spendenbescheinigungen“ im Amtsdeutsch korrekt heißen) zu versenden, sondern (aus Kostengründen) nur Sammelzuwendungsbestätigungen zu Beginn des Folgejahres. Würde ein Erstspender, der im Januar eines Jahres seine erste Spende tätigt, durch ein solches Verfahren erst zu Beginn des Folgejahres wieder von der Organisation in Form einer Sammelzuwendungsbestätigung kontaktiert werden, so wäre dies sicher deutlich zu spät und damit kontraproduktiv für den Aufbau der angestrebten Beziehung.

Noch individueller, aber auch aufwendiger als ein Dankbrief ist ein **Dankanruf** beim Erstspender. Bis vor wenigen Jahren war ein Dankanruf nur Großspendern vorbehalten und wurde von dem, für die Großspenderbetreuung zuständigen Mitarbeiter der Organisation durchgeführt. Inzwischen gehen immer mehr (größere) Organisationen dazu über, *jeden* Erstspender durch eine beauftragte Telefon-Fundraising-Agentur anrufen zu lassen – schon ab einer Erstspende von 10 €! Rechnet man überschlägig mit ca. 8 € pro Dankanruf, erscheint die telefonische Bedankung auf der ersten Blick deutlich teurer als der Versand eines Dankschreibens für ca. 1 €. Rechnet man jedoch auch die Personalkosten des Fundraisers ein, der das Dankschreiben verfasst, so gelangt man schnell in eine ähnliche Kostenregion. Außerdem kann im persönlichen Gespräch am Telefon ein ganz anderer Grad an Wertschätzung für die Erstspende und damit ein ganz anderer Grad an Beziehungsaufbau erreicht werden. Meist wird im Rahmen des Dankanrufs auch gleich nach einem Upgrading zum Dauerspender gefragt, womit 9–12 % der Erstspender einverstanden sind. Besonders erfolgreich sind telefonische Angebote, eine Dauerspende nur zeitlich befristet (z. B. auf zwei Jahre) zu übernehmen.

Die Frage, ob ein Dank auch gleich mit einer nächsten Spendenanfrage verbunden werden sollte, ist aber durchaus strittig – nicht nur beim Dankanruf, auch beim Dankbrief, dem gleich wieder ein Zahlschein beigelegt wird. Die Befürworter rechtfertigen dieses Vorgehen mit der Erfahrung, dadurch zusätzliche Spenden zu gewinnen. Gegner halten dies für eine unschöne Geste nach dem Motto „kleinen Finger erhalten, ganze Hand gewollt“. Letztlich muss diese Frage jede Organisation für sich selbst entscheiden. Am besten nach Befolgung eines weiteren, wichtigen Fundraising-Grundsatzes: „Testen, testen, testen!“.

Beispiel

Die vier Fundraiserinnen der „Ridge Meadows Hospital Foundation“ in Maple Ridge (Kanada) bedanken sich für jede (!) Spende telefonisch. Egal ob es sich um eine Erst- oder Folgespende handelte, und egal wie hoch die Spende war. Im Rahmen des Anrufs wird nur ein Dank ausgesprochen, nicht nach weiteren Spenden gefragt. Nach eigener Einschätzung der Fundraiserinnen hat sich durch dieses Vorgehen die Bindung ihrer Spender deutlich erhöht.

Alternativ zu einem Test können Erstspender auch einfach befragt werden, wie sie sich den weiteren Dialog mit der Organisation vorstellen. So schicken beispielsweise einige Organisationen nach Erhalt einer Erstspende dem neuen Spender ein kleines „**Welcome Package**" zu. Neben einem persönlichen Dankschreiben erhält der Erstspender Informationen über die verschiedenen Aktivitäten und Angebote einer Organisation. Auf einer vorbereiteten Antwortkarte fragt ihn die Organisation beispielsweise,

- nach Telefonnummer, E-Mail-Adresse und Geburtsdatum,
- über welche Projekte er künftig näher informiert werden möchte,
- ob er eine Zeitschrift der Organisation beziehen möchte oder nicht,
- ob Interesse an einer dauerhaften Förderung besteht,
- ob Interesse an der Erbschaftsbroschüre besteht,
- ob er sich ehrenamtlich für die Organisation engagieren möchte,
- ob eine jährliche Sammelspendenbescheinigung ausreicht.

Beispiel

Greenpeace fragt die Präferenzen seiner (Erst-) Spender mit Hilfe eines **Service-Scheckheftes** ab. Mit jedem Blatt kann eine bestimmte Leistung angefordert werden: Analysen, Informationen, Bücher und Versicherungen (siehe Abb. 2.10). Gleichzeitig kann jedes Blatt als Response-Element genutzt werden, das weitere Informationen über den Erstspender liefert. So kann die Organisation den Erwartungen des Spenders gerecht werden.

Eine große amerikanische Organisation bedankt sich bei jedem Erstspender, dessen Erstspende einen bestimmten Betrag überschreitet, persönlich im Rahmen eines **Besuches.** Dies wird dadurch möglich, dass die Organisation über ein Netz aus Ehrenamtlichen verfügt, das sich über das ganze Land erstreckt. Für jeden Bezirk gibt es einen designierten Ehrenamtlichen, der – von der Zentrale seiner Organisation benachrichtigt – jeden Erstspender, der in seinem Bezirk wohnt, kurz persönlich besucht und sich für die Erstspende bedankt. Bei dieser Gelegenheit kann er auch noch kurz die Organisation und ihre Ziele näher vorstellen. Auf diese Weise ist der Grundstein für eine persönliche Beziehung des Spenders zur Organisation gelegt.

Eine weitere Möglichkeit, Erstspender frühzeitig zu binden, ist die Durchführung eine **Spenderbefragung**. So befragt der Volksbund Deutsche Kriegsgräberfürsorge sechs bis acht Wochen nach dem Dankanruf seine Erstspender schriftlich. Nähere Informationen zu dieser Form der Spenderbefragung werden in Kap. 2.1.5.2 gegeben.

Abb. 2.10 Das Service-Scheckheft von Greenpeace (Deckblatt und Inhaltsverzeichnis)

2.1.3.4 Rückgewinnung von Erstspendern

In den vorangegangenen Kapiteln wurde deutlich, wie aufwendig die Gewinnung und Bindung eines Erstspenders ist. Umso erschreckender ist die bereits beschriebene Erfahrung, dass es nur bei etwa der Hälfte der Erstspender gelingt, sie zu einer zweiten Spende zu bewegen und damit zu einem Mehrfachspender upzugraden. Oder anders ausgedrückt: Die Hälfte der Erstspender wandert sofort nach der Erstspende wieder ab. Im anglo-amerikanischen Sprachraum sprechen Fundraiser in diesem Zusammenhang von einer „**Attrition Rate**“ (siehe Kap. 6.2.3.1) von 50 %. Die verschiedenen Gründe für eine Abwanderung von Spendern hat *Hunziker* untersucht.[11]

[11] Hunziker, Beat: Abwanderungsverhalten von Spendern – Eine Analyse des Abwanderungsprozesses und der Rückgewinnungsmöglichkeiten, (Gabler) Wiesbaden 2010.

Mit solchen Verlusten muss sich eine Organisation jedoch nicht abfinden. Sie kann versuchen, abwandernde Spender zurückzugewinnen. In der Regel ist dies kostengünstiger als neue Spender zu akquirieren. In der Praxis wird wie folgt vorgegangen: Die Rückgewinnung beginnt, sobald ein Spender als **„inaktiv"** betrachtet wird. Wann ein (bis dahin aktiver) Spender als inaktiv angesehen wird, ist Definitionssache. Die meisten Organisationen betrachten einen Spender als inaktiv, wenn seine letzte Spende mehr als 12 Monate zurückliegt. Bei anderen Organisationen muss die letzte Spende mehr als 18 oder 24 Monate zurückliegen. Unterhalb von 12 Monaten sollte der Zeitraum aber nicht liegen, da es eine ganze Reihe von Spendern gibt, die nur einmal pro Jahr geben. Meist zu festen Anlässen wie Weihnachten oder Ostern. Fortgeschrittene Fundraiser definieren die Inaktivität für jeden ihrer Spender nach dessen bisherigem, individuellen Spendenverhalten. So wird beispielsweise ein Spender, der bislang alle sechs Monate gespendet hat, schon dann inaktiv, wenn er in den letzten sieben Monaten nicht mehr gespendet hat. Ein anderer Spender, der bislang immer nur zu Weihnachten gespendet hat, wird erst inaktiv, wenn er 12 Monate später zum nächsten Weihnachtsfest nicht mehr spendet. Welche Spender jeweils konkret inaktiv geworden sind, ist kontinuierlich mit Hilfe der Fundraising-Datenbank (siehe nächstes Kapitel) zu ermitteln. Für die Rückgewinnung inaktiv gewordener (Erst-) Spender gibt es eine ganze Reihe denkbarer Maßnahmen:

2.1.3.4.1 Rückgewinnung per Mailing

Die wohl am meisten verbreitete Maßnahme zur Rückgewinnung von (Erst-) Spendern ist das Mailing (siehe Kap. 2.5.2). Leider wird in der Praxis nur in den seltensten Fällen ein spezielles Rückgewinnungs-Mailing konzipiert. Normalfall ist hingegen, längst inaktiv gewordenen (Erst-) Spendern einfach weiterhin die Standard-Mailings zuzuschicken – obwohl sie darauf schon länger nicht mehr reagiert haben. Dieses Vorgehen ist nicht nur ineffektiv bei der Rückgewinnung, es verursacht zudem noch unnötige Kosten.

2.1.3.4.2 Rückgewinnung per Telefon

Deutlich erfolgreicher ist die Rückgewinnung inaktiver Spender per Telefon (siehe Kap. 2.5.4.4). Sie sollte im Idealfall unmittelbar nach Eintritt der von der Organisation definierten Inaktivität gestartet werden. Diese erfolgsversprechende Methode wird derzeit in der Praxis erstaunlicherweise nur von wenigen Organisationen angewandt. Wenn überhaupt, erfolgt die telefonische Rückgewinnung leider nicht unmittelbar nach Eintritt der individuellen Inaktivität, sondern aus organisatorischen Gründen nur einmal pro Jahr oder Halbjahr. Bis dahin ist die Inaktivität vieler Spender dann oft schon unnötig fortgeschritten, was die Rückgewinnung erschwert. Auch das gerne angeführte Argument, die telefonische Rückgewinnung sei (mit ca. 9 € pro Anruf) sehr teuer, sticht nicht. Erfolgt die telefonische Rückgewinnung zeitnah zum Eintritt der Inaktivität, so kann mit Rückgewinnungsquoten von 10 % und mehr gerechnet werden. Wenn von zehn angerufenen inaktiven Spendern einer zurückgewonnen werden kann, so belaufen sich die Kosten für die telefonische Rückgewinnung eines inaktiven Spenders auf 10 mal 8 €, also 80 €. Dies ist deutlich günstiger als einen inaktiven Spender durch einen (für über 100 €) neu zu gewinnenden Spender zu ersetzen. Die von vielen Organisationen gewählte Alternative, einfach alle Adressen – auch die der längst inaktiven Spender – noch jahrelang erfolglos anzuschreiben, ist übrigens noch teurer.

2.1.3.4.3 Rückgewinnung per Spenderbefragung

Auch die oben bereits erwähnte Spenderbefragung (siehe Kap. 2.1.5.2) wurde bereits erfolgreich zur Rückgewinnung inaktiv gewordener (Erst-) Spender eingesetzt. Durch das, in der Form der Befragung signalisierte, besondere Interesse an den (inaktiven) Spendern, kann ein Teil von ihnen wieder reaktiviert werden.

2.1.3.5 Was ich in diesem Kapitel gelernt habe

- Gewinnen Sie Erstspender durch Upgrading von Interessenten oder einen direkten Spendenaufruf!
- Setzen Sie auch Fremdadress-Mailings ein! Lassen Sie sich bei der Auswahl geeigneter Fremdadresslisten von kompetenten und erfahrenen Listbrokern beraten!
- Selektieren Sie die Ihnen angebotenen Fremdadressen möglichst exakt nach dem spezifischen Merkmalsprofil Ihrer Förderer!
- Testen Sie verschiedene Fremdadresslisten gegeneinander!
- Informieren Sie sich über die Möglichkeiten der mikrogeografischen Marktsegmentierung!
- Testen Sie auch bei Mailings mit Fremdadressen den Einsatz von Give-aways!
- Erklären Sie Ihren (potenziellen) Spendern im Rahmen einer Shopping List, was Sie mit verschiedenen Spendenhöhen an Hilfe leisten können!
- Legen Sie größten Wert auf die Bindung Ihrer (Erst-) Spender!
- Danken Sie einem Erstspender möglichst schnell und individuell für seine Erstspende!
- Legen Sie von vornherein feste Bedankungskategorien je nach Höhe der erhaltenen Erstspende fest!
- Prüfen Sie, ob Sie (Erst-) Spenden telefonisch bedanken (lassen)!
- Prüfen Sie, ob ein Ehrenamtlicher Ihrer Organisation einem Erstspender vor Ort persönlich für seine Erstspende danken kann!
- Schicken Sie Ihren Erstspendern ein möglichst persönliches Dank- und Begrüßungsschreiben, am besten zusammen mit Informationen über die Aktivitäten Ihrer Organisation („Welcome Package")!
- Geben Sie Ihren Erstspendern dabei möglichst viele Gelegenheiten zum Response und damit zum Aufbau eines Dialogs!
- Fragen Sie bei jeder Gelegenheit nach zusätzlichen Informationen über die Erstspender (z. B. Geburtsdatum, E-Mail-Adresse etc.)!
- Suchen Sie das persönliche Gespräch mit Ihren besten Spendern! Hören Sie ihnen aufmerksam zu und versuchen Sie herauszufinden, was ihnen wichtig ist!
- Bitten Sie prominente Förderer Ihrer Organisation, Dankschreiben für größere (Erst-) Spenden zu unterschreiben!

- Definieren Sie einen (pauschalen oder besser noch individuellen) Zeitraum, ab dem Sie einen Spender Ihrer Organisation als inaktiv betrachten wollen!
- Starten Sie Ihre Maßnahmen zur Reaktivierung zeitnah nach Eintritt der Inaktivität Ihrer Spender!

2.1.3.6 Weiterführende Literatur zu diesem Kapitel

Hönig, H-J., Schulz, L.: Spenderbetreuung. In: Fundraising-Akademie (Hrsg.) Fundraising – Handbuch für Grundlagen, Strategien und Methoden, 3. Aufl., S. 280–284. Gabler, Wiesbaden (2006)

Hunziker, B.: Abwanderungsverhalten von Spendern – Eine Analyse des Abwanderungsprozesses und der Rückgewinnungsmöglichkeiten. Gabler, Wiesbaden (2010)

Mann, A., Parwoll, M.: Rückgewinnung abgewanderter Geldspender – Empirische Befunde zur Spenderrückgewinnung. VMI (1), 34–45 (2013)

Naskrent, J.: Verhaltenswissenschaftliche Determinanten der Spenderbindung – Eine empirische Untersuchung und Implikationen für das Spenderbindungsmanagement. Peter Lang, Frankfurt a. M. (2010)

Schulz, L.: Spendergewinnung. In: Fundraising-Akademie (Hrsg.) Fundraising – Handbuch für Grundlagen, Strategien und Methoden, 3. Aufl., S. 280–284. Gabler, Wiesbaden (2006)

Schwesig, A.: Fundraising – Spenderbindung mit Telefon und Brief. (VDM), Saarbrücken (2011)

2.1.4 Exkurs: Fundraising-Software bzw. Fundraising-Datenbank

2.1.4.1 Warum eine Fundraising-Datenbank?

Es wurde bereits darauf hingewiesen, dass (Erst-) Spender sehr unterschiedliche Erwartungen an ihre Organisation haben können. Eine Organisation ist gut beraten, auf die jeweiligen (Informations-) Bedürfnisse jedes einzelnen Unterstützers individuell einzugehen. Dies ist rein technisch nur möglich, wenn die individuellen (Informations-) Bedürfnisse auch zusammen mit der Adresse des Unterstützers in einer Datenbank festgehalten werden können. Es geht wie gesagt nicht darum, Menschen „auszuspionieren" sondern sie entsprechend ihren individuellen Präferenzen und Vorstellungen zu bedienen.

Sämtliche Erwartungen, Bedürfnisse und Präferenzen der gewonnenen Interessenten und Spender müssen also mit Hilfe einer speziellen **Fundraising-Software** systematisch erfasst und ausgewertet werden. Hinter dem Begriff „Fundraising-Software" verbirgt sich in erster Linie eine speziell für das Fundraising entwickelte Datenbank. In dieser Datenbank werden zunächst die Adressen (Name und Anschrift) aller Förderer, also nicht nur der (Erst-) Spender, sondern auch aller Interessenten, Mitglieder, Paten, Großspender, Testamentspender, Sachspender, Zeitspender (Ehrenamtliche) und sonstiger Förderer systematisch erfasst.

Einen Sonderfall stellen lediglich **Bußgeldzahler** dar. Bußgelder (siehe Kap. 5.4) sind zwar aus Sicht der Organisation eine Zuwendung für die keine Gegenleistung gegeben werden muss. Der Bußgeldzahler leistet die Zahlung jedoch nicht freiwillig (wie bei einer Spende erforderlich) sondern auf gerichtliche Veranlassung hin. Auch darf er für seine Bußgeldzahlung keine Zuwendungsbestätigung erhalten. Bußgeldzahler werden deshalb i. d. R nicht in derselben Datenbank geführt. Gute Fundraising-Datenbanken verfügen mittlerweile jedoch über ein eigenes Bußgeldmodul.

2.1.4.2 Aufbau einer Datenbank

Zunächst gilt es also, beim Aufbau einer Fundraising-Datenbank die Adressen aller (potenziellen) Förderer der Organisation fehlerfrei zu erfassen. Hat eine neue oder noch junge Organisation ihre Adressen bislang noch nicht mit dem Computer verwaltet, so bleibt ihr nichts anderes übrig, als die Adressen nach und nach manuell einzugeben oder von einem Dienstleister eingeben zu lassen. Professionelle Fundraising-Datenbanken bieten jedoch eine benutzerfreundliche Eingabemaske, die auch Aushilfskräften ermöglicht, die Adressen nach einer vorher von der Organisation genau festgelegten Konvention einzugeben. Organisationen, die ihre Adressen bereits mit dem Computer verwaltet haben, aber auf eine professionelle Fundraising-Datenbank umsteigen wollen, sollten vom Software-Anbieter Unterstützung bei der Datenkonvertierung in das Format der neuen Fundraising-Datenbank erhalten.

Die Adresse allein, also Name und Anschrift des (potenziellen) Förderers, ist jedoch nur die Grundlage. Um eine leistungsfähige Fundraising-Datenbank zu erhalten, muss die Adresse nach und nach mit Fundraising-relevanten Informationen angereichert werden (im Rahmen dessen, was datenschutzrechtlich zulässig ist). Dazu bietet sich eine sogenannte **relationale Datenbank** an, auf der jede professionelle Fundraising-Software am Markt basiert. Die Idee einer relationalen Datenbank ist, dass jede Information nur einmal eingegeben werden muss. Spendet ein Spender beispielsweise mehrfach, so muss sein Name nur einmal und nicht mit jeder neuen Spende erneut eingegeben werden. Die verschiedensten Informationen zu einem Spender werden in einer relationalen Datenbank in verschiedenen Dateien gespeichert, die über einen sogenannten „Schlüssel" miteinander verknüpft sind. Der Schlüssel stellt eine eindeutige Identifikation des Spenders dar, mit dem gewünschte Informationen über einen Spender aus den verschiedenen Dateien der relationalen Datenbank beliebig miteinander kombiniert (in Relation gesetzt) werden können. So sollte beispielsweise für jeden Spender untersucht werden können, auf welches Mailing, zu welchem Thema er wann erstmals in welcher Höhe gespendet hat. Als Schlüssel wird meist eine Spendernummer vergeben, die eindeutig sein muss. Der Name des Spenders wäre als Schlüssel ungeeignet, da er in vielen Fällen nicht eindeutig ist. So kann es jeder Organisation beispielsweise passieren, nicht nur einen Hans Meier unter ihren Spendern zu haben.

Es bietet sich an, Informationen über einen (potenziellen) Spender zumindest nach folgenden drei Bereichen zu sortieren:

1. Angaben zum Spender,
2. Kontakthistorie,
3. Zahlungshistorie.

Zunächst zu den **Angaben zum Spender**. Neben der reinen Adresse (inkl. Name, Vorname, akademischer Titel, Adelstitel, Anrede, Straße und Hausnummer, Postleitzahl und Ort, Land) werden Telefon-, Fax- und Handy-Nummer, Skype-Name, E-Mail-Adresse sowie Angaben zu folgenden Merkmalen eines Spenders unterschieden:

- **Demographische** Merkmale des Spenders
  (z. B. Alter, Geschlecht, Familienstand, Zahl der Kinder, Haushaltsgröße usw.),
- **soziographische** Merkmale des Spenders
  (z. B. Einkommen, Kaufkraft, Bildung, Beruf, Schichtzugehörigkeit usw.),
- **psychographische** Merkmale des Spenders
  (z. B. Motive, Einstellungen, Erwartungen, Meinungen usw.)
- **Geographische** Merkmale des Spenders
  (z. B. Region, Stadtteil, Wohngebiet, Straßenzug, Nachbarschaft usw.)
- **Verhaltensbezogene** Merkmale des Spenders
  (z. B. Informationsverhalten, Mediennutzung, Freizeitverhalten usw.)

Einige dieser Merkmale lassen sich schon allein aus einer Adresse abgelesen und anschließend in der Datenbank hinterlegen:

- So kann etwa über den Vornamen eines Förderers auf dessen Geschlecht geschlossen werden. Eine Ausnahme stellen lediglich seltene und/oder ausländische Vornamen sowie abgekürzte Vornamen (z. B. A. Schmidt) dar. Über den Vornamen kann aber auch mit einer gewissen Sicherheit auf das ungefähre Alter eines Spenders geschlossen werden. Dabei macht man sich zunutze, dass auch die Vergabe von Vornamen vielfach Modeschwankungen unterliegt. So bewirkte beispielsweise der Erfolg des Kinofilms „Kevin allein zu Haus" einen wahren Boom des Vornamens Kevin. Taucht in Zukunft ein Spender mit dem Vornamen Kevin auf, so kann mit einer gewissen Sicherheit davon ausgegangen werden, dass der Spender etwa zur Zeit der Ausstrahlung des Films oder kurz danach geboren wurde. Benötigt wird eine solche Altersabschätzung der Spender über eine **Vornamenanalyse** beispielsweise, wenn ältere Spender im Rahmen einer Erbschafts-Fundraising-Kampagne angesprochen werden sollen. Aus der Datenbank werden diejenigen Spender selektiert, deren Vornamen mit einer gewissen Wahrscheinlichkeit auf ein Mindestalter von 60 Jahren schließen lassen (wie z. B. beim Vornamen „Hermann"). Eine solche Vornamenanalyse führen spezialisierte Dienstleister durch.
- Ein akademischer Titel verrät den Bildungsgrad des Spenders.
- Doppelnamen weisen oft (aber nicht immer) auf verheiratete Spender hin.
- Über die Postleitzahl kann geschlossen werden, ob ein Spender in einem eher städtischen oder ländlichen Gebiet wohnt.
- Macht sich eine Organisation zusätzlich die Erkenntnisse der mikrogeographischen Marktsegmentierung (siehe Kap. 6.2.3.1) zunutze, so kann über die Adresse eines Spenders auch auf Charakteristika des zugehörigen Wohngebietes, Straßenzuges und Nach-

barschaft und damit mit einer gewissen Sicherheit auch auf soziodemografische Merkmale rückgeschlossen werden.

Außerdem kann i. d. R von jeder Adresse auch problemlos die Herkunft (z. B. „Besucher unserer Website") und das Erfassungsdatum festgehalten werden. Dies sollte immer sofort geschehen. Je länger eine Adresse „herumliegt", umso größer wird die Gefahr, dass wichtige Informationen zur Adresse nicht mehr rekonstruiert werden können.

Schon komplexer sind Ansätze, die geo-, sozio-, psycho- und demografischen wie verhaltensbezogenen Merkmale von Spendern im Rahmen sog. **Lifestyle-Konzepte** (siehe Kap. 6.2.3.1) gleichzeitig zu berücksichtigen. Versucht wird, Spender nicht isoliert nach einzelnen Merkmalen zu erfassen, sondern ganzheitlich nach ihren jeweiligen Lebensstilen bzw. „Spenderstilen" zu segmentieren. So bietet beispielsweise die *Sinus Markt- und Sozialforschung GmbH* an, die Spender einer Organisation bestimmten „Sinus-Milieus" zuzuordnen. Weiß eine Organisation, welchen Lebensstilen ihre Spender zuzuordnen sind, kann beispielsweise deren Mediennutzungsverhalten abgeschätzt werden. Wenn eine Organisation weiß, welche Zeitschriften ihre Spender lesen, kann sie sie darin gezielt ansprechen. Auch ist es möglich, entsprechend des semiometrischen Profils der Spender Fremdadressen anzumieten, die diesem Profil entsprechen.

Soweit zum ersten Bereich der Fundraising-Datenbank, den Angaben zum Spender. Der zweite Bereich, die **Zahlungshistorie**, gibt Auskunft, wann ein Spender welche Zahlungen, in welcher Höhe, über welche Zahlungssysteme getätigt hat. Auch wird festgehalten, auf welchen Kontakt hin (z. B. auf welches Mailing hin) die Zahlung erfolgte oder ob die Zahlung spontan ohne vorherige Ansprache durch die Organisation erfolgte (z. B. im Rahmen eines Katastrophenhilfeaufrufs im Fernsehen). Dies ist mit Hilfe des dritten Bereichs möglich, der **Kontakthistorie**. Wie die Bezeichnung schon sagt, werden in dieser Datei sämtliche Kontakte zwischen einer Organisation und ihren Förderern festgehalten. Für jeden Förderer kann vermerkt werden, wann, welche Kontakte durch Mailings, Telefonate, Besuche, Events, Zusendung von Zuwendungsbestätigungen, Bedankungsschreiben, Reklamationen etc. erfolgten. Aufgrund des zeitlichen Aufwandes verfolgt leider nicht jeder Fundraiser die Aktualisierung der Kontakthistorie mit der nötigen Konsequenz.

Zur leichteren Identifikation eines Kontakts (beispielsweise eines Mailing-Kontakts) können sog. „**Werbecodes**" vergeben werden. Werbecodes sind von der Organisation vergebene eindeutige Zahlenkombinationen, die z. B. für ein bestimmtes Mailing den Postauflieferungstermin, die Version des Mailings (beim Test verschiedener Versionen), den selektierten Adresspool (beim Einsatz verschiedener Fremdadresslisten) und jede weitere gewünschte Information verschlüsselt enthalten. Im Falle eines Mailings wird der jeweilige Werbecode einer Aktion in der Zeile „Verwendungszweck" des Zahlscheins vermerkt. Überweist ein Förderer anschließend mit Hilfe dieses Zahlscheins eine Spende, so kann die bedachte Organisation anhand des in der Verwendungszweckzeile angegebenen Werbecodes zurückverfolgen, auf welches Mailing hin der Förderer gespendet hat. Voraussetzung ist natürlich, dass die Bank des Förderers bereit war, die Verwendungszweckzeile einzulesen und weiterzuleiten (was leider nicht immer der Fall ist). Die erhaltene Spende wird dann samt Werbecode in die Zahlungshistorie des Spenders in der Fundraising-Datenbank übernommen. Eine professionelle Fundraising-Software verfügt dazu über eine Schnittstelle, mit deren Hilfe alle von der Hausbank der Organisation im Rahmen des beleglosen Zahlungsverkehrs gelieferten elektronischen Zahlungsdaten direkt in die Zahlungs- und Kontakthistorie jedes Spenders eingelesen werden können. Über den Werbecode ist somit eine Verknüpfung von Zahlungs- und Kontakthistorie möglich. Die Organisation kann auswerten, auf welches Mailing zu welchem Thema ein Spender wann welchen Betrag gegeben hat. Diese Auswertung ist wichtig, um die individuellen Präferenzen eines Spenders herauszufinden.

2.1.4.3 Pflege einer Datenbank

Selbst wenn sich beim Erfassen einer Adresse in die Datenbank keine Lese-, Hör- oder Schreibfehler eingeschlichen haben, ist es mit dem Erfassen bei weitem nicht ein für allemal getan. Adressen können sich beispielsweise durch Heirat, Umzug oder Tod immer wieder ändern. Allein durch Umzug ändert sich in Deutschland jährlich jede zehnte Adresse. Da etwa 90 % der Umziehenden jedoch einen Nachsendeantrag bei der Post stellen, bietet ein Beteiligungsunternehmen der *Deutschen Post* und *Bertelsmann*, die *Deutsche Post Adress GmbH* im Rahmen des Dienstes *Postadress Move* jeder Organisation die Möglichkeit, ihren Adressbestand gegen eine wöchentlich aktualisierte **Umzugsdatei** abgleichen zu lassen und so die neuen Adressen von umgezogenen Förderern zu erfahren. Der Adressabgleich erfolgt i. d. R über einen spezialisierten Dienstleister. Bezahlt wird pro Treffer: Kann dank der Umzugsdatei eine Spenderadresse als nicht mehr aktuell identifiziert und durch die neue Adresse des Spenders ersetzt werden, berechnet die Deutsche Post Adress eine Gebühr von 1,15 € (Stand 2011).

Für kleine und mittlere Organisationen (bis zu 300.000 Adressen) bietet ein anderes Tochterunternehmen der *Deutschen Post*, die *Deutsche Post Direkt GmbH* eine noch effizientere Möglichkeit zur Aktualisierung der Adressen innerhalb von 24 Stunden. Organisationen können mit Hilfe des kostenlos aus dem Internet ladbaren Programmes „ADRESS-FACTORY“, die eigene Spenderdatei per Adressabgleich über das Internet aktualisieren lassen (www.postdirekt.de). So werden beispielsweise falsch geschriebene Vor- und Nachnamen korrigiert, postalische Fehler korrigiert und unzustellbare Adressen gekennzeichnet. Die Preise für den Abgleich selber finden sich im Internet unter der gleichen Adresse. Um vor der Adressbereinigung zu erfahren, wie viele Adressen nicht mehr aktuell sind (und damit wie viel die Adressbereinigung kosten wird), bietet die *Deutsche Post Direkt* die Möglichkeit eines Checks (für bis zu 300.000 Adressen) an. Bis zu fünf dieser Checks sind gratis – selbst wenn die als veraltet identifizierten Adressen anschließend nicht mit Hilfe der Umzugsdatei aktualisiert werden.

Ähnlich funktioniert die **Verstorbenendatei** der Deutschen Post Direkt. Pro Jahr versterben in Deutschland ca. 850.000 Menschen, also etwa ein Prozent der Bevölkerung. Von etwa der Hälfte der Fälle erfährt dies die Post über ihre Briefträger weil die Haushalte aufgelöst und eintreffende Briefe mit dem Vermerk „verstorben“ zurückgesandt werden. Aber auch in den Fällen, in denen der Haushalt nicht aufgelöst wird, weil in ihm weiterhin Angehörige wohnen, ist ein Datenabgleich aus Pietätsgründen wichtig. Es schmerzt Angehörige, wenn der Verstorbene trotzdem noch weiter angeschrieben wird.

In einem weiteren Sinne kann auch der Einsatz einer **Schuldnerdatei** als Datenpflege betrachtet werden. Durch den Abgleich eines (Fremd-) Adressbestandes mit einer Schuldnerdatei werden diejenigen Adressen ausgesondert, bei denen sich der Adressinhaber in Zahlungsschwierigkeiten befindet und deshalb kaum auf ein Mailing reagieren dürfte. Auf diese Weise werden Streuverluste weiter minimiert.

Verzichtet eine Organisation auf die kontinuierliche Pflege ihrer Adressen, so erhöht sich bei Mailings die Zahl der **Retouren** (wegen Adressänderungen, Annahme verweigert, unbekannt verzogen, verstorben) immer mehr. Dies ist nicht nur kostspieliger als die regelmäßige Pflege der Datenbank, sondern verärgert auch die betreffenden Spender.

Ebenfalls zur Adresspflege gehört der sog. „**Doublettenabgleich**“. Unter Doubletten versteht man unerwünschte Mehrfacheingaben ein und desselben Spenders. Bei der Adresserfassung kann durch die bloße Falscheingabe nur eines Buchstabens eine Doublette, also ein zweiter oder gar mehrfacher Eintrag entstehen. Ein und dieselbe Person erhält von da an zwei oder mehr Exemplare desselben Mailings, was nicht nur mehr Kosten, sondern auch den Eindruck von Verschwendung und damit Verärgerung nach sich zieht. Gute Fundraising-Datenbanken verhindern deshalb die versehentliche Eingabe von Doubletten in dem sie neu eingegebene Zeichenkombinationen mit bereits vorhandenen vergleichen („**Matchcode-Abgleich**“) und bei (potenzieller) „Doublettengefahr“ sofort warnen. Bessere Fundraising-Datenbanken bieten eine noch leistungsfähigere Version, die über einen „phonetischen Matchcode-Abgleich“ auch bei phonetisch gleich klingenden Wörtern verschiedener Schreibweise Doublettengefahr erkennt und entsprechend warnt. Beispiele für phonetisch gleich klingende Wörter unterschiedlicher Schreibweise sind die Namen Meier, Meir, Meyer, Meyr, Maier etc. oder Schmidt, Schmid, Schmitt, Schmied etc.

In einem weiteren Sinne kann auch der Einsatz einer sog. „**Schuldnerdatei**“ als Datenpflege betrachtet werden. Durch den Abgleich eines (Fremd-) Adressbestandes mit einer Schuldnerdatei werden diejenigen Adressen ausgesondert, bei denen sich der Adressinhaber in Zahlungsschwierigkeiten befindet und deshalb kaum auf ein Mailing reagieren dürfte. Auf diese Weise werden Streuverluste weiter minimiert.

Datenpflege heißt jedoch nicht, dass Adressen, die längere Zeit inaktiv geblieben sind (also nicht gespendet haben), automatisch aus der Datenbank gelöscht werden sollten. Dafür gibt es mindestens drei gute Gründe.

- Erstens kann versucht werden, inaktive Spender zu reaktivieren.
- Zweitens können selbst Adressen, die endgültig als inaktiv zu betrachten sind, trotzdem noch nützlich sein. Dann nämlich, wenn sich eine Organisation entschließt, Fremdadressen anzumieten. Dann kann sie ihre inaktiven Adressen gegen angebotene Fremd-

adressen abgleichen und so verhindern, dass die, für die Organisation unbrauchbaren Adressen nochmals angemietet werden und so vermeidbare Kosten verursachen.
- Und drittens haben Fundraiser eine zehnjährige Aufbewahrungspflicht um jederzeit die Rechtmäßigkeit ausgestellter Zuwendungsbestätigungen auf Anfrage der Finanzbehörden nachweisen zu können. Dies gilt selbstverständlich auch für Spender, die zwischenzeitlich inaktiv geworden sind.

2.1.4.4 Beschaffung einer geeigneten Fundraising-Datenbank

Je nach Größe und Bedarf, kann eine Organisation mittlerweile zwischen einer Vielzahl von Anbietern eine geeignete Fundraising-Datenbank auswählen. Eine umfassende Aufstellung von Anbietern kann kostenlos im Mitgliederverzeichnis auf der Website des Deutschen Fundraising Verbandes (www.fundraisingverband.de) unter „Dienstleister" (Art der Dienstleistung: „Software") oder auf www.social-software.de (Kategorie „Fundraising und Spendenverwaltung") eingesehen werden. Umgekehrt macht eine Vielzahl von Anbietern aber auch eine Auswahl erforderlich, welche Lösung für eine Organisation am besten geeignet ist. Diese Auswahl stellt eine strategische Entscheidung dar, der viel Aufmerksamkeit geschenkt werden sollte, da mit ihr i. d. R gleichzeitig auch Hardware-, Netzwerk- sowie aufbau- und ablauforganisatorische Fragen berührt werden. Hilfestellung leistet der Fachausschuss IT des Deutschen Fundraising Verbandes mit seinem „Software-Katalog", der auf der Website des Verbandes (auch für Nicht-Mitglieder kostenlos) wichtige Kriterien für eine Kaufentscheidung und detaillierte Informationen zu einzelnen Anbietern gibt.

Für Mitglieder des Deutschen Fundraising Verbandes stellt die Fachgruppe IT zusätzlich noch folgende, für die Auswahl einer geeigneten Fundraising-Software sehr hilfreichen Informationen zur Verfügung:

- Datei „Wie finde ich die richtige Software?",
- Datei „Spendensoftware richtig zeigen lassen",
- Datei „Entscheidungshilfen – auf der Suche nach dem „besten" Softwareprogramm wird Ihnen dieser Guide eine unerlässliche Hilfe",
- Datei „Software Pflegevertrag",
- Datei „Software Dienstleistungsvertrag",
- Datei „Software Checkliste",
- Datei „Software Checkliste zur Patenschaftsverwaltung",
- Datei „Software Checkliste zur Mitgliedschaftsverwaltung".

Zumindest aber sollte folgende Checkliste vor der Beschaffung einer professionellen Fundraising-Software abgearbeitet werden:

- Welche Hard- und Software-Voraussetzungen sind erforderlich?
- Ist die Fundraising-Datenbank netzwerkfähig?
- Bietet sie Kennwortschutz?

- Unterstützt die Software einen reibungslosen Datenaustausch mit der Hausbank der Organisation?
- Stellt die Software eine komplette, prüfbare Nebenbuchhaltung dar, mit korrekter Buchung von Stornos, Umbuchungen und Splitting?
- Ist die Software SEPA-fähig?
- Sind alle Varianten des Drucks von Zuwendungsbestätigungen abgedeckt (Einzel- und Sammelzuwendungsbestätigung, Zweitschrift)?
- Wie anwenderfreundlich ist die Oberfläche der Fundraising-Datenbank?
- Wie (intensiv) erfolgt die Einweisung in das Programm (Schulung)?
- Wird eine verständliche Dokumentation (Handbuch) mitgeliefert?
- Support: Wie gut ist der Anbieter bei Fragen telefonisch erreichbar? Wie viele Ansprechpartner im Support stehen wie vielen Nutzern gegenüber?
- Zu welchen Konditionen wird der Support angeboten?
- Handelt es sich um einen nachhaltigen Anbieter, der langfristig entsprechende Software-Aktualisierungen (Updates) garantieren kann?
- Kann die Software mit unserer Organisation wachsen?
- Kann Standardsoftware (z. B. MS Office) problemlos eingebunden werden?
- Können wir bei Bedarf unseren gesamten Datenbestand auf den Anbieter auslagern (Outsourcing)?
- Kann die Software auf Spezifika unserer Organisation angepasst werden?
- Prüft die Software bei Adresseingabe die postalische Korrektheit der Adresse?
- Werden von der Software (phonetische) Doubletten sofort erkannt?
- Welche Referenzen kann der Anbieter vorweisen?

► **Tipp** Verzichten Sie als kleine Organisation darauf, zunächst mit einer selbst entwickelten Fundraising-Datenbank zu starten. Zwar lässt sich immer ein „Computer-Freak" in den eigenen Reihen ausmachen, der sich dafür bereitwillig zur Verfügung stellt und auch durchaus qualifiziert sein mag. Aus folgenden Gründen haben viele Organisationen damit jedoch spätestens mittel- und langfristig schlechte Erfahrungen gemacht:

- Eine Person ist oft überfordert, gleichzeitig Schulung, Hotline und Updates zur Verfügung zu stellen.
- Ist die Person in Urlaub, erkrankt oder sonst unabkömmlich, sind die Nutzer der Fundraising-Software bei auftretenden Problemen blockiert.
- Wechselt die Person zu einer anderen Organisation oder scheidet sie aus anderen Gründen aus, so ist oft kein Ersatz vorhanden.
- Auch die im Zusammenhang mit der Anschaffung einer Fundraising-Datenbank entstehenden Kosten sind mittlerweile kein Argument mehr für eine eigene Programmierung. Verschiedene Software-Anbieter stellen auch für kleine Organisationen erschwingliche und modular erweiterbare Lösungen zur Verfügung.

2.1.4.5 Was ich in diesem Kapitel gelernt habe

- Achten Sie auf einheitliche Dateneingabe wenn mehrere Personen auf die Datenbank Zugriff haben!
- Pflegen Sie Ihre Adressen systematisch und kontinuierlich!
- Bauen Sie eine Kontakt- und Zahlungshistorie für jeden Spender auf!
- Vergeben Sie Werbecodes, um Kontakte zu Ihren Förderern rekonstruieren zu können!
- Führen Sie regelmäßig einen Adressabgleich gegen eine Umzugsdatei und Verstorbenendatei durch!
- Führen Sie regelmäßig einen Doublettenabgleich durch!
- Löschen Sie inaktive Adressen nicht, sondern legen Sie diese nur still!
- Vergessen Sie nicht, den Werbecode der jeweiligen Fundraising-Aktion in die erste Verwendungszweckzeile des Überweisungsträgers einlasern zu lassen!
- Verwalten Sie Bußgelder auf einem separaten Konto und mit einem eigens dafür vorgesehenen Modul einer Fundraising-Software!
- Setzen Sie von Anfang an eine professionelle Datenbank zur Mitglieder- und Spenderverwaltung („Fundraising-Software") ein!
- Wählen Sie sorgfältig unter den verschiedenen Anbietern von Fundraising-Datenbanken aus! Nutzen Sie dazu die Dienstleisterliste des Deutschen Fundraising-Verbandes!
- Beachten Sie obige Checkliste zur Auswahl einer geeigneten Fundraising-Datenbank!
- Kontaktieren Sie eine oder mehrere Organisationen, die vom Anbieter der jeweiligen Fundraising-Datenbank als Referenz angegeben werden und fragen Sie nach deren Erfahrungen!
- Verzichten Sie auf eine selbst entwickelte Fundraising-Datenbank! Professionelle Software-Anbieter stellen mittlerweile auch für kleine Organisationen erschwingliche und modular erweiterbare Lösungen zur Verfügung.

2.1.4.6 Weiterführende Literatur zu diesem Kapitel

Detering, R.: Database. In: Fundraising-Akademie (Hrsg.) Fundraising – Handbuch für Grundlagen, Strategien und Methoden, 3. Aufl., S. 585–599. Gabler, Wiesbaden (2006)

Hönig, H-J.: Fundraising-Software für die elektronische Datenverarbeitung. In: Fundraising Akademie (Hrsg.) Fundraising – Handbuch für Grundlagen, Strategien und Instrumente, S. 415–422. Gabler, Wiesbaden (2001)

Link, J., Brändli, D., Schleuning, C., Kehl, R.E. (Hrsg.): Handbuch Database Marketing, 2. Aufl. IM Fachverlag, Ettlingen (1997)

Rosegger, H., Schneider, H., Hönig, H-J.: Database Fundraising – Wie Sie Ihr Fundraising zum Erfolg führen. IM Fachverlag, Ettlingen (2000)

2.1.5 Die Stufe der Mehrfachspender

Als Mehrfachspender soll jeder Erstspender betrachtet werden, der zumindest eine weitere Spende macht.

2.1.5.1 Gewinnung von Mehrfachspendern

Die wohl verbreitetste Methode für die **Gewinnung** von Mehrfachspendern ist, Erstspender in den Mailing-Zyklus der Organisation aufzunehmen (wenn sie da nicht längst schon sind). Mit jedem neuen Mailing erhalten sie so auch einen neuen Zahlschein. Nutzt ein Erstspender einen solchen neuen Zahlschein für eine weitere Spende, ist er automatisch Mehrfachspender geworden.

2.1.5.2 Bindung von Mehrfachspendern

Zur Bindung von Mehrfachspendern werden in der Praxis folgende Maßnahmen eingesetzt:

2.1.5.2.1 Bindung von Mehrfachspendern durch Mailings

In aller Regel beschränkt sich die Bindung von Mehrfachspendern (wie auch schon die Bindung von Erstspendern) auf die Aufnahme in den Mailing-Zyklus der Organisation. Dabei könnte eine Organisation viel mehr für die Bindung einer so wichtigen Gruppe wie die der Mehrfachspendern tun.

Beispiel

Die „Deutsche Lepra- und Tuberkulose Hilfe (DAHW)" kontaktiert ihre Mehrfachspender per Mailing oder Telefon zu bestimmten **Spenderjubiläen**:

- „Vielen Dank, dass Sie uns jetzt schon seit fünf Jahren unterstützen!"
- „Vielen Dank, dass Sie uns schon zum zehnten Mal unterstützt haben!"
- „In Summe haben Sie uns über die letzen Jahre bereits mit 1.000 € unterstützt. Dafür vielen Dank!"

2.1.5.2.2 Bindung von Mehrfachspendern über Projektfortschrittsberichte

Mehrfachspender können auch dadurch gebunden werden, dass eine Organisation regelmäßig über die Fortschritte ihrer Spendenprojekte berichtet. Auf diese Weise wird eine Beziehung zum Projekt und zur Organisation aufgebaut, die den (Mehrfach-) Spender bindet.

Beispiele

- Der „Malteser Hilfsdienst" warb eine gebrauchte Friseurladenausstattung als Sachspende in Deutschland ein, die für ein Ausbildungszentrum für Jugendliche in Südamerika wieder aufgebaut wurde. Über eine Webcam konnten die Spender in Deutschland den Projektfortschritt begleiten.
- Der Hermann-Gmeiner-Fonds verschickt einmal jährlich, zusammen mit der Jahreszuwendungsbestätigung, eine Dankeschön-DVD, auf der der HGF-Geschäftsführer im Tagesschau-Stil über Projekterfolge des zurückliegenden Jahres berichtet.

2.1.5.2.3 Bindung von Mehrfachspendern durch Spenderbefragung

Eine ebenfalls sehr erfolgreiche Idee zur Bindung von Mehrfachspendern hat die Fundraising-Agentur „Fundgiver" aus Hamburg entwickelt, die heute zur Agentur „GFS Fundraising Solutions GmbH" aus Bad Honnef gehört. Sie führt spezielle **Spenderbefragungen** für Organisationen durch. Dabei werden alle Spender (zunächst die aktiven, danach auch die inaktiven) schriftlich befragt, ob sie die verschiedenen Angebote einer Organisation (z. B. ehrenamtliche Mitarbeit, Dauerspenderprogramm, Zeitschriften, Ratgeber, Online-Angebote, Social Media (facebook, Twitter etc.), Teilnahmemöglichkeit an Events, Spenderreisen, Erbschaftsbroschüre, Erbrechtsvorträge) kennen bzw. Interesse daran hätten. Zusätzlich wird nach wichtigen Informationen über den Spender gefragt (z. B. Geburtsdatum, Telefonnummer, E-Mail-Adresse). Je nach angegebenem Interesse können die entsprechenden Angebote der Organisation in einem an die Befragung anschließenden Follow-up dann von der Organisation selbst oder einem beauftragten Dienstleister bereitgestellt werden. Dadurch entsteht Interaktion und Dialog – und somit auch Bindung!

Beispiel

Die Hilfsaktion „Brot für die Welt" der evangelischen Landes- und Freikirchen in Deutschland führte 2011 eine schriftliche Spenderbefragung bei 75.000 Förderern durch. Die Rücklaufquote betrug 8,1 %, bei Großspendern sogar 15,2 %. Folgende Erfolge konnten erzielt werden:

- 703 neue Interessenten an einer Anlassspende,
- 297 neue Interessenten an einer Zinsspenden,
- 319 neue Interessenten an einer Dauerspende,
- 251 neue Interessenten an einer Testamentspende,
- 104 neue Interessenten an einer Zustiftung,
- Über 15.000 Einzelangaben der Spender zu Einkommen, Alter, Anzahl Kinder, Beruf, Telefon, Email etc.

Der schriftlichen Befragung wurde ein Zahlschein beigelegt. Durch die daraufhin eingehenden Spenden konnten nicht nur sämtliche Kosten für Konzeption, Druck, Porto, Rücklauferfassung, Interpretation und Mehrwertsteuer gedeckt werden, sondern sogar ein Überschuss erzielt werden. Der Return-on-Investment (siehe Kapitel „Operatives Fundraising-Controlling") betrug 1,6.

2.1.5.3 Was ich in diesem Kapitel gelernt habe

- Beschränken Sie die Bindung Ihrer Mehrfachspender nicht auf die bloße Aufnahme in den regulären Mailing-Zyklus!
- Binden Sie Ihre Mehrfachspender durch Dank anlässlich bestimmter Spenderjubiläen!
- Binden Sie Ihre Mehrfachspender durch Projektfortschrittsbericht (im Internet)!
- Binden Sie Ihre Mehrfachspender durch regelmäßige Spenderbefragung!

2.1.6 Die Stufe der Dauerspender

Im Sinne des Upgradings auf der Spenderpyramide werden Mehrfachspendern als nächstes systematische Angebote unterbreitet, wie sie – wenn sie denn möchten und finanziell in der Lage dazu sind – die nächste Stufe erklimmen können. Ziel ist, möglichst viele Dauerspender unter den Mehrfachspendern zu gewinnen. Auch wenn auf dieser Stufe der Spenderpyramide in den letzten Jahren die Anstrengungen erheblich gesteigert wurden, erschließen viele Organisationen ihr Fundraising-Potenzial bei weitem nicht. Wie dies geschehen kann, soll im Folgenden ausführlich dargestellt werden. Zunächst ist jedoch zu klären, was genau unter einem „Dauerspender" zu verstehen ist.

2.1.6.1 Wer ist Dauerspender?

Dauerspender sind Spender, die …

- … regelmäßig (monatlich, quartalsweise oder jährlich) …
- … bis auf Widerruf (also auf zunächst unbestimmte Zeit) …
- … in Form einer Lastschrifteinzugsermächtigung oder eines Dauerauftrages …
- … unter verschiedenen Bezeichnungen („Freund", „(Förder-) Mitglied", „Förderer", „Pate" etc.) geben.

Der Hauptvorteil der Dauerspender liegt in der Regelmäßigkeit ihrer Unterstützung. Damit erhält eine Organisation planbare Einnahmen mit denen sie fest rechnen kann. Entsprechend kann sie sich auch in längerfristigeren Projekten guten Gewissens engagieren. Über die Jahre erwirbt sie nämlich Erfahrungswerte, wie lange sie ein Dauerspender durchschnittlich unterstützt. Meist sind es um die sieben Jahre. Dann wenden sich die Dauerspender anderen Themen zu, können aus finanziellen Gründen nicht mehr unterstützen oder versterben.

Nun zu den verschiedenen Erscheinungsformen der Dauerspender. Eine (Förder-) Mitgliedschaft kann der Ebene der Dauerspender ebenso zugerechnet werden wie eine (Personen-, Projekt- oder Tier-) Patenschaft. In der Regel beginnen viele Organisationen ihre Fundraising-Aktivitäten zunächst mit dem Gewinnen von **Mitgliedern**. Bereits bei der Gründung hat eine Organisation großen Finanzbedarf. Neben entsprechenden Räumlichkeiten muss zunächst für benötigte Infrastruktur (Telefon, Fax, PC etc.) und Kommunikation (v. a. zur Bekanntmachung der neuen Organisation) gesorgt werden. Als allerersten Schritt zur Deckung des Finanzbedarfs erheben die meisten Organisationen, die i. d. R in der Rechtsform eines eingetragenen Vereins (e. V.) gegründet werden, zunächst einen Beitrag von ihren Mitgliedern. Für die Gründung eines Vereins sind mindestens sieben Mitglieder erforderlich.[12] Die Zahl der Mitglieder ist jedoch meist von Anfang an höher bzw.

[12] Zur Gründung eines Vereins siehe: Kempfler, Herbert: Wie gründe und leite ich einen Verein? – Gründung, Anmeldung, Mitglieder, Mitgliederversammlung, Vorstand, Haftung, Austritt, Ausschluß, Auflösung, (Goldmann) Berlin 1993.

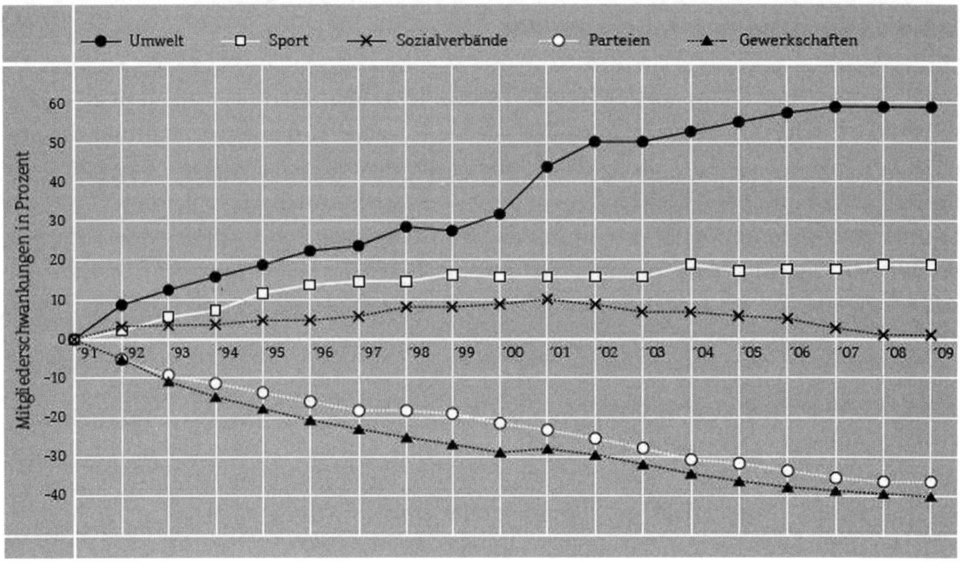

Abb. 2.11 Veränderung von Mitgliedschaften im Zeitverlauf. (Quelle: Dathe, Dietmar; Priller, Eckhard; Thürling, Marleen: Mitgliedschaften und Engagement in Deutschland, WZBrief Zivil-Engagement, Heft 2, August 2010)

wächst sehr schnell an. Grundsätzlich ist eine solide Grundfinanzierung über Mitgliedsbeiträge sehr zu empfehlen. Mitglieder zeichnen sich i. d. R durch hohe Identifikation mit der Organisation aus und bleiben ihr oft jahrelang treu.

Jede Organisation wird deshalb von Anfang an versuchen, zum einen ihre Mitgliederzahl und zum anderen die Höhe des Mitgliedsbeitrages so schnell wie möglich zu steigern. Um zu verhindern, dass mit einer Vielzahl von neuen Mitgliedern auch Entscheidungen schwerer steuerbar werden, bieten viele Organisationen neben oder statt der **ordentlichen Mitgliedschaft** mit Stimmrecht eine **Fördermitgliedschaft** ohne Stimmrecht in der Mitgliederversammlung an. Viele Organisationen schöpfen jedoch ihr Potenzial an (Förder-) Mitgliedsbeiträgen bei weitem noch nicht voll aus.

Schon seit längerem wird die klassische Mitgliedschaft hinterfragt. Gerade jüngere Menschen würden sich vor einer Mitgliedschaft scheuen. Zum einen seien sie nicht mehr bereit, sich fest an eine Organisation zu binden. Zum anderen empfänden sie diese Form des Engagements als antiquiert und lehnten die damit oftmals verbundene „Vereinsmeierei" grundsätzlich ab. So pauschal ist dies jedoch nicht richtig. Eine Untersuchung von *Dathe/Priller/Thürling* zeigt, dass zwar Gewerkschaften und Parteien im Untersuchungszeitraum (1991–2009) kontinuierlich Mitglieder verloren haben, Sportvereine und vor allem Umweltorganisationen aber kontinuierlich Mitglieder hinzugewinnen konnten (siehe Abb. 2.11).

Neben der (Förder-) Mitgliedschaft ist die **Patenschaft** eine sehr erfolgreiche Erscheinungsform der Dauerspender. Ein Dauerspender wird dabei Pate für ein Kind, ein Tier

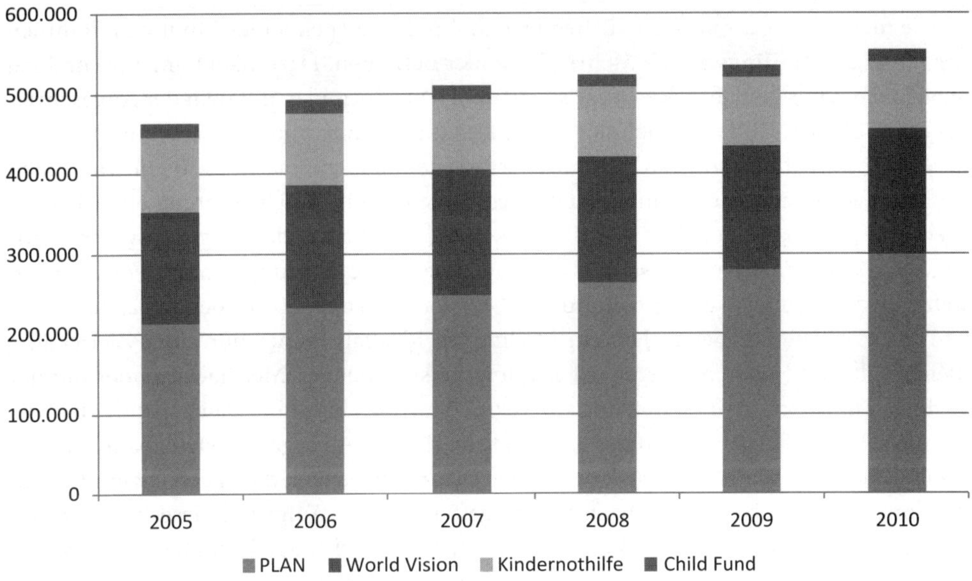

Abb. 2.12 Entwicklung Kinderpatenschaften

oder ein Projekt. Obwohl in den Medien immer wieder kritisch diskutiert,[13] scheint vielen Spendern diese sehr konkrete Form der Unterstützung zu gefallen. Veranschaulicht werden kann dies an der Entwicklung der in Deutschland übernommenen Kinderpatenschaften: Die Anzahl der Kinderpatenschaften, die allein bei den Organisationen „Plan International", „World Vision", „Kindernothilfe" und „Child Fund" in Summe übernommen wurden, konnten von 464.081 im Jahr 2005 auf 554.716 im Jahr 2010 um 20 % gesteigert werden (siehe Abb. 2.12).

2.1.6.2 Gewinnung von Dauerspendern

Nachdem geklärt wurde, wer als Dauerspender betrachtet werden kann, soll nun der Frage nachgegangen werden, über welche Vertriebskanäle (siehe Kap. 2.5) und welche Kommunikationskanäle (siehe Kap. 2.6) Dauerspender gewonnen werden können. Lange Jahre war der wichtigste Vertriebskanal, auch für die Dauerspende, der Postvertrieb.

2.1.6.2.1 Dauerspendergewinnung durch Postvertrieb

Die frühestmögliche Gewinnung von Dauerspendern per Postvertrieb kann gleich nach Erhalt der Erstspende erfolgen. Zusammen mit dem Dankschreiben für die Erstspende verschicken viele Organisationen ein Welcome Package (siehe Kap. 2.1.3.3), das dem Erstspender auch gleich die Möglichkeit und Vorteile der Dauerspende vorstellt und anbietet.

---

[13] Siehe beispielsweise: Der SPIEGEL: Studie kritisiert Kinderpatenschafts-Werbung, Heft 22/2005 vom 30.05.2005, S. 18.

Die meisten Organisationen dürften jedoch ihre Dauerspendergewinnung im Rahmen der **Standard-Mailings** an die Mehrfachspender betreiben. Dazu hängt am Anschreiben neben dem Zahlschein für eine Einzelspende noch ein Formular, mit dem der Angeschriebene eine Dauerspende übernehmen kann. Da Anschreiben und Zahlschein im Rahmen der Laserbeschriftung sowieso personalisiert werden müssen, macht es so gut wie keinen Zusatzaufwand, auch noch ein anhängendes Formular für die Übernahme einer Dauerspende zu personalisieren. Der Vorteil dieses Verfahrens liegt in den vergleichsweise geringen Zusatzkosten. Nachteilig ist, dass die Dauerspendergewinnung nicht im Vordergrund steht, sondern lediglich ein „Abfallprodukt" der Bitte um eine Einzelspende darstellt.

Dem Grundsatz folgend, dass ein Mailing im Idealfall immer nur einer Zielsetzung dienen sollte und nicht mehreren, ist es erfolgsversprechender, Mehrfachspender mit der alleinigen und expliziten Zielsetzung anzuschreiben, doch bitte eine Dauerspende zu übernehmen. Die Selektion der Adressen erfolgt durch eine Abfrage der Datenbank. Ausgewählt werden z. B. die Adressen all derjenigen Mehrfachspender, die in den letzten 12 oder 24 Monaten mindestens drei Einzelspenden getätigt haben. Aufgrund dieses relativ regelmäßigen Spendenverhaltens ist die Wahrscheinlichkeit hoch, dass die hinter den Adressen stehenden Menschen bereit sein könnten, sich auch dauerhaft zu engagieren.

2.1.6.2.2 Dauerspendergewinnung durch Telefon-Vertrieb

Noch effektiver ist ein 2-stufiges Verfahren, bei dem alle angeschriebenen Mehrfachspender, die auf das Mailing nicht reagiert haben, nach einer gewissen Zeit noch einmal per Telefon um eine Dauerspende gebeten werden. In der Praxis wird zumindest Stufe 2 nicht von der Organisation selbst sondern von einem auf Telefon-Fundraising spezialisierten Dienstleister durchgeführt. Das zweistufige Vorgehen wird aus Kostengründen gewählt: Reagiert der angeschriebene Mehrfachspender schon auf das kostengünstigere Mailing in Stufe 1 mit der Übernahme einer Dauerspende, so kann sich die Organisation den teureren Anruf sparen. Alternativ lassen manche Organisationen ihre Mehrfachspender unter Verzicht auf das zweistufige Vorgehen gleich alle anrufen, da die Responsequoten der Mailings in Stufe 1 nur relativ gering sind.

Einige Organisationen setzen mit der telefonischen Dauerspendergewinnung noch früher an: Sie beauftragen ihre Telefon-Fundraising-Agentur, im Rahmen eines Dankanrufes ihre Erstspender auch gleich auf die Übernahme einer Dauerspende anzusprechen. Die Erfahrung zeigt, dass ca. 9 % der angerufenen Erstspender dazu bereit sind. Ein ähnliches Verfahren wird mittlerweile übrigens auch bei SMS- (Erst-) Spendern erfolgreich eingesetzt (siehe Kap. 2.3.3.1).

2.1.6.2.3 Dauerspendergewinnung durch persönlichen Vertrieb

Als besonders erfolgreich erweist sich schon seit längerer Zeit die Dauerspendergewinnung über den persönlichen Vertrieb, neudeutsch: Face-to-Face-Fundraising (siehe Kap. 2.5.5). Dabei können die Vorteile einer Dauerspende im persönlichen Gespräch und damit im Dialog erläutert werden. Auf eventuelle Rückfragen, Vorbehalte und Kritik kann unmittelbar eingegangen werden.

Beispiele

- Die *Aktion Fischotterschutz* gewinnt mit Hilfe der **Standwerbung** neue Fördermitglieder für den Verein (siehe Abb. 2.13).
- Hilfsorganisationen wie das *Deutsche Rote Kreuz, Die Malteser, Die Johanniter* oder der *Arbeiter-Samariter-Bund* gewinnen mit Hilfe der **Haustürwerbung** neue Fördermitglieder.

2.1.6.2.4 Dauerspendergewinnung durch Online-Vertrieb

Immer größere Bedeutung kommt, auch bei der Dauerspendergewinnung, dem Online-Vertrieb zu. Dieser Vertriebskanal steht bequem und günstig jederzeit zur Verfügung. Insbesondere auf ihrer Website sollte eine Organisation – wenn möglich, gleich auf ihrer Homepage – die Möglichkeit der Dauerspende anbieten. Erstaunlich ist, dass dies leider noch längst nicht jede Organisation praktiziert.

Beispiel

Die Patenschaftsorganisation „Kindernothilfe" weist gleich auf ihrer Homepage (siehe Abb. 2.14) auf die Möglichkeit hin, eine Dauerspende in Form einer Patenschaft zu übernehmen.

Hinzu kommt, dass immer mehr Menschen im Internet über soziale Medien kommunizieren, insbesondere über Facebook (siehe 2.7.7). Diesen Trend nutzend, vertreiben die ersten Organisationen ihre Dauerspende auch über Social Media. Auch hier müssten alle anderen Organisationen nachziehen!

Beispiel

Die Umweltschutzorganisation „NABU – Naturschutzbund Deutschland" hat es mit dem Projekt „Willkommen Wolf" auf Facebook bereits auf beeindruckende 62.000 „Gefällt mir"-Angaben gebracht (Stand 2013). Ein eigenes Patenschafts-Tool (siehe Abb. 2.15) ermöglicht es, direkt auf Facebook eine Patenschaft für das Wolfsprojekt zu übernehmen.

Willkommen Wolf, NABU

2.1.6.2.5 Kommunikation der Dauerspende nach innen

Für die Kommunikation der Dauerspende und ihre verschiedenen Vertriebskanäle sollten alle Kommunikationskanäle nach innen und außen (siehe Kap. 2.6) genutzt werden, die geeignet sind, die Zielgruppe der (potenziellen) Dauerspender zu erreichen. Über welche Merkmale lässt sich die Zielgruppe der Dauerspender charakterisieren? Allgemeingültige Aussagen können leider nicht getroffen werden. Lediglich im Fall der (Kinder-) Paten fällt

Abb. 2.13 Dauerspendergewinnung über Standwerbung

Abb. 2.14 Dauerspendergewinnung auf der Website

Abb. 2.15 Dauerspendergewinnung über Facebook

auf, dass sich gerne auch jüngere Paare bzw. Eltern von Kleinkindern engagieren. Dies scheint damit zusammenzuhängen, dass nach der Geburt eigener Kinder, viele Paare aus Dankbarkeit auch Verantwortung für ein Kind übernehmen möchten, das anderswo auf der Welt in schwierigere Verhältnisse hineingeboren wurde.

Die Gewinnung von Dauerspendern kann einerseits durch die Nutzung aller nach innen zur Verfügung stehender Kommunikationskanäle einer Organisation erfolgen. Insbesondere in der eigenen Spenderzeitschrift, aber auch in speziellen oder Standard-Mailings können die Dauerspende und ihre Vertriebskanäle regelmäßig kommuniziert werden. Ziel ist dann das **Upgrading** vom Erst- oder Mehrfachspender zum Dauerspender.

2.1.6.2.6 Kommunikation der Dauerspende nach außen

Zusätzlich betreiben viele Organisationen als weitere Möglichkeit der Dauerspendergewinnung auch **Kaltakquisition**. Sie gewinnen die Dauerspender also nicht durch langwieriges Upgrading von Interessenten über Erst- und Mehrfachspender. Sie sprechen vielmehr Menschen an, zu denen sie bisher noch gar keine Spenderbeziehung hatten, und bitten gleich um eine dauerhafte Förderung. Diesen sehr direkten Weg gehen vor allem bekannte Organisationen, die in der breiten Bevölkerung bereits eine hohe Bekanntheit, ein positives Image und entsprechendes Vertrauen genießen. Dazu können alle Kommunikationskanäle (siehe Kap. 2.6) der klassischen Werbung (z. B. Anzeigen, Fülleranzeigen, Beilagen, Beihefter, Beikleber, Plakate, Fernsehen, Radio und Kino), der Direktwerbung (z. B.

Mailings) und der Dialogwerbung (z. B. Standwerbung, Haustürwerbung und Events) genützt werden, auch im Internet (z. B. Website, Social Media und Suchmaschinen). Hier einige Beispiele:

2.1.6.2.7 Dauerspendergewinnung durch Anzeigen

In zielgruppenaffinen Zeitungen, Zeitschriften oder sonstigen geeigneten Druckerzeugnissen werden Anzeigen geschaltet, die den Leser zur Übernahme einer Dauerspende für die Organisation auffordern.

Beispiel

Mit einer Anzeige machen die *SOS Kinderdörfer* auf die Möglichkeit aufmerksam, als sog. „SOS-Pate" Kinder dauerhaft zu unterstützen (siehe Abb. 2.16). Als Vertriebskanal wird auf den Telefon-Vertrieb und den Online-Vertrieb hingewiesen.

Beispiel

Die Umweltorganisation *Greenpeace Deutschland* schaltet ganzseitige Anzeigen in geeigneten Publikumszeitschriften um Dauerspender in Form von Fördermitgliedern zu werben. Als Vertriebskanal wird der Postvertrieb angeboten. Um die Anforderung des Informationsmaterials zu erleichtern, ist auf die Anzeige ein Beikleber aufgespendet (siehe Abb. 2.17). Für die Antwortkarte zahlt sogar der Empfänger das Porto.

Beispiel

Die Patenschaftsorganisation *World Vision Deutschland* wirbt mit einer Anzeige im Faltblatt „Ihr Reiseplan" für die Möglichkeit, mit einer Patenschaft Kinder dauerhaft zu unterstützen (siehe Abb. 2.18). Als Vertriebskanal wird auf den Online-Vertrieb und den Telefon-Vertrieb hingewiesen.

2.1.6.2.8 Dauerspendergewinnung durch Fülleranzeigen

In Zeitungen und Zeitschriften werden Leser mit Hilfe einer Fülleranzeige aufgefordert, eine Dauerspende für die Organisation zu übernehmen.

Beispiel

Die *SOS-Kinderdörfer* bitten per Fülleranzeige um die Übernahme einer SOS-Nothilfe-Patenschaft (siehe Abb. 2.19). Als Vertriebskanal wird auf den Online-Vertrieb und den Postvertrieb hingewiesen.

Abb. 2.16 Anzeige zur Dauerspendergewinnung

Abb. 2.17 Anzeige und Beikleber zur Dauerspendergewinnung

2.1.6.2.9 Dauerspendergewinnung durch Beileger

Anstelle von Anzeigen und Fülleranzeigen kann eine Organisation auch versuchen, mit Hilfe von Beilegern in Kontakt zu den Lesern von zielgruppennahen Zeitungen und Zeitschriften zu kommen.

Beispiel

Mit Beilegern in den Fachzeitschriften *Eltern* und *Eltern for family* wirbt das Kinderhilfswerk *UNICEF Deutschland* für die Übernahme einer Dauerspende „Friendship – UNICEF Freunde helfen dauerhaft" (siehe Abb. 2.20).

Abb. 2.18 Anzeige zur Dauerspendergewinnung in „Ihr Reiseplan"

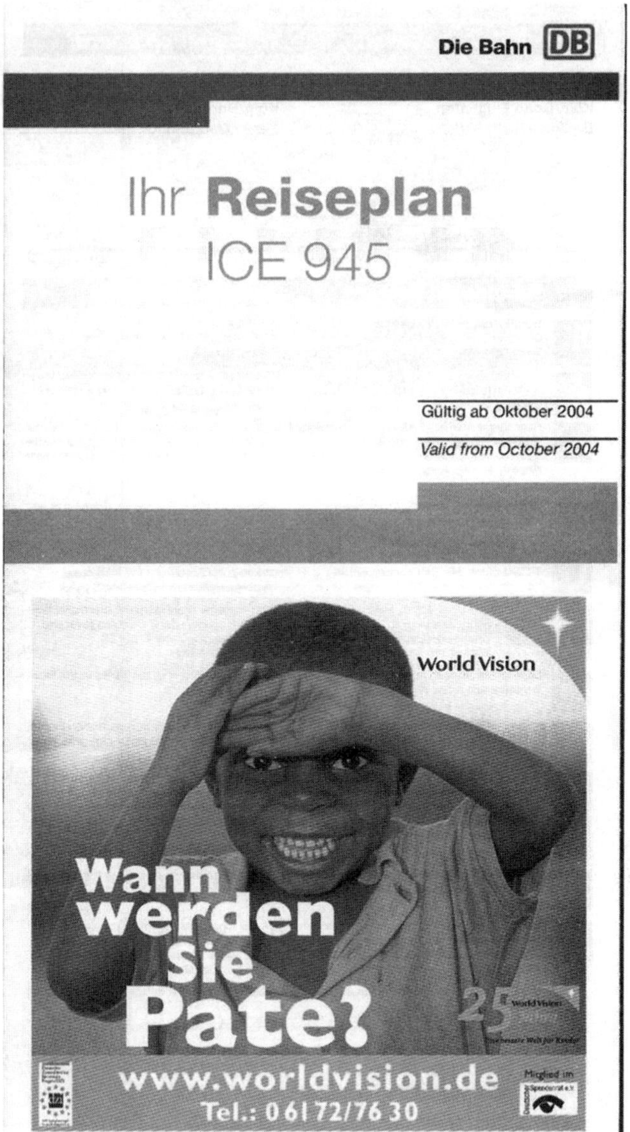

Abb. 2.19 Fülleranzeige zur Dauerspendergewinnung

Abb. 2.20 Beileger zur Dauerspendergewinnung

2.1.6.2.10 Dauerspendergewinnung durch Postwurfsendung

Zur Gewinnung von Dauerspendern kann auch die Postwurfsendung genutzt werden (siehe Kap. 2.6.5.3).

Beispiel

Die Patenschaftsorganisation *PLAN International* bittet per Postwurfsendung (siehe Abb. 2.21) die Empfänger um die Übernahme einer Kinderpatenschaft (insbesondere für Mädchen). Dabei wird PLAN von vom ehemaligen Tagesthemen-Moderator Ulrich Wickert unterstützt.

2.1.6.2.11 Dauerspendergewinnung über Plakat

Plakate sind eine weitere Möglichkeit für Dauerspenden zu werben.

Abb. 2.21 Postwurfsendung zur Dauerspendergewinnung

Beispiel

Die Patenschaftsorganisation *World Vision Deutschland* fragt auf Großflächenplakaten: „Wann werden Sie Pate?“ (siehe Abb. 2.22). Als Vertriebskanal wird auf den Online-Vertrieb hingewiesen.

2.1.6.2.12 Dauerspendergewinnung über Fernseh-, Radio- und Kinowerbung

Gute Möglichkeiten, Dauerspender zu gewinnen, sind Aufrufe über (lokale, regionale, nationale oder gar internationale) Fernseh-, Radio- und Kinowerbung (siehe Kap. 2.6.4). Können die Schaltungskosten nicht gefundraist werden, können die entstehenden Kosten zwar sehr hoch werden. Aufgrund der entsprechend hohen Reichweiten und Zielgruppenfokussierung der Massenmedien kann die Schaltung aber trotzdem sinnvoll sein. Dies ist im Einzelfall zu testen und detailliert zu kalkulieren!

Beispiele

- Die Patenschaftsorganisation *World Vision Deutschland* schaltet bezahlte DRTV-Spots zur Gewinnung von Kinderpaten. Kommuniziert wird der Telefon- und Online-Vertrieb.
- Das Kinderhilfswerk *UNICEF Deutschland* wirbt in Radio-Spots um Dauerspenden. Kommuniziert wird der Online-Vertrieb.
- Das katholische Hilfswerk *misereor* wirbt mit Kino-Spots um monatliche Dauerspenden in Höhe von zwei Euro (Aktion „Zwei-Euro-helfen“). Kommuniziert wird der Telefon- und Online-Vertrieb.

Abb. 2.22 Plakat zur Dauerspendergewinnung

2.1.6.2.13 Dauerspendergewinnung durch „Member-gets-Member"-Programme

Eine weitere Möglichkeit der Dauerspendergewinnung ist, bereits gewonnene Dauerspender anzusprechen und zu bitten, weitere Dauerspender in deren jeweiligem Freundes- und Bekanntenkreis zu werben. Man spricht von „Member-gets-Member"-Programmen – „Mitglied-wirbt-Mitglied".

Beispiel

Das Kinderhilfswerk *UNICEF Deutschland* bittet seine (Förder-)Mitglieder, ihre Freunde für eine (Förder-) Mitgliedschaft zu gewinnen. Als Incentive wird beispielsweise der Teddy „Max Wunderbär" (siehe Abb. 2.23) angeboten. Die Incentives sollten Sachspenden des jeweiligen Herstellers sein, die nicht mit Kosten für die Organisation verbunden sind.

2.1.6.3 Bindung von Dauerspendern

Ist ein Dauerspender gewonnen, so wird durch geeignete Bindungsmaßnahmen versucht, eine möglichst lange Verweildauer bei der Organisation zu erreichen.

2.1.6.3.1 Bindung mittels Zeitschrift

Die meisten Organisationen betreuen ihre Dauerspender durch eine regelmäßig erscheinende (Fördermitglieder-, Mitglieder- oder Paten-) **Zeitschrift**. Um Portovergünstigungen der Post in Anspruch nehmen zu können, sollten Spenderzeitschriften mindestens viermal pro Jahr als sog. Postvertriebsstück verschickt werden. Auf Größe und Umfang kommt es dabei nicht an. Beides sollte zur jeweiligen Organisation passen. So gibt es beispielsweise kleine Initiativen, die sich auf eine oder wenige Seiten schwarzweiß beschränken. Größere

Abb. 2.23 „Member-gets-Member" zur Dauerspendergewinnung

Organisationen versenden regelmäßig ganze Magazine, die professionell gestaltet wurden. Näheres zu Mitglieder- und Fördererzeitschriften findet sich bei *Fraunberg.*[14]

2.1.6.3.2 Bindung mittels Events

Auch ist denkbar, Dauerspender durch eine exklusive Einladung zu besonderen **Events** zu binden.

---

[14] Fraunberg, Bero von: Mitglieder- und Fördererzeitschriften, in: Fundraising Akademie (Hrsg.): Fundraising – Handbuch für Grundlagen, Strategien und Instrumente, (Gabler) Wiesbaden 2001, S. 635–640.

Beispiel

Das Kinderhilfwerk „UNICEF" lädt u. a. seine Dauerspender zu einer Sondervorführung des Kinofilms „Lilja 4-ever" mit anschließender Diskussion über das Problem der Prostitution Minderjähriger in die schwedische Botschaft in Berlin ein.

Bei zufriedenen Dauerspendern ist neben einem Upgrading zu Großspendern (siehe nächstes Kapitel) auch ein Upgrading *innerhalb* der Kategorie Dauerspender möglich. So ergaben Tests von Telefon-Fundraising-Agenturen, dass 50 % der Dauerspender nach zwei bis drei Jahren bereit sind, telefonisch einer Erhöhung ihrer Dauerspende um durchschnittlich 30 % zuzustimmen.

2.1.6.4 Rückgewinnung von Dauerspendern

Neben der Gewinnung von Dauerspendern soll an dieser Stelle auch noch auf die Bedeutung der Rückgewinnung abwandernder Dauerspender hingewiesen werden. Oben wurde bereits erwähnt, dass Dauerspender nach durchschnittlich sieben Jahren ihre Unterstützung einstellen. Wenn dies aufgrund von Arbeitslosigkeit oder gar Tod erfolgt, muss sich ein Fundraiser natürlich damit abfinden. Die Erfahrung zeigt jedoch, dass es auch abwandernde Dauerspender gibt, die zurückgewonnen werden können. Viele Organisationen beauftragen deshalb regelmäßig Telefon-Fundraising-Agenturen, die telefonische Rückgewinnung anbieten.

Beispiel

Eine deutsche Naturschutzorganisation lässt alle Dauerspender, die ihre Unterstützung nach Jahren plötzlich einstellen von einer entsprechend spezialisierten Telefon-Fundraising-Agentur anrufen. Gefragt wird nach dem Grund der Beendigung des Engagements. Viele der angerufenen (Ex-) Spender sind positiv überrascht, dass es der Organisation offensichtlich doch auf jeden einzelnen Spender ankommt. Im Gespräch stellt sich heraus, dass teilweise Trägheit oder Verärgerung über die Organisation zum Rückzug geführt haben. Ein Teil der bereits verloren geglaubten Spenderbeziehungen können auf diese Weise zurückgewonnen werden. Die Kosten für die telefonische Rückgewinnung sind allemal geringer als die Kosten für die Gewinnung von Neuspendern.

Voraussetzung ist freilich, dass eine Organisation überhaupt bemerkt, dass ein Dauerspender seine Unterstützung einstellt. Dies ist im Fall der Kündigung einer Lastschrifteinzugsermächtigung problemlos möglich, da der Dauerspender die Kündigung ja gegenüber der Organisation aussprechen muss. Kündigt ein Dauerspender dagegen einen Dauerauftrag zugunsten einer Organisation bei seiner Bank, so erfährt dies die Organisation nur dann, wenn es ihr der kündigende Dauerspender auch mitteilt – was leider nicht immer der Fall ist. Abhilfe kann eine Organisation nur dann schaffen, wenn sie regelmäßig eintreffende Zuwendungen (die sie nicht selbst per Lastschrift zieht) mit Hilfe einer Datenbankauswertung kontinuierlich beobachtet. Bei monatlich oder quartalsweise eintreffenden Zahlungen gleichbleibender Höhe ist es vergleichsweise plausibel, einen vom Spender nicht kommunizierten Dauerauftrag zu vermuten. Schon schwieriger wird es bei einmal jährlich (z. B. an Weihnachten) eintreffenden Zahlungen. Bei konstanter Spendenhöhe könnte auf einen Dauerauftrag geschlossen werden, muss aber nicht.

2.1.6.5 Was ich in diesem Kapitel gelernt habe

- Streben Sie unbedingt eine solide Grundfinanzierung Ihrer Organisation über Dauerspenden an!
- Überlegen Sie, ob Sie neben einer (Förder-) Mitgliedschaft eine (Kinder-, Projekt- oder Tier-) Patenschaft anbieten können!
- Unterbreiten Sie im Sinne des Relatonship Fundraising einem Mehrfachspender aktiv Upgrading-Angebote, Dauerspender zu werden!
- Überprüfen Sie alle von Ihnen genützten Kommunikationskanäle darauf, ob Sie darüber auch Dauerspender gewinnen könnten!
- Binden Sie gewonnene Dauerspender mit Hilfe einer Spenderzeitschrift!
- Informieren Sie gerade jüngere Spenderzielgruppen kostengünstig über E-Newsletter!
- Versuchen Sie, abwandernde Dauerspender telefonisch zurückzugewinnen!

2.1.6.6 Weiterführende Literatur zu diesem Kapitel

Bangert, K.: Patenschaften. In: Fundraising Akademie (Hrsg.) Fundraising – Handbuch für Grundlagen, Strategien und Instrumente, S. 269–276. Gabler, Wiesbaden (2001)

Dathe, D., Priller, E., Thürling, M.: Mitgliedschaften und Engagement in Deutschland, WZBrief Zivil-Engagement, Heft 2, August 2010

Eisert, W.: Patenschaften In: Fundraising Akademie (Hrsg.) Fundraising – Handbuch für Grundlagen, Strategien und Instrumente, 4. Aufl., S. 338–341. Gabler, Wiesbaden (2006)

Fraunberg, Bero von: Mitglieder- und Fördererzeitschriften. In: Fundraising Akademie (Hrsg.) Fundraising – Handbuch für Grundlagen, Strategien und Instrumente, S. 635–640. Gabler, Wiesbaden (2001)

Hönig, H-J, Schulz, L.: Spenderbetreuung. In: Fundraising Akademie (Hrsg.) Fundraising – Handbuch für Grundlagen, Strategien und Methoden, 4. Aufl., S. 285–309. Gabler, Wiesbaden (2008)

Schulz, L.: Spendergewinnung. In: Fundraising Akademie (Hrsg.) Fundraising – Handbuch für Grundlagen, Strategien und Methoden, 4. Aufl., S. 280–284. Gabler, Wiesbaden (2008)

2.1.7 Die Stufe der Großspender

Die Gruppe von Menschen, die einer Organisation weit überdurchschnittlich geben kann, wächst von Jahr zu Jahr. Fast 70 Jahre Frieden seit Ende des Zweiten Weltkrieges (übrigens die längste Friedensphase in der deutschen Geschichte) haben auch in Deutschland beträchtliche Vermögen akkumuliert. Immer mehr Vermögende sind bereit, ihr Vermögen (oder Teile davon) zugunsten gemeinnütziger Zwecke zu spenden oder zu stiften.

Beispiele

- Der Unternehmer Werner Otto engagiert sich seit Jahren in gleich mehreren Organisationen sehr großzügig. Während die Evangelische Stiftung Alsterdorf rund 10 Mio. € erhielt, gab Otto 4,5 Mio. € an das Berliner Konzerthaus und 2,7 Mio. € an die Staatliche Jugendmusikschule in Hamburg.
- Wie bereits erwähnt (siehe Kap. 1.7), schloss sich der SAP-Gründer Hasso Plattner 2013 der Initiative „The Giving Pledge" an und verpflichtete sich damit, bis zu seinem Lebensende mindestens die Hälfte seines, auf fast sechs Milliarden Euro geschätzten Vermögens gemeinnützigen Zwecken zukommen zu lassen.

Vorbild bleibt die Schweiz mit einer Friedensphase von mittlerweile 166 Jahren seit dem letzten Krieg (dem „Sonderbundskrieg" von 1847, der jedoch eher ein Bürgerkrieg war). Eine solch lange Friedensphase hat in der Schweiz (auch durch Zinseszinseffekte) so viel Vermögen akkumuliert, dass heute jeder zehnte Schweizer als Millionär gilt. Entsprechend hoch ist auch das Potenzial für Fundraising.

Im Sinne des Upgradings auf der Spenderpyramide besteht die Aufgabe darin, unter (Erst-, Mehrfach- und Dauer-) Spendern (potenzielle) Großspender zu identifizieren, zu gewinnen und zu betreuen. Dabei gilt auch und gerade bei Großspendern der Fundraising-Grundsatz, dass eine Organisation i. d. R nur diejenigen (Groß-) Spenden erhält, um die sie auch aktiv gebeten hat. So banal dies klingen mag, viele Menschen wären durchaus bereit, mit einem Teil ihres Vermögens ein sinnvolles Anliegen auch weit über eine durchschnittliche Spende hinaus zu unterstützen. Sie werden nur nie darum gebeten. Offensichtlich besteht in Deutschland (ganz im Gegensatz zu den USA) nach wie vor eine gewisse Scheu, um größere Spenden zu bitten. Dies drückt sich auch in den Stellenplänen deutscher Fundraising-Abteilungen aus. Nicht einmal hundert Organisationen dürften derzeit über eine eigene Stelle für Großspender-Fundraising verfügen. In den USA sind es tausende. Sie stellen eine gute Investition dar – holen sie doch ein Vielfaches ihrer Personalkosten wieder herein.

Auch in Deutschland werden der Bedarf und die Nachfrage nach Spezialisten im Großspender-Fundraising in den nächsten Jahren rapide steigen. Die Gründe dafür sind zweierlei. Zum einen erkennen immer mehr Organisationen die Gültigkeit des Pareto-Prinzips auch für ihre Organisation. Wie bereits ausgeführt, ergeben entsprechende Analysen der Fundraising-Datenbanken immer wieder, dass die besten 20 % der Spender in der Spitze der Spenderpyramide 80 % der Spendeneinnahmen beisteuern. Damit wächst auch die Einsicht, sich speziell um diese (Groß-) Spender besser kümmern zu müssen. Zum anderen wird – wie noch aufgezeigt werden wird – das künftige Wachstumspotenzial im Fundraising in der Spitze der Spenderpyramide liegen.

2.1.7.1 Wer ist Großspender?

Zunächst einmal muss aber der Frage nachgegangen werden, wer denn eigentlich als Großspender zu betrachten ist bzw. ab welchem Betrag ein Spender zum Großspender wird. In der Praxis gibt es darauf keine allgemeingültige Antwort. Ab welchem Schwellenwert eine Organisation einen Spender als Großspender ansieht, kann sehr unterschiedlich sein. Mitte der neunziger Jahre begannen die ersten Organisationen mit systematischem Großspender-Fundraising in Deutschland. Sie setzten einen ersten Schwellenwert (eher willkürlich) bei 10.000 DM an. Dabei wurde sehr schnell klar, dass sich dieser Schwellenwert nicht nur auf eine Einzelspende beziehen konnte. Auch wer in einem Jahr zwei Spenden à 5.000 DM oder vier Spenden zu 2.500 DM leistete, erreichte den Schwellenwert und war folglich als Großspender zu behandeln. Entscheidend für die Großspenderdefinition sind also nicht die Einzelspenden sondern die Jahresspendensumme. Auch kann bei erstmaligem Einsatz eines Großspenderkonzeptes sinnvoll sein, die Jahresspendensummen der letzten drei Jahre statt nur des letzten Jahres zu betrachten. Im Extremfall sogar alle Spenden, die uns ein Spender in seinem Leben insgesamt gegeben hat. Wichtig ist jedoch, dass dieser Schwellenwert von 10.000 DM keinerlei Allgemeingültigkeit besaß. Kleinere Organisationen betrachteten zum Teil schon (Einzel-) Spenden in Höhe von 1.000 DM, 500 DM oder gar nur 200 DM als Großspenden.

Auch die größeren Organisationen erkannten in einem zweiten Schritt, dass natürlich auch Jahresspendensummen zwischen 1.000 DM und 10.000 DM immer noch als „groß" anzusehen, und ihre Spender auch unterhalb des Schwellenwertes von 10.000 DM entsprechend zu betreuen waren. Nach und nach setzten sich in der Praxis zwei oder gar drei Großspenderkategorien durch. So unterscheidet beispielsweise Greenpeace heute zwischen den folgenden drei Großspenderkategorien, für die jeweils ein eigenes Betreuungskonzept entwickelt wurde:

- High Donor: Jährliches Spendenvolumen zwischen 500 und 999 €,
- Major Donor: Jährliches Spendenvolumen zwischen 1.000 und 9.999 €,
- Top Donor: Jährliches Spendenvolumen ab 10.000 €.[15]

Wichtig ist, noch einmal explizit darauf hinzuweisen, dass weder die Schwellenwerte (500 €, 1.000 € und 10.000 €) noch die Bezeichnungen (High, Major und Top Donor) standardisierte Größen sind. Vielmehr kann jede Organisation eigene Schwellenwerte und Bezeichnungen definieren. So sprachen bei einer 1991 in den USA durchgeführten Befragung von Bildungsinstitutionen

- 10 Institutionen ab einem Spendenvolumen von $ 10.000,- von Großspendern,
- 21 Institutionen erst ab einem Spendenvolumen von $ 25.000,- und
- 10 Institutionen erst ab einem Spendenvolumen von $ 100.000,-.

[15] Vgl. Stöhr, Melanie: Major Giving Programs, in: Fundraising Akademie (Hrsg.): Fundraising – Handbuch für Grundlagen, Strategien und Methoden, 3. Aufl., (Gabler) Wiesbaden 2006, S. 363–370, S. 364.

Man sprach bei einer Einzelspende in Höhe von

- $ 100.000 oder mehr von einer ‚*Major* Gift',
- $ 10.000 bis $ 99.999 von einer ‚*Special* Gift',
- weniger als $ 10.000 von einer ‚*General* Gift'.[16]

Entscheidend ist also nicht so sehr, welche Schwellenwerte eine Organisation für ihr Großspender-Fundraising wählt, sondern dass sie überhaupt welche festlegt. Präzise Schwellenwerte sind deshalb so wichtig, weil die darauf basierende Einstufung eines Spenders als Großspender eine ganz andere Qualität von persönlicher Betreuung (statt der bisherigen personalisierten Massenansprache in der Basis der Spenderpyramide) zur Folge haben sollte. Dadurch steigen zwar die absoluten Betreuungskosten pro Spender, dafür sinken jedoch die relativen Betreuungskosten pro Spender mit zunehmender Stufe in der Spenderpyramide: *Lauber* geht bei Spenden bis 500 € von Vollkosten zwischen 0,30 und 0,60 € pro Spendeneuro aus. Bei Spenden zwischen 500 und 5.000 € schätzt er die Vollkosten zwischen 0,20 und 0,30 € pro Spendeneuro, wohingegen bei Großspenden über 5.000 € seiner Erfahrung nach die Vollkosten bei 0,05 und 0,15 € pro Spendeneuro liegen dürften.[17]

Im Rahmen des Großspender-Fundraising sind also gleich zu Beginn zwei wichtige Entscheidungen zu fällen: Wie viele Großspenderkategorien sollen für eine Organisation definiert werden, und ab welchen Schwellenwerten? In der Praxis definieren Organisationen in aller Regel ein, zwei oder drei Großspenderkategorien, selten mehr. Dabei ist zunächst einmal gar nicht so wichtig, wie viele Großspenderkategorien definiert werden, sondern dass anschließend auch wirklich eine praxistaugliche Differenzierung zwischen den verschiedenen Kategorien in der Bearbeitung möglich wird, die Großspendern zudem sinnvoll kommuniziert werden kann. Eine verwirrende Anzahl von Großspenderkategorien, deren Unterschiede bzw. Abgrenzung sich nicht mehr auf Anhieb erschließen, irritieren nur die betreffenden Spender und verkomplizieren das Management im Großspender-Fundraising unnötig. Unstrittig ist, dass es mindestens eine Großspenderkategorie geben sollte, bei der die Kommunikation mit dem Spender von der Massenansprache zur individuellen, persönlichen Ansprache wechseln sollte bzw. muss. Diese Kategorie wird, auch im deutschsprachigen Raum, gerne (aber nicht immer) „Top Donor" genannt.

2.1.7.2 Gewinnung und Bindung der Top Donor

Ab welchem Schwellenwert ein Spender zum „Top Donor" wird, ist wie gesagt sehr unterschiedlich und für jede Organisation individuell festzulegen. Auf die individuelle Festlegung eines Schwellenwertes wird später in Kap. 2.4.4 noch näher eingegangen. Der wohl

[16] Vgl. Dove, Kent E.: Conducting a Successfull Capital Campaign – A Comprehensive Fundraising Guide for Nonprofit Organizations, San Francisco 1988, S. 90.

[17] Vgl. Lauber, Josef: Wie Sie mit einem „Major-Donor-Programm" Kosten minimieren, in: Gemeinnützigkeit + Management, Nr. 48 vom 01.05.1997, S. 2.

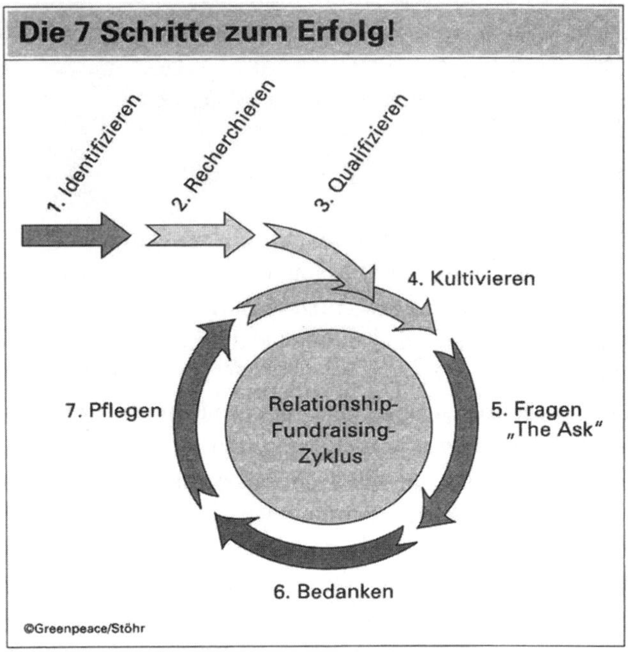

Abb. 2.24 Schritte der Kaltakquisition eines Top Donor. (Quelle: Tagungsunterlagen von Melanie Stöhr, Greenpeace)

häufigste Schwellenwert liegt in der Praxis bei einer Jahresspendensumme von 10.000 €. Wie werden Top Donor nun gewonnen und betreut?

2.1.7.2.1 Gewinnung durch Upgrading

Sehr oft erfolgt eine erste Großspende, die (für sich allein oder in Jahresspendensumme) den definierten Schwellenwert übersteigt, relativ unspektakulär auf die Massenansprache im Rahmen eines Standard-Mailing hin – sozusagen ohne, dass explizit um eine Großspende gebeten wurde. Dies ist idealtypisch das Ergebnis eines vorangegangenen **Upgrading**-Prozesses. Im Extremfall kann aber auch gleich die Erstspende eine Großspende sein, die dann nicht als Ergebnis von Upgrading-Bemühungen betrachtet werden kann.

2.1.7.2.2 Gewinnung durch Kaltakquisition

Daneben ist auch eine Gewinnung von Top Donor durch **Kaltakquisition** denkbar. Bei diesem, eher in den USA verbreiteten, systematischen Vorgehen werden über einen Zeitraum von 18 bis 24 Monaten nacheinander die folgenden sieben Phasen durchlaufen (siehe Abb. 2.24): Nach der *Identifikation* potenzieller Top Donor durch Auswertung öffentlich zugänglicher Quellen (z. B. Forbes-Liste der reichsten Menschen, Mitgliederverzeichnis des Rotary Clubs, Tagespresse, Yellow-Press) werden im Rahmen der *Recherche*-Phase Informationen über die identifizierten Personen (Interessen, Vorlieben, Vermögen etc.) gesammelt. Dazu können mittlerweile auch soziale Netzwerke im Internet (wie Xing, Facebook oder Linked-In) interessante Hinweise liefern. In der *Qualifizierungsphase* werden die recherchierten Informationen bewertet und versucht, ein attraktives Projekt für die (potenziellen) Top Donor zu entwickeln. Auch wird überlegt, wer sinnvollerweise den

Erstkontakt herstellt. In der *Kultivierungsphase* wird der Kontakt durch Veranstaltungen, Treffen und Telefonate vertieft, bevor es nach 18 bis 24 Monaten in der fünften Phase zur eigentlichen *Bitte um Unterstützung* („The Ask") kommt (siehe Kap. 2.5.5.1). Die Phasen 6 (*Bedanken*) und 7 (*Pflegen*) sind schon nicht mehr der Gewinnung sondern der Betreuung bzw. Bindung der Top Donor zuzurechnen.

2.1.7.2.3 Bindung durch telefonischen Kontakt

Egal ob durch Upgrading oder Kaltakquisition gewonnen, sollte zu einem (neue gewonnenen) Top Donor so schnell wie möglich der persönliche Kontakt gesucht werden. Der persönliche Kontakt ist zwar mit wesentlich höheren Kosten verbunden als der schriftliche, angesichts der Höhe der erhaltenen Spenden aber allemal gerechtfertigt. Nach Erhalt der (ersten) Großspende, sollte der erste persönliche Kontakt zu einem neuen Top Donor ein telefonischer Dankanruf sein. In der Regel erfolgt der Anruf durch den (Großspender-) Fundraiser, der ab sofort ja auch die persönliche Betreuung übernimmt. Aufgrund der besonderen Spendenhöhe wird der Dankanruf in einigen Organisationen jedoch von der Geschäftsführung übernommen. Letzteres Vorgehen ist sicherlich sinnvoll, da es dem neuen Top Donor eine besondere Wertschätzung entgegenbringt. Die Geschäftsführung sollte jedoch nicht verpassen, den Großspender-Fundraiser als künftigen Ansprechpartner zu benennen und vorzustellen.

Ziel des Dankanrufes ist,

- sich für die erhaltene Großspende angemessen zu bedanken,
- die Bedeutung der Großspende für die Organisation herauszustellen,
- den künftigen Ansprechpartner für den Top Donor persönlich vorzustellen,
- dem Top Donor ein persönliches Treffen anzubieten.

2.1.7.2.4 Bindung durch persönliche Treffen

In einem (ersten) Treffen, das je nach Wunsch beim Großspender oder in der Organisation oder an einem neutralen dritten Ort (z. B. in einem Café oder Restaurant) stattfinden kann, versucht der Großspenderbetreuer Antworten auf folgende, zentrale Fragen zu bekommen:

- Was für ein Mensch ist der Top Donor? Welche Bedürfnisse, Werte und (Spender-) Motive leiten ihn (siehe Kap. 2.3.1.1)?
- Welche Ziele verfolgt er? Welche Träume hat er?
- Welchen Bezug hat der Top Donor zur Organisation? Warum gerade diese Organisation?
- Was hat den Top Donor motiviert, der Organisation einen größeren Betrag zu geben?
- Für welche Projekte der Organisation interessiert sich der Top Donor besonders?
- Was erwartet sich der Top Donor von der Organisation?
- Kann sich der Top Donor eine weitergehende Unterstützung der Organisation vorstellen?

Ziel des ersten Treffens ist es auch, sich als Großspenderbetreuer dem Großspender als persönlichen Ansprechpartner vorzustellen, der den Großspender ab sofort betreut und sich persönlich um alle Belange im Zusammenhang mit der Spende kümmert. Dieses „Kümmern" wird im anglo-amerikanischen Raum auch „Stewardship" genannt.

2.1.7.2.5 Bindung durch schriftlichen Kontakt

Top Donor werden zu Geburtstagen, Jubiläen oder besonderen Ehrentagen (z. B. Goldene Hochzeit) angeschrieben. Sie erhalten eine individuelle, von Hand geschriebene Karte zu Weihnachten und Ostern, vielleicht sogar eine Urlaubskarte vom Großspenderbetreuer. Selbst eine Gratulationskarte zum Namenstag ist möglich, gerade in einem katholischen Milieu sogar üblich. Listbroker bieten mittlerweile eine Datei mit 30.000 Vornamen inklusive interessanter Informationen zum Namenspatron an.

2.1.7.2.6 Bindung durch Projektreisen

Besonders intensiv ist die Bindung im Rahmen von sog. „**Projektreisen**" bzw. „**Spenderreisen**" ins In- oder Ausland. Dabei können Top Donor persönlich und unmittelbar erleben, welche Erfolge ein Projekt dank ihrer Unterstützung für die betroffenen Menschen erzielen konnte. Mittlerweile gibt es sogar Dienstleister, die sich auf solche Reisen spezialisiert haben.[18]

Beispiel

Eine Organisation, die sich für die Erhaltung des Regenwaldes einsetzt, bietet ihren Großspendern regelmäßig eine Projektreise ins Amazonasgebiet an. Vor Ort kann sich der Großspender ein eigenes Bild vom Projektfortschritt verschaffen. Für die Kosten der Projektreise kommt ein Großspender selbstverständlich selber auf. Die Erlebnisdimension kann dadurch verstärkt werden, dass prominente Förderer der Organisation an der Reise teilnehmen.

2.1.7.2.7 Bindung durch exklusive Events

Bindung kann auch durch erlebnisorientierte Veranstaltungen („Events") erzielt werden (siehe Kap. 2.5.5.2). Besonders attraktiv sind Events, die einerseits einen inhaltlichen Bezug zur Arbeit der Organisation haben, und andererseits mit einer gewissen Exklusivität für den Top Donor verbunden sind. Hierbei ist Kreativität wichtiger als hoher finanzieller Aufwand. Aber auch **sonstige freudige Anlässe** in einer Organisation könnten für die Bindung von Top Donor von Interesse sein.

[18] z. B. „Travel Beyond" aus Hamburg (www.travelbeyond.de) und „Make a Difference" aus Köln (www.makeadifference.de).

Beispiel

Einer ehrenamtlichen Mitarbeiterin der Malteser wurde durch den Bundespräsidenten das Bundesverdienstkreuz verliehen. Eine Großspenderin nahm die Einladung der Fundraiserin gerne an, an der Verleihung in Schloss Bellevue in Berlin teilnehmen zu können. Beides war geradezu idealtypisch gegeben: Exklusiver Rahmen und inhaltlicher Bezug zur Arbeit der Organisation.

2.1.7.2.8 Bindung durch Mitarbeit

Eine sehr weitreichende Form der Bindung stellt das Angebot zur Mitarbeit dar. Dabei ermöglicht eine Organisation einem Top Donor, sich – bei Interesse – aktiv in die Arbeit der Organisation einbringen zu können. Denkbar ist die Mitarbeit in einem (Aufsichts-) Gremium (z. B. Kuratorium) oder die Verleihung eines Ehrentitels (z. B. Ehrensenator einer Hochschule). In den USA kann Vorstandsmitglied (Board Member) oftmals nur werden, wer vorab eine substantielle Großspende geleistet hat. Ein Top Donor bringt also nicht nur sein Geld, sondern auch sein Kontaktnetzwerk und Know-how ein. Er identifiziert sich entsprechend stark mit „seiner" Organisation und fühlt sich ihr verbunden. Natürlich dürfen auch die Nachteile einer solchen Form der Bindung nicht verschwiegen werden: Durch die Mitarbeit eines Top Donors kann sein Einfluss auch (zu) dominant werden, und mit den Interessen der Mitgliederversammlung oder des Vorstands kollidieren. Im Extremfall kann eine Mitarbeit im Laufe der Zeit sogar kontraproduktiv werden.

Beispiel

In der von Karlheinz Böhm gegründeten Organisation „Menschen für Menschen" bekam ein Top Donor immer größeren Einfluss. Nach jahrelanger, für beide Seiten fruchtbarer Zusammenarbeit, entstand folgendes „Luxusproblem": Der Top Donor wollte eine Zuwendung leisten, die ein Vielfaches des aktuellen Budgets dargestellt, und eine strategische Neuausrichtung erfordert hätte. Darüber entstand 2012 ein Streit zwischen Vorstand und Top Donor, der öffentlich ausgetragen wurde und das Image der Organisation existenziell bedrohte.

2.1.7.3 Gewinnung und Bindung der Major Donor

Im vorangegangenen Kapitel wurde deutlich, welch hoher Aufwand mit der individuellen Betreuung von Top Donor verbunden ist. Dieser besondere Aufwand ist erst ab einer entsprechend hohen Jahresspendensumme (siehe Kap. 2.4.4) gerechtfertigt. Damit stellt sich jedoch die Frage, wie (Groß-) Spender betreut werden sollten, deren Zuwendungen zwar unterhalb der Schwelle für Top Donor liegen, aber immer noch deutlich oberhalb der Jahresspendensummen durchschnittlicher (Dauer-) Spender? In der Praxis wurde für diese Gruppe im Laufe der Zeit eine zweite Großspenderkategorie (meist „Major Donor" genannt) eingeführt, manchmal sogar noch eine dritte Großspenderkategorie (meist „High Donor" genannt, siehe Kap. 2.1.7.4). Der wesentliche Unterschied zwischen Top und Major Donor besteht darin, dass der Aufwand für Gewinnung und Betreuung bei den Major

Donor aufgrund der geringeren Höhe der Zuwendungen entsprechend geringer ausfallen muss. Dies wird durch einen deutlich höheren Grad an Standardisierung in der Kommunikation erreicht. Auch für die Kategorie der Major Donor sind eindeutige Schwellenwerte zu definieren (siehe Kap. 2.4.4). Meist liegen sie im Bereich zwischen 1.000 € und 9.999 € Jahresspendensumme.

Beispiel

Die Umweltorganisation *WWF Deutschland* spricht nicht von Major Donor sondern von „Global 200-Protectoren". Gesucht werden 2.000 Personen, die als Global 200-Protector einen von weltweit 238 besonders schutzwürdigen Lebensräumen mit einer Lastschrifteinzugsermächtigung in Höhe von mindestens 1.000 € pro Jahr unterstützen. Die Zeit drängt, da nur noch knapp ein Viertel der 238 Regionen als ökologisch relativ stabil und intakt gilt.

An diesem Beispiel kann man sehr gut die Grundüberlegung eines Major-Donor-Programms verdeutlichen: Es geht darum, (potenzielle) Großspender nicht um eine einmalige sondern eine *kontinuierliche* Großspende zu bitten – und sie dadurch zu binden. Die Grundüberlegung eines Major-Donor-Konzeptes entspricht somit dem eines Dauerspenderkonzeptes – nur mit deutlich höheren Beträgen. Entsprechend können die anschließenden Bindungsmaßnahmen in Abgrenzung zum Dauerspenderkonzept aufwendiger ausfallen, sollten jedoch in Abgrenzung zum Top-Donor-Konzept aus Kostengründen standardisiert werden. Als Variante kann potenziellen Major Donor angeboten werden, ihre Dauergroßspende auf drei bis fünf Jahre begrenzt zu übernehmen. Eine solche zeitliche Begrenzung erleichtert zwar die Entscheidung für den Spender, erfordert dafür aber nach Ablauf der Frist eine erneute Kontaktaufnahme zur Verlängerung des Engagements (die wiederum mit Kosten verbunden ist).

Wer könnte Interesse haben, Major Donor zu werden? Zunächst Diejenigen, die bereits einmalig einen Betrag in dieser Größenordnung geben konnten. Mit der Einschränkung, dass es natürlich auch Spender gibt, die einen vierstelligen Betrag nur zu einem runden Geburtstag zusammen bekommen, nicht aber kontinuierlich. Eine weitere Gruppe potenzieller Major Donor stellen Spender dar, die bislang nur kleinere Beträge gegeben haben, obwohl sie eigentlich sehr wohlhabend sind. Wie kann eine Organisation diese Gruppe identifizieren? In dem sie ihre Spenderdatenbank von einem spezialisierten Dienstleister mit einer Datei wohlhabender Menschen abgleichen lässt.

Beispiel

Der *Malteser Hilfsdienst Berlin* hat mit Hilfe des Kölner Dienstleisters *Liebetrau Listservice GmbH* 33.000 Fördermitglieder gegen die Wohlhabendendatei „Wealth Overlay" des niederländischen Anbieters *Major Giving Solutions* abgleichen lassen. Auf diese Weise konnten unter den Fördermitgliedern 150 (=0,5 %) wohlhabende Menschen identifiziert werden, auf deren Potenzial die Malteser ohne diesen Abgleich unter Umständen nie aufmerksam geworden wären.

Wie können die so identifizierten potenziellen Major Donor nun gewonnen und anschließend gebunden werden?

2.1.7.3.1 Gewinnung per Telefon

Wie auch schon beim Top Donor, sollte der Erstkontakt zum potenziellen Major Donor telefonisch erfolgen. Zumindest dann, wenn der potenzielle Major Donor bereits eine (Einzel-) Spende in besagter Größenordnung geleistet hat. Nach einem angemessenen Dank kann am Telefon am einfachsten eruiert werden, ob ein weiteres, dauerhaftes Förderinteresse besteht. Mit hoher Wahrscheinlichkeit wird ein potenzieller Major Donor eine Förderentscheidung dieser Dauer und Größenordnung jedoch nicht spontan am Telefon treffen. Ihm wird deshalb angeboten, entsprechendes schriftliches Informationsmaterial zukommen zu lassen. Etwa zwei Wochen nach Zusendung des Informationsmaterials kann dann nochmal telefonisch nachgefasst werden: Haben Sie die versprochenen Unterlagen erhalten? Konnten Sie schon mal einen Blick hineinwerfen? Haben Sie noch Fragen dazu? Da das beschriebene, dreistufige Vorgehen (Anruf – Zusendung schriftlicher Unterlagen – Anruf) arbeitsintensiv ist, und die Anzahl potenzieller Major Donor schon bei mittelgroßen Organisationen schnell drei- oder gar vierstellig werden kann, sollte die Durchführung auf eine spezialisierte Telefon-Fundraising-Agentur ausgelagert werden (Outsourcing). Während die Anrufe potenzieller Top Donor unbedingt inhouse durch den (Großspender-) Fundraiser erfolgen sollten, um die Grundlage für eine persönliche Beziehung zu legen, können die Anrufe potenzieller Major Donor durch externe Dienstleister erfolgen, da es sich auf dieser Stufe aus Kostengründen noch um einen weitgehend standardisierten Kontakt handeln muss. Ist eine Organisation im Großspender-Fundraising jedoch personell so gut ausgestattet, dass sie auch die potenziellen Major Donor selbst anrufen kann (dies kommt in der Praxis leider nur in seltenen Ausnahmefällen vor), so spricht freilich auch nichts dagegen, die Anrufe selbst durchzuführen.

2.1.7.3.2 Gewinnung per Mailing

Ist eine telefonische Kontaktaufnahme nicht möglich oder nicht gewollt, so kann alternativ auch eine schriftliche Kontaktaufnahme per Mailing erfolgen. Im Idealfall wird dafür ein eigenes Mailing konzipiert, das das ausschließliche Ziel verfolgt, Major Donor zu gewinnen. Weniger erfolgsversprechend wäre, im Rahmen eines Standard-Mailings lediglich „Huckepack" auf das Major-Donor-Konzept hinzuweisen. Sei es durch einen beigelegten Flyer, oder auch nur durch einen entsprechenden Hinweis im Post Scriptum (P.S.).

2.1.7.3.3 Gewinnung über Spenderzeitschrift

Auch im Rahmen der Spenderzeitschrift, die regelmäßig an alle aktiven Spender verschickt wird, sollte immer wieder einmal auf die Möglichkeit hingewiesen werden, Major Donor werden zu können. Sei es in eigens dafür entworfenen Anzeigen, sei es in Form redaktioneller Beiträge, in denen ein Major Donor als Testimonial vom Großspender-Fundraiser interviewt und nach seiner Motivation gefragt wird. Die Leser der Spenderzeitschrift sollen auf diese Weise inspiriert werden, selbst über ein Engagement als Major Donor nachzudenken. Am Ende des Interviews wird der Großspender-Fundraiser als Ansprechpartner (mit Foto und Telefonnummer) genannt, der bei Interesse kontaktiert werden kann.

2.1.7.3.4 Gewinnung durch Spenderbefragung

Eine erfolgsversprechende Maßnahme der Identifikation potenzieller Major Donor ist die bereits erwähnte Spenderbefragung (siehe Kap. 2.1.5.2). Dabei werden alle (Mehrfach-) Spender, die von der Organisation in die Spenderbefragung einbezogen werden, auch danach gefragt, ob sie das Major -Donor-Produkt kennen bzw. Interesse daran haben. Wer Interesse artikuliert, wird zeitnah telefonisch kontaktiert (siehe oben).

2.1.7.3.5 Gewinnung per Internet

Mittlerweile werden längst auch im Internet schon Major Donor gewonnen. Insbesondere die Website einer Organisation kommt dafür infrage.

Beispiel

Die Umweltorganisation „WWF Deutschland" bietet auf ihrer Website die Möglichkeit an, für (mindestens) 1.000 € pro Jahr Global 200-Protector werden zu können (siehe Abb. 2.25). Zum Download bereit stehen eine ausführliche Info-Broschüre „Werden Sie Global 200-Protector" (siehe Abb. 2.26) und ein Anmeldeformular zum Ausdrucken.

2.1.7.3.6 Bindung durch Projektfortschrittsberichte

Nach der Gewinnung ist es wichtig, die Major Donor möglichst langfristig zu binden. Ein geeignetes Bindungsinstrument sind Projektfortschrittsberichte, die in Wort und Bild anschaulich dokumentieren, welche Fortschritte ein gefördertes Projekt dank der Großspenden eines Major Donor erzielen konnte.

Beispiel

Die Umweltorganisation „WWF Deutschland" stellt ihren Global 200-Protectoren jedes Jahr drei neue Global 200-Ökoregionen in Form von Protectoren-Berichten vor (siehe Abb. 2.27). Für die Protectoren-Berichte wurde ein eigenes Corporate Design (CD) entwickelt, das sich bewusst von den üblichen Mailings der Organisation abhebt und dadurch zu etwas Besonderem wird. Zur Aufbewahrung dieser Berichte erhalten Protectoren einen eigens gestalteten Sammelordner.

Abb. 2.25 Großspendergewinnung per Internet

Abb. 2.26 Broschüre „Werden Sie Global 200-Protector!"

Beispiel

Getreu dem Motto „Ein Bild sagt mehr als tausend Worte" schickt die Umweltschutzorganisation „Robin Wood" ihren Großspendern ein digitales Bilderbuch auf CD (siehe Abb. 2.28). Viel ansprechender als durch endlose „Bleiwüsten" wird die Schutzbedürftigkeit der Natur und die Arbeit von Robin Wood in Form anspruchsvoller Fotografien dokumentiert.

Abb. 2.27 Betreuung der Global 200-Protectoren beim WWF

▸ **Tipp für kleinere Organisationen** Anstelle von aufwendig produzierten Projektfortschrittsberichten können Major Donor auch einfach Fotokopien von Zeitungsberichten über das Projekt zugeschickt werden. Zusammen mit einer kurzen handschriftlichen Notiz wird bestimmt eine ebenso gute Bindung erzielt.

2.1.7.3.7 Bindung durch Events

Auf die besondere Bedeutung von Events bei der Großspenderbindung wurde bereits im vorangegangenen Kapitel zu den Top Donor eingegangen. Auch bei der Bindung von Major Donor spielen Events eine große Rolle. Während zur Bindung von Top Donor sehr exklusive Events eingesetzt werden, die eine individuelle Betreuung jedes einzelnen Großspenders durch den Großspenderbetreuer („One-to-One") ermöglichen, kommt es bei Events zur Bindung von Major Donor eher darauf an, mit mehreren Großspendern gleichzeitig in eine kostengünstigere und zunächst unverbindlichere Form von persönlichem Kontakt zu kommen. Für den Major Donor liegt der Vorteil eines solchen Events darin, dass es nicht gleich zu einem exklusiven Kontakt 1:1 mit dem Großspenderbetreuer kommt. Vielmehr werden auf der Stufe Major Donor zunächst mehrere Großspender gleichzeitig eingeladen, zu denen der Großspenderbetreuer dann in der Gruppe einen unverbindlicheren Erstkon-

Abb. 2.28 Digitales Bilderbuch von Robin Wood

takt aufnehmen kann („One-to-Many"). In diesem ersten Schritt wird für den Großspenderbetreuer die Beziehungsgrundlage geschaffen, später im individuellen Kontakt auch Top Donor gewinnen zu können.

Ein geeignetes Format für den unverbindlicheren Erstkontakt „One-to-Many" sind beispielsweise folgende Events:

- Einladung zu einem Fachvortrag eines Projektmitarbeiters,
- Einladung zu einem Kamingespräch mit dem Vorstand der Organisation,
- Einladung zu einer Videokonferenz mit einem Projektleiter vor Ort,

- Einladung zu einer Führung durch die Gebäude der Organisation,
- Einladung zu Schiffs- oder Busfahrten zu Inlandsprojekten,
- Einladung zu einer feierlichen Jubiläumsveranstaltung,
- Einladung zu einem Kochkurs mit Spezialitäten aus dem Projektland (z. B. Maniok) unterstützt durch einen Fernsehkoch,
- Einladung zur Verleihung eines Preises.

Beispiele

- Die Projektleiter der Umweltorganisation „WWF Deutschland" laden ihre Global 200-Protectoren einmal pro Jahr zu einem gemeinsamen Info-Abend für Protectoren ein. Vermittelt werden anschauliche Informationen aus der Praxis der WWF-Arbeit. Der Projektleiter steht den Protectoren an diesem Abend für alle Fragen zur Verfügung.
- Das Kinderhilfswerk *Kindernothilfe* lädt seine Großspender zur jährlichen Verleihung seines Medienpreises „Kinderrechte in der Einen Welt" nach Berlin ein. Über die ausgezeichnete Medienberichterstattung in den fünf Kategorien Print/Online, Hörfunk, TV, Foto und Preis der Kinderjury werden immer auch Anliegen der *Kindernothilfe* anschaulich transportiert. Auch durch prominente Moderatoren und Laudatoren ist für eine erlebnisorientierte Veranstaltung gesorgt.

2.1.7.3.8 Bindung durch Reisen

Wie schon zur Bindung von Top Donor können Spenderreisen auch zur Bindung von Major Donor beitragen.

Beispiel

Die Umweltorganisation „WWF Deutschland" bietet ihren Global 200-Protectoren Projektreisen an, die sie jeweils in eine der Global 200-Regionen führen. Sie erhalten exklusiv die Möglichkeit daran teilzunehmen und mit neuen Eindrücken von der WWF-Arbeit nach Hause zurückzukehren.

2.1.7.3.9 Bindung durch Give-aways

Kleine Geschenke erhalten die Freundschaft. Diese Weisheit gilt auch für die Bindung von Major Donor. Sie erhalten von der Organisation kleine Werbeartikel, sogenannte Give-aways (siehe Kap. 2.3.1.2).

Beispiele

- Früher erhielten Gobal 200-Protectoren vom WWF einen exklusiv für sie gestalteten Panda-Pin aus echtem Sterlingsilber. Die limitierte Auflage wurde mit freundlicher Unterstützung von TIFFANY ermöglicht.
- Heute erhalten Gobal 200-Protectoren vom WWF einen WWF-Kulturbeutel als praktisches Accessoire für ihre Reisen.

2.1.7.4 Gewinnung und Bindung der High Donor

Zusätzlich zu Top Donor und Major Donor wird in der Praxis manchmal noch eine dritte Großspenderkategorie (meist „High Donor" genannt) eingeführt. Auch für die Kategorie der High Donor sind eindeutige Schwellenwerte zu definieren (siehe Kap. 2.4.4). Meist liegen sie im Bereich zwischen 500 € und 999 € Jahresspendensumme. Wie auch bei den Major Donor, kann es bei den High Donor aus Kostengründen nur um ein stark standardisiertes Großspenderprodukt gehen, das sich der Kategorie Dauerspender noch stärker annähert als die Kategorie Major Donor. Im anglo-amerikanischen Sprachraum wird bei dieser Größenordnung oftmals auch schon nicht mehr von Großspendern, sondern nur noch von Mittelspendern („Middle Donor") gesprochen, deren Jahresspendensumme in einem mittleren Bereich zwischen den Dauer- und den Großspendern liegt.

Beispiel

Der WWF Deutschland bietet eine Patenschaft (für Tiger, Wal, Elefant, Eisbär, Gorilla u. a.) ab 30 € pro Monat an. Diese Kategorie kann (trotz der Bezeichnung Patenschaft, die eher an eine Dauerspende denken lässt) als Middle-Donor-Kategorie angesehen werden, die zwischen der Dauerspende WWF-Fördermitgliedschaft (ab 48 € pro Jahr) und der Großspende WWF-Protector (ab 1.000 € pro Jahr) liegt.

Egal wie man diese Kategorie nun auch immer bezeichnet. Sinnvoll ist sie grundsätzlich nur dann, wenn Spender in dieser Kategorie auch substantiell anders betreut werden als vorher als Dauerspender einerseits oder nachher als Major Donor andererseits. Gelingt es nicht, ein wirklich eigenständiges Konzept für diese Kategorie zu entwickeln, so kann auch auf sie verzichtet werden. Die entsprechenden Spender werden dann eben nur als „größere" Dauerspender bzw. „kleinere" Major Donor behandelt. Im Interesse einer möglichst trennscharfen und klaren Einteilung sowie eines möglichst einfachen Managements, kann auch hier weniger manchmal mehr sein.

Entscheidet man sich trotzdem für eine Kategorie High Donor (bzw. Middle Donor), so wird – wie auch auf der Ebene der Dauerspender – um eine Lastschrifteinzugsermächtigung gebeten. Im Gegensatz zum Dauerspender liegt die Lastschrifteinzugsermächtigung beim High Donor jedoch zum einen höher und ist zum anderen zeitlich auf die Dauer des speziellen High-Donor-Projektes (drei bis fünf Jahre) begrenzt.

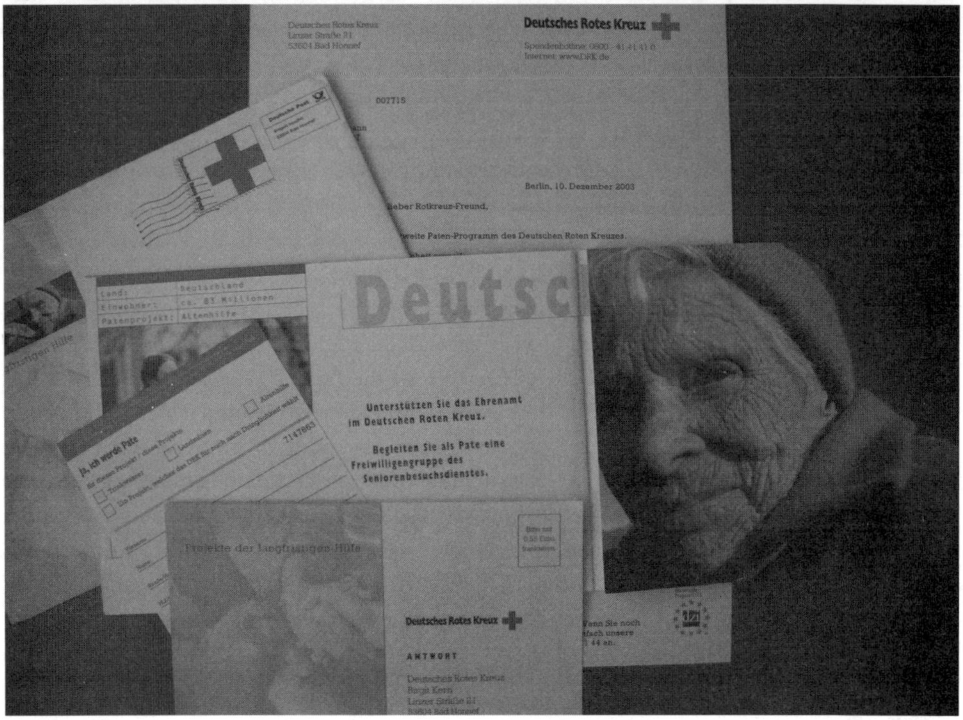

Abb. 2.29 High-Donor-Gewinnung beim DRK über ein spezielles Mailing

Ein aus Fundraising-Sicht gutes High-Donor-Projekt zeichnet sich übrigens durch folgende Merkmale aus:

- Dringlichkeit (Warum muss jetzt geholfen werden?),
- Bedrohung (Was passiert, wenn nicht geholfen werden kann?),
- Berichtbarkeit (Kann über den gesamten Projektzeitraum hinweg kontinuierlich über einen Projektfortschritt berichtet werden?),
- Finanzbedarf (Besteht ein ausreichend großer Finanzbedarf über mehrere Jahre?),
- Sympathieträger (Kann dem Projekt über einen Sympathieträger „ein Gesicht" gegeben werden?).

2.1.7.4.1 Gewinnung durch Mailing

Die Gewinnung von High Donor kann auf mehreren Wegen erfolgen. Praktisch immer eingesetzt wird ein spezielles Mailing, das einmal pro Jahr an alle Spender geht, deren Jahresspendensumme der letzten 12 Monate innerhalb der festgelegten Schwellenwerte liegt. Das Mailing ist insofern speziell als es sich z. B. durch ein anderes Format (z. B. A5) sowie besseres und schwereres Papier um eine höherwertigere, exklusivere Anmutung bemüht (siehe Abb. 2.29). Ziel des Mailings ist, vom Angeschriebenen eine Lastschrifteinzugsermächtigung zu erhalten. Auch im Post Scriptum (P.S.) eines normalen Mailings kann „Huckepack“ auf das High-Donor-Programm hingewiesen werden.

2.1.7.4.2 Gewinnung durch Telefon

Neben dem Mailing kann aber auch das Telefon zur Gewinnung von High Donor eingesetzt werden. Hat z. B. ein Spender auf ein normales Mailing zu einem ähnlichen Thema, wie es auch im High-Donor-Projekt aufgegriffen wird, mit einer überdurchschnittlichen Einzelspende reagiert, so erhält er einen Dankanruf, in dem ihm das High-Donor-Projekt angeboten wird.

2.1.7.4.3 Bindung durch Projektfortschrittsberichte

High Donor erhalten meist zwei Berichte pro Jahr, die den zwischenzeitlichen Projektfortschritt im speziellen High-Donor-Projekt dokumentieren. Trotzdem bleibt festzuhalten, dass die Betreuung auf der Ebene der High Donor immer noch weitgehend Massenansprache bedeutet, wenn auch exklusiver als noch bei den Dauerspendern. Übrigens belassen Organisationen wie der WWF ihre High Donor im normalen Mailing-Zyklus. Zusätzlich zu den Projektberichten erhält der Spender dann auch nach wie vor noch die regulären Mailings (an die Mehrfachspender). Die Erfahrung zeigt, dass trotz Lastschrifteinzugsermächtigung im Rahmen des High-Donor-Programms auf die normalen Mailings nach wie vor gespendet wird.

2.1.7.5 Großspendergewinnung durch Capital Campaign

Neben der Großspendergewinnung durch Upgrading gibt es noch eine zweite Möglichkeit: Die Großspendergewinnung durch eine sog. Capital Campaign oder Kapitalkampagne. Eine ausführliche Vorstellung von Kapitalkampagnen findet sich bei *Haibach*.[19] Hier sollen nur die wichtigsten Überlegungen zusammengefasst werden. Von einer Kapitalkampagne spricht man, wenn für ein bestimmtes Projekt (z. B. den Bau eines Gebäudes) ein hoher Betrag (i. d. R über eine Million Euro) in einem begrenzten Zeitraum (i. d. R drei bis fünf Jahre) eingesammelt werden soll. Dabei wird systematisch so vorgegangen, dass

- zuerst von Wenigen der Großteil des benötigten Betrages eingeworben wird und anschließend von Vielen der kleinere Rest. Ähnlich wie bei der Spenderpyramide spricht man von einem „Von-oben-nach-unten-Ansatz“ („Top-down-Approach“).
- zuerst Interessierte innerhalb der Organisation angesprochen werden, die anschließend auch potenzielle (Groß-) Spender außerhalb der Organisation ansprechen. Man spricht deshalb auch von einem „von-innen-nach-außen-Ansatz“ („Inside-out-Approach“). Neben Privatpersonen können auch Unternehmen und Stiftungen als Förderer eingebunden werden.

---

[19] Haibach, Marita: Handbuch Fundraising – Spenden, Sponsoring, Stiftungen in der Praxis, 4. Aufl., (Campus Verlag) Frankfurt am Main 2012, S. 350–358.

Der erste Schritt einer Capital Campaign ist eine 4- bis 6-monatige Machbarkeits- und Planungsstudie (Feasibility Duty). Neutrale, externe Berater führen interne Analysen (insbesondere Interviews mit internen Schlüsselpersonen) und externe Analysen (insbesondere Interviews mit externen hochkarätigen Persönlichkeiten) durch. Vor allem ist zu klären, ob die folgenden fünf Voraussetzungen für eine erfolgreiche Capital Campaign erfüllt sind:

- ein überzeugendes und motivierendes Fundraising-Zielbild („Case for Support", siehe unten),
- dringende Förderprojekte und plausibler Finanzbedarf,
- Zugang zu potenziellen Großspendern,
- Engagement ehrenamtlicher Führungspersönlichkeiten und Fürsprecher,
- interne Fundraising-Bereitschaft.

Ein Case for Support ist ein schriftliches Dokument, das in einfacher und klarer Sprache allgemeinverständlich wiedergibt, was eine Organisation mit dem Geld aus der Capital Campaign erreichen möchte. Kurz und knapp sollten nicht nur rationale Aspekte (Zahlen und Statistiken), sondern vor allem auch emotionale Aspekte angesprochen werden (Wie verbessert das Projekt das Leben der betroffenen Menschen?).

Ergebnis der Machbarkeits- und Planungsstudie ist ein Abschlussbericht, der abwägt, ob eine Capital Campaign Aussicht auf Erfolg hat. Und wenn ja, welches Finanzziel realistischerweise erreicht werden könnte. Eine Spendentabelle (Gift Table') errechnet, welche Einzelspenden zur Erreichung des Finanzziels notwendig sind. Dabei kann sie sich auf die Faustregel des 40/40/20-Prinzips stützen: Mindestens 40 % des Gesamtziels resultieren aus nicht mehr als 10 Spenden (die größte Spende deckt 10 % des Finanzziels ab), die nächsten 40 % aus 100 Spenden, die restlichen 20 % aus vielen mittleren und kleineren Spenden. Ein Beispiel für eine Spendentabelle für ein Finanzziel von 30 Mio. € liefert Tab. 2.1.

Kommt der Abschlussbericht zu einer positiven Empfehlung, schließt sich an die Machbarkeits- und Planungsstudie eine Vorbereitungsphase an, in der folgende Arbeiten zu erledigen sind:

- Aufbau verschiedener Gremien: Interner Steuerungsausschuss, externes Kampagnenkomitee und ein angesehener, ehrenamtlicher Kampagnendirektor (siehe Abb. 2.30).
- Festlegung der Würdigungskategorien für die verschiedenen Spendenhöhen (z. B. Tafeln und Plaketten mit den Spendernamen).
- Prospektmaterialien zu den verschiedenen Projektbereichen.

Anschließend gilt es im Rahmen einer „stillen" Phase etwa 40 bis 50 % des Finanzziels und insbesondere die Initialspenden einzuwerben. Erst wenn dieser Anteil tatsächlich vorliegt (dies kann alles in allem zwei bis drei Jahre dauern), wird mit der Capital Campaign an die Öffentlichkeit gegangen. Erst jetzt sind genügend (interne) Förderer in den oberen Kate-

Tab. 2.1 Beispiel einer Spendentabelle für eine Capital Campaign. (Quelle: Haibach, Marita: Handbuch Fundraising – Spenden, Sponsoring, Stiftungen in der Praxis, 4. Aufl., (Campus Verlag) Frankfurt am Main 2012, S. 356)

Spendenhöhe	Potenzial benötigt	Anzahl Spender	Gesamt Euro	Kumulativ Euro	Anteil %
Initialspenden					
3000000	3	1	3000000		
2000000	6	2	4000000		
1000000	15	5	5000000	12000000	40
Leadership-Spenden					
500000	18	6	3000000		
200000	60	20	4000000		
100000	120	50	5000000	12000000	40
Alle anderen Spenden				6000000	20

gorien gefunden, so dass auch mit hoher Wahrscheinlichkeit zu erwarten ist, dass externe Förderer in den mittleren und niedrigeren Kategorien folgen werden.

Beispiel

Die öffentlichkeitswirksamste Capital Campaign in Deutschland dürfte in den letzten Jahren der Wiederaufbau der Frauenkirche in Dresden gewesen sein (www.wiederaufbau-frauenkirche.de). Zwischen 1990 und 2005 wurden die Baukosten in Höhe von insgesamt 178,5 Mio. € aus verschiedenen Quellen eingeworben. 90,7 Mio. € wurden aus Spenden gedeckt. Unter anderem wurden sog. „Stifterbriefe" angeboten:

- Der Stifterbrief in Platin kostete 10.000 €
- Der Stifterbrief in Gold kostete 1.500 €
- Der Stifterbrief in Silber kostete 750 €
- Der Stifterbrief in Bronze kostete 250 €

2.1.7.6 Was ich in diesem Kapitel gelernt habe

- Haben Sie keine Scheu, Großspender für Ihre Organisation zu gewinnen!
- Definieren Sie eine feste Jahresspendensumme als Schwellenwert, ab der ein Förderer Ihrer Organisation als Großspender betrachtet werden soll!
- Definieren Sie ggf. mehrere Schwellenwerte, um innerhalb der Großspender nochmal nach verschiedenen Kategorien zu differenzieren!

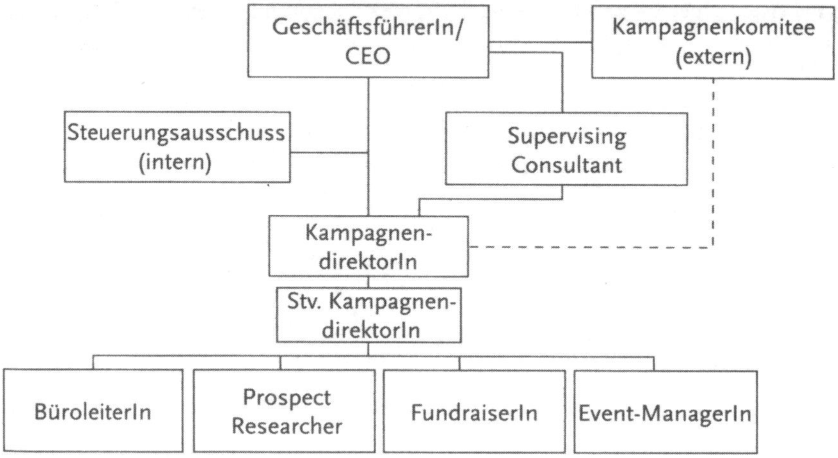

Abb. 2.30 Organigramm einer Capital Campaign. (Quelle: Haibach, Marita: Handbuch Fundraising – Spenden, Sponsoring, Stiftungen in der Praxis, 4. Aufl., (Campus Verlag) Frankfurt am Main 2012, S. 357)

- Bieten Sie Ihren Großspendern persönliche Betreuung an! Jeder einzelne Großspender entscheidet für sich, ob er sie in Anspruch nehmen möchte oder nicht!
- Laden Sie Großspender ein, Projekte Ihrer Organisation (z. B. im Rahmen eines Besuches oder einer Reise) persönlich kennenzulernen!
- Setzen Sie zur Information aber auch Medien (DVD, CD, YouTube) ein!
- Richten Sie für die Betreuung von Großspendern eine eigene Stelle ein!
- Prüfen Sie, ob Sie im Umfeld der Organisation einen Ehrenamtlichen für die Großspenderbetreuung finden können, der Zutritt zu wohlhabenden gesellschaftlichen Kreisen hat!
- Erfahren Sie bereits im Vorfeld von einer geplanten Großspende, so beraten Sie den (künftigen) Großspender, welche Förderalternative für ihn die auch steuerlich vorteilhafteste ist!
- Weisen Sie den (künftigen) Großspender darauf hin, dass ersteuerberaterliche Unterstützung in Anspruch nehmen sollte!

2.1.7.7 Weiterführende Literatur zu diesem Kapitel

Altizer, A.W.: Seeking Major Gifts – How 57 Institutions Do It. Washington (1993)

Dove, K.E.: Conducting a Successfull Capital Campaign. New York (1999)

Haibach, M.: Capital Campaigns. In: Fundraising Akademie (Hrsg.) Fundraising – Handbuch für Grundlagen, Strategien und Methoden, 4. Aufl., S. 371–378. Gabler, Wiesbaden (2008)

Haibach, M.: Großspender-Mailings – Erfolgsfaktoren und Potenziale. Major Giving Solutions, Köln (2010)

Haibach, M.: Handbuch Fundraising – Spenden, Sponsoring, Stiftungen in der Praxis, 4. Aufl. Campus, Frankfurt a. M. (2012)

Lauber, J.: Wie Sie mit einem „Major-Donor-Programm" Kosten minimieren. In: Gemeinnützigkeit + Management, Nr. 48 vom 01.05.1997, S. 2

Matheny, R.E.: Major Gifts – Solicitation Strategies. Washington (1994)

Ostrower, F.: Why the Wealthy Give – The Culture of Elite Philanthropy. Princeton (1995)

Prince, R.A., File, K.M.: The Seven Faces of Philanthropy – A New Approach to Cultivating Major Donors. San Francisco (1994)

Schulz, P., Werz, R.S.: Spendenabzug vor dem grossen Senat – Zum Rück- und Vortrag bei Großspenden und zur Vererbbarkeit eines Abzugspotenzials. Stift. Spons. (2), 30–31 (2006)

Stöhr, M.: Major Giving Programs. In: Fundraising Akademie (Hrsg.) Fundraising – Handbuch für Grundlagen, Strategien und Methoden, 4. Aufl., S. 363–370. Gabler, Wiesbaden (2008)

Weinstein, S.: Capital Campaigns from the Ground Up – How Nonprofits Can Have the Buildings of Their Dreams. New York (2003)

2.1.8 Die Stufe der Testamentspender

2.1.8.1 Wer ist Testamentspender?

Die Spitze der Spenderpyramide bilden die Testamentspender. Das sind Menschen, die im Laufe ihres Lebens so viel Vertrauen in „ihre" Organisation aufgebaut haben, dass der Wunsch entstanden ist, ihr Vermögen (oder einen Teil davon) am Ende ihres Lebens der Organisation von Todes wegen zu vermachen. Dies kann zum einen in Form einer Erbschaft oder eines Vermächtnisses an den Verein geschehen. Zum anderen kann ein Testamentspender sein Vermögen (oder einen Teil davon) einer bereits errichteten Stiftung von Todes wegen zustiften, oder mit seinem Vermögen eine neue Stiftung von Todes wegen errichten (siehe Kap. 4.2). Viele sind froh, auf diese Weise über ihren eigenen Tod hinaus etwas Positives und Bleibendes bewirken zu können. Auch sind sie erleichtert, wenn sie zu Lebzeiten die oft jahrelang vor sich her geschobene Frage der persönlichen Vermögensnachfolge dann endlich zugunsten einer guten Sache geregelt haben.

Dass Organisationen testamentarisch bedacht werden, ist nicht neu. So wurde die Kirche in ihrer 2000-jährigen Geschichte immer wieder als Erbin eingesetzt. Bei der Deutschen Krebshilfe lagen die Einnahmen aus Erbschaften und Vermächtnissen 2011 bei beachtlichen 38,3 Mio. €. Auch bei anderen Organisationen sind die Einnahmen in diesem Bereich in den letzten Jahren kontinuierlich gestiegen.

Natürlich kann es nicht Ziel sein, die gesetzlichen Erben um ihre Erbschaft zu bringen. Das versteht sich von selbst. Gibt es jedoch keine Erben (mehr) oder sie sind nicht mehr ermittelbar, so greift das gesetzliche Erbrecht des Staates: „Ist zur Zeit des Erbfalls kein Verwandter, Ehegatte oder Lebenspartner des Erblassers vorhanden, erbt das Land, in dem der Erblasser zur Zeit des Erbfalls seinen letzten Wohnsitz oder, wenn ein solcher nicht feststellbar ist, seinen gewöhnlichen Aufenthalt hatte. Im Übrigen erbt der Bund."[20] So trat allein das Land Nordrhein-Westfalen 1992 ein Erbe von 800 Mio. Mark in Fällen an, in denen andere Erben nicht ermittelbar waren. Ein gezielter Einsatz für einen bestimmten Verwendungszweck, der dem Erblasser vielleicht besonders am Herzen lag, ist dann nicht mehr möglich. Bei einer steuerbegünstigten Organisation hingegen kann die Verwendung des Vermögens im Interesse des Erblassers testamentarisch genau definiert werden. Dazu kommt das Argument, dass Testamentspenden an steuerbegünstigten Organisationen grundsätzlich von der Erbschaftssteuer befreit sind.

Trotzdem war die aktive Bitte um Testamentspenden unter den Organisationen zunächst sehr umstritten. Die Bedenken, ein Tabu zu brechen und sich dem Vorwurf der „Erbschleicherei" auszusetzten, waren sehr groß. Bis sich dann die ersten Organisationen über diese Bedenken hinwegsetzten und durchweg über sehr positive Erfahrungen berichten konnten. Wurden bestimmte Grundregeln eingehalten (siehe nächstes Kapitel), so stieß das Erbschafts-Fundraising der Organisationen bei den Förderern auf reges Interesse, ja auf Genugtuung, mit dem eigenen Vermögen (sozusagen seinem „materialisierten Lebenswerk") die Zukunft über den eigenen Tod hinaus aktiv mitgestalten zu können. Eine der ersten steuerbegünstigten Organisationen, die ihre Förderer auf die Möglichkeit einer Testamentspende ansprach, war Mitte der neunziger Jahre der WWF. Auf Anhieb forderten 200 Mitglieder die neu entwickelte Erbschaftsbroschüre an.

2.1.8.2 Das Potenzial für Testamentspenden

Bevor es im nächsten Kapitel um die Gewinnung von Testamentspendern gehen wird, soll vorab das Potenzial für Testamentspenden abgeschätzt werden, um die besondere Bedeutung des Themas zu verdeutlichen. Das *Deutsche Institut für Altersvorsorge* (*DIA*) schätzt im Rahmen seiner Studie „Erben in Deutschland bis 2020" das Gesamtvermögen (Geld-, Immobilien-, Betriebs- und Gebrauchsvermögen) der 81 Mio. Deutschen in 37,5 Mio. Haushalten nach Abzug aller Verbindlichkeiten Anfang 2010 auf 9,4 Billionen €. Von diesen 9,4 Billionen € werden im Zeitraum 2011–2020 schätzungsweise 2,6 Billionen € (27 %) vererbt. Gegenüber dem vorangegangenen Zeitraum 2001–2010 bedeutet dies eine Steigerung des Erbschaftsvolumens um 20 %.[21]

Nach dem BBE-Branchenreport „Erbschaften", der Zahlen des Statistischen Bundesamtes und der Deutschen Bundesbank auswertet, steigen in Deutschland sowohl das Erbschaftsvolumen insgesamt (siehe Abb. 2.31), als auch das Erbschaftsvolumen pro Erbfall (siehe Abb. 2.32) kontinuierlich an.

Das Volumen pro Erbschaft steigt, da dem steigenden Gesamtvolumen nur eine stagnierende Anzahl von Erbfällen gegenübersteht (siehe Abb. 2.33).

Laut einer Emnid-Umfrage zum Thema „Erbrecht" im Auftrag des *Deutschen Forums für Erbrecht* möchten 76,5 % der Bevölkerung für die Erbfolge nach ihrem Tod juristisch und wirtschaftlich klar geregelte Verhältnisse schaffen. Allerdings haben laut derselben

[20] § 1936 Bürgerliches Gesetzbuch.

[21] Vgl. Deutsches Institut für Altersvorsorge: Erben in Deutschland bis 2020, Berlin, 15.06.2011.

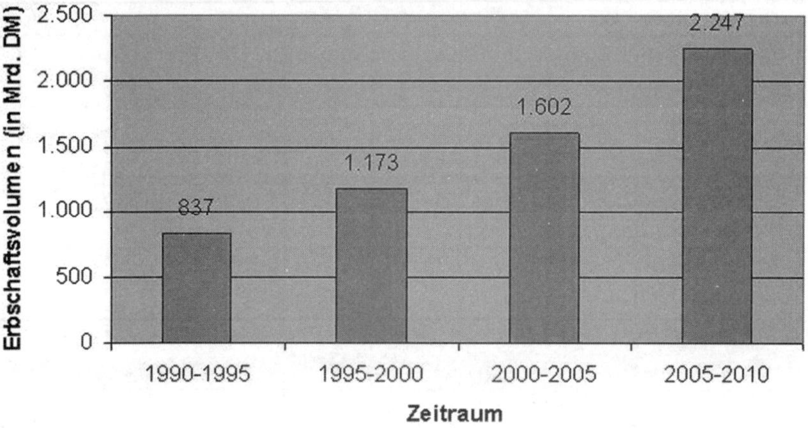

Abb. 2.31 Entwicklung des Erbschaftsvolumens in Deutschland. (Quelle: BBE-Branchenreport „Erbschaften", Jahrgang 1999, S. 176 f)

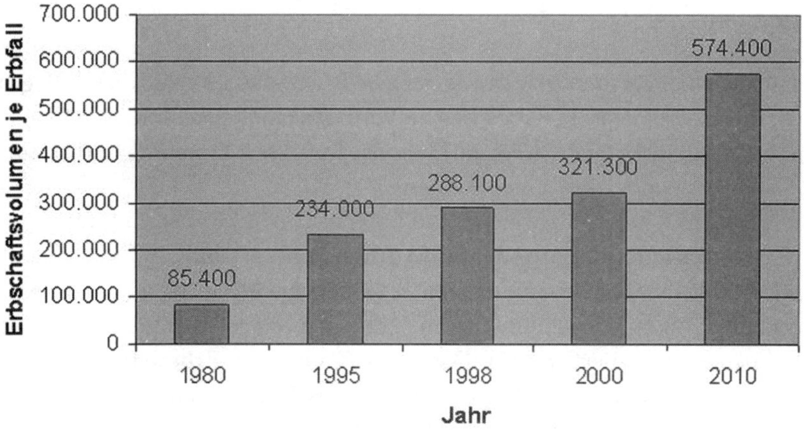

Abb. 2.32 Entwicklung des Erbschaftsvolumens pro Erbfall. (Vgl. ebenda.)

Untersuchung 69,2 % der Bevölkerung bisher noch keine letztwillige Verfügung getroffen. Laut einer anderen Umfrage des *Institutes für Demoskopie Allensbach* aus dem Jahre 1998 erklären nur 23 % der Deutschen ihren letzten Willen, davon jedoch 20 Prozentpunkte unvollständig und damit anfechtbar. Nur 3 % hinterließen 1998 ein einwandfreies Testament. Diese Zahlen belegen eindrucksvoll, dass es einerseits zwar ein großes Bedürfnis gibt, geregelte Verhältnisse zu schaffen. Andererseits bestehen jedoch gravierende Unsicherheiten und ein großer Informationsbedarf. Hier setzt die Gewinnung von Testamentspendern an.

2.1.8.3 Gewinnung von Testamentspendern

Das vorangegangene Kapitel hat gezeigt, dass das Potenzial für Testamentspenden enorm ist. Entsprechend groß ist das Interesse der Organisationen an diesem Thema. Für die Ge-

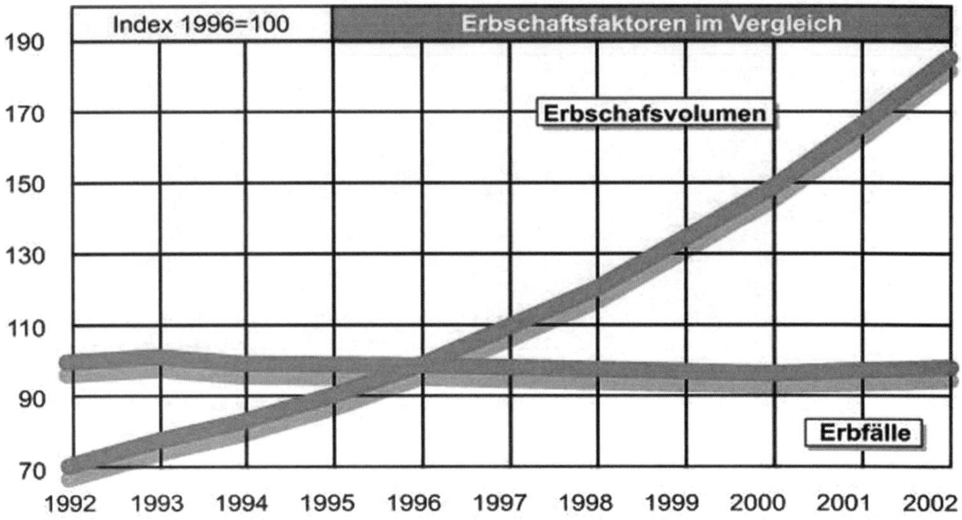

Abb. 2.33 Entwicklung Erbschaftsvolumen und Erbfälle. (Vgl. ebenda.)

winnung von Testamentspendern wurde der (vielleicht etwas unglückliche) Begriff „**Erbschafts-Fundraising**" geprägt. Über welche Vertriebskanäle (siehe Kap. 2.5) und welche Kommunikationskanäle (siehe Kap. 2.6) können nun im Rahmen des Erbschafts-Fundraising Testamentspender gewonnen werden?

2.1.8.3.1 Testamentspendergewinnung durch Postvertrieb

Eine zentrale Rolle bei der Gewinnung von Testamentspendern spielt der Postvertrieb, bei dem potenzielle Testamentspender schriftlich über die verschiedenen Möglichkeiten einer Testamentspende informiert werden. Herzstück ist eine sog. **Erbschaftsbroschüre** (siehe Abb. 2.34), in der die wichtigsten Fragen rund um das Thema „Vererben" in einfachen und verständlichen Worten beantwortet werden. Im Kontext dieser Serviceleistung wird dann auch auf die Möglichkeit hingewiesen, eine Organisation steuerbegünstigt bedenken zu können.

Erbschaftsbroschüren sollten Antworten auf folgende Fragen geben:

- Sollte ich ein Testament machen?
- Welchen Anforderungen muss ein Testament genügen?
- Wann muss ich einen Notar hinzuziehen?
- Wie sieht die gesetzliche Erbfolge aus?
- Welche Pflichtteilsansprüche muss ich berücksichtigen?
- Welche Steuersätze und Freibeträge gibt es?
- Wie kann ich eine gemeinnützige Organisation in meinem Testament berücksichtigen?

Abb. 2.34 Beispiel einer Erbschaftsbroschüre

Hilfreich ist es für potenzielle Testamentspender auch, beispielhaft zu sehen, in welchen Projekten die Organisation vergleichbare Testamentspenden in der Vergangenheit bereits eingesetzt hat. Im Idealfall kann die Organisation anbieten, auf Wunsch ein solches Projekt mit einem potenziellen Testamentspender zu besuchen. Je konkreter die Arbeit der Organisation erfahrbar wird, umso besser!

Um eine (zumindest grobe) Abschätzung anstellen zu können, in welcher Höhe Einnahmen aus Testamentspenden in den nächsten Jahren zu erwarten sind, legt die Umweltorganisation „WWF Deutschland" ihrer Erbschaftsbroschüre ein Formular bei, mit dem ein Testamentspender unverbindlich Einzelheiten zu seinem Erbe angeben kann (siehe Abb. 2.35).

▶ **Tipp für kleinere Organisationen** Es muss nicht unbedingt die selbst gestaltete Erbschaftsbroschüre sein. Ihre Erstellung kostet viel Zeit und Geld. Eine gute Alternative ist die Broschüre „Erben und Vererben", die das *Bundesministerium der Justiz* auf seiner Website (www.bmj.de) zum kostenlosen Download anbietet (siehe Abb. 2.36). Auch einige *Landesjustizministerien* (z. B. die von Rheinland-Pfalz und Sachsen-Anhalt) bieten ähnliche Broschüren gegen Übernahme des Portos an. Einer solchen Broschüre muss eine kleine Organisation dann nur noch ein Blatt mit Informationen zur Organisation und dem Ansprechpartner beilegen.

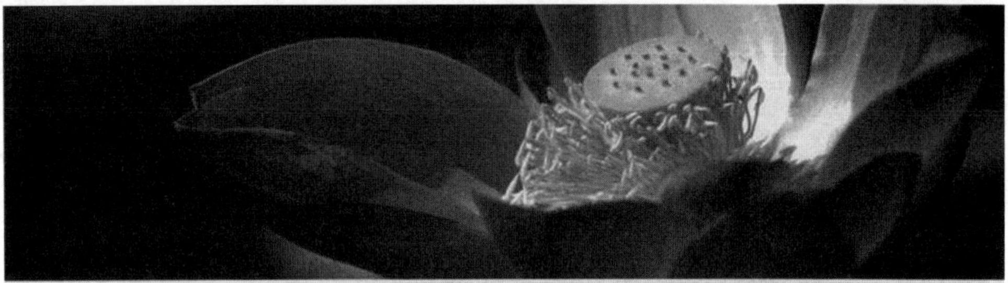

Vertraulich

Es bleibt ganz Ihnen überlassen, ob Sie uns Einzelheiten über Ihr Erbe mitteilen möchten. Sie würden uns damit aber ermöglichen, unsere Langzeitplanung zum Schutz unseres Planeten wesentlich zu verbessern. Natürlich bekunden Sie mit diesem Versprechen nur Ihre jetzige Absicht – es ist rechtlich nicht bindend.

Versprechen für Natur und Umwelt

Ich möchte alles, was in meiner Macht steht, tun, um eine lebenswerte Umwelt für Mensch und Tier zu erhalten. Deshalb habe ich die Umweltstiftung WWF Deutschland in meinem Testament bedacht.

Meine Testamentsspende wird bestehen aus:

- **einem Teil meiner Erbmasse, nachdem meine Familie und Freunde versorgt sind** ________ ☐
- **einer Geldzuwendung** ________ ☐
- **einem Wertgegenstand** ________ ☐

Herr/Frau ________

Straße/Haus-Nr. ________

PLZ ________

Ort ________

Telefon ________

Unterschrift ________ Datum ________

Bitte senden Sie uns das Versprechen, sobald es Ihnen möglich ist.
Sie können dazu den beigelegten Umschlag benutzen.

WWF ***for a living planet***®

WWF Deutschland, Gaby Groeneveld
Rebstöcker Str. 55, 60326 Frankfurt am Main
Telefon: 0 69/7 91 44-1 76

Abb. 2.35 Formular zum Erbschafts-Fundraising des WWF

Abb. 2.36 Broschüre „Erben und Vererben“

Die Erfahrung zeigt, dass ein Testamentspender gerne mehrere Organisationen, meist zwei oder drei, testamentarisch bedenkt. In der Erbschaftsbroschüre sollte deshalb ausdrücklich darauf hingewiesen werden, dass die Organisation nicht zwangsläufig alleine bedacht werden muss. Auch gibt es neben der Erbschaft noch weitere Möglichkeiten für eine Zuwendung von Todes wegen wie z. B. das Vermächtnis und die (Zu-) Stiftung (siehe Kap. 4.2). Aufgrund der vielen Möglichkeiten ist das Erbschafts-Fundraising sehr beratungsintensiv. Deshalb kann und will eine Erbschaftsbroschüre niemals lückenlos alle Fragen zum Thema abdecken. Vielmehr ermöglicht sie immer nur den Einstieg in das Thema. Weitergehende, detaillierte Fragen müssen anschließend in einem persönlichen Gespräch geklärt werden. Dafür sollte am Ende der Erbschaftsbroschüre immer auf einen persönlichen Ansprechpartner bei der Organisation (mit Foto, Telefonnummer und E-Mail-Adresse) hingewiesen werden, den man anrufen oder gleich für ein persönliches Gespräch treffen kann.

2.1.8.3.2 Testamentspendergewinnung durch Telefonvertrieb

Eine erste Möglichkeit der Gewinnung von Testamentspendern durch Telefonvertrieb ist also, dass sich ein Interessent nach Lektüre der Erbschaftsbroschüre von sich aus telefonisch beim genannten Ansprechpartner meldet. Telefon-Fundraising-Experten sprechen in diesem Fall von Inbound (=ankommende) Telefonie (siehe Kap. 2.5.4). Umgekehrt ist aber auch Outbound (=ausgehende) Telefonie denkbar bzw. sogar empfehlenswert. Dabei wird ein potenzieller Testamentspender auf Initiative des zuständigen Fundraisers angerufen. Dies ist insbesondere als Nachfassmaßnahme kurze Zeit nach Versand der Erbschaftsbroschüre empfehlenswert: „Haben Sie die gewünschte Erbschaftsbroschüre erhalten? Konnten Sie schon einen Blick hineinwerfen? Gibt es noch Fragen zu dem Thema?" Leider scheuen viele deutsche Organisationen die Outbound-Telefonie im Erbschafts-Fundraising einzusetzen. Aus Pietätsgründen möchten sie nicht bei potenziellen Testamentspendern anrufen, obwohl diese u. U. dringenden Beratungsbedarf hätten. Erfahrungen aus anderen Ländern zeigen, dass die selbst auferlegte Zurückhaltung kontraproduktiv ist. So kann beispielsweise die aus den Niederlanden stammende „ANF – Agentur für Nachlass-Fundraising", die seit 2012 auch eine Niederlassung in Berlin betreibt, von positiven Erfahrungen mit dem Einsatz des Telefons berichten – auch in Deutschland! Egal ob Inbound- oder Outbound-Telefonie, Ziel der Gespräche am Telefon sollte immer ein persönliches Treffen sein.

2.1.8.3.3 Testamentspendergewinnung durch persönlichen Vertrieb

Im Rahmen eines persönlichen Treffens gelingt es am einfachsten, die für die Testamentspende nötige Vertrauensbeziehung zwischen dem potenziellen Testamentspender und dem zuständigen Erbschafts-Fundraiser herzustellen, falls diese nicht durch langjährige (Groß-) Spenderbetreuung schon längst gewachsen ist. Über die nötige Vertrauensbeziehung hinaus bedarf es aber auch der entsprechenden Fachexpertise. Da der zuständige Erbschafts-Fundraiser i. d. R kein Rechtsanwalt ist, kann er aus standesrechtlichen Gründen nur allgemein informieren. Eine fundierte Beratung darf nur durch einen Rechtsanwalt erfolgen, der aufgrund der Komplexität des Themas Fachanwalt für Erbrecht sein sollte. Dafür sollte die Organisation einem (potenziellen) Testamentspender eine Liste mit Anschriften von spezialisierten Erbrechtsanwälten in seiner Nähe zur Verfügung stellen.

▶ **Tipp** Nehmen Sie Kontakt mit der *Deutschen Vereinigung für Erbrecht und Vermögensnachfolge* (*DVEV*) auf, in der auf Erbrecht spezialisierte Fachanwälte organisiert sind! Die DVEV kann Ihnen kompetente Partner für Ihr Erbschafts-Fundraising in allen Regionen Deutschlands nennen. Wichtig ist, einen Anwalt zu finden, der neben der nötigen Fachkompetenz auch mit älteren Menschen niveauvoll und vertrauensvoll umgehen kann, sich (fach-)sprachlich auf sie einstellen kann, und von ihnen akzeptiert wird.

Gerade ältere (potenzielle) Testamentspender nehmen gerne das Angebot des zuständigen Erbschafts-Fundraisers an, sie zu einem ersten Beratungstermin beim Erbrechtsanwalt

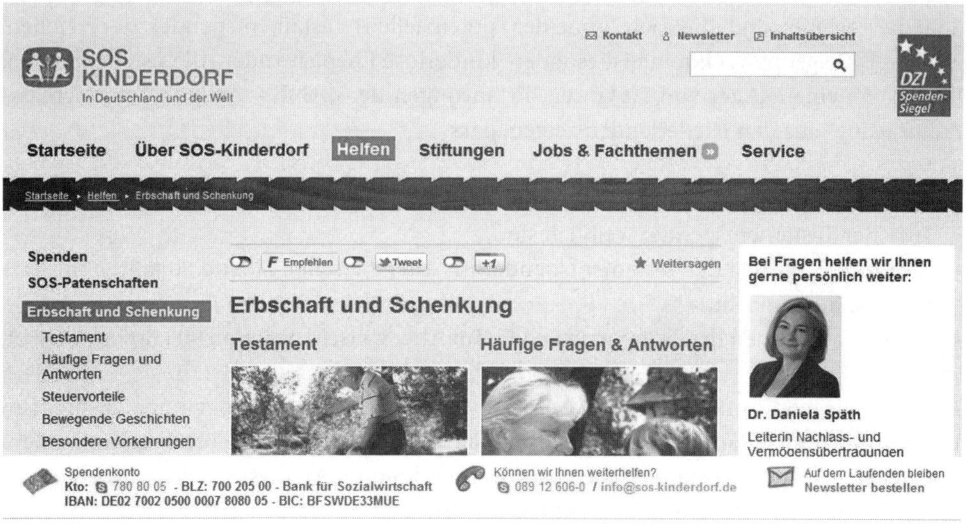

Abb. 2.37 Infos zur Testamentspende auf der Website von SOS Kinderdorf

zu begleiten. Viele (potenzielle) Testamentspender fühlen sich durch die Begleitung eines Vertrauten sicherer und bauen eventuelle Schwellenängste leichter ab. Sollte es dann tatsächlich zur Abfassung eines Testaments kommen, bietet der Fundraiser selbstverständlich diskret seinen Rückzug an.

2.1.8.3.4 Testamentspendergewinnung durch Online-Vertrieb

Eine immer wichtigere Rolle bei der Gewinnung von Testamentspendern spielt der Online-Vertrieb, bei dem sich potenzielle Testamentspender im Internet jederzeit und schnell über die verschiedenen Möglichkeiten einer Testamentspende informieren können. Auf ihrer Website sollte eine Organisation die wichtigsten Fragen rund um eine Testamentspende aufgreifen, zumindest aber auf ihre Erbschaftsbroschüre sowie den zuständigen Ansprechpartner verweisen. Erstaunlich ist, bei wie vielen Organisationen diese Informationen auf der Website vergeblich gesucht werden müssen!

Beispiel

Auf der Website der Kinderhilfsorganisation „SOS Kinderdorf" gibt es eine eigene Seite „Schenkung und Erbschaft", auf der häufige Fragen und Antworten ebenso genannt werden wie die Möglichkeiten, mit einer vorgestellten Ansprechpartnerin in Kontakt treten zu können (siehe Abb. 2.37).

2.1.8.3.5 Kommunikation der Testamentspende nach innen

Für die Kommunikation der Testamentspende und ihre verschiedenen Vertriebskanäle sollten alle Kommunikationskanäle (siehe Kap. 2.6) nach innen und aussen genutzt werden, die geeignet sind, die Zielgruppe der (potenziellen) Testamentspender zu erreichen. Zu dieser Zielgruppe gehören insbesondere kinderlose Ehepaare oder Alleinstehende (v. a. Frauen) ab einem Alter von 70 Jahren. Erfahrungen der „ANF – Agentur für Nachlass-Fundraising" aus den Niederlanden zeigen, dass

- 96 % der Testamentspender keine Kinder hatten,
- 70 % der Testamentspender weiblich sind,
- die große Mehrheit der Testamentspender im Alter zwischen 70 und 80 Jahren ihr letztes Testament macht,
- die große Mehrheit der Testamentspender im Alter zwischen 80 und 90 Jahren verstirbt.

Es ist naheliegend, zunächst mit der Kommunikation nach innen zu beginnen, da hier (im Idealfall) über viele Jahre ein Vertrauensverhältnis zwischen der Organisation und einem potenziellen Testamentspender aufgebaut werden konnte. An dieser Stelle wird abermals die Bedeutung des Relationship Fundraising deutlich. Es werden entweder alle vorhandenen (Erst-, Mehrfach-, Dauer- und Groß-) Spender angesprochen, oder – falls in der Datenbank selektierbar – nur diejenige Teilmenge, die zur engeren Zielgruppe gehört. Leider liegen einer Organisation in ihrer Datenbank oft keine Informationen über die beiden wichtigsten Merkmale potenzieller Testamentspender – ihr Alter und die Anzahl ihrer Kinder – vor. Beide können in aller Regel nur über eine Spenderbefragung (siehe unten) in Erfahrung gebracht werden. Das Alter eines Spenders kann zudem über die bereits erwähnte Vornamenanalyse zumindest grob geschätzt werden (siehe Kap. 2.1.4.2).

Ziel der Ansprache ist ein **Upgrading** innerhalb der Spenderpyramide. Über die Möglichkeit der Testamentspende zu informieren, ist für viele (langjährige) Förderer sicherlich nicht abwegig. Aber die meisten dürften darüber bislang schlicht und einfach noch nicht nachgedacht haben. Man muss sie also in geeigneter Form darauf ansprechen. Natürlich ist es nach wie vor delikat, mit dem Thema Testament letztlich auch das tabuisierte Thema Tod anzusprechen. Andererseits besteht in Sachen Testament ein enormes Informationsbedürfnis. Kaum jemand kennt die zum Teil komplizierten rechtlichen und formalen Vorschriften, die an ein rechtskräftiges Testament geknüpft sind. Beim Erbschafts-Fundraising muss deshalb der Informationsaspekt im Vordergrund stehen.

2.1.8.3.6 Kommunikation über die Spenderzeitschrift der Organisation

Ein zentraler Kommunikationskanal praktisch jeder Organisation ist ihre Spenderzeitschrift, die regelmäßig – meist quartalsweise – an alle Spender verschickt wird. Darin lässt sich sehr gut auf die Testamentspende hinweisen. Eine Möglichkeit ist das **Interview von Testimonials**. Interviewt werden Menschen, die sich bereits für ein Testament zugunsten ihrer Organisation entschieden haben. Sie geben Auskunft darüber, was sie zu diesem Schritt motiviert hat, wie sie vorgegangen sind und wer von der Organisation sie dabei unterstützt hat. Durch das Interview werden die Leser der Spenderzeitschrift inspiriert, vielleicht auch einmal über einen solchen Schritt nachzudenken. Dieselbe Funktion können regelmäßige **Nachrufe auf Testamentspender** in der Spenderzeitschrift der Organisation erfüllen (siehe Abb. 2.38).

Nachruf

Juliane Horsts Reise

Ihr Motto „Das Leben ist eine schöne Reise“ nahm Juliane Horst wörtlich.

Juliane Horst in jungen Jahren

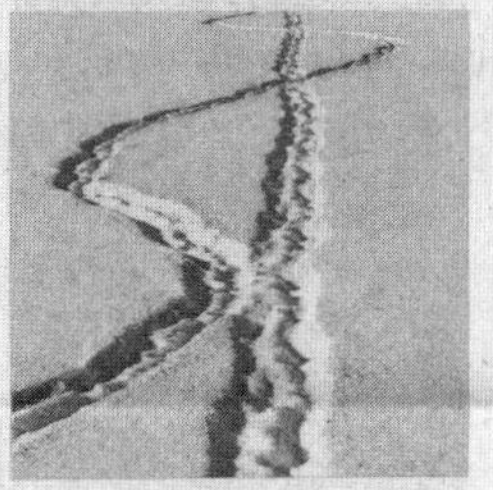

Das Leben ist eine schöne Reise, hat Juliane Horst gerne gesagt. Auch wenn sie in ihrem Leben schlimme Verluste erleiden musste, hatte sie sich doch diese Haltung bewahren können.

Juliane Horst wuchs während des zweiten Weltkrieges auf. Am 15. April 1937 kam sie zur Welt und verbrachte ihre Kindheit im Kölner Vorort Merheim. Schon in der Volksschule lobten die Lehrer ihren Fleiß und ihre Genauigkeit. In einem ihrer Zeugnisse lautet die Bemerkung schlicht: Steigt! Und sie stieg tatsächlich auf. Erst in der Schule und später im Beruf. Sie begann mit einer kaufmännischen Ausbildung, bildete sich fort und erarbeite sich zielstrebig einen Posten als Chefsekretärin in einem großen Kölner Versicherungskonzern. Die perfekte Mitarbeiterin und ein liebenswerter Mensch, so wurde sie dort gesehen.

Juliane war das älteste Kind der Familie Horst. Die Zwillingsschwestern Josefine und Gerda kamen gut ein Jahr nach ihr zur Welt. Gemeinsam erlebten die drei Schwestern ihre Kindheit. Doch ein gemeinsames Ein gemeinsames Altwerden war den dreien nicht vergönnt. Die traurige Nachricht kam kurz vor Weihnachten im Jahr 1985. Ihre Schwester Josefine verunglückte tödlich bei einem Verkehrsunfall in Spanien. Ein Schock für die damals 48-jährige Juliane Horst. Zehn Jahre danach verstarb auch ihre Schwester Gerda. Nach dem darauf folgenden Tod der Mutter war Juliane Horst ohne Familie. Geheiratet hatte sie nie. Sie blieb kinderlos.

Ihr Motto „Das Leben ist eine schöne Reise“ nahm Juliane Horst wörtlich. Die Vereinigten Staaten hatten es ihr angetan. Texas hat die selbstständige Frau gleich zweimal besucht. In den Skiurlaub fuhr sie regelmäßig. Die Schweiz und Österreich waren ihre bevorzugten Ziele. Hier blühte sie auf. „Das Leben ist herrlich“ heißt es in einer ihrer Postkarten, die sie ihrem Rechtsanwalt Friedrich Karl Alsdorf aus dem Skiurlaub schrieb. Alsdorf erlebte Juliane Horst als eine fröhliche Frau. Ein „Kölsche Mädche“ eben, sagt er. Wenn sich die beiden zufällig auf der Straße begegneten, sah er sie oft schon von Weitem winken und hörte sie rufen.

Juliane Horst vertraute Rechtsanwalt Alsdorf schließlich auch ihre testamentarischen Angelegenheiten an. Sie war damals 62 Jahre alt. Als Alleinerbe bedachte sie in ihrem Testament die SOS-Kinderdörfer weltweit, für die sie schon zuvor regelmäßig gespendet hatte. Es war ihr wichtig, im Vorfeld alles genauestens festzulegen. Genauigkeit und Ordnungsliebe zählten sicherlich mit zu den hervorstechendsten Eigenschaften von Juliane Horst. Im Beruf wie im Privaten.

Juliane Horst starb unerwartet am 1. November 2008. Ihr Begräbnis sollte nach ihrem Willen in aller Stille stattfinden. Als Ort für die Trauermesse hatte sie sich Köln-Merheim gewünscht. Den Ort, an dem sie aufgewachsen ist. In ihrer Todesanzeige stand ihr Lebensspruch: „Das Leben war eine schöne Reise.“ Auch das hatte sie so gewollt.

Richard Knoll

Ein letztes Dankeschön

Viele Menschen bedenken die SOS-Kinderdörfer in ihrem Testament. Für uns ist dies ein großer Vertrauensbeweis. Und es ist ein Akt großen menschlichen Engagements, der Hilfe für Kinder möglich macht. Manchmal erfahren wir von Angehörigen oder Freunden etwas mehr über den Menschen, der da gestorben ist, dann hören wir gespannt zu. Wir hören von glücklichen Zeiten, schweren Schicksalen, Eigenheiten und Abenteuern. Weil jede dieser Geschichten einzigartig ist, erzählen wir hier regelmäßig von unseren Nachlass-Spendern. Und um ein letztes Mal Dankeschön zu sagen.

Wenn Sie jemanden vorschlagen möchten, der an dieser Stelle porträtiert werden sollte, oder bei Fragen zum Thema „Nachlass“ wenden Sie sich an Brigitte Schiffner,

Tel. 089/17914-270

6

Abb. 2.38 Beispiel für einen Nachruf auf eine Testamentspenderin

Am Ende des Interviews oder des Nachrufs wird dem interessierten Leser angeboten, den ersten Schritt zu gehen und einen, möglichst mit Name, Foto und direkter Telefondurchwahl genannten Ansprechpartner der Organisation unverbindlich zu kontaktieren.

Auch (regelmäßig) eingebundene, anzeigenartige Hinweise in der Spenderzeitschrift können potenzielle Testamentspender unter den Lesern der Spenderzeitschrift motivieren, Kontakt mit dem genannten Ansprechpartner aufzunehmen.

Beispiel

Das Kinderhilfswerk *Kindernothilfe* weist in seinem „Kindernothilfe Magazin" regelmäßig auf seine Testamentsbroschüre „Eine bessere Welt für Kinder – Ihr Testament für Kinder in Not – Ein Ratgeber" (siehe Abb. 2.39) hin.

2.1.8.3.7 Kommunikation über Mailings

Eine weitere Möglichkeit, die Testamentspende und ihre verschiedenen Vertriebskanäle zu kommunizieren, ist der Versand von Mailings. Im Idealfall wird ein Mailing verschickt, das als alleinige Zielsetzung die Gewinnung von Testamentspendern verfolgt. In dem Mailing wird im Anschreiben und einem beiliegenden Flyer grob über das Thema „Testament" informiert sowie auf die Möglichkeit hingewiesen, sich durch Anforderung der Erbschaftsbroschüre und/oder Kontaktaufnahme zu den vorgestellten Ansprechpartnern ausführlich zu informieren. Zusätzlich kann auch in Standard-Mailings, die nicht der Testamentspendergewinnung dienen, sozusagen „Huckepack" auf die Testamentspende hingewiesen werden, z. B. im Post Scriptum (P.S.).

2.1.8.3.8 Kommunikation über Spenderbefragung

Auch im Rahmen der bereits erwähnten Spenderbefragung (siehe Kap. 2.1.5.2) kann ermittelt werden, ob ein Spender Interesse am Thema „Testament" hat bzw. ob er die entsprechenden Informationsangebote der Organisation kennt. Im Interesse des Erbschafts-Fundraising sollte in der Spenderbefragung immer auch nach der Anzahl der Kinder gefragt werden. Im bereits erwähnten Beispiel der Spenderbefragung der Organisation „Brot für die Welt" zeigten von 75.000 befragten Spendern immerhin 251 Befragte (=0,3 %) Interesse an einer Testamentspende, 104 Befragte (=0,1 %) Interesse an einer Zustiftung und 297 Befragte (=0,4 %) Interesse an einem Stifterdarlehn. In relativen Werten mag das geäußerte Interesse auf den ersten Blick vielleicht gering erscheinen. Die absoluten Werte sind jedoch hoch und verursachten das „Luxusproblem", kurzfristig persönlichen Kontakt zu mehreren hundert Menschen aufnehmen zu müssen. In der Planung müssen deshalb entsprechende Kapazitäten für Abarbeitung des in der Spenderbefragung geäußerten Interesses vorgesehen werden.

2.1.8.3.9 Kommunikation über Erbrechtsvorträge

Aufgrund des hohen Interesses am Thema „Testament" haben viele Organisationen gute Erfahrungen damit gemacht, ihre (Dauer-) Spender zu sog. Erbrechtsvorträgen einzuladen. Ein Erbrechtsspezialist erläutert in einfachen Worten die wichtigsten Grundlagen des

| Seite 29

DVD zu Kinderarbeit in Peru

Una Luz en la Sombra

14 arbeitende Kinder und Jugendliche aus dem peruanischen Cajamarca nahmen an einem Video-Projekt der Filmemacherin Lisa Glahn teil. Sie lernten, selbst Filme zu drehen und zu schneiden. Zusammen mit Glahn haben sie sich, ihre Familien und ihr Lebens- und Arbeitsumfeld porträtiert. Der Film ist ein authentisches Zeugnis des harten Alltags der Kinder, die arbeiten müssen, um zum Lebensunterhalt ihrer Familien beizutragen. Das Video-Projekt kam in Zusammenarbeit mit dem Kindernothilfe-Partner IINCAP zustande. Geeignet für Sek. I/II sowie Kinder/Jugendliche ab 10 Jahre. **25 Minuten**

Aktualisierte Unterrichtseinheit für Sek. II

Armut als globale Herausforderung

Die beliebte Unterrichtseinheit wurde im Januar 2011 überarbeitet und enthält nun die aktuellsten Statistiken und Diskussionen zum Thema Armutsbekämpfung und Millenniumsziele. Sie legt einen inhaltlichen Schwerpunkt auf Menschenrechte und Armut sowie genderbezogene Entwicklungshürden. Regional steht Afrika südlich der Sahara im Mittelpunkt. Die Themen der Bausteine: 1. Was ist „arm"? – 2. Armut definieren – 3. Armut und Menschenrechte – 4. Arme Frauen – reiche Männer? – 5. Armutsbekämpfung: Reale Chance oder Utopie? Das Material enthält Kopiervorlagen und Unterrichtsentwürfe. **DIN A4, 32 Seiten**

Testamentsbroschüre

Fragen zum Nachlass

Unsere Broschüre „Eine bessere Welt für Kinder – Ihr Testament für Kinder in Not" informiert Sie ausführlich darüber, was Sie bei der Abfassung eines Testaments beachten müssen und wie Sie eine gemeinnützige Organisation bedenken können. Sie können unseren Ratgeber bestellen bei:

Christine Taylor,
Kindernothilfe, Referat Kommunikation,
Telefon: 0203.7789-167, Fax -118,
christine.taylor@knh.de

Aktions- und Unterrichtsmaterialien für alle Schulstufen

Erzähle uns eine Geschichte

Bildung für Mädchen und Frauen weltweit: Das ist das diesjährige Thema der globalen Bildungskampagne. Die Unterrichtsmaterialien dazu enthalten neben Anregungen und Beschreibungen der Aktion 2011 ausführliche Hintergrundinformationen zur Mädchen- und Frauenbildung in Entwicklungsländern sowie Länderprofile und konkrete Geschichten von Mädchen und Frauen. Teil 4 gibt darüber hinaus Anregungen, wie das Thema im Unterricht behandelt werden kann. Die Kindernothilfe ist Mitglied der Globalen Bildungskampagne. **DIN A4, 28 Seiten**

Material bestellen

Kindernothilfe
Tel. Spenderservice: 0203.7789-111
Fax: 0203.7789-118
info@kindernothilfe.de
www.kindernothilfe.de/material

Kindernothilfe Luxemburg
Telefon +352.2704.8777
info@kindernothilfe.lu
www.kindernothilfe.lu

Bezug, falls nicht anders angegeben, über die Kindernothilfe

Abb. 2.39 Hinweis auf Testamentsbroschüre in Spenderzeitschrift

Erbrechtes. Die etwa zweistündigen Veranstaltungen sind in der Regel kostenlos, finanzieren sich aber über freiwillige Spenden praktisch kostendeckend. Für die (Groß- und Testamentspender-) Fundraiser der Organisation sind die Erbrechtsvorträge zudem eine willkommene Gelegenheit zum persönlichen Kontakt „One-to-Many".

Beispiel

Vorreiter war die Organisation *Volksbund Deutsche Kriegsgräberfürsorge*. Gemeinsam mit der bereits erwähnten *DVEV* führt sie bereits seit mehreren Jahren Erbrechtsvorträge in ganz Deutschland durch. Über die Kreisverbände werden die Mitglieder des Volksbundes zu lokalen Veranstaltungen eingeladen. Das Angebot wird so rege angenommen, dass mittlerweile eine ganze Vortragsreihe entstanden ist. Längst geht es in den Vorträgen nicht mehr nur um die Grundlagen des Erbrechts, sondern auch um andere zielgruppenrelevante Themen wie Patientenverfügung und Stiftungserrichtung. In den besten Jahren führten Volksbund und DVEV über 200 solcher Erbrechtsvorträge pro Jahr durch. Da an einem Vortrag bis zu 200 meist ältere Menschen teilnahmen, erreichte der Volksbund bis zu 40.000 potenzielle Testamentspender pro Jahr! Nach und nach wurden die Erbrechtsvorträge auch für Außenstehende geöffnet und dienten dadurch auch der Kommunikation der Testamentspende nach außen.

2.1.8.3.10 Kommunikation der Testamentspende nach außen

Zusätzlich zur Kommunikation nach innen sollte die Möglichkeit der Testamentspende immer auch nach außen kommuniziert werden. Der Grund dafür liegt in der Erfahrung praktisch aller Organisationen, dass sie regelmäßig etwa die Hälfte aller Erbschaften, Vermächtnisse und (Zu-) Stiftungen von Menschen erhalten, zu denen kein in der Datenbank dokumentierter Kontakt zu deren Lebzeiten bestand. Ganz offensichtlich gibt es also eine Vielzahl von Testamentspendern, die zu Lebzeiten keine (erkennbare) – der Logik des Relationship Fundraising folgende – langjährige Beziehung zur Organisation hatten. Um auch diese Menschen zu erreichen, sollten alle zielgruppenrelevanten Kommunikationskanäle der klassischen Werbung (siehe Kap. 2.6.4), der Direktwerbung (siehe Kap. 2.6.5) und der Dialogwerbung (siehe Kap. 2.6.6) genutzt werden. Besonders hervorgehoben werden sollen hier folgende Beispiele:

2.1.8.3.11 Kommunikation über (Füller-) Anzeigen

Organisationen kommunizieren über Anzeigen und Fülleranzeigen ihre Vertriebskanäle für Testamentspenden. Die anfängliche Skepsis, ob das delikate Thema „Testament“ tatsächlich auf diese Weise „kalt“ (also ohne bestehende Beziehung zu einer Organisation) kommuniziert werden könne, ist nach zahlreichen positiv verlaufenen Tests mittlerweile gewichen.

Beispiel

Die Tierschutzorganisation *WSPA* kommuniziert mit Hilfe einer **Anzeige** im Faltblatt „Ihr Reiseplan“ der Deutschen Bahn ihren Post-, Telefon- und Online-Vertrieb einer Testamentspende (siehe Abb. 2.40).

Abb. 2.40 Testamentspendergewinnung per Anzeige

Abb. 2.41 Testamentspendergewinnung per Fülleranzeige

Beispiel

Die Umweltorganisation *WWF Deutschland* kommuniziert mit Hilfe einer **Fülleranzeige** ihren Post- und Telefonvertrieb einer Testamentspende (siehe Abb. 2.41).

2.1.8.3.12 Kommunikation über Multiplikatoren

Es wurde bereits erwähnt, dass die Beratung von (potenziellen) Testamentspendern die Expertise von Spezialisten (Notare, Fachanwälte für Erbrecht, Fachanwälte für Stiftungsrecht, Steuerberater, Vermögensverwalter, Beerdigungsinstitute etc.) einbeziehen muss. Umgekehrt stellen diese Spezialisten wichtige Multiplikatoren für die Kommunikation mit potenziellen Testamentspendern dar. Organisationen sollten daher versuchen, die genannten Spezialisten über persönliche Ansprache, Mailings oder deren Fachverbände als Multiplikatoren für sich zu gewinnen.

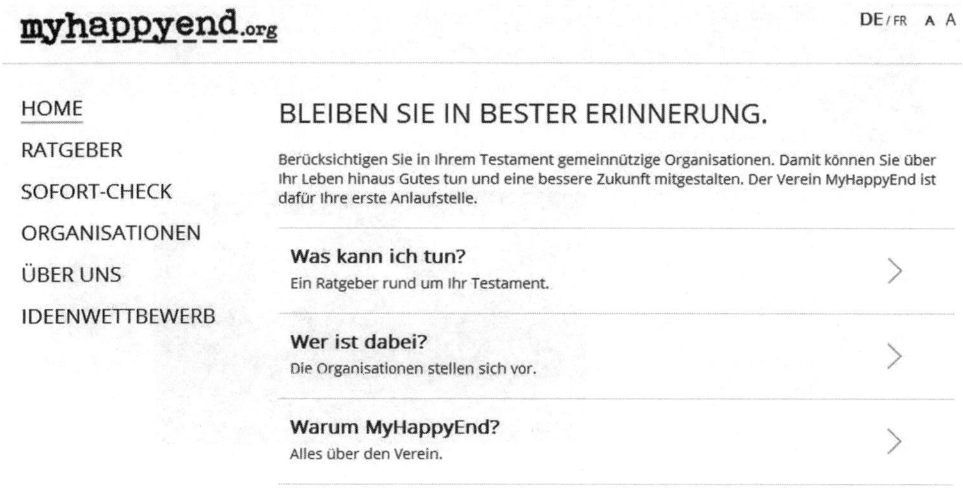

Abb. 2.42 Schweizerische Initiative „MyHappyEnd“

Beispiele

- Eine steuerbegünstigte Organisation kann sich gegen Gebühr in den *Deutschen Spenden-Spiegel* aufnehmen lassen. In einer Auflage von 30.000 Exemplaren wird das Nachschlagewerk auf nationaler Ebene zielgerichtet an Notare, Anwaltskanzleien, Steuerberater, Amtsgerichte und Beerdigungsinstitute abgegeben. Das Buch kann zum Preis von 20 € zzgl. Porto und Mehrwertsteuer über das Internet bestellt werden.
- Eine steuerbegünstigte Organisation kann sich gegen Gebühr in den *Ein Dankeschön ans Leben – Wegweiser für Testamentspenden in Ihrer Region* aufnehmen lassen. Der Wegweiser bietet eine lokale Plattform, sich bei Fachanwälten, Notaren und deren Mandanten sowie Nachlassgerichten (zusätzliche) Bekanntheit zu verschaffen.

2.1.8.3.13 Kommunikation über gemeinsame Initiativen

In der Schweiz haben sich 19 engagierte Organisationen (Stand 2013) in der Initiative *MyHappyEnd* (siehe Abb. 2.42) zusammengeschlossen und bieten eine gemeinsame Informationsplattform für (potenzielle) Testamentspender im Internet an. Ziel des Vereins ist es, die schweizerische Öffentlichkeit zu sensibilisieren, einen Teil ihres Nachlassvermögens an gemeinnützige Organisationen zu spenden. MyHappyEnd versteht sich als erste Anlaufstelle, die Orientierungshilfe rund um das Thema Testamentspende anbieten möchte. Alle hinter der Initiative stehenden Organisationen werden einzeln inklusive Ansprechpartner vorgestellt.

In Österreich gibt es mit *Vergissmeinnicht – Es gibt ein Leben nach dem Leben* eine vergleichbare Initiative (siehe Abb. 2.43), der sich mittlerweile schon 41 Organisationen (Stand 2013) angeschlossen haben. Vergissmeinnicht gibt eine gemeinsame Erbschafts-

Abb. 2.43 Österreichische Initiative „Vergissmeinnicht"

broschüre (siehe Abb. 2.44) heraus, die auch auf der Website als pdf-Datei heruntergeladen werden kann.

Neben der Schweiz und Österreich haben sich vergleichbare Initiativen mittlerweile bereits in Australien, Belgien, Großbritannien, Irland, Kanada, Norwegen, Spanien und USA gegründet. Die Initiativen haben sich zusammengeschlossen und den „International Legacy Day" ins Leben gerufen. In Deutschland startete die Initiative „Mein Erbe tut Gutes. Das Prinzip Apfelbaum" erst im Sommer 2013 mit zunächst fünf Organisationen in Zusammenarbeit mit dem Deutschen Fundraising Verband (www.mein-erbe-tut-gutes.de).

2.1.8.4 Bindung von Testamentspendern

Die Bindung von Testamentspendern obliegt in größeren Organisationen den Mitarbeitern der Nachlassabteilung oder den Großspenderbetreuern. In kleineren Organisationen ist die Bindung von Testamentspendern oft Chefsache. Inhaltlich weicht die Bindung von Testamentspendern nicht wesentlich von der der Großspender ab (siehe Kap. 2.1.7.2). I. d. R wird ein persönlicher Kontakt gepflegt, dessen Intensität von den Präferenzen des Testamentspenders bestimmt wird.

2.1.8.5 Rückgewinnung von Testamentspendern

Das Thema Rückgewinnung mag bei Testamentspendern auf den ersten Blick sinnlos bzw. sogar makaber klingen, kann man doch einen verstorbenen Testamentspender nicht mehr zurückgewinnen. Es gibt jedoch auch eine ganze Reihe von Spendern, die sich relativ früh, im Alter von 50 oder 60 Jahren, für die Abfassung eines Testaments zugunsten einer steuerbegünstigten Organisation entscheiden. Werden sie nach Abfassung ihres Testaments ihrer Auffassung nach nicht angemessen betreut, so ändern nicht wenige Testamentspender ihr Testament noch einmal zugunsten einer anderen Organisation. Dies sollte durch eine gute Betreuung der Testamentspender zu Lebzeiten verhindert werden.

Abb. 2.44 Erbschaftsbroschüre Vergissmeinnicht

Falls doch einmal Unzufriedenheiten beim Testamentspender erkennbar werden, sollte eine Organisation schnell ein offenes Gespräch suchen und eventuell aufgekommene Irritationen baldmöglichst aus der Welt schaffen.

2.1.8.6 Was ich in diesem Kapitel gelernt habe

- Scheuen Sie sich nicht, Ihren Spendern Informationen über die Möglichkeit der Testamentspende anzubieten!
- Bieten Sie eine Erbschaftsbroschüre an, die die wichtigsten Informationen anschaulich und verständlich darstellt!
- Benennen Sie in der Erbschaftsbroschüre einen konkreten Ansprechpartner, der kompetent Auskunft zu allen Sachfragen, aber auch über die Organisation geben kann!
- Setzten Sie die Informationsbroschüren des Bundes- bzw. der Landesjustizministerien ein, wenn Sie keine eigene Broschüre erstellen wollen oder können!
- Weisen Sie darauf hin, dass Vermögen an den Staat fallen, wenn keine Erben ermittelt werden können!
- Weisen Sie darauf hin, dass Testamentspenden an gemeinnützige Organisationen grundsätzlich von der Erbschaftssteuer befreit sind!
- Weisen Sie auf die verschiedenen Alternativen einer letztwilligen Verfügung – Erbschaft, Vermächtnis, (Zu-) Stiftung von Todes wegen – hin!

- Bieten Sie potenziellen Testamentspendern verschiedene Modelle und Fördermöglichkeiten bis hin zu konkreten Projekten an!
- Zeigen Sie beispielhaft auf, in welchen Projekten die Organisation vergleichbare Testamentspenden in der Vergangenheit eingesetzt hat!
- Besuchen Sie mit dem potenziellen Testamentspender solche Projekte, um sie möglichst persönlich erfahrbar zu machen!
- Berichten Sie regelmäßig in den Fördererzeitschriften der Organisation über Projekte, die durch Testamentspenden unterstützt wurden!
- Inspirieren Sie durch einen Nachruf auf einen Erblasser und ein Dankeschön an seine Familie auch andere Spender über die Möglichkeit der Testamentspende nachzudenken!
- Überprüfen Sie auch alle anderen schriftlichen Materialien der Organisation daraufhin, ob auf die Möglichkeit der Testamentspende hingewiesen werden kann!
- Bereiten Sie eine Antwortkarte vor, mit deren Hilfe ein Interessent Ihre Erbschaftsbroschüre schnell und einfach anfordern kann!
- Streuen Sie eine solche Antwortkarte – zusammen mit einem Faltblatt, das erste Informationen gibt – möglichst breit (z. B. durch Einheften oder Aufspenden in entsprechenden (Förderer-) Zeitschriften oder durch Beilage in Mailings)!
- Laden Sie Ihre Förderer zu Erbrechtsvorträgen ein! Kontaktieren Sie die DVEV, die ihnen kostenlos das Know-how eines geeigneten Referenten in Ihrer Region vermittelt!

2.1.8.7 Weiterführende Literatur zu diesem Kapitel

Albert, J., Reuter, S., Schlüpen, N., Schwedersky, T.: Erbschaftsfundraising. In: Fundraising Akademie (Hrsg.) Fundraising – Handbuch für Grundlagen, Strategien und Methoden, 4. Aufl., S. 396–409. Gabler, Wiesbaden (2008)

Braun, R., Pfeiffer, U., Thomschke, L.: Erben in Deutschland – Volumen, Verteilung und Verwendung. Deutsches Institut für Altersvorsorge, Köln (2011)

Brocks, C., Ford, D.: Der Erbschafts-Report. Logo-S, Krefeld (1995)

Fäh, B., Notter, T.B.: Die Erbschaft für eine gute Sache – Ein Handbuch für Fundraiser auf Legatsuche. Verlag Paul Haupt, Bern (2000)

Gremmel, R.: Ende gut, alles gut! Strategische Direktmarketing beim Erbschaftsfundraising. Fischer & Partner Verlag, Hamburg (2002)

Haibach, M.: Frauen erben anders – Mutig mit Vermögen umgehen. Ulrike Helmer Verlag, Königstein (2001)

Hofsähs, U.: Der letzte Wille gegen den Krebs. 5.000 Erbschaften für die Krebshilfe. In: Wiesbadener Kurier vom 13.08.1996.

Purtschert, R., Beccarelli, C., Notter, T.: Legate-Marketing – Theorie und Praxis im Fundraising aus rechtlicher und ökonomischer Sicht. Bern (2006)

Reuter, S. (Hrsg.): Erbschaftsfundraising: Mit Herzblut und Fingerspitzengefühl. Medienverband der Ev. Kirche im Rheinland, Düsseldorf (2007)

Rodd, J.: Using data analysis in strategic legacy marketing. J. Nonprofit Volunt. Sect. Market. Int. J. (1), 71–87. Henry Stewart Publications, London (1998)

Severin-Woldt, C.: Erbschaftsmarketing in Nonprofit-Organisationen – Entwickeln einer Direktmarketing-Strategie. Fischer & Partner, Hamburg (1995)

2.2 Entscheidungen im Rahmen des Marketing-Mix

In Kap. 2.1 wurde ein Überblick über das Vorgehen im (Relationship-)Fundraising gegenüber Privatpersonen gegeben. Systematisiert anhand des Modells der Spenderpyramide wurde aufgezeigt, wie (potenziellen) Spendern auf jeder Stufe der Spenderpyramide (durch Upgrading oder Kaltakquisition) ein neues, weiteres (Spenden-) Produkt angeboten werden kann. Wie in Kap. 1.6 ausgeführt, wird das Einwerben von Geldspenden im Rahmen des Fundraising hier als der (derivative) Absatz eines immateriellen (Spenden-) Produktes betrachtet. Dabei wird sowohl jede Einzelspende (egal ob Erst- oder Mehrfachspende) als auch jede Dauerspende, Großspende und Testamentspende jeweils als ein eigenes Produkt angesehen. Der Systematik des (Absatz-) Marketing entsprechend, sind demnach auch für jedes einzelne Produkt die Entscheidungen im Rahmen des sog. Marketing-Mixes zu fällen:

- Produkt- bzw. Leistungspolitik,
- Preispolitik,
- Vertriebspolitik,
- Kommunikationspolitik.

Diese vier Entscheidungsbereiche werden im Folgenden ausführlich dargestellt. Dabei wird hier bewusst von der, in der Marketing-Literatur üblichen Reihenfolge abgewichen, wonach die operativen Entscheidungstatbestände des Marketing-Mixes aufgrund ihrer systematischen Ableitung aus den Ergebnissen der Marktforschung und den darauf aufbauenden strategischen Entscheidungen auch erst nach Marktforschung und Strategie dargestellt werden. Die Einordnung operativer Fundraising-Entscheidungen in den Gesamtkontext des Fundraising-Managements soll hier bewusst erst ganz am Schluss in Kap. 6 erfolgen. Dadurch wird ermöglicht, auf strategischer Entscheidungsebene nicht nur die Produkte an private Ressourcenbereitsteller (Kap. 2) zu berücksichtigen, sondern auch diejenigen an Unternehmen (Kap. 3), Stiftungen (Kap. 4) und öffentliche Ressourcenbereitsteller (Kap. 5). Diese Reihenfolge in der Darstellung entspricht den Besonderheiten des Fundraising besser, das sich gleichzeitig mit verschiedenen Produkten an verschiedene Ressourcenbereitsteller wenden kann. Hinzu kommen didaktische Vorteile, wenn vor den abstrakteren, strategischen Entscheidungen zunächst die konkreteren, operativen Entscheidungen vorgestellt werden.

2.3 Produkt- und Programmpolitik

2.3.1 Produktpolitische Entscheidungen

Nach Marketing-Verständnis, umfasst die Produktpolitik alle Entscheidungen rund um die Gestaltung eines Produktes. Dabei ist insbesondere der Produktnutzen für den Kunden zu definieren. Nach Möglichkeit sollte mit dem Produkt ein einzigartiges Nutzenversprechen im Sinne eines Alleinstellungsmerkmales (Unique Selling Proposition – USP) verknüpfbar sein, das dem Produkt einen Wettbewerbsvorteil gegenüber Konkurrenten sichert. Übertragen auf das Fundraising sind im Rahmen der Produktpolitik also alle Entscheidungen rund um die Gestaltung des „Spendenproduktes“ (als immaterielle Gegenleistung für die Spendenzahlung) zu fällen.

2.3.1.1 Grundnutzen

Zunächst ist ein attraktiver Grundnutzen (oder mehrere) zu definieren, der die wesentlichen Bedürfnisse eines Spenders im Zusammenhang mit seiner Spende in möglichst hohem Ausmaß befriedigen kann. Damit ist die Frage nach den Bedürfnissen, Werten und Motiven eines Spenders angesprochen. Eine umfassende psychologische Betrachtung zu diesen Größen und ihrem Zusammenhang findet sich bei *Buss*.[22] Auf Basis der Grundbedürfnisse nach *Maslov*[23] (physiologische Bedürfnisse, Sicherheitsbedürfnisse, Soziale Bedürfnisse, Wertschätzungsbedürfnisse und Selbstverwirklichungsbedürfnisse), den drei Grundwerten (Bedürfnis nach Sicherheit, Wunsch nach Geborgenheit und Bedürfnis nach Wohlbefinden) sowie den vier Grundmotiven nach *Lawrence/Nohria* [24] (Erwerben, Verteidigen, Binden, Lernen) leitet *Buss* fünf Spendermotive ab (siehe Abb. 2.45):

Demnach geben Spender aus einem oder mehreren der folgenden fünf Spendermotive:

Spendermotiv 1: **Verbundenheit**

- „Ich bin dankbar für selbst erhaltene Hilfe.“
- „Ich möchte der Gesellschaft etwas zurückgeben.“
- „Ich will helfen.“
- „Ich empfinde Mitleid.“
- „Ich will ein konkretes Problem bekämpfen.“

Spendermotiv 2: **Verantwortung und Einflussnahme**

- „Ich möchte Verantwortung übernehmen.“
- „Ich fühle mich meinen Mitmenschen gegenüber verantwortlich.“

---

22 Buss, Peter: Fundraising – Grundlagen, System und strategische Planung, (Haupt) Bern/Stuttgart/Wien 2012.

23 Maslov, Abraham H.: Motivation und Persönlichkeit, (rororo) Reinbeck 2002.

24 Lawrence, Paul R.; Nohira, Nitin: Driven: How Human Nature Shapes Our Choices, (Wiley & Sons) San Francisco 2001.

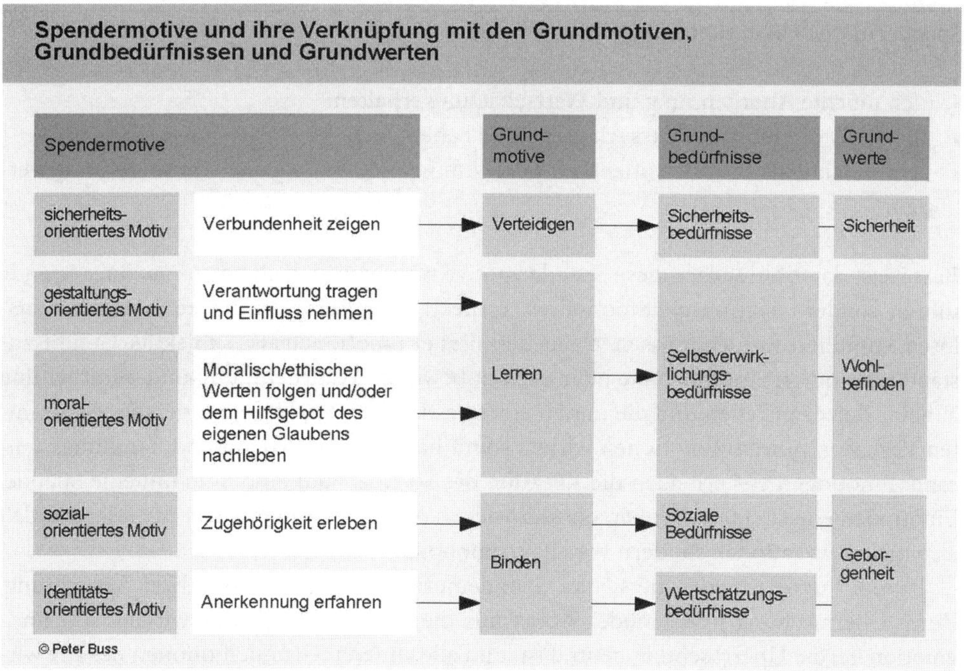

Abb. 2.45 Spendermotive und ihre Verknüpfung mit den Grundmotiven, Grundbedürfnissen und Grundwerten. (Quelle: Buss, Peter: Fundraising – Grundlagen, System und strategische Planung, (Haupt) Bern, Suttgart, Wien 2012, S. 55)

- „Der Staat macht zu wenig."
- „Ich möchte, dass sich etwas verbessert und weiterentwickelt."

Spendermotiv 3: **Moral und Ethik, Glaube**

- „Ich möchte dem Hilfsgebot meines religiösen Glaubens gerecht werden."
- „Ich möchte meinen moralisch-ethischen Werten gerecht werden."

Spendermotiv 4: **Zugehörigkeit**

- „Ich bin Fördermitglied in unserem lokalen Kunstverein, weil mir die Leute dort wichtig sind."
- „Ich spende als Mitglied des Rotary Clubs."
- „Ich spende als Hörer von SWR 3."
- „Ich spende als Zuschauer einer TV-Gala."
- „Spenden hat Tradition in unserer Familie."
- „Ich spende, um von der Gruppe akzeptiert zu werden."
- „Durch meine (Zeit-) Spende reduziere ich meine Isolation."

Spendermotiv 5: **Anerkennung**

- „Ich möchte Anerkennung und Wertschätzung erhalten."
- „Ich bin stolz auf mich, dass ich gespendet habe."
- „Ich möchte als Spender öffentlich oder zumindest „im engsten Kreis" genannt werden."

Buss weist darauf hin, dass diese Spendermotive nicht von sich allein aus zu einer Spende führen, sondern über unsere Emotion(en) respektive der Reize, die unsere Emotionen auslösen, stimuliert werden müssen. Dabei definiert er Emotionen als „subjektive Gefühlszustände, die durch eine bewusste oder auch unbewusste Wahrnehmung und Verarbeitung äußerer Reize entstehen und die uns zu einer bestimmten Reaktion oder einem bestimmten Verhalten führen. Emotionen wirken somit handlungsauslösend und handlungssteuernd. Emotionen steuern auch die Reaktion des Spenders auf eine Bitte um eine Spende. Emotionen entscheiden darüber, ob und wie ein Mensch spendet!" Der Spender handelt also nicht rein rational, sondern vor allem emotional!

Ekman[25] unterscheidet die sieben Grundemotionen Angst, Trauer, Ekel, Verachtung, Zorn, Überraschung und Freude. Wobei nur die Freude eine positiv wirkende Grundemotion ist, die Überraschung neutral ist, und alle anderen Grundemotionen negativ wirken. Nach Auffassung Ekmans lassen sich aus Kombinationen dieser sieben Grundemotionen alle anderen Emotionen als Sekundäremotionen ableiten. So ist beispielsweise die Eifersucht eine Kombination der Grundemotionen Zorn und Angst. Oder die Reue eine Kombination aus Ekel und Trauer. *Buss* weist darauf hin, dass diese Emotionen mit obigen (Spender-) Motiven und Grundbedürfnissen harmonisch zusammenwirken müssen, will man einen Spender gewinnen. In sorgfältiger Abwägung sind bei der Ansprache eines Spenders die tragenden Spendermotive zu finden und diese mit den richtigen Emotionen zu verknüpfen. Eine grafische Veranschaulichung der Zusammenhänge liefert Abb. 2.46.

Beispiel

Bei Katastrophenhilfeaufrufen wie anlässlich des Tsunami im Jahr 2004 ist das mobilisierte Spendermotiv fast ausschließlich die Verbundenheit mit den notleidenden Menschen (Solidarität), dies als Teilmotiv des Grundmotivs Verteidigung und abdeckend das Grundbedürfnis nach eigener Sicherheit. Vielleicht spielt auch noch das Spendermotiv Hilfsgebot des Glaubens eine Rolle, dies je nach persönlichem Hintergrund und Wertemuster. Treibend und ausschlaggebend sind dabei aber die Emotionen, die akut hochkommen: So ist der Spender von dem, was er medial im Fernsehen, Radio, Print und Internet wahrnimmt stark betreten oder gar schockiert (Ergebnis aus Überra-

[25] Ekman, Paul: Gefühle lesen – Wie Sie Emotionen erkennen und richtig interpretieren, 2. Aufl., (Spektrum) Heidelberg 2010.

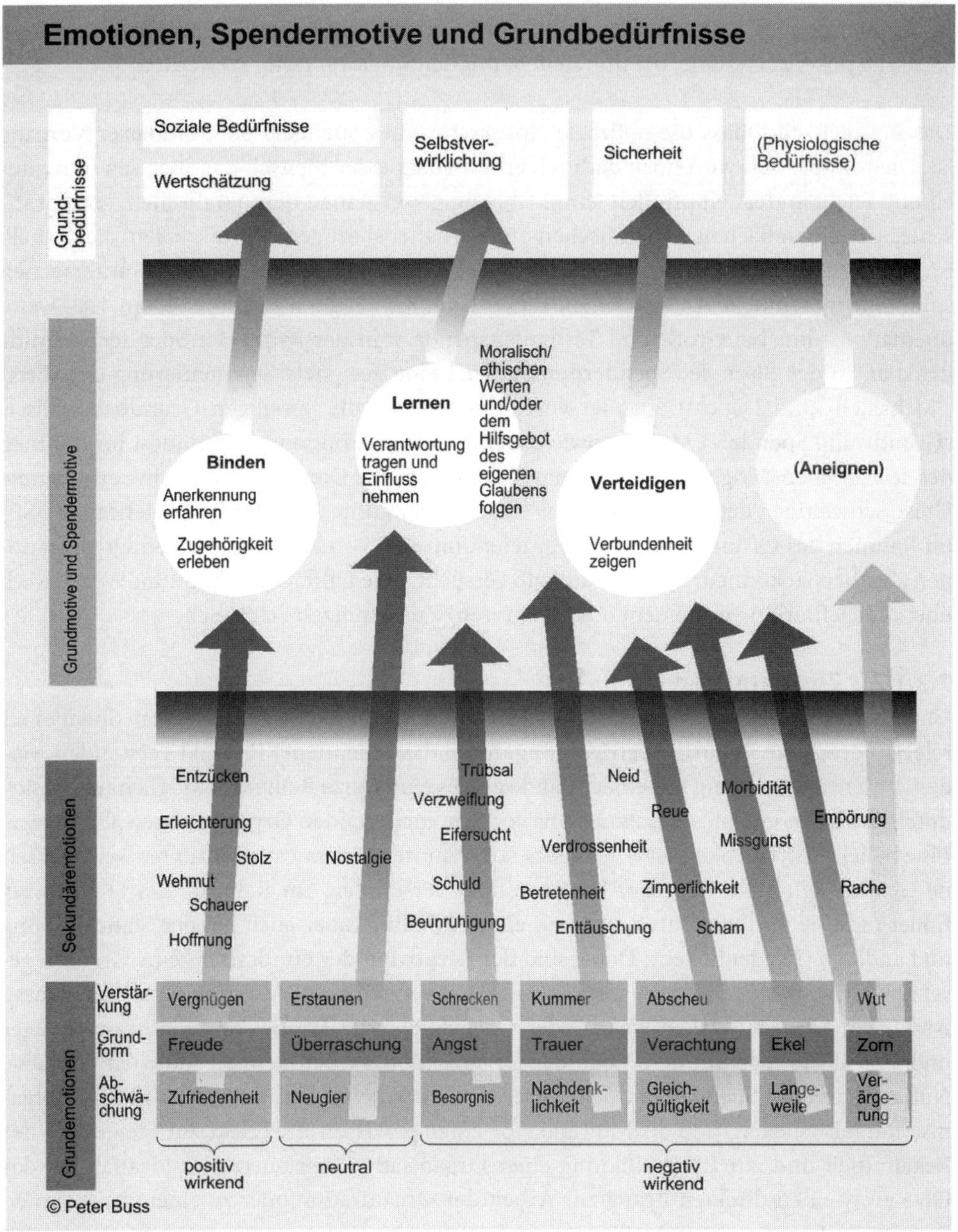

Abb. 2.46 Emotionen, Spendermotive und Grundbedürfnisse. (Quelle: Buss, Peter: Fundraising – Grundlagen, System und strategische Planung, (Haupt) Bern, Suttgart, Wien 2012, S. 98)

schung und Traurigkeit). Er ist (bewusst oder unbewusst) auch beunruhigt darüber, dass eine solche Katastrophe auch ihn treffen könnte. Er hat erlebte Überschwemmungen im eigenen Lande vor Augen (Ergebnis aus Überraschung und Angst). Weil er aber sieht, dass vor Ort konkret geholfen werden kann, zeigen sich auch Hoffnung (Ergebnis aus Freude und Angst) und Erleichterung (Ergebnis aus Freude und Überraschung), starke positive Gefühle, die ihm helfen, mit der Situation fertig zu werden.[26]

Das Beispiel zeigt, dass die optimale Ansprache eines Spenders ein komplexer Vorgang ist. Die Komplexität wird noch dadurch erhöht, dass jeder Mensch das Spenden individuell und leicht anders empfinden kann. Abhängig von seinen demografischen, soziografischen, psychografischen, geografischen und verhaltensbezogenen Merkmalen, die deshalb im Rahmen der Spenderanalyse (siehe Kap. 6.2.2) möglichst detailliert zu untersuchen sind. Eine individuelle Ansprache, die dieser Komplexität gerecht werden kann, ist – wenn überhaupt – nur bei Groß- und Testamentspendern in der Spitze der Spenderpyramide denkbar. In der Basis der Spenderpyramide ist eine geeignete Segmentierung der (Erst-, Mehrfach- und Dauer-) Spender vorzunehmen, die die jeweiligen Grundbedürfnisse, (Grund- und Spender-) Motive sowie die situativeren Emotionen zumindest im Rahmen der technischen Möglichkeiten angemessen anspricht. Dies ist schon schwierig genug. Umso schwieriger, dabei auch noch das eingangs erwähnte Alleinstellungsmerkmal (USP) im Rahmen des Grundnutzens zu definieren, um sich von konkurrierenden Organisationen abheben zu können. Oft wird deshalb versucht, eine Differenzierung zum Wettbewerb über die Definition von (einem oder mehreren) Zusatznutzen zu erreichen.

2.3.1.2 Zusatznutzen

Unter Zusatznutzen soll hier eine über den Grundnutzen hinausgehende, vom Spender als relevant erachtete Bedürfnisbefriedigung durch das (Spenden-) Produkt verstanden werden. Im Zusammenhang mit einer Spende gibt es eine ganze Reihe von Möglichkeiten, sich durch das Angebot eines Zusatznutzens von konkurrierenden Organisationen abzusetzen. Eine beliebte Möglichkeit ist der Einsatz sogenannter **Give-aways**. Darunter werden kleine Geschenke als Zugabe zum Hauptprodukt verstanden. Im Rahmen des Fundraising findet man sie vor allem als Zugabe in einem Mailing (aber auch bei der Standwerbung und anderen Gelegenheiten). Dabei sind der Kreativität der Fundraiser keine Grenzen gesetzt. Eingesetzt werden kann alles, was sich mit vertretbarem Aufwand verschicken lässt: Aufkleber, Adressaufkleber, Wand- oder Taschenkalender, Straßenkarten, Kofferanhänger und Post-it®, jeweils mit dem Logo der Organisation. Neben dem eigentlichen (Zusatz-) Nutzen, kann ein Spender mit dem Give-away auch seine Verbundenheit mit der Organisation ausdrücken, und als Multiplikator einen gewissen PR-Effekt zur Steigerung der Bekanntheit und zur Image-Bildung einer Organisation beisteuern. Im Idealfall hat das Give-away einen direkten Bezug zur Arbeit der Organisation oder zu einem bestimmten Projekt. So könnte einem Mailing, das Mittel für die Renaturierung ehemals industriell genutzter Landschaften einwerben möchte, als Give-away ein Tütchen mit Pflanzensamen beigelegt werden. Oder: Eine christliche Organisation legt ihrem Weihnachts-Mailing eine Wachsplatte und einen Docht bei, aus denen der Angeschriebene selber eine Kerze

[26] Vgl. Buss, Peter: Fundraising – Grundlagen, System und strategische Planung, (Haupt) Bern, Suttgart, Wien 2012, S. 97.

für die Adventszeit drehen kann. Der Wert der Give-aways hat sich in den letzten Jahren z. T. dadurch erhöht, dass CDs, DVDs oder sogar Regenschirme verschickt wurden. Dabei ist zum einen zu beachten, dass die Give-aways von den Angeschriebenen nicht als zu hochwertig und damit als Verschwendung von Spendengeldern empfunden werden dürfen – was selbstverständlich kontraproduktiv wäre. Um den Vorwurf der Verschwendung zu entschärfen, kann versucht werden, das Give-away beim Lieferanten zu fundraisen. Die verschickten Regenschirme sind dann Sachspende eines Regenschirmherstellers oder -händlers, oder aber gesponsert. Und zum anderen ist auch ein steuerlicher Aspekt zu beachten: eine Spende hat nämlich grundsätzlich freiwillig und unentgeltlich zu erfolgen.[27] Letzteres erfordert, dass eine Spende immer selbstlos gegeben werden muss. Dem Spender dürfen also keine geldwerten Vorteile aus seiner Spende erwachsen – auch nicht durch ein zu wertvolles Give-away. Hinzu kommt, dass das *Deutsche Zentralinstitut für soziale Fragen* (*DZI*) und der *Dachverband der entwicklungspolitischen Nichtregierungsorganisationen in Deutschland* (*VENRO*) es in ihrer Handreichung „Ethik in Spenden-Mailings" (siehe Kap. 2.5.2.4) für nicht vertretbar halten, mit sehr aufwendig erscheinenden Beigaben (wie z. B. einem Regenschirm) zu suggerieren, dass für die „geschenkte" Beilage nun eine Art Gegenleistung erwartet wird.

Ein weiterer, gern genannter Zusatznutzen einer Spende wird in ihrer **steuerlichen Abzugsfähigkeit** gesehen. Tatsächlich sollte ihre Abzugsfähigkeit nicht als Grundnutzen einer Spende angesehen werden (was manchmal geschieht), sondern allenfalls als Zusatznutzen. Schließlich dürfte die Abzugsfähigkeit für sich allein genommen nur in den allerwenigsten Fällen ein ausreichender Grund für das Tätigen einer Spende sein. Aber selbst wenn, dann taugt die Abzugsfähigkeit kaum bis gar nicht zur Differenzierung, da auch alle anderen steuerbegünstigten Organisationen die Abzugsfähigkeit anbieten können.

Besser ist eine Differenzierung vom Wettbewerb zu erreichen, wenn Serviceleistungen als Zusatznutzen angeboten werden können. So kommt der Service einer einfach abzuwickelnden SMS-Spende als Mikrospende (siehe Kap. 2.3.3.1) der **Bequemlichkeit** vieler Spender entgegen. Restgeldspenden in Spendenhäuschen, die beim Bäcker oder Metzger (z. B. zugunsten des Kinderhilfswerkes) oder in Filialen von McDonald's (zugunsten der McDonald's Kinderhilfe Stiftung) aufgestellt werden (siehe Kap. 2.3.3.2), liefern **Entlastung** für den Geldbeutel von sperrigem Kleingeld. Sachspendensammlungen (z. B. Altkleider, Handys) liefern den Service der **Entsorgung**. Aber auch allein schon der Service einer verlässlichen Zusendung der Sammelzuwendungsbestätigung zu einem frühen Zeitpunkt im Jahr, kann für alle Spender, die eine Einkommensteuererklärung machen müssen, einen relevanten Zusatznutzen darstellen. Eine Anlassspende, beispielsweise anlässlich eines runden Geburtstags, bietet dem Anlassspender den Zusatznutzen der **Sicherheit**. Er kann sicher sein, dass sein Geschenk den Vorstellungen des Jubilars entspricht und damit seine Wirkung nicht verfehlt. Auf die Anlassspende, deren Potenzial von den meisten Organisationen bei weitem noch nicht voll ausgeschöpft wird, wird in Kap. 2.3.3.3 noch ausführlich eingegangen.

---

[27] Vgl. BFH-Urteil vom 25.11.1987 (I R 126/85) BStBl. 1988 II, S. 220.

Sowohl Grund- als auch Zusatznutzen eines Spendenproduktes können schnell imitiert werden. Daher herrscht eine hohe Homogenität zwischen den, von verschiedenen Organisationen angebotenen Spendenprodukten. In einer solchen Situation kommt der **Marke** einer Organisation eine zentrale Bedeutung bei der Differenzierung zu. *Buss* ist überzeugt, dass eine starke Marke, mit der sich ein Spender identifizieren kann, der beste emotionale Türöffner für eine Spende sei.[28] Entsprechend sollten steuerbegünstigte Organisationen in Zukunft deutlich mehr Sorgfalt auf ihre Markenbildung verwenden als in der Vergangenheit. In engem Zusammenhang mit einer Differenzierung über die Marke steht eine Differenzierung über ein besonderes **Qualitätsversprechen**. So versuchen Organisationen mit dem Spenden-Siegel des *Deutschen Zentralinstituts für Soziale Fragen* (*DZI*) (siehe Kap. 6.3.3) oder mit dem Gewinn des Transparenzpreises der *PricewaterhouseCoopers AG* (*PwC*) sich durch besondere Vertrauenswürdigkeit und Qualität vom Wettbewerb abzuheben.

Soweit die zu fällenden Entscheidungen rund um ein einzelnes (Spenden-) Produkt. Die geschilderten grundsätzlichen Überlegungen sind im Folgenden noch für die verschiedenen Spendenprodukte Einzelspende (Kap. 2.3.3), Dauerspende (Kap. 2.3.4), Großspende (Kap. 2.3.5) und Testamentspende (siehe Kap. 2.3.6) zu konkretisieren. Zuvor werden jedoch noch die vorab zu fällenden programmpolitischen Entscheidungen vorgestellt.

2.3.2 Programmpolitische Entscheidungen

Es ist deutlich geworden, dass eine Organisation im Fundraising gegenüber Privatpersonen nicht nur ein Spendenprodukt einsetzt, sondern viele – ein ganzes Programm. Im Rahmen der Programmpolitik sind deshalb regelmäßig (auf strategischer und operativer Ebene) Entscheidungen zu treffen, ob noch weitere, neue (Spenden-) Produkte entwickelt (Produktinnovation), bestehende (Spenden-) Produkte verändert (Produktvariation bzw. -differenzierung) oder veraltete (Spenden-) Produkte vom Markt genommen werden sollen (Produktelimination).

2.3.2.1 Produktinnovation

Auf einem chinesischen Propagandaplakat stand zu lesen: „Imitation zum Einholen, Innovation zum Überholen". Wenn man neu ins Fundraising einsteigt, liegt es nahe, zunächst auf bewährten Pfaden zu wandeln. Zum Einholen anderer Organisationen reicht dies auch bis zu einem gewissen Grade aus. Aufgrund des hohen Verdrängungswettbewerbs auf dem Spendenmarkt beschreiten jedoch immer mehr Organisationen die bewährten Pfade. Stagnierende oder gar sinkende Erträge sind für die meisten von ihnen die Folge. Umso wichtiger wird es, mit viel Kreativität nach neuen Wegen, nach Innovation im Fundraising zu suchen. Eine Innovation ist etwas neu Geschaffenes, das es in dieser Form bisher nicht

[28] Vgl. Buss, Peter: Fundraising – Grundlagen, System und strategische Planung, (Haupt) Bern, Suttgart, Wien 2012, S. 89.

gab. Dabei muss es sich gar nicht immer um eine Weltneuheit handeln. Es kann durchaus etwas innovativ für den deutschen Spendenmarkt sein, das auf dem Spendenmarkt eines anderen Landes längst existiert.

Ganz allgemein gesprochen, entstehen Chancen für Fundraising-Innovationen überall da, wo auf einen Schlag viele Menschen (schnell und günstig) erreicht und auf eine Spende angesprochen werden können oder dort, wo es um Geld (aber bisher noch nicht um Fundraising) geht. Innovative Fundraiser sind ständig auf der Suche nach neuen Kontakten zu Menschen, Organisationen oder Unternehmen, die genau das bieten können. Die Kunst besteht darin, eine „Win-win-Situation" für diese Menschen, Organisationen oder Unternehmen einerseits und die NPO andererseits herzustellen. Dafür ist es erforderlich, die Bedürfnisse eines (potenziellen) Partners genau zu erforschen und mit den eigenen in Einklang bringen zu können.

Innovative Fundraising-Ideen können in allen Entscheidungsbereichen des Marketing-Mix entwickelt werden. Neben innovativen Spenden-Produkten wie verschiedenste Formen der Mikrospende (siehe Kap. 2.3.3.1) oder der Restgeldspende (siehe Kap. 2.3.3.2), können auch innovative Kommunikationskanäle wie z. B. bei der SMS-Spende (siehe Kap. 2.7.1.3) genutzt werden. Das größte Potenzial für Innovationen, dürfte aber wohl das Internet liefern, das dem Fundraising ganz neue Kommunikations- und Vertriebskanäle sowie Zahlungssysteme eröffnet. Wie keinem anderen Medium gelingt es dem Internet schnell und kostengünstig eine große Zahl von Menschen zu erreichen (siehe Kap. 2.7).

Beispiel

Über eine Partnerschaft mit dem Webhosting-Dienstleister *United Internet* kann das Kinderhilfswerk *UNICEF Deutschland* schnell und kostengünstig die 42 Mio. in Deutschland registrierten Kunden (Stand: September 2012) der Marken *web.de*, *GMX* und *1&1* im Zusammenhang mit Katastrophen (wie z. B. dem Tsunami) per E-Mail erreichen. Eine E-Mail mit Spendenaufruf und Hyperlink zur Spendenseite bedeutet für UNICEF einen mächtigen Hebeleffekt. Über die Jahre hat sich die Zusammenarbeit zwischen UNICEF und United Internet so intensiviert, dass sogar eine eigene Stiftung *United Internet for UNICEF* entstanden ist.

Beispiel

Auch das Online-Auktionshaus ebay erreicht Millionen von Kunden. Seine Initiative „Stars & Charity" (siehe Abb. 2.47) ermöglicht steuerbegünstigten Organisationen innovative Möglichkeiten für ihr Fundraising. So kann eine Organisation beispielsweise ihre prominenten Unterstützer (siehe Kap. 2.6.9) bitten, einen Gegenstand aus ihrem Besitz oder die Teilnahme an einem interessanten Event zur Verfügung zu stellen, der über ebay versteigert werden kann. Der Erlös der Versteigerung fließt ohne Abzüge an die Organisation. Ebay verschafft der Versteigerung kostenlos ein großes Publikum und verzichtet auf die üblichen Gebühren. Der Gewinn für ebay liegt darin, dass eine Ver-

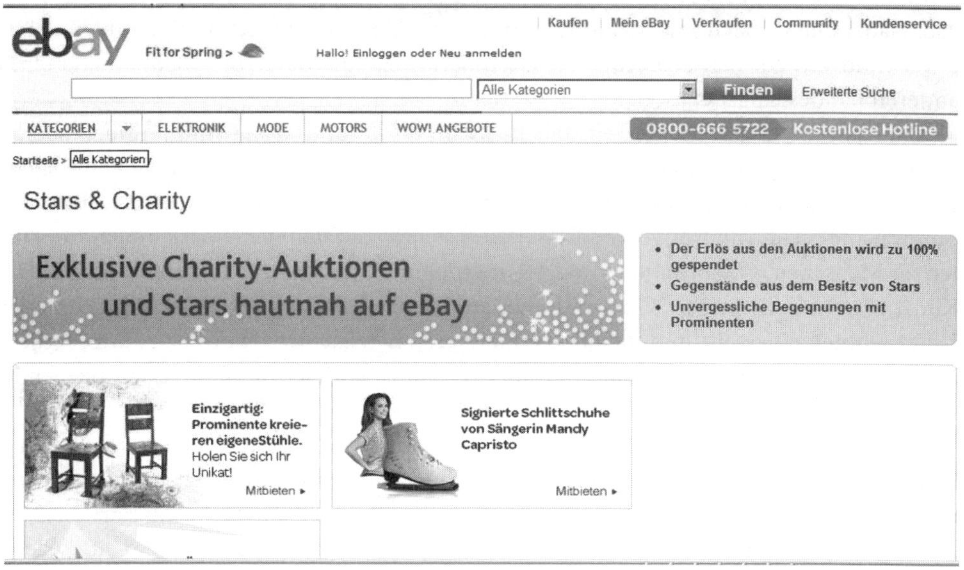

Abb. 2.47 ebay „Stars & Charity"

steigerung von ungewöhnlichen Gegenständen oder Events mit Prominenten für eine hohe Medienaufmerksamkeit sorgen kann, die wiederum neue ebay-Nutzer anlockt. Im Idealfall entsteht nicht nur eine Win-win-, sondern sogar eine Win-win-win-Situation. Nämlich dann, wenn für eine spektakuläre Versteigerung sogar auflagenstarke Offline-Medien gewonnen werden können, die auf die Online-Versteigerung hinweisen. Was haben die Offline-Medien davon? Sie haben ihre Leser auf eine außergewöhnliche Versteigerung aufmerksam gemacht und sogar noch „etwas Gutes" getan. Dies wird für die Offline-Medien umso interessanter, je besser der Prominente auch zu ihrer Zielgruppe passt.

▶ **Tipp für kleine Organisationen** *Ebay* kooperiert bei seiner Initiative *Stars & Charity* mit der Spendenplattform *betterplace*, die auch kleinsten Organisationen eine Infrastruktur für Online-Spenden zur Verfügung stellt. Übrigens zum Einwerben von Geld-, Sach- und Zeitspenden!

Partner im Internet sind deshalb *die* Multiplikatoren der Zukunft. Das Potenzial für Fundraising-Innovationen, das in Partnerschaften mit ihnen steckt, ist noch längst nicht voll ausgeschöpft. Das gilt übrigens nicht nur für die Großen im Fundraising.

▶ **Tipp für kleine Organisationen** Sichern Sie sich rechtzeitig eine Partnerschaft mit regionalen Internet-Plattformen (z. B. koeln.de) oder Anbietern (z. B. netcologne.de) bzw. mit themenspezifischen Partnern im Netz (z. B. Kinder.de)!

Mit diesen wenigen Beispielen ist das Potenzial für Fundraising-Innovationen im Internet freilich noch längst nicht erschöpft. Auch die sozialen Medien (allen voran facebook) erreichen ein Millionenpublikum, das eine interessante Zielgruppe für das Fundraising darstellt (siehe Kap. 2.7.7).

▶ **Tipp** Unter dem Titel sofii (showcase of fundraising innovation and inspiration) werden im Internet Fundraising-Innovationen aus aller Welt gesammelt und vorgestellt (www.sofii.org). Auch wenn nicht jede, dort vorgestellte Fundraising-Innovation 1:1 von einer deutschsprachigen Organisation umgesetzt werden kann, stellt sofii doch eine wunderbare Quelle der Inspiration dar – kostenlos!

2.3.2.2 Produktmodifikation

Im Rahmen der Produktmodifikation kann zwischen der Produktvariation und der Produktdifferenzierung unterschieden werden. Bei der **Produktvariation** wird ein bestehendes Produkt durch ein neues ersetzt. Bei der **Produktdifferenzierung** wird ein modifiziertes (abgewandeltes) Produkt neben und zusätzlich zum ursprünglichen Produkt angeboten.

Beispiel

Im Rahmen ihrer Gottesdienste sammeln Religionsgemeinschaften schon seit Jahrhunderten Spenden (in Form von Kollekten) mit Hilfe des sog. „Klingelbeutels". Diese Form der Spende hat den Nachteil, dass der Spender i. d. R keine Zuwendungsbestätigung erhält, mit der er seine Spende anschließend steuerlich geltend machen könnte. Hier schuf eine Produktdifferenzierung Abhilfe: Die Einführung eines sog. „elektronischen Klingelbeutels". Pfarrer Gerrit-Willem Oberman bietet den Besuchern seiner evangelischen Petrus-Kirche in Filderstatt-Bernhausen (Baden-Württemberg) an, ihre Gaben seit Anfang 1999 nicht mehr nur in den Klingelbeutel zu werfen, sondern auch mit Hilfe eines Kartenterminals elektronisch zu spenden. Im Vorraum der Kirche steht neben dem Opferstock eine elektronische Kasse für EC-Karten (siehe Abb. 2.48). Nach Angaben des Pfarrers sei das Spendenaufkommen durch das Kartenterminal um rund 20 % gestiegen. Der ec-Kassenautomat druckt bei jeder Spende automatisch eine Quittung aus, die bis zur Höhe von 100 Mark (heute: 200 €) vom Finanzamt problemlos anerkannt wird. Die Kreissparkasse Esslingen-Nürtingen verzichtet auf die Gebühren für den Kirchen-Automaten, damit die bargeldlose Spende voll und ganz dem guten Zweck dienen kann.

2.3.2.3 Produktelimination

Eine Produktelimination (auch: Produkteliminierung) ist eine Bereinigung des Produktprogramms durch Herausnahme eines Produktes aus dem Produktprogramm. Die Entscheidung für eine Produktelimination kann dadurch nötig werden, dass ein (Spenden-)

Abb. 2.48 Elektronischer Klingelbeutel

Produkt veraltet ist und im Produktlebenszyklus die Degenerationsphase erreicht hat (siehe Kap. 6.2.2.2).

Beispiel

Viele Organisationen haben jahrzehntelang Spenden über die Auslage von Zahlscheinen an den Bankschaltern verschiedener Banken eingeworben. Durch die immer größere Verbreitung von Online-Banking veraltet diese Form der Spendenwerbung immer mehr. Sobald das Verhältnis von Aufwand und Ertrag eine Organisation nicht mehr überzeugt, muss sie im Rahmen ihrer Programmpolitik eine Entscheidung für die Eliminierung eines Produkts treffen. Solche Entscheidungen werden oft dadurch erschwert, dass mit den zu eliminierende Produkten Mitarbeiter und Kollegen verbunden sind, die sich um dieses Produkt bislang kümmern. Für sie muss dann ein anderes, zukunftsfähigeres Betätigungsfeld gefunden werden.

Aber auch eine frühere Entscheidung für eine Produktinnovation, die sich im Nachhinein als Fehlentscheidung erwies, kann durch eine anschließende Produkteliminierung korrigiert werden.

2.3.3 Einzelspende

In Kap. 2.3.1 wurden die produktpolitischen Entscheidungen im Allgemeinen vorgestellt, die im Zusammenhang mit einem Spendenprodukt zu fällen sind. In diesem und den folgenden Kapiteln soll nun auf die Besonderheiten produktpolitischer Entscheidungen für die Spendenprodukte Einzel-, Dauer-, Groß- und Testamentspende im Speziellen hingewiesen werden. Dabei liegen die Besonderheiten weniger im Bereich des Grundnutzens, der für alle genannten Spendenprodukte relativ gleich ist. Die Besonderheiten in den produktpolitischen Entscheidungen für die verschiedenen Produkte liegen viel mehr im Bereich des Zusatznutzens bzw. der Zusatznutzen.

Bei den Einzelspenden (egal ob Erst- oder Mehrfachspende) ist es noch vergleichsweise schwer, über produktpolitische Entscheidungen ein echtes Alleinstellungsmerkmal herauszuarbeiten. Am ehesten gelingt dies noch über den Aufbau einer starken (Organisations-) Marke. Es gibt jedoch spezielle Erscheinungsformen von Einzelspenden, die einen echten Zusatznutzen anbieten können. Sie sollen im Folgenden vorgestellt werden.

2.3.3.1 Sonderform Mikrospende

Eine spezielle Erscheinungsform der Einzelspende ist die Mikrospende (auch: Kleinspende oder Kleinstspende). In der Literatur finden sich keine Angaben zu Schwellenwerten bis zu denen eine Spende noch als Mikrospende anzusehen ist. Eine Mikrospende sollte jedoch deutlich unterhalb der ca. 20 € liegen, die in Deutschland durchschnittlich pro Spende gegeben werden. Von einer Mikrospende soll hier gesprochen werden, wenn eine Einzelspende einen Schwellenwert von 10 € nicht übersteigt. Mikrospenden können in verschiedenen Erscheinungsformen auftreten. Die wohl älteste Form dürfte die Mikrospende im Rahmen der Kollekte einer Religionsgemeinschaft mit Hilfe des Klingelbeutels sein. Eine spezielle Erscheinungsform der Mikrospende ist die Restgeldspende, der ein eigenes Kap. (2.3.3.2) gewidmet wird. Eine immer größere Bedeutung erlangen Mikrospenden, die im Rahmen von sog. (Telefon-) Mehrwertdiensten bargeldlos gegeben werden können. So kann beispielsweise durch den Anruf oder die Zusendung einer SMS an eine spezielle Servicerufnummer eine Mikrospende ausgelöst werden, die vom Telekommunikationsdienstleister zusammen mit den Verbindungsgebühren abgerechnet wird. Die Zusatznutzen dieser Form von Einzelspende für den Spender liegen auf der Hand: Zum einen kann die Mikrospende einfach und bequem abgewickelt werden. Und zum anderen belastet sie das Budget des Spenders nur in geringem Umfang. Sie wendet sich deshalb insbesondere (aber nicht ausschließlich) an jüngere Zielgruppen.

Der Einsatz von Mikrospenden im Rahmen des Fundraising soll hier am Beispiel der **SMS-Spende** näher erläutert werden. Eine SMS-Spende ist eine Spende, die durch das Versenden einer sog. „Charity SMS" ausgelöst wird. Eine Charity SMS ist eine spezielle SMS, bei der ein bestimmtes, vorher festgelegtes Stichwort an eine bestimmte Kurzwahlnummer (in Deutschland: 81190) versandt wird. Der Versand der Charity SMS löst eine Mikrospende in vorher festgelegter Höhe von maximal 10 € (üblicherweise 5 € oder 10 €) aus, die über die Telefonrechnung des jeweiligen Mobilfunkanbieters des SMS-Spenders abgerechnet wird. Über das Keyword kann die SMS-Spende einer bestimmten Organisation eindeutig zugeordnet und abgerechnet werden.

Beispiele

- Wer der Jugendhilfeorganisation *Offroad Kids* eine SMS-Spende zukommen lassen möchte, schickt eine SMS mit dem Keyword „Road" an die Kurzwahlnummer 81190.
- Wer der Organisation *Stiftung Denkmalschutz* eine SMS-Spende zukommen lassen möchte, schickt eine SMS mit dem Keyword „Kulturgut" an die Kurzwahlnummer 81190.
- Wer der Organisation *SOS Kinderdorf* eine SMS-Spende zukommen lassen möchte, schickt eine SMS mit dem Keyword „SOS" an die Kurzwahlnummer 81190.

Einziger Anbieter der Charity SMS in Deutschland ist das Unternehmen *Burda Wireless GmbH*, auf dessen Website ein Antragsformular für die Einrichtung einer Charity SMS heruntergeladen werden kann (http://wireless.burdadigital.de/charity.shtml). Auf dem Formular können ein Wunschkennwort, die gewünschte Preisstufe (bis maximal 10 €) und Informationen über die Organisation angegeben werden. Sowohl *Burda Wireless* als auch die Mobilfunkanbieter verzichten aufgrund der Gemeinnützigkeit der Organisation (die über einen Freistellungsbescheid von der Organisation nachzuweisen ist) auf die üblichen Erlösanteile und leiten den gesamten Betrag – bis auf eine kleine technische Gebühr – an die Organisation weiter. Verschiedene Online-Fundraising Agenturen (siehe Kap. 2.7.1) bieten darüber hinaus noch zusätzliche Dienstleistungen (z. B. zur statistischen Auswertung der SMS-Spenden oder zur Folgekommunikation mit SMS-Spendern) an.

Für eine Organisation werden SMS-Spenden nur dann wirklich interessant, wenn es auch gelingt, eine große Anzahl von Menschen zu einer SMS-Spende zu motivieren. Dazu ist eine möglichst breite Kommunikation dieses Produkts erforderlich. Es können im Prinzip alle zielgruppenadäquaten Kommunikationskanäle (siehe Kap. 2.6) der klassischen Werbung (z. B. Anzeigen, Fülleranzeigen, Beilagen, Beihefter, Beikleber, Plakate, Fernsehen, Radio und Kino), der Direktwerbung (z. B. Mailings) und der Dialogwerbung (z. B. Standwerbung, Haustürwerbung und Events) genützt werden, auch im Internet (z. B. Website, Social Media und Suchmaschinen).

Beispiel

Die Jugendhilfeorganisation *Off Road-Kids* kommuniziert ihr Angebot einer SMS-Spende über eine **Anzeige** im Faltblatt „Mein Reiseplan" des Unternehmenspartners *Deutsche Bahn* (siehe Abb. 2.49).

Beispiel

Die Organisation *Stiftung Denkmalschutz* kommuniziert ihr Angebot einer SMS-Spende über eine **Fülleranzeige** (siehe Abb. 2.50).

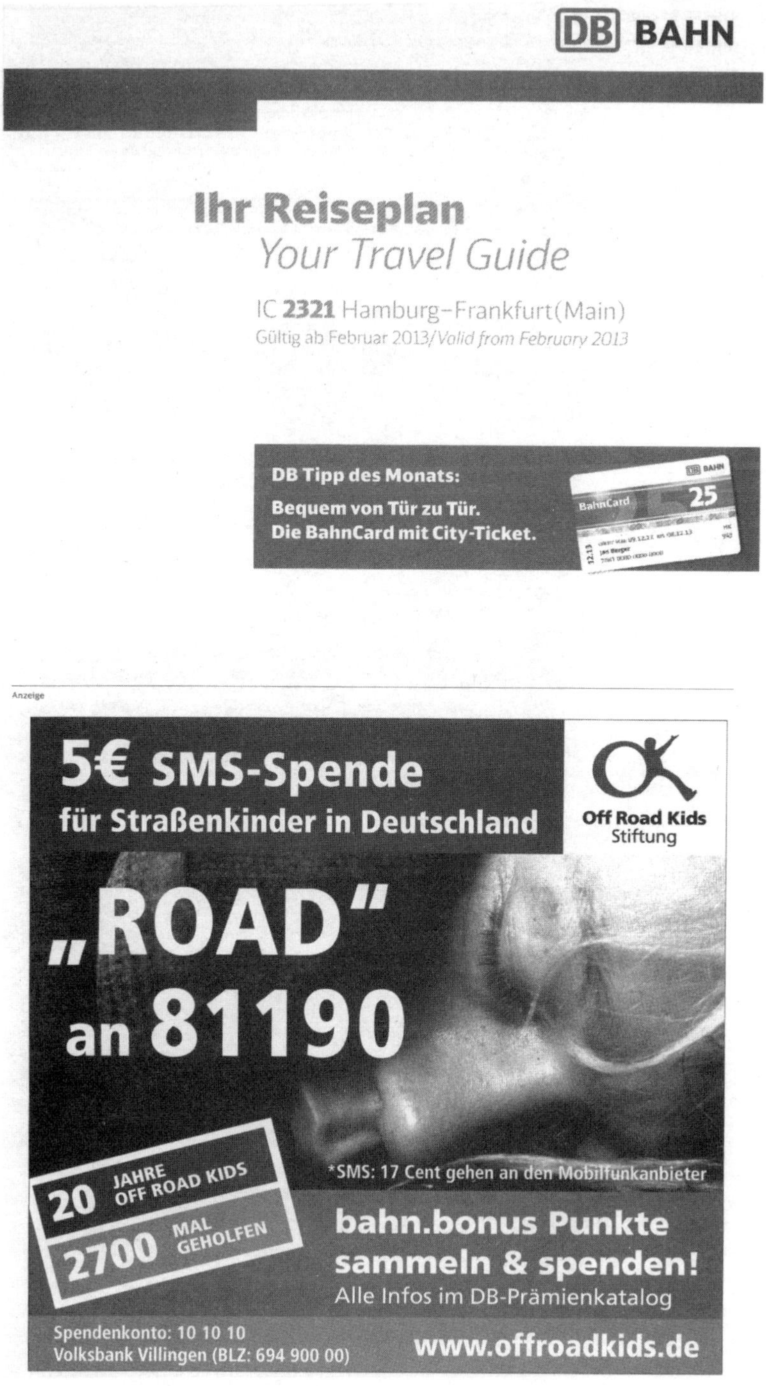

Abb. 2.49 Anzeige zur Gewinnung von SMS-Spendern in „Ihr Reiseplan"

Abb. 2.50 Fülleranzeige zur Gewinnung von SMS-Spendern

Abb. 2.51 Gewinnung von SMS-Spendern über die Website

Beispiel

Das Kinderhilfswerk *SOS Kinderdorf* kommuniziert sein Angebot einer SMS-Spende auf seiner **Website** (siehe Abb. 2.51). Angeboten werden sogar zwei Preiskategorien (5 € und 10 €). Vorbildlich: Auch der Nutzen für den SMS-Spender wird explizit angesprochen („Ihr Gewinn – schnell und unkompliziert. Auch von unterwegs.“)

Grundsätzlich sollte im Zusammenhang mit der Kommunikation einer SMS-Spende auf einer Website jedoch beachtet werden, dass SMS-Spenden immer nur eine Ergänzung, aber kein Ersatz für Online-Spenden sind. Während sehr junge Spender vielleicht eine SMS-Spende, aber keine Online-Spende geben, geben ältere Spender deutlich höhere Beträge über eine Online-Spende als sie über eine SMS-Spende geben können!

Beispiel

Das Hilfswerk *Caritas International* kommuniziert sein Angebot einer SMS-Spende über **facebook** (siehe Abb. 2.52).

Beispiel

Das Kinderhilfswerk *UNICEF Deutschland* kommunizierte an Sylvester 2005 sein Angebot einer SMS-Spende auf der Festmeile am Brandenburger Tor. Über **Plakate** und **Großbildschirme** wurden ca. 700.000 Besucher auf die innovative Spendenmöglichkeit aufmerksam gemacht. Wer eine SMS mit dem Keyword „UNICEF“ an die Nr. 8 11 90 schickte, spendete 2,99 €, die über die Handy-Rechnung eingezogen wurden. Allein auf der Festmeile kamen so rund 350.000 € zusammen.

Abb. 2.52 Gewinnung von SMS-Spendern über facebook

Ideal ist, wenn die für eine SMS-Spende benötigte breite Aufmerksamkeit durch Unterstützung eines Prominenten (siehe Kap. 2.6.9) gesteigert werden kann.

Beispiel

Die Initiative *Freiburger Münsterturm – Wir bauen mit!* des *Freiburger Münsterbauvereins* kommuniziert ihr Angebot einer SMS-Spende über eine **Anzeige** (siehe Abb. 2.53). Als prominenter Unterstützer konnte Fußball-Nationaltrainer *Jogi Löw* gewonnen werden.

Wie jede andere Spende, sollte auch eine SMS-Spende angemessen bedankt werden. Der Dank erfolgt i. d. R über den automatischen Versand einer Dank-SMS (mit individuell festlegbarem Text) an den SMS-Spender. In der Dank-SMS kann gefragt werden, ob der SMS-Spender einverstanden ist, auch künftig Informationen über die unterstützte Organisation über das Handy zu erhalten. Dieses Angebot nehmen erfahrungsgemäß ca. 2–3 % der SMS-Spender an. Etwa 30 % dieser Teilgruppe können im Rahmen eines späteren Anrufs zu Dauerspendern upgegradet werden.

Abb. 2.53 Anzeige SMS-Spende mit Unterstützung eines Prominenten

Beispiel

Eine österreichische Organisation ließ 2.000 SMS-Spender, die vorab per SMS ihr Einverständnis gegeben hatten, von einer Telefon-Fundraising-Agentur anrufen. In 1.500 geführten Telefonaten erklärten sich 450 Angerufene bereit, eine Dauerspende von durchschnittlich 90 € pro Jahr zu übernehmen. 450 Dauerspender, die durchschnittlich sieben Jahre lang durchschnittlich 90 € pro Jahr geben, erhöhen die Einnahmen der Organisation um insgesamt 283.500 €!

2.3.3.2 Sonderform Restgeldspende

Eine spezielle Erscheinungsform der Mikrospende ist die Restgeldspende. Auch bei der Restgeldspende geht es um kleine Spendenbeträge. Allerdings haben diese kleinen Spendenbeträge keine feste Höhe (wie z. B. bei der SMS-Spende), sondern fallen variabel in der Höhe an, in der das Restgeld bei einem Spender gerade übrig bleibt. Eine Restgeldspende hat gleich mehrere Zusatznutzen für den Spender: Die Spende kann ohne großen (technischen) Aufwand, also bequem, gegeben werden, und tut dem Spender aufgrund des geringen Betrages „nicht weh". Bei der Restgeldspende von Bargeld (Kleingeld) kommt für manche Menschen der Zusatznutzen der Entlastung hinzu, das „schwere" und „voluminöse" Kleingeld nicht mehr „mitschleppen" zu müssen. Wenn es gelingt, viele zu einer Restgeldspende zu bewegen, „macht Kleinvieh auch Mist". Deshalb hat die Restgeldspende Fundraiser immer wieder zu Fundraising-Innovationen inspiriert. Die wohl älteste Form der Restgeldspende dürfte die Spende von Wechselgeld an der Kasse von Geschäften (Bäcker, Metzger, Handelsunternehmen) sein.

Abb. 2.54 Restgeldsammlung über Sammeldosen

Beispiel

Über die ca. 4.000 Spendenhäuschen (siehe Abb. 2.54) in Deutschlands McDonald's Restaurants und bei Unternehmenspartnern wurden im Jahr 2012 Restgeldspenden in Höhe von insgesamt 2,8 Mio. € zugunsten der *McDonald's Kinderhilfe Stiftung* getätigt.

Dabei kann das Restgeld natürlich auch aus Devisen bestehen.

Beispiel

Im Rahmen der Initiative *Change for Good®* sammeln mehrere internationale Fluggesellschaften (*Aer Lingus, Alitalia, All Nippon Airways, American Airlines, Asiana Airlines, Cathay Pacific, Finnair, JAL* und *QANTAS*) auf ihren Flügen mit Hilfe von Sammeltüten (siehe Abb. 2.55) Restgeld in Form von Devisen ein, die ihre Fluggäste nach einem Auslandsaufenthalt übrig haben. Insgesamt kamen seit 1987 bislang über 70 Mio. US$ zugunsten des Kinderhilfswerks *UNICEF* zusammen.

Eine historische Fundraising-Chance stellte die Währungsumstellung auf den Euro dar. Zwischen dem 1. Januar und dem 28. Februar 2002 mussten die jeweiligen nationalen Bargeldbestände der teilnehmenden EU-Länder gegen die neue Euro-Währung ausgetauscht werden. Viele Organisationen nutzten diese Umstellung für ihr Fundraising.

Beispiel

Das Hilfswerk *Rotes Kreuz* sammelte im Rahmen der Aktion *Münzen für mehr Menschlichkeit* unter dem Motto *Geben Sie uns den Rest!* Restmünzen der von der Umstellung betroffenen Währungen zugunsten der eigenen gemeinnützigen Arbeit ein. Neben

Abb. 2.55 Devisenrestgeldsammlung *Change for Good*

Deutschland wurde die Aktion 2001/2002 auch in Österreich, Frankreich, Griechenland, Portugal und Spanien mit Unterstützung des Mineralölkonzerns *BP*, der *Europäischen Zentralbank* (*EZB*) und zahlreichen nationalen Partnern durchgeführt.

Ebenfalls um Restgeld, wenn auch in Form von Buchgeld statt Bargeld, geht es beim sog. „Payroll-Giving". Dabei erklären sich die Mitarbeiter großer Unternehmen bereit, jeden Monat auf den Cent-Betrag ihres (Netto-) Gehaltes (bei einem Gehalt von 5.321,73 € also 73 Cent) zu verzichten und ihn einer steuerbegünstigten Organisation zu spenden. Hat eine Firma beispielsweise 10.000 Mitarbeiter und beträgt der durchschnittliche Cent-Betrag des Gehalts statistisch gesehen 50 Cents, so kommen ohne größeren Aufwand für die Organisation jeden Monat 5.000 € bzw. jedes Jahr 60.000 € zusammen.

Beispiel

Die Mitarbeiter des Flugzeugbauers *Airbus* spenden im Rahmen ihrer Aktion *Glückspfennig* seit dem Jahr 2000 die Cent-Beträge ihrer monatlichen Nettobezüge. Das Unternehmen verdoppelt die Summe. Ein Komitee aus Mitarbeitenden aller Standorte, Betriebsrat und Geschäftsführung entscheidet, welche Projekte Dritter gefördert werden. Die Ausschüttung beträgt ca. 20.000 € pro Jahr.

Eine weitere Variante von Restgeldspenden sind Spenden durch Aufrunden. Beim Kauf eines Produkts oder einer Dienstleistung wird gefragt, ob der Kunde einverstanden wäre, seinen Rechnungsbetrag zugunsten einer gemeinnützigen Organisation aufzurunden. Auch hier geht es nicht um einen festen Betrag, sondern um denjenigen variablen Betrag der jeweils nötig ist, um auf den nächst höheren „geraden" Betrag zu erreichen.

Abb. 2.56 Anzeige *Deutschland rundet auf*

Beispiel

Mit der Aktion *Aufrunden bitte!* zugunsten der Stiftung *Deutschland rundet auf* bitten die Kassierer von derzeit 17 Handelsunternehmen (darunter *Netto*, *Penny* und *Douglas*) ihre Kunden in allen Filialen, den jeweiligen Rechnungsbetrag des Einkaufs um einen kleinen Betrag ihrer Wahl aufzurunden. Die Möglichkeit zur Restgeldspende wird über Anzeigen (siehe Abb. 2.56) und andere Kommunikationskanäle insbesondere im Internet breit in der Öffentlichkeit kommuniziert. Auf der Website der Stiftung kann man Hilfe eines aktuellen Spendentickers ablesen, wie viele Menschen seit der Gründung am 01.03.2012 aufgerundet haben und welcher Gesamtbetrag bislang zusammengekommen ist (bis zum 28.02.2013 waren es bereits 1.007.874,20 €).

Bei der Übertragung der Idee des Aufrundens auf Käufe im Internet, hilft seit dem 11.11.2011 das Berliner Start-up-Unternehmen *elefunds GmbH*. Mit einer von *elefunds* entwickelten Software, können Kunden beim Online-Shopping ihre Kaufbeträge aufrunden und, ohne großen Aufwand, kleinste Beträge an gemeinnützige Organisationen spenden – sozusagen als Online-Restgeldspende. *elefunds* agiert somit als Vermittler zwischen

E-Commerce-Unternehmen, steuerbegünstigten Organisationen und Konsumenten. Zurzeit können Käufer in 21 Online-Shops zugunsten von 18 steuerbegünstigten Organisationen (darunter SOS Kinderdörfer, Welthungerhilfe und WWF) aufrunden.

Die Ausführungen zeigen, dass Mikro- und Restgeldspenden zumeist in enger Kooperation mit (möglichst großen) Unternehmen eingeworben werden. Auf diesen Aspekt wird noch einmal gesondert in Kap. 3.2.5 eingegangen.

2.3.3.3 Sonderform Anlassspende

Eine weitere Sonderform der Spende ist die sog. Anlassspende. Anlassspenden werden von Privatpersonen (aber auch von Unternehmen, siehe Kap. 3.2.1.1) zu besonderen Anlässen an eine gemeinnützige Organisation geleistet. Geeignete Anlässe finden sich viele: Geburt, Taufe, Kommunion/Konfirmation, Hochzeit, Geburtstag, Feiertage, Jubiläum, Pensionierung etc. Immer mehr Menschen verzichten zu diesen Anlässen auf Geschenke. Von Freunden, Verwandten und Gästen wünschen sie sich stattdessen, dass der Gegenwert eines Geschenkes an eine bestimmte Organisation gespendet wird. Zielgruppe sind vor allem (aber längst nicht nur) ältere und wohlhabendere Spender, die keine Geschenke mehr benötigen, weil sie alles Nötige bereits besitzen. Eine Besonderheit in der Vermarktung der Anlassspende liegt für die Organisation darin, dass sie nicht die späteren (Anlass-) Spender ansprechen muss, sondern den Jubilar, der auf Geschenke zugunsten der Organisation verzichtet. Der Jubilar weist dann – quasi als Multiplikator – erst in einem zweiten Schritt die (potenziellen) Spender auf die Möglichkeit der Anlassspende hin. Der entscheidende Nutzen für den Jubilar besteht darin, sich gegenüber Freunden und Verwandten als gemeinnützig engagiert profilieren zu können. Dies wird dem Spendermotiv der gesuchten Anerkennung und ggf. dem Hilfsgebot aus religiöser Überzeugung gerecht. Für den (Anlass-) Spender bzw. Schenkenden besteht der Zusatznutzen in der Sicherheit, etwas Sinnvolles zu schenken, das auch den Erwartungen des Beschenkten voll gerecht wird. Diese Nutzenkategorien sind in der Kommunikation (siehe unten) unbedingt explizit herauszuarbeiten!

Bevor das Produkt Anlassspende vermarktet werden kann, ist wichtig, dass der gesamte Prozess komplett analysiert und geplant wird: vom ersten, meist telefonischen Kontakt zwischen Jubilar und einem zu bestimmenden Ansprechpartner in der Organisation, über die Zusendung geeigneten Informations- und Hilfsmaterials (z. B. Informationen zur Vorgehensweise, vorausgefüllte Zahlscheine, Spendenbox für Barspenden, Formular zur Anforderung einer Zuwendungsbestätigung), bis zum abschließenden Versand aller Dankbriefe und Zuwendungsbestätigungen. Erst wenn ein reibungsloser Ablauf gewährleistet ist, kann die Vermarktung beginnen.

Wie kann nun die Gewinnung von Jubilaren aussehen? Alle Vertriebswege (siehe Kap. 2.5) sind denkbar: Der wohl verbreitetste dürfte der **Online-Vertrieb** sein. Eine Organisation richtet auf ihrer Website entweder eine eigene Seite für die Vermarktung von Offline-Anlassspenden ein (siehe Beispiel) oder ermöglicht Interessierten mit Hilfe eines speziellen Online-Spendenformulars die Anlassspenden gleich online zu sammeln (siehe Kap. 2.7.1.1).

Abb. 2.57 Online-Vertrieb von Anlassspenden

Beispiel

Das Kinderhilfswerk *SOS Kinderdorf* informiert auf seiner Website strukturiert und anschaulich über den gesamten Prozess im Zusammenhang mit einer Anlassspende („Und so einfach geht's"). Ein Infoblatt *Spenden statt Geschenke* steht als pdf-Datei zum Download zur Verfügung. Vorbildlich: Der Nutzen für den Jubilar wird explizit angesprochen: „Ihr Gewinn – Sie teilen Ihr Glück mit Kindern, Jugendlichen und Familien, die Hilfe brauchen. Wir unterstützen Sie gerne bei der Planung und mit Materialien" (siehe Abb. 2.57). Auf einer eigenen Unterseite „1,2,3– Glück geteilt" berichtet eine Jubilarin als Testimonial über ihre Erfahrungen mit der Anlassspende. Die vier Ansprechpartnerinnen für Anlassspenden werden mit Namen und Bild vorgestellt.

Auch der **Postvertrieb** einer Anlassspende ist möglich. Dazu werden (potenzielle) Jubilare in einem speziellen Mailing über die Möglichkeit einer Anlassspende informiert. Am erfolgversprechendsten ist dies natürlich, wenn man in seiner Datenbank die Geburtstage der Angeschriebenen abgespeichert hat, und sie dann im Vorfeld eines runden Geburtstags kontaktiert. In der Regel verfügen Fundraiser nicht über die Geburtsdaten ihrer Spender, in Ausnahmefällen aber schon.

Beispiel

Die Hilfsorganisation *Die Johanniter* kennt die Geburtsdaten vieler ihrer Fördermitglieder. Alle Fördermitglieder, bei denen ein runder Geburtstag ansteht, werden zwei Monate davor mit einem Mailing zum Vertrieb der Anlassspende angeschrieben. Erfahrungsgemäß liegt die Response-Quote derer, die auf das Mailing hin Kontakt mit der Organisation aufnehmen, bei etwa 3 %.

Liegen keine Geburtsdaten vor, so kann die Anlassspende mit Hilfe eines speziellen Flyers angeboten werden, der z. B. dem jährlichen Mailing mit der Jahreszuwendungsbestätigung beigelegt wird.

Selbst der **Telefon-Vertrieb** und der **persönliche Vertrieb** sind denkbar - wenn schon nicht ausschließlich für den Vertrieb der Anlassspende, so doch zumindest „Huckepack" im Zusammenhang mit der persönlichen Kontaktaufnahme aus einem anderen Grund (z. B. Telefonat oder Besuch eines Großspenders).

Zur Kommunikation der Anlassspende und ihrer Vertriebswege werden vor allem die zielgruppenadäquaten Kommunikationskanäle der klassischen Werbung (siehe Kap. 2.6.4), insbesondere Anzeigen, Fülleranzeigen, Beilagen, Beihefter, Beikleber, ebenso genutzt wie redaktionelle Beiträge (z. B. in Form von Interviews mit Testimonials) in der eigenen Spenderzeitschrift, und das Internet, insbesondere die Website, Social Media und Suchmaschinen. Auch im Rahmen der Spenderbefragung (siehe Kap. 2.1.5.2) kann der Befragte auf Anlassspenden angesprochen werden.

▶ **Tipp für kleinere Organisationen** Bei den Anlassspenden wird das wachsende Potenzial derzeit bei Weitem nicht voll ausgeschöpft. Nur die wenigsten Organisationen bieten Anlassspenden wirklich systematisch an. Überlassen Sie dieses, relativ leicht zu erschließende Potenzial nicht nur den großen Organisationen! Gerade für kleinere Organisationen ist dies eine günstige und relativ einfach zu erschließende Einnahmequelle.

Eine besondere Erscheinungsform der Anlassspende ist die **Trauerspende**, auch Kondolenzspende, Grabspende oder Kranzspende genannt. Zum Anlass einer Beerdigung wird (in der Todesanzeige) gebeten, von Blumen und Kränzen bei einer Beerdigung abzusehen. Vielmehr soll der Gegenwert einer gemeinnützigen Organisation, der der Verstorbene nahestand, zugutekommen. *Müllerleile* weist in diesem Zusammenhang auf die Bedeutung der Beerdigungsinstitute als Multiplikatoren hin. Sie spielen bei der Beratung Trauernder eine wichtige Rolle in allen Fragen, die mit der Beisetzung zusammenhängen. Beerdigungsinstitute sollten deshalb regelmäßig mit Informationen über die Organisation versorgt werden. Dies kann durch Mailings, noch besser aber durch persönliche Besuche (ehrenamtlicher) Mitarbeiter der Organisation erfolgen. Die Anschriften der Beerdigungsinstitute finden sich im Internet und über den Adresshandel. Um der Organisation Schwierigkeiten bei der Zuordnung verschiedener Trauerspenden zu ersparen, empfiehlt sich, ein eigenes Konto für Kondolenzspenden einzurichten. Die Angehörigen des Verstorbenen sollten eine Liste mit den Namen aller Spender und dem Gesamtbetrag aller Spenden erhalten, aus datenschutzrechtlichen Gründen jedoch nicht die einzelnen Spendenbeträge. Die Organisation bedankt sich unter Beilage einer Zuwendungsbestätigung bei allen Spendern, von denen eine vollständige Adresse vorliegt. Unvollständige Adressen werden auf der Spenderliste, die die Angehörigen erhalten, entsprechend vermerkt. Oft können nachträglich noch unvollständige Adressen rekonstruiert werden. Einige Organisationen setzen die so gewonnen Adressen (aus Pietätsgründen) erst nach einer Sperrfrist

Abb. 2.58 Online-Vertrieb von Kranzspenden

von drei Monaten in ihrem regulären Mailing-Zyklus ein. Andere verzichten ganz darauf, weil erfahrungsgemäß bei Kondolenzspendern kein längerfristiges Interesse an der Organisation besteht.[29]

Beispiel

Das Kinderhilfswerk *SOS Kinderdorf* informiert auf seiner Website strukturiert und anschaulich über den gesamten Prozess im Zusammenhang mit einer Kranzspende. Ein Infoblatt *Kranzspende – Wenn aus Trauer Hoffnung wird* steht als pdf-Datei zum Download zur Verfügung. Vorbildlich: Der Nutzen für die Kranzspender wird explizit angesprochen: „Ein kleiner Trost – Sie schenken Hoffnung und bessere Zukunftschancen für Kinder in Not – das kann in der Trauer tröstlich sein und ist oft auch im Sinn des Verstorbenen" (siehe Abb. 2.58). Die vier Ansprechpartnerinnen für Kranzspenden werden mit Namen und Bild vorgestellt.

2.3.4 Dauerspende

Welche Entscheidungen sind im Rahmen der Produktpolitik rund um das Spendenprodukt „Dauerspende" zu fällen? Zu entscheiden ist insbesondere, welche Nutzenkategorien für den Dauerspender in den Vordergrund gestellt werden sollen, um nach Möglichkeit sogar eine Alleinstellung (USP) gegenüber konkurrierenden Organisationen zu erreichen.

[29] Vgl. Müllerleile, Christoph: Auch Bestattungsunternehmen beraten Spender, in: BSM-Newsletter, Heft 1/1998, S. 14 f.

2.3.4.1 (Förder-) Mitgliedschaft

Das klassische Spendermotiv eines Dauerspenders dürfte der Wunsch nach Zugehörigkeit sein. Durch eine (Förder-) Mitgliedschaft zeigt ein Dauerspender sein nachhaltiges Interesse, Teil der Organisation sein zu wollen. Darüber hinaus kann die Übernahme einer Dauerspende bei bestimmten Organisationen aus dem Rettungswesen (*Deutsches Rotes Kreuz, Malteser Hilfsdienst, Die Johanniter, ASB Arbeiter-Samariter-Bund, DRF Luftrettung* u. a.) auch durch das Grundbedürfnis nach Sicherheit motiviert sein. So finanziert ein (Förder-) Mitglied des DRK die Rettungswagen mit, die er vielleicht eines Tages selbst benötigen könnte. Wie bereits erwähnt, ist dabei jedoch stets darauf zu achten, dass einem Dauerspender kein geldwerter Vorteil als Gegenleistung für seine Dauerspende versprochen werden darf, da eine Spende immer selbstlos zu erfolgen hat. Umfasst eine **(Förder-) Mitgliedschaft** einen geldwerten Vorteil als Gegenleistung für das Mitglied, so kann nicht der gesamte Mitgliedsbeitrag als Dauerspende angesehen werden. Vielmehr ist der auf den geldwerten Vorteil entfallende Anteil in der Zuwendungsbestätigung herauszurechnen.

2.3.4.2 Patenschaft

Zu den genannten Grundnutzen kommen bei einer Dauerspende oft noch Zusatznutzen hinzu. Insbesondere wird auf die höhere Bequemlichkeit und Kosteneffizienz einer Dauerspende durch Lastschrifteinzug bzw. Dauerauftrag abgestellt. Bei Dauerspenden in Form einer **Patenschaft** (egal ob für Kinder, Projekte oder Tiere) wird auch bewusst der verbreitete Wunsch nach möglichst konkreten und unmittelbaren Formen der Hilfe aufgegriffen.

2.3.4.3 Sonderform Spenderdarlehen

Eine Sonderform der Dauerspende stellt das **Spenderdarlehn** dar. Handelt es sich beim Spender um einen Stifter, wird auch von einem **Stifterdarlehn** gesprochen.

Beispiel

Förderer können der *Kindernothilfe Stiftung* leihweise ein zinsloses Darlehen ab einer Summe von 10.000 € zur Verfügung stellen (siehe Abb. 2.59). Über den jeweiligen Betrag wird ein Darlehensvertrag zwischen dem Förderer und der *Kindernothilfe Stiftung* abgeschlossen. Die Rückzahlung wird durch eine Bankbürgschaft abgesichert. Die *Kindernothilfe* legt das Geld sicher und risikoarm an und nutzt die Zinsen für ihre Kinderhilfsprojekte weltweit. Da die Zinsen bei einer steuerbegünstigten Organisation anfallen, wird auf die Zinserträge keine Abgeltungssteuer fällig (dies bedeutet umgekehrt jedoch auch, dass der Förderer seine Zinsspenden nicht steuerlich geltend machen kann). Dafür kann der Förderer jederzeit durch die Kündigung des Darlehensvertrages kurzfristig wieder über sein Vermögen verfügen. Damit ist er einerseits gegen mögliche Notlagen abgesichert und stellt andererseits die Erträge seines Vermögens dauerhaft für den guten Zweck zur Verfügung.

Abb. 2.59 Flyer Spender- und Stifterdarlehen

Das Spenderdarlehn ist somit eine Sonderform der Dauerspende, der es besonders gut gelingt, das Sicherheitsbedürfnis eines Dauerspenders zu Lebzeiten zu befriedigen, da das Geld jederzeit zurückgefordert werden könnte. Oft wird das Spenderdarlehn insofern mit einer späteren Testamentspende verknüpft, als der Förderer testamentarisch verfügen kann, dass sein Darlehn im Falle seines Todes endgültig auf die Organisation übergeht. Diese Konstruktion wird gerne und oft genutzt.

2.3.5 Großspende

Um seinen überdurchschnittlichen Preis (siehe Preispolitik zur Großspende, Kap. 2.4.4) zu rechtfertigen, sollte das Spendenprodukt „Großspende" so stark wie möglich individualisiert und so wenig wie nötig standardisiert werden. Wie in Kap. 2.1.7.1 bereits ausgeführt, kann es – je nach Größe einer Organisation – sinnvoll sein, nur eine Großspenderkategorie (Top Donor) zu definieren, oder aber zwei Großspenderkategorien (Top Donor und Major Donor) oder gar drei Großspenderkategorien (Top Donor, Major Donor, High Donor).

Für jede Großspenderkategorie ist im Rahmen der Produktpolitik der Grad der Individualisierung bzw. Standardisierung in der Betreuung festzulegen.

2.3.5.1 Top Donor

Auf der Ebene der Top Donor ist im Idealfall ein individuelles Produkt zu entwickeln. Um auf die spezifische Ausgangssituation eines (potenziellen) Top Donor bzgl. seiner Bedürfnisse, Werte und (Spender-) Motive so individuell wie möglich eingehen zu können, sind nach eingehender Beratung (möglichst im persönlichen Gespräch) gemeinsam mit dem Top Donor die folgenden Entscheidungen rund um das Produkt Großspende so zu fällen, dass eine für beide Seiten befriedigende Win-win-Situation zwischen Großspender und Organisation entsteht:

- Welches Projekt ist für den Top Donor und die Organisation gleichermaßen wichtig und interessant?
- Großspende nur zur Anschubfinanzierung oder zur nachhaltigen Finanzierung eines Projekts?
- Großspende zur zeitnahen Mittelverwendung oder als (Zu-) Stiftung?
- Großspende aus Einkommen oder Vermögen?
- Welches Großspendenprodukt ermöglicht eine steuerliche Optimierung?
- Wie viel soll schon zu Lebzeiten, wie viel erst von Todes wegen gegeben werden?

Im Rahmen der Produktpolitik ist auch zu entscheiden, welche angemessenen Nutzenkategorien einem Top Donor angeboten werden können. Zentrales Spendermotiv könnte der Wunsch nach **Einflussnahme** und Übernahme von **Verantwortung** sein. Über sein finanzielles Engagement hinaus, könnte ein Top Donor in diesem Zusammenhang auch an einer (beratenden) Mitarbeit (im Kuratorium oder einem anderen wichtigen Gremien der Organisation) interessiert sein.

Beispiel

Ein erfolgreicher mittelständischer Unternehmer, der sich frühzeitig zur Ruhe setzen konnte, engagiert sich zusätzlich zu finanziellen Großspenden auch ehrenamtlich im Großspender-Fundraising eines großen deutschen Hilfswerkes. Hier kann er seine langjährigen beruflichen Erfahrungen sowie seine Kontakte zu Entscheidern in der Wirtschaft sehr fruchtbar einbringen.

Ein weiteres, wichtiges Spendermotiv von Top Donor könnte der Wunsch nach **Anerkennung** sein, der auf dem Grundbedürfnis nach Wertschätzung fußt. Hier kann einem Top Donor Namengebung angeboten werden, bei der einzelne Räume, Gebäude oder sogar eine ganze Hochschule oder Klinik nach einem Großspender benannt wird. Andere Organisationen verewigen ihre Top Donor auf Tafeln oder gar Wandmosaiken (siehe Abb. 2.60).

Abb. 2.60 Verewigung von Top Donor auf einem Wandmosaik

Anerkennung kann auch mit der Verleihung von (Ehren-) Titeln für Großspender erreicht werden. So verleiht eine amerikanische Universität ihren Top Donor beispielsweise folgende Titel[30]:

- *Principal* für Spenden über $ 5 Mio.
- *Leadership* für Spenden zwischen $ 1 Mio. und $ 5 Mio.
- *Major* für Spenden zwischen $ 100.000,- und $ 1 Mio.

In Deutschland sind Titel wie (Ehren-) Senator oder Mitglied des Kuratoriums denkbar.

Auch das Spendermotiv der **Zugehörigkeit** kann für Top Donor von Bedeutung sein. Viele Großspender haben bereits ein fortgeschrittenes Alter erreicht, was oft mit einer abnehmenden Anzahl verbliebener Sozialkontakte einhergeht. Der persönliche Kontakt zum Großspender-Fundraiser in Form von Weihnachts-, Geburtstags- und Urlaubsgrüßen sowie gelegentlichen Anrufen schützt den Top Donor vor zunehmender sozialer Isolation. Im Extremfall ist ein Fundraiser einer der letzten verbliebenen Sozialkontakte. Dann ist auch mal eine wichtige Eigenschaft gefragt: Zuhören können!

2.3.5.2 Major Donor und High Donor

Hat eine Organisation zusätzlich zu den Top Donor noch eine weitere Kategorie Major Donor oder gar eine dritte Kategorie High Donor definiert, so können diese als eigene Produkte betrachtet werden, für die eigene produktpolitische Entscheidungen bzgl. adäquater Grund- und Zusatznutzen zu treffen sind. Diese unterscheiden sich zwar nicht wesentlich von denen eines Top Donor, müssen aber aufgrund der geringeren Jahresspendensummen stärker standardisiert werden, um geringere Kosten zu verursachen.

30 Vgl. Altizer, Anne W.: Seeking Major Gifts – How 57 Institutions Do It, Washington 1993, S. 12.

Aus den Ausführungen dieses und des vorangegangenen Kapitels wird deutlich, welch hohe Bedeutung einer kompetenten Beratung des Großspenders bei der Definition eines Großspendenproduktes, oft an der Schnittstelle zur Definition eines Testamentspendenprodukts (siehe nächstes Kapitel), zukommt. Über einzigartige Kompetenz bei dieser Serviceleistung kann eine Organisation ein Alleinstellungsmerkmal (USP) entwickeln.

Beispiel

Die Entwicklungsorganisation *Welthungerhilfe* hat sich eine umfangreiche Beratungskompetenz rund um die Definition verschiedenster Großspenden- und Testamentspendenprodukte erworben, und bietet diese unter einer eigenständigen Marke *Philanthropie plus X* an.

Voraussetzung für kompetente Beratung ist, dass die zuständigen Großspender-Fundraiser einer Organisation über die erforderlichen Qualifikationen und Erfahrungen verfügen, oder in die Lage versetzt werden, sie erwerben können. Dabei unterstützt seit 2013 das *Major Giving Institute* (www.major-giving-institute.org), das entsprechende Schulungen anbietet. Zudem ist aus standesrechtlichen Gründen oft erforderlich, ein Netzwerk aus externen Spezialisten (Anwälte für Erbrecht, Anwälte für Stiftungsrecht, Steuerberater, Vermögensverwalter etc.) aufzubauen, die eine entsprechende Beratung durchführen dürfen.

2.3.5.3 (Zu-) Stiftung zu Lebzeiten

Wie bereits in Kap. 2.1 erwähnt, unterliegen Spenden dem Gebot der zeitnahen Mittelverwendung. Sie sind also kurzfristig (bis zum 31.12. des übernächsten Jahres) satzungsgemäß auszugeben. Dies gilt selbstverständlich auch für Großspenden. Da viele (potenzielle) Großspender ihr Vermögen jedoch als ihr materialisiertes Lebenswerk betrachten, entspricht es manchmal nicht ihren Bedürfnissen, dass eine Organisation ihre Großspende kurzfristig einsetzen muss. Auch kann es passieren, dass eine Organisation mit einer (bedeutenden) Großspende insofern überfordert wäre, als sie sie gar nicht sinnvoll zeitnah verwenden könnte. In solchen Situation kann es Großspendern viel lieber sein, wenn sie die Organisation langfristig und nachhaltig unterstützen könnten. Hierfür bietet sich das Konstrukt einer **Stiftung** (siehe Kap. 4) an, bei der sich das Gebot der zeitnahen Mittelverwendung nur auf die Stiftungserträge bezieht. Das Grundstockvermögen selbst ist i. d. R langfristig zu erhalten. Ein Großspender kann eine Organisation dadurch nachhaltig unterstützen, dass er seine Zuwendung nicht als Spende (die dann der zeitnahen Mittelverwendung unterliegen würde) an den Verein gibt, sondern als **Zustiftung** in das Grundstockvermögen einer Stiftung, die vom Verein einzig mit dem Zweck errichtet wurde, mit ihren Stiftungserträgen wiederum die Arbeit des Vereins nachhaltig zu unterstützen.

Ist dem Großspender (hier: dem Zustifter) das Motiv der Anerkennung wichtig, so kann ihm (sinnvollerweise erst ab einer bestimmten Höhe der Zuwendung) angeboten werden, einen **Stiftungsfonds** zu errichten. Ein Stiftungsfonds ist „eine Zustiftung in das Grundstockvermögen einer Stiftung mit der Auflage (Zweckbindung) des Zustifters, die

Erträge aus dem Zustiftungsbetrag für einen bestimmten Zweck oder Teilzweck aus den satzungsgemäßen Zwecken der Stiftung zu verwenden."[31] Ein Stiftungsfonds kann den Namen des (Zu-) Stifters tragen und ihn somit verewigen. Hat eine Organisation bislang noch keine Stiftung errichtet, könnte die Zuwendung des Großspenders als Grundstock für die Errichtung einer Stiftung herangezogen werden.

Beispiel

Das Kinderhilfswerk *Kindernothilfe e. V.* hat 1999 die *Kindernothilfe Stiftung* errichtet. Jedes Jahr fließen die Erträge aus der Stiftung in Projekte des Vereins. Wer einen größeren Betrag lieber stiften als spenden möchte, dem bietet die *Kinderhilfe* folgende Alternativen an:

- Errichtung einer Treuhandstiftung (siehe Kap. 4.1),
- Errichtung eines Stiftungsfonds,
- Zustiftung in den Grundstock der *Kindernothilfe Stiftung*,
- Zustiftung in bestimmte Themenfonds (z. B. Mädchenförderung).
- Stifterdarlehen (siehe Kap. 2.3.4.3),
- (Zu-) Stiften von Todes wegen (siehe Kap. 2.3.6.4).

Die Vermarktung der verschiedenen Produkte der (Zu-) Stiftung erfolgt über Online-Vertrieb, Postvertrieb und persönlichen Vertrieb (siehe Kap. 2.5). Für die Kommunikation der verschiedenen Produkte der (Zu-) Stiftung und ihrer Vertriebswege nutzt die Kindernothilfe verschiedene Kommunikationskanäle wie z. B. Flyer, Broschüren, Mailings, Anzeigen, redaktionelle Beiträge im Kindernothilfe-Magazin (siehe Kap. 2.6).

Eine weitere wichtige Nutzenkategorie im Zusammenhang mit der Entscheidung zwischen (Groß-) Spende und (Zu-) Stiftung ist die steuerliche Abzugsfähigkeit. Eine (Groß-) Spende ist nach § 10b Abs. 1 S. 1 EStG steuerlich abzugsfähig bis zu einer Höhe von 20 % des Gesamtbetrages der Einkünfte eines (Groß-) Spenders.

Beispiel

Der Gesamtbetrag der Einkünfte eines Großspenders beträgt 75.000 €. Steuerlich voll abzugsfähig sind demnach Spenden bis zu einer Höhe von maximal 15.000 € (20 % von 75.000 €).

Möchte ein Großspender einen Betrag zuwenden, der 20 % des Gesamtbetrages seiner Einkünfte übersteigt, so kann er seine Zuwendung entweder auf mehrere Jahre verteilen, oder den Sonderausgabenabzug gemäß § 10b Abs. 1a S. 1 EStG für Zuwendungen an Stiftungen in Anspruch nehmen. Danach kann er einer Stiftung in einem

[31] Schiffer, Jan K. (Hrsg.): Die Stiftung in der Beraterpraxis, 3. Aufl., (Deutscher Anwaltverlag) Bonn 2012.

Zehnjahreszeitraum einen Betrag von bis zu einer Million Euro (bei Eheleuten gemeinsam zwei Million Euro) zuwenden. Zuwendungen an Stiftungen werden also steuerlich privilegiert.

2.3.5.4 Planned Giving

Aus den vorangegangenen Kapiteln wurde ersichtlich, dass es ein anspruchsvolles Unterfangen ist, einen (potenziellen) Großspender umfassend und kompetent in allen steuerrechtlichen, stiftungsrechtlichen und erbrechtlichen Aspekten zu beraten. Dabei denken im deutschsprachigen Raum (potenzielle) Großspender in Bezug auf ihre Zuwendung(en) oftmals eher zeitpunkt- als zeitraumbezogen, eher an Zuwendungen aus dem Einkommen als aus dem Vermögen, eher an Zuwendungen zu Lebzeiten als von Todes wegen. In den Vereinigten Staaten geht man einen Schritt weiter und versucht, das philanthropische Engagement einer (wohlhabenden) Person nach Möglichkeit über die gesamte Lebensspanne (oder gar dynastisch) zu betrachten und unter Berücksichtigung der verschiedenen Lebensphasen eines Menschen (Familienphase, Berufsphase, Ruhestandsphase, Pflegephase etc.) zu planen und zu optimieren. Die Amerikaner sprechen von **Planned Giving**. Wer es gewöhnt ist, seine Vermögenssituation von Vermögensverwaltern, Steuerberatern und spezialisierten Anwälten optimieren zu lassen, für den ist es nur ein kleiner Schritt, dabei auch gleich sein philanthropisches Engagement (falls gewünscht) mit optimieren zu lassen. Die beratenden Dienstleister unterbreiten dann Vorschläge, in welcher Lebensphase welche (Groß-) Spende bzw. (Zu-) Stiftung unter Berücksichtigung aller (steuer-) rechtlichen Aspekte einen maximalen Effekt im Sinne der individuellen Bedürfnisse einer Person erzielen.

Ein solches Planned Giving kann aber durchaus auch bei weniger wohlhabenden Menschen sinnvoll sein, die dafür keinen eigenen Beraterstab an ihrer Seite haben. Eine entsprechende Beratung bietet dann der Großspender-Fundraiser in Zusammenarbeit mit einem kompetenten Netzwerk aus externen Spezialisten an. Eine solche ganzheitliche Sichtweise, die für die individuelle Situation jedes einzelnen (potenziellen) Großspenders eine maßgeschneiderte Lösung entwickelt, ist in Deutschland leider noch kaum verbreitet. Dies liegt sicherlich zum einen an einer ganz anderen rechtlichen Situation, die Planned Giving in den USA stark fördert. Zum anderen aber auch an einem weiter fortgeschrittenen und umfassenderen Blickwinkel, den viele amerikanische Fundraiser den meisten deutschen Kollegen gegenüber einnehmen.

Ein wichtiger Gedanke des Planned Giving ist es, beim philanthropischen Engagement eines Menschen nicht nur an Zuwendungen aus kurzfristig verfügbarem Bargeld oder bargeldnahem Vermögen (z. B. auf einem Girokonto) zu denken, sondern viel umfassender auch an folgende Formen der Zuwendung:

- Überlassung von Wertpapiere oder deren Fruchterträgen,
- Überlassung von Lebensversicherungen,
- Überlassung von Renten(zusatz)versicherungen,

- Überlassung von Bausparverträgen,
- Überlassung von Grundstücken oder deren Fruchterträgen,
- Überlassung von Privatimmobilien (gegen lebenslanges Wohnrecht) oder deren Fruchterträgen,
- Überlassung von Gewerbeimmobilien oder deren Fruchterträgen,
- Überlassung von Wertgegenständen wie Schmuck, Antiquitäten und Gemälden,
- etc.

Ein weiterer zentraler Gedanke des Planned Giving ist es, in die Planung nicht nur (Groß-) Spenden und (Zu-) Stiftungen zu Lebzeiten einzubeziehen, sondern auch solche von Todes wegen. Diese sollen im Rahmen des nächsten Kapitels näher vorgestellt werden.

2.3.6 Testamentspende

Wie schon die Produkte Großspende bzw. (Zu-) Stiftung, sind auch die Produkte Testamentspende bzw. (Zu-) Stiftung von Todes wegen kaum standardisierbar. Aufgrund der sehr unterschiedlichen Ausgangssituationen der verschiedenen (potenziellen) Testamentspender, ist das Produkt auf die individuellen Bedürfnisse im Einzelfall abzustellen (falls dies nicht schon im Rahmen einer umfassenden Großspenderberatung erfolgt sein sollte). Da eine durchschnittliche Testamentspende in einer Größenordnung von etwa 25.000 € liegt (wenngleich sie im Einzelfall deutlich höher liegen kann), ist der hohe Aufwand jedoch allemal gerechtfertigt.

Folgende Entscheidungen sind im Rahmen der Produktpolitik gemeinsam mit dem Testamentspender zu fällen:

- Testamentspende in Form von Erbschaft, Vermächtnis oder Verfügung zugunsten Dritter (zur zeitnahen Mittelverwendung) oder Zustiftung von Todes wegen bzw. Stiftungserrichtung von Todes wegen (siehe spätere Kapitel).
- Berücksichtigung einer oder mehrerer Organisationen?
- Berücksichtigung von Familienangehörigen und Pflichtteilsansprüchen?
- Anordnung von Testamentsvollstreckung?
- etc.

Im Rahmen der Produktpolitik ist ferner zu entscheiden, welche angemessenen Nutzenkategorien einem Testamentspender angeboten werden können. Die im Vorfeld dieser Entscheidungen zu erbringende Beratungsleistung durch den Groß- bzw. Testamentspenden-Fundraiser und sein Expertennetzwerk stellt an sich schon einen ersten, wichtigen Nutzenaspekt für den (potenziellen) Testamentspender dar. Schließlich ermöglicht diese Beratung, den u. U. schon lange gehegten Wunsch eines Spenders nach Klärung aller Fragen rund um seinen Nachlass optimal zu erfüllen.

Hinzu können aber noch eine ganze Reihe anderer Bedürfnisse und Motive kommen, die im Zusammenhang mit einer Testamentspende von Bedeutung sein können. Zu allererst ist das Sicherheitsbedürfnisses eines Spenders zu berücksichtigen. Im Gegensatz zur Großspende (zu Lebzeiten) erfolgt der Vermögenstransfer bei einer Testamentspende erst nach dem Ableben des Spenders. Zu Lebzeiten bleibt das Vermögen eines Testamentspenders voll erhalten. Im Falle einer möglichen späteren Notlage oder Pflegebedürftigkeit, behält er seine maximal mögliche Versorgungssicherheit. Der Wunsch nach bestmöglicher Versorgung kann sich auch darin äußern, dass ein Großspender seine Zuwendung mit Auflagen versehen möchte. Die Organisation soll dann beispielsweise vertraglich zusichern, dass sie den Großspender bis zu dessen Lebensende pflegt, oder sich um einen Angehörigen (z. B. ein behindertes Kind) oder gar um ein Haustier kümmert. Bevor eine Organisation hier leichtfertig weitreichende Verpflichtungen eingeht, muss sie im Vorfeld unbedingt prüfen, ob Aufwand und Ertrag in einem sinnvollen Verhältnis für sie stehen.

Beispiel

Die *Royal Society for the Prevention of Cruelty against Animals* (*RSPCA*) bietet Haustierbesitzern den kostenlosen Service *Home for Life* an (www.homeforlife.org.uk). Im Falle des Ablebens des Haustierbesitzers kümmert sich RSPCA darum, ein neues angemessenes Heim für das Haustier zu finden.

Bei manchen Testamentspendern reicht der Wunsch, vorzusorgen, noch weiter: Sie möchten schon zu Lebzeiten Fragen der Wohnungsauflösung und der Grabpflege geklärt wissen. Manche möchten verfügen, dass zu bestimmten Zeitpunkten eine Messe für sie gelesen wird.

Ein weiteres, wichtiges Spendermotiv von Testamentspendern könnte der Wunsch nach **Anerkennung** über den Tod hinaus sein, der auf dem Grundbedürfnis nach Wertschätzung fußt. Ein Testamentspender möchte in Erinnerung bleiben („Ein Teil von mir lebt weiter"). Ihm können dann ähnliche Leistungen wie auch schon den Großspendern (siehe vorangegangenes Kapitel) angeboten werden: Namengebung (einer Hochschule, eines Gebäudes, eines Raumes etc.), Verewigung auf einer Tafel oder ein (zu Lebzeiten abgestimmter) Nachruf in Medien der Organisation (z. B. der Spenderzeitung).

Beispiel

Durch eine Kooperation mit der Initiative *FriedWald* bietet die Umweltorganisation *WWF Deutschland* ihren Testamentspendern die Möglichkeit, ihre letzte Ruhestätte an den Wurzeln von Bäumen zu wählen, die sich entlang eines sog. WWF-Pfades an jedem FriedWald-Standort befinden. Die Bäume werden mit einer Plakette gekennzeichnet. Auf Wunsch erwähnt *WWF Deutschland* einen Testamentspender zusätzlich noch in seinem Geschäftsbericht.

Darüber hinaus kann es einem Testamentspender wichtig sein, dass bestimmte Personen das Erbe nicht antreten können. Nicht selten soll erreicht werden, dass diejenigen, die nach gesetzlicher Erbfolge erbberechtigt wären, leer ausgehen bzw. über ihren Pflichtteilsanspruch hinaus nicht berücksichtigt werden.

2.3.6.1 Erbschaft

Im Falle der Erbschaft geht nach § 1922 Abs. 1 BGB mit dem Tode des Testamentspenders dessen Vermögen als Ganzes auf die steuerbegünstigte Organisation als Erbin über. Die Organisation tritt somit die Gesamtrechtsnachfolge an. Der Rechtsübergang umfasst sowohl die Aktiva als auch die Passiva des Vermögens des Erblassers (Universalsukzession). Als Erbin muss die bedachte Organisation also auch für Nachlassverbindlichkeiten des Testamentspenders einstehen. Vor der Annahme einer Erbschaft ist deshalb grundsätzlich von der bedachten Organisation zu prüfen bzw. abzuwägen, ob sie das Erbe antreten oder besser ausschlagen sollte.

2.3.6.2 Vermächtnis

Ein Vermächtnis (auch: Legat) ist nach § 1939 BGB ein Vermögensvorteil den ein Erblasser einem anderen zuwenden kann, ohne ihn als Erben einzusetzen. Während ein Erbe das ganze Vermögen (oder einen Teil davon) erbt und zum Gesamtrechtsnachfolger wird, erhält ein Vermächtnisnehmer nur einen Vermögensgegenstand aus dem Nachlass ohne Gesamtrechtsnachfolger zu werden. Verfügt ein Testamentspender in seinem Testament, dass eine steuerbegünstigte Organisation Vermächtnisnehmerin werden soll, so erhält die Organisation also nur einen Vermögensvorteil (i. d. R einen festgelegten Geldbetrag) ohne weitere Verpflichtungen.

2.3.6.3 Vertrag zugunsten Dritter

Bei einem Vertrag zugunsten Dritter kann nach § 328 Abs. 1 BGB durch Vertrag eine Leistung an einen Dritten mit der Wirkung bedungen werden, dass der Dritte unmittelbar das Recht erwirbt, die Leistung zu fordern. Ein Vertrag zugunsten Dritter kann auch auf den Todesfall abgeschlossen werden. Dabei erhält der Begünstigte (hier: die Organisation) im Falle des Todes des Vertragspartners (hier: der Testamentspender) das Recht, die im Vertrag bestimmte Leistung (z. B. Sparguthaben oder Wertpapiere) zu verlangen. Nach ständiger Rechtsprechung des BGH[32] fällt der Vermögenswert, der Gegenstand des Vertrages zugunsten Dritter ist, nicht in den Nachlass und ist daher dem Zugriff der Erben entzogen.

Beispiel

Die Hilfsorganisation *Ärzte ohne Grenzen* vertreibt über ihre Website das Produkt Vertrag zugunsten Dritter: „Ein Vertrag zu Gunsten Dritter bietet Ihnen die Möglichkeit, Sparguthaben oder Wertpapiere zu übertragen. In einer entsprechenden Vereinbarung

[32] Vgl. BGH NJW 1984, 480, 481.

mit Ihrem Finanzdienstleister legen Sie fest, wer der Begünstigte der Vermögenswerte sein soll. Die Zuwendung wird erst mit dem Tod wirksam und vollzieht sich außerhalb des Nachlasses."

2.3.6.4 (Zu-)Stiftung von Todes wegen

In Kap. 2.3.5.3 wurden die steuerlichen und sonstigen Vorteile der Errichtung einer Stiftung bzw. einer Zustiftung für einen Großspender erläutert. Aufgrund des oben erwähnten Sicherheitsbedürfnisses, nutzen viele Groß- bzw. Testamentspender einer Organisation die Vorteile einer (Zu-) Stiftung von Todes wegen. Zum einen kann testamentarisch verfügt werden, dass nach dem Tod des Testamentspenders eine (selbständige oder unselbständige) Stiftung errichtet wird, deren Satzungszweck die Förderung der Organisation ist, die er als Testamentspender eigentlich unterstützen möchte. Die Errichtung einer Stiftung von Todes wegen will jedoch sehr gut vorbereitet sein, und sollte nicht ohne kompetente stiftungs- und erbrechtliche Beratung erfolgen. Zum anderen kann testamentarisch verfügt werden, dass nach dem Tod des Testamentspenders ein vorher festgelegter Betrag einer bereits errichteten Stiftung zugestiftet werden soll. Oft kombinieren Spender bzw. Stifter die jeweiligen Vorteile und errichten zu Lebzeiten eine Stiftung, deren Grundstockvermögen zunächst nur bescheiden ausgestattet wird (der Stifter behält so Mittel zur Befriedigung seines Sicherheitsbedürfnisses zurück). Erst durch eine spätere Zustiftung von Todes wegen wird das Grundstockvermögen dann substantiell erhöht.

2.3.7 Was ich in diesem Kapitel gelernt habe

- Definieren Sie im Rahmen der Produktpolitik Spendenprodukte, die den fünf Spendermotiven gerecht werden können!
- Kommunizieren Sie den/die Grundnutzen und eventuelle Zusatznutzen aktiv und überzeugend!
- Bedenken Sie, dass Emotionen darüber entscheiden, ob und wie ein Mensch spendet!
- Berücksichtigen Sie in der Ansprache Ihrer Spender, dass Spender nicht rein rational, sondern v. a. emotional spenden!
- Versuchen Sie durch attraktive Nutzen- bzw. Zusatznutzenversprechen ein Alleinstellungsmerkmal (USP) für Ihre Spendenprodukte zu definieren!
- Wagen Sie sich regelmäßig an die Entwicklung innovativer Spendenprodukte!
- Eleminieren Sie konsequent veraltete Spendenprodukte, bei denen Aufwand und Ertrag nicht mehr in einem gesunden Verhältnis zueinander stehen! Investieren Sie das freiwerdende Budget in innovative Produkte!
- Nutzen Sie das große Potenzial das in Anlassspenden steckt!
- Kommen Sie mit den Produkten Spender- bzw. Stifterdarlehen dem Sicherheitsbedürfnis Ihrer Spender entgegen!

- Weisen Sie Ihre Groß- bzw. Testamentspender auf die vielfältigen Möglichkeiten einer Stiftung hin!
- Versuchen Sie, Ihre Groß- bzw. Testamentspender möglichst umfassend im Sinne eines Planned Giving zu beraten!

2.3.8 Weiterführende Literatur zu diesem Kapitel

Bekkers, R. Wiepking, P.: A Literature Review of Empirical Studies of Philanthropy: Eight Mechanisms That Drive Charitable Giving. Nonprofit Volunt. Sect. Q. **40–5** (2011)

Buss, P.: Fundraising – Grundlagen, System und strategische Planung. Haupt, Bern (2012)

Ekman, P.: Gefühle lesen – Wie Sie Emotionen erkennen und richtig interpretieren, 2. Aufl. Spektrum, Heidelberg (2010)

Fischer, D.: Beim Fundraising Spendenmotive berücksichtigen. Dresden (2002)

Keller, R.: Wann wirken Spendenaufrufe? Der Einfluss von Bildauswahl und Argumentationsstruktur. Fischer, München (2008)

Lawrence, P.R., Nohira, N.: Driven: How Human Nature Shapes Our Choices. Wiley, San Francisco (2001)

Maslov, A.H.: Motivation und Persönlichkeit. rororo, Reinbeck (2002)

Mount, J.: Why donors give. Nonprofit Manag. Leaders. **7–1**, (1996) (Hoboken)

Sergeant, A., Woodlife, L.: Individual giving behaviour – A multidisciplinary review. In: Sergeant, A., Wymer, W. (Hrsg.) The Routledge Compagnion to Nonprofit Marketing. Routledge, London (2008)

West, C.: Jenseits von Altruismus und Egoismus – Eine Bestandsaufnahme der empirischen Erfassung und Diskussion von Spendenmotiven. Helfersyndrom – Prestigeverhalten oder Eigensinn? Untersuchung zum Spendenverhalten, Soziale Arbeit Spezial. DZI, Berlin (2009)

2.4 Preispolitik

Nachdem im Rahmen der Produktpolitik Entscheidungen zu den verschiedenen Spendenprodukten (Einzel-, Dauer, Groß-, Testament-, Anlass-, Mikro- und Restgeldspende) gefällt wurden, ist nun im Rahmen der Preispolitik zu entscheiden, zu welchem Preis das jeweilige Spendenprodukt angeboten werden soll.

2.4.1 Entscheidungen im Rahmen der Preispolitik

Nach Marketing-Verständnis, ist im Rahmen der Preispolitik zu entscheiden, zu welchen Bedingungen ein Produkt mit Abnehmern getauscht wird. Bezogen auf das Fundraising

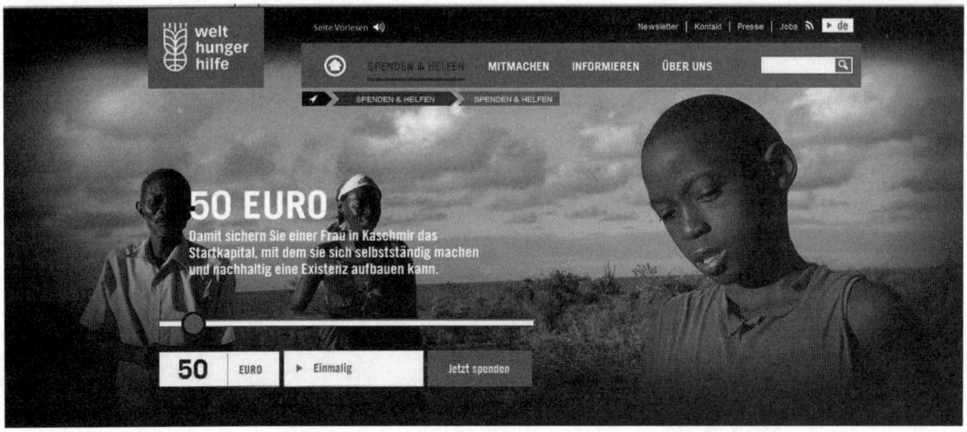

Abb. 2.61 Shopping-List auf der Website der Welthungerhilfe

stellt sich in diesem Zusammenhang die Frage, welchen Preis ein Spender für ein bestimmtes Spendenprodukt bezahlen sollte bzw. wie hoch seine Spende sein sollte?

2.4.1.1 Kundenorientierte Preisbildung

Werden Preisentscheidungen an der Zahlungsbereitschaft der Kunden orientiert, spricht man im Marketing von kundenorientierter Preisbildung. Tatsächlich ist auch im Fundraising der erste Gedanke, dass die Frage nach der Spendenhöhe ja wohl jeder Spender für sich autonom entscheiden will. Die Erfahrung zeigt jedoch, dass die Entscheidung über die Spendenhöhe für einen Spender mit erheblichen Unsicherheiten verbunden sein kann. Insbesondere möchte sich ein Spender nicht mit einer vermeintlich zu niedrigen Spende blamieren. Oft fragt er sich, in welcher Größenordnung seine Spende wohl liegen sollte bzw. erwartet wird? Hier kann eine Organisation ihren Spendern wichtige Hilfestellung geben, in dem sie mit einer sog. **Shopping-List** beispielhaft aufzeigt, was sie mit welchem Betrag bewirken kann. Die Angabe von Leitbeträgen ist für die Orientierung von (potenziellen) Spendern sehr wichtig. Leitbeträge signalisieren, welche Beträge eine Organisation als klein, mittel bzw. groß ansieht.

Beispiel

Die Hilfsorganisation *Welthungerhilfe* hat auf ihrer Website (www.welthungerhilfe.de/spenden.html) eine Shopping-List integriert (siehe Abb. 2.61). Mit Hilfe eines virtuellen Schiebereglers kann der Besucher der Website herausfinden, was seine Spende – je nach Höhe – bewirken kann. Das Spektrum reicht von 10 € („Mit Ihrer Spende kann eine Käsepresse angeschafft werden. Damit kann eine Familie ihre Milch zu Käse weiterverarbeiten und verkaufen") bis 2.500 € („Mit Ihrer Spende kann in Tansania ein Lehrer für ein ganzes Jahre eingestellt werden"). Die Voreinstellung des Schiebereglers ist bei 50 € („Damit sichern Sie einer Frau in Kashmir das Startkapital, mit dem sie sich selbständig machen und nachhaltig eine Existenz aufbauen kann").

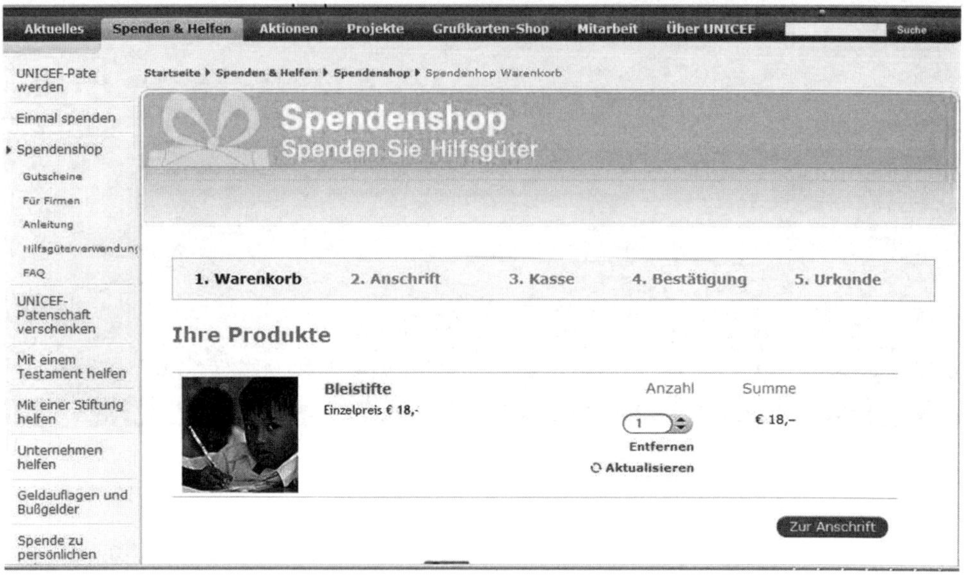

Abb. 2.62 Spenden-Shop von UNICEF

Beispiel

Noch einen Schritt weiter geht das Kinderhilfswerk *UNICEF Deutschland* mit seinem Spenden-Shop (www.unicef.de/spendenshop). Wie in jedem anderen Online-Shop kann ein Besucher der *UNICEF*-Website verschiedene (Spenden-)Produkte (z. B. 1.000 Bleistifte für 18 € oder 100 Schulhefte für 39 €) auswählen, in einen Warenkorb legen und bezahlen (siehe Abb. 2.62). Mit Hilfe einer Sortierfunktion kann er wählen, ob die Produkte aus den Bereichen Bildung, Ernährung, Gesundheit oder Wasser sein sollten. Um ein bestimmtes Spenden-Budget nicht zu überschreiten, kann ein Preislimit festgelegt werden.

Die Shopping-List der Welthungerhilfe beginnt bei einem Mindestbetrag von 10 €. Das günstigste Produkt im Spenden-Shop von UNICEF, ein Moskitonetz, liegt bei 3 €. Damit stellt sich die Frage nach einer Preisuntergrenze für eine Spende. Zunächst einmal neigt man zu der Aussage „Jeder Cent hilft". Aus Fundraising-Sicht muss jedoch berücksichtigt werden, dass die Gewinnung und Bindung von Spendern immer mit Kosten verbunden sind, die nicht nur gedeckt, sondern mehrfach wieder eingespielt sein wollen. Fundraising ist schließlich kein Selbstzweck. Im Rahmen von preispolitischen Entscheidungen sind deshalb immer auch kostenorientierte Überlegungen in die Preisbildung einzubeziehen.

2.4.1.2 Kostenorientierte Preisbildung

Ein Fundraiser sollte sich Klarheit über die mit einem Spender verbundenen Kosten verschaffen. Zu betrachten sind nicht nur die Kosten der Gewinnung eines (Erst-, Mehrfach-, Dauer-, Groß- oder Testament-) Spenders, sondern auch die Kosten der anschließenden

Bindung (für Dankschreiben, Zusendung der Spenderzeitschrift etc.). Wichtig ist, dabei nicht nur die direkt zurechenbaren Kosten zu betrachten, sondern auch die indirekten Kosten in Form der anteiligen Gemeinkosten (insbesondere Personalkosten).

Beispiel

Für Produktion und Versand eines Kaltadress-Mailings zur Gewinnung von Erstspendern berechnet ein externer Dienstleister einen Euro pro Brief. Die Response-Quote des Mailings liegt bei 1 %. Die direkten Kosten der Gewinnung eines Spenders liegen demnach bei 100 €. Schließlich mussten 100 Menschen zu direkten Kosten von jeweils einem Euro angeschrieben werden, um einen Erstspender zu gewinnen. Zusätzlich zu diesen direkten Kosten fallen aber auch noch indirekte Kosten in Form anteiliger Gemeinkosten an. So wurde das Mailing vom zuständigen Mitarbeiter in der Organisation einen Monat lang betreut (Auswahl eines geeigneten Projektes, Recherche geeigneten Bildmaterials, Briefing der Agentur, Freigabe der Entwürfe der Agentur, Überprüfung der Abrechnung der Agentur etc.). Eine Kostenbetrachtung muss demnach mindestens auch die Lohn- (und Lohnneben-) Kosten dieses Mitarbeiters berücksichtigen, streng genommen sogar die in dieser Zeit entandenen Sachkosten (für Büroraum, Büromaterial etc.). Bei Vollkostenbetrachtung erhöhen sich die Kosten für einen Erstspender demnach noch einmal deutlich auf über hundert Euro.

Da eine durchschnittliche Erstspende (je nach Organisation) zwischen 20 und 40 € liegt, wird schnell klar, dass die Gewinnung eines Erstspenders heutzutage schon längst nicht mehr kostendeckend sein kann. Ein Fundraiser muss folglich eine Mischkalkulation für seine verschiedenen Spendenprodukte anstellen, die sich erst durch ein konsequentes Upgrading der kostspieligen Erstspender zu Mehrfach-, Dauer-, Groß- und Testamentspender rechnet. Umgekehrt kann – trotz der hohen Kosten – auf Erstspender aber auch nicht verzichtet werden, sie sind schließlich die Basis, ohne die kein Upgrading erfolgen kann.

Übrigens liegen die Kosten für die Kaltakquisition von Dauerspendern etwa in derselben Höhe. Werden Dauerspender beispielsweise durch Standwerbung gewonnen, so berechnet eine externe Face-to-Face-Agentur ca. 1,6 Jahresbeiträge pro gewonnenem Dauerspender. Liegt ein Jahresbeitrag bei durchschnittlich 60 € (5 € pro Monat), so belaufen sich die direkten Kosten für einen neuen Dauerspender ebenfalls auf ca. 100 €. Mit dem großen Unterschied, dass ein Dauerspender durchschnittlich sieben Jahre bei einer Organisation verbleibt, und damit für wesentlich verlässlichere Einnahmen sorgt als ein gewonnener Erstspender, dessen Upgrading erst noch erreicht werden muss. Vor dem Hintergrund dieser Überlegungen wird deutlich, warum die Kaltakquisition von Dauerspendern derzeit boomt.

2.4.1.3 Konkurrenzorientierte Preisbildung

Bei der Festlegung eines Preises werden neben den Kosten für das Produkt und der Zahlungsbereitschaft (potenzieller) Kunden im Allgemeinen auch die Preise von Wettbewerbern berücksichtigt. Übertragen auf das Fundraising, scheint die konkurrenzorientierte

Preisbildung jedoch keine große Rolle zu spielen. Fundraiser orientieren sich bei der Preisbildung für ihre verschiedenen Spendenprodukte derzeit kaum bis gar nicht an konkurrierenden Organisationen.

2.4.2 Preispolitik bei der Einzelspende

Bei einer Einzelspende in der Basis der Spenderpyramide, egal ob Erst- oder Mehrfachspende, geben Organisationen im Rahmen ihres Fundraising i. d. R keinen festen Preis bzw. Spendenhöhe vor. Anhand einer Shopping-List wird dem Spender zwar Orientierung gegeben. Dieser entscheidet jedoch autonom, in welcher Höhe er geben möchte. Eine Ausnahme stellt höchstens die SMS-Spende dar (siehe Kap. 2.3.3.1), die i. d. R feste Beträge für die Einzelspende vorgibt.

2.4.3 Preispolitik bei der Dauerspende

Im Gegensatz zur Einzelspende werden bei der Dauerspende i. d. R feste Preise bestimmt. Zumindest im Sinne eines Mindestpreises, der jedoch gerne vom (Dauer-) Spender freiwillig überschritten werden darf. Die (Mindest-) Beiträge für Mitglieder und Fördermitglieder werden von der Mitgliederversammlung festgelegt. Auch für (Kinder-, Projekt- und Tier-) Patenschaften gibt es i. d. R feste (Mindest-) Preise. Diese können jedoch erheblich zwischen einem Euro und 31 € pro Monat bzw. 12 € und 372 € pro Jahr schwanken:

Beispiel

Im Rahmen seiner Aktion „*2 € helfen*" geht das Hilfswerk *misereor* neue Wege: Ein junges, internationales Team bietet jungen Leuten eine niedrigpreisige Dauerspende zugunsten von Kinder- und Jugendprojekten auf der ganzen Welt an. Neben einer Spende kann man sich auch als „Weltbessermacher" ehrenamtlich engagieren. Ein Zählwerk auf der Website (siehe Abb. 2.63) gibt an, wieviele sich gerade mit einer Dauerspende engagieren. Die derzeit 20.000 Dauerspender (Stand 2013) sorgen mit ihren monatlich 2 € für insgesamt 480.000 € pro Jahr. Auf diese Weise gelingt es misereor, auch junge Menschen stärker an das Spenden heranzuführen und zu binden.

Beispiel

Deutlich höher liegt eine Kinderpatenschaft des Kinderhilfswerkes *Kindernothilfe* mit 31 € im Monat bzw. 372 € im Jahr. Dieser Wert lässt sich aber gut begründen. Schließlich hilft man einem Kind mit umgerechnet einem Euro pro Tag.

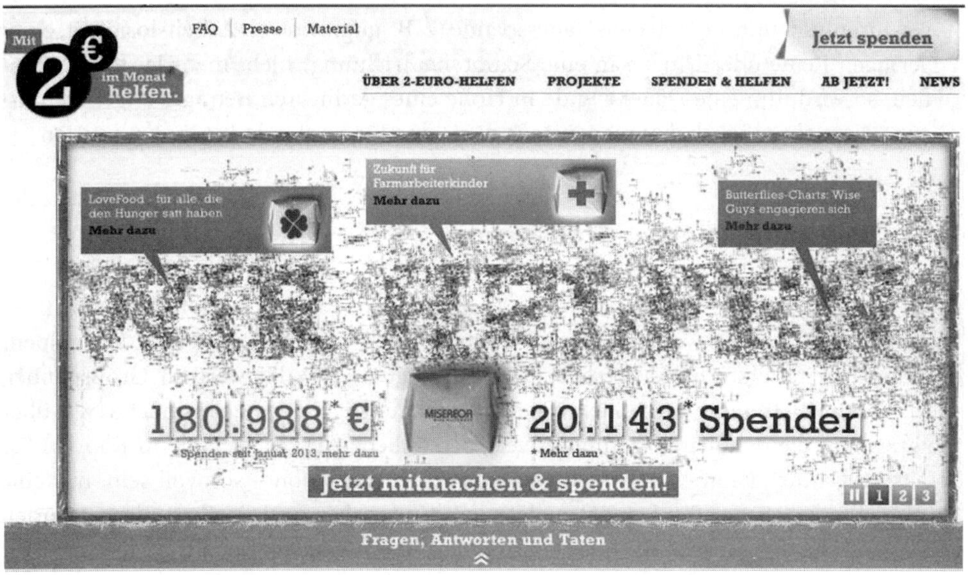

Abb. 2.63 Aktion „2 € helfen" von misereor

Wie bereits erwähnt, stellen die Preise für Dauerspenden lediglich Untergrenzen dar, die ein Dauerspender natürlich jederzeit gerne nach oben überschreiten kann. Einige Organisationen bieten ihren Dauerspendern mit Hilfe des Telefon-Fundraising (siehe 2.5.4) in bestimmten zeitlichen Abständen ein Upgrading innerhalb (!) der Stufe der Dauerspender an.

Beispiel

Acht Monate nach Übernahme einer Dauerspende werden die Dauerspender angerufen und um eine Erhöhung ihrer Dauerspende gebeten. Abgestuft wird zunächst um die Übernahme einer weiteren Dauerspende in voller Höhe gebeten, ansonsten um die Erhöhung um einen Teilbetrag, mindestens aber um einen Inflationsausgleich. Diejenigen Dauerspender, die einer dieser Upgrading-Möglichkeiten zustimmen, werden nach weiteren acht Monaten erneut kontaktiert und auf ein weiteres Upgrading so lange angesprochen, bis sie signalisieren, nicht mehr weiter erhöhen zu wollen.

Durch dieses Vorgehen kann ein neuer Dauerspender erst einmal mit einem kleineren Betrag einsteigen, und wenn er sich wohl damit fühlt, später erhöhen. Erfahrungswerte zeigen, dass 50 % der Dauerspender nach zwei bis drei Jahren bereit sind, telefonisch einer Erhöhung ihrer Dauerspende um durchschnittlich 30 % zuzustimmen.

Umgekehrt ist der Preis für eine Dauerspende in Notfällen aber auch nach unten verhandelbar. Gibt ein ehemaliger Dauerspender im Rahmen einer telefonischen Rückgewinnungsaktion an, sich eine Dauerspende (z. B. aufgrund von Arbeitslosigkeit, einer geringen Rente oder Umzug in eine Senioreneinrichtung) nicht mehr leisten zu können, so wird ihm eine Dauerspende in Höhe eines geringeren Betrages angeboten. Ist auch die nicht möglich, kann höchstens noch eine Einzelspende angeboten werden.

2.4.4 Preispolitik bei der Großspende

Auch bei dem Produkt Großspende muss eine eindeutige Entscheidung bezüglich der Preisuntergrenze gefällt werden. Hier ist sie sogar noch wichtiger als bei der Dauerspende. Überschreitet ein (Groß-) Spender den festgelegten Schwellenwert für Großspender, wechselt seine Betreuung schließlich von der kostengünstigen Massenansprache (v. a. über Mailings) auf die deutlich kostenintensivere persönliche Ansprache. Wie in Kap. 2.1.7.1 bereits ausgeführt, kann es – je nach Größe einer Organisation – sinnvoll sein, nur eine Großspenderkategorie (Top Donor) zu definieren, oder aber zwei Großspenderkategorien (Top Donor und Major Donor) oder gar drei Großspenderkategorien (Top Donor, Major Donor, High Donor).

Zunächst zur Definition eines Schwellenwertes bzw. einer Preisuntergrenze für die Kategorie Top Donor. In Kap. 2.1.7.1 wurde bereits darauf hingewiesen, dass dieser Schwellenwert in der Praxis gerne (mehr oder weniger willkürlich) bei einer Jahresspendensumme von 10.000 € angesetzt wird. Besser ist jedoch ein Schwellenwert, der individuell auf die Ausgangssituation in der Organisation abgestimmt wird. Wie kann ein solcher individueller Wert gefunden werden?

Da die Gewinnung und Bindung von Großspendern sehr arbeitsintensiv ist, sind der Ausgangspunkt aller Überlegungen die vorhandenen personellen Kapazitäten für die Betreuung von Top Donor. Nach Untersuchungen von *Altizer* hatten 74 % der befragten amerikanischen Bildungsinstitutionen mindestens einen hauptamtlichen Mitarbeiter, der sich ausschließlich um Großspender kümmert. Der Betreuungsaufwand verteilte sich wie folgt:

- In 4 % der Organisationen betreut ein Mitarbeiter maximal 10 Großspender.
- In 25 % der Organisationen betreut ein Mitarbeiter 11 bis 50 Großspender.
- In 29 % der Organisationen betreut ein Mitarbeiter 51 bis 100 Großspender.
- In 27 % der Organisationen betreut ein Mitarbeiter 101 bis 200 Großspender.
- In 15 % der Organisationen betreut ein Mitarbeiter über 200 Großspender.[33]

In Deutschland gilt als Faustformel, dass ein hauptamtlicher Großspender-Fundraiser im Idealfall 100, jedoch nicht mehr als 200 Top Donor adäquat persönlich betreuen kann. Hat eine Organisation also beispielsweise nur zeitliche Ressourcen im Umfang einer Viertelstelle für die Betreuung von Top Donor zur Verfügung, so sollten Sie Ihren individuellen Schwellenwert bzgl. der Jahresspendensumme so legen, dass dadurch nicht mehr als 25 bis

[33] Vgl. Altizer, Anne W.: Seeking Major Gifts – How 57 Institutions Do It, Washington 1993, S. 6 f.

50 Personen zu Top Donor definiert werden. Sollten die Personalkapazitäten später erhöht werden, kann der Schwellenwert immer noch nachträglich gesenkt werden. Eine nachträgliche Erhöhung des Schwellenwertes ist im umgekehrten Fall nicht möglich. Würde sie doch bedeuten, dass u. U. jemand nicht mehr als Großspender angesehen und behandelt würde, der es vor der Erhöhung war. Dies würde zu (nachvollziehbarer) Verärgerung der betroffenen Personen führen, die kontraproduktiv für den Upgrading-Prozess wäre. Deshalb ist ein Schwellenwert im Zweifel immer etwas höher anzusetzen!

Voraussetzung für die Schwellenwertfestlegung ist eine Abfrage der Datenbank der Organisation, bei der die Jahresspendensummen aller Spender der letzten 12 Monate (oder 24 bzw. 36 Monate) absteigend sortiert aufgelistet werden. In obigem Beispiel werden dann die besten 25 Spender als Top Donor definiert. Oder anders ausgedrückt: Der Schwellenwert für Top Donor wird gerade unterhalb der Jahresspendensumme des Spenders auf Platz 25 der absteigend sortierten Liste festgelegt. Erfahrungsgemäß kann der Schwellenwert sogar noch etwas niedriger angesetzt werden, da einige der so definierten Top Donor in anschließenden Gesprächen signalisieren werden, gar kein Interesse an einer persönlichen Betreuung durch den Großspender-Fundraiser zu haben.

Wurde ein Spender nach diesem Verfahren als Top Donor definiert, so stellt sich die Frage, in welcher Größenordnung (zu welchem Preis) man ihm künftig Spendenprodukte anbietet? Dies kann nur durch kundenorientierte Preisbildung im Einzelfall ermittelt werden. Durch Analyse und Gespräche muss aufwendig für jeden einzelnen Top Donor ein adäquates Produkt zum adäquaten Preis identifiziert werden. Dabei können verschiedene Anhaltspunkte hilfreich sein. So könnten sich Top Donor mit christlichem Wertesystem am biblischen Zehnten orientieren, und die Höhe ihrer Großspende bei 10 % ihres Jahreseinkommens ansetzen. Ebenso wäre eine Orientierung an der maximalen steuerlichen Abzugsfähigkeit ihrer Großspende bei 20 % des Gesamtbetrages der jährlichen Einkünfte denkbar. Übersteigt der Preis für ein interessantes Projekt das Budget eines Top Donor, so kann immer noch über eine Verteilung seines Beitrages über mehrere Jahre nachgedacht werden. Dabei ist zu beachten, dass ein vorgeschlagener Preis nicht nur zu hoch, sondern auch mal zu niedrig sein, und einen Top Donor verletzen kann („Da dürfen Sie mir ruhig etwas mehr zutrauen!"). Auf jeden Fall kann die individuelle Preisbildung auch in einen anspruchsvollen Aushandlungsprozess münden. Das „Luxusproblem", dass ein Top Donor mehr geben möchte, als eine Organisation nach aktueller Lage sinnvoll in Projekte umsetzen kann, ist selten – kommt aber immer wieder vor!

Beispiel

Ein durch Öl reich gewordener Großspender bietet im Jahr 2012 der Organisation *Menschen für Menschen* 500 Mio. €, später vielleicht sogar bis zu einer Milliarde Euro an. Das wäre mehr als dreimal so viel, als die Organisation in ihrer bislang dreißigjährigen Geschichte insgesamt an Spenden eingeworben hat. Solche Beträge könnten, wenn überhaupt, nur mit einer vollkommen neuen strategischen Ausrichtung sinnvoll eingesetzt werden. Die Ablehnung der in Aussicht gestellten Großspende verletzt den

Großspender. Der Streit eskaliert und wird medial ausgetragen – sehr zum Schaden der Organisation.[34]

Einmal angenommen, nach dem oben beschriebenen Verfahren, würde der Schwellenwert bzw. die Preisuntergrenze für das Produkt Top Donor bei einem hohen vierstelligen oder niedrigen fünfstelligen Betrag liegen. Dann wären Spenden, die unterhalb dieses Schwellenwertes liegen, immer noch als groß anzusehen und entsprechend zu behandeln. Dann ist es sinnvoll, zumindest eine zweite Großspenderkategorie (Major Donor) einzuführen. Die Betreuung der Major Donor müsste aus Kostengründen wesentlich standardisierter (siehe Kap. 2.3.5.2) erfolgen als bei den Top Donor. Bei der Festlegung eines Schwellenwertes bzw. einer Preisuntergrenze für das Produkt Major Donor, sollte sich eine Organisation zunächst einmal an der unterhalb der Großspender liegenden Stufe der Dauerspender orientieren. Bietet eine Organisation beispielsweise Dauerspenden in Form von Patenschaften zu monatlich 31 € an, so liegt ein Dauerspender auch ohne zusätzliche Spenden schon bei einer relativ hohen Jahresspendensumme von $12 \times 31 = 372$ €. Der untere Schwellenwert für die Major Donor könnte dann gut bei 500 € Jahresspendensumme oder sogar bei 1.000 € liegen. Bietet eine Organisation als Dauerspende dagegen nur eine Fördermitgliedschaft zu 60 € pro Jahr an, so könnte der untere Schwellenwert der Major Donor auch unterhalb der 500 €, z. B. bei 300 € Jahresspendensumme angesetzt werden.

Nur wenn die Preisspanne für das Major Donor Produkt – zwischen Dauerspende und Top Donor – zu groß wird, und die Gruppe der so definierten Major Donor zu groß und heterogen wird, ist vielleicht sogar die Definition einer dritten Großspenderkategorie (High Donor) unterhalb der Major Donor vertretbar. Dies ist aber nur dann sinnvoll, wenn für die High Donor eine wirklich substantiell andere, noch stärker standardisierte Form der Betreuung als bei den Major Donor gefunden werden kann, die allen Beteiligten auch vermittelbar ist. Die Kategorie High Donor wird gerne im Bereich zwischen 500 € und 1.000 € Jahresspendensumme definiert. Eine Größenordnung die andere Organisationen wiederum als Middle Donor bezeichnen würde.

2.4.5 Preispolitik bei der (Zu-) Stiftung

Es gibt gute (steuerliche) Gründe, anstelle einer Großspende eine Stiftung zu errichten, oder einer bereits errichteten Stiftung zuzustiften (siehe Kap. 2.3.5.3). Umgekehrt ist es gerade in Niedrigzinsphasen wenig sinnvoll, relativ kleine Beträge zu stiften. Da der Kapitalstock einer Stiftung i. d. R zu erhalten ist, muss aus den Zinserträgen auf das Stiftungsvermögen zunächst noch ein Inflationsausgleich abgezweigt werden, der am Ende selbst bei ehrenamtlicher Stiftungsverwaltung kaum noch nennenswerte Nettoerträge für die Projekte übrig lässt. Deshalb sollte für das Produkt Stiftung eine Preisuntergrenze eingeführt werden.

[34] Vgl. Klein, Stefan: Seid ihr noch zu retten? Die Hilfsorganisation Menschen für Menschen – das große Lebenswerk von Karlheinz Böhm – versinkt in einem Alptraum aus Streit. Ein Kriegsbericht, in: Süddeutsche Zeitung, Nr. 72 vom 26.03.2013, S. 3.

Beispiel

Das Kinderhilfswerk *Kindernothilfe e. V.* bzw. die *Kindernothilfe Stiftung* bieten folgende Produkte mit Preisuntergrenzen an:

- Errichtung einer Treuhandstiftung (ab 25.000 € bis 50.000 €) (siehe Kap. 4.1),
- Bereitstellung eines Stifterdarlehens (ab 10.000 €) (siehe Kap. 2.3.4.3),
- Errichtung eines Stiftungsfonds (ab 5.000 €) (siehe Kap. 2.3.5.3),
- Zustiftung in den Grundstock der *Kindernothilfe Stiftung*. Bei Zustiftungen wird keine Preisuntergrenze angegeben, da sie ohne großen Aufwand erfolgen können.
- Zustiftung in bestimmte Themenfonds (z. B. Mädchenförderung) (keine Preisuntergrenze).
- (Zu-) Stiften von Todes wegen (siehe Kap. 2.3.6.4).

Preisobergrenzen für Zuwendungen an Stiftungen können entstehen, wenn sich ein Großspender nur im Rahmen der steuerlichen Abzugsfähigkeit engagieren möchte. Letztere wurde mit dem „*Gesetz zur weiteren Stärkung des bürgerschaftlichen Engagements* (*Hilfe für Helfer*)" vom 21.09.2007 noch einmal deutlich erhöht. Zur besseren Erläuterung beschreibt das Kinderhilfswerk *Kindernothilfe* auf seiner Website das folgende

Beispiel

Ein verheiratetes kinderloses Ehepaar besitzt ein Eigenheim. Jeder von beiden hat ein Bruttojahreseinkommen von 75.000 € sowie eigene Ersparnisse. Jeder von beiden hat von seinen Eltern ein Haus sowie etwas Geldvermögen vererbt bekommen. Das Ehepaar entschließt sich, eine gemeinnützige Stiftung zur Förderung der Bildung zu errichten. Es hat nun folgende steuerlichen Abzugsmöglichkeiten in einem Zehnjahreszeitraum:

- Normaler Spendenabzug gem. § 10b Abs. 1 S. 1 EStG: jährlich 15.000 € (20 % von 75.000 €) pro Ehegatte. Zusammen im Zehnjahreszeitraum: 2 × 15.000 € x 10 Jahre = 300.000 €
- Sonderausgabenabzug gem. § 10b Abs. 1a S. 1 EStG: einmalig im Zehnjahreszeitraum 1 Mio. € pro Ehegatte. Zusammen im Zehnjahreszeitraum: 2 Mio. €
- Sonderausgabenabzug für beide Eheleute zusammen im Zehnjahreszeitraum: 2.300.000 €

2.4.6 Preispolitik bei der Testamentspende

Bei der Preispolitik für Testamentspenden muss zwischen den verschiedenen Produkten unterschieden werden. Bei einer **Erbschaft** ist wegen der Gesamtrechtsnachfolge darauf zu achten, dass nach Abzug aller Nachlassverbindlichkeiten noch ein ausreichend großer Nettoertrag übrig bleibt, der den (nicht zu unterschätzenden) Aufwand einer Testamtentsabwicklung rechtfertig (siehe Kap. 2.3.6.1). Ansonsten ist die Erbschaft besser auszuschlagen.

Einfacher ist es, wenn die Testamentspende als **Vermächtnis** ausgesetzt wird. Insbesondere wenn das Vermächtnis einen Geldbetrag umfasst. Nur bei sehr geringen Geldbeträgen oder Vermächtnissen, die Sachleistungen umfassen, müsste wieder eine Abwägung von Aufwand und Ertrag stattfinden. Auch im Falle eines **Vertrages zugunsten Dritter** auf den Todesfall bedarf es i. d. R keiner Preisuntergrenze. Die Organisation als Begünstigte erhält im Falle des Todes des Vertragspartners (hier: der Testamentspender) das Recht, die im Vertrag bestimmte Leistung (z. B. Sparguthaben oder Wertpapiere) zu verlangen. Eine Abwägung von Aufwand und Ertrag ist hier schnell erfolgt.

Möchte ein Testamentspender seine Zuwendung in Form einer **Zustiftung** oder der Errichtung einer neuen **Stiftung** tätigen, so kann auf das vorangegangene Kapitel verwiesen werden. Die Preisuntergrenzen für die Errichtung von Stiftungen zu Lebzeiten sind grundsätzlich auch sinnvoll für die Errichtung von Stiftungen von Todes wegen. Bei Zustiftungen sind keine Preisuntergrenzen erforderlich.

2.4.7 Zahlungssysteme

Im Rahmen der Preispolitik sind auch Entscheidungen zu treffen, welche Zahlungssysteme eine Organisation ihren Spendern anbieten soll. Diese Entscheidungen hängen zum einen von den Zahlungsgewohnheiten der Zielgruppe ab, die deshalb vorab zu analysieren sind (siehe Kap. 6.2.3). Zum anderen aber auch von den gewählten Fundraising-Produkten (z. B. Bareinzahlung bei der Restgeldspende oder Lastschrifteinzug bei der Dauerspende) und den gewählten Vertriebskanälen (z. B. Überweisung beim Postvertrieb oder Zahlung per Kreditkarte beim Online-Vertrieb).

Grundsätzlich kann ein Spender seine Zahlung auf folgenden Wegen leisten:

- Bareinzahlung,
- Überweisung,
- Lastschriftverfahren,
- Dauerauftrag,
- Zahlung per Kreditkarte,
- Online-Zahlungssysteme,
- Bezahlung über Telefonrechnung,
- Zahlung per Scheck.

Die einzelnen Zahlungssysteme sollen im Folgenden kurz vorgestellt werden.

2.4.7.1 Barzahlung

Der älteste Zahlungsweg für eine Spende ist sicherlich die Barzahlung, bei der ein Spender seine Spende persönlich übergibt. Der Vorteil der Barzahlung liegt für viele, v. a. ältere Spender im sicheren Wissen, dass seine Spende damit auch wirklich bei der Organisation angekommen ist. Außerdem ist die Barzahlung i. d. R schnell, einfach und ohne Gebühren. Auch wenn der bargeldlose Zahlungsverkehr immer mehr zunimmt, gibt es immer noch Lebensbereiche, in denen nach wie vor per Barzahlung gespendet wird. Dies gilt natürlich vor allem für Einzelspenden. Barspenden werden im Rahmen von **Kirchenkollekten** (siehe Kap. 2.5.5.4), **Straßensammlungen** (siehe Kap. 2.5.5.3) und **Haussammlungen** (siehe Kap. 2.5.5.2), aber auch als Restgeldspende (siehe Kap. 2.3.3.2) gegeben. Bei den Haussammlungen der *Caritas* ist man allerdings z. T. dazu übergangen, Zahlungsträger per Hauswurf zuzustellen statt um eine Barzahlung zu bitten.

Nicht nur Einzelspenden können per Barzahlung erfolgen. Auch so manche Dauerspende wird, insbesondere auf dem Land, noch immer bar eingesammelt. So werden z. B. jährlich fällige Mitgliedsbeiträge durchaus noch bar „eingetrieben". Selbst Großspenden werden in sehr seltenene Fällen bar geleistet. Fast jeder Fundraiser v. a. von großen Organisationen kennt den Fall, bei dem ein Koffer voller Bargeld beim Pförtner in Empfang genommen werden soll. Oft handelt es sich um (geerbtes) unversteuertes Geld, das aus Scham einem steuerbegünstigten Zweck zugeführt werden soll. Die Organisation muss dann im Einzelfall entscheiden, ob sie das Bargeld überhaupt annehmen kann.

2.4.7.2 Überweisung

Das wohl am häufigsten eingesetzte Zahlungssystem im Fundraising dürfte die (Bank-) Überweisung sein, bei der ein Spender Geld von einem bestimmten Konto bei seiner Bank auf ein Konto der Organisation bei derselben oder einer anderen Bank bargeldlos überweist. Im Allgemeinen ist dieses Zahlungssystem im Zeitalter des Online-Banking unproblematisch. Probleme können jedoch auftreten, wenn ein neuer, der Organisation bislang unbekannter Spender per Überweisung spendet. Insbesondere, wenn noch ein manuell ausgefüllter Zahlungsträger benutzt wird. Bis die Überweisung von der Organisation verbucht werden kann, können in der Praxis immer wieder folgende Probleme auftreten:

Problem 1: Der neue Spender vergisst, auf dem Überweisungsträger seine Adresse anzugeben. Die Organisation erfährt damit bestenfalls seinen Namen und seine Bankverbindung, kann ihm aber z. B. keine Zuwendungsbestätigung zuschicken, was oft zu Verärgerung führt. Abhilfe kann die sog. *Ein-Cent-Überweisung* schaffen: Da Kontonummer und Bankleitzahl des neuen Spenders der Organisation bekannt sind, überweist sie ihm einen geringen Betrag (z. B. 1 Cent) zurück und schreibt in die Verwendungszweckzeile: „Danke für Spende! Adresse fehlt! Bitte kurz anrufen! Tel. 030/12 34 56 78".[35] Allerdings hat diese

[35] Vgl. Bundesarbeitsgemeinschaft Sozialmarketing: Spender müssen sich an neuen Zahlungsverkehr gewöhnen, in: BSM-Newsletter, Heft 2 1997, S. 8–11.

Methode dadurch für starke Irritation (bei Organisationen und Spendern) gesorgt, dass sie auch für kriminelle Zwecke (außerhalb des Spendenwesens) missbraucht wurde.[36]

Problem 2: Der neue Spender trägt zwar per Hand in die Verwendungszweckzeilen des Überweisungsträgers seine Adresse vollständig ein, die Handschrift ist jedoch so unleserlich, dass die maschinelle Belegerfassung seiner Bank die Adresse nicht lesen kann. Wenn die Bank auf eine (vollständige) manuelle Nacherfassung verzichtet, erhält die Organisation wiederum keine Adresse.

Problem 3: Der neue Spender trägt zwar seine Adresse vollständig und leserlich in die Verwendungszweckzeilen des Überweisungsträgers ein, seine Bank erfasst aus Kostengründen aber nur die erste der beiden Verwendungszweckzeilen. Der Grund liegt darin, dass (noch) nicht jede Bank (-filiale) über ein System zum maschinellen Einlesen von Schriften verfügt und deshalb die Belege zeitaufwendig manuell erfassen muss. Die Organisation erhält lediglich eine unvollständige Adresse. Selbst wenn die Adresse durch die Organisation beispielsweise mit Hilfe einer Adress-CD komplettiert werden kann, verursacht sie dadurch unverhältnismäßigen Aufwand.

Organisationen sollten deshalb, wann immer sie eine Überweisung von (potenziellen) Spendern erwarten, einen Überweisungsträger vorbereiten. Kleine Organisationen können sich – im Idealfall kostenlos – von ihrer Hausbank Überweisungsträger zur Verfügung stellen lassen, auf denen bereits ihre Kontonummer von der Bank aufgedruckt wurde. Da die restlichen Angaben aber vom Förderer ausgefüllt werden müssen, sind noch nicht alle potenziellen Fehlerquellen ausgeschaltet. Im Idealfall bereitet eine Organisation daher einen vollständig ausgefüllten und (maschinell) lesbaren Überweisungsträger vor, bei dem nur noch die Höhe der Spende bzw. des Mitgliedsbeitrages eingetragen und unterschrieben werden muss.

Die Erfassung der mit dem vorbereiteten Überweisungsträger erfolgten Zahlung kann sich die Organisation zusätzlich dadurch erleichtern, dass sie bei der Vorbereitung des Überweisungsträgers in die erste Verwendungszweckzeile noch die zum jeweiligen Förderer gehörige Förderernummer und den Werbecode der jeweiligen Fundraising-Aktion maschinell eintragen bzw. einlasern lässt. Die genannten Probleme können dann i. d. R nicht mehr auftreten. Eine Ausnahme tritt lediglich ein, wenn die Bank des Spenders den maschinenlesbaren Eintrag selbst in der ersten Verwendungszweckzeile aus Kostengründen – trotz ihrer Verpflichtung dazu – nicht weiterleitet. Oder wenn ein Spender den vorbereiteten Zahlschein gar nicht verwendet, sondern stattdessen per Online-Banking spendet – ohne die Angaben in der ersten Verwendungszweckzeile zu übertragen.

Besonders einfach, effizient und sicher wird die Vorbereitung der Überweisungsträger, wenn eine Organisation die sog. *multifunktionale Kontonummer* einsetzt, die in Deutschland einzig von der *Bank für Sozialwirtschaft* (www.sozialbank.de) angeboten wird. Die

[36] Vgl. SPIEGEL Online: Alte Masche, neu aufgelegt: Verbraucherschutzministerium warnt vor Ein-Cent-Überweisungen, http://www.spiegel.de/wirtschaft/service/alte-masche-neu-aufgelegt-verbraucherschutzministerium-warnt-vor-ein-cent-ueberweisungen-a-680809.html (abgefragt am 18.04.2013).

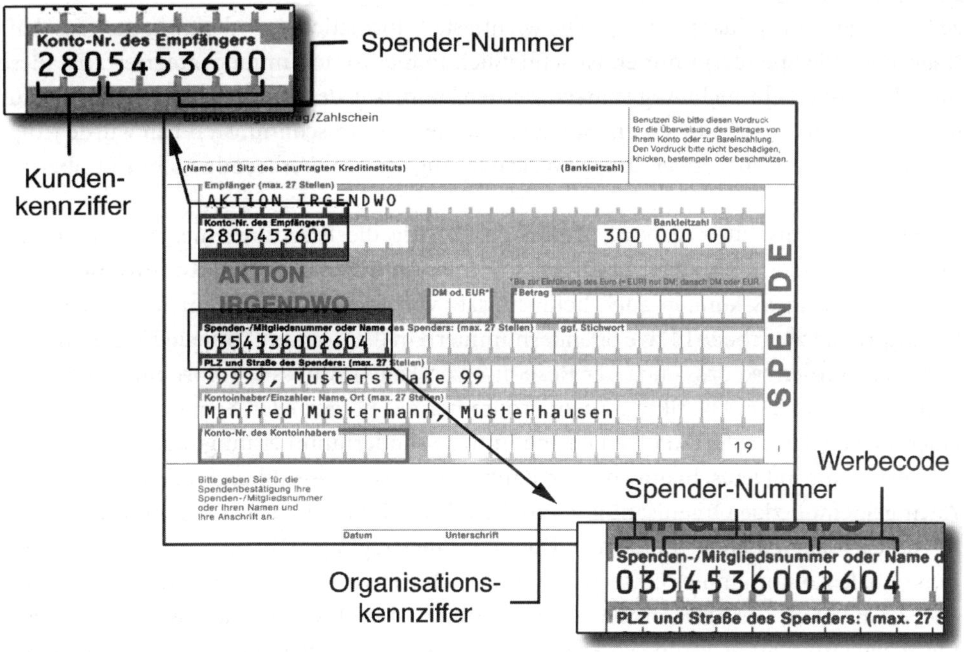

Abb. 2.64 Muster eines Zahlscheins mit multifunktionaler Kontonummer

Idee ist folgende: Jedem bereits bekannten Spender sollte eine Organisation sowieso in der Fundraising-Datenbank eine Spendernummer zuordnen, mit der jeder Spender eindeutig identifiziert werden kann. Haben Spendernummern einer Organisation nicht mehr als sieben Stellen, so bietet die Bank für Sozialwirtschaft an, diese siebenstellige Förderernummer in die Kontonummer der Organisation zu integrieren.

Das funktioniert so: Kontonummern sind in Deutschland maximal zehnstellig. Darauf sind auch die genormten Überweisungsträgervordrucke ausgelegt (siehe Abb. 2.64). Da die Bank für Sozialwirtschaft nur die ersten drei der möglichen zehn Stellen der Kontonummer benötigt um zu erkennen, für welchen ihrer Kunden die eintreffende Zahlung bestimmt ist, kann sie die restlichen sieben Stellen der Organisation für andere Zwecke, in diesem Fall für die Integration einer bis zu siebenstelligen Spendernummer zur Verfügung stellen. Eine Organisation, die für ihre Spender einen Überweisungsträger vorbereitet, lässt in das zehnstellige Feld „Kontonummer des Empfängers“ auf den ersten drei Stellen ihre eigene Kontonummer („Kunden-Kennziffer“) und auf den restlichen sieben Stellen die jeweilige Förderernummer einlasern. Zur Unterscheidung von Bundes-, Landes- und Kreisverbänden einer föderal strukturierten Organisation gibt es eine „Organisationskennziffer“.

Der Vorteil ist nun folgender: Tätigt ein Spender seine Überweisung mit dem vorbereiteten Überweisungsträger, so kann die Organisation die Identität des Auftraggebers der Überweisung auch ohne (eventuell fehlende) Informationen in den Verwendungszweckzeilen auf jeden Fall identifizieren. Die wichtigste Information zur Identifikation des Auftraggebers, die Spendernummer, ist schließlich in die Kontonummer integriert. Da diese im Zahlungsverkehr nicht weggelassen werden kann, ist jede eingehende Überweisung für die Organisation eindeutig einem Spender zuordenbar. Im schlimmsten Fall würde lediglich der in der ersten Verwendungszweckzeile eingelaserte Werbecode nicht mit übertragen.

Weil die zehnstellige Nummer somit gleichzeitig die Funktion einer Kontonummer und einer Spendernummer ausübt, wird von einer **multifunktionalen Kontonummer** gesprochen. Übrigens können auch beim Einsatz von Fremdadressen zunächst nach dem Zufallsprinzip vergebene fiktive Spendernummern in die multifunktionale Kontonummer integriert werden, so dass auch der Response von kalten Adressen sofort eindeutig zugeordnet werden kann. Die fiktive Spendernummer des potenziellen Spenders wird im Fall einer Spende dann sofort in eine neue definitive Spendernummer umgewandelt.

1997 wurde in Deutschland von den Banken der beleglose Zahlungsverkehr eingeführt. Auch gemeinnützige Organisationen erhalten ihre „Kontoauszüge" seitdem in Form von Disketten, Magnetbändern oder per Datenfernübertragung (DFÜ). Wenn sie die multifunktionale Kontonummer einsetzen und über eine leistungsfähige Fundraising-Software (siehe Kap. 2.1.4) verfügen, ordnet die Software quasi „auf Knopfdruck" die von der Bank für Sozialwirtschaft elektronisch erhaltenen Zahlungsinformationen den jeweiligen Förderern zu, ohne dass noch manuell nachgearbeitet werden müsste. Die Zeitersparnis für Fundraiser ist enorm! Die für das Database Marketing benötigte Zahlungshistorie erstellt sich durch den Einsatz der multifunktionalen Kontonummer quasi von selbst. Die multifunktionale Kontonummer lässt sich übrigens problemlos nach Einführung des SEPA-Verfahrens (siehe nächstes Kapitel) weiternutzen.

2.4.7.3 Lastschrift

Beim Lastschriftverfahren ermächtigt ein Spender seine Organisation auf zunächst unbestimmte Zeit, in regelmäßigen Abständen (z. B. monatlich, quartalsweise oder jährlich) einen fest vereinbarten Betrag vom seinem Konto abzubuchen, ohne dass der Förderer dies jedesmal aufs Neue veranlassen müsste. Für den Spender handelt es sich also um ein sehr bequemes Verfahren, für die einziehende Organisation um ein sehr effizientes. Eine leistungsfähige Fundraising-Software (siehe Kap. 2.1.4) bereitet automatisch den monatlichen Einzug aller, in diesem Monat anstehenden Lastschrifteinzüge gebündelt vor. Die Organisation kann dadurch ihre Verwaltungskosten gegenüber anderen Zahlungsverkehrsmethoden deutlich absenken.

Ziel jeder Organisation ist es deshalb, möglichst viele Dauerspender davon zu überzeugen, am Lastschriftverfahren teilzunehmen. Für den Dauerspender hat das Lastschriftverfahren den Vorteil, sich nicht mehr um Überweisungen kümmern zu müssen. Trotzdem gibt es immer wieder Spender, die befürchten, durch die Genehmigung zum Lastschrifteinzug die Kontrolle über ihre Zahlungsvorgänge zu verlieren. Sie wissen oft nicht, dass durch Lastschriftverfahren eingezogene Beträge noch innerhalb von sechs Wochen problemlos zurückgefordert werden können. Organisationen sollten deshalb immer wieder auf die Vorzüge des Lastschriftverfahrens hinweisen! Trotzdem bevorzugen einige Spender die Einrichtung eines Dauerauftrages (siehe nächstes Kapitel).

Eine große Umstellung für den Zahlungsverkehr, insbesondere beim Lastschriftverfahren (aber auch bei Überweisung und Kreditkartenzahlung), kommt mit den neuen SEPA-Verfahren auch auf steuerbegünstigte Organisationen in Deutschland zu. Mit dem Single Euro Payments Area (SEPA) wird ein einheitlicher Euro-Zahlungsverkehrsraum geschaffen, in dem nicht mehr zwischen nationalen und grenzüberschreitenden Zahlungen unterschieden wird, sondern alle Zahlungen wie inländische Zahlungen behandelt werden. SEPA-Überweisungen, SEPA-Lastschriften und SEPA-Kartenzahlungen können dann im gesamten Euro-Raum ebenso einfach, effizient und sicher eingesetzt werden, wie die heutigen Zahlungsverkehrsinstrumente auf nationaler Ebene. Wichtig für das Fundraising ist, dass der nationale Zahlungsverkehr (also auch der zwischen einer Organisation und ihren Spendern) bis spätestens 01.02.2014 auf SEPA umgestellt sein muss. Bank und Kontonummer werden dann auch im nationalen Zahlungsverkehr abgelöst von der 22-stelligen *International Bank Account Number* (IBAN) und dem *Bank Identifier Code* (BIC).

Aus der Umstellung ergeben sich leider auch eine ganze Reihe von Nachteilen für das Fundraising, die über den nicht unerheblichen Umstellungsaufwand weit hinausgehen. So wird das bisherige Lastschriftverfahren, das unkompliziert auch mündlich bzw. telefonisch erteilt werden konnte, durch ein sog. Doppelmandat abgelöst, bei dem der Zahlungspflichtige sowohl dem Zahlungsempfänger als auch seiner Bank schriftlich ein Mandat zum Lastschrifteinzug erteilen muss. Dies verkompliziert das Spenden auf allen Vertriebswegen (siehe Kap. 2.5): beim persönlichen Vertrieb (z. B. im Face-to-Face-Fundraising), im Telefon-Vertrieb (z. B. bei einer TV-Gala), im Postvertrieb (z. B. bei der Dauerspenderwerbung in Mailings) und im Online-Vertrieb (z. B. bei der Online-Spende auf der Website). Auch muss die Fundraising-Software SEPA-fähig gemacht werden.

► **Tipp** Die Bank für Sozialwirtschaft stellt auf ihrer Website (www.sozialbank.de/358) umfangreiches Informationsmaterial zur Vorbereitung auf die SEPA-Einführung zur Verfügung.

2.4.7.4 Dauerauftrag

Ein ebenfalls verbreitetes Zahlungssystem ist der Dauerauftrag. Beim Dauerauftrag wird, ähnlich wie beim Lastschrifteinzug, auf zunächst unbestimmte Zeit, in regelmäßigen zeitlichen Abständen ein gleichbleibend hoher Betrag vom Konto des Spenders abgebucht. Während jedoch beim Lastschrifteinzug die Initiative bei der einziehenden Organisation liegt, ist sie beim Dauerauftrag bei der Bank des Spenders. Im Gegensatz zum Lastschrifteinzug kann der überwiesene Betrag bei einem Dauerauftrag nicht mehr zurückgezogen werden. Der Dauerauftrag wird im Fundraising v. a. zur Überweisung einer Dauerspende und eventuell zur Überweisung einer standardisierten Form von Großspende (High Donor, evtl. auch Major Donor) eingesetzt.

2.4.7.5 Kreditkarte

Ein weiteres, mögliches Zahlungssystem im Fundraising ist die Kreditkarte. Zwar bieten viele Organisationen die Kreditkartenspende (insbesondere auf Ihrer Website) an. Doch spielen Kreditkartenspenden in Deutschland erfahrungsgemäß eine wesentlich geringere Rolle als in anderen Ländern wie insbesondere den Vereinigten Staaten.

2.4.7.6 Online-Zahlungssysteme

Mit der rasanten Verbreitung des Internet-Handels (E-Commerce) wurden neben klassischen Zahlungssystemen auch Online-Zahlungssysteme (E-Payment) immer wichtiger. Aus einer unüberschaubaren Vielfalt an Online-Zahlungssystemen, haben in Deutschland bis dato lediglich die Unternehmen *PayPal* (2002 vom Online-Auktionshaus *eBay* übernommen) und *ClickandBuy* (Tochergesellschaft der *Deutschen Telekom AG*) eine relevante Marktdurchdringung erreicht. Bei beiden Online-Zahlungssystemen erfolgt die Bezahlabwicklung per Lastschrift oder Kreditkarte. Der Vorteil für den Bezahlenden liegt jedoch darin, dass er als eBay- bzw. Telekom-Kunde bereits bei diesen Unternehmen registriert ist, und sich bei Zahlungen über PayPal bzw. ClickandBuy an Dritte nicht erst nochmal langwierig registrieren muss, sondern von einem verkürzten Bezahlprozess profitieren kann. Beide Online-Zahlungssysteme können natürlich auch für (Online-) Spenden genutzt werden.

Beispiel

Im Rahmen des RTL-Spendenmarathons 2009 zugunsten der *Stiftung RTL – Wir helfen Kindern e. V.* konnte ein Online-Spender seine Spende mit Hilfe von ClickandBuy mit ein paar Klicks per Lastschrift, Banküberweisung, Giropay, Sofortüberweisung, Kreditkarte oder eWallet (=prepaid) durchführen, und damit Not leidenden Kindern einfach helfen.

Beispiel

PayPal bietet die Möglichkeit der PayPal-Spende über eine Schaltfläche auf der Website einer Organisation oder über einen Link in einer E-Mail an. Die Spenden werden über Kreditkarte eingezogen. Als Vorteile gibt PayPal die einfache Implementierung an, den Verzicht auf Vorauskosten (abgerechnet wird ein Prozentsatz der Spende) und eine detaillierte Aufzeichnungen zu den Transaktionen. Nachteilig (für den Spender) ist jedoch, dass die Finanzverwaltung in Deutschland den Abrechnungsausdruck von PayPal ausdrücklich nicht als vereinfachten Zuwendungsnachweis anerkennt, der für Spenden bis 200 € gilt. Da bei Zuwendungen über PayPal der tatsächliche Zugang bei einer gemeinnützigen Organisation nicht gewährleistet werden kann, muss bei der gemeinnützigen Organisation eine herkömmliche Zuwendungsbestätigung angefordert werden.

2.4.7.7 Bezahlsysteme über das Telefon

Den Vorteil der einfachen und bequemen Bezahlung kann neben dem Internet zunehmend auch das (Mobil-) Telefon bieten. Über SMS Premium-Dienste und Telefonmehrwertdienste können Zahlungen über SMS und Telefonanruf ausgelöst und über die Telefonrechnung des Mobilfunk- oder Festnetzanbieters abgerechnet werden. Der Nachteil dieser Bezahlsysteme liegt bislang hauptsächlich darin, dass nur vergleichsweise geringe Beträge beglichen werden können. Man spricht deshalb auch von Micropayment Zahlungssystemen. Im Fundraising werden Micropayment Zahlungssysteme im Rahmen von Mikrospenden und insbesondere in Form von SMS-Spenden (siehe Kap. 2.3.3.1) eingesetzt. Zwar kann der Betrag einer SMS-Spende über die üblichen fünf oder zehn Euro hinaus auf mittlerweile bis zu 29,99 € erhöht werden. Auch sind Abonnements bis hin zu täglicher Abbuchung möglich. (Einzel- oder Dauer-) Spenden in beliebiger, unbegrenzter Höhe können mit den SMS Premium-Diensten und Telefonmehrwertdiensten jedoch derzeit noch nicht abgewickelt werden. Dafür verschmilzt die Mobiltelefonie immer stärker mit dem Internet. Mit Einführung der Smartphones (der Durchbruch gelang 2007 mit dem iPhone) können die Online-Zahlungssysteme im Internet genutzt werden – wenn auch – aufgrund der kleinen Displays – oft noch nicht sehr komfortabel. Das Bezahlen mit Handy (Mobile Payment) und damit auch das Spenden mit Handy stecken in Deutschland noch in den Kinderschuhen. Ihm dürfte jedoch die Zukunft gehören.

2.4.7.8 Scheck

Nur der Vollständigkeit halber, sei an dieser Stelle darauf hingewiesen, dass grundsätzlich auch der Scheck als Zahlungsmittel für eine Spende genutzt werden kann. Im Gegensatz zu den Vereinigten Staaten ist diese Möglichkeit in Deutschland jedoch nicht (mehr) sehr verbreitet. Entsprechend wird in der Kommunikation gemeinnütziger Organisationen i. d. R auch nicht mehr auf dieses Zahlungssystem hingewiesen.

2.4.8 Was ich in diesem Kapitel gelernt habe

- Geben Sie Ihren (potenziellen) Spendern Orientierung in Form einer Shopping-List!
- Berücksichtigen Sie bei der Preisbildung für Ihre Spendenprodukte angemessen die (Voll-) Kosten, die mit der Spende verbunden sind!
- Versuchen Sie, den Preis für eine Dauerspende durch geeignete Upgrading-Maßnahmen schrittweise anzuheben!
- Definieren Sie einen (oder mehrere) Schwellenwert(e), ab welcher Jahresspendensumme Sie einen Spender als Großspender betrachten wollen!
- Setzten Sie den Schwellenwert im Zweifel lieber etwas zu hoch als zu niedrig an. Soll fallen eventuelle spätere Korrekturen leichter!
- Achten Sie bei einer Testamentspende in Form einer Erbschaft auf einen ausreichend hohen Nettoertrag!

- Optimieren Sie den Zahlungsverkehr Ihrer Organisation! Suchen Sie sich dazu eine leistungsfähige Bank, die die Abwicklung Ihres Zahlungsverkehrs optimal begleiten kann!
- Weisen Sie Ihre Spender und Mitglieder immer wieder auf die Vorzüge des Lastschrifteinzuges hin!
- Wenn Sie eine Spende von einem neuen Spender erhalten, der seine Adresse nicht angegeben hat, überweisen Sie ihm einen geringen Betrag zurück und bitten um Kontaktaufnahme!
- Verschicken Sie an Ihre Förderer möglichst nur vorbereitete Überweisungsträger um unvollständige und unleserliche Belege zu vermeiden!
- Beschaffen Sie sich als kleine Organisation von Ihrer Hausbank zumindest Überweisungsträger, auf denen die Bank bereits Ihre Kontonummer aufgedruckt hat! Dies sollte gratis möglich sein!
- Wenn Sie für eine größere Organisation arbeiten, prüfen Sie den Einsatz der multifunktionalen Kontonummer der *Bank für Sozialwirtschaft*!
- Wenn Sie die multifunktionale Kontonummer nicht einsetzen wollen oder können, lassen Sie zumindest die Förderernummer in die erste Verwendungszweckzeile des Überweisungsträgers einlasern.

2.4.9 Weiterführende Literatur zu diesem Kapitel

Pousttchi, K.: Mobile-Payment in Deutschland – Szenarienübergreifendes Referenzmodell für mobile Bezahlvorgänge. Gabler, Wiesbaden (2005)

Stahl, E., Krabichler, T., Breitschaft, M., Wittmann, G.: Zahlungsabwicklung im Internet – Bedeutung, Status-quo und zukünftige Herausforderungen. Regensburg (2006)

2.5 Vertriebspolitik

Nachdem im Rahmen der Produktpolitik Entscheidungen zu den verschiedenen Spendenprodukten (Einzel-, Dauer, Groß-, Testament-, Anlass-, Mikro- und Restgeldspende) und im Rahmen der Preispolitik Entscheidungen zu deren jeweiligem Preis gefällt wurden, ist nun im Rahmen der Vertriebspolitik zu entscheiden, wie diese Produkte vertrieben werden sollen.

2.5.1 Entscheidungen im Rahmen der Vertriebspolitik

Nach Marketing-Verständnis, umfasst die Vertriebspolitik alle Entscheidungen, die notwendig sind, um ein Produkt für den Kunden verfügbar zu machen. Dabei werden akquisitorische Entscheidungen (über welche Vertriebskanäle können Kunden gewonnen, gebunden und zurückgewonnen werden?) und logistische Entscheidungen (wie wird das Produkt durch Überwindung von Raum und Zeit an Kunden distribuiert?) unterschieden. Im Fundraising stehen akquisitorische Aspekte im Vordergrund; logistische Aspekte sind wegen der Immaterialität des (Spenden-) Produktes nachrangig. Deshalb wird an dieser Stelle dem Begriff „Vertriebspolitik" der Vorrang vor dem ebenfalls oft verwendeten Begriff „Distributionspolitik" gegeben. Im Mittelpunkt soll hier die Auswahl des Vertriebssystems und der Vertriebskanäle stehen. Bei der Auswahl des Vertriebssystems ist eine Entscheidung für den Direktvertrieb und/oder den indirekten Vertrieb zu fällen.[37] Beim **Direktvertrieb** erfolgt der Vertrieb bzw. Verkauf von Produkten oder Dienstleistungen direkt von einem Hersteller an einen Endverbraucher, ohne irgendwelche Zwischenhändler. Der Vorteil des Direktvertriebes besteht darin, dass der Hersteller den gesamten Vertrieb kontrollieren kann und nicht auf die Kooperationsbereitschaft von (Zwischen-) Händlern angewiesen ist. Auch entfallen die zusätzlichen Kosten für (Zwischen-) Händler. Folgende Vertriebskanäle, die in den nachfolgenden Kapiteln noch näher zu erläutern sein werden, können dem Direktvertrieb zugeordnet werden:

- Postvertrieb,
- Online-Vertrieb (E-Commerce),
- Telefonvertrieb,
- Persönlicher Vertrieb.

Beim **indirekten Vertrieb** werden zwischen Hersteller und Endverbraucher Zwischenhändler (Groß- und/oder Einzelhändler) eingeschaltet. Dadurch sinkt zwar die Kontrollierbarkeit für den Hersteller und steigen die Kosten, dafür kann aber das Vertriebsnetz dichter werden. Folgende Vertriebskanäle können dem indirekten Vertrieb zugeordnet werden:

- Vertrieb über Handelsunternehmen,
- Vertrieb über Handelsvertreter,
- Vertrieb in Kommission,
- Franchising.

Im Fundraising steht eindeutig der Direktvertrieb im Vordergrund, der durch die Immaterialität des (Spenden-) Produktes erleichtert wird. Entsprechend wird im Folgenden der Schwerpunkt auf den Postvertrieb (Kap. 2.5.2), den Online-Vertrieb (siehe Kap. 2.5.3), den Telefonvertrieb (siehe Kap. 2.5.4) und den persönlichen Vertrieb (siehe Kap. 2.5.5) gelegt. Für den indirekten Vertrieb entscheidet sich eine Organisation, wenn ein (Unterneh-

[37] Vgl. Bruhn, Manfred: Marketing – Grundlagen für Studium und Praxis, 11. Aufl., Gabler, Wiesbaden 2012, S. 245 ff..

mens-) Partner sein Vertriebsnetz kostenlos oder zumindest kostengünstig zur Verfügung stellt (siehe Kap. 2.5.7). Insgesamt steht also eine ganze Reihe denkbarer Vertriebskanäle zur Auswahl. Um ein möglichst dichtes Vertriebsnetz zu erlangen, sollten im Sinne einer **Multi-Channel Distribution** im Fundraising alle Vertriebskanäle genutzt werden, bei denen ein vernünftiges Verhältnis von Aufwand und Ertrag erzielt werden kann.

2.5.2 Postvertrieb (Mailing)

Beim Postvertrieb werden (potenzielle) Spender (als Käufer eines immateriellen Spendenproduktes) auf dem Postweg – per Brief bzw. Mailing – akquiriert. Es gibt also deutliche Parallelen zum Versandhandel, bei dem Käufer physischer Produkte auf dem Postweg – per Brief und Katalog – akquiriert werden. Beim Versandhandel agiert jedoch – wie man dem Begriff unmittelbar entnehmen kann – zwischen Hersteller und Endverbraucher (mindestens) ein Händler. Damit ist der Versandhandel dem Vertriebssystem des indirekten Vertriebs zuzuordnen. In Abgrenzung dazu soll der direkte Vertrieb von (Spenden-) Produkten über Mailings hier Postvertrieb genannt werden. In diesem Zusammenhang wird gerne auch von Direct Marketing bzw. Direktmarketing unter Betonung des kommunikationspolitischen Aspektes („Direktwerbung") gesprochen. Im Fundraising spielt jedoch der vertriebspolitische Aspekt („Direktvertrieb") eine mindestens gleichwertige Rolle.

Der Postvertrieb dürfte wohl auch im Fundraising eingesetzt werden, seit es Postdienstleistungen (ab 1490) gibt. Zum wichtigsten Vertriebskanal avancierte er jedoch erst, als es Anfang der 1980er Jahre mit Aufkommen der Personal Computer und Textverarbeitungs-Software mit Serienbrieffunktion plötzlich für jede Organisation möglich wurde, eine Vielzahl von Menschen personalisiert und kostengünstig ansprechen zu können. Mit einsetzender Professionalisierung des Fundraising in den 1990er Jahren (ausgelöst durch die Finanzknappheit des Staates in Folge der deutschen Wiedervereinigung) und zunehmendem Verdrängungswettbewerb auf dem Spendenmarkt ab den 2000er Jahren gerät der Postvertrieb unter Druck. Kritiker geben zu bedenken, dass das Mailing aufgrund seines Erfolges so stark eingesetzt wird, dass die Briefkästen verstopft, die Adressaten verärgert und die Briefe gar nicht mehr geöffnet, sondern sofort ungelesen in den Müll geworfen würden („Junk Mail"). Trotzdem wird das Mailing aufgrund seiner unverkennbaren Vorteile nach wie vor von praktisch jeder (größeren) Organisation eingesetzt. Selbst neu auf den Spendenmarkt drängende Organisation wollen (und können) auf dieses Instrument nicht verzichten. Deshalb ist der Postvertrieb immer noch der wichtigste Vertriebskanal im Fundraising – und wird dies auch solange bleiben, bis er eines Tages vom Online-Vertrieb (siehe nächstes Kapitel) überflügelt werden wird.

Der Postvertrieb mit Hilfe des Mailing wird zur Gewinnung, Bindung und Rückgewinnung von Spendern auf allen Stufen der Spenderpyramide eingesetzt. Wegen der vergleichsweise geringen Kosten ist das Mailing der vorherrschende Vertriebskanal in der Basis der Spenderpyramide. Als Faustformel kann mit einem Euro pro Brief gerechnet werden. Der Betrag kann jedoch je nach Auflage, Format und Umfang eines Mailing auch höher oder niedriger ausfallen. Fast unverzichtbar ist das Mailing für die Gewinnung von Erstspendern.

2.5.2.1 Eigenadress-Mailing

Nach der Systematik der Spenderpyramide werden zunächst alle vorab gewonnenen Interessenten (siehe Kap. 2.1.2.2) als potenzielle Erstspender betrachtet und mit einem Mailing angeschrieben. Da ein solches Mailing an selbst gesammelte „eigene" Adressen mit einem bereits mehr oder weniger persönlichen Bezug verschickt wird, spricht man im Fundraising von einem „Eigenadress-Mailing" oder auch „Warmadress-Mailing" oder auch „Hauslisten-Mailing". Dabei liegt der Vorteil, in Privatpersonen zunächst nur Interessenten, und erst in einem zweiten Schritt (Erst-) Spender zu sehen, darin, dass den Privatpersonen ausreichend Zeit gelassen wird, die Organisation kennenzulernen und Vertrauen zu ihr aufzubauen. Wird ein Interessent zum Erstspender (und danach vielleicht sogar noch zum Mehrfach-, Dauer-, Groß- und Testamentspender) upgegradet, so erhält er zur Bindung weiterhin Eigenadress-Mailings. Üblicherweise verschicken Organisationen vier bis zehn Mailings pro Jahr. Die meisten Organisationen verschicken sechs Mailings pro Jahr. Am erfolgversprechendsten ist der Versand Mitte November, da in diesem Monat viele Menschen ihr 13. Monatsgehalt („Weihnachtsgeld") erhalten und deshalb großzügiger sein können. Aus demselben Grund werden im November auch die meisten Fremdadress-Mailings verschickt.

2.5.2.2 Fremdadress-Mailing

Genießt eine Organisation bereits einen hohen Bekanntheitsgrad und Vertrauen in der Bevölkerung, so muss sich ein potenzieller Spender nicht erst über sie informieren. Eine solche Organisation kann voraussetzen, dass man sie bereits kennt und mit Hilfe eines sog. Fremdadress-Mailing (auch Kaltadress-Mailing oder Prospect-Mailing genannt) direkt Erstspendergewinnung betreiben. Der Unterschied zu Eigenadress-Mailings besteht darin, dass Fremdadress-Mailings – wie der Name schon sagt – nicht an bereits bekannte Adressen gehen, sondern an angemietete Fremdadressen, zu denen bislang noch kein Kontakt bestand. In der Hoffnung, dass die Menschen, die hinter diesen Fremdadressen stehen, aufgrund ihrer (demo-, psycho-, sozio- und geografischer bzw. verhaltensbezogener) Merkmale (siehe Kap. 6.2.3.1) Interesse an den Projekten haben könnten, für die die Organisation sammelt. Natürlich sind die Streuverluste, die dadurch entstehen, dass mit Fremdadress-Mailings auch Menschen kontaktiert werden, die kein Interesse an dieser Organisation bzw. diesem Projekt haben, entsprechend hoch. Die Erfahrung zeigt, dass heutzutage selbst bei geeigneten Fremdadresslisten im Normalfall lediglich 1 % der Angeschriebenen mit einer Spende auf das Mailing reagiert (man spricht dann auch von einer Response-Quote von 1 %. Siehe Kap. 6.3.3). Die große Mehrheit von 99 % reagiert also nicht. Auch wenn mit den Spenden der 1 % Reagierer i. d. R noch nicht einmal Kostendeckung erreicht werden kann, lohnt sich das Fremdadress-Mailing (mittel- und langfristig) doch, weil durch das Upgrading des so gewonnenen Erstspenders später entsprechende

Überschüsse erzielt werden können. Dies ist ein zusätzlicher Grund für den bereits erwähnten langen zeitlichen Vorlauf des Fundraisings.[38]

Was sind nun geeignete Fremdadressen? Zunächst könnte man versucht sein, einfach die Adressen aus dem Telefonbuch abschreiben oder – einfacher – von einer entsprechenden CD zu kopieren. Das einzige Selektionskriterium, das bei der Auswahl dieser Fremdadressen dann jedoch vorliegen würde, wäre das Vorhandensein eines Telefonanschlusses. Mehr Kriterien zur Unterscheidung von Interessenten und Nicht-Interessenten unter den Fremdadressen würden der Organisation nicht vorliegen. Der Streuverlust bei Einsatz aller so gewonnenen Adressen wäre entsprechend hoch. Um den Streuverlust zu minimieren, sucht man deshalb (Fremd-) Adressen, über die möglichst viele Informationen zur Verfügung stehen. In der Praxis vermieten v. a. Versandhandelsunternehmen sowie Zeitungs- und (Fach-) Zeitschriftenverlage die Adressen ihrer Kunden bzw. Leser. Ziel dieser Unternehmen ist es, über die Vermietung der Adressen zusätzliche Einnahmen zu generieren. In den seltensten Fällen bieten die Unternehmen ihre Adressen dabei selbst an. Meist bedienen sie sich sog. Adressverlage, die die Rechte an den Adressen erwerben und sie anschließend direkt an Interessenten oder über spezialisierte Zwischenhändler bzw. Adressmakler, sog. Listbroker vermieten. Je mehr Informationen ein Versandhändler über seine Kunden in seiner Datenbank gesammelt hat, umso mehr Selektionskriterien liegen vor, umso interessanter wird die Adressliste auch für Fundraiser.

Beispiel

Eine von Nonprofit-Organisationen gerne angemietete Adressliste war und ist die der Firma *Walbusch*, einem Versandhandelsunternehmen für gehobene Oberbekleidung. Von *Walbusch*-Kunden ist bekannt, dass sie sich durch folgende Merkmale auszeichnen:

- zu 75 % männlich,
- über 45 Jahre,
- konservativ,
- hohe Kaufkraft.

Organisationen, die durch die Auswertung ihrer eigenen Spenderdatenbank im Rahmen des Database Marketing (siehe Kap. 6.2.3.1) wissen, dass sich ihre Spender durch ein ähnliches Merkmalsprofil auszeichnen wie *Walbuschs* Versandkäufer, haben durch die Anmietung der *Walbusch*-Liste eine deutlich höhere „Trefferwahrscheinlichkeit" auf (potenzielle) Spender zu stoßen, als beim Einsatz der ungleich weniger profilierten Telefonbuchadressen.

Ziel jeder Organisation muss also sein, diejenigen Adresslisten zu finden, bei denen das Profil der hinter den Adressen stehenden Käufer bezüglich geografischer, demografischer, psychografischer, soziografischer und verhaltensbezogener Merkmale eine möglichst hohe

[38] Vgl. Meyer, Christian: Fund Raising für Greenpeace – Erfolgreich durch den Dialog, in: Dallmer, Heinz (Hrsg.): Handbuch Direct Marketing, 6. Aufl., Gabler, Wiesbaden 1991, S. 843–852,S. 846.

Deckung mit dem Profil der Förderer der Organisation aufweist. Dabei sollten sie sich durch spezialisierte Listbroker beraten lassen, die zumindest die wichtigsten der ca. 1.400 bis 1.500 auf dem deutschen Markt angebotenen Adresslisten kennen (sollten). Je nach Liste kostet die (einmalige) Miete von 1.000 Adressen zwischen 100 und 400 €. Meist ist eine Mindestabnahme von 5.000 Adressen erforderlich. Kompetente Listbroker erkennt man am List-Council-Qualitätssiegel, das der *Deutsche Direktmarketing Verband (DDV)* jährlich nach Online-Prüfung verleiht.

Die Adressen werden in aller Regel nur vermietet, nicht verkauft. Sie stehen also zunächst nur zum einmaligen Einsatz im Rahmen eines Fremdadress-Mailings zur Verfügung und bleiben zunächst im Eigentum des Adressverlages. Sie dürfen erst (aus dem Fremdbestand) in den Eigenbestand der Organisation übernommen werden, wenn sie auf das Fremdadress-Mailing der Organisation mit einer Spende reagiert haben. Durch die Spende begründet sich eine neue Geschäftsbeziehung zwischen dem Spender und der Organisation. Die Organisation erwirbt damit ein eigenes Recht an der Adresse. Aus der Fremdadresse (kalte Adresse) ist eine Eigenadresse (warme Adresse) geworden. Bei Postkäuferadressen kann eine Organisation nicht in Versuchung geraten, eine angemietete Adresse unzulässigerweise auch ohne Spende einfach in den Eigenbestand zu übernehmen, da sie gar nicht erst in deren physischen Besitz gelangt. Vielmehr wird ein spezialisierter Dienstleister (Lettershop) beauftragt, die Adressen nach den Regeln des Bundesdatenschutzgesetzes im Auftrag der Organisation zu verarbeiten. Zusätzlich würde ein Adressanbieter jedoch allein schon dadurch von einem Missbrauch der bei ihm angemieteten Adressen erfahren, dass er grundsätzlich *Kontrolladressen* in die vermietete Liste einstreut. Würde eine Organisation gemietete Adressen unrechtmäßigerweise ein zweites Mal anschreiben, so würde der Adressanbieter dies dadurch erfahren, dass der Inhaber der Kontrolladresse (den die anmietende Organisation ja nicht kennen kann) ihn sofort benachrichtigen würde. Die Organisation würde damit gegen vertragliche Regelungen verstoßen und eine vereinbarte Konventionalstrafe bezahlen müssen.

2.5.2.3 Inhouse versus Outsourcing

Im Rahmen der Vertriebspolitik ist zu entscheiden, ob der Postvertrieb bzw. die Produktion der Mailings von den eigenen Fundraisern innerhalb einer Organisation (Inhouse) oder von externen Dienstleistern (im Outsourcing) durchgeführt werden soll. Bei dieser klassischen Make-or-buy-Entscheidung ist neben den Kosten v. a. auch die Komplexität der Prozesse zu berücksichtigen, die von Nicht-Experten gerne unterschätzt wird. Die Produktion eines Mailings umfasst eine Vielzahl von Teilschritten, die minutiös geplant und aufeinander abgestimmt werden müssen:

- Konzeption, Text, Bilder, Graphik,
- Selektion und Aufbereitung der eigenen Adressen,
- Anmietung und Aufbereitung von Fremdadressen,
- Abgleich, Bereinigung (mit Hilfe von Umzugsdatei und Sterbedatei) und Portooptimierung der Adressen (siehe Kap. 2.1.4.3),

- Produktion aller Mailing-Bestandteile (Briefhülle, Anschreiben und Zahlschein, Informationsträger, Response-Elemente wie Antwortkarten oder adressierte Rückumschläge, evtl. Give-aways),
- Personalisierung einzelner Mailing-Bestandteile,
- Falzen, Kouvertierung, Frankierung, Postauflieferung.

Eine detaillierte Darstellung des gesamten Prozesses der Mailing-Erstellung würde den Rahmen des vorliegenden Buches sprengen. Dazu kommt die Problematik, dass viele Angaben (Preise, Porti, Gewichte etc.) schnell veralten. Es wird deshalb auf die einschlägige Fachliteratur zum Thema Mailing verwiesen.[39] In Kap. 2.6.5.1 werden jedoch noch einige Überlegungen zum Mailing aus kommunikationspolitischer Sicht angestellt und Tipps zur Gestaltung von Mailings gegeben. Außerdem werden in Kap. 6 die wichtigsten Überlegungen zu Planung, Controlling und Qualitäts-Management eines Maillings vorgestellt.

Zahlreiche Bestimmungen der Post, der Banken und des Datenschutzes (siehe nächstes Kapitel) müssen berücksichtigt werden. Bereits kleine Fehler können bei entsprechenden Auflagen zu erheblichen Kosten führen. An dem Prozess sind deshalb i. d. R unterschiedliche, z. T. hochspezialisierte Dienstleister (Rechenzentren, Listbroker, Konzeptioner, Graphiker, Texter, Lithoanstalten, Druckereien, Lettershops u. a.) beteiligt. Nur ganz wenige große Organisationen können einen Großteil der Funktionen selber übernehmen. Die meisten Organisationen lagern den Prozess teilweise oder ganz an Agenturen aus. Eine Aufstellung von Anbietern kann kostenlos im Mitgliederverzeichnis auf der Website des *Deutschen Fundraising Verbandes* (www.fundraisingverband.de) unter „Dienstleister" (Art der Dienstleistung: „Print") eingesehen werden.

▶ **Tipp für kleinere Organisationen** Informieren Sie sich über das webbasierte Angebot „MailingFactory" der Deutschen Post AG (www.mailingfactory.de). Hier können Sie unkompliziert auch Mailings in zunächst kleinerer Auflage in Auftrag geben.

2.5.2.4 Rechtliche und ethische Aspekte des Postvertriebes

Ziel eines Mailings im Rahmen des Postvertriebes ist es, über die Arbeit einer steuerbegünstigten Organisation und ihre Mittelverwendung transparent zu informieren, um eine vertrauensvolle Beziehung zum Spender aufzubauen. Würde das Mailing einer Organisation vom Spender als Belästigung empfunden werden, so wäre dies kontraproduktiv für den Vertrauensaufbau. Daran kann einem Fundraiser schon aus Eigeninteresse nicht gelegen sein. Es gibt aber auch rechtliche und ethische Regeln, die eine Belästigung vermeiden sollen. Die wichtigsten rechtlichen Regelungen finden sich im *Bundesdatenschutzgesetz (BDSG)*. Darin ist seit dem 01.09.2009 (Datenschutznovelle II) geregelt, dass Verbraucher der Nutzung ihrer Adressdaten aktiv zustimmen müssen. Die Versendung eines Werbe-

[39] Siehe „Weiterführende Literatur zu diesem Kapitel".

briefes ist deshalb nur mit ihrer Einwilligung (Opt-in) gestattet. In § 28 Absatz 3 BDSG sind jedoch einige Ausnahmen zu diesem Grundsatz geregelt. Nach § 28 Absatz 3 Satz 3 Nr. 3 BDSG ist die Spendenwerbung vom Einwilligungsvorbehalt ausgenommen. Steuerbegünstige Organisationen dürfen also weiterhin Mailings an (potenzielle) Spender verschicken, ohne vorher deren Einwilligung einholen zu müssen. Dies gilt auch für die Spendenwerbung durch Parteien. Im Rahmen des sog. Listenprivilegs ist es steuerbegünstigen Organisationen für ihre Spendenwerbung erlaubt, Adressenlisten mit Name, Anschrift, Geburtsjahr, Beruf und einem weiteren Merkmal zu speichern, an Dritte weiterzugeben sowie für werbliche Ansprache zu nutzen.[40]

Zusätzlich zu den genannten gesetzlichen Regelungen, sind immer aber auch ethische Überlegungen zu berücksichtigen. Obwohl ein Mailing juristisch zulässig ist, kann es von einem Spender doch als Belästigung empfunden werden. Äußert ein Spender gegenüber einer Organisation, dass er sich durch deren Eigenadress-Mailings belästigt fühlt, sollte ihm selbstverständlich angeboten werden, darauf künftig zu verzichten. Nimmt ein Spender dieses Angebot an, ist in der Datenbank ein Sperrkennzeichen zu setzen, das diesen Spender für künftige Mailing-Aktionen sperrt.

Wer sich durch Fremdadress-Mailings belästigt fühlt, hat die Möglichkeit, sich auf die Brief-**Robinsonliste** des *Deutschen Direktmarketing Verbandes* (*DDV*) setzen zu lassen (www.ichhabediewahl.de). In diese Sperrliste kann sich jeder kostenlos und gültig für fünf Jahre eintragen, der keine adressierten Werbebriefe von Unternehmen erhalten möchte, bei denen er kein Kunde ist oder nicht ausdrücklich der Zusendung zugestimmt hat. Wer bei einem Unternehmen bereits Kunde ist, erhält weiterhin alle wichtigen Informationen des Unternehmens. Auch wenn die Robinsonliste in erster Linie für Unternehmen gedacht ist, kann natürlich auch eine gemeinnützige Organisation bei Anmietung von Fremdadressen für ein Mailing einen Abgleich gegen die Robinsonliste durchführen lassen – falls dieser nicht sowieso schon im Vorfeld beim Adressverlag erfolgt sein sollte.

Darüber hinaus gibt es noch eine ganze Reihe weiterer ethischer Standards, die eine steuerbegünstigte Organisation im Zusammenhang mit einem Mailing berücksichtigen sollte. Orientierung gibt beispielsweise die Handreichung „Ethik in Spenden-Mailings". Sie wurde gemeinsam erarbeitet vom *DZI* und *VENRO*, dem rund 100 deutsche Nicht-Regierungsorganisationen in der Entwicklungszusammenarbeit angehören. Die Handreichung, die als Download auf der Website des DZI zur Verfügung steht, will Sicherheit dahingehend schaffen, was aus Perspektive der Regelwerke des *DZI* (Spenden-Siegel-Leitlinien) und der *VENRO* Kodizes (*VENRO* Verhaltenskodex und Kodex Entwicklungsbezogene Öffentlichkeitsarbeit) ethisch vertretbare Mailings auszeichnet. Für die in einem Mailing verwendeten Fotos, grafische Gestaltung, Text/Sprache und Beigaben (Give-aways) werden die Kodizes beider Organisationen daraufhin konkretisiert, was als „akzeptabel (ok)", was als „problematisch" und was als „nicht vertretbar" angesehen wird.

[40] Siehe: DDV, Ich habe die Wahl – Verbraucherinformationen zum Dialogmarketing, Wichtige Gesetze, https://www.ichhabediewahl.de/?cid=3 (Zugriff am 03.05.2013).

Beispiel

In Mailings abgebildete Fotos von Menschen sollen wahrhaftig sein und die reale Situation widerspiegeln. Wenn Fotos einen Bezug zur Arbeit der Organisation haben, die Würde der Dargestellten nicht verletzt wird und nicht bewusst eine Schockwirkung erzeugt werden soll, sind emotional wirkende Bilder in der Spenderkommunikation unproblematisch. In diesem Zusammenhang wird als „akzeptabel (ok)" angesehen, wenn aus dem Foto ersichtlich wird, dass ein Kind mit wenig Nahrung und schmutziger Kleidung auskommen muss oder an einer Krankheit oder Behinderung leidet. Als „problematisch" erachtet wird hingegen, wenn Fotos von Kindern ohne Kontext zum Arbeitsgebiet nur im Mailing vorkommen, um ein Gefühl des Mitleids hervorzurufen. Als „nicht vertretbar" werden gestellte Fotos eingestuft, die die reale Situation verfälschen oder beim Betrachter eine Schockwirkung hervorrufen sollen.

2.5.3 Online-Vertrieb

Neben dem Postvertrieb wird der Vertrieb von Produkten wie der Einzel-, Dauer-, Groß- oder Testamentspende, aber auch der Anlass-, Mikro- oder Restgeldspende über das Internet (Online-Vertrieb) für das Fundraising immer wichtiger. Zwar können die enormen Wachstumsraten des kommerziellen Internet-Handels (E-Commerce) im Fundraising derzeit noch nicht erreicht werden – dafür ist der Anteil der Onliner an der Hauptzielgruppe (Menschen im Alter von 60+) noch zu gering. Es ist jedoch nur noch eine Frage der Zeit, bis das Internet der wichtigste Vertriebskanal im Fundraising sein wird – zumindest in der Basis der Spenderpyramide. In der Spitze der Spenderpyramide wird es wohl immer das persönliche Gespräch bleiben (siehe Kap. 2.5.5.1). Das Kinderhilfswerk *SOS-Kinderdörfer weltweit* plant, den Anteil seiner online gesammelten Spenden von 5 % (im Jahr 2012) schon bis 2022 auf 60 % zu steigern.[41] Aufgrund der zentralen Bedeutung, die das Internet (auch als Kommunikationskanal, v. a. aber als Vertriebskanal) künftig für das Fundraising haben wird, wird dem Online-Fundraising ein eigenes Kap. (2.7) gewidmet.

Aus systematischen Gründen vorgezogen werden, sollen im Folgenden nur noch die Fragen nach dem Outsourcing sowie den rechtlichen und ethischen Aspekten des Online-Vertriebes.

2.5.3.1 Inhouse versus Outsourcing

Im Rahmen der Vertriebspolitik ist zu entscheiden, ob der Online-Vertrieb von eigenen Fundraisern innerhalb einer Organisation (Inhouse) oder von externen Dienstleistern (im Outsourcing) durchgeführt werden soll. Neben den Kosten ist auch hier die Komplexität der Prozesse zu berücksichtigen, die nicht unterschätzt werden sollte. Zwar lassen sich rudimentäre Formen einer Website oder einer Social Media Site mittlerweile benutzerfreundlich Inhouse erstellen und pflegen. Mit fortschreitender Entwicklung und Ausdif-

[41] Vgl. Hartmann, Jens: Die Kinder sind hellauf begeistert, in: Welt am Sonntag, vom 16.12.2012.

ferenzierung wird es jedoch selbst für erfahrene Onliner zunehmend schwieriger, alles selbst zu machen. Dies gilt insbesondere im Suchmaschinen-Marketing, für das immer leistungsfähigere, damit aber auch immer komplexere Tools entwickelt werden. Online-Spendenformulare (siehe Kap. 2.7.1) sollten auf jeden Fall von externen Anbietern eingekauft werden, um insbesondere die Sicherheit der Zahlungsströme und die Einhaltung von Datenschutzbestimmungen gewährleisten zu können. Auch durch das Zusammenwachsen von Internet und Telekommunikation entstehen immer neue Möglichkeiten, die neue Expertise erfordern. Von einer kompletten Inhouse-Lösung, über die punktuelle Einbindung externer Experten, bis hin zum kompletten Outsourcing kann jede Zwischenform für den Online-Vertrieb interessant sein. Eine Aufstellung spezialisierter Anbietern kann kostenlos im Mitgliederverzeichnis auf der Website des *Deutschen Fundraising Verbandes* (www.fundraisingverband.de) unter „Dienstleister" (Art der Dienstleistung: „Online") eingesehen werden.

2.5.3.2 Rechtliche und ethische Aspekte des Online-Vertriebes

Ziel des Online-Vertriebes ist es, im Internet über die Arbeit einer steuerbegünstigten Organisation und ihre Mittelverwendung transparent zu informieren, um eine vertrauensvolle Beziehung zum Spender aufzubauen. Würde der Online-Vertrieb einer Organisation vom Spender als Belästigung empfunden werden, so wäre dies kontraproduktiv für den Vertrauensaufbau. Daran kann einem Fundraiser schon aus Eigeninteresse nicht gelegen sein. Es gibt jedoch auch rechtliche und ethische Regeln, die eine Belästigung vermeiden sollen. Die rechtlichen Regelungen finden sich im *Telemediengesetz* (*TMG*). Unter Telemedien versteht das Gesetz alle elektronischen Informations- und Kommunikationsdienste, soweit sie nicht entweder Telekommunikationsdienste nach § 3 Nr. 24 des *Telekommunkationsgesetzes* oder telekommunikationsgestützte Dienste nach § 3 Nr. 25 des Telekommunkationsgesetzes oder Rundfunk nach § 2 des Rundfunkstaatsvertrages sind. Im Wesentlichen sind mit Telemedien Internet-Dienste wie z. B. World Wide Web oder E-Mail gemeint. Die anwendbaren datenschutzrechtlichen Vorschriften finden sich in §§ 11 bis 15a TMG. Wie im BDSG existiert auch im TMG ein Verbot mit Erlaubnisvorbehalt. Eine Erhebung und Verwendung personenbezogener Daten ist demnach nur zulässig, wenn der Nutzer eingewilligt hat (§ 12 Absatz 1 TMG). In allen anderen Fällen ist die Erhebung und Verwendung personenbezogener Daten rechtswidrig und es droht in diesen Fällen ein hohes Bußgeld (§ 16 TMG).[42] Eine Ausnahmeregelung für steuerbegünstigte Organisationen (analog zum BDSG) sieht das TMG nicht vor.

Sollen im Rahmen des Online-Vertriebes Spendenprodukte beispielsweise durch Zusendung einer E-Mail oder eines E-Mail-Newsletter (siehe Kap. 2.7.2.2) angeboten werden, so ist dies nur zulässig, wenn der Empfänger vorher sein Einverständnis hierzu erteilt hat – unabhängig davon, ob es sich um eine private oder berufliche E-Mail-Adresse handelt. Ausnahme: Eine Organisation hat vom Spender im Zusammenhang mit einer frühe-

[42] Siehe: DDV, Ich habe die Wahl – Verbraucherinformationen zum Dialogmarketing, Wichtige Gesetze, https://www.ichhabediewahl.de/?cid=3 (Zugriff am 03.05.2013).

ren Online-Spende dessen E-Mail-Adresse erhalten. Ansonsten liegt eine unerwünschte Nachricht (Spam) vor. Wie kann die benötigte Einwilligung (Permission) eingeholt werden? Der *DDV* empfiehlt das „Double-opt-in-Verfahren“: In einem ersten Schritt bittet eine Organisation auf ihrer Website (potenzielle) Spender, ihre E-Mail-Adresse einzugeben und ihr Interesse an der Organisation aktiv zu bekunden (i. d. R durch Anklicken eines entsprechenden Kästchens, z. B. „Ja, ich möchte regelmäßige Informationen über die Projekte der Organisation erhalten!“). Daraufhin erhalten diese eine Bestätigungsmail, die sie nochmals zurücksenden müssen. Auf diese Weise wird die Permission zweimal bzw. doppelt gegeben.

Zusätzlich zu den genannten gesetzlichen Regelungen, sind immer aber auch ethische Überlegungen zu berücksichtigen. Selbst wenn beispielsweise das E-Mail einer Organisation juristisch zulässig ist, kann es von einem Spender doch als Belästigung empfunden werden. Verliert ein (potenzieller) Spender beispielsweise im Laufe der Zeit sein Interesse an der Arbeit der Organisation, so möchte er vielleicht keine weiteren E-Mails mehr erhalten. Am Ende jeder E-Mail bzw. jedes E-Mail-Newsletter sollte dem Empfänger deshalb ein unkompliziertes Opt-out angeboten werden: Durch einfaches Anklicken eines Links (z. B. „Ich möchte den E-Newsletter abbestellen!“) kann sich der Empfänger selbst von einem Verteiler streichen.

2.5.4 Telefonvertrieb (Telefon-Fundraising)

Der Telefonvertrieb ist eine Form des Direktvertriebs bei der die Akquise, die Beratung und der Vertragsabschluss in Teilschritten oder komplett per Telefon erfolgt. Auch bei der Gewinnung, Bindung und Rückgewinnung von Spendern spielt der Telefonvertrieb eine immer wichtigere Rolle. Das Telefon ermöglicht in idealer Weise den, für den Aufbau einer Beziehung so wichtigen Dialog mit dem Spender (Relationship Fundraising). Zwar müssen dafür höhere Kosten pro Kontakt (Faustformel: 9 € pro tatsächlich geführtem Gespräch) als bei einem Mailing im Rahmen des Postvertriebs (Faustformel: 1 € pro angeschriebener Adresse) in Kauf genommen werden. Der Erfolg eines deutlich individuelleren und intensiveren Dialoges bei höherer Aufmerksamkeit rechtfertigt jedoch die Mehrkosten. Im sich ständig verschärfenden Verdrängungswettbewerb zahlt sich diese aufwendigere Form des Dialogs beim Aufbau einer Spenderbeziehung meist schon kurzfristig, auf jeden Fall aber mittel- und langfristig aus.

2.5.4.1 Inbound und Outbound

Im Telefon-Fundraising wird zwischen Inbound (englisch: eingehend, ankommend) und Outbound (englisch: ausgehend, abgehend) unterschieden. Mit **Inbound** sind alle von außen bei einer Organisation eingehenden Anrufe von (potenziellen) Spendern und Mitgliedern gemeint. Alternativ können die Anrufe auch bei einem von der Organisation im Rahmen des Outsourcing (siehe Kap. 6.2.5.6) beauftragten externen Dienstleister (Telefon-Fundraising-Agentur) eingehen (siehe Kap. 2.5.4.5). Da passiv auf eingehende Anrufe gewartet werden muss, spricht man auch von **passivem** Telefon-Fundraising. Eingesetzt wird das passive Telefon-Fundraising vor allem in der Gewinnung neuer Spender und Mitglieder sowie in deren Betreuung im Rahmen des Spender- und Mitgliederservices. Dazu in den folgenden Kapiteln mehr.

Mit **Outbound** sind hingegen alle von einer Organisation ausgehenden Anrufe bei Spendern oder Mitgliedern gemeint. Alternativ können die Anrufe auch von einer beauftragten Telefon-Fundraising-Agentur durchgeführt werden. Da Spender oder Mitglieder aktiv angerufen werden, spricht man auch von **aktivem** Telefon-Fundraising. Eingesetzt wird das aktive Telefon-Fundraising vor allem bei der Neuspenderbegrüßung, beim Upgrading oder bei der Rückgewinnung inaktiv gewordener Spender oder Mitglieder. Auch hierzu in den folgenden Kapiteln mehr.

2.5.4.2 Telefonische Gewinnung von Spendern

Im Gegensatz zu den Vereinigten Staaten, ist es in Deutschland rechtlich nicht zulässig, Privatpersonen ohne bestehende Geschäftsbeziehung und vorherige Einwilligung anzurufen, um sie am Telefon zu Spendern zu machen. Das aktive Telefon-Fundraising scheidet deshalb in Deutschland für die Erstspendergewinnung aus. Die Kaltakquisition von Spendern und Mitgliedern kann nur im Rahmen des passiven Telefon-Fundraising erfolgen. Dabei wird über möglichst viele zielgruppenadäquate Kommunikationskanäle (siehe Kap. 2.6) eine Telefonnummer kommuniziert, über die man sich zunächst nur informieren oder auch gleich spenden kann. So wird beispielsweise in Anzeigen, Fülleranzeigen und auf Plakaten, sowie in DRTV-Spots und TV-Galas, Radio- und Kino-Spots oder aber im Internet auf eine Telefonnummer hingewiesen, über die man Informationen zu Einzelspenden, Dauerspenden, Großspenden, Testamentspenden oder Anlassspenden erhalten oder diese auch gleich tätigen kann. Mikrospenden können ebenfalls telefonisch ausgelöst werden (siehe Kap. 2.3.3.1). Dabei sollte beachtet werden, dass je nach gewähltem Kommunikationskanal eine Vielzahl von Menschen auf die Telefonnummer aufmerksam gemacht werden. Bei einer entsprechend hohen Anzahl von Anrufen (insbesondere bei DRTV-Spots und TV-Galas) ist eine Organisation sehr schnell kapazitätsmäßig überfordert – was für Verdruss bei den Mitarbeitern der Organisation sorgt, ebenso wie bei den vergeblich anrufenden (potenziellen) Spendern und Mitgliedern. In der Regel ist es sinnvoll, eine geeignete Telefon-Fundraising-Agentur zu beauftragen (siehe Kap. 2.5.4.5).

2.5.4.3 Telefonische Bindung und Upgrading von Spendern

Die Bindung von Spendern muss sehr früh, idealerweise gleich nach erfolgter Erstspende einsetzen. Eine wichtige Rolle kommt der **Erstspenderbegrüßung** zu. Die Erfahrung zeigt, dass ohne besondere Bindungsmaßnahmen höchstens 50 % der gewonnenen Erstspender bereit sind, danach noch mindestens eine zweite Spende zu tätigen. Die Hälfte der Erstspender können also nicht gebunden werden und verlassen die Organisation sofort wieder. Der Prozentsatz der abwandernden Erstspender ist angesichts der hohen Kosten für die Gewinnung von Erstspendern (in Höhe von 100 bis 200 € bei Vollkostenbetrachtung, siehe Kap. 2.1) erschreckend hoch. Eine professionell durchgeführte telefonische

Erstspenderbegrüßung kann die Bindung von Erstspendern deutlich erhöhen. Dabei kann sie in unterschiedlichen Varianten durchgeführt werden:

In einer ersten Variante wird jeder Erstspender, dessen Telefonnummer ermittelt werden kann, angerufen und bedankt, ohne (!) im Laufe des Telefonats auf eine weitere (Dauer-) Spende angesprochen zu werden. Der Dank soll ganz im Vordergrund stehen. Der Vorteil dieser Variante liegt darin, dass die Freude beim Spender über die erfahrene Wertschätzung durch die Organisation nicht durch die Bitte um eine weitere Spende relativiert wird. Diese Wertschätzung erfüllt eine wichtige Funktion bei der Bindung des Erstspenders. Der Nachteil dieser Variante liegt darin, dass den Kosten des Anrufs (von ca. 9 € pro tatsächlich erfolgtem Gespräch mit einem Erstspender) keine kurzfristigen Einnahmen gegenüberstehen. Sie stellen eine Investition in die Spenderbindung dar, die sich für die Organisation erst mittel- und langfristig auszahlen wird.

Beispiel

Die drei Fundraiserinnen der *Ridge Meadows Hospital Foundation* in Maple Ridge (Kanada) bedanken jede einzelne erhaltene Spende telefonisch. Sie rufen selber (nicht über eine Telefon-Fundraising-Agentur) bei jeder Spende an – egal ob es sich um eine Erst- oder Folgespende handelt, egal wie hoch die Spende war. Es sind reine Dankanrufe ohne Bitte um weitere Spenden. Nach Angaben der Fundraiserinnen auf der International Conference on Fundraising 2012 der *Association of Fundraising Professionals* (*AFP*) hat sich dieses Vorgehen sehr bewährt und schon mittelfristig ausgezahlt.

In einer zweiten Variante der Erstspenderbegrüßung wird jeder Erstspender angerufen, bedankt und am Ende des Telefonats auf eine weitere Spende, i. d. R eine Dauerspende, angesprochen. Der Vorteil dieser Variante besteht darin, dass den Kosten des Anrufs bereits kurzfristig auch Einnahmen gegenüberstehen. Erfahrungsgemäß sind ca. 9 % der angerufenen Erstspender bereit, sofort eine Dauerspende zu übernehmen. Da die Erfahrung lehrt, dass eine Dauerspende für durchschnittlich sieben Jahre übernommen wird, kann auf diese Weise gleich zu Beginn der Beziehung zum Erstspender eine beeindruckende Spenderbindung erreicht werden. Der Nachteil dieser Variante besteht darin, dass Einzelnen unter den angerufenen Erstspendern die Bitte um eine weitere Spende zu schnell bzw. zu früh kommen könnte, und dadurch die Freude über die erfahrene Anerkennung relativiert wird. Zwar kommen am Telefon erfahrungsgemäß keine negativen Reaktionen, eine gewisse Dunkelziffer mag es aber geben. Die meisten Organisationen entscheiden sich für diese zweite Variante, da sie den Kosten für die telefonische Erstspendergewinnung sofort kurzfristig erzielte Erträge gegenüberstellen wollen, um ihre Maßnahmen rechtfertigen zu können. Trotzdem sollte auch die erste Variante einen Test wert sein.

Egal in welcher Variante die Erstspenderbegrüßung durchgeführt wird, kann sie zusätzlich noch für folgende Maßnahmen genutzt werden:

- Datenpflege: Aktualisierung der vorhandenen Daten in der Datenbank.
- Adressqualifizierung: Anreicherung der Adressen um wichtige Informationen über den Spender (z. B. E-Mail-Adresse, Geburtsdatum, Anzahl der Kinder etc.).

- Opt-in: Einholung des Einverständnisses für weitere Anrufe.
- Terminabstimmung: Treffen mit (potenziellen) Großspendern oder Testamentspendern.
- Einladung: Besuch der Geschäftsstelle oder besonderer Veranstaltungen.
- Spenderbefragung: Beurteilung erhaltener Mailings oder Kampagnen der Organisation, Bereitschaft zu ehrenamtlichem Engagement, Interesse an bestimmten Themenschwerpunkten etc.
- Qualitäts-Management: Wendet sich der Dankanruf an face-to-face gewonnene Dauerspender (siehe nächstes Kapitel), so kann neben Dank, Datenpflege und Adressqualifizierung auch überprüft werden, ob die Ansprache Face-to-Face korrekt und seriös durchgeführt wurde.

Über die Bindung von Erstspendern hinaus, kann das Telefon auch für die Bindung aller anderen Spender und Mitglieder genutzt werden. Im Rahmen des passiven Telefon-Fundraising wird allen Spendern eine **Service-Hotline** mitgeteilt, unter der sie jederzeit einen Ansprechpartner für Reklamationen, Fragen, Wünsche, Änderungen (z. B. der Adresse oder Kontonummer) u.v.m. erreichen können.

Einen besonders wichtigen Bereich der telefonischen Spenderbindung stellt das **Upgrading** dar. Oben wurde bereits beschrieben, wie im Rahmen der telefonischen Erstspenderbegrüßung auch gleich ein Upgrading zum Dauerspender angeboten werden kann. Darüber hinaus kann durch aktives Telefon-Fundraising aber auch ein Upgrading vom Mehrfachspender zum Dauerspender vorgeschlagen werden. So ist beispielsweise bei Mehrfachspendern, die in den letzten 12 oder 24 Monaten mindestens drei (Einzel-) Spenden gegeben haben, die Wahrscheinlichkeit hoch, dass sie eine Dauerspende übernehmen möchten, zu der sie als Erstspender noch nicht bereit waren.

Beispiel

Der *Naturschutzbund Deutschland* (*NABU*) lässt im Rahmen seiner Havel-Kampagne 2010 (Einzel-) Spendern telefonisch ein Upgrading zur Dauerspende (Patenschaft) anbieten. Von 8.900 Spendern werden 43 % (3.800) telefonisch erreicht. Davon erklären sich am Telefon 17 % (632 von 3.800) bereit, eine Patenschaft zu übernehmen. Daneben sind 16 % (615 von 3.800) bereit, eine zusätzliche Einzelspende zu übernehmen.[43]

Auch bei Menschen, die bereits eine Dauerspende übernommen haben, sollte regelmäßig ein telefonisches Upgrading angeboten werden. Manche Organisationen rufen ihre Dauerspender acht Monate nach Übernahme der Dauerspende an und bitten um eine Erhöhung

[43] Vgl. Karkow, Klemens; Maetzel, Sebastian: Telefonische Patengewinnung – So wird's zum Erfolg, Vortrag Fundraising-Treff, Berlin, 22.08.2012.

der Dauerspende. Abgestuft wird zunächst um die Übernahme einer weiteren Dauerspende in voller Höhe gebeten, ansonsten um die Erhöhung um einen Teilbetrag, mindestens aber um einen Inflationsausgleich. Diejenigen Dauerspender, die einer dieser Upgrading-Möglichkeiten zustimmen, werden nach weiteren acht Monaten erneut kontaktiert und auf ein weiteres Upgrading so lange angesprochen, bis sie signalisieren, nicht mehr weiter erhöhen zu wollen.

Durch dieses Vorgehen kann ein neuer Dauerspender erst einmal mit einem kleineren Betrag einsteigen, und wenn er sich wohl damit fühlt, später erhöhen. Manche Organisationen haben in der Vergangenheit Mindestbeträge für Mitgliedsbeiträge angeboten, die zwischenzeitlich nicht einmal mehr die Kosten für die Betreuung des Mitglieds decken können – geschweige denn einen positiven Beitrag zur Erreichung der Satzungsziele beisteuern. Ein telefonisches Upgrading ist dann dringend geboten. Erfahrungswerte zeigen, dass 50 % der Dauerspender nach zwei bis drei Jahren bereit sind, telefonisch einer Erhöhung ihrer Dauerspende um durchschnittlich 30 % zuzustimmen.

Umgekehrt ist der Preis für eine Dauerspende in Notfällen aber auch nach unten verhandelbar. Gibt ein ehemaliger Dauerspender im Rahmen einer telefonischen Rückgewinnungsaktion an, sich eine Dauerspende (z. B. aufgrund von Arbeitslosigkeit, einer geringen Rente oder Umzug in eine Senioreneinrichtung) nicht mehr leisten zu können, so wird ihm eine Dauerspende in Höhe eines geringeren Betrages angeboten. Ist auch die nicht möglich, kann höchstens noch eine Einzelspende angeboten werden.

Manchmal kann ein Aufrunden von „krummen" Beträgen als Anlass für ein Upgrading genutzt werden.

Beispiel

Als am 1. Januar 2002 der Euro eingeführt wurde, mussten auch die Lastschrifteinzugsermächtigungen von Dauerspendern von DM auf Euro umgestellt werden. Einige Organisationen nutzten diese Gelegenheit für ein Upgrading. In einem meist 2-stufigen Verfahren (erst Mailing, dann Telefon) schlugen sie ihren Dauerspendern vor, denselben Betrag, den sie bisher in DM gegeben hatten, künftig in Euro zu geben. Viele Spender waren dazu bereit. Für die betreffenden Organisationen bedeutete dies fast eine Verdoppelung der entsprechenden Einnahmen.

Bislang noch erstaunlich selten, wird das Telefon zum Upgrade von Middle Donor oder High Donor eingesetzt, deren relativ hohe Einzelspende in eine dauerhaft hohe (Groß-) Spende überführt werden könnte (siehe Kap. 2.1.7.4). Aufgrund der relativ hohen Anzahl und des hohen Standardisierungsgrades dieser (Spenden-) Produkte könnten solche Anrufe im Outsourcing erfolgen. Die Bindung von Top Donor und (falls vorhanden) von Major Donor sollte jedoch unbedingt Inhouse durch den eigenen Großspender-Fundraiser erfolgen. Eine solch intensive und individuelle Betreuung sollte nicht delegiert werden. Nur für den Fall, dass Inhouse keine Kapazitäten für die telefonische Bedankung von Großspendern vorhanden sind, ist eine Outsourcing-Lösung besser als gar keine.

Beispiel

Die Hilfsorganisation *Johanniter Unfallhilfe* ließ in der Vergangenheit ihre Großspender von einer externen Telefon-Fundraising-Agentur anrufen. Nach eigenen Angaben mit sehr gutem Erfolg.

Großer Nachholbedarf besteht bei der telefonischen Bindung von denjenigen Testamentspendern, von deren Testamentsversprechen eine Organisation noch zu Lebzeiten des Testamentspenders erfährt. Zumindest sollte telefonisch nachgefasst werden, ob eine angeforderte Testamentsbroschüre auch tatsächlich angekommen ist, und ob noch Rückfragen dazu beantwortet werden können. Weitere Dialogangebote bis hin zu einem persönlichen Treffen können gemacht werden. Überhaupt sind solche Testamentspender zu Lebzeiten genauso (auch telefonisch) zu betreuen, wie Top Donor. Ansonsten hat es sich in der Praxis schon so mancher – sicher geglaubte – Testamentspender dann doch noch einmal anders überlegt, und eine andere Organisation berücksichtigt. Deshalb sollte der, für die Spenderbindung so zentrale Dialog nicht aus falsch verstandener Pietät einfach ausgesetzt werden, sondern nur auf expliziten Wunsch des Betroffenen!

2.5.4.4 Telefonische Rückgewinnung von Spendern

Ein drittes wichtiges Einsatzgebiet des Telefon-Fundraising ist die **Rückgewinnung von Spendern**. Wird ein (Erst- oder Mehrfach-) Spender inaktiv, sollte unverzüglich mit der telefonischen Rückgewinnung begonnen werden (mit Groß- und Testamentspendern wird sowieso in regelmäßigem Kontakt gestanden, und eine drohende Abwanderung frühzeitig bemerkt). Meist existiert eine starre Definition von Inaktivität, wenn ein Spender seit mehr als 12, 18 oder 24 Monaten nicht mehr gespendet hat (siehe Kap. 2.1.3.4). Moderner sind Ansätze, bei denen gar nicht erst abgewartet wird, bis ein Spender tatsächlich inaktiv wird. Mit Hilfe von Gefährdungsanalysen wird versucht, auf individueller Basis zu prognostizieren, welcher Spender von Inaktivität bzw. Abwanderung bedroht ist. Dem so Identifizierten wird dann (telefonisch) ein Bindungsangebot unterbreitet, das einer Abwanderung vorbeugen soll.

Relativ einfach ist die Identifikation von abwandernden Dauerspendern. Zumindest dann, wenn diese eine Lastschrifteinzugsermächtigung gegeben hatten, die sie plötzlich kündigen. Schon schwieriger wird es, wenn Mitglieder die Zahlung ihres Mitgliedsbeitrages vergessen oder die Zahlung in Form eines Dauerauftrages bewusst einstellen, ohne explizit ihre Mitgliedschaft zu kündigen. Viele Organisationen unternehmen nicht einmal den Versuch, diese abwandernden Dauerspender zurückzugewinnen. Bei den Dauerspendern entsteht dadurch der Eindruck, dass es auf ihren Beitrag offensichtlich sowieso nicht ankommt. Die Erfahrung lehrt jedoch, dass es viel einfacher und auch wirtschaftlich sinnvoller für eine Organisation ist, einen abwandernden Dauerspender zurückzugewinnen als ihn durch einen neuen ersetzen zu müssen.

2.5.4.5 Inhouse versus Outsourcing

Im Rahmen der Vertriebspolitik ist auch zu entscheiden, ob die (Inbound- und Outbound-) Telefonate von den eigenen (Telefon-) Fundraisern innerhalb einer Organisation (Inhouse) oder von externen Telefon-Fundraisern einer beauftragten Telefon-Fundraising-Agentur (im Outsourcing) durchgeführt werden sollen. Bei dieser klassischen Make-or-buy-Entscheidung ist neben den Kosten v. a. auch die Komplexität der Prozesse im Telefon-Fundraising zu berücksichtigen, die von Nicht-Experten gerne unterschätzt wird. Diese Prozesse seien hier nur stichwortartig angedeutet:

Prozesse im Rahmen der *Vorbereitung* des Telefon-Fundraising:

- Auswahl, Schulung und Training talentierter und motivierter Telefon-Fundraiser mit hoher Frustrationstoleranz und Empathiefähigkeit,
- Auswahl, Implementierung und Support einer leistungsfähigen Infrastruktur (Telefonanlage, geeignete Arbeitsplätze etc.),
- Definition der Schnittstelle zwischen Fundraising-Datenbank und Telefonanlage,
- Anreicherung der Spenderadressen mit zugehörigen Telefonnummern,
- Erstellung eines Gesprächsleitfadens.

Prozesse im Rahmen der *Durchführung* des Telefon-Fundraising:

- Erstellung eines Anrufprotokolls durch den Telefonisten,
- Überarbeitung des Gesprächsleitfadens,
- Stichprobenartige Überprüfung der Qualität der Gespräche,
- Regelmäßige Feedbacks zum Verlauf einer Telefonkampagne,
- Lückenloses Einpflegen der Anrufergebnisse in die Datenbank,
- Kontinuierliches Coaching der Telefon-Fundraiser.

Prozesse im Rahmen der *Nachbereitung* des Telefon-Fundraising:

- Versand einer schriftlichen Bestätigung über die, mit dem Angerufenen getroffenen Vereinbarungen,
- Versand der am Telefon gewünschten Informationsmaterialien,
- Transparente und detaillierte Tages-Reportings und Abrechnungen.

In der Regel wird das Telefon-Fundraising auf spezialisierte Telefon-Fundraising-Agenturen ausgelagert. Dafür spricht eine Reihe von Vorteilen: Einer Telefon-Fundraising-Agentur gelingt es besser, die unvermeidbaren Schwankungen im Arbeitsanfall über das Jahr hinweg ausgleichen zu können, da sie gleichzeitig für verschiedene Organisationen arbeitet. So können die Kapazitäten der Mitarbeiter, aber auch der Infrastruktur, gleichmäßiger ausgelastet werden. Auch sind die Arbeitszeiten im Telefon-Fundraising nur schwer oder gar nicht mit denen einer Organisation synchronisierbar. Im Inbound wird i. d. R eine Erreichbarkeit zwischen 8.00 Uhr und 18.00 Uhr erwartet, manchmal sogar samstags. Im

Outbound liegen die wichtigsten Arbeitszeiten zwischen 17.00 Uhr und 20.00 Uhr, zu denen viele Mitarbeiter in Organisationen nicht mehr arbeiten möchten. Ältere Spender im Rentenalter sind jedoch auch tagsüber gut erreichbar. Sie reagieren auf abendliche Anrufe eher empfindlich.

Wie findet man eine geeignete Telefon-Fundraising-Agentur? Anbieter gibt es viele. Laut *Call Center Verband* (*CCV*) gab es 2012 mehr als 6.500 Call Center mit 520.000 Mitarbeitern. Infrage sollten aber nur solche Agenturen kommen, die mit den besonderen Anforderungen des Telefon-Fundraising vertraut sind. Eine Aufstellung von Anbietern kann kostenlos im Mitgliederverzeichnis auf der Website des *Deutschen Fundraising Verbandes* (www.fundraisingverband.de) unter „Dienstleister" (Art der Dienstleistung: „Dialog – Telefonmarketing") eingesehen werden. Agenturen, die sich auf das Telefon-Fundraising spezialisiert haben, haben sich im *Qualitätszirkel Telefon-Fundraising* (*QTFR*) zusammengeschlossen und verbindliche Qualitätsstandards entwickelt, die auf der Website des *QTFR* (www.telefon-fundraising.de) zum Download bereitstehen.

Inhouse-Lösungen sind im Telefon-Fundraising eigentlich nur sinnvoll im telefonischen Kontakt mit Spendern in der Spitze der Spenderpyramide (Großspender, Testamentspender und (Zu-) Stifter), sowie bei sehr kleinen Organisationen, die nur wenige Spender zu bedanken, upzugraden oder zurückzugewinnen haben. Sie können versuchen, die Anrufe selbst oder mit Hilfe von Ehrenamtlichen zu tätigen – sollten sich vorab aber unbedingt von einem professionellen Telefon-Fundraiser schulen lassen!

2.5.4.6 Rechtliche und ethische Aspekte des Telefon-Fundraising

Ziel des Telefon-Fundraising ist es, durch Dialog eine vertrauensvolle Beziehung zum Spender aufzubauen. Würde der Anruf einer Organisation vom Spender als Belästigung empfunden werden, so wäre dies kontraproduktiv für den Vertrauensaufbau. Daran kann einem Fundraiser schon aus Eigeninteresse nicht gelegen sein. Es gibt aber auch rechtliche und ethische Regeln, die eine Belästigung vermeiden sollen. Die wichtigsten rechtlichen Regelungen finden sich im *Gesetz gegen den unlauteren Wettbewerb* (§ 7 Absatz 2 UWG) und im *Bundesdatenschutzgesetz* (*BDSG*). Diese Regelungen sind auch in den *Leitlinien für die Vergabe des DZI-Spenden-Siegels* (Stand 2010) vom *Deutschen Zentralinstitut für Soziale Fragen* (*DZI*) aufgegriffen worden. Demnach ist eine Kontaktaufnahme mittels Telemarketing (via Telefon, Fax, E-Mail, SMS etc.) bei Privatpersonen nur mit vorherigem Einverständnis des Angesprochenen zulässig. Ein einmaliger Dankanruf je Spender ist hiervon ausgenommen. Als Einverständnis kann gewertet werden, wenn ein Spender seine entsprechenden Kontaktdaten (hier v. a. die Telefonnummer) schriftlich, telefonisch oder elektronisch übermittelt hat. Dies kann in Form einer Visitenkarte, einer Absenderangabe (z. B. in Briefen, E-Mails oder Anrufen), einer Beitrittserklärung (z. B. auf einem schriftlichen oder elektronischen Mitgliedsantrag) oder eines Anrufes erfolgt sein, den ein Spender von sich aus getätigt hat. Hat ein Spender seine Kontaktdaten nicht übermittelt, so darf nur ein einmaliger Dankanruf erfolgen. Dieser sollte dann auch dazu genutzt werden, beim Spender eine Einwilligung für künftige telefonische Kontaktaufnahmen einzuholen. Damit sind die meisten Spender einverstanden. Das erteilte Einverständnis sollte vom

Telefon-Fundraiser protokolliert und in der Datenbank hinterlegt werden. Neuspendergewinnung durch aktives Telefon-Fundraising gegenüber Kaltkontakten ist demnach bei Privatpersonen nicht zulässig.

Ist der (potenzielle) Spender keine Privatperson, sondern ein Unternehmen, so sind die Beschränkungen für das Telefon-Fundraising etwas weiter gefasst. Anrufe sind erlaubt, wenn zumindest ein mutmaßliches Einverständnis vorliegt. Dies kann z. B. dann der Fall sein, wenn der Anruf den "eigentlichen Geschäftsbereich" des Unternehmens betrifft und zusätzliche konkrete tatsächliche Anhaltspunkte für ein Interesse an dem Angebot vorliegen. Ob diese Voraussetzungen erfüllt sind, ist immer im Einzelfall zu prüfen.[44] Dabei ist manchmal nicht eindeutig zu erkennen, ob eine Adresse einer Privatperson oder einem Unternehmen zuzuordnen ist. Dies kann beispielsweise bei Freiberuflern oder Handwerkern der Fall sein. Deshalb sollte von einem Unternehmen nur ausgegangen werden, wenn die Rechtsform eindeutig darauf hinweist (z. B. GmbH, KG, AG etc.).

Zusätzlich zu den genannten gesetzlichen Regelungen, sind immer aber auch ethische Überlegungen zu berücksichtigen. Selbst wenn ein Anruf (z. B. ein Dankanruf) juristisch zulässig ist, so kann er von einem Spender doch als Belästigung empfunden werden. Äußert ein Spender, dass er nicht angerufen werden möchte, dann sollte selbstverständlich sein, dass eine Organisation den Spenderwillen respektiert, und künftig nicht mehr anruft. In einem solchen Fall ist in der Datenbank ein Sperrkennzeichen zu setzen, das diesen Spender für künftige Telefonaktionen sperrt. Die Erfahrung zeigt jedoch, dass solche Fälle zwar immer wieder vorkommen, jedoch wesentlich seltener sind, als von vielen Menschen ohne Telefon-Fundraising-Erfahrung gemeinhin befürchtet. Der Anteil derer, die sich von einem Anruf ihrer Organisation (oder einer von ihrer Organisation beauftragten Agentur) belästigt fühlen, liegt unter 1 %. Beschwerden in geringem Umfang gibt es übrigens auch bei allen anderen Vertriebskanälen. Dann beschweren sich Einzelne über ein bestimmtes Mailing oder eine Standaktion im Rahmen des Face-to-Face-Fundraising. Solche Beschwerden lassen sich leider nicht hundertprozentig vermeiden. Ihnen sollte jedoch unbedingt im Einzelfall nachgegangen werden. Professionelles Beschwerdemanagement hat durch Erklärung der Hintergründe schon so manchen Protest ins Positive wenden können.

Hohe Akzeptanz kann jedoch nur dann erreicht werden, wenn dem Telefon-Fundraising auch hohe Qualitätsstandards zugrunde liegen. Um eine Vorstellung zu vermitteln, woran sich Qualität im Telefon-Fundraising im Einzelnen festmachen lässt, sollen hier zumindest die wichtigsten, der vom QTFR erarbeiteten Qualitätsstandards vorgestellt werden:

Qualitätsstandards bzgl. des *Telefongesprächs*:

- *Gesprächszeiten*: Spender werden nicht vor 8 Uhr, nach 20 Uhr, an Sonntagen oder an bundesweiten Feiertagen angerufen.

[44] Siehe: DDV, Ich habe die Wahl – Verbraucherinformationen zum Dialogmarketing, Wichtige Gesetze, https://www.ichhabediewahl.de/?cid=3 (Zugriff am 03.05.2013).

- *Transparenz*: Der Telefon-Fundraiser stellt sich immer mit dem eigenen Namen vor (verwendet also keine Pseudonyme) und vermeldet deutlich, dass er im Auftrag einer Organisation anruft. Bei Nachfrage gibt er alle Kontaktdaten der anrufenden Telefon-Fundraising-Agentur bekannt und informiert darüber, dass es sich um eine bezahlte Dienstleistung handelt. Auf Wunsch gibt er den Namen eines Ansprechpartners der beauftragenden Organisation an.
- *Einverständnis des Spenders*: Der angerufene Spender erhält gleich zu Beginn des Gesprächs die Möglichkeit, sich prinzipiell gegen die Spendentelefonie auszusprechen. Solche Gesprächspartner erhalten die Zusage, dass sie nicht noch einmal angerufen werden.
- *Gesprächsatmosphäre*: Die Regeln der Höflichkeit und des Anstandes werden im Gespräch eingehalten.
- *Gesprächsqualität*: Ein Telefon-Fundraiser muss sich als Botschafter der Organisation verstehen. Ein ausführliches Briefing und Coaching der Telefon-Fundraiser sorgen dafür, dass die Werte und Themen der Organisation kompetent am Telefon vertreten werden können.

Qualitätsstandards bzgl. der *Technik*:

- *Mitarbeiterfreundliche Arbeitsplätze*: Professionelle Ausstattung (z. B. leistungsfähige Headsets), Lärmschutz, augenfreundliche Bildschirme, Arbeitsschutz etc.
- *Persönliche Rückrufmöglichkeit*: Rückruf- und persönliche Auskunftsmöglichkeit unter der angezeigten Rufnummer.
- *Datenschutz*: Pflege von Verfahrensverzeichnissen, Verträge über Auftragsdatenverarbeitung gemäß BDSG, betrieblicher Datenschutz etc.

Qualitätsstandards bzgl. der *Arbeitsbedingungen der Telefon-Fundraiser*:

- *Faire Bezahlung*: So bezahlen beispielsweise Telefon-Fundraising-Agenturen, die dem QTFR angehören, einen Mindestlohn von 7,50 €.
- *Keine Provisionen*: Telefon-Fundraiser sollten keine Provisionen erhalten. Sie könnten dazu verleiten, am Telefon Druck auf den angerufenen Spender auszuüben.
- *Feste Arbeitsverträge*: Es sollte selbstverständlich sein, dass Telefon-Fundraiser (auch bei Minijobverhältnissen) reguläre, schriftliche Arbeitsverträge erhalten, die den gesetzlichen Vorgaben zur Lohnfortzahlung im Krankheitsfall und Urlaubsregelung entsprechen. Gerade gemeinnützige Organisationen sollten an dieser Stelle nicht in Skandale unseriöser Anbieter verwickelt werden.

Werden diese Qualitätsstandards eingehalten, stellt der Telefonvertrieb eine wichtige Ergänzung zum Postvertrieb dar. Dies gilt auch für den persönlichen Vertrieb.

2.5.5 Persönlicher Vertrieb (Face-to-Face-Fundraising)

Der persönliche Vertrieb ist eine Form des Direktvertriebs bei der die Akquise, die Beratung und der Vertragsabschluss in Teilschritten oder komplett in einem persönlichen Gespräch ohne zwischengeschaltete Medien (wie z. B. das Telefon) erfolgt – sozusagen „von Angesicht zu Angesicht" oder neudeutsch: „Face-to-Face". Auch im Fundraising spielt der persönliche Vertrieb eine immer wichtigere Rolle. Ein persönliches Gespräch zwischen einem (haupt- oder ehrenamtlichen) Vertreter einer Organisation oder einem Vertreter eines beauftragten externen Dienstleisters einerseits, und einem (potenziellen) Spender andererseits, ermöglicht in idealer Weise den, für den Aufbau einer Beziehung so wichtigen Dialog (im Sinne des Relationship Fundraising). Zwar liegen die Kosten pro Kontakt beim Face-to-Face-Fundraising (kurz: F2F-Fundraising) höher als z. B. bei einem Mailing. Der Erfolg eines deutlich individuelleren und intensiveren Dialoges bei höherer Aufmerksamkeit rechtfertigt jedoch die Mehrkosten. Im sich ständig verschärfenden Verdrängungswettbewerb auf dem Spendenmarkt zahlt sich diese aufwendigere Form des Dialogs beim Aufbau einer Spenderbeziehung mittel- und langfristig aus.

Zentrales Element des persönlichen Vertriebes ist das persönliche Gespräch. Im persönlichen Gespräch hat ein erfahrener Fundraiser die Möglichkeit, sein Anliegen (Gewinnung, Bindung, Rückgewinnung) ganz individuell auf den (potenziellen) Spender abzustimmen. Er kann mehr über die Einstellungen und Bedürfnisse eines Spenders erfahren, gezielt informieren und beraten, sowie auf Rückfragen und Vorbehalte unmittelbar eingehen. Beim Postvertrieb mittels Mailing wurde unterschieden zwischen der Ansprache von Menschen mit bestehendem Kontakt zur Organisation (Warmkontakte) und Menschen ohne bestehendem Kontakt zur Organisation (Kaltkontakte). Analog wird auch beim persönlichen Vertrieb mittels persönlichen Gespräches unterschieden zwischen der Ansprache von Menschen mit bestehendem Kontakt zur Organisation (Warmkontakte) und Menschen ohne bestehendem Kontakt zur Organisation (Kaltkontakte). Wegen der höheren Kosten pro Kontakt wird der persönliche Vertrieb in erster Linie bei höherwertigen Spendenprodukten in der Spitze der Spenderpyramide eingesetzt. Beim Fundraising gegenüber Privatpersonen vor allem im Vertrieb der besonders erklärungs- und beratungsbedürftigen Produkte Groß- und Testamentspende (siehe Kap. 2.5.5.1) sowie Dauerspende (siehe Kap. 2.5.5.2 und 2.5.5.3). Aber auch beim Fundraising gegenüber Unternehmen (siehe Kap. 3), gegenüber Stiftungen (siehe Kap. 4) und gegenüber öffentlichen Ressourcenbereitstellern (siehe Kap. 5) ist das persönliche Gespräch ökonomisch sinnvoll. Zum Vertrieb von Einzelspenden gegenüber Privatpersonen lohnt sich der persönliche Vertrieb nur, wenn er kostengünstig von Ehrenamtlichen durchgeführt werden kann.

Beispiel

Die *Caritas* führt mit Hilfe von Ehrenamtlichen Haus- und Straßensammlungen durch. Gelegentlich kommen Gelder aus Kollekten hinzu, die Pfarrgemeinden in Gottesdiensten gesammelt haben. Es wird jedoch zunehmend schwieriger für die *Caritas*, neue Ehrenamtliche bzw. Freiwillige zu rekrutieren.

Der persönliche Vertrieb ist örtlich nicht gebunden. Im Falle des Vertriebes von Groß- und Testamentspenden an Warm- und Kaltkontakte kann er in den Räumen der Organisation ebenso stattfinden wie Zuhause beim Spender oder an einem neutralen Ort (z. B. Restaurant) – je nach Präferenz des (Groß- bzw. Testament-) Spenders. Im Fall des Vertriebes von Dauerspenden an Kaltkontakte findet er an der Haustüre (siehe Kap. 2.5.5.1) oder auf der Straße bzw. in einer Fußgängerzone (siehe Kap. 2.5.5.2) statt. Aber auch in Filialen von Unternehmenspartnern einer Organisation (siehe Kap. 2.5.7) oder in Shopping Malls, auf Events, in Nationalparks oder auf Flughäfen – kurz: wo immer sich viele Menschen der Zielgruppe einer Organisation aufhalten.

2.5.5.1 Persönliches Gespräch mit Groß- und Testamentspendern

Wie bereits erwähnt, kommt dem persönlichen Gespräch eine zentrale Rolle beim Vertrieb der Produkte Groß- und Testamentspende zu. Aufgrund komplexer steuerrechtlicher, erbrechtlicher und stiftungsrechtlicher Aspekte, ist eine Großspende (siehe Kap. 2.3.5) und mehr noch eine Testamentspende (siehe Kap. 2.3.6) besonders erklärungs- und beratungsbedürftig. *Kern* teilt den Verlauf eines Großspendergespräches in fünf Phasen ein, die hier zumindest stichwortartig beschrieben werden sollen:[45]
Phase 1: *Gesprächsvorbereitung*:

- Was lässt sich in der Spenderdatenbank der Organisation über den Gesprächspartner finden?
- Was lässt sich im Internet (Google) über den Gesprächspartner finden?
- Was lässt sich im Kollegenkreis der Organisation über den Gesprächspartner erfahren?
- Wer aus der Organisation ist der geeignetste Ansprechpartner (Fundraiser, Geschäftsführer, Vorstand) für den Gesprächspartner?

Phase 2: *Ins-Gespräch-Kommen*

- Wie kann zum Einstieg eine gute Gesprächsatmosphäre hergestellt werden?
- Wie kann zügig ein Übergang zum eigentlichen Gesprächsthema gefunden werden?
- Was ist dem (potenziellen) Großspender (bzw. Testamentspender) wichtig (80 % Zuhören, 20 % Reden)?
- Für welche Projekte interessiert er/sie sich (nicht): Haben Sie schon einmal unser Projekt besucht?

[45] Vgl. Kern, Birgit: Das persönliche Gespräch (Face to Face), in: Fundraising Akademie (Hrsg.): Fundraising – Handbuch für Grundlagen, Strategien und Methoden, 4. Aufl., (Gabler) Wiesbaden 2008, S. 548–556, S. 551–554.

Phase 3: *Spendenbitte* (*The Ask*)

- Der gesamte Finanzbedarf des Projektes liegt bei x Euro. Können Sie sich vorstellen, sich an diesem Betrag zu beteiligen?
- Wenn nicht in einem Betrag, dann vielleicht in einer bestimmten Stückelung?
- Wenn nicht jetzt, dann vielleicht zu einem späteren Zeitpunkt?
- Wenn nicht für dieses, dann vielleicht für ein anderes Projekt?

Phase 4: *Dank*

- Wer sollte danken (Fundraiser, Vorstand, Geschäftsführer)?
- Sollte mit dem Dank eine Ehrung verbunden sein (z. B. Erwähnung in der Zeitschrift der Organisation, Nennung auf einer Ehrentafel, Benennung eines Raum, Gebäudeflügels oder Gebäudes nach dem Großspender)?
- Wie wird reagiert, wenn der Gesprächspartner nicht spenden möchte (z. B. Dank für die Zeit, die sich Gesprächspartner genommen hat)?

Phase 5: *Dokumentation*

- Wann hat das Gespräch stattgefunden? Zu welchem Anlass? Wer war noch dabei? Die wichtigsten Themen? Die wichtigsten Absprachen und Ergebnisse? Weitere Besonderheiten?
- Wie kann der Gesprächsinhalt unter Wahrung des Datenschutzes gespeichert werden?
- Wie kann der Gesprächsinhalt so festgehalten werden, dass ihn ein Kollege bzw. Nachfolger nachvollziehen kann?

2.5.5.2 Event

Eine spezielle Erscheinungsform des persönlichen Vertriebes kann auch das persönliche Gespräch im Rahmen eines Events sein. Unter einem Event ist eine (Benefiz-) Veranstaltungzu verstehen, die einerseits über die Arbeit einer Organisation informiert (und damit einen fachlichen Charakter hat), andererseits aber auch einen besonderen Erlebnischarakter aufweist. Dabei sollen auf unterhaltsame Weise Ratio und Emotio der Teilnehmer bzw. Besucher angesprochen werden. Dies gelingt am besten, wenn die Teilnehmer aktiv in den Event eingebunden werden und mitwirken (abstimmen, singen, kochen etc.) können. Für das Fundraising eignen sich Events deshalb besonders gut, weil (potenzielle) Spender unmittelbar und auch emotional angesprochen werden können. Die Spannweite denkbarer Events ist groß und reicht von Ball (z. B. Ball des Sports) und Festessen (z. B. Bremer „Schaffermahlzeit"), über Konzert, Lesung und Modenschau bis Tag (Nacht) der offenen Tür (z. B. Lange Nacht der Museen). Entscheidend ist der Erlebnischarakter. Ein Event sollte ein außergewöhnliches Ereignis von besonderer Attraktivität sein (so mancher „Tag der offenen Tür" erfüllt dieses Kriterium leider nicht).

Je nach Zielsetzung, lassen sich sehr unterschiedliche Erscheinungsformen von Events differenzieren: Bei Events, deren Teilnahme die Bezahlung eines (hohen) Eintrittsgeldes erfordert, oder in deren Rahmen um Spenden gebeten wird, steht der vertrieblich akquisitorische Aspekt im Vordergrund, um den es in diesem Kapitel besonders gehen soll. Ziel kann hier sein, während eines Events kurzfristig einen möglichst hohen Gesamtspendenbetrag auch von solchen Menschen zu akquirieren, die ansonsten vielleicht keinen persönlichen Bezug zur Arbeit der Organisation haben. Diese spenden nicht zuletzt, weil sie zusätzlich zum Fördergedanken an einer erlebnisreichen und unterhaltsamen Veranstaltung teilnehmen dürfen. Grund genug für das Finanzamt, deshalb auch eine Aufsplittung des Eintrittspreises zu verlangen: Abzugrenzen ist derjenige Teil, der als Gegenleistung für einen geldwerten Vorteil (z. B. Essen und Getränke für einen Event-Besucher) bezahlt wird (und deshalb steuerlich nicht abzugsfähig ist), von demjenigen der selbstlos zur Förderung der Organisation gegeben wird (und deshalb steuerlich abzugsfähig ist).

Beispiel

Zur jährlich in Neuss stattfindenden *UNESCO*-Gala lädt Ute Ohoven 1.100 Gäste, die einen Mindesteintritt von 460 € bezahlen. Je nach Platzierung kann der Eintrittspreis noch deutlich höher werden. Wie auch auf vielen anderen Events spielt die Anwesenheit von Prominenten eine große Rolle für die Attraktivität der Veranstaltung.

Anstelle einer anonymen Einmalspende kann das Ziel eines Events aber auch sein, in Kontakt mit Menschen zu kommen, die im Sinne des Relationship Fundraising langfristig an eine Organisation herangeführt werden und anstelle einer Einmalspende die Organisation dauerhaft und nachhaltig unterstützen sollen.

Beispiel

Die derzeit 18 Ronald McDonald Häuser der *McDonald's Kinderhilfe Stiftung* in Deutschland führen insgesamt ca. 80 Events pro Jahr durch, zu denen pro Event 25–50 Menschen eingeladen werden, die bislang noch keinen Kontakt zur Organisation hatten. Ziel des Events ist es, langfristige Förderer zu gewinnen. Das Event-Konzept zur Gewinnung neuer Spender stammt von *Axelrodt.*[46]

Es gibt jedoch auch Events, in deren Rahmen nicht um Spenden gebeten wird. Hier steht nicht der Vertriebsaspekt im Vordergrund eines Events, sondern der Kommunikationsaspekt (siehe Kap. 2.6.6.3). Ziel ist der persönliche Kontakt zu möglichst vielen und/oder besonders wichtigen Förderern. Im Rahmen eines solchen Events kann sich eine Organisation bei ihren (Groß-) Spendern, aber auch bei verdienten Mitarbeitern und Ehrenamtlichen bedanken, und ein Gemeinschaftsgefühl aufbauen.

---

[46] Vgl. Axelrodt, Terry: Raising More Money – The Ask Event Handbook, 3. Aufl., (Raising More Money Publications) Seattle 2004.

Beispiel

Die *Berliner Philharmoniker*, die seit 2007 internationale *UNICEF*-Botschafter sind, geben in der Berliner Waldbühne ein Konzert, das auch dem Dank für engagierte Mitarbeiter, Ehrenamtliche und Spender von *UNICEF* dient.

Unterschieden werden können ferner Events, die von einer Organisation selber durchgeführt werden, von solchen, bei denen eine Organisation einen von Dritten organisierten Event für ihre Zwecke (sozusagen „Huckepack“) mitnutzen darf. Natürlich ist ein Huckepack-Event mit deutlich geringerem Aufwand für die Organisation verbunden, ohne deshalb den Erlebnischarakter des Events schmälern zu müssen.

Beispiel

Der *WWF Deutschland* erhielt lange Zeit einen Tisch auf dem Frankfurter Opernball zur Verfügung gestellt. Normalerweise buchen Unternehmen solche Tische für einen fünfstelligen Betrag, um ihren Kunden etwas Besonderes bieten zu können. Dem *WWF* gelang es, einen Tisch zu fundraisen. So konnte die Großspender-Fundraiserin ihren Top Donor einen besonderen Rahmen für persönliche Gespräche bieten. Allerdings stand Dank und die Wertschätzung im Vordergrund, nicht die Bitte um weitere Unterstützung.

Egal in welcher Form ein Event durchgeführt wird. Wichtig ist, dass ein Event zur Organisation passt und nicht „aufgesetzt“ wirkt. Im Idealfall hat der Event einen direkten inhaltlichen Bezug zur Arbeit der Organisation.

Beispiel

Der Berliner Kinder- und Jugendzirkus *Cabuwazi* führt einmal pro Jahr einen Gala-Abend im Wintergarten-Variété durch. Der Abend hat einen direkten Bezug zur Arbeit von Cabuwazi, da die Kinder und Jugendlichen vorführen, was sie über das Jahr erarbeitet haben. Der Abend ist aber auch für die Spender von hohem Erlebnis- und Unterhaltungswert, da zusätzlich zu den Kindern und Jugendlichen noch professionelle Artisten des Wintergarten-Variétés auftreten und auch für das leibliche Wohl gesorgt wird.

Denkbar sind also sehr unterschiedliche Zielsetzungen für Events. Um sie jeweils zum Erfolg zu führen, ist ein systematisches Event-Management (Analyse, Zielsetzung, Durchführung, Kontrolle) unverzichtbar. *Burens* nennt sechs Planungsphasen, die hier zumindest stichwortartig vorgestellt werden sollen:[47]
Phase 1:

[47] Vgl. Burens, Peter-Claus: Events, in: Fundraising Akademie (Hrsg.): Fundraising – Handbuch für Grundlagen, Strategien und Methoden, 4. Aufl., (Gabler) Wiesbaden 2008, S. 536–527, S. 543 f..

- Entwicklung erster Event-Ideen,
- Planungsgespräche mit interessierten Personen und eventuellen Mitveranstaltern,
- Festlegung der strategischen Ziele, Zielgruppen und Veranstaltungsform.

Phase 2:

- Bildung eines Arbeits-Teams unter Einbindung eines Event-Spezialisten,
- Festlegung des Event-Mottos, der angestrebten Zahl von Teilnehmern, des Teilnahmeentgeltes (Kostenbeiträge, Spendenwunsch, Sponsoren-Beiträge), des Veranstaltungsortes, des Termins und der Zeitplanung,
- Klärung steuerrechtlicher Fragen (Umsatzsteuer, Körperschaftssteuer und Gewerbesteuer) mit Hilfe eines Steuerberaters.
- Kalkulation von Investitionen und zu erwartenden Einnahmen.

Phase 3:

- Einholen von Genehmigungen (z. B. Nutzung des Veranstaltungsortes),
- Anmeldung bei Behörden (z. B. Polizei, Tombola),
- Abschluss benötigter Versicherungen (z. B. Veranstalterhaftpflicht),
- Beauftragung eines Sanitätsdienstes,
- Kontaktaufnahme mit Kooperationspartnern, Medien, Multiplikatoren, Sponsoren u. a.

Phase 4:

- Einrichtung eines Organisationsbüros bzw. Beauftragung einer Event-Agentur,
- Definition der Verantwortlichkeiten einschließlich Medienarbeit,
- Entscheidungen zur Ausgestaltung (Licht, Ton, Dekoration) und zum Programmablauf (Moderation, Redner, Aktivitäten der Teilnehmer, Künstler u. a.),
- Absprachen zur Verpflegung der Gäste und Helfer,
- Anwerbung von haupt- und ehrenamtlichen Helfern,
- Akquisition von Medienpartnern und Sponsoren,
- Konzeption und Produktion von Drucksachen für die Einladung, Plakatierung, von Werbe- und Organisationsmaterialien,
- Verabschiedung des detaillierten Event-Etats.

Phase 5:

- Pressekonferenz,
- Überprüfung aller benötigten Hilfsmittel,
- Versand der Einladungen,
- Hängung von Plakaten.

Phase 6:

- Herrichten des Veranstaltungsortes,
- Kennzeichnung der Anfahrtswege, Parkplätze und WC-Anlagen,
- Einweisung der Helfer.

Da die Komplexität der Prozesse insbesondere größerer Events und der benötigte zeitliche Aufwand für Vorbereitung, Durchführung und Nachbereitung von Events gerne von Organisationen unterschätzt werden, ist im Rahmen der Vertriebspolitik auch zu entscheiden, ob das Management eines Event Inhouse von den eigenen Mitarbeitern oder von einem externen Dienstleister im Outsourcing durchgeführt werden soll.

2.5.5.3 Haussammlung

Eine weitere Erscheinungsform des persönlichen Vertriebes gegenüber Kaltkontakten ist das persönliche Gespräch an der Haustüre. Im deutschen Sprachraum wird von Haussammlung gesprochen, wenn Fundraiser von Tür zu Tür ziehen und Geldspenden, Sachspenden oder geldwerte Leistungen durch unmittelbares Einwirken von Person zu Person sammeln (§ 1 Abs. 1 *Sammlungsgesetz für Rheinland-Pfalz* (Rh.Pf. SammlG)). Alternativ wird manchmal auch von Haustürwerbung gesprochen. Dieser Begriff ist jedoch weniger präzise, soll an der Haustüre doch in erster Linie der vertriebliche Aspekt und weniger der bloße kommunikative Aspekt im Vordergrund stehen. Im anglo-amerikanischen Sprachraum sind die Bezeichungen Door-to-Door-Fundraising (kurz: D2D-Fundraising) und Canvassing gebräuchlich. Ausführliche Betrachtungen zur Haus- und Straßensammlung finden sich bei *Buchhaus/Raths.*[48]

In der Regel wird an der Haustüre das Produkt Dauerspende angeboten. Über diesen Vertriebsweg akquirieren vor allem die sog. Blaulichtorganisationen wie das *DRK*, die *Malteser*, die *Johanniter* und der *ASB* selber (Inhouse) oder mit Hilfe externer Dienstleister (Outsourcing) jedes Jahr zusammen mehrere hunderttausend neue Fördermitglieder. Meist bieten die Blaulichtorganisationen eine Fördermitgliedschaft zum Mindestpreis von 24 € pro Jahr (bzw. 2 € pro Monate) an. Der durchschnittliche Jahresbeitrag für eine Fördermitgliedschaft liegt jedoch bei etwa 70 € pro Jahr (also ca. 6 € pro Monat). Die Einnahmen aus den an der Haustür vertriebenen Dauerspenden sind für die betreffenden Organisationen von zentraler Bedeutung.

Erfolgt die Haussammlung im Outsourcing, so stellen externe Dienstleister 12–20 Monatsbeiträge, umgerechnet also 72 € (6 € x 12 Monate) bis 120 € (6 € x 20 Monate) pro akquiriertem Dauerspender in Rechnung. Dieser Betrag entspricht den Kosten eines per Kaltadress-Mailing gewonnenen Neu- bzw. Erstspenders in Höhe von ca. 100 €. Mit dem Unterschied freilich, dass Letzterer i. d. R zunächst nur ein Einzelspender ist, der erst durch

[48] Vgl. Buchhaus, Robert; Raths, Ricarda: Haustür- und Straßenwerbung, in: Fundraising Akademie (Hrsg.): Fundraising – Handbuch für Grundlagen, Strategien und Methoden, 4. Aufl., (Gabler) Wiesbaden 2008, S. 518–527.

ein anschließendes telefonisches Upgrading zum Dauerspender gemacht werden muss (was seinerseits Kosten verursacht). Im Kostenvergleich der Vertriebskanäle schneidet die Haussammlung also durchaus gut und sogar etwas günstiger als der Vertriebskanal Standsammlung ab. Bei der Standsammlung, als wichtigster Erscheinungsform der Straßensammlung, werden pro akquiriertem Dauerspender 14–24 Monatsbeiträge in Rechnung gestellt, weil auch der Aufwand höher ist als bei der Haussammlung. Dafür werden bei der Standsammlung höhere Beträge akquiriert. Der durchschnittliche Jahresbeitrag eines per Standsammlung akquirierten Dauerspenders liegt bei 100 € und höher (siehe nächstes Kapitel). Umgekehrt ist dafür die sog. Stornoquote (also der Anteil der gewonnenen Dauerspender, der in den ersten 12 Monaten gleich wieder kündigt), bei der Standsammlung i. d. R höher als bei der Haussammlung. Als Faustformel nennen Experten eine Stornoquote von ca. 20 % bei der Haussammlung und von bis zu 40 % bei der Standsammlung. Liegt eine Stornoquote sogar bei 50 %, so lässt dies auf keine sehr nachhaltige Argumentation der Fundraiser schließen. Eine abschließende Bewertung, welche Methode (Standsammlung oder Haussammlung) sich denn nun mittel- bis langfristig besser rechnet, ist ein komplexes Optimierungsproblem (siehe Kap. 6.8).

In Ausnahmefällen kann an der Haustüre aber auch das Produkt Einzelspende angeboten werden. Ökonomisch sinnvoll ist dies jedoch nur, wenn ehrenamtliche Fundraiser eingebunden werden können.

Beispiel

Im Rahmen der 54. Aktion Dreikönigssingen sammelten 500.000 Mädchen und Jungen zum Jahresbeginn 2012 in 11.529 Gemeinden und Gruppen insgesamt rund 42,4 Mio. € für Projekte des *Kindermissionswerkes „Die Sternsinger" e. V.* zugunsten benachteiligter Kinder in aller Welt.

2.5.5.4 Straßensammlung

Eine weitere Erscheinungsform des persönlichen Vertriebes gegenüber Kaltkontakten ist das persönliche Gespräch auf der Straße. Im deutschen Sprachraum wird von Straßensammlung gesprochen, wenn Fundraiser Geldspenden, Sachspenden oder geldwerte Leistungen durch unmittelbares Einwirken von Person zu Person auf Straßen, Plätzen oder anderen jedermann zugänglichen Räumen sammeln (§ 1 Abs. 1 Rh.Pf. SammlG). Alternativ wird manchmal auch der Begriff Straßenwerbung oder Standwerbung verwandt. Analog zum Begriff Haustürwerbung ist dieser Begriff jedoch weniger präzise, soll hier doch in erster Linie der vertriebliche Aspekt und weniger der bloße kommunikative (werbliche) Aspekt im Vordergrund stehen.

Die ursprüngliche Form der Straßensammlung ist der Vertrieb von Einzelspenden (meist in Form von Klein- bzw. Restgeldspenden) mit Hilfe einer Sammeldose. Der zentrale Nachteil dieser Form von Straßensammlung liegt darin, dass der Spender anonym bleibt. Da seine Adresse nicht erhoben wird, ist eine Bindung des Spenders und damit professionelles Relationship Fundraising nicht möglich. Dies ändert sich erst, als Anfang der 1990er Jahre in Österreich eine neue Form der Straßensammlung entwickelt wird: Die sog. Standwerbung, auch Infostandkampagne genannt. Da es sich hierbei um die spezielle Ausprägung des persönlichen Vertriebs handelt, sind die Begriff Werbung und Kampagne jedoch nicht präzise genug. Auch der Begriff Infostand stellt den werblichen Aspekt, zulasten des eigentlich entscheidenden vertrieblichen Aspektes, zu stark in den Vordergrund. Stattdessen wird hier der Begriff Stand-Fundraising vorgeschlagen. Noch besser wäre der Begriff Standvertrieb, der jedoch negativ emotional vorbelastet sein dürfte.

Beim Stand-Fundraising wird entweder im öffentlichen Raum (z. B. auf einer Straßen, in einer Fußgängerzone, auf einem Platz) oder auf privatem Gelände (z. B. von Bau- und Supermärkten, oder auf Messen und Festivals) ein Stand aufgebaut, der F2F-Fundraisern als Basis für die Ansprache von Passanten dient. Stand und Kleidung der F2F-Fundraiser sind grafisch so gestaltet, dass Passanten auf den ersten Blick ersichtlich wird, dass es sich um eine gemeinnützige Organisation handelt, die über ihre Arbeit informieren, v. a. aber Spender akquirieren möchte. Eine Variante ist die „fliegende" Werbung bzw. Sammlung, bei der F2F-Fundraiser ohne Stand, nur mit einem Klemmbrett unter dem Arm, Passanten ansprechen.

Beispiel

Die Aktion Fischotterschutz konnte mit Hilfe von Stand-Fundraising (siehe Abb. 2.65) die Anzahl ihrer Mitglieder und Fördermitglieder von 4.458 im Jahr 1996 auf 18.793 im Jahr 2001 in fünf Jahren mehr als vervierfachen. Das Beispiel zeigt auch, dass dieser Vertriebsweg durchaus auch kleineren Organisationen offen steht.

Wie bereits erwähnt, wurde das Stand-Fundraising Anfang der 1990er Jahre in Österreich von der Agentur *DialogDirect* für die Organisation *Greenpeace Austria* etabliert. Vorher hatte es schon einige Tests für und mit der Organisation *Vier Pfoten* gegeben. Von dort aus breitete sich der neue Vertriebskanal auf andere Greenpeace Länderbüros aus. Auch andere internationale Organisationen wie *Amnesty International*, *Ärzte ohne Grenzen*, *Care*, *SOS-Kinderdörfer*, *World Vision* und *WWF* werden auf das Stand-Fundraising aufmerksam und setzen sie ein. Am stärksten verbreitet sich der Vertriebskanal in Großbritannien, Australien, Neuseeland und Spanien. In Deutschland überwiegt zunächst die Skepsis, Stand-Fundraising könnte von der Bevölkerung als Belästigung empfunden werden, und deshalb einen negativen Einfluss auf das Image einer Organisation ausüben. In Deutschland gründet *Greenpeace* 2001 die *Greenpeace Infoservice GmbH* um unabhängiger von Dienstleistern zu werden und die Qualität der Prozesse selber steuern zu können. Der richtige Durchbruch in Deutschland kommt für das Stand-Fundraising erst relativ spät zwischen 2006 und 2010. Dann jedoch gleich so stark, dass an besonders frequentierten Stellen (wie z. B. dem Alexanderplatz in Berlin) bereits eine unerwünschte Häufung von Ständen entsteht. Um Verärgerung von Passanten und kommunalen Genehmigungsbehörden zu vermeiden, wird 2011 der *Qualitätszirkel Face-to-Face-Fundraising* (*QF2F*) nach

Abb. 2.65 Standsammlung der Aktion Fischotterschutz

Vorbild der britischen *Public Fundraising Regulatory Association* (*PFRA*) und der österreichischen *Qualitätsinitiative Fördererwerbung* (*QUIF*) gegründet. Hauptanliegen des *QF2F* ist es, verbindliche Qualitätsstandards für das Face-to-Face-Fundraising in Deutschland zu entwickeln und so z. B. einer kontraproduktiven Überstrapazierung des Vertriebskanals an bestimmten Standorten vorzubeugen (siehe Kap. 2.5.5.7).

Ein großer Vorteil des Stand-Fundraising liegt darin, dass es ihm besser als anderen Vertriebskanälen (insbesondere dem Mailing und der Haussammlung) gelingt, auch jüngere Menschen anzusprechen. Erfahrungswerte von *Buchhaus/Raths* zeigen, dass durchschnittlich 70 % der durch Stand-Fundraising akquirierten Dauerspender unter 35 Jahre alt sind. Die Gründe dafür sind vielfältig. Zum einen sind jüngere Menschen sicher offener für spontane Ansprache im öffentlichen Raum als ältere. Ein anderer, vielleicht noch wichtigerer Grund liegt in der Tatsache, dass auch die F2F-Fundraiser i. d. R jünger sind. Was wiederum darauf zurückzuführen ist, dass von F2F-Fundraisern ein Höchstmaß an zeitlicher und räumlicher Flexibilität ebenso verlangt wird wie Einsatzbereitschaft bei (fast) jedem Wetter. Dazu sind jüngere Menschen eher bereit als ältere. Fazit: Es sind jüngere F2F-Fundraiser, die dann auch eher wieder jüngere Passanten ansprechen als ältere.

Dem Vorteil, junge Spender zu gewinnen, stehen jedoch auch Nachteile gegenüber: Der größte Nachteil liegt in der geringeren Bereitschaft junger Leute, sich (langfristig) zu binden. Dies äußert sich in einer relativ hohen Stornoquote bzw. Absprungrate (englisch: Attrition Rate, siehe Kap. 6.2.3.1) von bis zu 40 % im ersten Jahr, und einer geringeren durchschnittlichen Verweildauer von nur fünf anstelle der üblichen sieben Jahre bei Dauerspendern. Die ansonsten üblichen Spenderbindungsmaßnahmen einer Organisation, die sich naturgemäß an der vorherrschenden älteren Spenderzielgruppe orientieren, scheinen jüngere Leute weniger anzusprechen. Sie sind über einen persönlichen und individuellen Kontakt geworben worden, und scheinen diese Form des Kontaktes auch später im Rahmen der Bindung zu bevorzugen. Per Stand-Fundraising akquirierte Dauerspender (zumindest die jüngeren unter ihnen) sollten deshalb anschließend mit einem eigenen, besser auf junge Menschen abgestimmten Bindungsprogramm betreut werden.

Beispiel

Spanische Organisationen entwickeln spezielle Maßnahmenpläne für jüngere, per Stand-Fundraising akquirierte Dauerspender. Da mittlerweile praktisch jeder jüngere Mensch über ein Handy (meist sogar ein Smartphone) und eine E-Mail-Adresse verfügt, werden sie systematisch nach folgendem Zeitplan angesprochen, der die Vertriebskanäle Face-to-Face, Telefon und Internet intelligent miteinader verzahnt:[49]

- Tag 1: Zusendung einer Begrüßungs-SMS,
- Woche 1: Begrüßungsanruf,
- Woche 8: Zusendung eines E-Newsletter,
- Woche 16: Anruf: Zufriedenheit mit der Organisation? Bereitschaft, Namen und Telefonnummer von Freunden zu nennen, die ebenfalls Interesse an der Organisation haben könnten (Member-gets-Member, siehe Kapitel)? Erfahrungswert: 40 % geben Namen und Telefonnummern von 3–4 Leuten, von denen 40 % zu Dauerspendern werden.
- Woche 20: Zusendung einer SMS,
- Woche 24: Zusendung eines E-Newsletter,
- Woche 32: Upgrading-Anruf,
- Woche 52: E-Mail mit Hyperlink zum Jahresbericht.

Um die Prozesse zu beschleunigen wird in beim Stand-Fundraising längst damit experimentiert, die Menschen mit einem Tablet PC (z. B. iPad) anstelle von Printmaterial in der Hand anzusprechen. Auf diese Weise kann eine Organisation nicht nur in Wort und Bild, sondern auch mit bewegten Bildern (Video) vorgestellt werden. Adresse und Handynummer eines neu gewonnenen Dauerspenders können dann gleich elektronisch erfasst werden, was auch das automatische Auslösen einer Begrüßungs-SMS erleichtert. Bei elekt-

[49] Vgl. Upsall, Daryl: Cutting Edge Face to Face Fundraising from Around the World, Vortrag auf der AFP International Conference on Fundraising, Vancouver/Canada 2012.

ronischer Erfassung der Bankverbindung kann zumindest die Richtigkeit der Bankleitzahl unmittelbar überprüft werden. Auf die manuelle Datenerfassung von Formularen in die Datenbank kann verzichtet werden. Im Idealfall steht am Stand sogar ein direkter Zugriff auf die Datenbank zur Verfügung.

So erfreulich die Möglichkeit ist, mit dem Stand-Fundraising jüngere Menschen zu erreichen, so wichtig wäre es, auch ältere Menschen erreichen zu können, die in der Lage sind, höhere Beträgen zu geben. Insbesondere Organisationen mit Inhouse-Lösungen versuchen deshalb, bewusst auch ältere F2F-Fundraiser zu rekrutieren, die ihrerseits leichter auf ältere Passanten zugehen können.

Noch einige Überlegungen zum Kosten-Erlös-Verhältnis beim Stand-Fundraising. Es gilt die folgende Faustformel: Von 100 angesprochenen Passanten kann mit 10 ein inhaltliches Gespräch geführt, und ein Passant als neuer Dauerspender gewonnen werden. Dieser Anteil erscheint auf den ersten Blick gering, entspricht aber – im übertragenen Sinne – der Response-Quote von ca. 1 % bei einem Kaltadress-Mailing (im Postvertrieb). Erfolgt das Stand-Fundraising im Outsourcing, so stellen externe Dienstleister ca. 14–24 Monatsbeiträge des neu gewonnenen Dauerspenders in Rechnung. Im Gegensatz zur Haussammlung werden beim Stand-Fundraising jedoch höhere Jahresbeiträge von durchschnittlich 100 € und mehr erzielt (im Gegensatz zu 70 € bei der Haussammlung). Der Grund dafür: Während bei der Haussammlung i. d. R nur ein (Spenden-) Produkt angeboten wird (die vergleichsweise günstige Fördermitgliedschaft), sind es beim Stand-Fundraising idealerweise mehrere Produkte zu unterschiedlich hohen Preisen.

Beispiel

Im Rahmen seines Stand-Fundraising bietet der *WWF Deutschland* verschiedene Produkte an:

- Eine Fördermitgliedschaft ab 4 € pro Monat,
- Schutzengel (Wolf, Braunbär oder Seeadler) zu 15 € pro Monat,
- Pate (Tiger, Wal, Elefant, Eisbär, Gorilla u. a.) ab 30 € pro Monat.

Der durchschnittliche Jahresbeitrag von 100 € beim Stand-Fundraising lässt sich auf einen durchschnittlichen Monatsbeitrag von ca. 8 € (anstelle der 6 € bei der Haussammlung) umrechnen. Werden im Outsourcing 14–24 Monatsbeiträge für einen neu gewonnenen Dauerspender berechnet, so liegen die Kosten für die Organisation zwischen 120 € (14 Monate × 8 €) und 192 € (24 Monate × 8 €). Solche Beträge liegen zwar etwas oberhalb der Kosten für einen per Kaltadress-Mailing gewonnenen Neu- bzw. Erstspender (von 100–200 € bei Vollkostenbetrachtung, siehe Kap. 2.1). Mit dem Unterschied freilich, dass Letzterer i. d. R zunächst nur ein Einzelspender ist, dessen durchschnittliche Einzelspende unter 50 € liegt, und der erst durch ein anschließendes telefonisches Upgrading zum Dauerspender gemacht werden muss (was wiederum Kosten verursacht). Im Kostenvergleich der Vertriebskanäle schneidet das Stand-Fundraising also durchaus gut und etwa in der Größenordnung des Vertriebskanals Telefon (beim Upgrading und der Rückgewinnung von Dauerspendern) ab. Die beiden Vertriebskanäle ergänzen sich insofern ideal, als das

Stand-Fundraising seinen Schwerpunkt in der Kaltakquisition von Dauerspendern hat, wohingegen das Telefon-Fundraising seinen Schwerpunkt auf die Warmakquisition von Dauerspendern (unter Erst- und Mehrfachspendern), das Upgrading und die Rückgewinnung legt.

2.5.5.5 Kollekte

Ebenfalls dem persönlichen Vertrieb zuzurechnen, ist die (Kirchen-) **Kollekte** (von lat. Collegere = sammeln) als Bestandteil eines christlichen Gottesdienstes, auch wenn sie soweit ritualisiert ist, dass es keines persönlichen Gespräches mehr bedarf. Zwar schrumpft die Anzahl der Gottesdienstbesucher kontinuierlich, doch sind es immer noch Millionenbeträge, die jeden Sonntag bar über die Kollekten im Rahmen der Gottesdienste für kirchliche Anliegen gespendet werden. Besonders hoch ist die Kollekte an wichtigen Tagen des Kirchenjahres (z. B. Weihnachten, Ostern) und am Weltmissionssonntag. Ein Problem für die Kollekte stellt die Tatsache dar, dass die geopferten Beträge nicht steuerlich abgesetzt werden können. Abhilfe schaffen sog. Kollektenbons, die en bloc im Gemeindebüro gegen Ausstellung einer Zuwendungsbestätigung gekauft werden, und in Stückelungen zu 1, 2, 5 und 10 € im Gottesdienst geopfert werden können.[50]

2.5.5.6 Inhouse versus Outsourcing

Im Rahmen der Vertriebspolitik ist auch zu entscheiden, ob das F2F-Fundraising von den eigenen F2F-Fundraisern innerhalb einer Organisation (Inhouse) oder von externen F2F-Fundraisern einer beauftragten F2F-Fundraising-Agentur (im Outsourcing) durchgeführt werden soll. Bei dieser klassischen Make-or-Buy-Entscheidung ist neben den Kosten v. a. auch die Komplexität der Prozesse im F2F-Fundraising zu berücksichtigen, die von Nicht-Experten gerne unterschätzt wird. Diese Prozesse seien hier nur stichwortartig angedeutet:[51]

Prozesse im Rahmen der *Vorbereitung* des F2F-Fundraising:

- Entwicklung eines Konzeptes für das F2F-Fundraising,
- Suche und Auswahl talentierter und motivierter F2F-Fundraiser mit hoher Frustrationstoleranz,
- Ausbildung (Gesprächsführung, Kampagneninhalt), Motivation und Führung der F2F-Fundraiser,
- Konzeption und Produktion des benötigten Werbematerials (Formulare für die gewonnenen Dauerspender, ggf. Material zur Veranschaulichung der Projekte, ggf. Material, das frisch gewonnenen Dauerspendern als Dank mitgegeben werden kann) und Ausrüstung,

[50] Vgl. Kreh, Bernd: Kollekte, in: Fundraising Akademie (Hrsg.): Fundraising – Handbuch für Grundlagen, Strategien und Methoden, 4. Aufl., (Gabler) Wiesbaden 2008, S. 333–334.

[51] Vgl. Albert, Judith; Wissmann, Franz: Infostandkampagnen – Des Fundraisers (un-) geliebtes Kind, Vortrag auf dem Deutschen Fundraising Kongress, Fulda 2010.

- Konzeption einer zielgruppenadäquaten Folgekommunikation mit den neu gewonnenen Dauerspendern.
- Standortplanung,
- Einholung einer Sammlungserlaubnis (nur in Rheinland-Pfalz) und einer Sondernutzungserlaubnis der zuständigen Kommune für die Nutzung öffentlicher Plätze (nur bei der Standwerbung) (siehe Kap. 2.5.5.7),
- Klärung aller Prozesse von der Datenerhebung am Stand bzw. Haustüre bis zur Dateneingabe in die Datenbank.
- Information aller wichtigen Stakeholder einer Organisation (Vorstand, Geschäftsführung, haupt- und ehrenamtliche Mitarbeiter, ggf. Ortsgruppen etc.) rechtzeitig vor Start der Kampagne. Information des DZI (falls erforderlich).
- Information der Bevölkerung über das geplante F2F-Fundraising durch Öffentlichkeitsarbeit (z. B. auf der Website der Organisation oder in lokalen Print-, Radio- und TV-Medien).
- Einrichtung einer Hotline (für Stornos, Fragen, Adressänderungen).

Prozesse im Rahmen der *Durchführung* des F2F-Fundraising:

- Stichprobenartige Überprüfung der Qualität der Gespräche durch anonyme Testpersonen („Mystery Shopping"),
- Laufend aktuelle Informationen über die Organisation an die F2F-Fundraiser.
- Transparente und detaillierte Tagesreportings und Abrechnungen.

Prozesse im Rahmen der *Nachbereitung* des F2F-Fundraising:

- Begrüßungsanruf bzw. Begrüßungsbrief mit (schriftlicher) Bestätigung der am Stand oder an der Haustür getroffenen Vereinbarungen,
- Versand der am Stand oder an der Haustür gewünschten Informationsmaterialien,
- Einpflege der Stornos und Änderungen (über Hotline eingegangen),
- Einzug der erteilten Lastschriften,
- Recherche zu geplatzten Einzügen,
- Sicherstellung der Folgekommunikation mit den neu gewonnenen Dauerspendern.
- Vergütung der F2F-Fundraiser.
- Evaluation des F2F-Fundraising.

In der Regel wird das F2F-Fundraising auf spezialisierte F2F-Fundraising-Agenturen ausgelagert. Dafür sprechen folgende Vorteile:

- Langjährige Erfahrung: Personal, Prozesse, Standplätze und Kontakt zu Genehmigungsbehörden.
- Meist Begrenzung des finanziellen Risikos für die beauftragende Organisation.

Wie findet man eine geeignete Face-to-Face-Fundraising-Agentur? Eine Aufstellung von Anbietern kann kostenlos im Mitgliederverzeichnis auf der Website des *Deutschen Fundraising Verbandes* (www.fundraisingverband.de) unter „Dienstleister" (Art der Dienstleistung: „Dialog – Face-to-Face") eingesehen werden. Auch sollte darauf geachtet werden, dass Agenturen die vom *QF2F* entwickelten Qualitätsstandards einhalten.

Mit dem Boom des Stand-Fundraising ab 2006 bekamen die F2F-Agenturen jedoch zunehmend Kapazitätsprobleme bei der Befriedigung der steigenden Nachfrage von Seiten der Organisationen. Engpassfaktor war und ist nach wie vor, die benötigte Anzahl an geeigneten F2F-Fundraisern zu finden. Die Anforderungen sind hoch: F2F-Fundraiser sollen freundlich, dynamisch, redegewandt, extrovertiert, empathisch, sympathisch, konsequent, emotional gefestigt und vor allem mit hoher Frustrationstoleranz ausgestattet sein. Schließlich sind für einen Stand-Fundraiser jeden Tag etwa 1.000 freundliche Kontaktversuche erforderlich, um 50 bis 100 Gespräche führen zu können, die zu fünf bis maximal zehn Abschlüssen über Dauerspenden führen.

Auch weil F2F-Agenturen nicht genügend Kapazitäten zur Verfügung stellen können, gehen einige, vor allem größere Organisationen dazu über, eigene Lösungen zu entwickeln, die aus steuerlichen Gründen z. T. in eine Service GmbH (wie z. B. die bereits erwähnte *Greenpeace Infoservice GmbH*) ausgelagert werden. Von der Inhouse-Lösung versprechen sich die Organisationen bessere Möglichkeiten der Qualitätskontrolle und damit auch eine höhere Akzeptanz innerhalb der eigenen Organisation (Vorstand, Geschäftsführung, Hauptamtliche, Ehrenamtliche).

Beispiel

Die Organisation *Ärzte ohne Grenzen* führt seit 2007 eigene Standsammlungen durch. Eigene Mitarbeiter reisen vier Mal im Jahr für zwei bis drei Wochen in Teams durch ganz Deutschland.

Der eigentliche Engpassfaktor, eine ausreichende Anzahl geeigneter F2F-Fundraiser zu finden, kann aber auch mit einer Inhouse-Lösung nicht überwunden werden. Deshalb wird teilweise auch auf eine Kombination aus Inhouse- und Outsourcing-Lösung gesetzt.

2.5.5.7 Rechtliche und ethische Aspekte des Face-to-Face-Fundraising

Ziel des F2F-Fundraising ist es, durch Dialog eine vertrauensvolle Beziehung zum Spender aufzubauen. Würde ein persönliches Gespräch vom Spender als Belästigung empfunden werden, so wäre dies kontraproduktiv für den Vertrauensaufbau. Daran ist ein Fundraiser schon aus Eigeninteresse nicht interessiert. Es gibt aber auch rechtliche und ethische Regeln, die eine Belästigung vermeiden sollen. So unterlagen Haus- und Straßensammlungen in Deutschland den Sammlungsgesetzen der jeweiligen Bundesländer. Im Zuge von Deregulierungen haben jedoch mittlerweile alle Bundesländer ihre Sammlungsgesetze aufgehoben. Die einzige Ausnahme stellt das Land Rheinland-Pfalz dar. Nach § 1 Abs. 1 des *Sammlungsgesetzes für Rheinland-Pfalz* (Rh.Pf. SammlG) bedarf eine Sammlung von Geld-

oder Sachspenden oder geldwerten Leistungen durch unmittelbares Einwirken von Person zu Person auf Straßen, Plätzen oder anderen jedermann zugänglichen Räumen (Straßensammlungen) oder von Haus zu Haus (Haussammlungen) der Erlaubnis. Nach § 2 Abs. 3 Rh.Pf. SammlG soll die Erlaubnis von der Sammlungsbehörde versagt werden, wenn die gleichzeitige Durchführung oder Häufung mehrerer Sammlungen in demselben Gebiet voraussichtlich zu einer erheblichen Belästigung der Bevölkerung führen würde. Zuständige Erlaubnisbehörde ist die *Aufsichts- und Dienstleistungsdirektion* (*ADD*) des Landes Rheinland-Pfalz in Trier. Die *ADD* erstellt regelmäßig bereits im Vorjahr den jeweiligen Sammlungsplan für ein bestimmtes Gebiet, der auf der Website der ADD (www.add.rlp.de) einsehbar ist. Es empfiehlt sich deshalb, die Erlaubnis rechtzeitig vor Durchführung der Sammlung zu beantragen.[52]

Zusätzlich bedarf die Nutzung von öffentlichen Straßen und Plätzen für das Stand-Fundraising in allen Bundesländern einer Sondernutzungserlaubnis der zuständigen Kommune. Zur Vermeidung einer erheblichen Belästigung der Bevölkerung aufgrund gleichzeitiger Durchführung mehrerer Straßensammlungen können Kommunen die Sondernutzungserlaubnis in bestimmten Gebieten verweigern.

Beispiel

Der Stadtrat der Stadt Lienz (Österreich) lehnt 2009 einen Antrag von Greenpeace Austria auf Erlaubnis einer mehrtägigen Mitgliederwerbung ab, nachdem zahlreiche Beschwerden über „aggressive Keilermethoden" der Umweltschutzorganisation beim Bürgermeister der Stadt eingegangen sein sollen.

Zusätzlich zu den genannten gesetzlichen Regelungen, sind immer aber auch ethische Überlegungen zu berücksichtigen. Selbst wenn ein Face-to-Face-Kontakt juristisch zulässig ist, so kann er vom Angesprochenen doch als Belästigung empfunden werden. Das Image sowohl der Straßensammlungen als auch der Haussammlungen ist schlecht. Tief haben sich die regelmäßigen Medienberichte über „schwarze Schafe" (gerade in der Vorweihnachtszeit) ins öffentliche Gedächtnis eingegraben. Es ist ja auch richtig und wichtig, deren dunkle Machenschaften aufzudecken und zu verhindern. Für seriöse Organisationen heißt es jedoch, sich hier durch Beachtung hoher Qualitätsstandards deutlich abzuheben – was den meisten auch durchaus gelingt. So ergab eine Untersuchung des Stand-Fundraising von 10 Organisationen durch die Stiftung Warentest im Jahr 2010: „Die Dialoger in unserer Stichprobe sprachen unsere Testpersonen durchweg höflich an, erläuterten die Aktionen und Ziele „ihrer" Organisation kompetent und verständlich. Kein Tester fühlte sich bedrängt. Fakten und Emotionen standen meistens in ausgewogenem Verhältnis. (…) Ausnahmen: Die Mitarbeiterin von *Aktion Tier – Menschen für Tiere e. V.* zeigte stark Mit-

[52] Vgl. Brücher-Herpel, Anette: Sammlungsrecht, Lotterierecht, in: Fundraising Akademie (Hrsg.): Fundraising – Handbuch für Grundlagen, Strategien und Methoden, 4. Aufl., (Gabler) Wiesbaden 2008, S. 748–757.

leid erzeugende Fotos von verwahrlosten Tieren. Und der Mitarbeiter von *Mensch Umwelt Tier e. V.* erzählte seine leidvolle Lebensgeschichte verbunden mit der Ansicht, auch wer wenig Geld hätte, könne etwas abgeben. Das weckte in unserem Tester das beklemmende Gefühl, ihm persönlich die Hilfe zu verweigern, wenn er nicht spenden würde."[53]

Die Messung der Qualität ist im F2F-Fundraising äußerst schwierig. Dies liegt auch daran, dass hier immer auch das subjektive Empfinden des Prüfenden eine Rolle spielt. So versteht unter „bedrängend" jeder Mensch etwas anderes. Um jedoch eine Vorstellung zu vermitteln, woran sich Qualität im F2F-Fundraising im Einzelnen festmachen lässt, sollen hier zumindest die wichtigsten, der vom *QF2F* erarbeiteten Qualitätsstandards vorgestellt werden:

Qualitätsstandards bzgl. der *F2F-Fundraiser*

Die Qualität im F2F-Fundraising steht und fällt mir den Mitarbeitern. Sie müssen sorgfältig nach den bereits erwähnten Eigenschaften ausgewählt und anschließend in Gesprächstechnik, zu den Qualitätsstandards und über die Arbeit der Organisation aus- und weitergebildet werden. Aufgrund der hohen Belastung (bis zu 1.000 Kontaktversuche pro Tag, bis zu 100 Gespräche pro Tag) stellt die Motivation der F2F-Fundraiser den wohl zentralen Erfolgsfaktor dar. Wichtig ist die intrinsische Motivation, für „eine gute Sache" zu arbeiten. Wie auch bei allen anderen Fundraisern sollte sie (z. B. durch Projektbesuche, Videos, Gespräche mit Projektverantwortlichen) regelmäßig aufgefrischt werden. Aber auch die extrinsische Motivation durch eine leistungsgerechte Bezahlung ist von hoher Bedeutung. Hier gilt es, einen vernünftigen Kompromiss zu finden: Einerseits spricht viel für eine erfolgsunabhängige Bezahlung nach geleisteter Arbeitszeit. Eine erfolgsunabhängige Bezahlung führt die Mitarbeiter gar nicht erst in Versuchung, in einem Gespräch zu nachdrücklich zu agieren. Sie ist damit der beste Anreiz, auf Formen der Ansprache zu verzichten, die als belästigend empfunden werden könnten. Umgekehrt geht unbestritten von einer erfolgsabhängigen Bezahlung aber immer auch ein motivatorischer Effekt aus. Es ist deshalb sinnvoll, die Vorteile einer erfolgsunabhängigen Bezahlung mit denen einer erfolgsabhängigen Bezahlung vernünftig zu kombinieren. Zusätzlich zu einem hohen Fixum kann (ab einer bestimmten Größenordnung) ein kleinerer variabler Gehaltsanteil nach Erfolg bezahlt werden. Eine solche Lösung ist kompatibel sowohl mit den „Grundregeln für eine gute, ethische Fundraising-Praxis" des *DFRV* als auch mit den Leitlinien des *DZI*, wonach eine ausschließlich oder überwiegend erfolgsabhängige Vergütung untersagt ist. Der erfolgsabhängige Anteil darf demnach höchstens 50 % der jeweiligen Vergütung betragen. Neben einer angemessenen Bezahlung ist das äußere Erscheinungsbild der Mitarbeiter wichtig. Jeder Mitarbeiter sollte ordentlich und den Wetterbedingungen entsprechend gekleidet sein, jedoch keine irreführende Dienstbekleidung (z. B. eines Rettungssanitäters) tragen. Durch einen Ausweis und das Logo der Organisation auf Kleidungsstücken des Mitarbeiters wird ersichtlich, für welche Organisation er arbeitet. Mitarbeiter müssen sich bewusst sein, dass sie durch ihr Verhalten und Erscheinungsbild das Image der Organi-

[53] Stiftung Warentest: Gern geben, Heft 12/2010, S. 12–15, S. 14.

sation mitprägen, für die sie arbeiten. Es wird nur um Dauerspenden gebeten. Bargeld, Schecks oder Sachspenden werden nicht angenommen.

Qualitätsstandards bzgl. der *Prozesse*

Alle im Zusammenhang mit dem F2F-Fundraising erforderlichen Prozesse der Vorbereitung, Durchführung und Nachbereitung (siehe Kap. 2.5.5.6) werden im Rahmen eines Qualitäts-Managements erfasst, dokumentiert und ständig optimiert.

Kontrolle der Einhaltung der Qualitätsstandards

Die Einhaltung der Qualitätsstandards durch die F2F-Fundraiser kann (zumindest beim Stand-Fundraising) durch angekündigte oder unangekündigte Qualitätsstichproben im Rahmen von Mystery Shopping überprüft werden. Treten Beschwerden auf, werden diese anhand eines vorher festgelegten Verfahrens im Rahmen eines systematischen Beschwerde-Management bearbeitet.

Speziell für Haussammlungen, die schnell als unerwünschtes Eindringen in die Privatsphäre empfunden werden können, haben die vier Blaulichtorganisationen *DRK*, *Johanniter*, *Malteser* und *ASB* einen eigenen Verhaltenskodex zur Mitgliedergewinnung erstellt, der auf den Websites der beteiligten Organisationen zum Download bereitsteht.

Werden diese Qualitätsstandards eingehalten, ist der persönliche Vertrieb für das Fundraising ebenso wichtig wie der Post- und Telefonvertrieb. Neben den jeweiligen Fundraising-Zielen erreichen die Standwerbung und die Haustürwerbung immer auch einen gewissen PR-Effekt für die Organisation. Durch das Logo der Organisation auf den Ständen und der Kleidung der F2F-Fundraiser erhöht sich die Sichtbarkeit einer Organisation in der Öffentlichkeit. Deshalb ist es wichtig, die Entscheidungen im Rahmen der Vertriebspolitik gut mit der Kommunikationspolitik (siehe Kap. 2.6) abzustimmen. Der Fairness halber sei jedoch ergänzt, dass natürlich auch über andere Vertriebskanäle des Fundraising (z. B. durch ein Kaltadress-Mailing) zusätzlich noch ein gewisser PR-Effekt für die Organisation erzielt wird.

2.5.5.8 Trend: Back to the Roots!

Historisch gesehen, war der persönliche Vertrieb über Jahrhunderte der wichtigste Vertriebskanal im Fundraising. Spenden wurden im Rahmen eines persönlichen Gesprächs erbeten, an der Haustüre, auf der Straße, im Gottesdienst. Zwar gab es seit 1490 auch Postdienstleistungen, die im Einzelfall sicher auch schon für Bitten um Spenden genutzt wurden. Zum vorherrschenden Vertriebsweg wurde der Postvertrieb jedoch erst in den 1980er Jahren, als es die Serienbrieffunktion von Textverarbeitungs-Software der aufkommenden (Personal) Computer plötzlich jeder kleinen und großen Organisation ermöglichte, eine Vielzahl von Menschen einfach, personalisiert und kostengünstig ansprechen zu können. Schon in den 1980er Jahren werden die ersten Spendenbriefe – bereits Mailings genannt – in Millionenauflage verschickt. Mit so großem Erfolg, dass der Postvertrieb für die nächsten 20 Jahre zum dominierenden, bei vielen Organisationen sogar einzigen Vertriebskanal avancieren sollte. Der persönliche Vertrieb wird zurückgedrängt auf die meist ehrenamtliche Akquisition von Klein- und Restspenden im Rahmen von Haus- und Straßensammlungen sowie Kollekten. Einzige Ausnahme: Der Vertrieb von Fördermitgliedschaften für die Blaulichtorganisationen an der Haustüre. Das Mailing entwickelt sich fast zum Synonym für Fundraising, bis es in den 2000er Jahren von so vielen Organisationen eingesetzt wird, dass seine Effizienz immer mehr an Grenzen stößt. Der bis dahin unangefochtene Vertriebskanal wird nun immer stärker hinterfragt. Die Suche nach Alternativen beginnt. Der Online-Vertrieb kann noch keine entsprechende Abdeckung bei der Kernzielgruppe 60 + anbieten – seine Zeit wird erst noch kommen. Ende der 1990er Jahre kommt der persönliche Vertrieb langsam zurück. Aufgrund seiner im Vergleich zum Postvertrieb relativ hohen Kosten, zunächst nur für den Vertrieb hochwertiger Produkte in der Spitze der Spenderpyramide. Mitte der 1990er Jahre beginnt der systematische persönliche Vertrieb von Testamentspenden, Ende der 1990er Jahre der systematische persönliche Vertrieb von Großspenden. Weiter die Spenderpyramide hinab findet ab den 2000er Jahren auch der systematische persönliche Vertrieb der Dauerspenden in dem Maße immer mehr Verbreitung, als die Effizienz des Postvertriebs durch den zunehmenden Verdrängungswettbewerb auf dem Spendenmarkt kontinuierlich sinkt. Man kann also durchaus eine Entwicklung zurück zum hochwertigen persönlichen Vertrieb und damit „Back-to-the-Roots“ beobachten. Bis sich in 10 bis 20 Jahren mit dem Internet die nächste Revolution endgültig durchgesetzt haben wird.

2.5.5.9 Nutzung der Vertriebskanäle von (Unternehmens-) Partnern

Abschließend soll noch kurz auf die Möglichkeit des indirekten Vertriebes von Spendenprodukten über Vertriebspartner hingewiesen werden, die sich bereit erklären, ihre Vertriebskanäle für das Fundraising einer Organisation zur Verfügung zu stellen. Zum einen kann dies für die Organisation kostenlos im Rahmen eines CSR-Engagements des Unternehmenspartners erfolgen (siehe Kap. 3.1).

Beispiele

- Bäcker und Metzger stellen ihren Vertriebsweg (ihr Ladenlokal) zur Verfügung für den indirekten Vertrieb von Restgeldspenden mit Hilfe einer Sammeldose auf dem Tresen (z. B. das Sammelschiffchen der *Deutschen Gesellschaft zur Rettung Schiffbrüchiger*, DGzRS).
- Die *gut.org gemeinnützige Aktiengesellschaft* stellt mit *betterplace* ihre Plattform für den Online-Vertrieb von Spenden als indirekten Vertriebsweg jeder Organisationen kostenlos zur Verfügung. Nachteil: betterplace gibt die, für das Relationship Fundraising so wichtigen Adressen der Spender, die über betterplace online spenden, nicht an die Organisation weiter.
- Ein Bestattungsunternehmen stellt seine Filialen als indirekten Vertriebsweg für Kondolenzspenden zugunsten einer Organisation zur Verfügung.
- Der Unternehmenspartner *Europcar* stellt *UNICEF* seine Filialen als indirekten Vertriebsweg für Dauerspenden zur Verfügung (siehe Abb. 2.66).

Abb. 2.66 Indirekter Vertrieb von *UNICEF*-Dauerspenden über *Europcar*

Es ist aber auch denkbar, dass ein Unternehmenspartner seine Vertriebskanäle nur gegen Bezahlung für das Fundraising öffnet. Dann kann ein Fundraiser den Vertriebskanal testen, und – bei ausreichender Effizienz – kostenpflichtig buchen.

Beispiel

Geschäftsbanken stellen ihre Filialen als indirekten Vertriebsweg für Spenden zugunsten einer Organisation zur Verfügung, die das Recht kaufen, an den Schaltern der Bank ihre Zahlscheine auslegen zu dürfen. Dieser indirekte Vertriebsweg wird mit zunehmender Verbreitung des Online-Banking jedoch immer weniger attraktiv.

▶ **Tipp** Überlegen Sie, welches Unternehmen eine Zielgruppe anspricht, die ihrer Spenderzielgruppe möglichst weitgehend entspricht! Versuchen Sie dieses Unternehmen als Partner zu gewinnen, der Ihnen (möglichst kostenlos) das Recht einräumt, seinen Vertriebskanal für den indirekten Vertrieb Ihrer Spendenprodukte nutzen zu dürfen!

2.5.6 Was ich in diesem Kapitel gelernt habe

- Testen Sie, welche der Vertriebskanäle für Ihre Organisation ökonomisch sinnvoll sind!
- Kombinieren Sie alle ökonomisch sinnvollen Vertriebskanäle zu einer Multi-Channel-Distribution!
- Binden Sie gewonnene Erstspender durch einen Dankanruf!
- Holen Sie sich ein Opt-in für weitere Anrufe am Ende des Dankanrufes!
- Testen Sie das telefonische Upgrading von (Dauer-) Spendern!
- Testen Sie die telefonische Rückgewinnung abwandernder Spender!
- Berücksichtigen Sie bei Ihrem Telefon-Fundraising die Qualitätsstandards des *QTFR*!
- Verpflichten Sie Ihre Telefon-Fundraising-Agentur auf die Qualitätsstandards des *QTFR*!
- Organisieren Sie Events auf denen Sie mit Ihren Spendern ins Gespräch kommen können!
- Versuchen Sie, bestehende Events in Ihrer Stadt oder Region für Ihr Fundraising zu nutzen!
- Nutzen Sie die Möglichkeit, Ihre Spender bei Events auch emotional anzusprechen! Zeigen Sie ein Video über Ihre Arbeit oder lassen Sie einen Betroffenen über Ihre Hilfe berichten!
- Akquirieren Sie (Neu-) Spender über mindestens einen Event pro Jahr!
- Prüfen Sie – falls nicht schon geschehen – Ihre Möglichkeiten zur Nutzung der Haus- und Straßensammlung bzw. des Stand-Fundraising als Akquisitionskanal!
- Berücksichtigen Sie bei Ihrem F2F-Fundraising die Qualitätsstandards des *QF2F*!
- Verpflichten Sie Ihre F2F-Fundraising-Agentur auf die Qualitätsstandards des *QF2F*!
- Nutzen Sie das Mitgliederverzeichnis auf der Website des *Deutschen Fundraising Verbandes* (www.fundraisingverband.de) um geeignete Dienstleister für die verschiedenen Bereiche des F2F-Fundraising zu finden!
- Überlegen Sie, welches Unternehmen im Rahmen einer Partnerschaft für einen indirekten Vertrieb Ihrer Spendenprodukte besonders geeignet wäre!

2.5.7 Weiterführende Literatur zu diesem Kapitel

Axelrodt, T.: Raising More Money – The Ask Event Handbook, 3. Aufl. Raising More Money Publications, Seattle (2004)

Baron, G.: Mailings einfach und erfolgreich durchführen – Arbeitshilfe zur Durchführung einer Mailing-Aktion mit Checklisten und Beispielen. IM Fachverlag, Ettlingen (1997)

Buchhaus, R., Raths, R.: Haustür- und Straßenwerbung. In: Fundraising Akademie (Hrsg.) Fundraising – Handbuch für Grundlagen, Strategien und Methoden, 4. Aufl., S. 518–527. Gabler, Wiesbaden (2008)

Burens, P.-C.: Events. In: Fundraising Akademie (Hrsg.) Fundraising – Handbuch für Grundlagen, Strategien und Methoden, 4. Aufl., S. 536–527. Gabler, Wiesbaden (2008)
Crole, B.: Erfolgreiches Fundraising mit Direct Mail – Strategien. die Geld bringen!, Walhalla (1998)
Crole, B.: Profi-Handbuch Fundraising – Direct Mail – Spenden erfolgreich akquirieren – Für soziale und kulturelle Projekte. Walhalla (2010)
Dieterich, K.M.: So entstehen erfolgreiche Spendenbriefe, Schriftenreihe der Bundesarbeitsgemeinschaft Sozialmarketing, Heft 9, Nonprofit, Biettigheim-Bissingen (1996)
Gantenbein, M.: Erfolgreiches Telefon-Fundraising, In: Verb.-Manag. (1), 42–45 (1996)
Georgi, D.: Der Armen zu Gedenken – Die Geschichte der Kollekte des Paulus für Jerusalem, 2. Aufl. Neukirchen (1994)
Gries, M.: Vom Sommerfest zum Fundraising-Event. Beltz, Weinheim (2002)
Kachorek, J.P.: Direct Mail Testing for Fund Raisers – What to Test, How to Test, How to Interpret the Results. Precept Press, Chicago (1991)
Kern, B.: Das persönliche Gespräch (Face to Face). In: Fundraising Akademie (Hrsg.) Fundraising – Handbuch für Grundlagen, Strategien und Methoden, 4. Aufl., S. 548–556. Gabler, Wiesbaden (2008)
Kreh, B.: Kollekte. In: Fundraising Akademie (Hrsg.) Fundraising – Handbuch für Grundlagen, Strategien und Methoden, 4. Aufl., S. 333–334. Gabler, Wiesbaden (2008)
Krüger, K.: Rechtliche Grundlagen des Fundraising – Praxisleitfaden für Non-Profit-Organisationen. Schmidt Verlag, Berlin (2009)
Müllerleile, C., Tapp, P.: Telemarketing, Schriftenreihe der Bundesarbeitsgemeinschaft Sozialmarketing, Heft 3. Nonprofit Verlag, Bietigheim-Bissingen (1996)
Neumann, D.: Erlebnismarketing – Eventmarketing. Düsseldorf (2003)
Nufer, G.: Event-Marketing und -Management – Grundlagen, Planung, Wirkungen, Weiterentwicklungen. Gabler, Wiesbaden (2011)
Steiner, O.: Telefon-Fundraising – Effektive Spendergewinnung und Förderservice in der Praxis. Gabler, Wiesbaden (2013)
Tapp, P.: Telemarketing. In: Fundraising Akademie (Hrsg.) Fundraising – Handbuch für Grundlagen, Strategien und Methoden, 4. Aufl., S. 510–517. Gabler, Wiesbaden (2008)
Urban-Engels, A.: Mailings. In: Fundraising Akademie (Hrsg.) Fundraising – Handbuch für Grundlagen, Strategien und Methoden, 4. Aufl., S. 489–509. Gabler, Wiesbaden (2008)
Warwick, M.: How to Write Successful Fundraising Letters. Strathmoor Press, Berkeley (1994)
Warwick, M.: Raising Money by Mail, Strathmoor Press, Berkeley (1994)
Warwick, M.: You Don't Always Get What You Ask For – Using Direct Mail Tests To Raise More Money For Your Organization, 2. Aufl. Strathmoor Press, Berkeley (1994)
Warwick, M.: 999 Tips, Trends and Guidelines for Successful Direct Mail and Telephone Fundraising, 2. Aufl. Strathmoor Press, Berkeley (1993)

Witschnig, H.: Fund Raising per Direct Mail – Erfolgreiche Strategien zur Spendenwerbung mit Brief und Zahlschein. Beispiel Greenpeace. Fischer & Partner, Hamburg (1989)

2.6 Kommunikationspolitik

Nachdem im Rahmen der Produktpolitik Entscheidungen zu den verschiedenen Spendenprodukten (Einzel-, Dauer, Groß-, Testament-, Anlass-, Mikro- und Restgeldspende), im Rahmen der Preispolitik Entscheidungen zu deren jeweiligem Preis und im Rahmen der Vertriebspolitik Entscheidungen zu deren Vertriebskanälen gefällt wurden, ist nun zu entscheiden, wie Produkte, Preise und Vertriebskanäle den (potenziellen) Spendern am besten kommuniziert werden können.

2.6.1 Entscheidungen im Rahmen der Kommunikationspolitik

Nach Marketing-Verständnis „umfasst die Kommunikationspolitik die systematische Planung, Ausgestaltung, Abstimmung und Kontrolle aller Kommunikationsmaßnahmen des Unternehmens im Hinblick auf alle relevanten Zielgruppen, um die Kommunikationsziele und damit die nachgelagerten Marketing- und Unternehmensziele zu erreichen."[54] Übertragen auf das Fundraising soll die Kommunikationspolitik hier die systematische Planung, Ausgestaltung, Abstimmung und Kontrolle aller Kommunikationsmaßnahmen einer steuerbegünstigten Organisation im Hinblick auf alle relevanten Zielgruppen umfassen, um die Kommunikationsziele und damit die nachgelagerten Fundraising- und Organisationsziele zu erreichen.

Im Sinne eines systematischen Kommunikations-Management sind folgende Entscheidungen im Rahmen der Kommunikationspolitik zu fällen:

- Festlegung operationalisierter Kommunikationsziele auf Basis einer Analyse der bisherigen Kommunikation der eigenen Organisation und konkurrierender Organisationen,
- Bestimmung der Zielgruppen der Kommunikation,
- Entwicklung der Kommunikationsstrategie,
- Festlegung des Kommunikationsbudgets,
- Aufteilung des Kommunikationsbudgets auf die verschiedenen Kommunikationskanäle bzw. -instrumente,
- Gestaltung der Kommunikationsmittel (siehe hierzu auch Kap. 2.6.8),
- Kontrolle der tatsächlich erzielten Kommunikationswirkungen im Verhältnis zu den angestrebten Kommunikationswirkungen (Soll-Ist-Vergleich).

[54] Meffert, Heribert; Burmann, Christoph; Kirchgeorg, Manfred: Marketing, Grundlagen marktorientierter Unternehmensführung, Konzepte – Instrumente – Praxisbeispiele, 11. Auflage, (Gabler) Wiesbaden 2012, S. 606.

Tab. 2.2 Abgrenzung Werbung von Öffentlichkeitsarbeit

	Werbung	Öffentlichkeitsarbeit
Adressat	(potenzielle) Kunden	Alle Stakeholder
Ziel	Verkauf	Bekanntheit, Vertrauen
Umfasst	einzelne Produkte	gesamte Organisation
Untersteht	Marketing-Abteilung	Leitung d. Organisation

Da die zugehörigen Prozesse immer komplexer werden, ist zusätzlich zu entscheiden, welche (Teil-) Prozesse der Kommunikation von der Organisation selber (Inhouse) durchgeführt, und welche auf externe Kommunikationsagenturen (PR-Agenturen, Werbeagenturen) ausgelagert werden sollen (Outsourcing).

Beim Aufbau einer Vertrauensbeziehung zu einem (potenziellen) Spender im Rahmen des Relationship Fundraising kommt der Kommunikation eine zentrale Rolle zu. Wer eine dauerhafte Beziehung aufbauen und aufrechterhalten will, muss miteinander kommunizieren. In den folgenden Kapiteln wird der Fragen nachgegangen, welche Kommunikationskanäle dem Fundraising zur Verfügung stehen und welche optimalerweise in welcher Kombination genutzt werden sollten? Zuvor sind jedoch noch wichtige begriffliche Abgrenzungen innerhalb der Kommunikation zu leisten: Zum einen zwischen den Begriffen Werbung und Öffentlichkeitsarbeit. Und zum anderen innerhalb der Werbung zwischen Media-, Direkt- und Dialogwerbung.

2.6.2 Abgrenzung von Werbung und Öffentlichkeitsarbeit

Zunächst soll Werbung von Öffentlichkeitsarbeit abgegrenzt werden. Wie aus Tab. 2.2 ersichtlich wird, wendet sich werbliche Kommunikation an (potenzielle) Kunden mit dem Ziel, das eigene Produkt zu verkaufen. Entsprechend untersteht die Werbung auch dem Marketing. Die Öffentlichkeitsarbeit wendet sich dagegen an alle Stakeholder-Gruppen. Ihr Ziel ist, dass die Öffentlichkeit das Unternehmen kennt und ihm vertraut. Dieses Vertrauen ist sicherlich auch wichtig für den Verkauf; immerhin sind die Kunden ja auch Teil der Öffentlichkeit und eine wichtige Stakeholder-Gruppe. Die Öffentlichkeitsarbeit hat über die Kunden hinaus aber auch alle anderen Stakeholder im Visier; schließlich umfasst die Öffentlichkeit ja auch (potenzielle) Mitarbeiter, Lieferanten, Geldgeber und andere. Für die Überlebensfähigkeit eines Unternehmens ist wichtig, von allen Stakeholder-Gruppen als (potenzieller) Austauschpartner wahrgenommen zu werden. Dies setzt voraus, entsprechende Bekanntheit und Vertrauen zu genießen. Aufgrund ihrer umfassenderen Zielsetzung untersteht die Öffentlichkeitsarbeit der Leitung der Organisation.

Im Sinne dieser Abgrenzung ist Fundraising-Kommunikation ganz eindeutig werbliche Kommunikation. In Analogie zur Abgrenzung von Werbung und Öffentlichkeitsarbeit zeigt Tab. 2.3 die Abgrenzung von Fundraising-Kommunikation und Öffentlichkeitsarbeit.

Tab. 2.3 Abgrenzung Fundraising-Kommunikation von Öffentlichkeitsarbeit

	Fundraising-Kommunikation	Öffentlichkeitsarbeit
Adressat	(Potenzielle) Spender	Alle Stakeholder
Ziel	Spende	Bekanntheit, Vertrauen
Umfasst	einzelne Spendenprodukte	gesamte Organisation
untersteht	Fundraising-Abteilung	Leitung d. Organisation

Während sich die Fundraising-Kommunikation direkt an (potenzielle) Ressourcenbereitsteller mit dem Ziel wendet, (Geld-, Sach- oder Zeit-) Spenden einzuwerben, spricht die Öffentlichkeitsarbeit alle Stakeholder-Gruppen mit dem Ziel an, Bekanntheit und Vertrauen für die Organisation aufzubauen. Hieraus wird unmittelbar ersichtlich, dass es in den Zielsetzungen von Fundraising-Kommunikation und Öffentlichkeitsarbeit zwar durchaus eine Überschneidungsmenge gibt. So ist erfolgreiche Fundraising-Kommunikation gar nicht möglich, ohne dass die Öffentlichkeitsarbeit vorher Bekanntheit und Vertrauen aufgebaut hat. Umgekehrt kann auch die Fundraising-Kommunikation den Bekanntheitsgrad und das Vertrauen in eine Organisation steigern und damit zur Erreichung von Zielen der Öffentlichkeitsarbeit beitragen. Trotzdem existieren deutliche Unterschiede in der Zielsetzung von Fundraising-Kommunikation und Öffentlichkeitsarbeit, was nicht selten zu (teilweise massiven) Konflikten zwischen beiden Bereichen führen kann. So ärgert sich das Fundraising beispielsweise, wenn die Öffentlichkeitsarbeit kommuniziert ohne ein Dialogangebot zu unterbreiten. Aus Sicht des Fundraising wird dadurch eine Gelegenheit verschenkt, Interessentenadressen zu gewinnen, die ein Upgrading-Potenzial darstellen. Umgekehrt möchte die Öffentlichkeitsarbeit neben den Ressourcenbereitstellern auch alle anderen wichtigen Stakeholder-Gruppen erreichen ohne jedes Mal auf Fundraising-Bedarfe Rücksicht nehmen zu müssen.

Im Idealfall gelingt es, dass sich beide Bereiche eng abstimmen und trotzdem in ihren unterschiedlichen Zielsetzungen gegenseitig respektieren. Am besten gelingt dies, wenn das Fundraising und die Öffentlichkeitsarbeit in der Aufbauorganisation gleichberechtigt eingebunden werden. So könnten beide in einer kleineren NPO jeweils als Stabsstelle geführt werden. In einer größeren Organisation ist es sinnvoll, die beiden Abteilungen „Fundraising" und „Öffentlichkeitsarbeit" unter dem Dach eines gemeinsamen Bereiches zu führen. Näheres zur organisatorischen Einbindung des Fundraising in eine Organisation wird in Kap. 6.5.2 diskutiert.

2.6.3 Abgrenzung von Mediawerbung, Direktwerbung und Dialogwerbung

Fundraising-Kommunikation ist also werbliche Kommunikation. Innerhalb der werblichen Kommunikation kann noch einmal unterschieden werden zwischen Mediawerbung (Kap. 2.6.4), Direktwerbung (Kap. 2.6.5) und Dialogwerbung (Kap. 2.6.6). Welche Kommunikationskanäle der Mediawerbung, Direktwerbung oder Dialogwerbung im Fundraising eingesetzt werden sollten, hängt im Einzelfall davon ab, welche Spenderzielgruppen eine Organisation ansprechen möchte. Die Kommunikationskanäle sind dabei so zu wählen, dass sie optimal auf die jeweiligen Spenderzielgruppen abgestimmt sind. So sind beispielsweise bei älteren Menschen andere Kommunikationskanäle zu wählen als bei jüngeren, oder bei Frauen andere als bei Männern etc.

2.6.4 Der Einsatz von Mediawerbung im Fundraising

Die Mediawerbung, auch klassische Werbung genannt, spricht eine Zielgruppe mit Hilfe von Massenmedien unpersonalisiert an. Sie setzte sich mit der massenhaften Verbreitung des jeweiligen Mediums durch. Den Anfang machten Werbeanzeigen in Zeitungen und Zeitschriften insbesondere ab dem 19. Jahrhundert. Im 20. Jahrhundert kam dann zunächst die Radiowerbung hinzu. Ab Mai 1924 genehmigt die Reichspost den Regionalgesellschaften die sog. „Radio-Inserate".[55] Fernsehwerbung wird in Deutschland erstmals am 3. November 1956 im Bayerischen Rundfunk gezeigt – ein Werbespot für Persil. Die Vorteile der Mediawerbung liegen in der vergleichsweise günstigen Ansprache vieler Menschen. Hauptnachteile liegen in der lediglich indirekten, nicht personalisierten Kommunikation, dem heterogenen Empfängerkreis und dem ausufernden Einsatz mit abnehmender Kommunikationswirkung. Trotz ihrer Nachteile behält die klassische Werbung bis heute ihre Existenzberechtigung. Sie erreicht über die Massenmedien nach wie vor eine große Anzahl von Menschen, und kann mittlerweile den Nachteil des lediglich indirekten Kontaktes zumindest teilweise durch die Integration des Telefons und des Internets heilen. Dabei wird in einem zweistufigen Kommunikationskonzept im Rahmen der klassischen Werbung ein Dialogangebot unterbreitet: „Rufen Sie uns an, wenn Sie Fragen haben!" „Informieren Sie sich auf unserer Website!" „Fordern Sie unsere Informationsbroschüre an!" Es sind die Überlegungen der zweistufigen Kommunikation anzuwenden (siehe Kap. 2.6.8).

2.6.4.1 Fernsehwerbung

Für das Fundraising ist das Fernsehen nach wie vor interessant. Schließlich ist es mit seiner Hilfe möglich, ein großes Publikum und damit viele potenzielle Interessenten anzusprechen. Nach Angaben des Mediendienstleisters *media control* schauen die Deutschen durchschnittlich 223 min pro Tag fern, die Altersgruppe 50 + sogar durchschnittlich 290 min pro Tag. Über die reine Vermittlung von Informationen hinaus können über Bilder und Töne, stärker als in den Printmedien, auch die Emotionen der Zuschauer angesprochen werden. Für das Fundraising ist es von besonderer Bedeutung, beides zu adressieren: Ratio und Emotio. Fundraising mit Hilfe des Fernsehens ist sowohl im redaktionellen als auch im werblichen Umfeld denkbar. Im **redaktionellen Umfeld** sind vor allem der Spendenaufruf im Katastrophenfall (z. B. in einer Nachrichtensendung) und die Fernsehgala zu nennen.

[55] Vgl. Dussel, Konrad: Deutsche Rundfunkgeschichte, 3. Aufl., (UVK) Konstanz 2007, S. 44.

Beides kann – wie im Fall des Tsunami geschehen – auch miteinander kombiniert werden. Der Vorteil liegt darin, dass Journalisten direkt über eine Organisation und ihre Ziele berichten. So entstehen der Organisation keine Kosten, und die Zuschauer zappen – im Gegensatz zu einem Aufruf im werblichen Umfeld – nicht so schnell weg. Der Hauptnachteil der Erwähnung im redaktionellen Umfeld liegt in der Tatsache, dass es viele Journalisten ablehnen, die Vertriebskanäle der Organisation (Telefonnummer, Website oder Adresse) im redaktionellen Umfeld explizit zu nennen. Sie erachten dies als zu werblich. Interessierte Zuschauer müssen dann mehr Aufwand betreiben als vielen lieb ist, um an Informationen zu einer Organisation zu gelangen.

Gelingt es einer Organisation, im Zusammenhang mit einer aktuellen **Katastrophe** als Hilfsorganisation im Fernsehen genannt zu werden, und kommt es sogar zur Einblendung ihrer Kontonummer, so ist ihr ein hoher Spendenbetrag sicher. Als Daumenregel galt in den 1990er Jahren: Eine Minute Sendezeit in der Tagesschau mit Einblendung des Spendenkontos erbringt eine Millionen Mark Spendeneinnahmen. Natürlich hat auch diese Medaille eine Kehrseite: Aufgrund der enormen Bedeutung der Medienpräsenz für das Fundraising, engagieren sich viele Organisationen verstärkt nur noch da, wo Medienpräsenz zu finden ist.

Beispiel

Im Rahmen der Flüchtlingskatastrophe in Ruanda schrumpfte im Lager Banako die Zahl der Hilfsorganisationen innerhalb weniger Wochen von 150 auf 20 zusammen, nachdem die internationalen Kamerateams nach Goma weitergezogen waren, obwohl die Zahl der Flüchtlinge und damit die Probleme in Banako weiter anstiegen.[56]

Auch hat sich immer wieder gezeigt, dass ein großer Teil der Katastrophenhilfespender lediglich zu einer einmaligen Spende aus spontaner Emotion bereit ist und sich nicht längerfristig für eine nachhaltige Unterstützung einer Organisation binden lässt. Allenfalls für eine erneute Katastrophe lassen sich diese Spender reaktivieren.

Für das Fundraising haben sich **Fernsehgalas** bewährt. Wem es gelingt, seine Benefizsendung zur besten Sendezeit (Prime Time) in einem der wichtigen Fernsehsender zu platzieren, kann sich – trotz wachsender Konkurrenz und sog. Produktionskostenzuschüssen von bis zu einer Million Euro – auch Einnahmen in Millionenhöhe (fast) sicher sein. Allerdings nur bei entsprechend professioneller Vorbereitung. Vor allem dem Problem des reibungslosen Ablaufes des Zahlungsverkehrs muss sich die Organisation ausführlich widmen. Um den spontanen und situativ motivierten Spendenimpuls nicht dadurch zu verschleppen, dass sich der Zuschauer erst Tage später zu seiner Bank begeben muss, wird bei Fernsehgalas längst nicht mehr die Spendenkontonummer der Organisation, sondern die Nummer einer Telefon-Hotline (mehrfach während der Sendung) eingeblendet. Kommuniziert wird also der Vertriebskanal Telefon. Vor Umstellung auf SEPA (siehe Kap. 2.4.7.3)

[56] Vgl. Frankfurter Rundschau vom 07.12.1996, Nr. 286, S. 6.

brauchte der Anrufer nur telefonisch eine einmalige Lastschrifteinzugsermächtigung zu erteilen und konnte sich den Gang zu seiner Bank sparen. Mit Umstellung auf SEPA zum 01.02.2014 ist ein sog. Doppelmandat erforderlich, bei dem der Zahlungspflichtige sowohl dem Zahlungsempfänger als auch seiner Bank schriftlich ein Mandat zum Lastschrifteinzug erteilen muss. Diese Änderung verkompliziert das Spenden im Telefon-Vertrieb, auch im Rahmen einer Fernsehgala. Der Moderator der Fernsehgala wird künftig noch mehr Sorgfalt auf die Erklärung des Spendenprozesses über den Vertriebskanal Telefon verwenden müssen.

Ebenfalls denkbar wäre, dass ein Spender am Telefon seine Kreditkartennummer übermittelt. Diese Variante bleibt in Deutschland jedoch nach wie vor weit hinter dem Lastschrifteinzug zurück. Der Flaschenhals bei der Abwicklung des Zahlungsverkehrs liegt bei der Anzahl der Telefonisten. Wenn während der Sendung u. U. mehrere tausend Spendenwillige gleichzeitig zum Hörer greifen, muss eine ausreichende Anzahl von Telefonisten zur Verfügung stehen. Eine zentrale Rolle spielt dabei die Kapazität und Leistungsfähigkeit der Telefon-Fundraising-Agentur.

Negativ-Beispiel

Bei einer Hitparade mit *Dieter-Thomas Heck* zugunsten der Deutschen Welthungerhilfe im September 1996 wurden von den zugesagten 20 Mio. Mark nur zwei Millionen tatsächlich überwiesen. Die Welthungerhilfe hatte mit 200.000 Mark Investition zu stark gespart: 60 Telefonisten waren mit 70.000 Anrufen in vier Stunden hoffnungslos überfordert. Zwölf Sekunden pro Gespräch reichten gerade aus, Namen, Telefonnummer und Spende eines Bruchteils der Anrufer zu notieren. Wertvolle Spenden und Adressen wurden so „verschenkt". Zum Vergleich: Die ARD hatte ein Jahr zuvor bei einer ähnlichen Veranstaltung mit José Carreras zugunsten leukämiekranker Kinder 2.500 Telefonisten eingesetzt, die Abbuchungsgenehmigungen in Höhe von 11 Mio. Mark erhielten.[57]

Im Idealfall erhält eine Organisation am Telefon also nicht nur die Bankverbindung und den Spendenbetrag, sondern auch gleich noch die Adresse des Spenders (für die Zusendung der Zuwendungsbestätigung, aber v. a. für den weiteren Aufbau eines Dialogs mit dem Spender) und andere wichtige Informationen. Als Dank für die Spendenzusage kann – auf Wunsch – der Name des Spenders während der laufenden Sendung in einer Laufleiste am unteren Bildrand genannt werden. Ein zusätzlicher Anreiz zum Spenden wird den Zuschauern dadurch gegeben, dass einzelne Anrufe von prominenten Studiogästen entgegengenommen werden. Eine Variante ist, unter Zuschauern, die mindestens 10 € gespendet haben, persönliche Gegenstände prominenter Gäste der Sendung zu verlosen.

[57] Vgl. Müllerleile, Christoph: ZDF-Gala zu gunsten der Welthungerhilfe – Statt 20 „nur" 2 Mio., in: BSM-Newsletter, Heft 4/1996, S. 10.

Fachleute sprechen bei dieser Kombination von Television und Telephone von Telethon. Wie die folgenden Beispiele belegen, können durch Fernseh-Galas bedeutende Beträge zusammenkommen:

- 1999 sammelten *ZDF* und *Stern* für die Aktion *Helft Russland* innerhalb kurzer Zeit 150 Mio. Mark.
- *BILD* und *ZDF* sammelten 2005 unter dem Motto „Wir wollen helfen – Ein Herz für Kinder" mehr als 40 Mio. € für die Opfer des Tsunami.

Sendezeiten sind daher hart umkämpft. Für Organisationen, die erstmals eine Fernsehgala durchführen wollen, besteht das zusätzlich Problem, dass mittlerweile fast alle großen Fernsehsender mit einer Hilfsorganisation oder einem Hilfsbündnis fest kooperieren (z. B. *ZDF* mit den *Aktionsbündnis Katastrophenhilfe*, bestehend aus den Organisationen *Caritas International*, *DRK*, *Diakonie Katastrophenhilfe* und *UNICEF*). Dadurch kommen andere Organisationen kaum oder gar nicht mehr zum Zug. Ihnen bleibt dann nur noch, ihre Aufrufe nicht im redaktionellen sondern im werblichen Umfeld des Mediums zu platzieren. Selbst wenn dies mit Schaltungskosten verbunden ist, kann sich die Interessentengewinnung durch das spätere Upgrading zu (Dauer-) Spendern langfristig rechnen.

Im **werblichen Umfeld** sind es vor allem die größeren Organisationen (wie Kinderhilfswerke und Umweltorganisationen), die eigene TV-Spots schalten. In der Regel wird dem Zuschauer eine Dauerspende (z. B. in Form einer Fördermitgliedschaft oder Kinderpatenschaft) angeboten. Als Vertriebskanal wird v. a. der Telefon-Vertrieb (Hotline) kommuniziert. Im Rahmen von DRTV-Spots (Direct Response TV-Spots) wird eine Telefonnummer eingeblendet, damit ein Interessent einfach und ohne großen Aufwand telefonisch reagieren und sein Interesse an der Organisation bzw. einer Kinderpatenschaft signalisieren kann.

Alternativ kann als Vertriebskanal aber auch der Online-Vertrieb kommuniziert werden. Er ist zwar weniger bequem und in der Hauptzielgruppe 60 + nicht so stark verbreitet wie der Telefon-Vertrieb. Dafür lässt sich die Adresse einer Website in einem kurzen TV-Spot einfacher merken als eine Telefonnummer. Auch ist der Online-Vertrieb finanziell weniger aufwendig als der Telefon-Vertrieb, da keine Infrastruktur für die Inbound-Telefonie bereitgestellt werden muss.

Beispiel

Die Patenschaftsorganisation World Vision schaltet im Rahmen ihrer Kampagne „Da bist Du ja!" 2012 einen TV-Spot (30-Sekünder) mit der Moderatorin Sandra Voss als Testimonial auf *Pro Sieben*, *Sat 1* und *Kabel Eins*. Als Vertriebskanal wird der Online-Vertrieb kommuniziert.[58]

[58] Vgl. Horizont.net: „Da bist Du ja!": World Vision wirbt für Kinderpatenschaften, 15.10.2012.

Die Kombination TV-Spot und Online-Vertrieb ist übrigens auch für kleinere Organisationen interessant.

Beispiel

Die *Stiftung Hänsel + Gretel* aus Karlsruhe kämpft gegen Kindesmissbrauch. In TV-Spots verweist sie Interessierte auf ihre Website. Die TV-Spots stehen in der Mediathek auf der Website der Stiftung (www.Haensel-Gretel.de) zur Ansicht bereit.

2.6.4.2 Radiowerbung

Auch das Radio ist ein wichtiges Massenmedium für das Fundraising. Laut Arbeitsgemeinschaft Media-Analyse (agma) hörten im Jahr 2013 vier von fünf Deutschen (79,7 %) ab 10 Jahren an Werktagen Radio. Wie beim Fernsehen kann zwischen Kommunikation im redaktionellen und im werblichen Umfeld unterschieden werden. Im **redaktionellen Umfeld** sind viele, insbesondere regionale Sender gerade in der Vorweihnachtszeit bereit, im Rahmen von **Benefizsendungen** Spendenaufrufe für eine gute Sache auszustrahlen.

Beispiel

Am 23.01.1985 stellen fast alle deutschen Radiosender im Rahmen eines „Tages für Afrika„ den afrikanischen Kontinent in den Mittelpunkt ihrer Berichterstattung. Gemeinsame Spendenaufrufe führen zu Spenden in Höhe von ca. 100 Mio. DM zur Linderung der Hungersnot in Afrika.

Ermutigt durch diesen und ähnliche Erfolge, haben viele Radiosender das Fundraising längst auch als ein PR-Instrument in eigener Sache entdeckt und gründeten eigene Organisationen. Meist werden gegen eine Spendenzusage Wunschhits gespielt. Nicht immer kommen dabei wirklich hohe Beträge zusammen. Dafür können hier auch kleinere und nur regional sammelnde Organisationen zum Zug kommen. Gerade die größeren unter den etablierten Organisationen registrieren mit gemischten Gefühlen, dass ihnen auf diese Weise auch eine neue, mächtige Konkurrenz erwachsen ist.

Beispiele

- Der 1993 vom *Bayerischen Rundfunk* (*BR*) gegründete „Sternstunden e.V." sammelte im Geschäftsjahr 2012 über 12,8 Mio. €.
- Der 2011 vom *Südwestrundfunk* (*SWR*) gegründete „Herzenssache e.V." sammelte im Geschäftsjahr 2012 über 2,1 Mio. €.
- Der 1998 von 45 Lokalradios in Nordrhein-Westfalen gegründete „Aktion Lichtblicke e.V." sammelte im Geschäftsjahr 2011/2012 über 3,7 Mio. €.

▶ **Tipp für kleine Organisationen** Wenn der Sitz Ihrer Organisation in das Sendegebiet eines dieser Radiosender (oder anderer Sender mit ähnlichen Initiativen) fällt, bewerben Sie sich mit Ihren Projekten um Förderung durch diese Initiativen!

Neben der Kommunikation im redaktionellen Bereich eines Radiosenders kann eine Organisation auch im werblichen Umfeld kommunizieren. So können Spendenaufrufe in (bezahlten oder unbezahlten) **Radiospots** gesendet werden. Natürlich beginnt jeder Fundraiser mit dem Versuch, die Schaltungskosten für den Radiospot als Non-Cash-Assistance zu fundraisen. Sollte sich ein Radiosender darauf nicht einlassen wollen, ist durch Tests herauszufinden, ob die Kosten für den Spot in einem vernünftigen Verhältnis zu den damit generierten Fundraising-Erträgen stehen. Radio-Spots werden vor allem von den großen Kinderhilfswerke und Patenschaftsorganisationen eingesetzt. Dabei können sie durchaus auch für kleine Organisationen interessant sein.

Beispiele

- Die bereits erwähnte *Stiftung Hänsel + Gretel* setzt auch das Radio als Kommunikationskanal im Fundraising ein. Ebenso wie die TV-Spots, können die Radio-Spots auf der Website der Stiftung (www.Haensel-Gretel.de) angehört werden.
- Dem Berliner Kinder- und Jugendzirkus *Cabuwazi* (www.cabuwazi.de) gelingt es, sowohl in einem gefundraisten Radio-Spot (geschaltet beim Regionalsender *Radio Paradiso*) als auch im „Berliner Fenster“ in den U-Bahnen auf ihre jährliche Fundraising-Gala kostenlos hinweisen zu können.

Welche Vertriebskanäle sollte eine Organisation in ihrem Radio-Spot kommuniziert? Der Telefon-Vertrieb ist zwar günstig und bequem für einen (potenziellen) Spender, hat jedoch den Nachteil, dass man sich eine Telefonnummer merken muss. Da das Radio v. a. zur Entspannung gehört wird, dürften die allermeisten Hörer die nötige Aufmerksamkeit für das Merken einer Telefonnummer nicht aufbringen. Wenn eine Organisation nicht gerade über eine besonders einfach zu merkende Nummer verfügt, ist der Online-Vertrieb eine gute Alternative. Ein leicht einzuprägender Domain-Name kann – wenn er nicht sowieso schon existiert – leicht noch gefunden, gebucht und in einem Radio-Spot kommuniziert werden.

Beispiel

Die *Christoffel Blindenmission* kommuniziert den leicht zu merkenden Domain-Namen www.augenlicht-spenden.de, der auf die Homepage der Christoffel Blindenmission weiterleitet. Von dort aus kann leicht gespendet werden (siehe Kap. 2.6.9).

2.6.4.3 Kinowerbung

Spendenprodukte können auch mit Hilfe von Kino-Spots kommuniziert werden. Ziel muss sein, alle Kosten für die Konzeption, Erstellung und Schaltung eines Kino-Spots zu fundraisen. Dies gelingt übrigens nicht nur den großen, national oder gar international tätigen, sondern immer wieder auch kleinen, regionalen Organisationen.

Beispiel

Die *Berliner Stadtmission* ruft 2013 in einem 30-sekündigen Kinospot zu Spenden zugunsten ihrer Kältehilfe auf. Die gesamte Produktion und Schaltung des Kino-Spots wurde gefundraist: vom Regisseur Robin von Hardenberg, über die Filmcrew von omstudios Berlin, bis zum Hauptdarsteller, dem ehemaligen Obdachlosen Guido Brück.

► **Tipp für kleine Organisationen** Produzieren Sie in Zusammenarbeit mit einer Filmhochschule einen kostengünstigen Spot und überzeugen Sie Kinos in Ihrer Stadt oder Region, kostenlose Schaltungen des Spots zu spenden!

Ähnlich wie beim Radio-Spot, sollte auch beim Kino-Spot in erster Linie der Online-Vertrieb kommuniziert werden. Für einen Kinobesucher ist es einfacher, sich einen eingängigen Domain-Namen zu merken als eine Telefonnummer. Zumal er ja auch nicht unmittelbar nach dem Spot, sondern erst im Anschluss an den Kinobesuch aktiv werden kann.

2.6.4.4 Printwerbung

Neben Fernsehen, Radio und Kino stellen auch die verschiedenen Printmedien, allen voran Zeitungen und Zeitschriften, wichtige Multiplikatoren für das Fundraising dar. Wieder kann versucht werden, Fundraising-Botschaften im redaktionellen oder werblichen Teil unterzubringen. **Redaktionelle Beiträge** mit Spendenaufruf lassen sich – ähnlich wie beim Radio – am besten im Rahmen der Weihnachtsaktionen von Tageszeitungen unterbringen.

Beispiel

Die Aktion *Ein Herz für Kinder* der *Bildzeitung* konnte seit 1978 weit über 200 Mio. € für Kinder und Familien sammeln, die in Deutschland oder im Ausland in Not geraten sind.

Im **werblichen Umfeld** von Printmedien können Organisationen **Anzeigen**, Fülleranzeigen, Beilagen, Beihefter und Beikleber mit Spendenaufrufen schalten. **Fülleranzeigen** sind von einer Organisation vorbereitete, reprofähige Vorlagen speziell gestalteter Anzeigen in unterschiedlichen Größen, Formaten und Motiven, die Zeitungs- und Zeitschriftenverlage zum Auffüllen von Textlücken verwenden können.

Abb. 2.67 Druckvorlagen für Fülleranzeigen zum Download

Beispiel

Die Organisation *SOS-Kinderdörfer* stellt interessierten Redakteuren von Printmedien die Druckvorlagen für ihre Fülleranzeigen in unterschiedlichen Größen und Formaten auf ihrer Website zum Download zur Verfügung (siehe Abb. 2.67).

Heikel ist die Frage, ob Organisationen als Gegenleistung für die Gratis-Schaltung von Fülleranzeigen oder Anzeigen eine Zuwendungsbestätigung über die Höhe des Wertes der Schaltung ausstellen sollten. Aus Sicht eines Verlages wären die Schaltungen der Fülleranzeigen umsatzsteuerpflichtig. Auf Seiten der Organisationen wird durch die Zuwendungsbestätigungen für Fülleranzeigenschaltung das Spendenvolumen künstlich aufgebläht. Viele Verlage verzichten daher mittlerweile auf eine Zuwendungsbestätigung. Die großzügigeren unter ihnen stellen übrigens nicht nur Satzlücken für Fülleranzeigen sondern ganze Seiten für kostenlose Anzeigen zur Verfügung.

Beilagen sind ansprechend gestaltete Informationsbroschüren, Faltblätter oder Flyer, die darüber informieren, wie man eine Organisation (z. B. mit einer Kinderpatenschaft) unterstützen kann. Sie werden Zeitungen und Zeitschriften beigelegt, deren Zielgruppen eine möglichst starke Übereinstimmung mit den (Spender-) Zielgruppen der Organisation aufweisen.

Beispiel

Die Patenschaftsorganisation *World Vision* schaltet im Rahmen ihrer Kampagne „Da bist Du ja!" 2012 Beilagen in großen Fernsehmagazinen, klassischen Frauenzeitschriften und ausgewählten Special Interest Titeln.[59] Ziel ist der Online-Vertrieb von Kinderpatenschaften.

Wird ein Druckerzeugnis in die Zeitschrift fest eingeheftet, spricht man von einem **Beihefter**. Meist ist eine adressierte Antwortkarte an die Organisation integriert oder aufgespendet, in die der Interessent nur noch seine Adresse eintragen muss. Wird nur eine Antwortkarte auf eine Anzeige der Organisation in einer Zeitschrift aufgespendet, spricht man von einem **Beikleber**. Im Idealfall werden einem Interessenten zusätzliche Anreize für das Ausfüllen der Antwortkarte, beispielsweise in Form von Zusendung zusätzlichen Informationsmaterials geboten. Um die Schwelle für die Kontaktaufnahme möglichst niedrig zu halten, stellen viele Organisationen dem Interessenten frei, ob er die Antwortkarte frankieren möchte („Bitte frankieren, falls Marke zur Hand!"). Nähere Auskunft über Produktions- und Schaltkosten erhalten Organisationen in der Broschüre „Beilagen, Beihefter, Beikleber" der *Deutschen Post*. Selbstverständlich versucht ein guter Fundraiser, die Produktions- und Schaltkosten von Beilagen, Beiheftern und Beiklebern möglichst günstig oder besser noch gratis (also in Form von Non-cash Assistance) zu bekommen.

2.6.4.5 Außenwerbung

Spendenprodukte können auch mit Hilfe der Außenwerbung (englisch: Out-of-Home-Media) kommuniziert werden. Die Außenwerbung umfasst sämtliche Werbung, die im öffentlichen Raum stattfindet. Sie hat im Laufe der Zeit sehr vielfältige Erscheinungsformen entwickelt:

- Schaufensterwerbung,
- Litfaßsäule,
- Großflächenplakat (auch: 18/1-Plakat),
- Mega-Lights bzw. City-Light-Boards (18/1),
- City-Light-Poster (4/1),
- Riesenposter auf Baugerüsten und Außenhausmauern (80–4.000 m^2),
- Station-Infoscreen,
- Verkehrsmittelwerbung im Inneren und auf Außenflächen von Bussen, U-Bahnen (z. B. „Berliner Fenster"), Taxis, Zügen und LKW.
- Werbung auf Stadtmöbeln (z. B. Fahrgastunterstand, WC-Anlage, Altglassammelbehälter).

Je nach thematischem oder regionalem Bezug zu einer Organisation, kann jedes dieser Werbeinstrumente interessant für das Fundraising sein. Wie bei jedem anderen Kommunikationskanal, sollte auch bei der Außenwerbung versucht werden, alle Kosten für die Konzeption, Produktion und Schaltung von Außenwerbung (so weit wie möglich) zu fundraisen. Am ehesten ist dies möglich, wenn es gelingt, die wichtigsten Anbieter für

[59] Vgl. Horizont.net: „Da bist Du ja!": World Vision wirbt für Kinderpatenschaften, 15.10.2012.

Außenwerbung (organisiert im *Fachverband für Außenwerbung*) als Unternehmenspartner zu gewinnen (z. B. *Ströer, JCDecaux/Wall*).

Beispiel

Dem Berliner Kinder- und Jugendzirkus *Cabuwazi* gelingt es, im „Berliner Fenster" in den U-Bahnen auf seine jährliche Gala-Veranstaltung kostenlos hinweisen zu können.

Wenn die Außenwerbung bezahlt werden muss, ist im Einzelfall zu testen, welches Instrument der Außenwerbung in welcher Region für den Einsatz im Fundraising ein ökonomisch sinnvolles Verhältnis von Aufwand und Ertrag erzielen kann.

► **Tipp für kleine Organisationen** Auf plakat-verkauft.de können auch kleine Organisationen online einzelne Plakate für Ihre (Fundraising-)Kommunikation schnell und unkompliziert ab 13,90 € pro Tag (Stand 2013) buchen.

2.6.5 Der Einsatz von Direktwerbung im Fundraising

Während die Mediawerbung Zielgruppen mit Hilfe von Massenmedien nur unpersonalisiert ansprechen kann, ermöglichten neue technologische Entwicklungen ab den 1980er Jahren in einem nächsten Entwicklungsschritt die massenhafte personalisierte Ansprache von Zielgruppen. Mit Hilfe von (Personal) Computern und Textverarbeitungs-Software mit Serienbrieffunktion werden die technischen Voraussetzungen dafür geschaffen, eine Vielzahl von Menschen personalisiert und kostengünstig anschreiben zu können (siehe Kap. 2.5.2). Bei der Direktwerbung wird der (potenzielle) Kunde bzw. (potenzielle) Spender persönlich adressiert, also direkt mit seinem Namen angesprochen. Dies erhöht seine Aufmerksamkeit für die Kommunikation erheblich. Ebenfalls in den 1980er Jahren beginnt die Verbreitung des (Tele-) Fax, mit dessen Hilfe die schriftliche, personalisierte Ansprache über die Telefonleitung ermöglicht wird.

Für die personalisierte (schriftliche) Kommunikation mit Zielgruppen wird anstelle des Begriffs „Direktwerbung" gerne auch der Begriff „Direktmarketing" bzw. „Direct Marketing" (synonym) verwandt. Dies erscheint unpräzise, umfasst der Marketing-Begriff doch wesentlich mehr als nur kommunikative Aspekte (insbesondere auch vertriebliche Aspekte). Da es in diesem Kapitel rein um kommunikative Aspekte geht, wird hier von Direktwerbung und nicht von Direktmarketing gesprochen. Typische Kommunikationskanäle der Direktwerbung sind das Mailing (siehe Kap. 2.6.5.1), das Fax (siehe Kap. 2.6.5.2) und (teilweise) die Hauswurfsendung (siehe Kap. 2.6.5.3). Auch das E-Mail kann dazugerechnet werden, wird hier jedoch separat im Kontext des Online-Fundraising behandelt (siehe Kap. 2.7.2). Aufgrund seiner offensichtlichen Vorteile (persönliche Ansprache, geringere Streuverluste etc.) hat sich der Anteil der Direktwerbung gegenüber dem der klassischen

Werbung zwischen den 1980er und den 2000er Jahren ständig vergrößert – bis die Dialogwerbung (siehe nächstes Kapitel) und die Online-Werbung immer wichtiger wurden.

2.6.5.1 Briefwerbung (Mailing)

Das Mailing wurde bereits in Kap. 2.5.2 (unter vertrieblichen Gesichtspunkten) vorgestellt. In der Praxis umfasst ein Mailing meistens beide Aspekte, den vertrieblichen und den kommunikativen Aspekt der Vermarktung von (Spenden-) Produkten. Selten wird ein Mailing aus rein kommunikativen Aspekten (ohne Beifügung eines Zahlscheines) mit Hinweis auf einen anderen Vertriebskanal als den Postvertrieb (z. B. auf den Online-Vertrieb) verschickt. Um das sowieso fällige Porto für ein Mailing optimal auszunutzen, legen Fundraiser praktisch jedem Mailing einen Zahlschein bei, und machen es so von einem Kommunikations- zu einem Distributionskanal. Selbst Mailings mit Dankschreiben, (Jahres-) Zuwendungsbestätigungen und Jahresberichten werden i. d. R Zahlscheine beigelegt.

In diesem Kapitel soll der Schwerpunkt daher auf die Frage gelegt werden, worauf bei einem Mailing aus **kommunikativer** Sicht zu achten ist. Oder anders gefragt: Wie muss ein Mailing gestaltet sein, um einen maximalen kommunikativen Effekt erzielen zu können? In der Regel besteht ein Mailing aus den folgenden Bestandteilen:

- Versandhülle (Briefumschlag),
- Anschreiben,
- Folder,
- Zahlschein (und ggf. weitere Response-Elemente),
- Zusätzlich kann einem Mailing ein Give-away beigelegt sein (siehe Kap. 2.3.1.2).

Bei der **Versandhülle** ist aus kommunikativer Sicht auf Folgendes zu achten: Die Versandhülle ist so zu gestalten, dass ein angeschriebener (potenzieller) Spender angeregt wird, das Mailing überhaupt erst einmal zu öffnen. Dies ist nicht selbstverständlich. Laut des *GfK Direktmarketing Panels* wurde 2003 fast jeder sechste Spendenbrief ungeöffnet weggeschmissen. Die sog. Trash-Rate lag bei 15,3 %. Durch folgende Maßnahmen kann die Trash-Rate gesenkt werden:

- Auf die Versandhülle werden (im Rahmen der Vorschriften der Post) Bild- und/oder Textelemente aufgedruckt, die die Aufmerksamkeit des Angeschriebenen erregen. Man spricht von einem Teaser (englisch: Aufmerksamkeitserreger). Ein Beispiel liefert Abbildung Abb. 2.68.
- Als Absender wird nicht nur die Organisation als Institution genannt, sondern auch ein Ansprechpartner (z. B. Geschäftsführer, Vorstand, Fundraiser, Projektleiter).
- Die Versandhülle sollte so wenig wie möglich nach Massenaussendung aussehen. Ist es bei kleineren Auflagen möglich, eine echte Briefmarke zu verwenden oder gar die Adresse von Hand zu schreiben, so erhöht dies die Aufmerksamkeit deutlich!

Abb. 2.68 Versandhülle mit Teaser

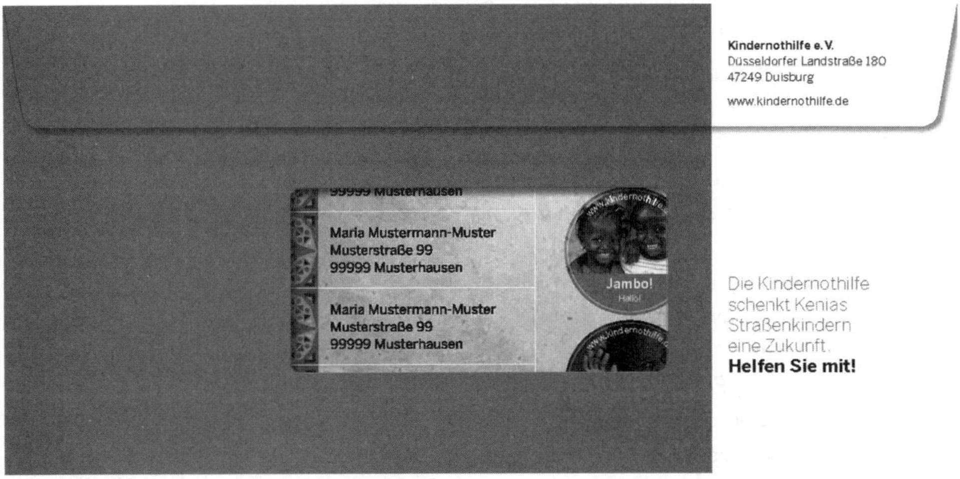

Abb. 2.69 Versandhülle mit Fenster und Give-away

- Die Versandhülle verfügt über ein Fenster, durch das man ein beigelegtes Give-away (z. B. Adressaufkleber mit dem Namen des Angeschriebenen) sehen kann (siehe Abb. 2.69).

Wird die Versandhülle geöffnet, so sehen sich die meisten Angeschriebenen zunächst das **Anschreiben** näher an. Innerhalb weniger Sekunden entscheidet der Angeschriebene durch „Überfliegen", ob er den Aufwand betreiben möchte, das gesamte Anschreiben durchzulesen. Analysen mit Augenkameras zeigen, dass nur die wenigsten Anschreiben (und erst recht die anderen Mailing-Bestandteile) komplett durchgelesen werden. Bevor ein Anschreiben formuliert wird, sollte folgendes Zitat von *Marie von Ebner-Eschenbach* bedacht werden: „Überlege einmal, bevor Du gibst, zweimal bevor Du annimmst, und tausendmal bevor Du verlangst und forderst!“ Aus kommunikativer Sicht ist bei einem Anschreiben ferner auf Folgendes zu achten (Beispiel: Abb. 2.70):

- Ein Foto des Absenders zeigt dem Angeschriebenen, wer ihn anschreibt. Menschen möchten mit Menschen kommunizieren, nicht mit Institutionen! Absender sollte sein, wer den besten Bezug zum Angeschriebenen oder dem Thema des Mailings hat. Infrage kommen Geschäftsführung, Fundraiser, Projektleiter oder ein engagierter Prominenter, der großes Vertrauen (bei den Angeschriebenen) genießt.
- Fassen Sie in einer Headline zusammen, worum es Ihnen geht!
- Sprechen Sie den Angeschriebenen in der Anrede mit seinem Namen an! Gegenbeispiel: „Liebe Freunde!“
- Schreiben Sie in der Ich-Form! Beispiel: „Ich danke Ihnen im Namen der Kinder!“
- Schreiben Sie wie Sie sprechen würden – nicht zu formal, nicht in Fachsprache oder gar Amtsdeutsch! Ein Anschreiben kann nie so gut wie ein persönliches Gespräch sein. Es sollte jedoch versuchen, sich an einer persönlichen Ansprache so gut wie möglich zu orientieren!
- Der erste Satz muss leicht verstanden werden und das Interesse wecken, weiterzulesen. Erzählen Sie die Geschichte eines einzelnen Betroffenen (Storytelling, siehe Kap. 2.6.10) statt auf das Leid Tausender hinzuweisen!
- Schreiben Sie über Menschen, nicht über abstrakte Konzepte! Ein wichtiger Fundraising-Grundsatz lautet: „People give to people, not to organisations!“
- Leiten Sie von der Geschichte eines Einzelnen zum Wesentlichen über!
- Benennen Sie nicht nur das Problem, sondern zeigen Sie auf, wie es mit Hilfe einer Spende gelöst werden kann! Spender wollen nicht Teil des Problems, sondern Teil der Lösung sein!
- Sprechen Sie nicht nur den Intellekt, sondern auch die Emotionen des Angeschriebenen an!
- Unterstreichen Sie die wichtigsten Textpassagen, damit beim „Überfliegen“ das Wesentliche verstanden werden kann!
- Fordern Sie zu einer konkreten Handlung auf! Bitten Sie klar und selbstbewusst – nicht versteckt oder gar verschämt – um Unterstützung! Beispiel: „Kenias Straßenkinder können wir helfen – helfen Sie bitte mit!“
- Beschränken Sie sich im Anschreiben auf nur eine Seite! Komplexere Zusammenhänge können nicht in einem Anschreiben erläutert werden. Verweisen Sie auf den beiliegenden Folder!
- Geben Sie Ihren (potenziellen) Spendern mit Hilfe einer Shopping-List (siehe Kap. 2.4.1.1) Orientierung, welche Hilfe mit welcher Spendenhöhen geleistet werden kann (siehe Abb. 2.71)!

PROJEKT: Straßenkinder
REGION: Nairobi/Kenia
KOORDINATION: Ute Luhr
DATUM: 18.9.2012

Kindernothilfe e.V.
Düsseldorfer Landstraße 180
47249 Duisburg

Telefon 0203.7789-111
E-Mail: info@kindernothilfe.de

www.kindernothilfe.de

00000000 000/1 Deutsche Post INFOPOST

Frau
Maria Mustermann-Muster
Musterstraße 99
99999 Musterhausen

Kenias Straßenkindern können wir helfen – helfen Sie bitte mit!

Sehr geehrte Frau Mustermann-Muster,

ging es Ihnen auch so? Fühlten Sie sich seltsam in Bann gezogen vom Blick des Kindes, das Sie vom Umschlag dieses Briefs ansah? Auf meinen Besuchen vor Ort begegne ich diesem Blick sehr oft – in den Augen von kenianischen Straßenkindern.

Die Kinder schauen einen mit einer Wachheit, Klugheit und so zuversichtlichen Erwartung an, dass ich weiß: Sie von der Straße zu holen und zu fördern, ist genau das Richtige. Nicht nur für das Kind, sondern für die Entwicklung des ganzen Landes!

Wir müssen uns vor Augen halten: Es sind Kinder. Schutzbedürftige Wesen, die aus welchem Grund auch immer plötzlich ganz auf sich allein gestellt sind. Sie kämpfen sich durch einen Alltag, in dem sie Hunger, Gewalt und Missbrauch schutzlos ausgeliefert sind.

Doch wir können helfen! Die Kindernothilfe setzt sich schon seit 1959 für die benachteiligten Kinder dieser Welt ein. Gemeinsam mit unserem kenianischen Partner, der Undugu Society, betreiben wir sehr erfolgreiche Straßenkinderprojekte. Hier bekommen Kinder ein Dach über den Kopf und werden mit Nahrung, Kleidung, Medizin versorgt. Und noch viel mehr: Hier werden sie auf ein eigenständiges Leben vorbereitet. Denn sie können zur Schule gehen oder eine berufliche Förderung erhalten.

All das kostet natürlich Geld. Und aus diesem Grund schreibe ich Ihnen heute. Bitte unterstützen Sie unser Straßenkinderprojekt! Ihre Spende hilft ganz konkret, aus Straßenkindern gesunde, lebenstüchtige Menschen zu machen, die die Entwicklung Kenias vorantreiben können. Nutzen Sie doch gleich den Überweisungsschein, den ich Ihnen beigelegt habe.

Ich danke Ihnen herzlich im Namen der Kinder,
Ihre

Ute Luhr

PS: Schon mit 60 Euro können wir ein kleines Mädchen wie das auf dem Umschlag ein ganzes Jahr lang zur Schule schicken!

Abb. 2.70 Beispiel für den Mailing-Bestandteil Anschreiben

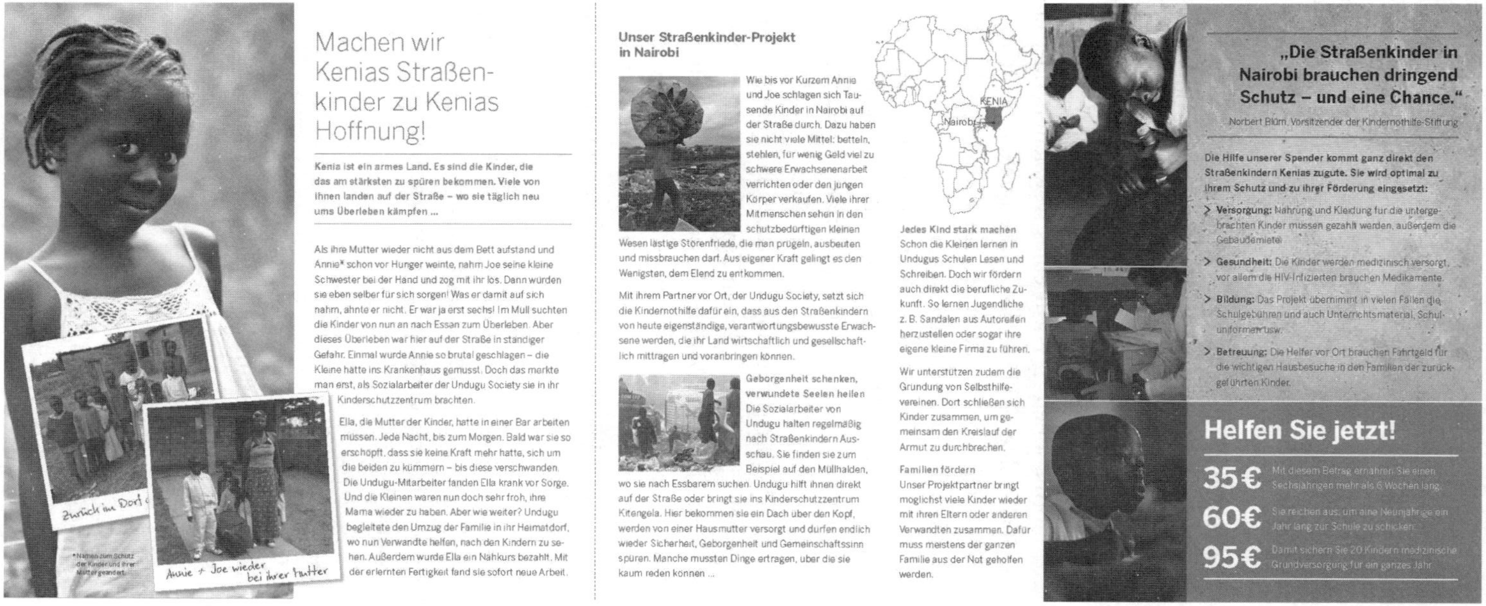

Abb. 2.71 Mailing-Bestandteil Folder

- Drucken Sie die Unterschrift auf Ihrem Anschreiben in blauer Farbe um die Ansprache möglichst persönlich zu gestalten! Bei kleinen Auflagen ist freilich noch besser, manuell zu unterschreiben und vielleicht sogar die Anrede manuell zu ergänzen.
- Nutzen Sie das Postskriptum (P.S.) Ihres Anschreibens für wichtige Hinweise! Es wird mit hoher Wahrscheinlichkeit gelesen – selbst wenn der Rest des Anschreibens nur überflogen wird.

Neben Versandhülle und Anschreiben gehört zu einem Mailing auch ein **Folder**, in dem ausführlicher als im Anschreiben über zu finanzierende Projekte oder bereits erzielte Erfolge informiert werden kann (Beispiel: Siehe Abb. 2.71). Meist wird ein Folder gewählt, dessen Gewicht das Gesamtgewicht des Mailings unter 20 Gramm belässt, um in der günstigsten Portoklasse verbleiben zu können. Anstelle eines Folders können Mailings aber auch mit regelmäßigen Informationen in Form eines Newsletters oder einer Zeitschrift bestückt sein. Auf jeden Fall sollte sich Format, Papierqualität, Umfang, Sprache, Bild-Text-Verhältnis und Schriftgröße des Folders einerseits am Budget der Organisation und andererseits am Leseverhalten der Angeschriebenen orientieren.

Letzter und sehr wichtiger Bestandteil eines Mailings ist der **Zahlschein**, mit dessen Hilfe ein Angeschriebener einfach und bequem spenden kann. Bei einem Mailing in kleiner Auflage stellt die Hausbank (kostenlos) entsprechend vorbereitete Zahlscheine zur Verfügung. Bei einem Mailing in größerer Auflage wird die Produktion des Zahlscheins mit der Produktion des Anschreibens verknüpft. Druck und Laserbeschriftung von Anschreiben und Zahlschein erfolgen dann in einem Produktionsschritt. Anschließend werden die beiden gemeinsam produzierten Mailing-Bestandteile in einem maschinellen Prozess geschnitten, gefalzt und couvertiert. Wichtig ist, dass der Zahlschein den Gewichtsanforderungen der maschinellen Belegerfassung durch die Banken genügt. Auch muss am Zahlschein ein Hinweis auf den Freistellungsbescheid des für die Organisation zuständigen Finanzamtes hängen. Setzt eine Organisation die Multifunktionale Kontonummer der *BFS* ein (siehe Kap. 2.4.7.2), ist die Laserbeschriftung des Zahlscheins entsprechend vorzubereiten. Zusätzlich zum Zahlschein werden (weil das Gesamtgewicht des Mailings dies noch hergibt) einem Mailing oft noch **weitere Response-Elemente** beigelegt. Gerne eingesetzt wird ein Response-Element, mit dem der Angeschriebene einfach und bequem Dauerspender werden kann.

2.6.5.2 Faxwerbung

Der wichtigste Kommunikationskanal für die personalisierte Ansprache im Rahmen der Direktwerbung ist unbestritten das Mailing. Die werbliche Ansprache über Fax spielt im Fundraising praktisch keine Rolle. Es gibt jedoch interessante Ausnahmen.

Beispiel

Die Patenschaftsorganisation *Child Fund* kontaktierte ihre Spender per Fax mit der (ungewöhnlichen) Bitte, durch Spenden dazu beizutragen, den Verwaltungskostenanteil der Organisation auf einem niedrigen Niveau halten zu können. Entgegen aller fachlichen Bedenken, wurde diese ungewöhnliche Ansprache gut aufgenommen und zu einem Erfolg.

2.6.5.3 Hauswurfsendung

Eine Hauswurfsendung ist eine unverlangte Massenmitteilung, die zu werblichen Zwecken in die Briefkästen bestimmter Haushalte geworfen wird. Die Zustellung kann von spezialisierten Dienstleistern oder freiwilligen Helfern durchgeführt werden. Erfolg die Zustellung durch die *Deutsche Post*, wird von einer Postwurfsendung gesprochen. Im Gegensatz zu einem personalisierten Brief bzw. Mailing ist die Postwurfsendung nicht adressiert bzw. nur teiladressiert („An die Bewohner der Musterstr. 4") (Postwurfspezial). Wenn überhaupt, kann nur Postwurfspezial der Direktwerbung zugerechnet werden.

Die Vorteile der Postwurfsendung liegen in genau definierbaren Selektionskriterien (Alter, Kaufkraft etc.), Verteilgebieten und Streuzeitpunkten sowie einem niedrigen Preis. Mit 90 € für die Zustellung an 1.000 Haushalte (oder 0,09 € pro Haushalt) für eine nichtadressierte Postwurfsendung bis 20 Gramm, liegt die Postwurfsendung deutlich unter dem Porto für ein Mailing. Zum anderen können mit bis zu 34 Mio. Haushalten und 1 Mio. Postfachnutzer fast alle Haushalte in Deutschland erreicht werden. Aufgrund der fehlenden personalisierten Ansprache erzielt die Postwurfsendung jedoch nur eine geringere Aufmerksamkeitswirkung als ein Mailing.

Beispiel

Eine größere deutsche Organisation betreibt Neuspendergewinnung mit Hilfe von Postwurfspezial. Im Jahr 2010 erzielte sie bei einer Auflage von 200.000 Stück eine Response-Quote von 0,35 % (Kostendeckung: 71 %). Im Jahr 2011 erzielte sie bei einer Auflage von 500.000 Stück eine Response-Quote von 0,24 % (Kostendeckung: 62 %). Im Jahr 2012 erzielte sie bei einer Auflage von 600.000 Stück eine Response-Quote von 0,22 % (Kostendeckung: 47 %).

2.6.6 Der Einsatz von Dialogwerbung im Fundraising

Historisch gesehen, konnte die Direktwerbung ab den 1980er Jahren Zielgruppen zwar personalisiert ansprechen. Der angestrebte Dialog beschränkte sich zunächst jedoch auf eine schwerfällige schriftliche Form: So umfasste beispielsweise ein personalisiertes Mailing ein Response-Element, das eine schriftliche Reaktion ermöglichte (z. B. mit Hilfe einer Antwortkarte). Mit dieser Antwortkarte konnte (wiederum schriftlich) weiteres Informationsmaterial angefordert werden. Das angeforderte Informationsmaterial lieferte die benötigten Informationen dann erneut schriftlich. Der echte und unmittelbare dialogische Austausch zwischen Unternehmen und Kunden, bzw. hier zwischen Organisation und Spender, wurde in der Breite erst ab den 2000er Jahren durch die rasanten Entwicklungen in Internet und Telefonie möglich. Entsprechend nannte sich der *Deutsche Direktmarketing Verband* 2008 in *Deutscher Dialogmarketing Verband* um. Heute sieht der *DDV* im Dialogmarketing den „Oberbegriff für alle Marketingaktivitäten, bei denen Medien mit der Absicht eingesetzt werden, eine interaktive Beziehung zu Individuen herzustellen. Ziel ist es dabei, den Empfänger zu einer individuellen, messbaren Reaktion (Response) zu veranlassen."[60] Wollte man innerhalb des umfassenden Dialogmarketingbegriffs nur den kommunikativen Teilaspekt behandeln, so müsste man konsequenterweise von „Dialogkommunikation" bzw. „Dialogwerbung" sprechen. Nicht zuletzt aufgrund seiner höheren Kosten (im Verhältnis zur Media- und Direktwerbung), wird der Dialog in der Praxis jedoch kaum als reiner Kommunikationskanal, sondern als kombinierter Kommunikations- und Vertriebskanal eingesetzt. Eigene Ausführungen zum Kommunikationsaspekt des Dialogs machen deshalb an dieser Stelle keinen Sinn. Stattdessen wird auf die jeweiligen Ausführungen zum Vertriebsaspekt in den Kapiteln zum Online-Vertrieb (2.5.3), Telefonvertrieb (2.5.4) und persönlicher Vertrieb (2.5.5) verwiesen.

2.6.7 Nutzung der Kommunikationskanäle von (Unternehmens-) Partnern

Im Rahmen der Vertriebspolitik (siehe Kap. 2.5.5.9) wurde bereits angeregt, (Unternehmens-) Partner auf die Möglichkeit anzusprechen, deren Vertriebskanäle für den eigenen Vertrieb von Spendenprodukten zugunsten der Organisation (mit-) nutzen zu dürfen. Für den (Unternehms-) Partner umgekehrt eine kostengünstige Möglichkeit, die Wahrnehmung seiner CSR (siehe Kap. 3.1) dokumentieren zu können. Analog ist denkbar, (Unternehmens-) Partner auf die Möglichkeit anzusprechen, deren Kommunikationskanäle (Huckepack) für die Kommunikation von Spendenprodukten oder die Organsiation als Ganzes (mit-) nutzen zu dürfen.

Beispiel

Der Schokoladenhersteller *Alfred Ritter GmbH & Co. KG* und das Kinderhilfswerk *UNICEF* starten 2005 das gemeinsame „Schulprojekt für Afrika". Im Rahmen der Cause-Related-Marketing-Aktion (siehe Kap. 3.2.4) spendet *Ritter* pro 100 Gramm verkaufter Ritter Sport Quadrago Schokolade 1,4 Cent für Schulmaterialen für Kinder in Afrika. Unabhängig vom Abverkauf werden mindestens 220.000 € gespendet, von denen Schulsachen für 22.000 Kinder in Afrika für zwei Jahre gekauft werden können. *Ritter* kommuniziert das gemeinsame Projekt insbesondere im Rahmen aufwendiger Mediawerbung (TV und Print) und auf seiner Website. Da *UNICEF* stets mitkommuniziert

[60] www.ddv.de (Zugriff am 17.05.2013).

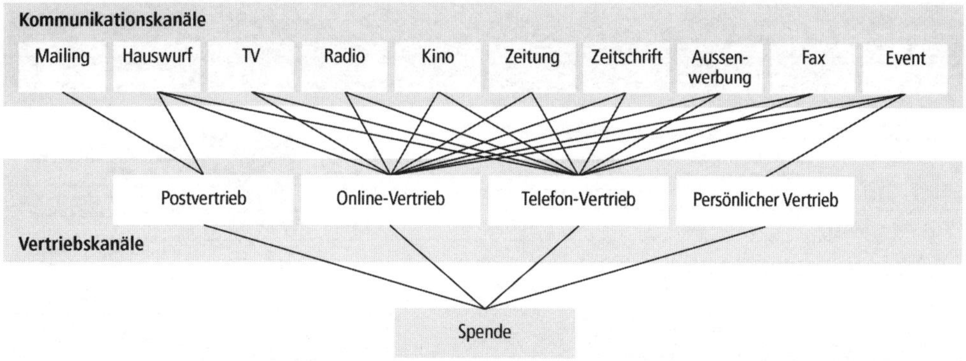

Abb. 2.72 Integriertes Multi-Channel-Fundraising

wird, nutzt *UNICEF* die von *Ritter* finanzierten Kommunikationskanäle Huckepack mit.

2.6.8 Integrierte Multi-Channel-Kommunikation im Fundraising

Im Idealfall können unter den oben beschriebenen Kommunikationskanälen (und den in Kap. 2.7 noch vorzustellenden Kommunikationskanälen im Internet) alle diejenigen genutzt werden, deren Einsatz durch Tests für ökonomisch sinnvoll befunden wurde (siehe Kap. 6.1). Ökonomisch sinnvoll sind alle Kommunikationskanäle, die – im Zusammenspiel mit den Vertriebskanälen – für ein mindestens angemessenes Aufwand-Ertrags-Verhältnis bei der Gewinnung, Bindung und Rückgewinnung von Spendern auf den verschiedenen Stufen der Spenderpyramide sorgen. Aufgrund der Vielzahl an Kombinationsmöglichkeiten einer ständig wachsenden Anzahl von Vertriebs- und Kommunikationskanälen (siehe Abb. 2.72) für eine ständig wachsende Anzahl von Spendenprodukten, ist es wichtig, am Ende zu einem integrierten Multi-Channel-Fundraising zu gelangen, dem es bei aller Komplexität noch gelingt, Synergien für eine optimale Gesamtwirkung der Kommunikation zu erzielen. Dieser Prozess wird oftmals alleine schon durch unterschiedliche personelle Zuständigkeiten für die verschiedenen Bereiche der Kommunikation erschwert. Je nach Größe einer Organisation muss die Integration in langwierigen Abstimmungsprozessen über verschiedene Abteilungen (z. B. Fundraising, Öffentlichkeitsarbeit, Online, Campaigning) und manchmal sogar über verschiedene föderale Strukturen (Bundes-, Landes-, Bezirks- und Kreisverband sowie Ortsverein) hinweg geleistet werden. Hinzu kommen noch Abstimmungen mit externen Dienstleistern. Ohne diesen Integrationsprozess würde es einer Organisation immer weniger gelingen, in unserer heutigen Informationsflut von ihrer Zielgruppe überhaupt noch wahrgenommen zu werden. Der Integrationsprozess verlangt von allen Beteiligten hohe Kooperationsbereitschaft, die dauerhaft zu erhalten ist.

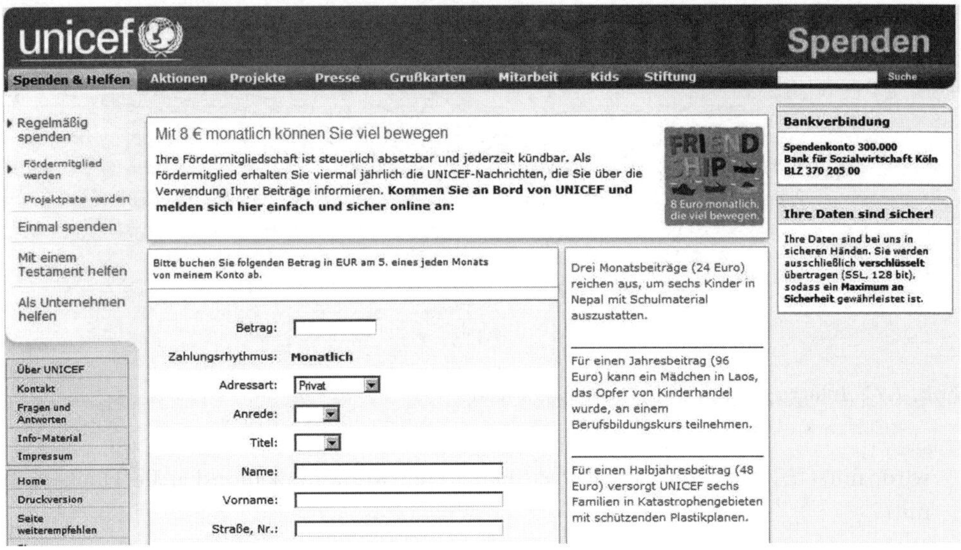

Abb. 2.73 Friendship-Kampagne auf der Website von UNICEF

Beispiel

Um möglichst viele Dauerspender („Friends") akquirieren zu können, kommuniziert *UNICEF* im Rahmen seiner Friendship-Kampagne gleich über mehrere Kommunikationskanäle den Online-Vertrieb und den Telefon-Vertrieb:

- *Fernsehen*: Dank der Unterstützung vieler Prominenter (siehe auch Kap. 2.6.10), berichten Fernsehsender in ihrem redaktionellen Umfeld über die Friendship-Kampagne.
- *Radio*: In Radio-Spots ruft UNICEF auf, sich mit 8 € pro Monat an der Friendship-Kampagne zu beteiligen.
- *Internet*: Auf der Website (siehe Abb. 2.73) weist UNICEF ebenso auf die Friendship-Kampagne hin wie in E-Mails (siehe Abb. 2.74).
- *Print*: In Fülleranzeigen wird für die Friendship-Kampagne geworben (siehe Abb. 2.75).
- *Kino-Spot*: Die Werbeagentur *Publicis* produziert einen Kino-Spot, der 2006 mit Unterstützung der Kinowerbungsspezialisten der Firma *Werbeweischer* auf über 300 Kinoleinwänden in 90 Städten Deutschlands zu sehen ist.
- *Unternehmenspartnerschaft*: *UNICEF* kann die (internen und externen) Kommunikationskanäle von *Siemens* nutzen und so einen interessanten Multiplikatoreffekt bei den Mitarbeitern, Kunden und Aktionären von *Siemens* erzielen.
- *Unternehmenspartnerschaft*: Das Unternehmen *Loyalty Partner* unterstützt *UNICEF* im Rahmen seines Bonusprogramms Payback. Payback-Teilnehmer können ihre Bonuspunkte der Friendship-Kampagne spenden (siehe Abb. 2.75).

Abb. 2.74 Friendship-Kampagne in einer E-Mail von UNICEF

2.6.9 Erfolgreiche Gestaltung von Kommunikationsmitteln

Hat eine Organisation den optimalen Mix an Kommunikationskanälen im Sinne einer integrierten Multi-Channel-Kommunikation gefunden, steht sie vor der nächsten Herausforderung. Ihrer Fundraising-Kommunikation muss es nun gelingen, die Aufmerksamkeit (potenzieller) Spender zu erlangen. Dies wird in Zeiten ständig wachsender Informationsüberlastung immer schwieriger. Viele Menschen reagieren auf den zunehmenden Kommunikationswettbewerb mit verstärkter Reaktanz gegenüber den bis zu 3.000 werblichen Botschaften, denen sie täglich ausgesetzt werden. Will (Fundraising-) Kommunikation in einem solchen Umfeld trotzdem noch wahrgenommen werden, bedarf sie entsprechender Gestaltung. Werbewirkungsforschung ergab, dass die durchschnittliche Betrachtungszeit von Anzeigen und Plakaten bei zwei Sekunden liegt. Wenn man bedenkt, wie wenige Informationen in dieser kurzen Zeit übermittelt werden können, wird sehr schnell deutlich, dass sich Werbemittel drastisch beschränken müssen. Es ist demnach nicht sinnvoll, bei-

Abb. 2.75 Fülleranzeige zur Friendship-Kampagne

spielsweise Anzeigen und Plakate mit größeren Textpassagen zu überfrachten, die in zwei Sekunden sowieso nicht erfasst werden (können).[61]

In so kurzer Betrachtungszeit kann es allenfalls gelingen, dem Betrachter zum einen zu signalisieren, *wer* sich an ihn wendet. Dies wird am schnellsten mit Hilfe der Abbildung des Logos der Organisation erreicht. Zum anderen muss selbst in der kurzen Betrachtungszeit klar werden, was eine Organisation vom Betrachter möchte, was sie von ihm erwartet. Werbemittel müssen eine kurze aber unmissverständliche **Handlungsanweisung** an den Betrachter geben, was dieser tun soll: „Informieren Sie sich auf unserer Website!" „Rufen Sie an!" „Spenden Sie!" „Werden Sie Mitglied!" Ausführlich informieren kann eine Organisation dann erst in einem zweiten Schritt (auf ihrer Website, durch Zusendung von Informationsmaterial etc.), wenn ein Interessent tatsächlich von sich aus bereit ist, Informationen aufzunehmen. Dieses zweistufige Vorgehen hat den Vorteil, dass wirklich nur derjenige Informationsmaterial erhält, der sich auch tatsächlich dafür interessiert. Die Kosten für Informationsmaterial, das mangels Interesse ungelesen weggeworfen wird, können so gesenkt werden.

[61] Vgl. Urselmann, Michael: Kommunikationsmuster kirchlicher Spendenorganisationen, (Nonprofit-Verlag) Bietigheim-Bissingen 1996.

Abb. 2.76 Bonusprogramm Payback zugunsten der Friendship-Kampagne (Quelle: UNICEF)

Beispiel

Ein besonders gelungenes, wenn auch schon etwas älteres Beispiel stellt Abb. 2.77 dar. Die Anzeige der Patenschaftsorganisation *World Vision* beschränkt sich auf wenig Text und enthält gleich mehrere konkrete Handlungsanweisungen.

Negativ-Beispiel

Abbildung 2.78 zeigt eine Anzeige der *Arbeiterwohlfahrt* in der keinerlei Handlungsanweisung gegeben wird. Selbst wenn sich jemand die Zeit nähme, den Text trotz seines viel zu geringen Schriftgrades durchzulesen, wüsste er nicht, wie er sich gegen Armut engagieren könnte. Die Anzeige bleibt leider größtenteils wirkungslos.

Damit (Fundraising-) Kommunikation einen Betrachter überhaupt erreichen kann, muss es ihr gelingen, in der Informationsflut des werblichen Umfeldes herauszustechen und

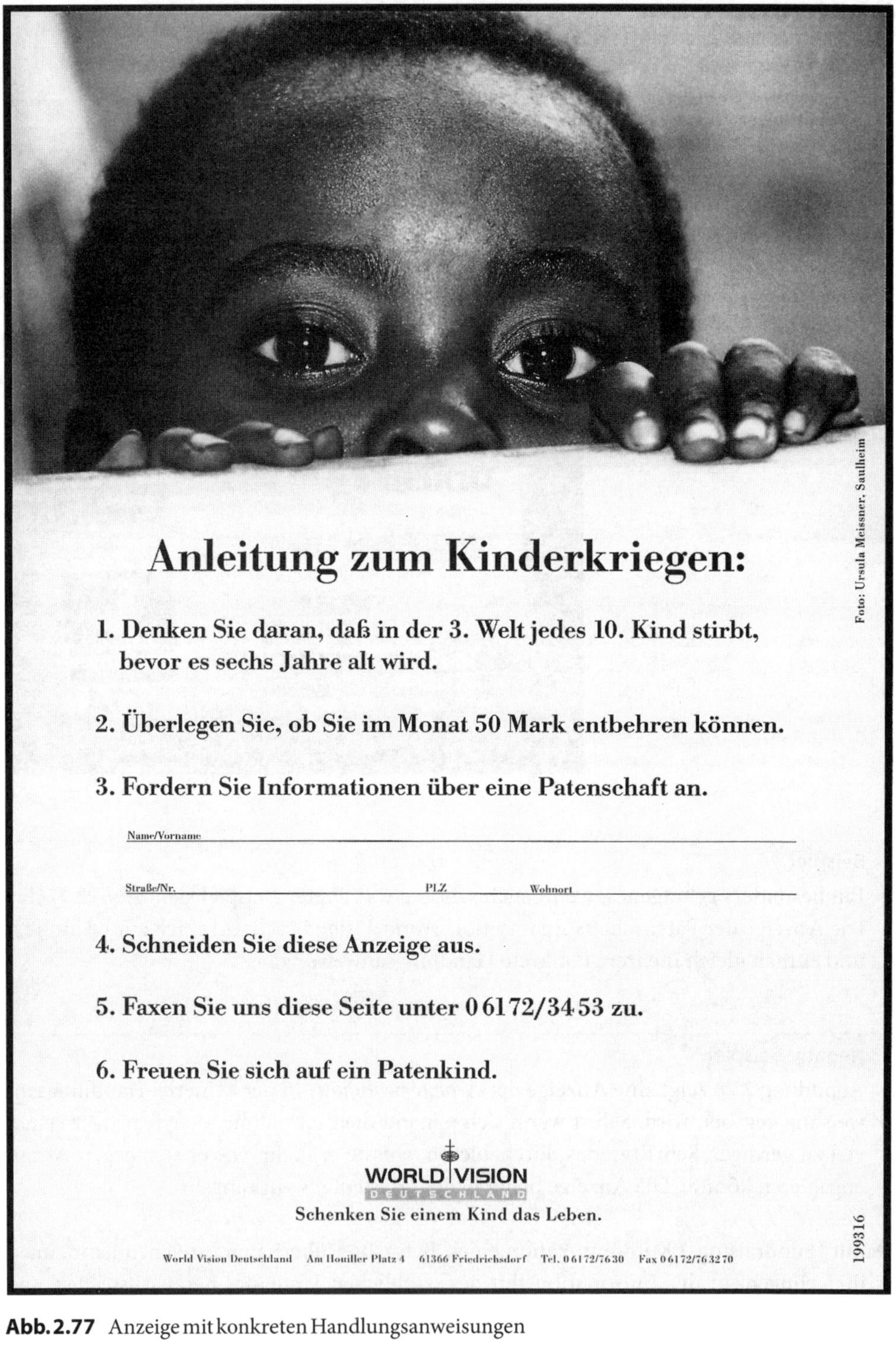

Abb. 2.77 Anzeige mit konkreten Handlungsanweisungen

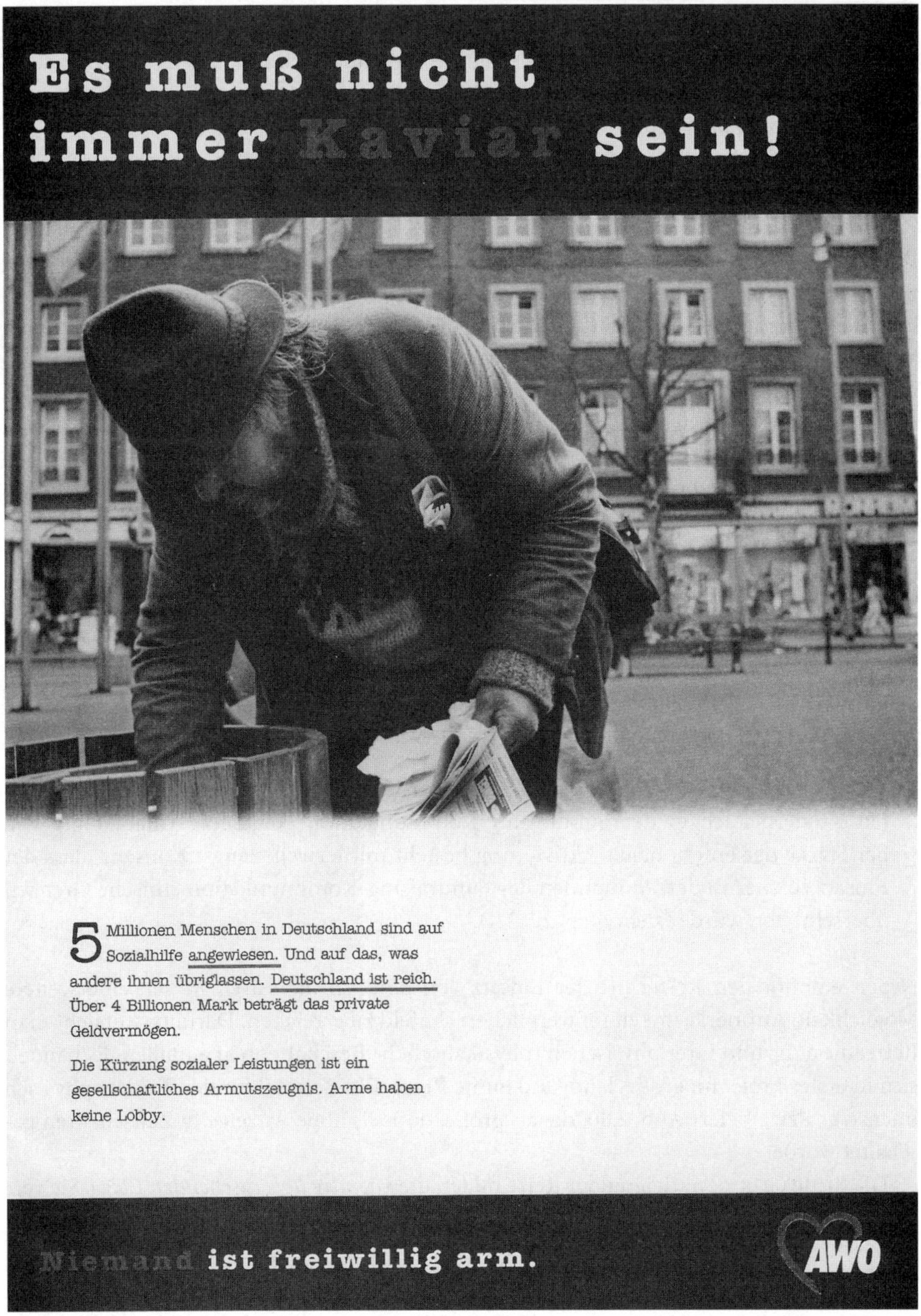

Abb. 2.78 Anzeige ohne konkrete Handlungsanweisung

wahrgenommen zu werden. *Kroeber-Riel/Esch* empfehlen dazu den Einsatz drei verschiedener Arten von optischen Reizen oder einer Kombination daraus:[62]

- Einsatz *emotionaler* Reize
- Einsatz *physisch intensiver* Reize
- Einsatz *kognitiv überraschender* Reize

Besonders oft werden *emotionale Reize* eingesetzt. Sie bewirken beim Umworbenen eine mehr oder weniger starke innere Erregung. Dabei löst v. a. der Einsatz von Schlüsselreizen bzw. deren grafische Reproduktion (Attrappe) biologisch vorprogrammierte Reaktionen aus. Die Erregung erfolgt dadurch weitgehend automatisch, ist also nicht willentlich gesteuert. Ein Beispiel für eine im Fundraising oft eingesetzte Attrappe ist das Kindchenschema. Dabei handelt es sich um Abbildungen von Kleinkindern mit großem, rundem Kopf, kurzen und dicken Gliedmaßen und großen Kulleraugen. Allgemein sind Abbildungen von Augen oder Personen sehr beliebte emotionale Reize, um die Aufmerksamkeit von Spendern zu erhalten (siehe Abb. 2.79).

Obwohl es werblicher Fundraising-Kommunikation gelingen muss, situativ zu aktivieren, darf die Aktivierung nicht überzogen werden. Schnell läuft zu starke Aktivierung Gefahr, ethische Grenzen zu überschreiten und den (potenziellen) Spender so stark zu irritieren, dass er sich abwendet.

Beispiel

Im Zusammenhang mit dem Biafra-Krieg wurden 1967 Bilder von stark unterernährten Kindern auch in der Fundraising-Kommunikation eingesetzt. Unabhängig von der Stärke der emotionalen Aktivierung besteht mittlerweile längst Konsens, dass der Einsatz solcher Bilder im Rahmen der Fundraising-Kommunikation ethische Grenzen überschreiten würde (siehe Kap. 2.5.2.4).

Neben emotionalen Reizen ist der Einsatz von *physisch intensiven Reizen* eine weitere Möglichkeit, Aufmerksamkeit im werblichen Umfeld zu erreichen. Darunter versteht man Reize, die aufgrund ihrer physischen (physikalischen) Beschaffenheit auffallen. Es handelt sich in erster Linie um große, laute und bunte Reize. Ein Beispiel für den Einsatz physisch intensiver Reize liefert Abb. 2.80, die als große, doppelseitige Anzeige in Zeitschriften geschaltet wurde.

Die dritte Gruppe aktivierender Reize bilden die *kognitiv überraschenden Reize*. Sie verstoßen gegen vorhandene Erwartungen und Schemavorstellungen und lösen dadurch im

[62] Vgl. Kroeber-Riel, Werner; Esch, Franz-Rudolf: Strategie und Technik der Werbung – Verhaltenswissenschaftliche und neurowissenschaftliche Erkenntnisse, 7. Auflage, (Kohlhammer Edition Marketing) Stuttgart u. a. 2011.

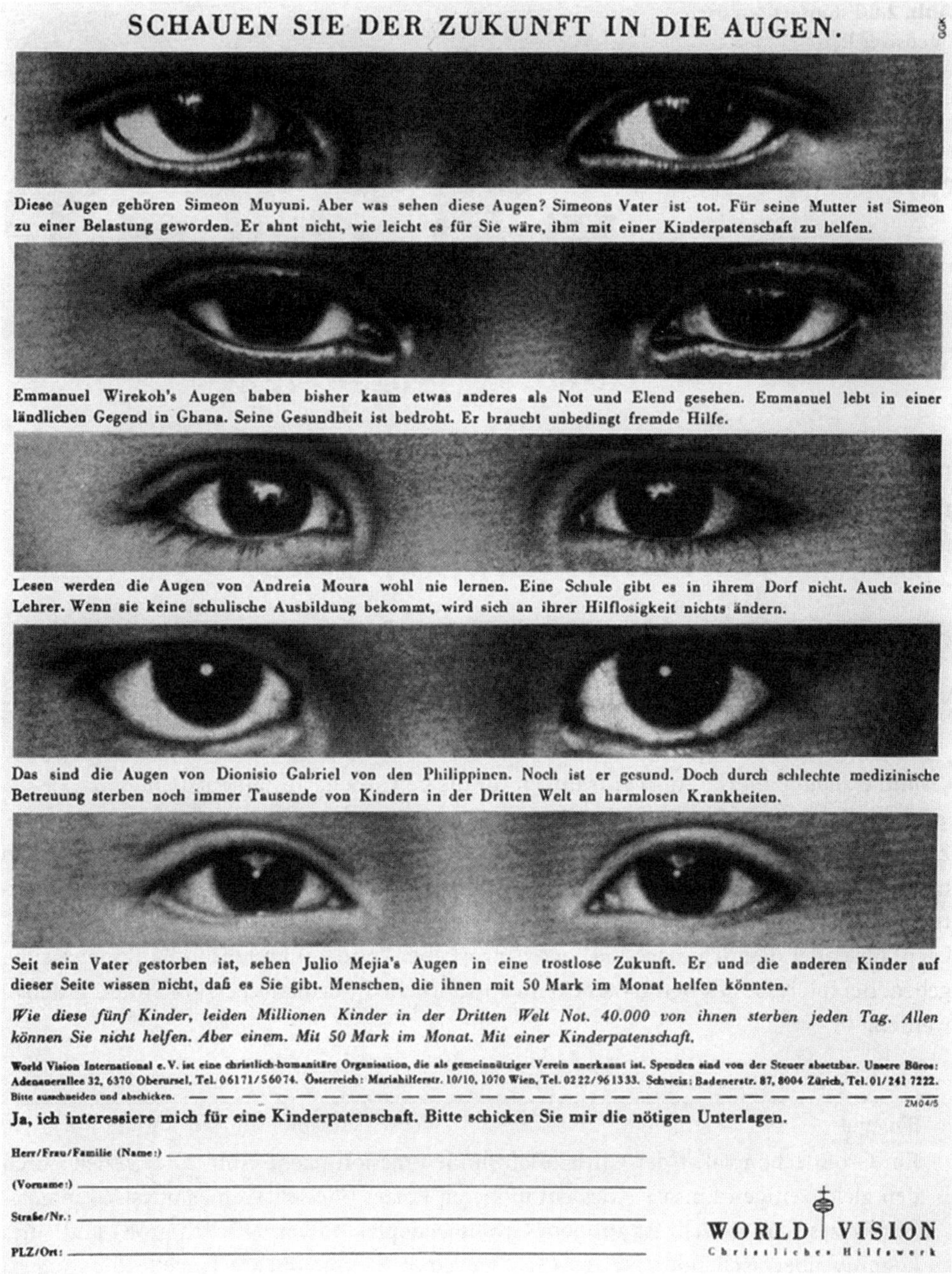

Abb. 2.79 Einsatz emotionaler Reize

Abb. 2.80 Einsatz physisch intensiver Reize

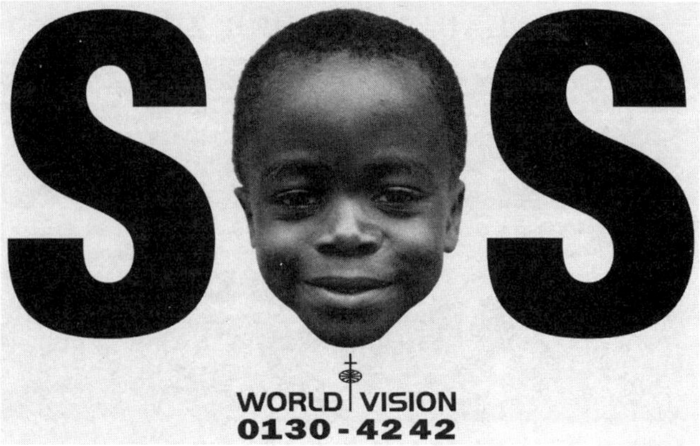

Betrachter gedankliche Widersprüche, Überraschungen und Konflikte aus. Dessen Wahrnehmung wird dadurch vor unerwartete Aufgaben gestellt, seine Informationsverarbeitung stimuliert.

Beispiel

In einer Anzeige der Kinderhilfsorganisation *UNICEF* (siehe Abb. 2.81) lässt die Abbildung des Eiffelturms zunächst an einen touristischen Hintergrund denken. In Verbindung mit dem Logo von *UNICEF* ist diese Abbildung jedoch kognitiv überraschend und erzeugt dadurch Aufmerksamkeit für die beworbene Testamentspende.

Zusammenfassend sollte effektive (Fundraising-) Kommunikation zweistufig vorgehen und sich in Stufe 1 auf drei wesentliche Aspekte beschränken: Aufmerksamkeit des Betrachters durch emotionale, physisch intensive oder kognitiv überraschende Reize erreichen, Absender deutlich machen (Logo hervorheben) und konkrete Handlungsanweisung geben. Bei Interesse des Betrachters kann ausführliche Information erst in Stufe 2 gegeben werden.

Beispiel

Ein Großflächenplakat der Christoffel Blindenmission (siehe Abb. 2.82) erzielt durch den gleichzeitigen Einsatz eines emotionalen Reizes (Gesicht), eines physisch intensiven Reizes (das Gesicht ist auf dem Großflächenplakat übernatürlich groß) und eines kognitiv überraschenden Reizes (Schlitze einer Sammelbüchse anstelle der Augen) überdurchschnittlich hohe Aufmerksamkeit. Es wird eine Handlungsanweisung gegeben („Spenden Sie Augenlicht!"), die zum einen in einer durchschnittlichen Betrachtungszeit von zwei Sekunden leicht erfasst werden kann, und zum anderen eine zweite Kommunikationsstufe anbietet, über die man sich – bei Interesse – im Internet ausführlich informieren kann.

Abb. 2.81 Einsatz kognitiv überraschender Reize

Abb. 2.82 Zweistufige Kommunikation über Plakat und Website

2.6.10 Storytelling

Im vorangegangenen Kapitel wurde auf die Bedeutung eines zweistufigen Kommunikationsprozesses hingewiesen. Ist ein Interessent in der zweiten Stufe an ausführlichen In-

Ich bin dankbar, dass jemand zuhört

Die Diagnose kam völlig unerwartet und zerstörte ihre Träume für den Ruhestand: Krebs. Ohne Hoffnung. Von der Caritas-Sozialstation, die Gisela C. nun versorgt, erfuhr die 59-Jährige vom Hospiz-Hausbetreuungsdienst.

Es fiel Gisela C. nicht leicht, sich der fremden Frau, die sie besuchen kam, zu öffnen. Jetzt freut sie sich schon die ganze Woche auf Regina L., die ehrenamtlich die Hospiz-Begleitung bei ihr übernahm.

Die Angst vorm Sterben

Frau C. erzählt Anekdoten aus ihrer Zeit als Grundschullehrerin und den Reisen in die USA, wo Tochter Monika lebt. Endlich sprechen sie auch über die Angst vorm Sterben.
„Es tut mir gut, dass Regina da ist und zuhört", lächelt Frau C. „Es tröstet mich, zu wissen, dass ich diese Welt in vertrauter Umgebung und in der Gegenwart eines mitfühlenden Menschen verlasse."

Wie ein Geschenk für uns

Monika ist erleichtert, dass jemand bei ihrer Mutter ist, bis sie kommen und sich selbst um sie kümmern kann. Und dass Regina da sein wird, um sie zu unterstützen. Regina wird Sitzwachen halten, wenn Monika Schlaf braucht, und sie wird bei ihnen sein, wenn es soweit ist.

„Für Mutter und mich ist es ein großes Geschenk, dass es den Hospiz-Hausbetreuungsdienst gibt. Für sie bedeutet es Halt und Begleitung, für mich Erleichterung und Beruhigung. Dafür bin ich unendlich dankbar."

Caritas-Hospiz-Hausbetreuungsdienste – fachlich und menschlich kompetent

Leiden und Sterben, Tod und Trauer sind Teil unseres Lebens. Wir alle möchten am liebsten zu Hause sterben und nicht alleine sein.

Seit zehn Jahren schaffen wir für Menschen in der letzten Phase ihres Lebens Bedingungen, die ihnen ein selbstbestimmtes, möglichst schmerzfreies Sterben in vertrauter Umgebung und in Geborgenheit ermöglichen.

In der Zeit des Abschieds begleiten wir schwer kranke und sterbende Menschen und unterstützen deren Angehörige und Freunde.

Ehrenamtliche Mitarbeiter beraten und betreuen

Unsere ehrenamtlichen Mitarbeiter beraten umfassend und betreuen einfühlsam zu Hause, in Krankenhäusern und Pflegeheimen. Die Begleitung ist konfessionsunabhängig und unentgeltlich.

Acht Monate werden unsere Ehrenamtlichen intensiv vorbereitet und während ihrer Tätigkeit von hauptamtlichen Mitarbeitern unterstützt. Ein Teil unserer ehrenamtlichen Mitarbeiter ist speziell für die Betreuung von todkranken Kindern und Jugendlichen ausgebildet.

Regelmäßige Fortbildung und Supervision ermöglichen die engagierte und qualifizierte Arbeit der Caritas-Hospiz-Hausbetreuungsdienste.

Helfen
Sie bitte mit Ihrer
Hospiz-Spende!

Gespräch mit der ehrenamtlichen Mitarbeiterin

Abb. 2.83 Storytelling

formationen zu einer Organisation und ihren Projekten interessiert, so bleibt seine Aufmerksamkeit und Aufnahmebereitschaft doch trotzdem begrenzt. Auch wenn eine Organisation viel über sich zu sagen hätte, sollte sie Interessenten nicht mit langatmigen, zu ausführlichen, rein rationalen und faktenüberladenen Schilderungen überfordern. Stattdessen empfiehlt sich, die Arbeit der Organisation anhand von Geschichten zu erzählen, wie die Organisation das Leben einzelner Menschen konkret verbessern konnte. Diese Technik der Informationsvermittlung wird Storytelling (deutsch: Geschichten erzählen) genannt. Sie ist nicht neu: Schon Jesus kommunizierte seine christlichen Botschaften mit Hilfe von Geschichten in Form von Gleichnissen. Noch besser, als die Geschichte von Jemandem zu erzählen, ist, sie ihn selber erzählen zu lassen.

Beispiel

In seinem Flyer „Am Ende bin ich nicht allein" (siehe Abb. 2.83) erzählt der Hospiz-Dienst der *Caritas* die Geschichte einer Klientin. Anschließend wird dargestellt, wie die *Caritas* dieser Klientin konkret helfen kann. Auf der Rückseite des Flyers wird erläutert, wie man die Caritas mit einer Spende unterstützen kann.

2.6.11 Einsatz von Prominenten in der Fundraising-Kommunikation

Eine weitere Möglichkeit, Aufmerksamkeit für die (Fundraising-) Kommunikation einer Organisation zu erlangen, ist die Zusammenarbeit mit Prominenten, die ein Testimonial für die Organisation abgeben. Unter einem Testimonial versteht man eine konkrete Fürsprache zur Erhöhung der Glaubwürdigkeit einer Werbebotschaft für ein Produkt, eine Dienstleistung, eine Idee oder Institution durch eine der Zielgruppe meist bekannte Person.[63] Gerade für junge Organisationen mit noch geringem Bekanntheitsgrad ist sie zudem eine Gelegenheit, die eigene Vertrauenswürdigkeit durch einen Vertrauenstransfer vom Prominenten auf die Organisation zu steigern.

Beispiel

Als die Patenschaftsorganisation *Plan International Deutschland* 1989 gegründet wurde, musste sie in Deutschland zunächst Vertrauen aufbauen. Sehr hilfreich war in diesem Zusammenhang die Zusammenarbeit mit *Ulrich Wickert* ab 1995, der als Moderator der Tagesthemen von 1991 bis 2006 hohe Bekanntheit und Vertrauen genoss.

Die vielfältigen Einsatzmöglichkeiten von Prominenten im Fundraising werden von *Kapp-Barutzki/Malak* beschrieben.[64] Hier ein Auszug der wichtigsten Einsatzfelder:

- Unterstützung der (Fundraising-) Kommunikation im redaktionellen und werblichen Bereich von Fernsehen (z. B. TV-Gala, Talk Show, DRTV-Spot), Radio (z. B. Talk Sendung, Radio-Spot), Zeitungen und Zeitschriften (z. B. Fülleranzeigen), Mailings etc.
- Unterstützung des Großspender-Fundraising (z. B. Teilnahme an Events und Spenderreisen, Unterschrift auf Dankschreiben an Großspender).
- Unterstützung einer Organisation durch Versteigerung eines Treffens mit dem Prominenten („Meet-and-Greet") auf dem Charity Auktionsportal *Stargebot* (www.stargebot.de).
- Unterstützung einer Organisation durch Versteigerung von (signierten) Gegenständen, die einem Prominenten gehört haben, auf dem Auktionsportal *ebay* (*Stars & Charity*).
- Unterstützung von Unternehmenskooperationen.
- Motivation der (haupt- und ehrenamtlichen) Mitarbeiter einer Organisation.

Den besten Überblick über die verschiedenen Formen des Engagements von Prominenten weltweit liefert die Plattform „*Look to the Stars – The World of Celebrity Giving*", auf der 3.125 Prominente und 1.929 steuerbegünstigte Organisationen gelistet

[63] Vgl. Haase, Henning: Testimonialwerbung, in: Planung & Analyse, Heft 3/2000, S. 56 ff.

[64] Kapp-Barutzki, Ursula; Malak, Nadja: Prominente im Fundraising, in: Fundraising Akademie (Hrsg.): Fundraising – Handbuch für Grundlagen, Strategien und Methoden, 4. Aufl., (Gabler) Wiesbaden 2008, S. 342–348.

sind (www.looktothestars.org). Hier kann man auch recherchieren, welcher Prominente sich bereits für welche Organisation engagiert.

Die Zusammenarbeit mit einem Prominenten sollte gut überlegt und systematisch gemanagt werden. Zunächst ist zu analysieren, welcher Prominente zu einer Organisation passt. Gut ist, wenn Organisation und Prominenter „in derselben Liga spielen“: Zu einer lokalen oder regionalen Organisation passt ein lokaler oder regionaler Prominenter, zu einer nationalen Organisation ein nationaler Prominenter, und zu einer internationalen Organisation ein internationaler Prominenter aus Medien, Sport, Musik, Wissenschaft und Kultur. Im Idealfall hat der Prominente sogar einen thematischen Bezug zur Arbeit der Organisation.

Beispiel

Der Modemacher *Rudolf Mooshammer* engagierte sich langjährig und vielfältig für die Münchner Obdachlosenzeitung „Biss“, weil sein Vater als Obdachloser auf der Straße gestorben war. Dabei schien ihm überzeugend zu gelingen, die Kluft zwischen Luxus und Obdachlosigkeit zu überbrücken.

Ist ein zur Organisation passender Prominenter identifiziert, sollten vor der Kontaktaufnahme folgende konzeptionelle Fragen geklärt werden:

- Welche Ziele sollen durch die Zusammenarbeit erreicht werden?
- Wie kann eine Win-win-Situation für beide Seiten – die Organisation und den Prominenten – erzielt werden?
- Was kann dem Prominenten im Gegenzug für sein Engagement von der Organisation geboten werden (Präsenz in Medien, Kontakte zu Unternehmenspartnern etc.)?
- Mit welchen gemeinsamen Maßnahmen sollen diese Ziele erreicht werden?
- Welcher Aufwand wird vom Prominenten erwartet (Dauer und Intensität des Engagements, Bereitschaft zum inhaltlich-fachlichen Einstieg in das Thema der Organisation etc.)?

Sind diese Fragen geklärt, kann die Kontaktaufnahme zum Prominenten direkt oder über sein Management erfolgen. Wurde ein interessantes Konzept mit echter Win-win-Situation erarbeitet, so kann die Kontaktaufnahme von Seiten der Organisation durchaus selbstbewusst angegangen werden, schließlich hat sie dem Prominenten auch etwas zu bieten. Hinzu kommt, dass von Prominenten geradezu erwartet wird, sich gemeinnützig zu engagieren. Eine gut konzipierte Zusammenarbeit kann sogar den Marktwert des Prominenten steigern.

Beispiel

Für die Kommunikation des bereits erwähnten „Schulprojektes für Afrika" von *Ritter Sport* und *UNICEF* (siehe Kap. 2.6.7) wurde die Schauspielerin *Iris Berben* verpflichtet. Ihre Präsenz beschränkte sich nicht nur auf TV-Werbe-Spots und Printanzeigen. Sie wurde auch auf allen Verpackungen und Umverpackungen der Schokoladentafeln und allen Materialien der Verkaufsförderung im Handel abgebildet. Da sie gerade in Kenia die Serie „Die Patriarchin" für das ZDF drehte, berichtete das ZDF über das „Schulprojekt für Afrika" in seinen Sendungen „Leute heute" und „Morgenmagazin". Eine perfekte Win-win-win-win-Situation für alle Beteiligten: *Ritter Sport, UNICEF, Iris Berben* und *ZDF*!

Kann eine Organisation einen Prominenten gewinnen, sollten zunächst genaue Vereinbarungen über das Engagement und seinen Umfang getroffen werden, die auch Verbindlichkeit schaffen. Freundliche Zusagen, die später nur teilweise oder gar nicht eingehalten werden, sind wenig hilfreich. Eine Organisation muss sich auf das Engagement des Prominenten verlassen, und entsprechende Maßnahmen langfristig vorbereiten können. Umgekehrt sollte auch der Prominente einen festen Ansprechpartner in der Organisation haben, auf dessen Unterstützung und Diskretion er sich verlassen kann. Im Idealfall gelingt eine jahrelange Kooperation.

Die Zusammenarbeit mit Prominenten birgt jedoch auch Risiken. Der positive Image-Transfer kann bei Fehlverhalten von Prominenten auch ins Gegenteil verkehren. Ein Prominenter mit Alkohol- oder Drogenproblemen, der Steuerhinterziehung, des Dopings oder anderer Delikte überführt, mit plötzlich aufgedeckter NS- oder Stasi-Vergangenheit schadet einer Organisation im Nachhinein mit seinem Engagement.

Beispiel

Als der prominente Fußball-Trainer Christoph Daum 2001 des Kokainkonsums überführt wurde, bedeutete dies einen großen Imageschaden für die Kampagne „Keine Macht den Drogen", die auch vom *Deutschen Fußball-Bund* (*DFB*) unterstützt wird.

Problematisch kann werden, wenn Prominente aus PR-Gründen lieber ihre eigene Organisation (meist eine Stiftung) gründen, als ihre Prominenz in den Dienst einer erfahrenen und etablierten Organisation zu stellen. So lange das finanzielle Engagement ausreichend groß für substantielle Hilfe ist (wie z. B. bei der *Bill and Melinda Gates Foundation*), und sich der Prominente den erforderlichen Sachverstand für sein Anliegen (z. B. in Form eines kompetenten Kuratoriums) einholt, ist dagegen nichts einzuwenden. Fehlt es jedoch an substantiellen Ressourcen und/oder Fachkompetenz, so sollte sich ein Prominenter – im Interesse seines Anliegens – lieber „unter dem Dach" einer etablierten Organisation engagieren.

2.6.12 Was ich in diesem Kapitel gelernt habe

- Testen und entscheiden Sie, welche Spendenprodukte Sie über welche zielgruppenadäquaten Kommunikationskanäle im Rahmen der Media-, Direkt- oder Dialogwerbung kommunizieren wollen!
- Entscheiden Sie, welche Aspekte der Kommunikationspolitik Ihre Organisation selber (Inhouse) durchführen sollte, und welche ein externer Dienstleister (Outsourcing)!
- Suchen Sie – trotz unterschiedlicher Zielsetzungen – nach konstruktiven, für beide Seiten fruchtbare Formen der Zusammenarbeit zwischen Fundraising-Kommunikation und Öffentlichkeitsarbeit!
- Suchen Sie sich Unternehmenspartner mit möglichst ähnlichen Zielgruppen, und versuchen Sie, deren Kommunikationskanäle nutzen zu dürfen!
- Integrieren Sie alle für Ihre Organisation sinnvollen Kommunikations- und Vertriebskanäle zu einem wirkungsvollen Multi-Channel-Fundraising!
- Kommunizieren Sie zweistufig indem Sie Aufmerksamkeit zunächst durch Einsatz emotionaler, physisch intensiver und/oder kognitiv überraschender Reize, und anschließend mit Hilfe von Storytelling erzielen!
- Kommunizieren Sie Ihren (potenziellen) Spendern immer klare Handlungsanweisungen, was sie tun können, um der Organisation zu helfen!
- Prüfen Sie, welcher verlässliche Prominente sich für Ihre Organisation engagieren könnte!

2.6.13 Weiterführende Literatur zu diesem Kapitel

Burens, P.-C.: Events. In: Fundraising Akademie (Hrsg.) Fundraising – Handbuch für Grundlagen, Strategien und Methoden, 3. Aufl., S. 536–547. Gabler, Wiesbaden (2006)

Fischer, Kai: Multi-Channel-Fundraising. In: Fundraising Akademie (Hrsg.) Fundraising – Handbuch für Grundlagen, Strategien und Methoden, 4. Aufl., S. 557–567. Gabler, Wiesbaden (2008)

Fischer, K., Neumann, A.: Multi-Channel-Fundraising – Clever kommunizieren, mehr Spender gewinnen. Gabler, Wiesbaden (2003)

Gemeinschaftswerk der Evangelischen Publizistik (Hrsg.): Öffentlichkeitsarbeit für Nonprofit-Organisationen. Wiesbaden (2004)

Gries, M.: Vom Sommerfest zum Fundraising-Event. Weinheim (2002)

Haibach, M.: Handbuch Fundraising – Spenden, Sponsoring, Stiftungen in der Praxis, 4. Aufl. Frankfurt a. M. (2012)

Haase, H.: Testimonialwerbung. In: Planung & Analyse, Heft 3/2000, S. 56 ff.

Kapp-Barutzki, U., Malak, N.: Prominente im Fundraising. In: Fundraising Akademie (Hrsg.) Fundraising – Handbuch für Grundlagen, Strategien und Methoden, 4. Aufl., S. 342–348. Gabler, Wiesbaden (2008)

Kroeber, W.: Mediaplanung. In: Fundraising Akademie (Hrsg.) Fundraising – Handbuch für Grundlagen, Strategien und Methoden, 4. Aufl., S. 625–646. Gabler, Wiesbaden (2008)

Kroeber-Riel, W., Esch, F.-R.: Strategie und Technik der Werbung – Verhaltenswissenschaftliche und neurowissenschaftliche Erkenntnisse, 7. Aufl. Kohlhammer Edition Marketing, Stuttgart u. a. (2011)

Littek, F.: Storytelling in der PR – Wie Sie die Macht der Geschichten für Ihre Pressearbeit nutzen. Springer VS, Wiesbaden (2012)

Müllerleile, C.: Massenmedien. In: Fundraising Akademie (Hrsg.) Fundraising – Handbuch für Grundlagen, Strategien und Methoden, 4. Aufl., S. 459–473. Gabler, Wiesbaden (2008)

Pitts, R.: Regional fundraising events. J. Nonprofit Volunt. Sect. Mark. Int. J. (1), 28–37. Henry Stewart Publications, London (1998)

Schmieder, U.-M.: Integrierte Multichannel-Kommunikation im Einzelhandel, Gabler, Wiesbaden (2010)

2.7 Online-Fundraising

Aus Sicht des Fundraising bietet das Internet mannigfache Möglichkeiten sowohl als Vertriebskanal (Online-Vertrieb) als auch als Kommunikationskanal (Online-Kommunikation). Aufgrund seiner zentralen Zukunftsbedeutung wird dem Online-Fundraising hier ein eigenes Kapitel gewidmet. Zunächst stellt sich ein definitorisches Problem, da sich die Abgrenzung von Online- und Offline-Fundraising bzw. Online- und Offline-Spende als nicht trivial erweist. Von Online-Fundraising (auch: Internet-Fundraising) soll hier gesprochen werden, wenn das Internet vom Spender zumindest als Vertriebskanal (siehe Kap. 2.7.1) genutzt wird – nicht zwangsläufig auch als Kommunikationskanal (siehe unten). Eine Online-Spende liegt dann vor, wenn ein Spender seine Willensäußerung, ein bestimmtes Spendenprodukt (Einzel-, Dauer-, Groß- oder Testamentspende, aber auch Anlass-, Mikro- oder Restgeldspende) „kaufen" zu wollen (juristisch gesehen handelt es sich freilich nicht um einen Kauf- sondern einen Schenkungsvertrag) schriftlich per Datenfernübertragung (DFÜ) erklärt, also durch Übermittlung von Daten zwischen Computern über das Telefonnetz (Festnetz oder Mobilfunknetz), Kabel, Stromnetz oder Sattelit. Die für eine Spende benötigten Daten (mindestens Name, Bankverbindung und Betrag, möglichst aber auch noch Postanschrift und/oder E-Mail-Adresse) werden i. d. R mit Hilfe eines elektronischen Formulars (Online-Spendenformular) erfasst, und mit Hilfe eines sicheren Verschlüsselungsprotokolls (TLS–Transport Layer Security, früher: SSL) via Internet an die Organisation oder einen beauftragten Dienstleister übertragen. In der systematischen Erfassung aller benötigten Daten liegt auch gleich ein großer Vorteil des Online-Vertriebs gegenüber dem Postvertrieb, bei dem manchmal nicht alle (für die Ausstellung einer Zuwendungsbestätigung und die Folgekommunikation) benötigten Daten des Spenders übertragen werden (siehe Kap. 2.5.2). Allerdings kann sich ein Online-Spen-

Abb. 2.84 Offline-Kommunikation von Online-Vertrieb

denformular im Extremfall auch auf nur sehr wenige persönliche Daten eines Spenders beschränken. Wird beispielsweise über eine Website eine SMS-Spende vertrieben, so beschränkt sich das Online-Spendenformular auf die Eingabe der Handynummer, über die die SMS-Spende erfolgen soll. Allenfalls kann noch die Höhe des Spendenbetrages gewählt werden, aber auch die ist i. d. R fest vorgegeben (z. B. 5 € oder 10 €). Noch extremer bei einer SMS-Spende direkt vom Handy. Hier muss ein Spender gar keine Daten von sich eingeben. Er wird alleine über seine Handynummer identifiziert. Die restlichen Daten des Spenders sollten anschließend im Rahmen eines Dankanrufes zusammen mit der Einwilligung für künftige Anrufe („Opt-in") erfragt werden (siehe Kap. 2.5.4.6).

Erfolgt die Willensäußerung des Spenders nicht explizit über ein Online-Spendenformular, sondern konkludent durch Überweisung, so wird üblicherweise nicht von einer Online-Spende gesprochen. Die bloße Nutzung des Internets als Zahlungssystem, im Rahmen einer Überweisung mittels Online-Banking, wird noch nicht als Online-Spende angesehen.

Beim Online-Fundraising kann das Internet auch als Kommunikationskanal (siehe Kap. 2.7.2) genutzt werden, muss jedoch nicht. Es soll auch dann von Online-Fundraising gesprochen werden, wenn aufgrund von Kommunikation über einen Offline-Kanal anschließend der Online-Vertrieb genutzt wird.

Beispiel

Die Patenschaftsorganisation *World Vision* kommuniziert offline über Plakate (siehe Abb. 2.84) den Online-Vertrieb von Kinderpatenschaften. Über diese (Kommunikations- und Vertriebs-)Kanäle gewonnene Dauerspender werden dem Online-Fundraising zugerechnet, wenn sie auf der Website von World Vision durch Ausfüllen eines Online-Formulars eine Patenschaft übernehmen.

Nutzt umgekehrt ein Interessent das Internet lediglich als Kommunikationskanal, um sich auf der Website einer Organisation über seine Spendenmöglichkeiten zu informieren, so liegt dann kein Online-Fundraising vor, wenn er anschließend anstelle das Online-Spendenformular auszufüllen, eine separate Überweisung (egal ob offline oder per Online-Banking) an die, auf der Website angegebene Bankverbindung tätigt. Oder seine Spende durch Anruf einer auf der Website genannten Telefonnummer auslöst, und damit nicht den Online-Vertrieb, sondern den Telefon-Vertrieb nutzt.

Das Internet hat in den nur zwanzig Jahren seiner bisherigen Existenz das Informations- und Kommunikationsverhalten der Menschen revolutioniert. Das wird auch grundlegende Auswirkungen auf das Fundraising haben, selbst wenn davon bislang noch relativ wenig zu spüren ist. Bis in die 2000er Jahre hinein war der Anteil der Online-Spenden am Gesamtspendenvolumen einer durchschnittlichen Organisation mit weniger als 1 % marginal. Dieser Anteil erhöht sich nach einer Schätzung von *Viest* bis zum Jahr 2008 auf 7 %.[65] Nach einer repräsentativen Umfrage des *Bundesverbandes Informationswirtschaft, Telekommunikation und neue Medien e. V.* (*BITKOM*) geben 2010 sogar etwa 10 % der Bundesbürger ihre Spenden über das Internet. Davon profitieren Organisationen derzeit jedoch noch sehr unterschiedlich. Nach der „Altruja Online-Fundraising-Studie 2012", die 451 Organisationen untersucht, liegt der Anteil der Online-Spenden am Gesamtspendenvolumen bei zwei Dritteln der Organisationen (66 %) bei maximal 5 % und bei knapp einem Sechstel der Organisationen (15 %) zwischen 6 % und 10 %. Bei insgesamt 19 % der Organisationen liegt der Anteil der Online-Spenden jedoch schon (z. T. deutlich) über 10 % (siehe Abb. 2.85). Das Bündnis *Aktion Deutschland Hilft* liegt im Jahr 2012 sogar bei 20 % Online-Spenden – Tendenz kontinuierlich steigend.

Alle diese Zahlen belegen jedoch, dass das Online-Fundraising auf die Gesamtheit aller Organisationen gesehen derzeit noch eine untergeordnete Rolle spielt. Der wichtigste Grund dafür liegt in der Altersschere zwischen Internet-Nutzern und Spendern. Wie aus Abb. 2.86 ersichtlich, sinkt der Anteil der Internet-Nutzer je höher die Altersklasse. Je älter also ein Bundesbürger, umso geringer die Wahrscheinlichkeit, dass er online ist. Umgekehrt steigt jedoch der Anteil der Spender mit der Altersklasse. Je älter also ein Bundesbürger, umso größer die Wahrscheinlichkeit, dass er spendet. Gerade bei der für das Fundraising so entscheidenden Altersklasse der Über-60-Jährigen ist der Anteil der Onliner mit gerade mal 39,2 % noch viel zu gering. Auch wenn der Anteil der Onliner in dieser Altersklasse überdurchschnittlich wächst, dürfte er erst ab 2025 über 90 % liegen.

Ab 2025 wird auch die Internet-Generation der heute Unter-30-Jährigen („Digital Natives"), die bereits zu 100 % online ist, so langsam das „spendenfreudige" Alter von 50 Jahren erreichen. Diese Generation ist nicht nur online – sie richtet ihr Informationsverhalten schon heute wesentlich stärker zugunsten des Internets und zulasten anderer Medien (z. B. Fernsehen und Zeitungen) aus, als alle Generationen vor ihr (siehe Abb. 2.87). Das

[65] Vgl. Viest, Oliver: Online-Fundraising, in: Fundraising Akademie (Hrsg.): Fundraising – Handbuch für Grundlagen, Strategien und Methoden, 4. Aufl., (Gabler) Wiesbaden 2008, S. 474–488, S. 475.

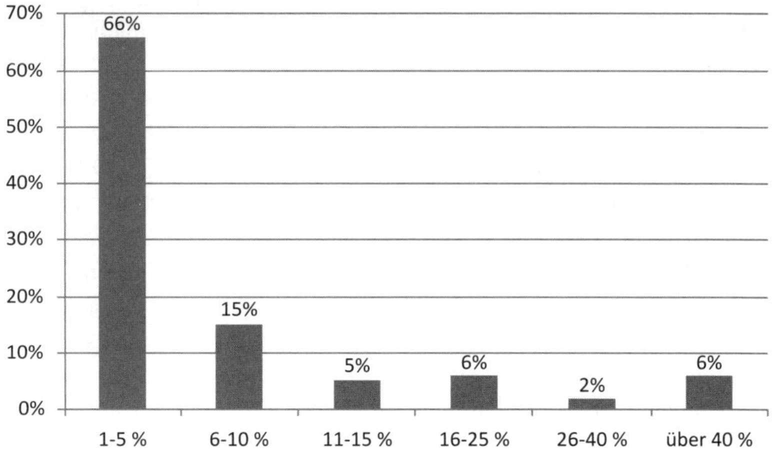

Abb. 2.85 Anteil der Online-Spenden. (Quelle: Altruja Online-Fundraising-Studie 2012, Download (Abfrage am 22.05.2013): www.fundraising20.de/online-fundraising-studie-2012-von-altruja/)

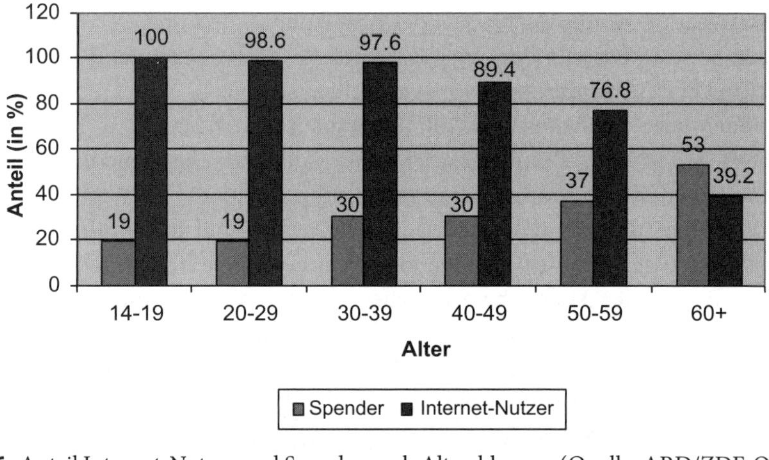

Abb. 2.86 Anteil Internet-Nutzer und Spender nach Altersklassen. (Quelle: ARD/ZDF-Online Studie 2012 und TNS Infratest Deutscher Spendenmonitor 2011. Anmerkung: Die Altersgruppen sind beim Deutschen Spendenmonitor wie folgt eingeteilt: 14–29 Jahre, 30–49 Jahre, 50–64 Jahre, 65 und mehr Jahre)

Online-Fundraising wird also so richtig erst ab 2025 zulegen, dann aber massiv. In diesem Zusammenhang ist noch einmal das Ziel der SOS-Kinderdörfer interessant, ihren Anteil an Online-Spenden von 5 % im Jahr 2012 auf 60 % bis zum Jahr 2022 steigern zu wollen (siehe Kap. 2.5.3).

Nur weil der Anteil der Spender an den Unter-30-Jährigen noch relativ gering ist, heißt das jedoch noch lange nicht, dass das Internet in dieser Altersklasse als Kommunikations- und Vertriebskanal keine Rolle spielen würde. Junge Menschen sind zwar weniger in der Lage, Geld- und Sachleistungen zu spenden; Dafür aber umso mehr Dienstleistungen bzw.

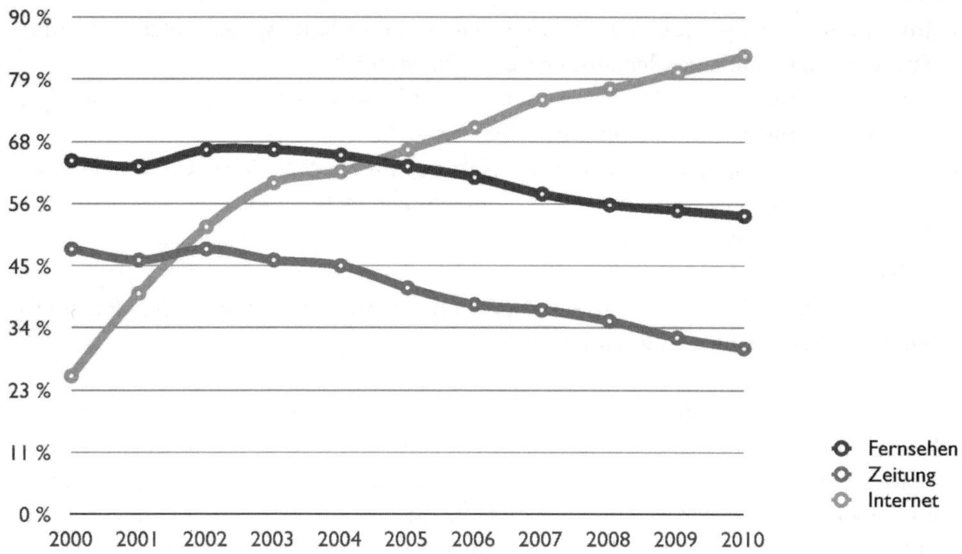

Abb. 2.87 Informationsquellen der 14- bis 29-Jährigen. (Quelle: Meid, Maik; Hölderle, Jona: Online-Fundraising für Entscheider, Vortrag auf dem Deutschen Fundraising Kongress 2013, auf Basis der Allensbacher Markt- und Werbeträger-Analyse (AWA 2000–2010))

Zeit in Form von ehrenamtlichem bzw. freiwilligem Engagement. Viele Organisationen versuchen deshalb, frühzeitig (insbesondere über das Internet) eine Beziehung zu jungen Menschen aufzubauen, die zunächst Zeit- und später vielleicht auch Geldspender werden könnten.

Beispiel

Die Naturschutzorganisation *WWF Deutschland* versucht mit „Lilu Panda" (www.lilu-panda.de) 3–6-Jährige an den Naturschutz heranzuführen. Für die 7–13-Jährigen gibt es „Young Panda" (www.young-panda.de) und für die 14–18-Jährigen die „WWF Jugend" (www.wwf-jugend.de).

Unabhängig davon gibt es zwei Bereiche, in denen das Online-Fundraising von Geldleistungen schon heute eine bedeutende, weit überdurchschnittliche Rolle spielt: Beim Vertrieb von Spenden im Rahmen der Katastrophenhilfe und beim Vertrieb von Kinderpatenschaften. Für die Katastrophenhilfe lässt sich die besondere Bedeutung des Online-Fundraising sehr anschaulich am Beispiel des *American Red Cross* (*ARC*) aufzeigen:[66]

[66] Quelle: Potts, Jason; Johnston, Mike: How the Tsunami and Hurricane Katrina are going to help you with your New Media fundraising, Vortrag auf dem International Fundraising Congress, Noordwijkerhout 2006.

- Im Zusammenhang mit den Terrorangriffen am 11.09.2001 lag der Anteil der Online-Spenden am Gesamtspendenaufkommen noch bei 6,5 %.
- Im Zusammenhang mit dem Tsunami am 26.12.2004 lag der Anteil der Online-Spenden am Gesamtspendenaufkommen schon bei 36 %.
- Im Zusammenhang mit dem Hurrikan „Katrina" am 23.08.2005 lag der Anteil der Online-Spenden am Gesamtspendenaufkommen schließlich bei 53 %.
- Dass selbst diese Werte noch deutlich gesteigert werden können, zeigt das Beispiel der Hilfsorganisation *Doctors without Borders*. Im Zusammenhang mit dem Tsunami am 26.12.2004 lag bei der amerikanischen Sektion der Anteil der Online-Spenden am Gesamtspendenaufkommen sogar bei 80 %.

Der Anteil der über das Internet vertriebenen Kinderpatenschaften wird auf 40–50 % geschätzt. Ein Grund für den außergewöhnlich hohen Wert wird in der Tatsache vermutet, dass Kinderpatenschaften sehr gerne von jüngeren Menschen abgeschlossen werden, die selbst gerade Eltern geworden sind. Für diese Zielgruppe ist das Internet bereits heute ein wichtiger Kommunikationskanal und auch ein akzeptierter Vertriebskanal.

Die größten **Vorteile** des Internets gegenüber anderen Medien liegen in seiner Aktualität, Multimedialität und Interaktivität. Gerade im Zusammenhang mit der oben angesprochenen Katastrophenhilfe ist die hohe Aktualität des Internets entscheidend. Auf aktuelle Ereignisse kann – bei entsprechender Vorbereitung der Prozesse – im Internet innerhalb weniger Stunden reagiert werden. Bei noch so guter Vorbereitung benötigt der Postvertrieb dafür mindestens vier Tage. Auch der Telefon-Vertrieb in nennenswertem Umfang benötigt Vorbereitungszeiten in dieser Größenordnung. Die Multimedialität des Internets zahlt sich insbesondere da aus, wo eine Organisation neben Text und Bildern über Videos mit bewegten Bildern und Musik ihr Storytelling sehr anschaulich, emotional und leicht zu konsumierend gestalten kann.

Beispiel

Auf der Website des *WWF Deutschland* erzählt die Testaments-Versprecherin Eva Ebel ihre persönliche Geschichte. In einem eingebundenen Video erläutert sie, was sie motiviert hat, ihr Testament zugunsten des Naturschutzes und des *WWF Deutschland* zu verfassen (siehe Abb. 2.88). Wenn vielleicht auch nicht prominent, gibt sie damit doch ein glaubwürdiges Testimonial ab.

Das größte Plus dürfte aber in der Interaktivität des Internets liegen. Interessenten und Spender einer Organisation können sich spätestens seit Mitte der 2000er Jahre mit Aufkommen des Web 2.0 aktiv an der Kommunikation einer Organisation beteiligen (siehe Kap. 2.7.1.2).

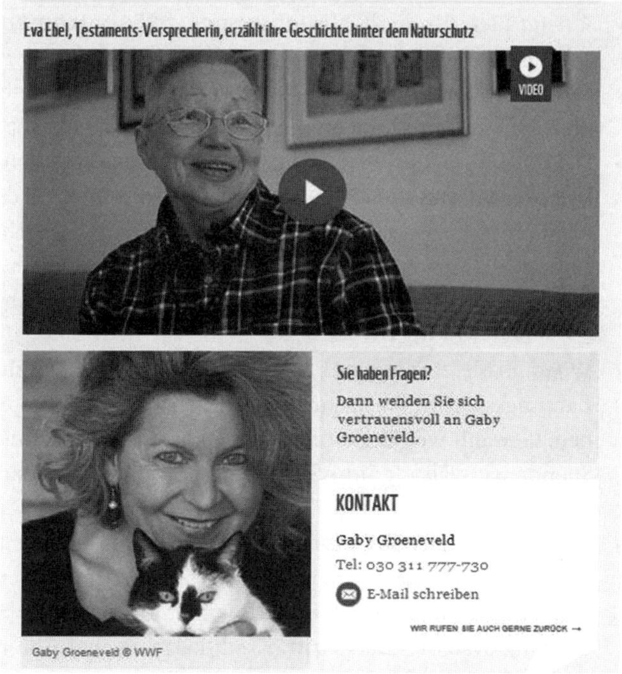

Abb. 2.88 Video-Storytelling eines Testimonials auf der Website

2.7.1 Internet als Vertriebskanal für das Fundraising

Wie bereits erwähnt, kann das Internet dann zum Vertriebskanal für Spendenprodukte (Einzel-, Dauer-, Groß- oder Testamentspende, aber auch der Anlass-, Mikro- oder Restgeldspende) werden, wenn alle benötigten Daten über ein Online-Spendenformular erfasst und anschließend mit Hilfe eines sicheren Verschlüsselungsprotokolls via Internet an die Organisation oder einen beauftragten Dienstleister übertragen werden. Solche Online-Spendenformulare bieten als Zahlungssysteme i. d. R den Lastschrifteinzug (siehe Kap. 2.4.7.3), die Kreditkarte (siehe Kap. 2.4.7.5) und PayPal (siehe Kap. 2.4.7.6) an. Bei Spenden über SMS Premium-Dienste und Telefonmehrwertdienste ist aber auch eine Abrechnung über die Telefonrechnung des Mobilfunk- oder Festnetzanbieters (siehe Kap. 2.4.7.7) denkbar. Vergleichbar mit der Entwicklung von PayPal durch *ebay*, hat das Online-Handelsunternehmen *Amazon* ein eigenes Zahlungssystem „Amazon Payments" für seine über 16 Mio. Kunden in Deutschland entwickelt. Sobald eine entsprechende Verbreitung von Amazon Payments vorliegen wird, dürfte es für die Abrechnung von Spenden ähnlich interessant werden wie Paypal.

Mittlerweile gibt es eine ganze Reihe von Anbietern von Online-Spendenformularen, die im Folgenden kurz vorgestellt werden. Einige bieten über die Online-Spendenformulare hinaus auch Spendenverwaltung mit unterschiedlichem Umfang und Support an. Alle ermöglichen einen kostenlosen und unverbindlichen Test:

- *Altruja* bietet individualisierbare und frei konfigurierbare Online-Spendenformulare an, die die Zahlungssysteme Lastschrift, Kreditkarte, Paypal und sofortueberweisung.de nutzen können. Die Nutzung wird mit einer Kombination aus fixen und transaktionsabhängigen Elementen bezahlt (www.altruja.de/spendenformular.html).
- *Die BFS* bietet (nur ihren Kunden) das Online-Spendenformular *BFS-Net. Tool XXL* für Websites an, das die Zahlungssysteme Lastschrift, und Kreditkarte nutzen kann. Lastschrifteinzüge sind kostenlos. Für die Nutzung des Kreditkartenmoduls werden eine einmalige Einrichtungsgebühr von 100 € sowie eine monatliche Verwaltungsgebühr von 15 € fällig. Zusätzlich berechnet die Kreditkartenabrechnungsstelle ein Disagio von 2,7 % zzgl. Mwst. (www.sozialbank.de/bfs-nettool-xxl).
- *Wikando* bietet mit dem Produkt *FundraisingBox* Online-Spendenformulare an, die die Zahlungssysteme Lastschrift, Kreditkarte Paypal und Sofortüberweisung nutzen können. Gewählt werden kann zwischen fünf Varianten mit unterschiedlichem Umfang an Spendenverwaltung und Support. Der monatliche Fixpreis bewegt sich zwischen 29 € und 299 € (www.fundraisingbox.com).
- Das Spendenportal *HelpDirect* bietet unter der Marke *HelpTools* das nach eigenen Aussagen inzwischen meistverbreitete (über 4.800 gemeinnützige Vereine) und kostenlose mehrsprachige Online-Spendenformular an, bei dem individuell wählbar die Zahlungssysteme Lastschrift, Kreditkarte, Paypal, Sofortüberweisung, SMS, HelpCards und SEPA-Lastschrift genutzt werden können (www.helptools.org). Lastschrift, SEPA-Lastschrift und Sofortüberweisung sind kostenlos. Es werden Sonderkonditionen für PayPal und Kreditkarten angeboten. Es fallen weder Einrichtungskosten noch Grundgebühr an. Nutzer der HelpTools müssen jedoch akzeptieren, dass ihre Online-Spender auf dem Online-Formular zusätzlich noch um eine Förderspende zugunsten des Betreibers *Aktion HelpDirect e. V.* gebeten werden. Ca. 40 % der Spender sind hierzu bereit.
- *Spendino* bietet Online-Spendenformulare für Websites in drei Varianten (Kompaktformular, Hilfeleiste und Widget) an, die die Zahlungssysteme Lastschrift, Kreditkarte und Paypal nutzen können. Auf Wunsch können auch eigene Bezahlverfahren eingebunden werden. (www.spendino.de/online-spenden/funktionen/spendenformulare).

Online-Spendenformulare können integriert werden in die Website einer Organisation (Kap. 2.7.1.1), auf Social Media Sites wie z. B. der Fanpage einer Organisation auf Facebook (siehe Kap. 2.7.1.2), in das Mobile Fundraising (siehe Kap. 2.7.1.3) bzw. sind bereits integriert in ein Spendenportal (siehe Kap. 2.7.1.4). Sehr große Organisationen lassen sich z. T. eigene Online-Spendenformulare programmieren.

2.7.1.1 Website

Die Website einer Organisation sollte aus Fundraising-Sicht beides sein, Vertriebskanal und Kommunikationskanal für Spendenprodukte. Zwar hat mittlerweile praktisch jede Organisation eine eigene Website. Erstaunlicherweise gibt es aber immer noch eine Vielzahl von Organisationen, die ihre Website nur als Kommunikationskanal für das Fundraising nutzen, nicht aber als Vertriebskanal. Dabei ist die Integration eines Online-Spenden-

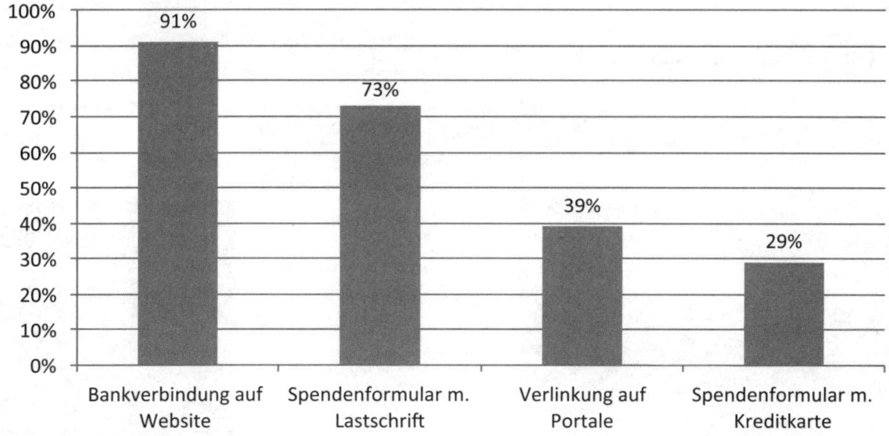

Abb. 2.89 Angebotene Spendenmöglichkeiten. (Quelle: Altruja Online-Fundraising-Studie 2012, Download (Abfrage am 22.05.2013): www.fundraising20.de/online-fundraising-studie-2012-von-altruja/)

formulars mit SSL-verschlüsselter Datenübertragung auch für kleine Organisationen mit Hilfe der oben erwähnten Anbieter längst kostengünstig und technisch unproblematisch machbar. Manche Organisationen integrieren auf ihrer Website anstelle eines Online-Spendenformulars lediglich einen Link auf eine Spendenplattform, auf der sie ihre Projekte eingestellt haben (siehe Kap. 2.7.1.4). Die bloße Angabe der Bankverbindung einer Organisation auf ihrer Website löst jedoch keine Online- sondern nur eine Offline-Spende aus (siehe oben). Trotzdem sollte die Bankverbindung auf einer Website immer angegeben werden, da viele, vor allem ältere Spender der Sicherheit von Zahlungen im Internet immer noch misstrauen. Sie ziehen es daher vor, auf dem klassischen Wege offline zu spenden.

Welche Möglichkeiten der Spende Organisationen auf ihrer Website anbieten, hat die bereits erwähnte „*Altruja* Online-Fundraising-Studie 2012" untersucht. Demnach ist (abgesehen von der bloßen Angabe der Bankverbindung auf einer Website, die keine Online-Spende auslöst) das Online-Spendenformular mit Lastschrifteinzug die verbreitetste Möglichkeit für das Tätigen einer Online-Spende, die von immerhin 73 % der befragten 451 Organisationen angeboten wird (siehe Abb. 2.88).

Im Idealfall (aus Sicht des Fundraising) wird auf die Möglichkeit zur Online-Spende direkt auf der Homepage und auffällig in bester Position (links oben) hingewiesen. Zudem sollte der Besucher einer Website von jeder (Unter-) Seite aus mit einem Klick einfach zur Spendenseite gelangen können. Dies ist jedoch nur dann möglich, wenn eine Organisation bereit ist, ihrem Fundraising Priorität auf der Website einzuräumen. Manche Organisationen sind dazu nicht bereit, und sehen in ihrer Website bewusst ein Tool der Öffentlichkeitsarbeit und damit in erster Linie einen Kommunikations-, weniger oder gar nicht einen Vertriebskanal. Diese Fragen sind im Vorfeld der Gestaltung einer Website unbedingt zu diskutieren und zu klären (siehe hierzu auch Kap. 2.6.2).

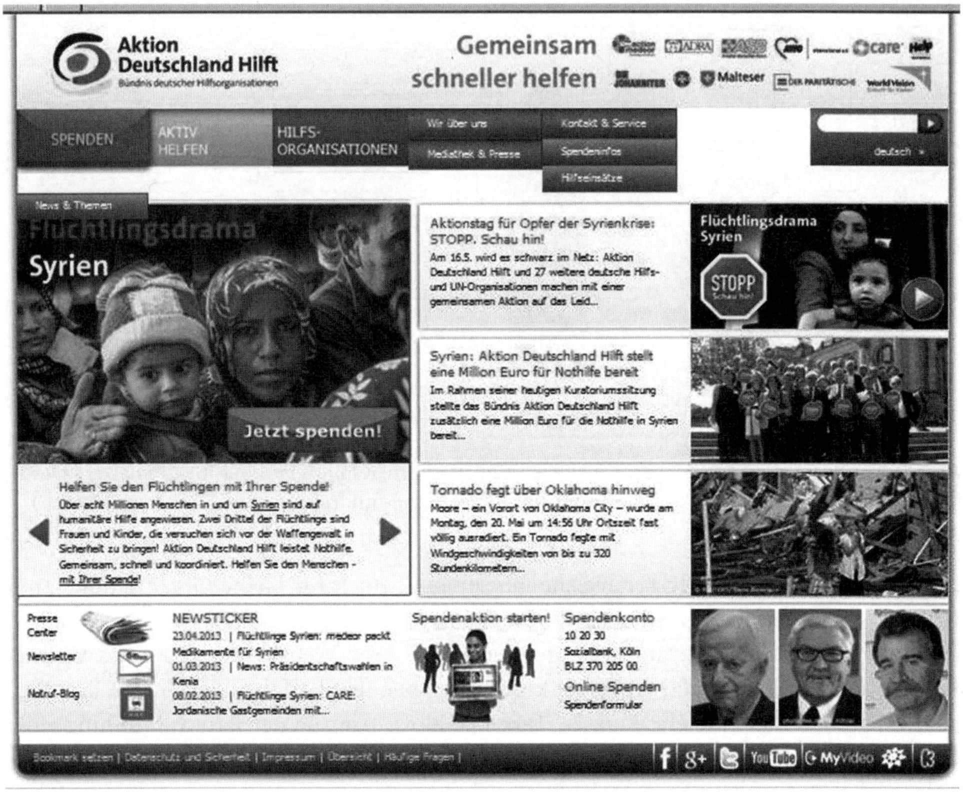

Abb. 2.90 Vertrauensbildung auf der Website durch Testimonials

Soll die Website einer Organisation das Fundraising optimal unterstützen, so bietet sich eine Strukturierung der Website an, die sich an den Stufen der Spenderpyramide orientiert. Demnach besteht ein erster Schritt auch im Online-Fundraising darin, **Interessenten** zu gewinnen. Wer die Website einer Organisation zum ersten Mal besucht, dürfte auch ein gewisses Interesse an der Arbeit der Organisation haben. Dieses Interesse kann Ausgangspunkt für einen Beziehungsaufbau durch Dialog werden.

Voraussetzung dafür, dass der Besucher einer Website den Dialog mit der Organisation sucht, ist, dass er ihr vertrauen kann. Deshalb sollte gleich auf der Homepage alles dafür getan werden, das Vertrauen eines Besuchers zu erlangen. Dies kann im Einzelnen durch folgende Maßnahmen erreicht werden:

- Abbildung prominenter Testimonials (siehe Abb. 2.90), die hohes Vertrauen in der Zielgruppe genießen,
- Hinweis auf DZI-Spenden-Siegel, Transparenz-Preis etc.,
- Einfache Kontaktaufnahmemöglichkeit,
- Impressum.

Abb. 2.91 Interessentengewinnung über E-Newsletter

Voraussetzung für einen Dialog ist ferner, dass der Besucher der Website seine E-Mail-Adresse hinterlässt. Darum sollte er an prominenter Stelle der Website gebeten werden. Im Gegenzug können ihm folgende Anreize geboten werden:

- Abonnement eines E-Newsletters. Beispiel: *SOS-Kinderdorf* bietet Besuchern seiner Website ein kostenloses Abo seines E-Newsletters an (www.sos-kinderdorf.de/newsletter, siehe Abb. 2.90).
- Download eines Bildschirmschoners. Beispiel: *SOS-Kinderdorf* bietet Besuchern seiner Website einen kostenlosen Screensaver an (www.sos-kinderdorf.de/screensaver, siehe Abb. 2.91),
- Versandmöglichkeit von E-Cards. Beispiel: *SOS-Kinderdorf* bietet Besuchern seiner Website den kostenlosen Versand von E-Cards an (www.sos-ecards.de, siehe Abb. 2.92),
- Eintragung in eine Gratulationsliste. Beispiel: *SOS-Kinderdorf* bietet Besuchern seiner Website anlässlich des 50-jährigen Jubiläums an, der Organisation online gratulieren zu können (siehe Abb. 2.93).

Über die Interessentengewinnung hinaus, kann eine Website auch Vertriebskanal für Spenden auf praktisch jeder Stufe der Spenderpyramide sein.

Abb. 2.92 Interessentengewinnung über Screensaver

Beispiel

Der *WWF Deutschland* bietet auf seiner Website Spenden auf jeder Stufe der Spenderpyramide an (siehe Abb. 2.95). Einzelspenden (siehe Abb. 2.96) und Dauerspenden (siehe Abb. 2.97) ebenso wie Großspenden (siehe Abb. 2.98) und Testamentspenden (siehe Abb. 2.99). Wobei Letztere auf der Website eher kommuniziert als vertrieben werden. Der endgültige Abschluss erfolgt i. d. R nach ausführlicher Beratung im Rahmen des persönlichen Vertriebes.

Zum einen kann eine Organisation auf ihrer Website mit Hilfe von Online-Spendenformularen also selber Interessenten und Spender akquirieren. Zum anderen kann sie aber auch Dritten (Privatpersonen oder Unternehmen) ermöglichen, eine Spendenaktion in eigenem Namen zugunsten der Organisation zu starten. Die Möglichkeiten dafür sind vielfältig. So kann sich eine Privatperson z. B. bei der Erbringung einer sportlichen Leistung (Marathon-Lauf, Walken, Pilgern, Wandern, Radfahren etc.) von Familienmitgliedern, Freunden und Bekannten zugunsten einer Organisation unterstützen lassen. Oder das Online-Spendenformular für eine Anlassspende oder Trauerspende (siehe Kap. 2.3.3.3) nutzen. Auf ihrer Website stellt die Organisation dafür interessierten Dritten ein spezielles Online-Spendenformular zur Verfügung, das die Privatpersonen sogar auf sich individualisieren können (eigenes Foto hochladen, eigenes Spendenziel festlegen etc.).

Abb. 2.93 Interessentengewinnung über E-Cards

Beispiel

Das Bündnis *Aktion Deutschland hilft* fordert auf seiner Homepage alle interessierten Besucher auf: „Spendenaktion starten!" (siehe Abb. 2.90). Auf einer Unterseite (siehe Abb. 2.100) wird erklärt, wie man – mit Hilfe eines Spendenformulars des Dienstleisters *Wikando* (*FundraisingBox*) – eine eigene Spendenaktion starten kann. Ein Video mit dem Fußball-Prominenten Reiner Calmund soll die Angst vor dem Aufwand nehmen. Eine Ansprechpartnerin bietet technische Unterstützung an. Aktionen anderer werden angezeigt, und sollen motivieren, selber aktiv zu werden. Im Laufe des Prozesses kann zwischen den Themen „Sportevent", „Persönlicher Anlass", „Kreativ – Deine eigene Idee" und „In Gedenken an" gewählt, und am Ende die virale Verbreitung der Spendenaktion über Social Media (siehe nächstes Kapitel) ausgelöst werden. Der gesamte Prozess wird sehr anschaulich mit Hilfe eines pdf-Dokumentes erläutert.

Der Dienstleister *Altruja* bietet ein solches Online-Spendenformular für Spendenaktionen an, das auch in Websites Dritter (Unternehmenspartner, Medienpartner, Prominente etc.) eingebunden werden kann. So können z. B. Unternehmenspartner eine Spendenaktion unter ihren Mitarbeitern, Lieferanten und anderen Stakeholdern zugunsten einer Organisation starten.

Abb. 2.94 Interessentengewinnung über eine Gratulationsliste

Abb. 2.95 Möglichkeit der Spende auf allen Stufen der Spenderpyramide

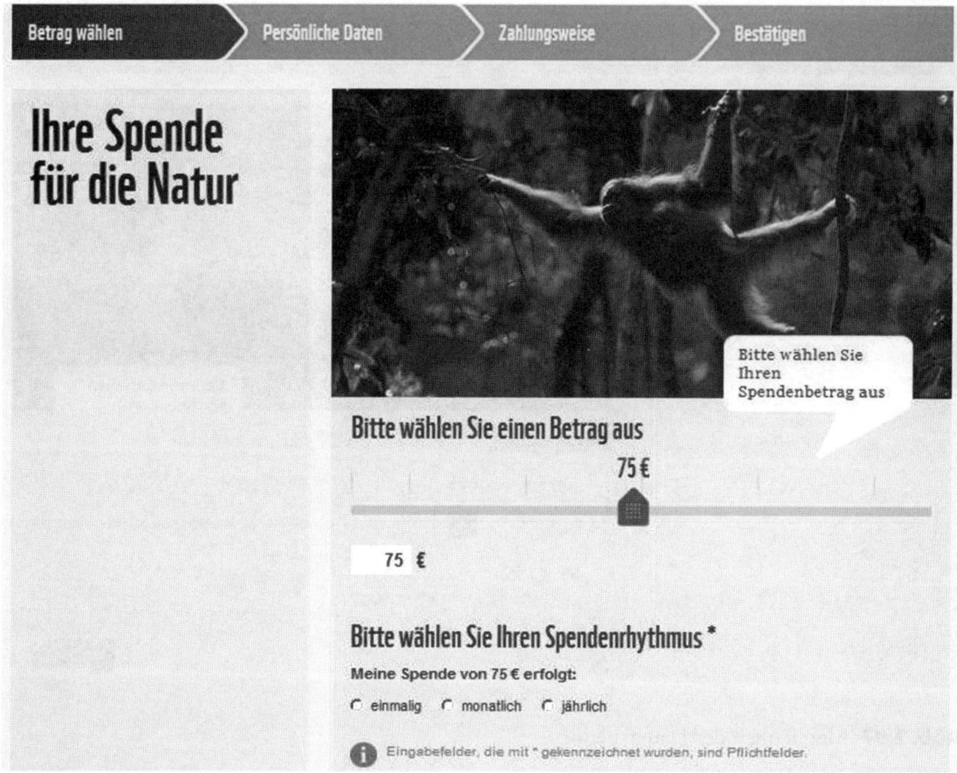

Abb. 2.96 Möglichkeit der Einzelspende

Beispiele

- Das Unternehmen *DocuWare* startet auf seiner Website eine Spendenaktion für Mitarbeiter, Partner und Kunden zugunsten von Hilfsprojekten der *Aktion Deutschland Hilft* anlässlich des Erdbebens und Tsunamis 2011 in Japan (siehe Abb. 2.101).
- Der Münchner Radiosender *Charivari 95.5* organisiert einen Spendentag und startet dazu auf seiner Website eine Spendenaktion für Hörer zugunsten der Online-Beratungsstelle für trauernde Kinder und Jugendliche *YoungWings*. Prominente Unterstützung erhält die Aktion durch *YoungWings*-Botschafter Thomas Müller (siehe Abb. 2.102).
- Das Magazin *suchradar* startet anlässlich seines fünfjährigen Firmenjubiläums auf seiner Website eine Spendenaktion für Mitarbeiter, Partner und Leser zugunsten von Hilfsprojekten der *Aktion Deutschland Hilft* (siehe Abb. 2.103).

Um mit solchen Spendenaktionen möglichst viele Menschen erreichen zu können, bietet sich auch eine Verbreitung über Social Media an.

Abb. 2.97 Möglichkeit der Dauerspende

2.7.1.2 Social Media

Social Media sind (auch aus Fundraising-Sicht) sicherlich in erster Linie Kommunikationskanäle. Durch die einfache Integrationsmöglichkeit von Online-Spendenformularen haben sich einige (analog zu den Websites) jedoch sehr schnell auch zu Vertriebskanälen entwickelt. Unter Social Media bzw. sozialen Medien sollen hier Internet-Anwendungen verstanden werden, die die Herstellung und den Austausch von nutzergenerierten Inhalten (User-generated-Content) ermöglichen. Bevor sich der Begriff Social Media durchsetzte, wurde auch von Web 2.0 bzw. „Mitmachnetz" gesprochen.[67]

Social Media lassen sich in folgende Gruppen einteilen, von denen die wichtigsten anschließend kurz vorgestellt werden:

- Social Networks bzw. soziale Netzwerke (wie z. B. *Facebook*, *google+*, *Xing*, *Linked-In* oder *StudiVZ*),
- Blogs,
- Mikroblogs (wie z. B. Twitter),
- Content Communities (wie z. B. YouTube, FlickR oder SlideShare),
- Wikis (wie z. B. Wikipedia oder Fundraising-Wiki).

[67] Vgl. Kaplan, Andreas M.; Haenlein, Michael: Users of the World, unite! The Challenges and Opportunities of Social Media, in: Business Horizons (2010) 53, S. 59–68.

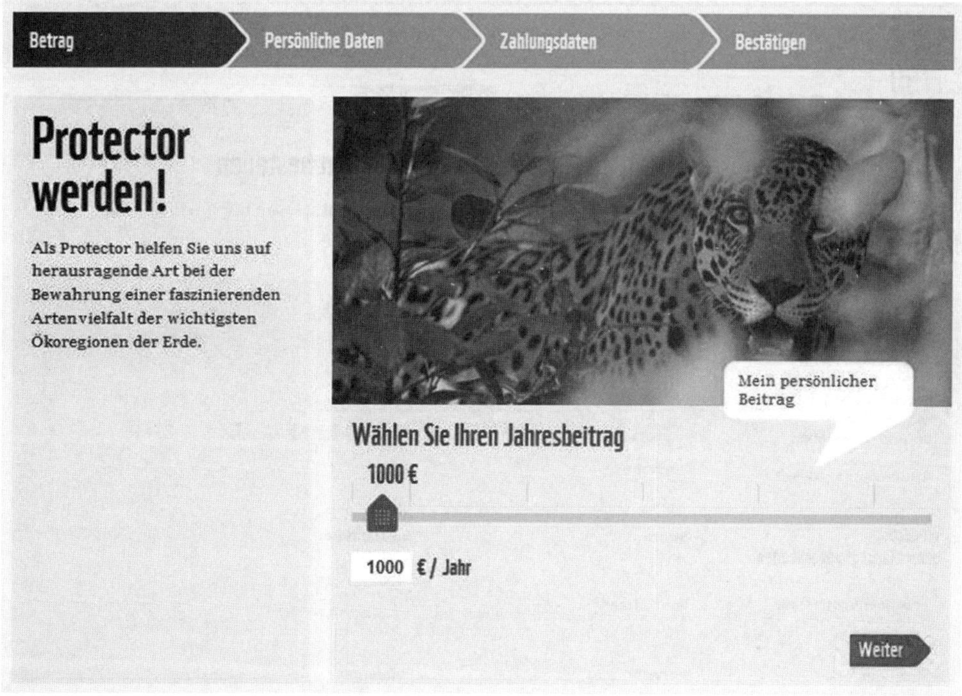

Abb. 2.98 Möglichkeit der Großspende

Die am stärksten verbreitetste Gruppe von Social Media sind sicherlich die **Social Networks**, allen voran *Facebook* mit ca. 26 Mio. Nutzern allein in Deutschland (Stand Juni 2013). *Facebook* kann in vielfacher Hinsicht für das (Online-) Fundraising genutzt werden. Zunächst einmal stellt es eine kostengünstige Möglichkeit der Interessentengewinnung v. a. unter jüngeren Menschen dar. Interessenten können ihr Interesse durch einen einfachen Klick auf den „Gefällt mir"-Button auf der Fanpage einer Organisation zum Ausdruck bringen. Damit erklären sie sich implizit auch gleich einverstanden, Postings dieser Organisation auf ihrer Startseite so lange anzeigen zu lassen, bis sie dies durch Klick auf den „Gefällt-mir-nicht-mehr-Button" wieder rückgängig machen.

Hat eine Organisation auf ihrer Fanpage ein Online-Spendenformular eingebunden, so können Interessenten auf *Facebook* auch gleich Einzelspenden oder sogar Dauerspenden tätigen.

Beispiel

Das Bündnis *Aktion Deutschland Hilft* hat auf seiner Facebook-Fanpage einen Button „Spenden" eingerichtet (siehe Abb. 2.104), mit dessen Hilfe man zu einem direkt in Facebook eingebundenen Online-Spendenformular (siehe Abb. 2.105) gelangt, und eine Einzelspende tätigen kann.

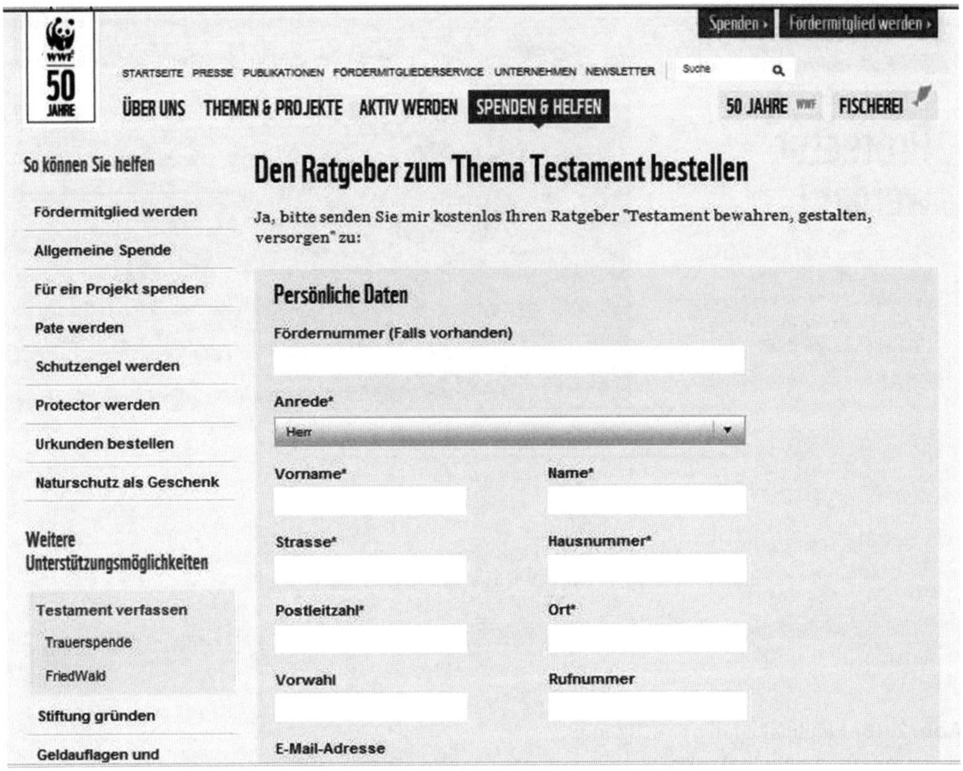

Abb. 2.99 Möglichkeit der Testamentspende

Beispiel

Die Naturschutzorganisation *NABU* hat auf ihrer Facebook-Fanpage einen Button „Pate werden!" (sowie übrigens auch einen Button „Patenschaft verschenken!") eingerichtet (siehe Abb. 2.15), mit dessen Hilfe man zu einem direkt in Facebook eingebundenen Online-Spendenformular (siehe Abb. 2.106) gelangt, und eine Dauerspende tätigen bzw. Patenschaft übernehmen kann. Jede fünfte Online-Patenschaft beim NABU wird mittlerweile von einem *Facebook*-Fan abgeschlossen. Als guter Schachzug erwies sich, die Fanpage „Willkommen Wolf!" zu nennen. Hier fällt der Klick auf den „Gefällt mir"-Button leichter als bei einer (viel abstrakteren) Institution. Für NABU-Aktive gibt es übrigens zusätzlich die geschlossene Facebook-Gruppe „NABU Wolfsbotschafter".

In *Facebook* können auch Online-Spendenformulare für Anlassspenden (siehe Kap. 2.3.3.3) eingebunden werden.

Abb. 2.100 Online-Spendenformular für Spendenaktion Dritter

Beispiel

Die US-amerikanische Organisation *Charity Water* setzt sich dafür ein, dass jeder Mensch Zugang zu sauberem Trinkwasser erhält. Auf ihrer *Facebook* Fanpage ist ein Online-Spendenformular integriert, mit dessen Hilfe man selber Anlassspenden anlässlich seines Geburtstages initiieren kann (siehe Abb. 2.107). Ein eingebettetes Video zeigt den Bedarf und zahlreiche Testimonials. Anlassspender erhalten den Namen des Dorfes in dem „ihr" Wasserprojektes durchgeführt wird sowie Fotos von den finanzierten Brunnen und der Bevölkerung. Ihnen werden die GPS-Koordinaten des Projektes mitgeteilt und sie können auf Google Maps den Standort sehen.

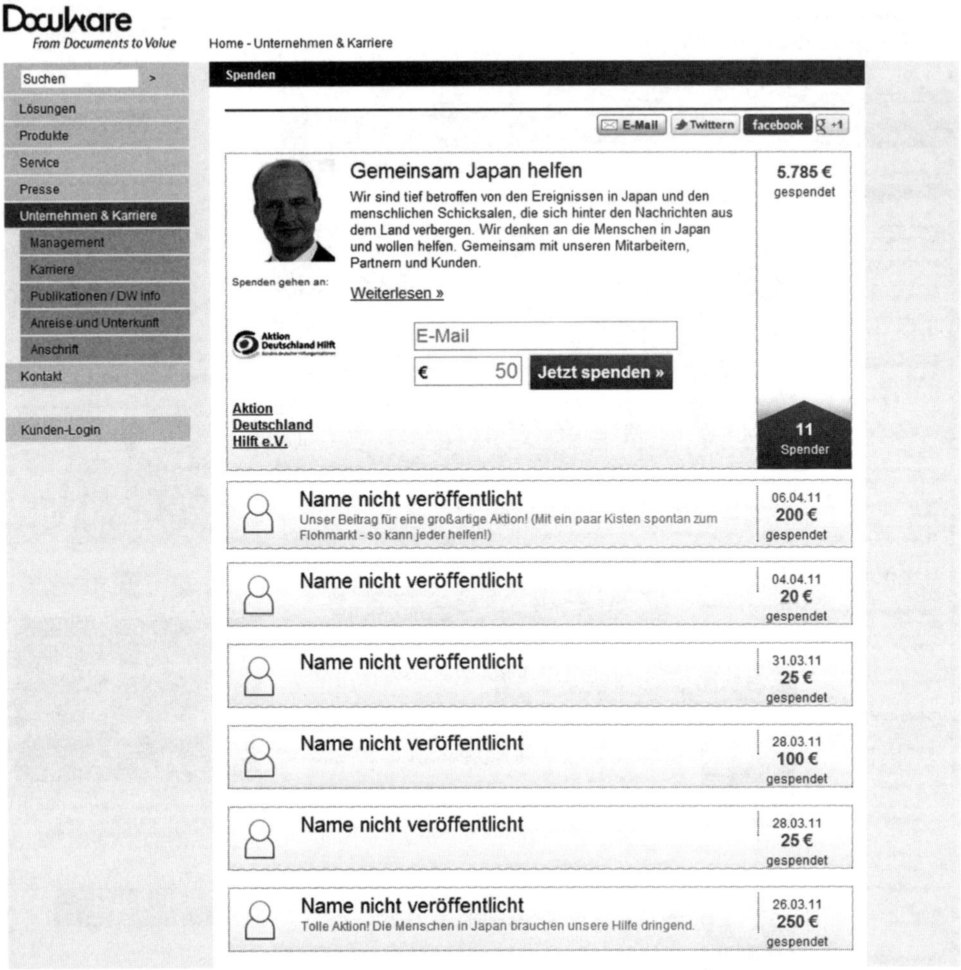

Abb. 2.101 Online-Spendenformular Spendenaktion DocuWare

Der entscheidende Vorteil der Social Networks liegt darin, dass Spendenangebote (egal ob für Einzel-, Dauer-, Anlass- oder Mikrospenden) über Online-Spendenformulare (egal ob auf Websites oder Social Media Sites eingebettet) bequem und schnell online kommuniziert werden können. Nutzer von Social Networks können quasi per Mausklick ihre Freunde, Bekannten und Verwandten auf ein Spendenangebot hinweisen und es ihnen empfehlen. Man spricht in diesem Zusammenhang von Peer-to-Peer-Fundraising. Wenn die angesprochenen Freunde, Bekannten und Verwandten den Hinweis auf ein Spendenangebot ihrerseits an ihre Freunde, Bekannten und Verwandten weiterleiten, entsteht ein „Schneeballeffekt". Da eine solche Verbreitung einer epidemischen Verbreitung ähnelt, spricht man im Marketing von einem viralen Effekt bzw. auch gleich von Viral-Marketing. Nutzt man den Effekt im Fundraising könnte man also auch von Viral-Fundraising sprechen.

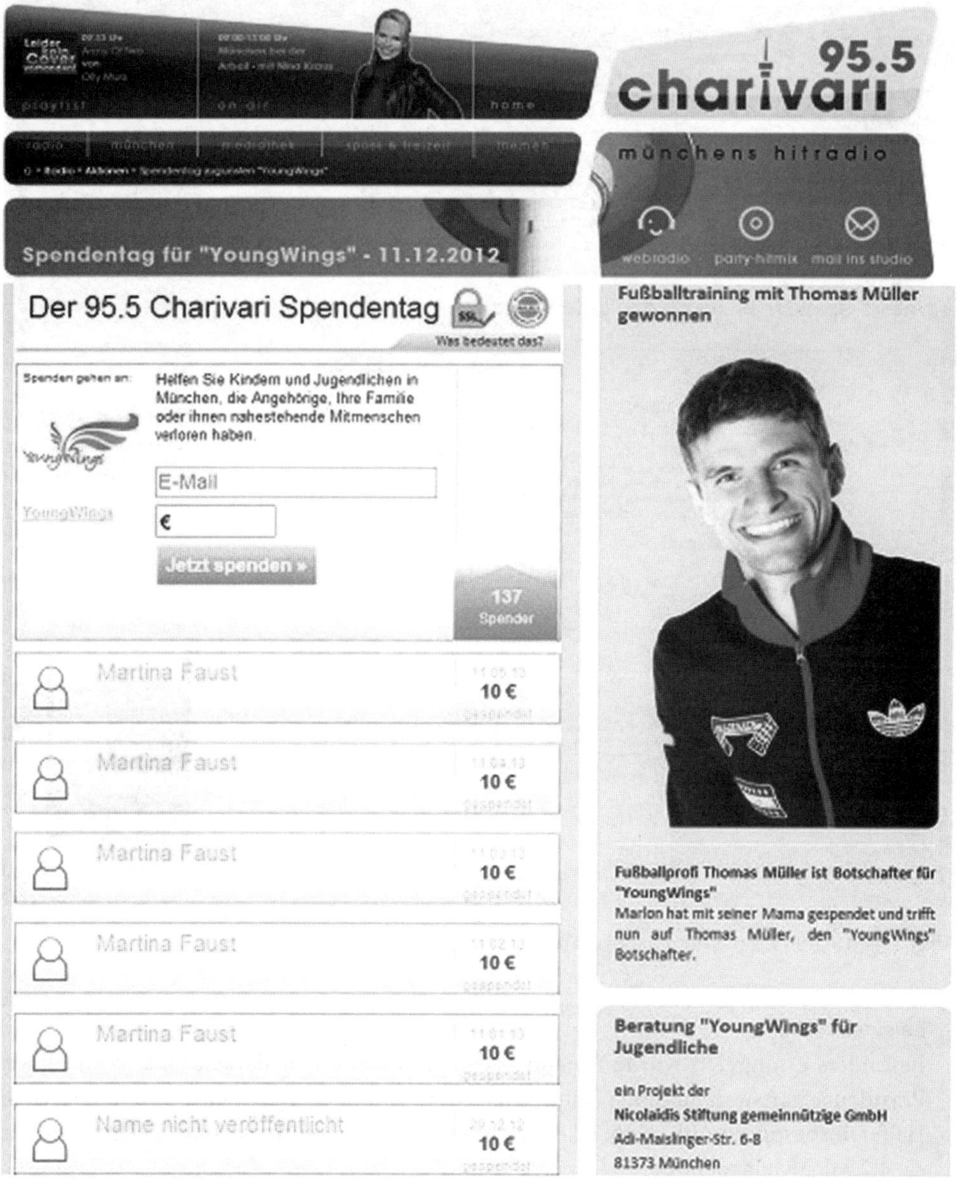

Abb. 2.102 Online-Spendenformular Spendenaktion Radio Charivari

Abb. 2.103 Online-Spendenformular Spendenaktion Magazin SuchRadar

Beispiel

Besonders erfolgreich wurde Peer-to-Peer-Fundraising von Barack Obama in seinen Präsidentschaftswahlkämpfen eingesetzt. 2012 mobilisierten seine ehrenamtlichen Helfer insbesondere über Social Networks in ihrem Freundes- und Bekanntenkreis ca. 4,2 Mio. Kleinspender.

Noch verstärkt werden kann der virale Effekt, wenn sich Prominente in eine Spendenaktion einbinden lassen, die in den Social Networks aktiv sind. So hat der Rapper Eminem weltweit über 70 Mio. Facebook-Fans (Stand 2013).

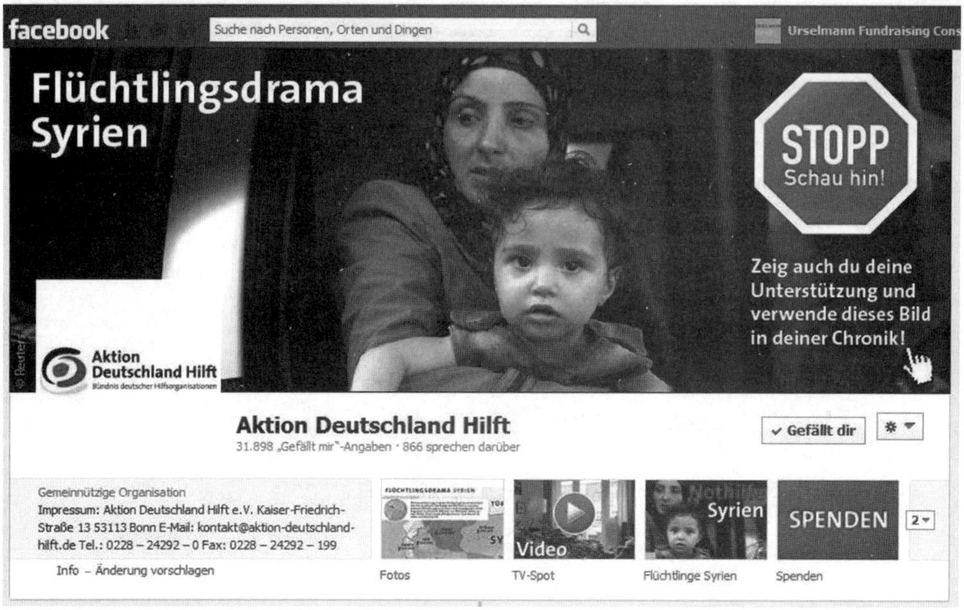

Abb. 2.104 Einzelspendergewinnung auf Facebook

Beispiel

Über 50 Prominente (darunter Lady Gaga, Justin Bieber, Britney Spears, David Beckham und Beyoncé) werben 2011 bei ihren 575 Mio. Facebook-Fans und Twitter-Follower für die Kampagne „I'm gonna be your friend" (http://imgonnabeyourfriend.org) des internationalen Kinderhilfswerkes *Save the Children*. Ziel ist, dass die Fans einen Kurzfilm über die Krise in Ostafrika zum Preis von umgerechnet 0,90 € im Internet herunterladen.

Eine weitere Möglichkeit, *Facebook* im Fundraising einzusetzen, ist das Schalten von Facebook-Werbung. Ähnlich wie bei Google AdWords (siehe Kap. 2.7.2.1) verkauft *Facebook* den Werbeplatz nach dem Auktionsprinzip. Bezahlt wird ein „Preis pro Klick" (Pay-per-Click) oder ein „Preis pro Einblendung" (Pay-per-Impression). Interessant für den Werbenden ist die Möglichkeit, genau die Merkmale der Zielgruppe (z. B. Alter, Geschlecht, Wohnort, Interessen etc.) zu bestimmen, bei der die *Facebook*-Werbung eingeblendet werden soll. Kann eine Organisation ihre Zielgruppe exakt definieren, so ermöglicht ihr die Facebook-Werbung eine Minimierung der Streuverluste.

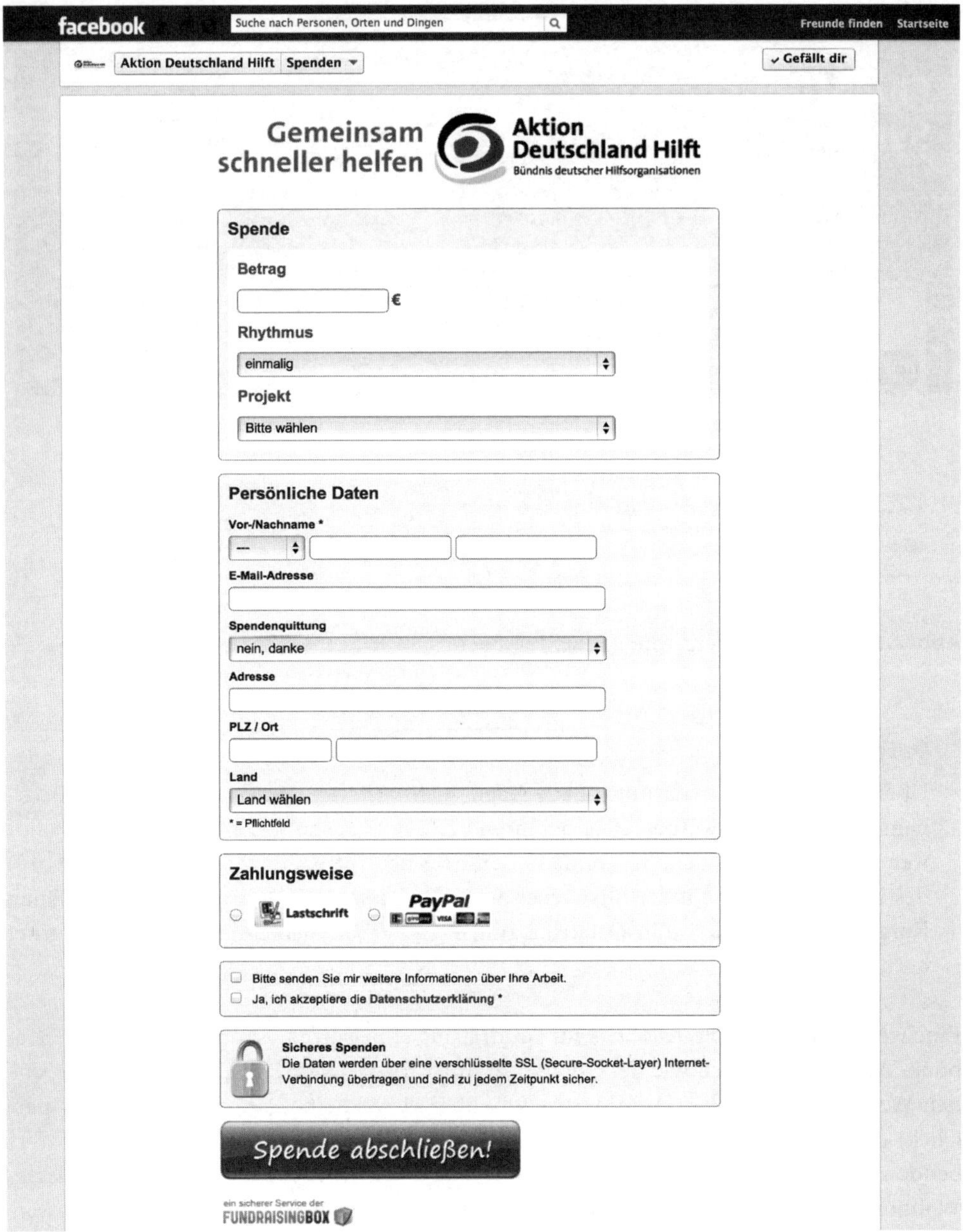

Abb. 2.105 Online-Spendenformular Einzelspende Facebook

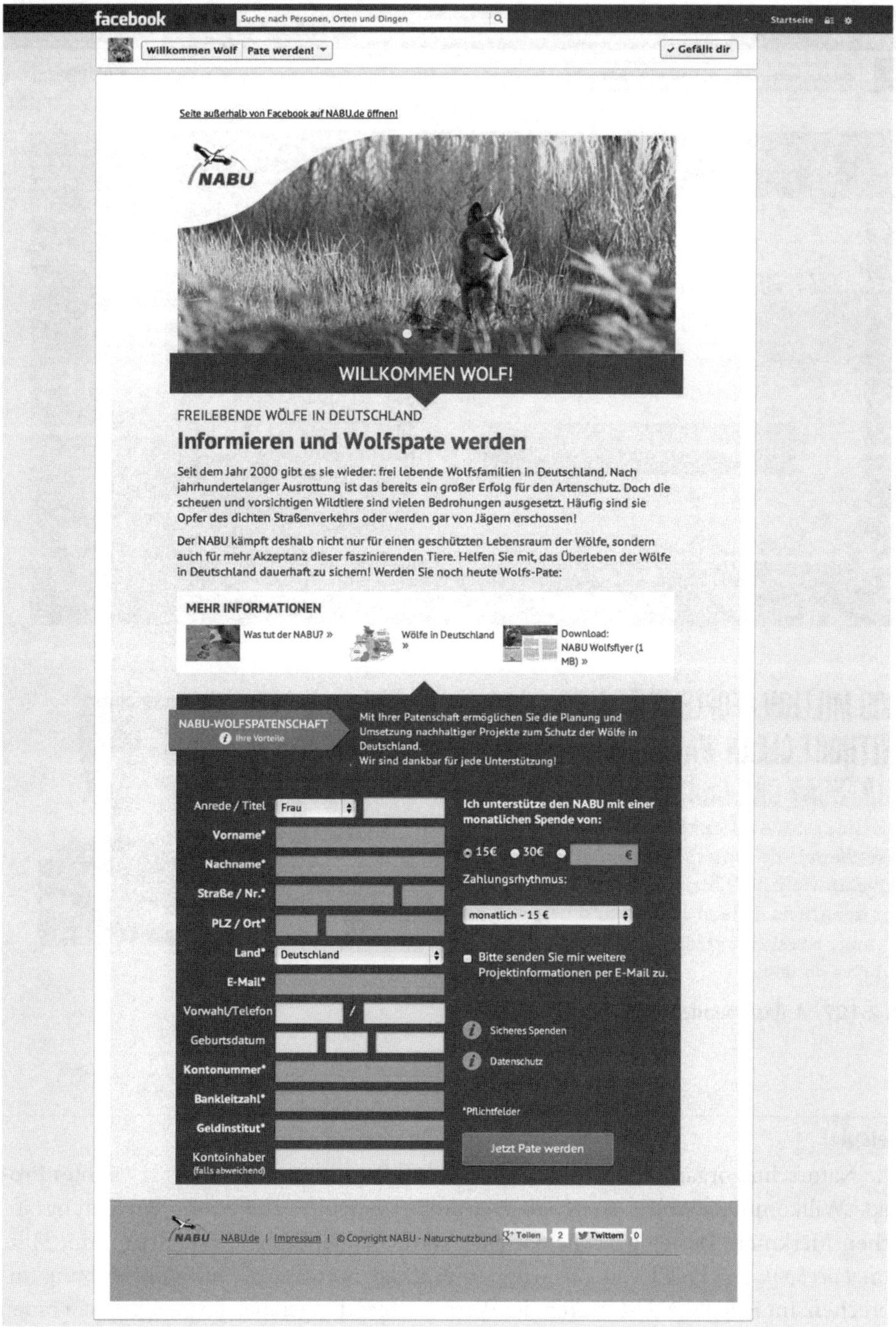

Abb. 2.106 Online-Spendenformular Dauerspende Facebook

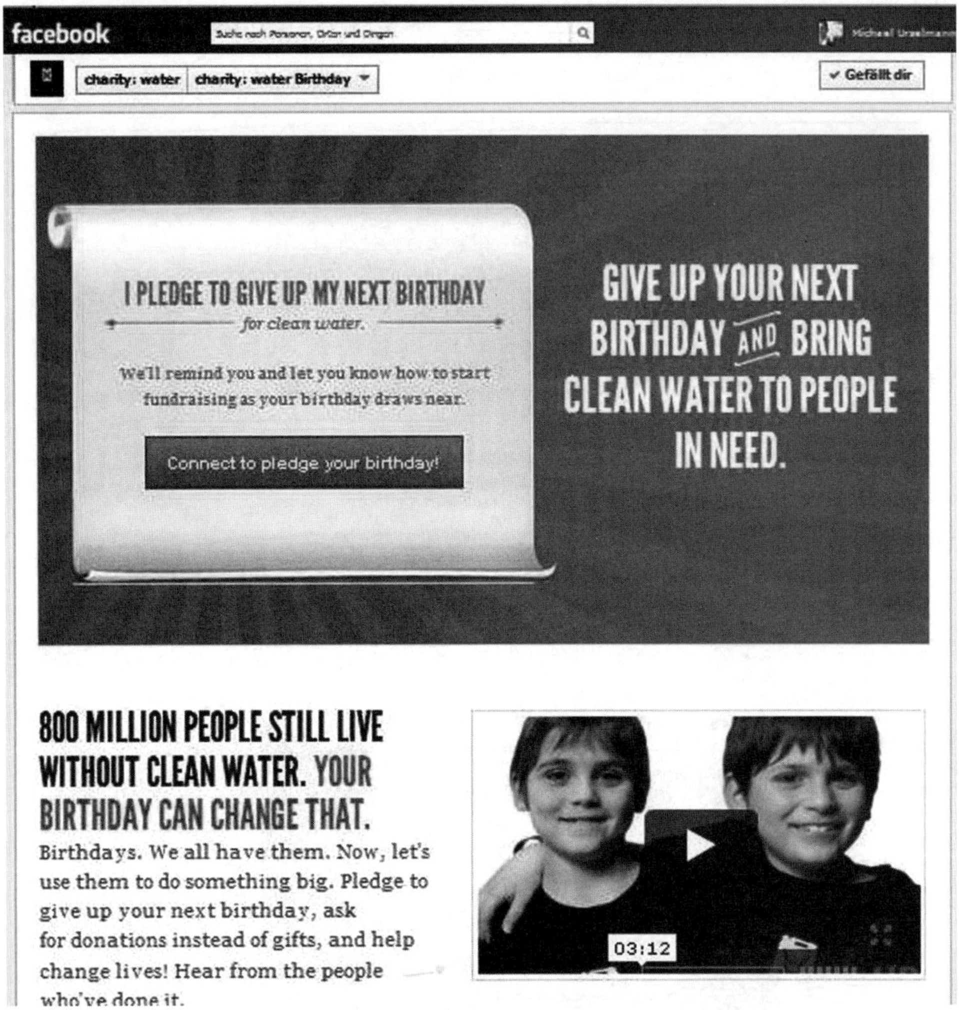

Abb. 2.107 Anlassspende in Facebook

Beispiel

Die Naturschutzorganisation *NABU* schaltete zu Beginn für ihr bereits erwähntes Projekt „Willkommen Wolf!" *Facebook*-Werbung. Über die Auswertung der demografischen Merkmale Derjenigen, die auf eine Werbeeinblendung klicken, kann mit Hilfe von *Facebook* ein Profil von Zielgruppen ermittelt werden, die auf die Werbung ansprechen. Im Fall des *NABU* waren die Werbeeinblendungen bei der Zielgruppe Frauen im Alter von 30–40 Jahren am erfolgreichsten, die angegeben haben, einen Hund als Haustier zu besitzen.

Abb. 2.108 Einsatz von Blogs im Fundraising

Leider bietet *Facebook* derzeit noch kein Pro-Bono-Angebot für Werbung für steuerbegünstigte Organisationen an; analog zu *Google*, das seine Werbung („Google AdWords") für steuerbegünstigte Organisationen bis zu einem bestimmten Wert kostenlos als „Google Grants" (siehe Kap. 2.7.2.1) anbietet. Stattdessen bietet *Facebook* die Plattform „Causes" an, auf der jeder eine eigene Fundraising- oder Unterschriftenkampagne starten kann. Leider kann Causes derzeit nur von in den USA registrierten Organisationen genutzt werden, die vom Informationsservice *GuideStar* zertifiziert sind.

Neben Social Networks lassen sich auch **Blogs** sehr gut für das Fundraising nutzen. Zwar werden sie vor allem als Kommunikationskanal genutzt, um aktuell über die Arbeit einer Organisation zu berichten. Es könnten jedoch durchaus auch Online-Spendenformulare in Blogs integriert werden, und sie so zu Vertriebskanälen machen.

Beispiel

Das Hilfswerk *DRK* betreibt einen eigenen DRK-Blog (http://blog.drk.de/) um z. B. im Rahmen der Katastrophenhilfe direkt aus Krisengebieten berichten zu können (siehe Abb. 2.108). Die Blogs können direkt von Projektmitarbeitern vor Ort geführt werden. Sie müssen also nicht den „Umweg" über eine Kommunikationsabteilung gehen, und können somit schneller und unmittelbarer sein. Voraussetzung ist freilich, dass die

Blogger über ein Mindestmaß an Kommunikations-Know-how verfügen. Ein Spenden-Button verweist im Blog auf die Möglichkeit einer Online-Spende.

Eine spezielle Form des Bloggens ist das **Microblogging**, bei dem die Anzahl der Zeichen in Textnachrichten begrenzt ist. Beim bekanntesten Microblogging-Dienst, *Twitter*, können maximal 140 Zeichen in einer Textnachricht („Tweet") verschickt werden. Twitter kann im Fundraising nur als Kommunikationskanal genutzt werden, nicht als Vertriebskanal. Auch wenn sich Twitter mit noch nicht einmal 1 Mio. Nutzer in Deutschland nie vergleichbar mit Facebook durchsetzen konnte, kann es im Fundraising doch wertvolle Dienste leisten. Gerade in der Katastrophenhilfe können Tweets schnell verbreitet werden und auf ein Online-Spendenformular auf der Website oder Facebook-Site verweisen.

2.7.1.3 Mobile Fundraising

In Abgrenzung zum klassischen Telefon-Fundraising (siehe Kap. 2.5.4), das (zurzeit noch) mehrheitlich über Festnetz abgewickelt wird, meint Mobile Fundraising das Fundraising mit Hilfe von Mobiltelefonen bzw. (umgangssprachlich) Handys (engl. mobile phone). Da ein Mobiltelefon mit Hilfe von Mehrwertdiensten auch direkt Zahlungsvorgänge auslösen kann, wird es hier nicht nur als Kommunikations-, sondern auch als Vertriebskanal angesehen. Die Anfänge des Mobile Fundraising liegen in der Akquisition von SMS-Spenden (siehe Kap. 2.3.3.1). Ein Mobiltelefon ist für die meisten Menschen in Deutschland praktisch jederzeit und auch unterwegs griffbereit, und kann deshalb für eine schnelle und bequeme Spende genutzt werden. Wie sehr sich SMS-Spenden – insbesondere in der Katastrophenhilfe – entwickelt haben, zeigen folgende Beispiele:[68]

- 2004: Tsunami: Griechenland sammelte in nur einem Monat 2 Mio. €, Spanien 4,5 Mio. € nur via SMS.
- 2009: Erdbeben Italien: Über den SMS-Spendendienst kommen binnen kürzester Zeit 18 Mio. € zusammen.
- 2010: Erdbeben Haiti: In den USA werden mehr als 40 Mio. $ via SMS gespendet. In Deutschland werden mehr als 10.000 eingehende SMS gezählt.

In Deutschland liegen folgende Erfahrungswerte zu SMS-Spenden im Katastrophenfall vor:

- Erdbeben in Haiti (2010): 43.355 SMS-Spender,
- Überschwemmung in Pakistan (2010): 49.132 SMS-Spender,
- Erdbeben und Tsunami Japan (2011): 54.124 SMS-Spender,
- Humanitäre Katastrophe Somalia (2011): 87.824 SMS-Spender.

[68] Vgl. Spendino: Fundraising und Spenderkommunikation mit SMS und Social Media – Leitfaden für den Einsatz von Mobilfunktechnologien und Online-Trends im Fundraising, 2. Aufl., Berlin 2010 (Download-Möglichkeit auf www.spendino.de).

Neben der auf 10 € begrenzten Spendenhöhe, liegt ein großer Nachteil der SMS-Spende in der Tatsache, dass die SMS-Spender anonym bleiben. *Burda Wireless* gibt die Handy-Nummern der SMS-Spender nicht an die Organisation weiter. Die einzige Möglichkeit für eine Organisation, mit ihren SMS-Spendern doch noch in direkten Kontakt zu kommen, besteht darin, sie im Rahmen der Dank-SMS zu bitten, weiter über die Arbeit der Organisation berichten zu dürfen. Geben SMS-Spender ihre Einwilligung („Opt-in"), können sie im Rahmen des klassischen Telefon-Fundraising (siehe Kap. 2.5.4) angerufen und um eine Dauerspende sowie weitere Daten gebeten werden.

Beispiel

Ein Kunde des Dienstleisters *spendino* erhält über eine TV-Kampagne von 40.000 SMS-Spendern jeweils 5 €, zusammen also 200.000 €. Davon geben 2.000 SMS-Spender (= 5 %) eine Kontaktzustimmung („Ja" zu Rückruf). Von den 2.000 SMS-Spendern mit Kontaktzustimmung werden 1.500 (= 75 %) von einer Telefon-Fundraising-Agentur telefonisch erreicht. Im Rahmen der 1.500 geführten Dialoge erklären sich 450 (= 30 %) der angerufenen SMS-Spender bereit, eine Dauerspende in Höhe von durchschnittlich 90 € pro Jahr zu übernehmen. Die Beitragszusagen belaufen sich schon im ersten Jahr auf 40.500 €. spendino bietet darüber hinaus in der Dank-SMS die Abholung einer (Spender-) Urkunde auf einer Landing-Page der Organisation an. So hinterlässt der anonyme SMS-Spender für die Urkunde seine Kontaktdaten. Die Urkunde wird von spendino als fertige Software-Applikation geliefert. Laut eigener Angaben reagieren 25 % der SMS-Spender auf diesen Aufruf und hinterlassen ihre Daten auf einer Website.

Um die SMS-Spende noch weiter zu erleichtern, und doch noch die Handy-Nummern der SMS-Spender zu bekommen, binden manche Organisationen ein sog. Widget auf Ihrer Website oder Social Network Site ein. Bei einem Widget handelt es sich im Prinzip um ein technisch weiterentwickeltes Banner (siehe Abb. 2.109), das ein kleines Programm umfasst. Gibt man seine Handy-Nummer in das Eingabefeld ein, erhält man eine SMS, mit der anschließend die SMS-Spende ausgelöst werden kann.

Ein Widget kann natürlich genauso gut auch auf der Website oder Social Media Site eines Unternehmenspartners (siehe Kap. 3.2.6), eines Medienpartners (siehe Abb. 2.110) oder eines Prominenten geschaltet werden, um möglichst viele Menschen zu erreichen.

Kritiker bemängeln, dass die Akquisition von SMS-Spenden mit Hilfe von Widgets auf Websites oder Social Media Sites einen Medienbruch darstellt. Befindet sich ein (potenzieller) Spender bereits auf einer Website oder Social Media Site, dann sollte ihm auch gleich dort eine direkte Spendenmöglichkeit angeboten werden (in Form von Online-Spendenformularen für Websites oder Social Media Sites), statt auf ein anderes Medium (Mobiltelefon) zu verweisen. Diese Kritik ist so lange berechtigt, wie es sich bei Computer und Mobiltelefon um zwei getrennte Medien handelt. In den sich immer stärker verbreitenden Smartphones sind diese beiden Medien jedoch längst zu einem einzigen zusammengewachsen. Schon seit Ende 2012 gehen in Deutschland mehr Menschen über ihr Smart-

Abb. 2.109 Widget für SMS-Spende

phone ins Internet als über ihren Computer. Die bisherigen Vorteile der SMS-Spende gegenüber der Online-Spende (schneller, bequemer und von überall aus geleistet werden zu können), werden sich mit zunehmender Marktdurchdringung von Smartphones sowie neuen, schnellen und bequemen Zahlungsmöglichkeiten im Rahmen des Mobile Payment relativieren. Mit dem Smartphone wird auch eine Online-Spende immer bequemer werden. Voraussetzung ist freilich, dass Websites und Online-Spendenformulare auf die Nutzung über Smartphones (mit ihren kleineren Displays) angepasst und optimiert werden. Langfristig wird das Mobile Fundraising im Online-Fundraising aufgehen.

Beispiel

Der Mobilfunkanbieter *Vodafone* schickt anlässlich der Hochwasserkatastrophe 2013 seinen 32,4 Mio. Kunden eine SMS mit Link zur mobilen Website hochwasser.betterplace.org. Das Online-Spendenformular auf der Website ist auf die Nutzung durch Smartphones ausgelegt (siehe Abb. 2.111). Gebeten wird um eine Online-Spende (nicht SMS-Spende!) zugunsten des Bündnisses *ADH* über die Spendenplattform *betterplace* (siehe nächstes Kapitel). Im Gegensatz zur SMS-Spende kann der Spendenbetrag frei (und damit auch deutlich über der Grenze von 10 € bei SMS-Spenden) gewählt werden.

Abb. 2.110 Widget auf Website eines Medienpartners

Abgefragt werden Vorname, Name, E-Mail-Adresse und Bankverbindung des Spenders. Die Bezahlung ist über Lastschrifteinzug, Kreditkarte und PayPal möglich. Auf Wunsch wird eine Zuwendungsbestätigung ausgestellt. Betterplace bittet um ein prozentuales „Trinkgeld". Gewählt werden kann zwischen 0 %, 5 %, 10 % oder 15 % der Spendenhöhe.

Das Angebot einer SMS-Spende stellt auch dann keinen Medienbruch dar, wenn es nur auf der mobilen Website einer Organisation eingeblendet wird, die speziell auf Nutzer mit Smartphones optimiert wird.

Beispiel

Das Kinderhilfswerk SOS Kinderdörfer Weltweit bietet auf seiner mobilen Website sowohl die SMS-Spende als auch Online-Spendenformulare (speziell auf die mobile Nutzung ausgelegt) für Spenden per Bankeinzug und PayPal an.

In den USA und der Schweiz ist sogar der Vertrieb von Dauerspenden per SMS möglich. Dabei können Spender regelmäßig (monatlich) einen bestimmten Spendenbetrag abbuchen lassen.

Abb. 2.111 Spendenformular für die Nutzung über Smartphone

Zum Abschluss noch zwei kreative Beispiele für Mobile Fundraising, wie man mit Hilfe von kostenlosen iPhone-Apps den Spiel- bzw. Bewegungsdrang der Menschen mit ihrer Hilfsbereitschaft kombinieren kann:

- Mit der App „WWF Schneekugel" lässt sich ein Schneekugeleffekt mit innovativem 3D Design und Schüttelmechanik auf sein iPhone zaubern. Gewählt werden kann zwischen den beiden Landschaftsszenarien Arktis und Indonesischer Regenwald. Zu beiden Regionen werden Hintergrundinformationen zu den Umweltbedrohungen gegeben und Spendenmöglichkeiten aufgezeigt.
- Mit der App „Miles for Meals" erfasst das iPhone beim Joggen den Kalorienverbrauch und rechnet ihn anschließend in einen entsprechenden Geldwert um (1.000 Kalorien = 3 €). Am Ende einer Jogging-Runde kann man sofort die erlaufene Summe über Paypal an den *Bundesverband Deutsche Tafel e. V.* spenden.

Abb. 2.112 SMS-Spende auf einer mobilen Website

2.7.1.4 Spendenplattformen

Scheut eine Organisation den (geringen) Aufwand, ein Online-Spendenformular oder Widgets in die eigene Website oder Social Media Site zu integrieren, so kann sie alternativ ihre Projekte auch auf einer Spendenplattform präsentieren, und mit einem Link von der eigenen Website oder Social Media Site auf die Spendenplattform verweisen. Diese verfügen auch über sichere Online-Spendenformulare, die sie den Organisationen i. d. R kostenlos zur Verfügung stellen. Spendenplattformen stellen somit einen indirekten Vertriebsweg für Organisationen dar, den Letztere trotz eigener Online-Spendenformulare auch ergänzend nutzen können, wenn es Spendenplattformen durch geschickte Partnerschaften mit wichtigen Online- und Offline-Medien, Unternehmen und anderen Multiplikatoren gelingt, (insbesondere in der Katastrophenhilfe) eine größere Reichweite zu erzielen, als das eine einzelne Organisation alleine könnte.

Die größte deutsche Spendenplattform dürfte *betterplace.org* sein. Hier kann jede Organisation oder Privatperson ein Projekt kostenlos einstellen, für das Geld-, Sach- oder Zeitspenden benötigt werden. Nach eigenen Angaben haben bislang 343.194 Spender über *betterplace* 5.245 Hilfsprojekte in 146 Ländern unterstützt (Stand 27.05.2013). Für jedes Projekt kann ein Vertrauensnetzwerk aus Unterstützern, Besuchern und Fürsprechern aufgebaut werden, die das Projekt mit Blogeinträgen und Fotos vorstellen und bewerten. Damit haben jedoch auch nicht-steuerbegünstigte Organisationen und Personen die Möglichkeit, über *betterplace* Gelder zu sammeln, weshalb man *betterplace* nicht nur als Spendenplattform sondern auch als Crowdfunding-Plattform (siehe nächstes Kapitel) ansehen kann. Ein entscheidender Nachteil liegt aus Fundraising-Sicht darin, dass *betterplace* die, für das Relationship Fundraising so wichtigen Adressen der Spender nicht an die Organisationen weitergibt.

Dies ist bei der ersten deutschen Spendenplattform *HelpDirect.org* (seit 1999) anders. Sie versteht sich als „Marktplatz", auf dem zwischen Spendern und Organisationen lediglich ein Kontakt hergestellt wird. Eine Spende kann anschließend über *HelpDirect.org* oder über ein Online-Spendenformular auf der Website der Organisation erfolgen. Nach eigenen Angaben hat *HelpDirect.org* bereits über 1 Mio. Spender an die jeweiligen Organisationen weitergeleitet. Eine Organisation verfügt dadurch immer über alle benötigten Daten für das anschließende Relationship Fundraising. *HelpDirect.org* steht nur gemeinnützigen Organisationen zur Verfügung. Akquiriert werden können nur Geld-, nicht Sach- oder Zeitspenden.

Die Spendenplattform *Helpedia.de* ermöglicht es Jedermann, seine eigene Spendenaktion (Anlassspende, Trauerspende, Erbringung einer sportlichen Leistung etc.) zugunsten einer Organisation zu starten.

2.7.1.5 Crowdfunding

Gerade im Zusammenhang mit Spendenplattformen (siehe vorangegangenes Kapitel) taucht seit Mitte der 2000er-Jahre und verstärkt seit 2010 der Begriff des „Crowdfunding" (deutsch: „Schwarmfinanzierung") auf. Wie ist dieser Begriff vom Fundraising abzugrenzen? Crowdfunding ist das systematische Einwerben kleinerer Geldbeträge („funding") bei vielen Menschen („Crowd") zur (Mikro-) Finanzierung eines privatnützigen oder gemeinnützigen Projektes (im Crowdfunding „Aktion" genannt) durch Privatpersonen, Unternehmen oder steuerbegünstigten Organisationen. Wo Organisationen, aber auch Privatpersonen oder Unternehmen, Kleinbeträge für **steuerbegünstigte** Zwecke bei Vielen einwerben, hat das Crowdfunding eine Schnittmenge mit dem Fundraising für steuerbegünstigte Organisationen im engeren Sinne dieses Buches. Nicht jedoch wo Privatpersonen oder Unternehmen Kleinbeträge für eigene privatnützige bzw. kommerzielle Projekte bei Vielen einwerben.

Bei **privatnützigen** Crowdfunding-Aktionen geht es meist um die Finanzierung künstlerischer und kreativer Projekte in Kategorien wie Film/Video, Musik, Foto, Events/Ausstellung, Bühne/Theater, Kunst, Design, Mode, Essen/Trinken, Journalismus, Sport etc.. Die Aktionen können, müssen aber nicht, auch einen kommerziellen Aspekt haben. Bei

kommerziellen Projekten von Unternehmen wird von Crowdinvesting, als einem Teil- bzw. Unterbereich des Crowdfunding gesprochen. Crowdinvesting ist eine Form der (Mikro-) Finanzierung bei der sich zahlreiche Personen (Mikroinvestoren) mit typischerweise geringen Geldbeträgen über das Internet an innovativen Geschäftsideen junger Unternehmen (Start-ups) beteiligen. Im Gegenzug erhalten sie Stille Beteiligungen, Genussrechte oder geben ein Beteiligungsdarlehn. Erzielt das Unternehmen später Gewinne, so partizipieren die Mikroinvestoren anteilig.[69] Das Crowdinvesting könnte nur unter einen weit gefassten Fundraising-Begriff subsumiert werden, der auch die Finanzierung nicht-steuerbegünstiger Anliegen umfassen würde (siehe Kap. 1.3).

Dabei ist das Crowdfunding an sich nichts Neues. Im privatnützigen bzw. kommerziellen Bereich (Sektor „Markt") wird dieses Grundprinzip schließlich schon seit langem von Aktiengesellschaften praktiziert, die Aktien (gerade im anglo-amerikanischen Bereich) in kleiner Stückelung anbieten – selbst in Form von Risikokapital (Venture Capital) für innovative Projekte. Auch im gemeinnützigen Bereich („Dritter Sektor" und teilweise Sektor „Staat") sammelt man im Fundraising schon lange Kleinbeträge bei Vielen ein – etwa im Rahmen einer Kapitalkampagne bzw. Capital Campaign (siehe 2.1.7.5), bei der neben wenigen Großbeträgen immer auch viele Kleinbeträge (z. B. von Universitäten für neue Gebäude) eingeworben werden. Neu ist nur der Schub, den das Crowdfunding durch das Internet bekommen hat. Dank zahlreicher Crowdfunding-Plattformen (siehe unten) und Social Media ist heute eine kostengünstige und schnelle Ansprache vieler potenzieller Geldgeber möglich, die auch kleine Beträge schnell, einfach und kostengünstig zur Verfügung stellen können. Dadurch wird auch das Crowdinvesting außerbörslich möglich.

Obwohl das Crowdfunding auch über die Website einer Organisation, Person oder eines Unternehmens abgewickelt werden könnte, wird i. d. R eine Crowdfunding-Plattform genutzt. Auf einer solchen Plattform stellen die Initiatoren ihre jeweiligen Projekte vor und legen die angepeilte Finanzierungssumme fest. Die Nutzer können einen beliebigen Betrag geben und erhalten dafür auf Wunsch ein geldwertes Dankeschön. Je nach Höhe der Unterstützung kann dieses Dankeschön mehrere Tausend Euro wert sein. Dabei kommt die Finanzierung nur zustande, wenn die vorher festgelegte Summe erreicht wird. Ist das nicht der Fall, erhalten die Unterstützer ihr Geld zurück. Das Projekt kann in diesem Fall nicht durchgeführt werden.[70]

Vorbild ist die US-amerikanische Crowdfunding-Plattform *kickstarter.com*. Über die weltweit größte Plattform wurde für mehr als 33.000 realisierte Projekte ein Finanzierungsvolumen von bislang 373 Mio. $ (Stand Dezember 2012) eingesammelt. In Deutschland sind v. a. die folgenden fünf Crowdfunding-Plattformen bekannt:

- inkubato.com/de
- mySherpas.com

[69] Vgl. Beck, Ralf: Crowdinvesting – Die Investition der Vielen, (Create Space) Düsseldorf 2012.

[70] Vgl. Bitkom: Crowdfunding findet immer mehr Anhänger, Presseinformation vom 17.12.2012 (http://www.bitkom.org/74431_74427.aspx, abgefragt am 28.05.2013.

- pling.de
- startnext.de
- visionbakery.com

2.7.2 Internet als Kommunikationskanal für das Fundraising

Im vorangegangenen Kapitel wurde deutlich, dass das Internet aus Fundraising-Sicht mannigfache Möglichkeiten als Vertriebskanal (Online-Vertrieb) bietet. Noch vielfältiger sind freilich die Möglichkeiten als Kommunikationskanal (Online-Kommunikation). Dabei nutzt eine Organisation ihre Website und ihre verschiedenen Social Media Sites (insbesondere Facebook, Twitter und YouTube) sogar in erster Linie als Kommunikationskanal.

Neu ist für die Organisationen, dass sie bei ihrer Kommunikation über Social Media einen gewissen Kontrollverlust in Kauf nehmen müssen. Sie sind nicht mehr die Einzigen, die auf ihren Social Media Sites kommunizieren. Im „Mitmachnetz" kann sich jeder über eine Organisation äußern. Plötzlich geben (aktive oder ehemalige) Mitarbeiter, Ehrenamtliche, Spender und andere Stakeholder ihre persönliche Meinung auf der Social Media Site einer Organisation zum Besten. Die Zeiten der vom Vorstand freigegebenen Botschaften sind damit vorbei. Zwar könnte sich eine Organisation dieser Entwicklung in gewissem Umfang (technisch) sperren. Sie hat damit jedoch nichts gewonnen, da sich die Kommunikation der Stakeholder dann eben andere Foren suchen würde. Dies wäre im Zweifel noch schlimmer für eine Organisation, schließlich kann sie sich dann in eine Diskussion u. U. selbst gar nicht mehr aktiv einbringen.

Trotzdem bleibt das Internet ein ideales Instrument zur Gewinnung von Interessenten und Spendern. Interessenten, die sich über ein, sei es auch noch so spezielles (gemeinnütziges) Thema informieren möchten, finden im Internet eine schier unerschöpfliche Informationsquelle. Die Herausforderung für eine Organisation – wie auch für alle anderen Institutionen – besteht darin, dafür zu sorgen, dass ihre Website in der Informationsflut des Internet überhaupt gefunden und wahrgenommen wird. Dabei spielen Suchmaschinen (siehe Kap. 2.7.2.1), E-Mails und E-Newsletter (siehe Kap. 2.7.2.2), die Websites Dritter (siehe Kap. 2.7.2.3) und Banner (siehe Kap. 2.7.2.4) eine wichtige Rolle.

2.7.2.1 Suchmaschinen-Marketing

Immer mehr Menschen, die sich für ein bestimmtes Thema interessieren, informieren sich über das Internet. Die meisten suchen mit Hilfe von Suchmaschinen. Will eine Organisation von Interessenten und (potenziellen) Spendern gefunden werden, muss sie in der Trefferliste auf der Ergebnisseite zu den wichtigsten Schlüsselbegriffen (Fachsprache: Keywords) in den wichtigsten Suchmaschinen (allen voran *Google*) möglichst weit oben gefunden werden. Dies zu erreichen, ist Aufgabe des **Suchmaschinen-Marketing** bzw. Search Engine Marketing (SEM).

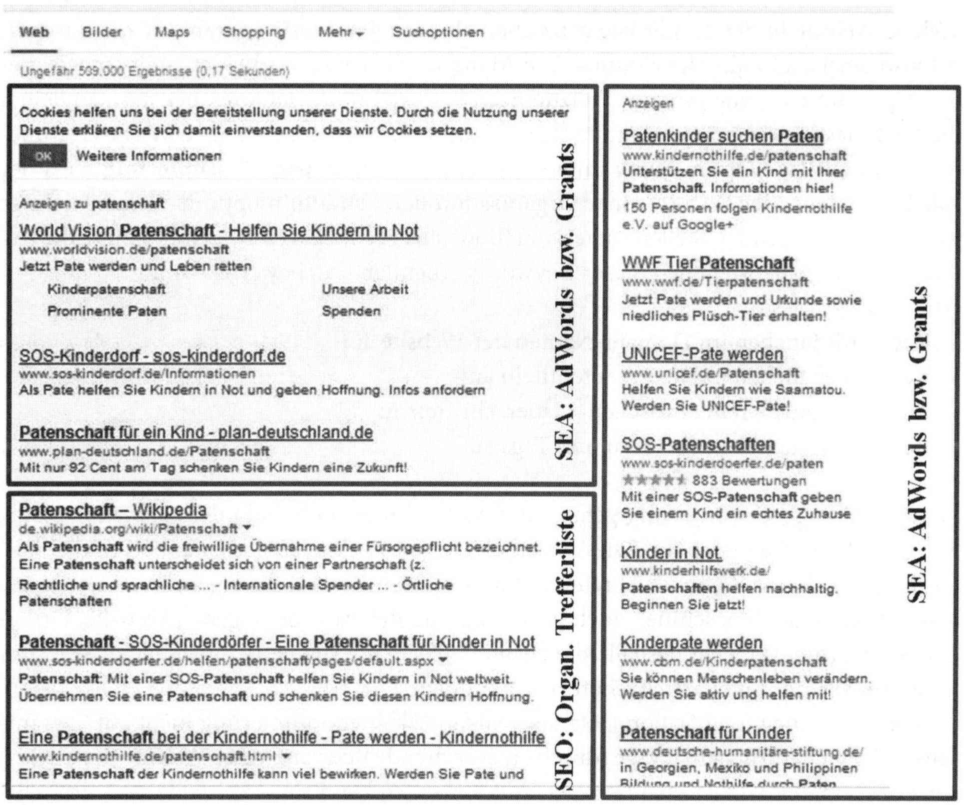

Abb. 2.113 Ergebnisseite von Google

Beispiel

Ein Interessent für die Übernahme einer Kinderpatenschaft gibt in *Google* den Suchbegriff „Patenschaft" ein. Die Ergebnisseite besteht aus drei Bereichen (siehe Abb. 2.113). Der Bereich links unten wird Trefferliste genannt. Aufgelistet werden alle „organischen" Treffer (auch „natürliche" Treffer genannt). Ein organischer Treffer ist eine Website, die aufgrund ihrer Relevanz und Qualität von *Google* mit Hilfe eines Page-Rank-Algorithmus als mehr oder weniger relevant bewertet und entsprechend ihrer Bewertung in einem Ranking nach absteigender Bedeutung gelistet (Fachsprache: „gerankt") wird. Ziel eines Online-Fundraiser muss es sein, in der Trefferliste unter den ersten zehn, besser unter den ersten drei Treffern gelistet zu werden. Ein Listenplatz 11 ist bei einer Million Treffern zwar sicherlich immer noch beachtlich, wird aber nur noch von den wenigsten Nutzern einer Suchmaschine wahrgenommen. Die meisten Suchmaschinennutzer beachten lediglich die besten Treffer im ersten Bildschirmausschnitt. Nur noch ein kleiner Teil ist bereit, zum zweiten oder gar dritten Bildschirmausschnitt „runterzuscrollen". Dafür zu sorgen, in der Trefferliste möglichst weit oben gerankt zu werden, ist Aufgabe der **Suchmaschinenoptimierung** bzw. Search Engine Optimization (SEO).

Welche Website in der Trefferliste ganz oben als am relevantesten gerankt wird, entscheidet also der PageRank-Algorithmus. Um Manipulationen zu vermeiden, hält *Google* diesen Algorithmus streng geheim. Trotzdem sind einige Einflussfaktoren bekannt, an denen die Suchmaschinenoptimierung ansetzen kann. Dabei wird zwischen OnPage-Optimierung und OffPage-Optimierung unterschieden. Bei der **Onpage-Optimierung** wird der Inhalt (Content) der Website einer Organisation u. a. daraufhin optimiert, dass wichtige Keywords an folgenden Stellen so hervorgehoben werden, dass eine Suchmaschine die Relevanz der Website bezüglich dieser Keywords erkennen und bewerten kann:

- Keywords tauchen im Domain-Namen der Website auf.
- Keywords tauchen in Dokumententiteln auf.
- Keywords tauchen in (Zwischen-) Überschriften auf.
- Keywords tauchen in Headern und Tags auf.

Bei der **OffPage-Optimierung** geht es um Maßnahmen außerhalb der eigenen Website. Suchmaschinen bewerten die Relevanz einer Website auch nach der Quantität und Qualität ihrer Backlinks. Wenn viele, relevante andere Websites auf die eigene Website verlinken, schließen Suchmaschinen auch positiv auf die Relevanz der eigenen Website. OffPage-Optimierung versucht deshalb, die eigene Website mit thematisch passenden Websites im Rahmen einer Linkpartnerschaft zu verknüpfen.

Schafft es eine Organisation trotz aller Suchmaschinenoptimierung nicht auf „organischem" bzw. „natürlichem" Wege (durch entsprechende Relevanz), ihre Website (kostenlos) ganz oben in der Trefferliste platzieren zu können, so kann sie sich auch einen gut sichtbaren Platz in den beiden werblichen Bereichen, „rechts" bzw. „oben" auf der Ergebnisseite (siehe Abb. 2.109) „erkaufen". Man spricht dann von **Suchmaschinenwerbung** bzw. Search Engine Advertizing (SEA). *Google* nennt seine Suchmaschinenwerbung „Google AdWords". Möchte eine Organisation unter diesen „Sponsored Links" (auch „Paid Listing" genannt) erscheinen, muss sie den Suchmaschinenanbieter für den Werbeplatz bezahlen. Im Gegensatz zu Offline-Medien wird nicht pro Einblendung bezahlt, sondern pro Klick, den ein Suchmaschinennutzer auf den Sponsored Link macht („Pay-per-Click" bzw. „Klickvergütung"). Wie hoch die Vergütung pro Klick ist, hängt von der Nachfrage ab, da die Suchmaschinen die Anzeigenplätze in einem Auktionsverfahren vergeben. Der jeweils Höchstbietende erhält also in der Regel den besten Werbeplatz. Allerdings berücksichtigt *Google* zusätzlich zum Gebot noch qualitative Gesichtspunkte wie z. B. die Klickrate auf die Werbeanzeige und die Qualität der Website, die beworben wird. Schließlich liegt es im Eigeninteresse von Google, seinen Nutzern selbst bei bezahlter Werbung möglichste relevante Vorschläge unterbreiten zu können. Jeden Klick, den ein Interessent auf einen Sponsored Link macht, und so auf die Website der werbetreibenden Organisation weitergeleitet wird, rechnet Google mit der Organisation ab. Pro Klick werden mindestens 0,01 € fällig. Bei entsprechender Nachfrage können es über die Versteigerung aber auch mehrere Euros pro Klick werden. So liegt beispielsweise das Keyword „Spende" Ende 2012 bei ca. drei Euro pro Klick. Die Organisation hat jedoch immer den Vorteil, dass sie auf diese Weise die Kosten für die Gewinnung von Interessenten kennt und ein entsprechendes Budget definieren kann. Auch neue Abrechnungsformen werden möglich. So ist für eine Organisation „Pay-per-Donation" interessanter als „Pay-per-Click". Was ihr ein neuer Spender wert ist, weiß sie aus ihren Auswertungen anderer Maßnahmen der Spendergewinnung. Technisch ist „Pay-per-Donation" schon heute möglich, wenn eine Organisation *Google* über eine Schnittstelle mitteilt, dass es nach dem Anzeigenklick zu einer Spende in einer bestimmten Höhe gekommen ist.

Steuerbegünstigten Organisationen bietet *Google* mit „Google Grants" seit 2003 (auch in Deutschland) eine Gratis-Version von „Google AdWords" an. Über Google Grants erhalten steuerbegünstigte Organisationen auf Antrag AdWords-Werbung im Wert von maximal 10.000 US$ (USD) pro Monat (bzw. maximal 330 USD pro Tag) kostenlos zur Verfügung gestellt. Dem Antrag ist der Freistellungsbescheid des zuständigen Finanzamtes als Nachweis für die Steuerbegünstigung beizufügen. Das Antragsverfahren dauert zwischen vier Wochen und vier Monaten. Einzige Einschränkung: Die Kosten pro Klick (Cost-per-Click, CPC) für ein Keyword dürfen im Versteigerungsverfahren die Grenze von zwei Euro nicht überschreiten. Keywords deren CPC über zwei Euro liegen, müssen über AdWords gekauft werden. Steuerbegünstigte Organisation sollte deshalb bei *Google* zwei Konten anlegen: Eines für Google Grants und eines für Google AdWords. Gelingt es einer Organisation das Budget von 10.000 USD mehrere Monate voll auszuschöpfen, kann bei Google eine Aufstockung auf bis zu 40.000 USD pro Monat beantragt werden. Ein Rechtsanspruch darauf besteht jedoch nicht. Bevor eine Organisation bestimmte Keywords mit Hilfe von Google Grants oder Google AdWords bewirbt, sollte sie sich Klarheit verschaffen, über welche Keywords sie von Suchmaschinennutzern gesucht wurde. Dabei hilft das „AdWords Keyword-Tool" von Google. Das Suchmaschinen-Marketing (SEM) umfasst also die beiden (Teil-) Bereiche Suchmaschinenoptimierung (SEO) und Suchmaschinenwerbung (SEA).

2.7.2.2 E-Mail-Marketing

Die (auch: das) E-Mail ist (noch vor dem World Wide Web) der meistgenutzte Dienst im Internet. Sie ermöglicht eine schnelle, kostengünstige und personalisierte Ansprache des Empfängers, und ist deshalb auch für das Fundraising von hohem Interesse. Im Gegensatz zu ihrem Offline-Pendant, dem Mailing, wird die E-Mail in der Fundraising-Kommunikation jedoch weniger zur Gewinnung von Spendern als zu deren Bindung eingesetzt. Dies liegt v. a. daran, dass Kaltkontakte per E-Mail rechtlich nicht zulässig sind. Vielmehr wird die vorherige Einwilligung („Permission") des Angeschriebenen benötigt, die möglichst im Double-opt-in-Verfahren eingeholt werden sollte (siehe Kap. 2.5.3.2). Kaltkontakte dürfen nur dann per E-Mail angeschrieben werden, wenn die Inhaber der E-Mail-Adressen im Rahmen eines Double-opt-in-Verfahrens gegenüber einem anbietenden Listbroker vorab zugestimmt hatten. Tests mit angemieteten Listen von E-Mail-Adressen verliefen bislang jedoch in aller Regel enttäuschend. Die E-Mail wird deshalb in erster Linie zur Bindung von Spendern eingesetzt. Der Versand sollte im Multipart-Format des MIME-Standards erfolgen. Kann das E-Mail-Programm des Empfängers eine E-Mail im HTML-Format nicht darstellen, wird stattdessen automatisch eine Alternative im Textformat angezeigt.[71] E-Mails an Adressen mit Permission werden – gerade in der Katastrophenhilfe – jedoch auch zur Spendergewinnung eingesetzt werden. Hyperlinks im Text der E-Mail leiten den E-Mail-Empfänger dann direkt zum Online-Spendenformular auf der Website einer Organisation oder eine spezielle Landing-Page weiter, die auf die Online-Spende vorbereitet.

▶ **Tipp** Mit dem E-Mail-Modul „spendino-Mail" können (auch sehr kleine) Organisationen in fünf Schritten innerhalb weniger Minuten einfach E-Mails erstellen, gestalten und versenden. Alternativ bietet stifter-helfen.de eine kostenlose Lösung.

Verschickt eine Organisation E-Mails zu einem feststehenden Thema in regelmäßiger Frequenz, so wird von einem E-Newsletter gesprochen. Er kann von einem Interessenten bzw. Spender auf der Website der Organisation kostenlos abonniert werden. Vorteile des E-Newsletters gegenüber seinem Offline-Pendant liegen darin, dass er Videos und interaktive Elemente einbinden, sowie i. d. R aktueller sein kann.

Im Idealfall wird auf den E-Newsletter prominent und an mehreren Stellen hingewiesen:

- Auf der Website der Organisation,
- Auf den Social Media Sites der Organisation,
- In der E-Mail-Signatur aller Mitarbeiter der Organisation,
- In den Offline-Medien der Organisation,
- Auf Veranstaltungen der Organisation,
- Im Rahmen einer Spenderbefragung (siehe Kap. 2.1.5.2).
- Auf dem Online-Spendenformular.

Beispiel

Das Bündnis *Aktion Deutschland Hilft* bietet auf seiner Website einen kostenlosen E-Newsletter an (siehe Abb. 2.114). Der Nutzen des E-Newsletters wird mit vier guten Argumenten ebenso herausgestellt, wie die zu erwartende Erscheinungsfrequenz und die einfache Abbestellmöglichkeit. Für die Anmeldung ist lediglich die Angabe von „Anrede", „Vorname", „Name" und „E-Mail" erforderlich. Auf zahlreiche Pflichtfelder wird bewusst verzichtet, um die Einstiegsbarrieren so niedrig wie möglich zu halten.

Eine leicht aufzufindende und einfache Abbestellmöglichkeit ist für viele Nutzer eine wichtige Voraussetzung, einen E-Newsletter überhaupt erst zu abonnieren – gerade in Zeiten zunehmender Informationsüberlastung. Dies führt auch zu ständiger Bereinigung der Adressbestände einer Organisation. Im Internet können Interessenten und Spender

[71] Vgl. Aschoff, Martin: Professionelles Direkt- und Dialogmarketing per E-Mail, (Carl Hanser) München 2005, S. 120.

Abb. 2.114 E-Newsletter ADH

ihre Erlaubnis jederzeit rückgängig machen und damit der Organisation die Grundlage für eine weitere Ansprache entziehen. Die Organisation ist damit gezwungen, ihre (ab sofort nicht mehr erwünschten) Nachrichten unverzüglich einzustellen. „Karteileichen", die offline noch jahrelang angeschrieben werden, obwohl sie längst kein Interesse mehr an einer Organisation haben, gibt es bei E-Newslettern nicht. Nach dem Motto „Klasse statt Masse" werden also die Adressbestände der Organisationen im Zeitalter des Online-Fundraisings insbesondere in der Basis der Spenderpyramide kleiner werden; dafür aber ausschließlich aktuelle Adressen umfassen, die noch aktives Interesse an der Arbeit der Organisation haben.

2.7.2.3 Werbebanner

Werbebanner (kurz: Banner) sind eine Form der werblichen Kommunikation im Internet, bei der eine Grafik- oder Animationsdatei in die Website eines Dritten eingebunden wird, um per Hyperlink auf die Website des Werbenden oder eine vorgeschaltete Landing-Page zu verweisen. Ziel ist, die Besucher der Website des Dritten auf die Website des Werbenden hinzuweisen bzw. durch Klick auf das Banner zu einem Besuch zu animieren. Dritter kann jede natürliche oder juristische Person mit eigener Website sein. Dritte sind für eine Organisation umso interessanter, je mehr Besucher sie auf ihrer Website haben (Fachsprache: je höher der „Traffic" der Website) und je mehr die Besucher der Website des Dritten mit der Zielgruppe des Werbenden übereinstimmen. Ziel eines Fundraisers ist natürlich, Banner seiner Organisation kostenlos auf der Seite eines Dritten schalten zu dürfen. Bei besonders attraktiven Websites Dritter kann es aber auch sinnvoll sein, für die Bannerschaltung zu bezahlen (siehe nächstes Kapitel).

Technisch gesehen, sind Banner immer anspruchsvoller geworden. Zu Beginn waren sie nur einfache, statische Grafiken. Später wurden animierte Banner entwickelt, die eine Sequenz von hintereinander in einer Datei untergebrachten Einzelbildern in einer Endlosschleife zeigen. In Rich-Media-Banner können sogar Audio- und Video-Komponenten integriert werden.

Wie auch alle anderen Kommunikationskanäle, können Banner im Rahmen der Öffentlichkeitsarbeit ebenso eingesetzt werden wie im Rahmen der Werbung bzw. des Fundraisings (siehe Kap. 2.6.2). Entsprechend wurden sie immer weiter ausdifferenziert. Heute schalten Organisationen verschiedene Banner mit verschiedenen Zielsetzungen bei verschiedenen Zielgruppen auf verschiedenen Websites. Allen Bannern gemeinsam sollte sein, dass sie eine konkrete Handlungsaufforderung („Call to Action") umfassen (siehe Kap. 2.6.9):

- „Besuchen Sie uns auf dem Kirchentag!"
- „Informieren Sie sich über Ihre Möglichkeiten!"
- „Helfen Sie mit Ihrer Spende!"
- „Werden Sie Pate!"

Beispiel

Jeder, der über eine eigene Website verfügt (egal ob Privatperson oder Institution) kann das Bündnis *Aktion Deutschland Hilft* dadurch unterstützen, dass er ein ADH-Banner auf seiner Website schaltet, und dadurch ADH unter seinen Besuchern bekannt macht und Spenden sammelt. Er braucht sich dazu auf der ADH-Website (siehe Abb. 2.115) nur ein Banner unter 25 alternativen Formaten herauszusuchen, den Code für das Banner erzeugen zu lassen und ihn in die eigene Website einbauen. Auf diesem Wege konnte ADH im Zusammenhang mit dem Erdbeben in Haiti 2010 über 200 Mio. Bannereinblendungen, über 20.000 Besucher ihrer Website und einen fünfstelligen Spendenerlös erzielen.

2.7.2.4 Affiliate-Marketing

Unter Affiliate-Marketing werden Partnerprogramme für Werbung im Internet verstanden. Der eine Partner („Publisher" genannt) publiziert gegen Bezahlung auf seiner Website (oder anderen Kommunikationskanälen im Internet wie Blogs, E-Mail, E-Newsletter, Feeds etc.) eine Werbebotschaft (i. d. R in Form eines Banners) mit Hyperlink zur Website

Abb. 2.115 Banner

des anderen Partners („Merchant" genannt). Der Merchant erhält also das Recht, seine Werbebotschaft an die Website des Publishers angliedern (engl.: to affiliate) zu dürfen. Dadurch vermittelt der Publisher dem Merchant Interessenten, Käufer oder Spender aus der Gruppe der Besucher seiner Website. Im Gegenzug erhält der Publisher dafür eine erfolgsabhängige Vergütung (Provision) vom Merchant. Dabei kann provisionspflichtiger Erfolg in unterschiedlichen Abstufungen definiert werden.

Entsprechend gibt es verschiedene Vergütungssysteme auf Provisionsbasis:

- Pay-per-Impression (PPI): Bezahlung nach Anzahl der Einblendungen der Werbebotschaft (Banner) des Merchants auf der Website des Publishers. Eine Einblendung kann zwar bereits einen positiven Effekt auf den Bekanntheitsgrad bzw. das Image einer Organisation haben, und damit der Erreichung von Zielen der Öffentlichkeitsarbeit dienen. Aus Fundraising-Sicht ist eine PPI-Vergütung jedoch uninteressant.
- Pay-per-Click (PPC): Bezahlung nach der Anzahl der Klicks auf das Banner und damit Weiterleitungen auf die Website des Merchants. Aus Fundraising-Sicht ist eine PPC-Vergütung dann interessant, wenn der Klick auf eine Landing-Page zur Vorbereitung einer Spende führt, oder direkt auf ein Online-Spendenformular.
- Pay-per-Lead (PPL): Bezahlung nach der Anzahl der angestrebten Transaktionen (Leads). Angestrebte Transaktionen können z. B. ausgefüllte Online-Formulare (zum Abonnement eines E-Newsletters oder zur Anforderung von Patenschaftsunterlagen) sein. Im Fundraising wäre eine Bezahlung nach der Anzahl der über das Partnerprogramm gewonnenen Spender ideal (Pay-per-Donor). Technisch ist eine solche Vergütung bereits möglich.

Abb. 2.116 Affiliate-Marketing mit einem Seniorenportal

Bezogen auf das Online-Fundraising können zwei Fälle unterschieden werden: Im ersten (und sicherlich häufigsten) Fall ist die steuerbegünstigte Organisation der Merchant. Sie kauft dann Werbeplatz (für ein Banner) auf der Website eines Publishers, um unter den Besuchern der Website des Publishers neue Interessenten bzw. (Einzel-, Mikro- oder Dauer-) Spender für sich zu gewinnen. Wie immer muss es Ziel eines Fundraisers sein, die Leistungen des Publishers im Rahmen des Affiliate-Marketing zu fundraisen, also nicht oder nur verringert bezahlen zu müssen. Bei besonders attraktiven Publisher-Websites kann es aber auch sinnvoll sein, für die Bannerschaltung zu bezahlen. Nämlich dann, wenn die zu erwartenden Erlöse von den per Banner gewonnenen Interessenten- bzw. Spendern in einem ökonomisch sinnvollen Verhältnis zu den Schaltungskosten stehen – auch im Verhältnis zu den Kosten anderer Methoden der Interessenten- und Spendergewinnung (siehe Kap. 6.1). Liegen zum Kosten-Erlös-Verhältnis von Bannern keine Erfahrungswerte vor, sind sie mit Hilfe von Tests zu ermitteln. Infrage kommen könnten z. B. Portale mit thematischem oder regionalem Bezug.

Beispiele

- Soll (Online-)Fundraising für eine Organisation in der Altenhilfe betrieben werden, könnte Affiliate-Marketing mit einem thematisch verwandten Seniorenportal interessant sein. Das forum-fuer-senioren.de (siehe Abb. 2.116) hat beispielsweise über eine Million Mitglieder im Alter von 50 + und rund 8 Mio. Pageimpressions pro Monat.

Abb. 2.117 Affiliate-Marketing mit einem regionalen Portal

- Soll (Online-)Fundraising für eine Kölner Organisation in der Altenhilfe betrieben werden, könnte Affiliate-Marketing mit einem der regionalen Portale koeln.de, koeln-online.de (siehe Abb. 2.116) oder stadt-koeln.de fruchtbar sein.

Im zweiten (selteneren) Fall ist die steuerbegünstigte Organisation der Publisher. Sie verkauft dann Werbeplatz (für ein Banner) auf ihrer Website an Merchants. Dritte (i. d. R Unternehmen) erhalten dann die Möglichkeit, unter Besuchern der Website der Organisation Interessenten und Kunden für ihre Produkte zu gewinnen. So werden beispielsweise unter dem Motto „click'n'help" Werbeprämien an (gemeinnützige) Organisationen dafür gezahlt, dass sie Besucher ihrer Homepage nachweislich bestimmten werblichen Botschaften aussetzen.

Beispiel

Die Organisation *Welternährungsprogramm der Vereinten Nationen* (UN World Food Programme) bietet auf der von ihr betriebenen gemeinnützigen Website freerice.com (siehe Abb. 2.118) allen Besuchern die Möglichkeit, durch die richtige Lösung eines kleinen Vokabel-Tests (Englisch, Französisch, Spanisch, Italienisch und Koreanisch) zu spenden. Für jede richtige Antwort wird ein Werbebanner eingeblendet. Im Gegenzug

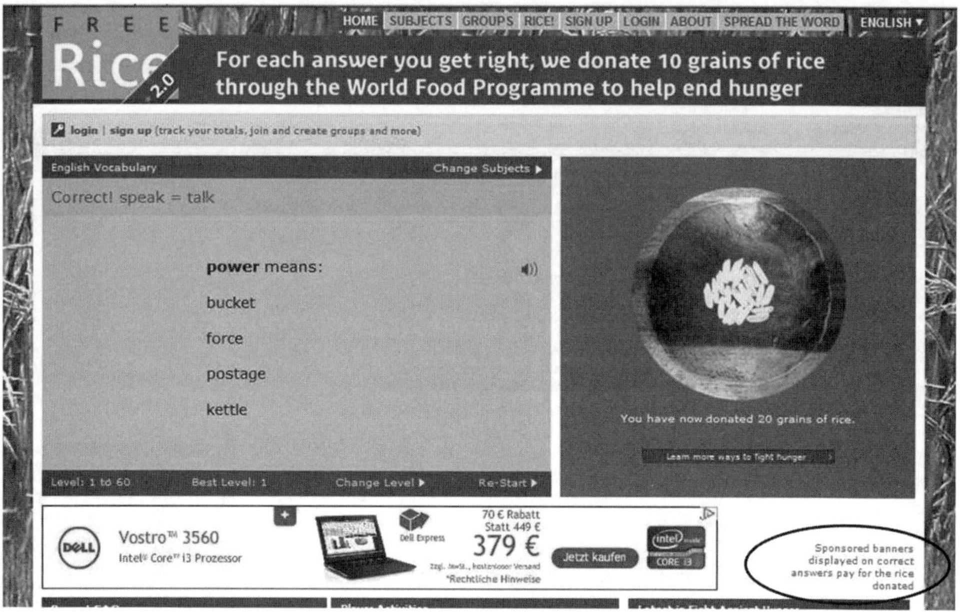

Abb. 2.118 Affiliate-Marketing Free-Rice

spendet der Merchant (im abgebildeten Beispiel der Computer-Hersteller *Dell*) einen Betrag, der dem Wert von zehn Reiskörnern entspricht, an das Welternährungsprogramm. Mit jeder richtigen Antwort füllt sich die abgebildete Schüssel um weitere zehn Reiskörner. Seit dem Start der Website am 07.10.2007 wurden bis 01.06.2013 (nach eigenen Angaben der Website) insgesamt 99,45 Mrd. Reiskörner gespendet. Umgerechnet können davon ca. 13.600 Menschen jeweils ein Jahr lang ernährt werden.

2.7.3 Multichannel Online-Fundraising

Im Idealfall können unter den oben beschriebenen Vertriebs- und Kommunikationskanälen des Online-Fundraising (in Abstimmung mit allen Offline-Vertriebs- und Kommunikationskanälen, siehe Kap. 2.6.8) alle diejenigen genutzt werden, deren Einsatz durch Tests für ökonomisch sinnvoll befunden wurde. Ökonomisch sinnvoll sind alle Kommunikationskanäle, die – im Zusammenspiel mit den Vertriebskanälen – für ein mindestens angemessenes Aufwand-Ertrags-Verhältnis bei der Gewinnung, Bindung und Rückgewinnung von Spendern auf den verschiedenen Stufen der Spenderpyramide sorgen (siehe Kap. 6.1). Die in Kap. 2.6.8 bereits angesprochene Komplexität durch immer mehr Kombinationsmöglichkeiten einer ständig wachsenden Anzahl von Offline-Vertriebs- und Kommunikationskanälen (siehe Abb. 2.72) für eine ständig wachsende Anzahl von Spendenprodukten, wird noch erhöht durch die ständig wachsende Anzahl von Online-Vertriebs- und Kommunikationskanälen. Der bereits erwähnte Gedanke des integrierten Multi-Channel-

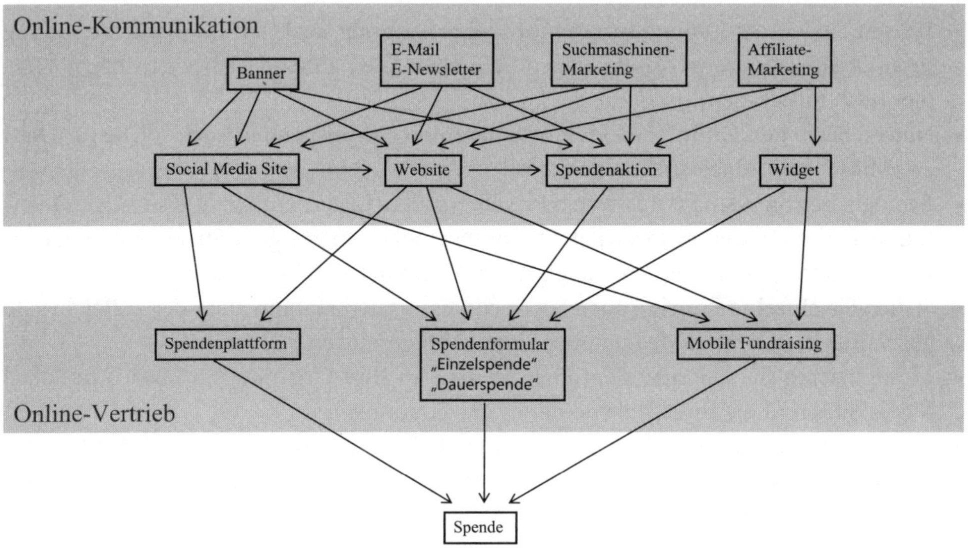

Abb. 2.119 Multichannel Online-Fundraising

Fundraising ist demnach noch zu erweitern um die Aspekte eines Multichannel Online-Fundraising (siehe Abb. 2.119). Eine gedankliche Kombination aus Abb. X und Abb. 2.72 lassen die Komplexität des Optimierungsprozesses im Rahmen des Fundraising-Management erahnen, um maximale Synergien aus Offline- und Online-Fundraising erzielen zu können.

2.7.4 Was ich in diesem Kapitel gelernt habe

- Wenn nicht längst geschehen, beginnen Sie sofort mit dem Online-Fundraising – selbst wenn es erst ab 2025 zum bedeutendsten Vertrieb- und Kommunikationskanal aufgestiegen sein wird!
- Integrieren Sie zumindest ein Online-Spendenformular auf der Website Ihrer Organisation!
- Strukturieren Sie die Online-Spendenmöglichkeiten nach den Stufen der Spenderpyramide durch eigene Online-Formulare für Interessenten, Einzel-, Dauer-, Groß- und Testamentspender!
- Geben Sie Anreize für Interessenten, ihre Adresse zu hinterlassen (E-Newsletter, Bildschirmschoner, E-Cards, Gratulationslisten zu Jubiläen)!
- Setzen Sie Prominente gerade auch im Online-Fundraising ein, um Vertrauen in den Vertriebs- und Kommunikationskanal Internet aufzubauen!
- Versuchen Sie den Hinweis auf die Online-Spende möglichst prominent auf Ihrer Website zu platzieren! Wenn möglich, nicht nur auf der Homepage, sondern an gleichbleibender Stelle auch auf allen Unterseiten!

- Weisen Sie – trotz Online-Spendenformulars – immer auch auf die Bankverbindung Ihrer Organisation hin (für diejenigen Menschen, die Zahlungen über das Internet immer noch misstrauen)!
- Nutzen Sie neben Online-Spendenformularen für Einzelspenden auch solche für Dauer-, Mikro- und Anlassspenden!
- Ermöglichen Sie allen interessierten Privatpersonen, Unternehmen und sonstigen Institutionen, mit Hilfe eines speziellen Online-Formulars auch eigene Spendenaktionen im Freundeskreis bzw. unter den wichtigsten Stakeholdern Online zu starten!
- Stellen Sie einzelne Projekte auch auf Spendenportalen ein, um auch deren Reichweite gegenüber bestimmten Medien oder Unternehmen nutzen zu können!
- Multiplizieren Sie alle Spendenmöglichkeiten an Ihre Organisation über Ihre Social Media Sites und die Ihrer Stakeholder (Viral-Fundraising)!
- Wenn nicht längst geschehen, beginnen Sie baldmöglichst damit, Social Media Sites (insbesondere Facebook) für Ihre Organisation aufzubauen, über die Sie viral kommunizieren und vertreiben können!
- Testen Sie Facebook-Werbung für Ihre Organisation!
- Bieten Sie die Möglichkeit der SMS-Spende durch ein Widget auf der Website und den Social Media Sites Ihrer Organisation sowie der Ihrer Stakeholder, Unternehmenspartner, Medienpartner und prominenten Botschafter an!
- Suchen Sie sich starke Partner (themen- und regional bezogene Portale) für Ihr Affiliate-Marketing!
- Betreiben Sie (selbst oder über Dienstleister) Suchmaschinen-Marketing in Form von Suchmaschinenoptimierung (Onpage- und Offpage-Optimierung!
- Testen Sie (selbst oder über Dienstleister) Suchmaschinen-Marketing in Form von Suchmaschinenwerbung! Nutzen Sie zumindest die Freibeträge im Rahmen von Google Grants!
- Bauen Sie systematisch einen E-Mail-Verteiler auf, und holen Sie sich die Permission per Double-opt-in-Verfahren von jedem Einzelnen ein!
- Binden Sie die Interessenten durch den regelmäßigen Versand einer E-Mail oder eines E-Newsletters!
- Beteiligen Sie sich an einer Informationsplattform zum Thema „Erben und Vererben" im Internet oder gründen Sie selbst eine!

2.7.5 Weiterführende Literatur zu diesem Kapitel

Allen, N., Warwick, M., Stein, M.: Fundraising on the Internet – Recruiting and Renewing Donors Online. Berkeley (1997)

Aschoff, M.: Professionelles Direkt- und Dialogmarketing per E-Mail. Carl Hanser, München (2005)

Beck, R.: Crowdinvesting – Die Investition der Vielen. Create Space. Düsseldorf (2012)

Eisfeld-Reschke, J., Wenzlaff, K.: Crowd Funding Studie 2010/2011. ikosom, Berlin (2011)

Grant, G.B., Grobman, G.M., Roller, S.: The Wilder Nonprofit Field Guide to Fundraising on the Internet. Saint Paul (1999)

Hart, T., Greenfield, J.M., Haji, S.D.: People-to-People Fundraising. Social Networking and Web 2.0 for Charities. Wiley, Hoboken (2007)

Hemer, J., Schneider, U., Dornbusch, F., Frey, S.: Crowdfunding und andere Formen informeller Mikrofinanzierung in der Projekt- und Innovationsfinanzierung. Fraunhofer Verlag, Stuttgart (2011)

Hohn, B.: Internet-Marketing und –Fundraising für Nonprofit-Organisationen. Gabler, Wiesbaden (2001)

Hart, T., Greenfield, J.M., Johnston, M.: Best Practices for Marketing, Communications, and Fundraising Success. Hoboken (2005)

Lake, H.: Fundraising on the Internet. Powage Press, London (1996)

Lawton, K.: The Crowdfunding Revolution – How to Raise Venture Capital Using Social Media. McGraw-Hill, New York (2013)

Patolla, B.: Fundraising im Internet. Maro Verlag, Augsburg (2005)

Reichenbach, T.: Online Fundraising: Instrumente, Erfolgsfaktoren, Trends. Bonn (2008) (kostenloser Download als e-Book auf online-fundraising.org).

Reichenbach, T.: Suchmaschinenoptimierung & Fundraising. Bonn (2010) (kostenloser Download als e-Book auf online-fundraising.org)

Sommeregger, M.: CSR 2.0– Online-Spendenplattformen als neues Instrument für Corporate Giving, Eine Untersuchung am Fallbeispiel betterplace.org. Diplomica, Hermannstal (2012)

Viest, O.: Online-Fundraising. In: Fundraising Akademie (Hrsg.) Fundraising – Handbuch für Grundlagen, Strategien und Methoden, 4. Aufl., S. 474–488. Gabler, Wiesbaden (2008)

Warwick, M. Hart, T., Nick, A.: Fundraising on the Internet – The ePhilanthropyFoundaton.org's Guide to Success Online, 2. Aufl. San Francisco (2002)

2.8 Volumen von Privatpersonen zur Verfügung gestellter Ressourcen

Am Ende des Kapitels zum Fundraising bei Privatpersonen soll nun noch der Frage nachgegangen werden, welches Volumen an Ressourcen Privatpersonen in Deutschland für steuerbegünstigte Zwecke insgesamt zur Verfügung stellen. Dabei soll der Schwerpunkt auf bereitgestellte Geldspenden gelegt werden, nicht auf Sach- oder Zeitspenden.

2.8.1 Wachsendes Volumen privat zur Verfügung gestellter Ressourcen

Darüber, wie viel die Deutschen pro Jahr spenden, gibt es leider keine exakten Zahlen. Während in den USA die jährlich erscheinende Statistik „Giving USA" detaillierte Informationen zum amerikanischen Spendenmarkt liefert, existieren in Deutschland nur Schätzungen. Gesichert sind hierzulande nur die Angaben zu den nach § 10b und § 34 g *Einkommenssteuergesetz* (EStG) steuerlich geltend gemachten Spenden, die das *Statistische Bundesamt* im Rahmen der Lohn- und Einkommensteuerstatistik erhebt. Die frühesten Untersuchungen der steuerlich geltend gemachten Spenden gehen auf *Schneider* zurück.[72] Er entnahm diesen Statistiken, dass die nominale Spendensumme im Zeitraum von 1965 (189,5 Mio. DM) bis 1986 (1.952,6 Mio. DM) um rund das Neunfache (1.030,4 %) gewachsen ist. Bereinigt man diesen Wert um die Inflationsrate von rund 81,0 % in diesem Zeitraum, so hat sich das reale Spendenaufkommen in diesem Zeitraum immer noch mehr als vervierfacht (440,1 %). Dies stellt ein enormes Wachstum der steuerlich geltend gemachten Spenden dar. Zum Vergleich: Das Bruttosozialprodukt je Einwohner ist im selben Intervall um gerade einmal zwei Drittel (66,8 %) gestiegen. 1998 steigt die Summe der steuerlich geltend gemachten Spenden sogar auf 3,43 Mrd. €, wobei erstmals die bis zu 10 % (1,05 Mrd. €) bzw. 5 % (2,38 Mrd. €) des Jahreseinkommens abzugsfähigen Spenden getrennt erfasst werden. Dieser Wert liegt noch einmal deutlich über dem von 1986. Allerdings ist zum einen zu berücksichtigen, dass er zwischenzeitlich auch die neuen Bundesländer umfasst. Zum anderen enthält er zusätzlich 1,03 Mrd. € an Spenden, die sich wegen der Kappungsgrenzen nicht steuermindernd ausgewirkt haben (aber natürlich trotzdem getätigt wurden).[73] Im Jahr 2008 machen die Deutschen, laut Angaben des *Statistischen Bundesamtes*, Spenden in Höhe von insgesamt 5,382 Mrd. € steuerlich geltend. Damit wurde zum ersten Mal die 5-Milliarden-Marke überschritten (siehe Tab. 2.4 und Abb. 2.120). Gegenüber dem Vorjahreswert (2007) in Höhe von 4,881 Mrd. € ist eine Steigerung um 10,3 % zu verzeichnen. Dies ist umso beachtlicher, als 2008– beeinflusst durch die Finanzkrise – ein wirtschaftlich ausgesprochen schwieriges Jahr war.[74]

Diese Zahlen scheinen auch die schon früher aufgestellte Hypothese zu stützen, wonach konjunkturelle Einflüsse auf das Spendenverhalten kaum eine Rolle spielen – vermutlich weil die mehrheitlich älteren Spender nicht mehr so stark von der Konjunktur abhängig sind wie jüngere (Arbeitsplatzsicherheit, Verschuldung etc.). Wenn Schwankungen im

[72] Vgl. Schneider, Willy: Die Akquisition von Spenden als eine Herausforderung für das Marketing, Berlin 1996, S. 57 f.

[73] Vgl. Wilke, Burkhard: Zur Situation des deutschen Spendenwesens im Jahr 2003, in: Deutsches Zentralinstitut für soziale Fragen (Hrsg.), DZI-Spenden-Almanach 2003/4, S. 8–11, S. 8 f.

[74] Vgl. Urselmann, Michael; Schwabbacher, Wolfram: Größer und dynamischer als vermutet – Statistisches Bundesamt zeigt Wachstum im deutschen Spendenmarkt, in: Stiftung & Sponsoring, Heft 1/2013, S. 22–23.

Tab. 2.4 Entwicklung steuerlich geltend gemachter Spenden (2001–2008). (alle Angaben in Tsd. Euro)

Spendenart	2001	2002	2003	2004	2005	2006	2007	2008
Spenden bis 5%, 10% oder 20% des Gesamtbetrags der Einkünfte (GdE)	3.220.726	3.441.466	3.122.774	3.293.496	3.638.362	3.501.974	4.150.640	4.624.392
Beiträge und Spenden an politische Parteien	226.866	421.207	331.285	297.194	197.223	350.609	212.353	250.629
Spenden an Stiftungen für wissenschaftliche, mildtätige und kulturelle Zwecke	169.959	232.679	490.519	475.649	547.867	662.637	180.873	130.256
Spenden an Stiftungsneugründungen	74.770	68.756	57.444	55.385	83.608	108.241	272.478	274.629
Vortrag für Spenden an Stiftungsneugründungen	8.530	16.503	19.684	21.661	26.202	30.775	55.914	92.144
Spenden an unabhängige Wählervereinigungen	9.663	8.019	7.484	6.903	7.261	6.288	8.796	9.451
Summe geltend gemachter Spenden (nominal)	3.710.514	4.188.631	4.029.189	4.150.288	4.500.523	4.660.523	4.881.055	5.381.501
Veränderung zum Vorjahr (nominal)		12,9%	-3,8%	3,0%	8,4%	3,6%	4,7%	10,3%
Inflationsrate (lt. Stat. Bundesamt 2012)	1,9%	1,5%	1,0%	1,7%	1,5%	1,6%	2,3%	2,6%
Summe geltend gemachter Spenden (real, Bezugsjahr 2001)	3.710.514	4.126.730	3.930.341	3.980.795	4.252.933	4.334.775	4.437.823	4.768.835
Veränderung zum Vorjahr (real)		11,2%	-4,8%	1,3%	6,8%	1,9%	2,4%	7,5%

Spendenverhalten beobachtet werden können, sind diese eher auf (medial wahrgenommene) (Natur-) Katastrophen zurückzuführen, die immer wieder ausnahmsweise auch Nicht-Spender (kurzzeitig) aktivieren (siehe auch Abb. 2.121):

- Im Jahr **1999** erreichen die Spendeneinnahmen für die Opfer des **Kosovokrieges** und des **Erdbebens in der Türkei** ein Rekordergebnis von 110 Mio. €.
- Im Jahr **2002** erreicht die Spendenbereitschaft rund um die **Elbeflut** ein neues Rekordergebnis von 350 Mio. €.
- Im Jahr **2005/2006** wird mit 670 Mio. € für die Opfer des **Tsunami** erneut ein Spendenrekord aufgestellt.[75]

Das durchschnittliche jährliche Wachstum der steuerlich geltend gemachten Spenden lag im Zeitraum 2001 bis 2008 bei etwa 5,5 %. Zieht man diesen Wert auch als Schätzwert für die Jahre 2009 bis 2012 heran, so würde sich die Summe aller steuerlich geltend gemachten Spenden im Jahr 2012 auf ca. 6,5 Mrd. € belaufen. Die Werte 2009 bis 2012 müssen geschätzt werden, da sie bei Redaktion dieses Buches (2013) noch nicht vorlagen. Leider stehen diese Zahlen dem *Statistischen Bundesamt* immer erst mit einer Verzögerung von vier Jahren zur Verfügung – aus Verfahrensgründen bei der Steuererhebung (insbesondere zu berücksichtigender Fristen). Das durchschnittliche (nominale) Wachstum für den Zeitraum 2001 bis 2008 wurde bereits mit 5,5 % angegeben. Aber selbst wenn man die Inflation in diesem Zeitraum (siehe Tab. 2.4) heraus rechnet, wachsen die steuerlich geltend gemachten Spenden (real) immer noch um durchschnittlich 3,5 %. Ein Teil dieses Wachstums geht auf das seit 2005 geltende *Alterseinkünftegesetz* zurück, in dessen Folge die Anzahl der steuerpflichtigen Rentner kontinuierlich gestiegen ist. Folglich nehmen

[75] Vgl. Urselmann, Michael; Wodziczko, Waldemar: Tsunami-Spenden on top – Wie die Katastrophe den deutschen Spendenmarkt beeinflusst, in: Stiftung & Sponsoring, Heft 2/2007, S. 38–39.

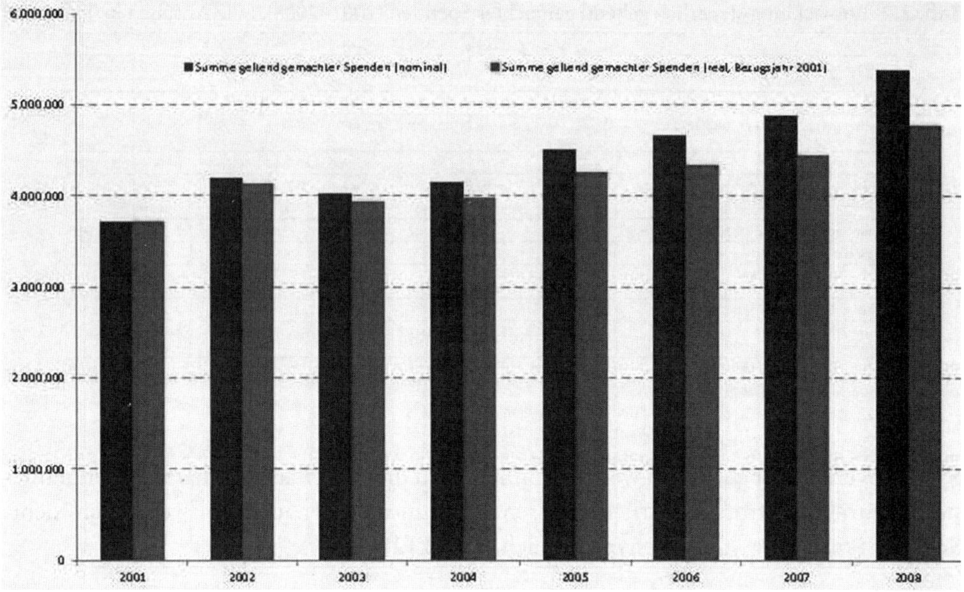

Abb. 2.120 Entwicklung steuerlich geltend gemachter Spenden (2001–2008)

auch die steuerlich geltend gemachten Spenden zu bzw. die steuerlich nicht geltend gemachten Spenden ab. Ein weiterer Teil dieses Wachstums ist auf den stark wachsenden Anteil der steuerlich geltend gemachten Spenden zurückzuführen, die an Stiftungen (insbesondere bei Errichtung einer Stiftung) geleistet werden. Dieser dürfte nicht zuletzt auf die steuerliche Privilegierung von Stiftungen in Folge des „*Gesetzes zur weiteren steuerlichen Förderung von Stiftungen*" (vom 14.07.2000) und des „Gesetzes zur weiteren Stärkung des bürgerschaftlichen Engagements" (vom 10.10.2007) zurückzuführen sein. Fasst man in Tab. 2.1 die beiden Positionen „Spenden an Stiftungsneugründungen" und „Vortrag für Spenden an Stiftungsneugründungen" zusammen, so belaufen sich die steuerlich geltend gemachten Spenden im Jahr 2001 noch auf insgesamt 83 Mio. €. Im Jahr 2008 hat sich dieser Betrag auf 367 Mio. € mehr als vervierfacht.[76]

Zu der geschätzten Summe der 2012 steuerlich geltend gemachten Spenden in Höhe von 6,5 Mrd. € müssen nun noch die steuerlich nicht geltend gemachten Spenden hinzugerechnet werden. Über deren Höhe kann weder das *Statistische Bundesamt* noch das *Bundesfinanzministerium* Angaben machen. Dazu gehören neben Spenden zahlreicher (nicht mehr steuerpflichtiger) Rentner auch Bagatellspenden bei Kirchenkollekten, Haus- und Straßensammlungen, ebenso wie Schenkungen und Nachlässe im Sinne des Erbschaftssteuerrecht, Aufwendungen für den Erwerb von Wohlfahrtsmarken und Lotterielosen

[76] Vgl. Urselmann, Michael; Schwabbacher, Wolfram: Größer und dynamischer als vermutet – Statistisches Bundesamt zeigt Wachstum im deutschen Spendenmarkt, in: Stiftung & Sponsoring, Heft 1/2013, S. 22–23.

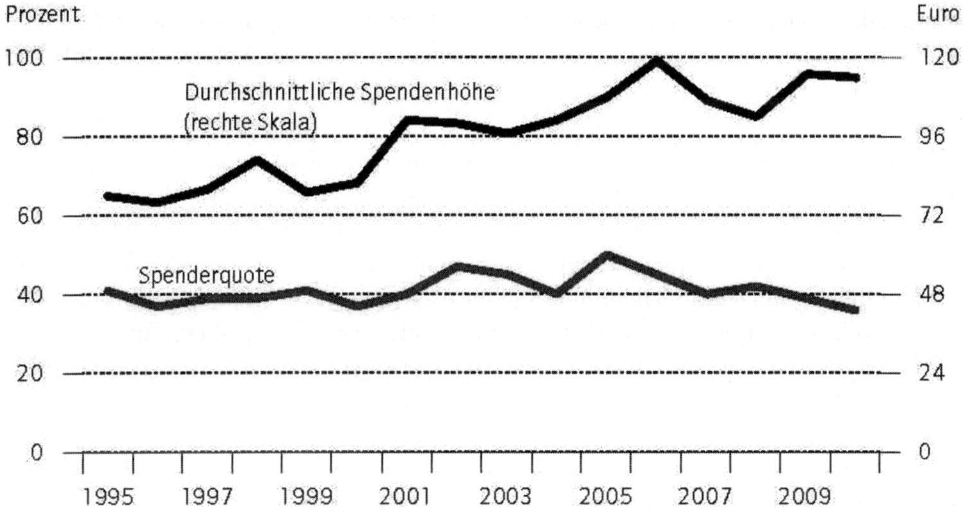

Abb. 2.121 Entwicklung Spenderquote und Spendenhöhe. (Quelle: Priller, Eckhard; Schupp, Jürgen: Soziale und ökonomische Merkmale von Geld- und Blutspendern in Deutschland, in: DIW-Wochenbericht 29–2011, Berlin 2011, S. 3–10, S. 4 (auf der Datenbasis des Deutschen Spendenmonitors der Jahre 1995–2010))

sowie Ausgaben für Galakonzerte, Auktionen und Benefizprodukte.[77] Selbst bei konservativer Schätzung sollte für das Jahr 2012 jedoch mindestens von einem Spendenmarkt in Höhe von 7 Mrd. € ausgegangen werden. Aufgabe der Forschung muss es sein, in den nächsten Jahren verlässliche Schätzwerte für steuerlich nicht geltend gemachte Spenden zu entwickeln. Die Schätzung in Höhe von 7 Mrd. € geht über die Schätzung von *Priller/Schupp*[78] in Höhe von 5,3 Mrd. € für 2009 und *Wilke*[79] in Höhe von 6,0 Mrd. € für 2011 hinaus.

Wichtig ist in diesem Zusammenhang die Beobachtung, dass das wachsende Spendenvolumen von einer sinkenden Anzahl von Spendern erbracht wird, deren durchschnittliche Spendenhöhe (gemeint ist die Jahresspendensumme eines Spenders) jedoch kontinuierlich steigt. Wie aus Abb. 2.121 ersichtlich, lag der Anteil der Spender an der Bevölkerung („Spenderquote") – laut Deutschem Spendenmonitor des Marktforschungsinstituts *TNS Infratest* – lange Jahre um die 40 %. Immer wieder auftretende Ausschläge der Spenderquote nach oben, sind auf (medial wahrgenommene) (Natur-) Katastrophen zurückzuführen, die ausnahmsweise auch Nicht-Spender (kurzzeitig) aktivieren (z. B. Elbeflut 2002 und Tsunami 2005). 2011 wurde jedoch mit 35 % ein historischer Tiefststand ermittelt. Hinzu

[77] Vgl. Schneider, Willy, a. a. O., S. 56.

[78] Vgl. Priller, Eckhard; Schupp, Jürgen: Soziale und ökonomische Merkmale von Geld- und Blutspendern in Deutschland, in: DIW-Wochenbericht 29–2011, Berlin 2011, S. 3–10.

[79] Vgl. Wilke, Burkhard: Zur Siuation des deutschen Spendenwesens im Jahr 2011, in: DZI (Hrsg.): DZI Spenden-Almanach 2012, (Eigenverlag DZI) Berlin 2012, S. 6–10, S. 8.

kommt, dass sich die sinkende Spenderquote auf eine rückläufige Basis bezieht. So musste die Anzahl der in Deutschland lebenden Menschen nach der Volkszählung 2011 um 1,5 Mio. auf 80,2 Mio. auf nach unten korrigiert werden. Die durchschnittliche Spendenhöhe stieg jedoch kontinuierlich und erreichte 2011 einen Höchstwert von 128 €. *Priller/Schupp* gehen auf Basis einer Spenderbefragung im Rahmen der Langzeitstudie Sozio-ökonomisches Panel (SOEP) sogar von ca. 200 € durchschnittliche Spendenhöhe aus.

Auf jeden Fall geben immer weniger immer mehr. Zudem bemühen sich um die weniger werdenden Spender immer mehr Organisationen (siehe nächstes Kapitel). Darauf wird das Fundraising in Deutschland immer stärker reagieren müssen. Fundraiser werden sich in den nächsten Jahren um quantitativ immer weniger Spender qualitativ immer besser kümmern müssen. Diese Entwicklung wird auch zu einem kontinuierlich steigenden (finanziellen) Aufwand pro Spender führen.

2.8.2 Wachsender Wettbewerb um private Ressourcen

Die Anzahl der Wettbewerber auf dem Spendenmarkt steigt kontinuierlich. Exakte Zahlen zu bekommen, ist hier jedoch genauso unmöglich, wie bei der Höhe des Spendenvolumens. Als Wettbewerber können auf dem Spendenmarkt steuerbegünstigte Organisationen aller Rechtsformen auftreten. Die wichtigste Rechtsform ist die des eingetragenen Vereins (e. V.). Das Johns Hopkins Comparative Nonprofit Sector Project ging 1990 noch von 286.000 Vereinen aus, was eine Verdreifachung des Bestandes von 1960 (88.572 Vereine) darstellte.[80] In der „Vereinsstatistik 2011" werden 580.298 eingetragene Vereine in Deutschland gezählt.[81] Insgesamt ein rasantes Wachstum in der Nachkriegszeit, das nach 1990 zu einem nicht unerheblichen Teil auf die Wiedervereinigung zurückzuführen ist. Auch wenn die große Mehrheit der eingetragenen Vereine abgesehen von Mitgliedsbeiträgen sowie vereinzelten Geld-, Sach- und Zeitspenden wohl kein systematisches Fundraising betreiben dürfte, wird deutlich, wie stark die Nachfrageseite auf dem deutschen Spendenmarkt gewachsen ist. Hinzu kommen mindestens 350.000 nicht eingetragene Vereine.[82] Rechnet man diejenigen Organisationen heraus, die entweder gar kein aktives Fundraising betreiben oder dies nur akzidentell tun, so kommen *Bruhn/Tilmes* auf eine Schätzung von ca. 10.000–12.000 NPOs, wovon schätzungsweise 2.500 überregional sam-

---

80 Vgl. Anheier, Helmut K., Der Dritte Sektor in Zahlen: Ein sozial-ökonomisches Porträt, in: Anheier, Helmut K./Priller, Eckhard/Seibel, Wolfgang/Zimmer, Annette (Hrsg.), Der Dritte Sektor in Deutschland – Organisationen zwischen Staat und Markt im gesellschaftlichen Wandel, Berlin 1997, S. 29–74, S. 32 f.

81 Vgl. v&m Service GmbH (Hrsg.), Vereinsstatistik 2011, Konstanz 2011.

82 Vgl. Maecenata Institut: Bürgerengagement und Zivilgesellschaft in Deutschland – Stand und Perspektiven, Berlin 2005.

meln.[83] Davon 10 %, also etwa 250 Organisationen, dürften nach einer weiteren Schätzung ein jährliches Spendenvolumen von mindesten einer halben Millionen Euro erreichen.[84]

Damit nicht genug, drängen zusätzlich noch steuerbegünstigte Organisationen in der Rechtsform einer Stiftung auf den Spendenmarkt, die um Spenden und Zustiftungen für den Ausbau ihrer Aktivitäten werben. Einen wahren „Stiftungsboom" lösten das bereits erwähnte *„Gesetz zur weiteren steuerlichen Förderung von Stiftungen"* und das *„Gesetz zur weiteren Stärkung des bürgerschaftlichen Engagements (Hilfe für Helfer)"* aus. 2013 schätzt der *Bundesverband Deutscher Stiftungen* ca. 20.000 selbständige Stiftungen und mehr als 30.000 unselbständige Stiftungen in Deutschland.

Zusammenfassend lässt sich festhalten, dass die Zahl der Wettbewerber auf dem Spendenmarkt ständig wächst. Zum einen sind dies inländische Organisationen, die versuchen, sinkende staatliche Unterstützung auszugleichen; In letzter Zeit verstärkt Kitas, Schulen, Hochschulen, Krankenhäuser und Kliniken. Zum anderen entdecken ausländische Organisationen den nach wie vor lukrativen deutschen Markt. Insbesondere Organisationen aus dem anglo-amerikanischen Raum stellen mit der reichhaltigen Fundraising-Erfahrung aus ihren Ursprungsländern eine ernst zu nehmende Konkurrenz für die, auf dem deutschen Markt etablierten Organisationen dar. Längst hat sich ein Verdrängungswettbewerb um den Spendeneuro mit Gewinnern und Verlierern eingestellt. Die Organisationen sind gezwungen, sich dieser neuen Herausforderung zu stellen, wollen sie nicht mittel- und langfristig aus dem Markt gedrängt werden. Dies bedeutet einen erheblichen Professionalisierungsdruck auf das Fundraising.

2.8.3 Weiterführende Literatur zu diesem Kapitel

Mann, R., Bokatt, W.: Spendenmarkt Deutschland – Parteien, Verbände, Stiftungen, Wohlfahrtsverbände, Hilfsorganisationen. Hamburg (1985)

Priller, E., Schupp, J.: Soziale und ökonomische Merkmale von Geld- und Blutspendern in Deutschland. DIW-Wochenber. (29), 3–10. Berlin (2011)

Priller, E., Sommerfeld, J.: Wer spendet in Deutschland? Der Einfluss von Erwerbsstatus und Werten. WZB-Mitt. (108), 36–39 (Juni 2005)

Priller, E., Sommerfeld, J. (Hrsg.): Spenden in Deutschland – Analysen, Konzepte, Perspektiven. LIT, Berlin (2009)

Schneider, W. Struktur und wirtschaftliche Bedeutung des Spendenmarktes in Deutschland. WiSt Wirtsch. Stud. **24** (12), 623–628 (1995)

[83] Vgl. Bruhn, Manfred;Tilmes, Jörg: Social Marketing – Einsatz des Marketing für nicht-kommerzielle Organisationen, 2. Aufl., (Kohlhammer) Stuttgart u. a. 1994, S. 25.

[84] Vgl. Newsletter der Bundesarbeitsgemeinschaft Sozialmarketing e. V. – Verband deutscher Fundraiser, 1/1994, Oberursel 1994, S. 4.

Urselmann, M.: Der Spendenmarkt in Deutschland. In: Fundraising-Akademie (Hrsg.): Fundraising – Handbuch für Grundlagen, Strategien und Methoden, 3. Aufl., S. 80–87. Wiesbaden (2006)

Urselmann, M. Spendenberichterstattung mittels ausgewählter Organisationen – Erfahrungen und Probleme. In: Priller, E., Sommerfeld, J. (Hrsg.) Spenden in Deutschland. Auf dem Weg zum „Giving Germany". LIT Verlag, Münster (2007)

Urselmann, M., Wodziczko, W.: Tsunami-Spenden on top – Wie die Katastrophe den deutschen Spendenmarkt beeinflusst. Stift. Spons. (2), 39–40 (2007)

Urselmann, M., Schwabbacher, W.: Größer und dynamischer als vermutet – Statistisches Bundesamt zeigt Wachstum im deutschen Spendenmarkt. Stift. Spons. (1), 22–23 (2013)

Wilke, B.: Zur Situation des deutschen Spendenwesens im Jahr 2003. In: DZI (Hrsg.): DZI-Spenden-Almanach 2003/4, S. 8–11. Eigenverlag DZI, Berlin (2004)

Wilke, B.: Zur Siuation des deutschen Spendenwesens im Jahr 2011. In: DZI (Hrsg.): DZI Spenden-Almanach 2012, S. 6–10. Eigenverlag DZI, Berlin (2012)

3 Fundraising bei Unternehmen

In der Definition des Fundraising-Begriffs wurden vier Gruppen von Ressourcenbereitstellern (Privatpersonen, Unternehmen, Stiftungen und öffentliche Institutionen) unterschieden. Im vorangegangenen Kapitel wurde der Frage nachgegangen, wie es gelingen kann, Geld-, Sach- und/oder Dienstleistungen bei Privatpersonen zu beschaffen. Dieses Kapitel soll zeigen, wie Geld-, Sach- und/oder Dienstleistungen für eine Organisation bei Unternehmen akquiriert werden können. Das Fundraising bei Unternehmen hat in Deutschland noch großes Potenzial. Trotzdem sollten gerade jüngere bzw. kleinere Organisationen zu Beginn ihrer Fundraising-Aktivitäten nicht dem Irrtum erliegen, das Fundraising bei Unternehmen wäre einfacher und bequemer als das Fundraising bei Privatpersonen; nach dem Motto: „Lieber bei Wenigen (Unternehmen) jeweils viel einwerben, als bei Vielen (Privatpersonen) jeweils nur wenig." Aus folgenden Gründen erweist sich diese Überlegung i. d. R. als Fehleinschätzung: Unternehmen, selbst kleinere, erhalten mittlerweile viele Fundraising-Anfragen. Organisationen kommen als Partner für Unternehmen umso eher in Frage, je größer die Überschneidung ihres Spenderkreises mit der Zielgruppe des Unternehmens ist, insbesondere aber je mehr potenzielle Kunden ein Unternehmen durch sein Engagement im Spenderkreis der Organisation erreichen kann. Kleinere Organisationen sind vor diesem Hintergrund oftmals (noch) nicht attraktiv genug für ein Unternehmen. Es empfiehlt sich daher von der Reihenfolge her, zunächst eine ausreichend große Basis von Privatpersonen als Spender zu gewinnen. Erst wenn eine ausreichend attraktive Basis von Spendern gelegt werden konnte, ist es erfolgsversprechend für eine Organisation, in einem zweiten Schritt an Unternehmen heranzutreten.

Selbst wenn es einer Organisation gelingen sollte, bereits in einem frühen Stadium einen Unternehmenspartner gewinnen zu können, besteht die Gefahr zu großer Abhängigkeit. Zieht ein wichtiger Unternehmenspartner kurzfristig sein Engagement zurück, sind schnell Projekte oder gar die ganze Organisation existenziell bedroht. Es ist deshalb sinnvoller, die langfristige Arbeit einer Organisation durch eine langfristig stabile Finanzierung, verteilt auf viele Schultern privater Förderer sicherzustellen. Zwar können auch hier immer wieder einzelne Spender (auch kurzfristig) ausfallen, insgesamt ist jedoch eine we-

M. Urselmann, *Fundraising*,
DOI 10.1007/978-3-658-01795-8_3, © Springer Fachmedien Wiesbaden 2014

sentlich höhere Stabilität und damit auch deutlich bessere finanzielle Planbarkeit gegeben. Wenn eine solide Basis aus Einnahmen von vielen Privatpersonen gegeben ist, können zeitlich befristete Unternehmenspartnerschaften für zeitlich befristete Projekte aufsetzen ohne bei plötzlichem Wegfall die Organisation als Ganzes zu gefährden.

3.1 Coporate Social Responsibility

Das Fundraising bei Unternehmen wird unterstützt durch einen Trend seit Anfang der 2000er Jahre zu vermehrter Wahrnehmung von gesellschaftlicher Verantwortung durch Unternehmen (engl.: Corporate Social Responsibility, kurz: CSR). Unternehmen sehen ihre gesellschaftliche Rolle zunehmend als „Unternehmensbürger" (engl.: Corporate Citizens, kurz: CC), die sich über ihren Beitrag durch die Schaffung von Arbeitsplätzen und als Steuerzahler hinaus freiwillig für gesellschaftliche Anliegen engagieren.

Laut der Studie „Sponsoring Trends 2010" existiert bereits bei der Hälfte der Unternehmen (50,3 %) ein CSR-Engagement, das sich wie folgt auf die verschiedenen Formen der Unterstützung verteilt:

- Corporate Giving (70,2 %) (siehe Kap. 3.2.1.1),
- Sponsoring (69,5 %) (siehe Kap. 3.2.2),
- Unternehmensstiftungen (33,2 %) (siehe Kap. 3.2.5),
- Cause Related Marketing (24,3 %) (siehe Kap. 3.2.3),
- Corporate Volunteering (21,2 %) (siehe Kap. 3.2.1.3),
- Sonstige (4,5 %).

Fast drei Viertel der befragten Unternehmen (72,3 %) glauben, dass das Thema CSR weiter an Bedeutung zunehmen wird.[1]

Was motiviert Unternehmen zu diesem zusätzlichen Engagement? Wie auch bei der Ressourcenbereitstellung von Privatpersonen (siehe Kap. 2.3.1), ist es von zentraler Bedeutung für das Fundraising, die Motivation der Unternehmen als Ressourcenbereitsteller zu erforschen und zu verstehen. Das Wissen um die Motive von Unternehmen ist zentral, um optimal auf sie eingehen zu können. Einige allgemeine Beweggründe wurden bereits in Kap. 1.4 angesprochen. Detailliertere Erkenntnisse über das CSR-Engagement einer wichtigen Teilgruppe der deutschen Unternehmen, nämlich von inhabergeführten Unternehmen mit einem Mindestumsatz von 100.000 €, liefert die Umfrage „Corporate Social Responsibility in Deutschland" des Meinungsforschungsinstituts *Forsa* im Auftrag der *Initiative Neue Soziale Marktwirtschaft (INSM)* aus dem Jahr 2005. Befragt nach den Motiven des Engagements wird eine Vermischung von ideellen Interessen (z. B. „Gesell-

[1] Vgl. Hermanns, Arnold: Sponsoring Trends 2010 – Corporate Social Responsibility und Sponsoring im Fokus, Studie im Auftrag von BBDO Live, Bonn 2010 (Studie steht auf bbdo-live.com zum kostenlosen Download bereit).

Tab. 3.1 Motive des sozialen Engagements der Unternehmer

Motiv	Halten für wichtig (in %)
Verbesserung des Ansehens des Unternehmens in der Öffentlichkeit	74
Persönliches Engagement für bestimmte öffentliche Aufgaben	73
Verbesserung der Kundenbeziehungen	72
Gesellschaftspolitische Verantwortung des Unternehmens	71
Förderung der Mitarbeitermotivation	65
Gewinnung von Kunden	64
Werbung für das Unternehmen	62
Absatzsteigerung	51
Ausgleich staatlicher Defizite bei Gemeinschaftsaufgaben	44
Einflussnahme auf Entscheidungen in bestimmten öffentlichen Bereichen	41

schaftspolitische Verantwortung des Unternehmens") und ökonomischen Interessen (z. B. „Verbesserung der Kundenbeziehungen") deutlich (siehe Tab. 3.1).

3.2 Formen der Unterstützung durch Unternehmen

Die konkreten Formen, wie ein Unternehmen seiner CSR durch Bereitstellung von Geld-, Sach- und/oder Dienstleistungen zugunsten gemeinnütziger Organisationen gerecht werden kann, haben sich in der Praxis vielfältig ausdifferenziert. Von zentraler steuerrechtlicher Bedeutung ist, zwischen primär gemeinnützigen und primär eigennützigen Formen der Unterstützung zu unterscheiden. Die im vorangegangenen Kapitel erwähnten Untersuchungen zeigen, dass bei den Unternehmen i. d. R. eine Mischung aus eigennützigen und gemeinnützigen Motivationen vorliegt. Stellt ein Unternehmen seine (Geld-, Sach- und Zeit-) Ressourcen freiwillig und unentgeltlich einer steuerbegünstigen Organisation zur Verfügung, so liegt steuerrechtlich eine (Unternehmens-) Spende vor (siehe Kap. 3.2.1). Erbringt eine steuerbegünstigte Organisation jedoch eine Gegenleistung für die vom Unternehmen erhaltenen Ressourcen, so liegt ein Sponsoring vor, das nach Sponsoring-Erlass steuerrechtlich sehr unterschiedlich behandelt werden kann (siehe Kap. 3.2.2).

3.2.1 Unternehmensspende

Wie auch Privatpersonen, können Unternehmen gemeinnützigen Organisationen Geld-, Sach- und Dienstleistungen spenden. Erstaunlicherweise beschränken sich viele Organisationen darauf, ausschließlich größere Unternehmen ausschließlich auf Geldspenden anzusprechen. Dabei ist Deutschland mehrheitlich geprägt von kleineren und mittleren

Unternehmen (siehe Kap. 3.4), die neben Geldspenden auch sehr interessante Sach- und Zeitspenden zur Verfügung stellen könnten.

Bei der Vermarktung der „Produkte" Geld-, Sach- und Zeitspenden gegenüber der Zielgruppe Unternehmen sind im Prinzip die selben Überlegungen im Rahmen des Marketing-Mixes anzustellen wie bei der Vermarktung gegenüber der Zielgruppe Privatpersonen (siehe Kap. 2.2). Im Rahmen der Produktpolitik ist zu entscheiden, welchen (Grund- und Zusatz-) Nutzen eine (Geld-, Sach- oder Zeit-) Spende für ein Unternehmen erbringen soll. Im Rahmen der Preispolitik ist zu entscheiden, welchen Preis bzw. Wert bzw. Höhe eine Unternehmensspende haben sollte. Im Rahmen der Vertriebspolitik sind die Vertriebskanäle festzulegen. Zwar können Unternehmensspenden theoretisch über alle Vertriebskanäle akquiriert werden, die auch beim Fundraising gegenüber Privatpersonen zur Verfügung stehen (siehe Kap. 2.5). Da viele Unternehmen jedoch wesentlich häufiger auf Spenden angesprochen werden als Privatpersonen, kommt dem (finanziell aufwendigeren, aber effektiveren) telefonischen und persönlichen Vertrieb (bzw. einer Kombination aus beiden) eine größere Bedeutung zu als dem Post- und Online-Vertrieb. Letztere können sich im Unternehmensalltag nur bedingt Aufmerksamkeit verschaffen. Im Rahmen der Kommunikationspolitik ist schließlich zu entscheiden, über welche adäquaten Kommunikationskanäle die (Spenden-) Produkte der Zielgruppe Unternehmen am besten kommuniziert werden können.

3.2.1.1 Geldspende (Corporate Giving)

Geldspenden von Unternehmen (engl.: Corporate Giving) können – ähnlich wie Geldspenden von Privatpersonen – in Form von **Einzel-, Dauer- oder Großspenden** erfolgen. Auch hier gilt es, im Sinne des Relationship Fundraising eine Beziehung zum Spender aufzubauen. Zwar kann man keine persönliche Beziehung zu einem Unternehmen aufbauen; sehr wohl aber zu den handelnden Entscheidern in einem Unternehmen.

Ein guter Einstieg in eine Spenderbeziehung zu Unternehmen können **Anlassspenden** sein. Viele Unternehmen verzichten zugunsten einer Spende alljährlich darauf, ihren Stakeholdern (Kunden, Lieferanten und Mitarbeiter) zu Weihnachten ein Geschenk zukommen zu lassen.

Beispiel

Die Hilfsorganisation *Welthungerhilfe* bietet Unternehmen das Produkt „Geschenkspende" an. Als Gegenleistung für eine Mindestspende in Höhe von 50 € können Unternehmen in ihre (Weihnachts-)Post an Kunden, Mitarbeiter und Geschäftspartner eine Karte mit Welthungerhilfeeindruck beilegen oder ein Banner in ihre E-Mails integrieren (siehe Abb. 3.1).

Wichtig ist, (Anlass-) Unternehmensspender anschließend angemessen zu binden. Dafür steht prinzipiell dasselbe Instrumentarium zur Verfügung wie auch bei Privatpersonen. Da Unternehmen i. d. R. Beträge geben, die bei Privatpersonen in eine Großspenderkategorie

Abb. 3.1 Akquisition von Unternehmensspenden

fallen würden, sind auch persönlichere (und damit finanziell aufwendigere) Formen der **Bindung** (insbesondere telefonische und persönliche Kontakte) gerechtfertigt.

Organisationen, die im Fall einer **(Natur-) Katastrophe** Hilfe leisten können, werden oft spontan von Unternehmen angesprochen, die einen Bezug zu den von der Katastrophe Geschädigten haben. So wollten sich beispielsweise viele deutsche Unternehmen mit Geschäftsbeziehungen zu japanischen Unternehmen zugunsten der Opfer der Erdbeben- und Tsunami-Katastrophe 2011 engagieren. Leider wird die so aufgebaute Beziehung zu den betreffenden Unternehmen anschließend von den Organisationen oftmals nicht (ausreichend) gepflegt. Die Chance, eine langfristige Partnerschaft mit einem Unternehmen aufzubauen, wird dann vertan.

Ein weiterer guter Einstieg in eine Spenderbeziehung zu Unternehmen können **Firmenjubiläen** sein. Bei den (örtlichen) Industrie- und Handelskammern lässt sich leicht in Erfahrung bringen, bei welchen Unternehmen in den nächsten Jahren ein Firmenjubiläum ansteht. Je nach Größe des Unternehmens und Bedeutung des Jubiläums beginnen Unternehmen bereits ein bis drei Jahre vor dem Jubiläum mit den Vorbereitungen. Entsprechend früh sollte die Kontaktaufnahme durch eine Organisation erfolgen. Vielleicht ist das betreffende Unternehmen bereit, seine Jubiläumsfeierlichkeiten mit CSR-Maßnahmen zu verknüpfen. Dies wird vor allem dann der Fall sein, wenn eine Organisation einen thematischen Bezug zum Unternehmen hat.

Unternehmen können auch angesprochen werden, ihre Stakeholder (Mitarbeitern, Kunden, Lieferanten etc.) um eine Geldspende zu bitten, und die Spendenbeträge anschließend zu verdoppeln (bzw. zu ergänzen). Der Fachausdrück dafür lautet „**Corporate Matching Gift**". Diese Form der Unternehmensspende ist in den USA sehr verbreitet, fasst aber auch in Deutschland immer mehr Fuß.

Beispiele

- *apple* führt 2011 ein „Matching Gift Program" ein, bei dem der Computerkonzern jede Spende eines Vollzeitmitarbeiters an eine gemeinnützige Organisation bis zu einem Wert von 10.000 Dollar pro Jahr und Person verdoppelt.
- Die *Bank für Sozialwirtschaft* legt 2013 anlässlich ihres 90-jährigen Firmenjubiläums für jede Spende ab 30 €, die über das BFS-Net.Tool (siehe Kap. 2.7.1.1) zugunsten eines ihrer Kunden über das Internet abgewickelt wird, einen Jubiläumsbonus in Höhe von einem Euro drauf. Die Ausschüttung ist auf 500.000 € begrenzt.

3.2.1.2 Sachspende

Für Unternehmen ist es i. d. R. interessanter, einer Organisation Sachspenden zur Verfügung zu stellen als Geldspenden, da der Gegenwert eines (vom Unternehmen produzierten) Gegenstandes für die Organisation höher ist als die Produktionskosten für das Unternehmen. Dies gilt erstrecht, wenn ein Unternehmen bestimmte Gegenstände gar nicht mehr benötigt, und eine Spende sogar die Entsorgung erspart. Aus Sicht einer gemeinnützigen Organisation können Sachspenden von Unternehmen interessant sein, die sie unmittelbar für ihre Projektarbeit benötigt.

Beispiel

Die *Tafeln* erhalten die im Haltbarkeitsdatum abgelaufenen Lebensmittel als Sachspende von den Handelsunternehmen. Die Handelsunternehmen sparen Entsorgungskosten, da die Lebensmittel von den *Tafeln* bei den Handelsunternehmen abgeholt werden.

Darüber hinaus können für Organisationen aber auch Sachspenden interessant sein, die sie nicht direkt für die Projektarbeit benötigen. So führen kleinere Organisationen beispielsweise Tombolas durch, bei denen vorab eingeworbene Sachspenden verlost werden. Während nichtöffentliche Verlosungen beliebig oft durchgeführt werden dürfen und nicht der Lotteriesteuer unterliegen, dürfen gemeinnützige Organisationen öffentliche Lotterien oder Ausspielungen steuerunschädlich nur zweimal im Jahr mit Genehmigung der zuständigen Behörde (i. d. R. dem Regierungspräsidium) veranstalten. Sie sind nur dann von der Lotteriesteuer befreit, wenn der Preis einzelner Lose 614 € (1.200 Mark) bzw. der Wert der gesamten Lose 38.347 € (75.000 Mark) nicht überschreitet. Tombolas gelten als Zweckbetriebe und unterliegen der Umsatzsteuer mit einem ermäßigten Satz von 7 %, soweit sie nicht der Lotteriesteuer unterliegen.[2]

[2] Vgl. Kießling, Heinz; Buchna, Johannes: Gemeinnützigkeit im Steuerrecht, 5. Auflage, Achim 1994, S. 171f., S. 202 und S. 236.

Darüber hinaus kann es für Organisationen interessant sein, bestimmte Sachmittel bzw. Gegenstände temporär von Unternehmen zur Verfügung gestellt zu bekommen. Statt diese Gegenstände (kostenpflichtig) mieten zu müssen, können sie sich die Organisationen (kostenlos) ausleihen.

Beispiel

Für die Durchführung eines Großspender-Events mit Abendessen zugunsten eines Schulprojektes werben die *Malteser* in Berlin Essen und Getränke als Sachspenden bei einem Supermarkt und einem Weingroßhändler ein. Die Tischdekoration wird von einem Einrichtungshaus und das gesamte Geschirr vom Hotel Adlon ausgeliehen.

3.2.1.3 Zeitspende (Corporate Volunteering)

Im Idealfall gelingt es einer Organisation, jede benötigte Dienstleistung als Zeitspende einzuwerben, die ansonsten hätte bezahlt werden müssen. Dieses Interesse deckt sich mit dem vieler Unternehmen, für die es – ähnlich wie bei Sachspenden – interessanter ist, im Rahmen ihres CSR-Engagements einer Organisation eine Dienstleistung bzw. Zeit zu spenden, als den Gegenwert monetär zur Verfügung zu stellen. Der von einem Unternehmen mitgetragene bzw. aktiv unterstützte ehrenamtliche Einsatz von Mitarbeitern für gemeinnützige Anliegen wird „**Corporate Volunteering**" genannt. Dabei fördert ein Unternehmen entweder ein bereits bestehendes Engagement seiner Mitarbeiter durch Arbeitsfreistellung oder finanzielle Bezuschussung, oder organisiert selbst Projekte gemeinnütziger Art für die Mitarbeiter. Wegen des temporären Transfers eines Mitarbeiters aus seinem normalen Aufgabenbereich in ein anderes Aufgabenfeld, wird manchmal auch von „**Secondment**" gesprochen.

Beispiel

Der Automobilhersteller *Ford* gewinnt 2010 den Bürgerpreis der Initiative „Unternehmen engagiert in Köln" für sein Corporate Volunteering Programm. Jedes Jahr stellt das Unternehmen seine Mitarbeiter pro Kopf für 16 h frei, um sich für gemeinnützige Aufgaben zu engagieren. 2009 engagierten sich 700 Arbeitnehmer in 70 Projekten.

Nach einer Untersuchung der *American Chamber of Commerce in Germany* und *Roland Berger Strategy Consultants* aus dem Jahr 2011 gibt die große Mehrheit (83,5 %) der 109 an der Befragung teilnehmenden Unternehmen an, bereits im Corporate Volunteering aktiv zu sein.[3] Auch wenn dieser Wert deutlich über dem der Studie „Sponsoring Trends 2010" (siehe Kap. 3.1) liegt, wonach sich unter den 50,3 % der Unternehmen, die CSR-Maßnahmen durchführen, nur 21,2 % im Corporate Volunteering engagieren, wird deutlich, dass

[3] Vgl. American Chamber of Commerce in Germany; Roland Berger Strategy Consultants: Corporate Volunteering in Deutschland – Ergebnisse einer Befragung von Unternehmen in Deutschland, Berlin 2011.

Corporate Volunteering auch in Deutschland kein Randphänomen mehr ist. Umgekehrt dürfte der Anteil unter den gemeinnützigen Organisationen, die das im Corporate Volunteering steckende Potenzial bereits erkannt haben und aktiv nutzen, noch vergleichsweise gering sein.

Die Motivation der Unternehmen für Corporate Volunteering ist nach den Ergebnissen der Untersuchung der *American Chamber of Commerce in Germany* und *Roland Berger Strategy Consultants* vielfältig:[4]

- Corporate Citizenship/gesellschaftliche Verantwortung (MW: 1,42),
- Besseres Betriebsklima/Unternehmenskultur (MW: 2,11),
- Größere Teamfähigkeit/Social Skills (MW: 2,10),
- Unternehmenstradition (MW: 2,27),
- Stärkung des Images/Öffentlichkeitswirksamkeit (MW: 2,28),
- Bessere Attraktivität als Arbeitgeber (MW: 2,34),
- Stärkung der Mitarbeiterbindung (MW: 2,36),
- Entwicklung von Führungskompetenz (MW: 2,38),
- Höhere Arbeitsmotivation (MW: 2,42),
- Personalentwicklung (MW: 2,49),
- Besseres Verhältnis zum Kunden (MW: 2,71),
- Entwicklung von berufsbezogenen Kompetenzen (MW: 3,01),
- Stärkung des Verhältnisses zur Politik (MW: 3,03).

An diesen Motiven kann eine Organisation ansetzen und konkrete Nutzenkategorien für ihre (Unternehmensspenden-) Produkte entwickeln.

Beispiel

Die gemeinnützige Initiative *SeitenWechsel* bietet Unternehmen an, ihre Führungskräfte für eine Woche in eine soziale Organisation zu schicken (siehe Abb. 3.2). Durch die Arbeit mit behinderten Menschen, Wohnungslosen, Flüchtlingen und Jugendlichen aus sozialen Brennpunkten sollen unter dem Motto „Lernen in anderen Lebenswelten“ Sozialkompetenz und Teamfähigkeit der Führungskräfte gestärkt werden.

3.2.2 Sponsoring

Gelingt es einer Organisation, die benötigten (Geld-, Sach- und Zeit-) Ressourcen als Spende von einem Unternehmen freiwillig und unentgeltlich (und damit ohne Gegenleistung) zur Verfügung gestellt zu bekommen, so ist dies sicherlich die bequemste Lösung für sie. Viele Unternehmen erwarten jedoch sehr wohl eine Gegenleistung für ihre Bereit-

[4] Der in Klammern angegebene Wert ist der Mittelwert (MW) der Antworten auf einer Skala von 1 (sehr wichtig) bis 5 (unwichtig).

Abb. 3.2 Corporate Volunteering über die Initiative *SeitenWechsel*

stellung von (Geld-, Sach- und Zeit-) Ressourcen. Gewährt eine Organisation eine Gegenleistung, so wird dadurch ein Sponsoring begründet, das aus Sicht des Unternehmens eines von vielen Instrumenten im Rahmen der Kommunikationspolitik seiner (kommerziellen) Geschäftstätigkeit darstellt. Da der Sponsor wirtschaftliche Vorteile aus dem Sponsoring anstrebt, ist seine Beziehung zum Sponsoring-Nehmer in erster Linie geschäftlicher Art (nicht nur mäzenatischer). Das Sponsoring muss sich für ihn rechnen, auch wenn eine exakte Bewertung, ähnlich wie bei Werbeausgaben, nur begrenzt möglich ist.

Die Unterscheidung von Spende und Sponsoring ist von hoher steuerrechtlicher Bedeutung und keinesfalls nur begriffliche Haarspalterei. Aus Sicht der Finanzbehörden verlässt eine gemeinnützige Körperschaft bzw. Organisation nämlich den (steuerlich geförderten) ideellen Bereich, sobald sie Geschäfte auf Gegenseitigkeit mit kommerziellen Unternehmen abwickelt. Sie betritt dann den steuerlichen Bereich des sog. „wirtschaftlichen Geschäftsbetriebes", der eine normale Besteuerung auf erwirtschaftete Erträge nachsich zieht. Im Gegensatz zu Spendeneinnahmen sind Sponsoring-Einnahmen – wie alle anderen Erträge aus wirtschaftlichem Geschäftsbetrieb (z. B. Bewirtung) auch – eigentlich immer zu versteuern. Zumindest sobald sie eine Freigrenze von 35.000 € pro Jahr übersteigen. Mit dem sog. „**Sponsoring-Erlass**" von 1998 kommt das *Bundesfinanzministerium* gemeinnützigen Organisationen jedoch entgegen, in dem es nicht jede Form von Gegenleistung für erhaltene Sponsorenleistungen automatisch als (zu versteuernden) wirtschaftlichen Geschäftsbetrieb betrachtet, sondern nach Art der gewährten Gegenleistung differenziert.[5]

Im *Sponsoring-Erlass* wird Sponsoring zunächst wie folgt definiert: „Unter Sponsoring wird üblicherweise die Gewährung von Geld oder geldwerten Vorteilen durch Unternehmen zur Förderung von Personen, Gruppen und/oder Organisationen in sportlichen, kulturellen, kirchlichen, wissenschaftlichen, sozialen, ökologischen oder ähnlich bedeutsamen gesellschaftspolitischen Bereichen verstanden, mit der regelmäßig auch eigene unternehmensbezogene Ziele der Werbung oder Öffentlichkeitsarbeit verfolgt werden. Leistungen eines Sponsors beruhen häufig auf einer vertraglichen Vereinbarung zwischen dem Sponsor und dem Empfänger der Leistung (Sponsoring-Vertrag), in dem Art und Umfang der Leistung des Sponsors und des Empfängers geregelt sind."

Aus Sicht des Fundraising können mit dem Sponsoring-Erlass vier Fälle von Förderung einer Organisation durch ein Unternehmen unterschieden werden:

Fall 1: Ein Unternehmen spendet Geld-, Sach- oder Dienstleistungen an eine Organisation *ohne* dafür eine Gegenleistung zu erhalten. Damit liegt eine Spende und kein Sponsoring vor. Das Unternehmen kann seine **Spende** bis zu einer Höhe von 20 % des Gesamtbetrages seiner Einkünfte oder 0,4 % der Summe der Umsätze und der im Kalenderjahr aufgewandten Löhne und Gehälter steuerlich absetzen. Bei der gemeinnützigen Organisation fallen auf die erhaltene Spende keine Ertragssteuern an.

Fall 2: Ein Unternehmen stellt einer gemeinnützigen Organisation Geld-, Sach- und/oder Dienstleistungen zur Verfügung. Die Organisation erbringt zwar keine aktive Gegenleistung, duldet aber passiv, dass das Unternehmen auf eigene Rechnung werblich auf die Unterstützung hinweist („**Duldungsregelung**"). Die passive Duldung stellt zwar schon eine Gegenleistung und damit eine Form des Sponsorings dar, begründet laut Sponsoring-Erlass aber noch keinen wirtschaftlichen Geschäftsbetrieb. Vielmehr stufen die Finanzbehörden die erhaltenen Leistungen als Erträge aus Vermögensverwaltung ein. Beim Unternehmen liegen somit unbegrenzt abzugsfähige Betriebsausgaben vor. Die Leistungen werden mit dem ermäßigten Umsatzsteuersatz von 7 % belegt. Bei der gemeinnützigen Organisation fallen auf die erhaltene Spende keine Ertragssteuern an.

Beispiel

Ein Unternehmen weist in seiner Kommunikation (z. B. in der internen oder externen Öffentlichkeitsarbeit oder in der Werbung) selber auf sein Sponsoring zugunsten einer gemeinnützigen Organisation hin.

[5] Vgl. Sponsoring-Erlass des Bundesfinanzministeriums (Ertragsteuerliche Behandlung des Sponsoring – Erörterung mit den obersten Finanzbehörden der Länder in der Sitzung Est. V/97 vom 25. Bis 27.6.1997 – außerhalb der Tagesordnung – BMF-Schreiben vom 9.7.1997 – IV B 2 – S 2144–118/97).

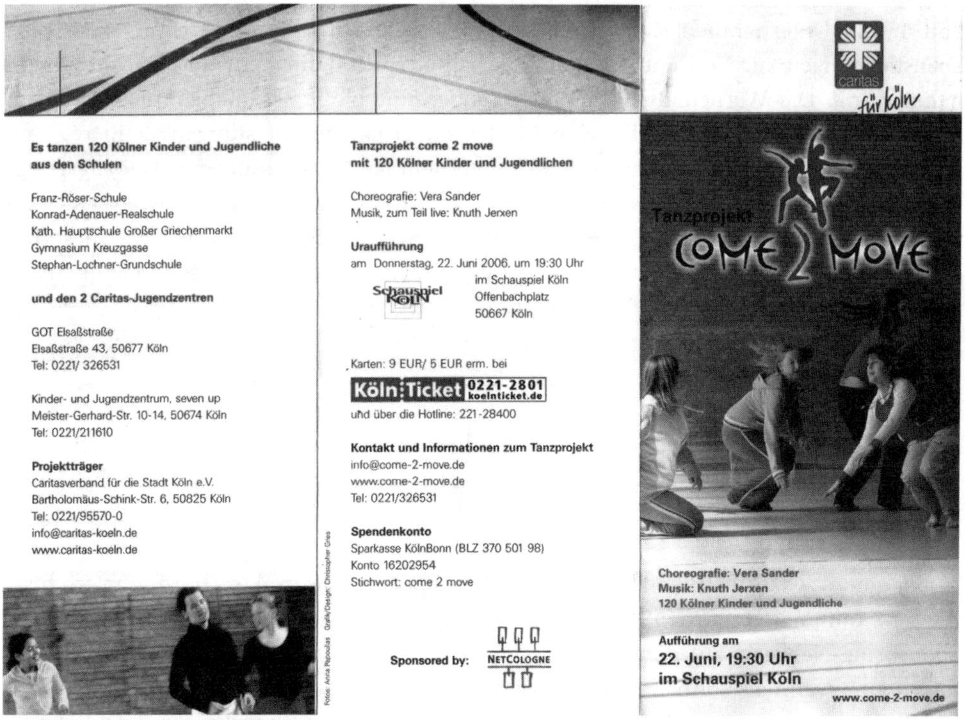

Abb. 3.3 Hinweis auf Sponsoren ohne besondere Hervorhebung

Fall 3: Ein Unternehmen stellt einer gemeinnützigen Organisation Geld-, Sach- oder Dienstleistungen zur Verfügung. Die Organisation erbringt zwar eine aktive Gegenleistung, in dem sie auf die Unterstützung durch den Sponsor im Rahmen ihrer eigenen Kommunikation (z. B. auf Plakaten, Veranstaltungshinweisen oder in Ausstellungskatalogen) lediglich hinweist. Tut sie dies jedoch „ohne besondere Hervorhebung", so stellt dies laut Sponsoring-Erlass lediglich eine „**Höflichkeitsgeste**" dar, die aber immer noch keinen wirtschaftlichen Geschäftsbetrieb begründet. Auch in diesem Fall betrachten die Finanzbehörden die erhaltenen Leistungen als Erträge aus Vermögensverwaltung: Beim Unternehmen liegen unbegrenzt abzugsfähige Betriebsausgaben vor. Die Leistungen werden mit dem ermäßigten Umsatzsteuersatz von 7 % belegt. Bei der gemeinnützigen Organisation fallen auf die erhaltene Spende keine Ertragssteuern an.

Beispiel

Auf einem Flyer zum Tanzprojekt „Come 2 Move" weist der *Caritasverband für die Stadt Köln* ohne besondere Hervorhebung auf den Sponsor *Netcologne* hin (siehe Abb. 3.3).

Fall 4: Ein Unternehmen stellt einer gemeinnützigen Organisation Geld-, Sach- oder Dienstleistungen zur Verfügung. Die Organisation wirkt dafür aktiv an den Werbemaßnahmen mit. Die Werbemaßnahmen gehen über eine bloße „Höflichkeitsgeste" hinaus. In diesem Fall betrachten die Finanzbehörden die erhaltenen Leistungen als Erträge aus wirtschaftlichem Geschäftsbetrieb: Beim Unternehmen liegen unbegrenzt abzugsfähige Betriebsausgaben vor. Die Leistungen werden umsatzsteuerlich mit dem Regelsteuersatz von 19 % belegt. Bei der Organisation fallen Körperschafts- und Gewerbesteuer an, sobald die Leistungen – zusammen mit anderen Einnahmen aus wirtschaftlichem Geschäftsbetrieb – die Freigrenze von 35.000 € pro Jahr übersteigen.

Beispiel

Eine gemeinnützige Organisation veröffentlicht in ihrer Vereinszeitschrift eine Anzeige des Sponsors mit Produktwerbung. Hier liegt ein wirtschaftlicher Geschäftsbetrieb in Form von Anzeigengeschäft vor.

Leider gibt es zwischen diesen vier Fällen Grauzonen, die eine exakte Zuordnung erschweren bzw. unmöglich machen. Unklar ist insbesondere, wann ein werblicher Hinweis des Sponsoring-Nehmers auf den Sponsor als „mit besonderer Hervorhebung" zu betrachten ist, und wann als „ohne besondere Hervorhebung" (Abgrenzung zwischen Fall 4 und Fall 3). Hierzu gibt es eine Reihe – nicht erschöpfender – Einzelregelungen. Rechtssicherheit kann in solchen Fällen nur die Rücksprache mit den örtlich zuständigen Finanzbehörden schaffen, deren Sichtweise letztlich maßgeblich ist, und schriftich erbeten werden sollte.

Beispiel

Ein Hinweis auf den Sponsor auf der Website der Organisation wird noch als Höflichkeitsgeste (Fall 3) betrachtet (siehe Abb. 3.4). Umfasst der Hinweis jedoch einen Hyperlink auf die Website des Sponsors, so wird nach Einschätzung der Finanzbehörden eine aktive Mitwirkung des Sponsoring-Nehmers an der Werbemaßnahme und damit ein steuerpflichtiger wirtschaftlicher Geschäftsbetrieb (Fall 4) begründet.

► **Tipp** Bevor eine gemeinnützige Organisation Geld-, Sach- oder Dienstleistungen von einem kommerziellen Unternehmen annimmt, das auf eine Gegenleistung nicht verzichten möchte, sollten sie auf jedem Fall von einem Steuerexeperten in Abstimmung mit dem zuständigen Finanzamt prüfen lassen, ob im Rahmen dieses Sponsorings wirtschaftlicher Geschäftsbetrieb vorliegt bzw. durch welche Änderungen in den Vereinbarungen die Steuerpflicht legal vermieden werden kann.

Bei einer Organisation, die dauerhaft wirtschaftlichen Geschäftsbetrieb in erheblichem Umfang betreibt, ist es ratsam, diesen Geschäftsbetrieb aus der gemeinnützigen Körper-

Abb. 3.4 Hinweis auf Sponsoren auf einer Website

schaft auszugliedern und in eine eigene (nicht-gemeinnützige) Körperschaft (meist eine GmbH) zu überführen. Aus steuerlicher Sicht darf der wirtschaftliche Geschäftsbetrieb innerhalb einer gemeinnützigen Organisation „nicht das Gepräge geben“ (Geprägetheorie), sonst riskiert eine Organisation die Aberkennung ihrer Gemeinnützigkeit.

Beispiel

Die Organisation *SOS Kinderdörfer weltweit e. V.* hat ihr Fundraising bei Unternehmen auf das 100 %-ige Tochterunternehmen *SOS Kinderdörfer Global Partner GmbH* ausgelagert (siehe Abb. 3.5). Gewinne der GmbH (aus wirtschaftlichem Geschäftsbetrieb) werden versteuert an den gemeinnützigen Gesellschafter *SOS Kinderdörfer weltweit e. V.* ausgeschüttet und in dessen Projekte investiert.

3.2.3 Cause Related Marketing

Beim Cause-Related Marketing (deutsch: Mit einem gemeinnützigen Anliegen verknüpftes Marketing) verpflichtet sich ein Unternehmen gegenüber den Käufern seines Produktes oder seiner Dienstleistung, einer Nonprofit-Organisation für jede verkaufte Einheit einen vorab festgelegten Geldbetrag bzw. prozentualen Anteil am Kaufpreis zugunsten deren gemeinnütziger Arbeit zur Verfügung zu stellen. Da das Unternehmen eine Gegenleistung für seine Zuwendung an die Organisation erhält – nämlich das Recht, sich werblich in Verbindung mit der Organisation und ihrem guten Image bringen zu dürfen – stellt der anschließend zur Verfügung gestellte Geldbetrag keine Spende dar. Im Sinne des Spon-

Abb. 3.5 Eigene Körperschaft für Fundraising bei Unternehmen

soring-Erlasses (siehe vorangegangenes Kapitel) liegt vielmehr ein Sponsoring mit Duldungsregelung (Fall 2) vor, weil die Organisation lediglich duldet, dass das Unternehmen mit ihrem Namen wirbt, ohne ansonsten eine aktive Gegenleistung zu erbringen.

Beispiel (Produkt)

Die Brauerei *Krombacher* verpflichtet sich in den Jahren 2002 bis 2008, für jeden verkauften Kasten Bier der Umweltorganisation *WWF Deutschland* einen Geldbetrag zukommen zu lassen, mit dem 1 m^2 Regenwald in Afrika geschützt werden kann. In die 2003 dafür gegründete *Regenwald Stiftung* sind nach eigenen Angaben bislang knapp 4 Mio. € (Stand 2013) geflossen, mit denen 9.700 Hektar Regenwald geschützt werden können.

Beispiel (Dienstleistung)

Die *Deutsche Bahn* verpflichtet sich 2012 im Rahmen der Aktion „EinFach spenden“, das Schließfachentgelt für ausgewählte Schließfächer (die mit einem entsprechenen Aufkleber gekennzeichnet sind) an 13 großen Bahnhöfen an die Bahnhofsmission weiterzuleiten.

▶ **Tipp (auch für kleine Organisationen)** Registrieren Sie Ihre Organisation auf der Plattform *www.fraisr.de.* So ermöglichen Sie Unternehmen (aber auch Privatpersonen), ihre Produkte und Dienstleistungen zu verkaufen, und einen Teil des Verkaufserlöses im Sinne des Cause Related Marketing an Ihre Organisation zu spenden.

Tab. 3.2 Einsatzfelder für die Bereitstellung von Infrastruktur

Infrastruktur zur Verfügung gestellt durch:	Online (Affiliate-Marketing)	Offline
Unternehmen	Einsatzfeld 1	Einsatzfeld 3
Organisation	Einsatzfeld 2	Einsatzfeld 4

3.2.4 Bereitstellung von Infrastruktur

Ein Unternehmen kann eine gemeinnützige Organisation auch dadurch unterstützen, dass es ihr seine Infrastruktur inklusive Vertriebs- und Kommunikationskanäle (möglichst gegen reduzierte oder noch besser gar keine Provision) zur Verfügung stellt. Umgekehrt kann auch eine gemeinnützige Organisation dadurch Mittel einwerben, dass sie ihre Infrastruktur inklusive Vertriebs- und Kommunikationskanäle einem Unternehmen (gegen Bezahlung einer Provision) zur Verfügung stellt (wodurch sie jedoch einen wirtschaftlichen Geschäftsbetrieb begründen kann). Im Grunde handelt es sich dabei um eine Ausweitung der Idee des Affiliate-Marketing (siehe Kap. 2.7.2.4) vom Online-Bereich auf den Offline-Bereich. Aus diesen Überlegungen ergeben sich vier Einsatzfelder für die gegenseitige Bereitstellung von Infrastruktur zwischen Unternehmen und gemeinnützigen Organisationen, die in Tab. 3.2 matrixartig kategorisiert werden.

Einsatzfeld 1 Ein Unternehmen stellt einer gemeinnützigen Organistion seine Online-Infrastruktur inklusive Vertriebs- und Kommunikationskanäle zur Verfügung (möglichst gegen reduzierte oder noch besser gar keine Provision).

Beispiele

- Ein Unternehmen ist bereit, auf seiner Website (siehe Kap. 2.7.1.1), Social Media Site (siehe Kap. 2.7.1.2) oder in seinem Intranet ein Online-Spendenformular der Organisation oder einer Spendenplattform[6] (siehe Kap. 2.7.1.4) zur Akquisition von Einzel- bzw. Dauerspenden oder Spendenaktionen zu integrieren, oder ein Widget oder ein Banner (siehe Kap. 2.7.2.3, Kap. 2.7.2.4). Der Dienstleister *altruja* bietet auf spendet.org Online-Spendenformulare für Firmenspendenaktionen an (siehe Abb. 3.6). Der Dienstleister *spendino* hat unter dem Titel „Internet for Good" 21 (Internet-)Unternehmen zusammengeführt (Stand 2013), die gemeinsam Infrastruktur im Internet zur Verfügung stellen (www.internetforgood.de)!
- Ein Unternehmen im E-Commerce ist bereit, Kunden auf seiner Website auf die Möglichkeit des Aufrundes ihres Rechnungsbetrages zugunsten einer gemeinnützigen Organisation mit Hilfe des Tools des StartUp-Unternehmens *elefunds* anzusprechen (siehe Kap. 2.3.3.2).

[6] Vgl. Sommeregger, Maximilian: CSR 2.0 – Soziale Online-Spendenplattformen als neues Instrument für Corporate Giving? Eine Untersuchung am Beispiel von betterplace.org, (Magisterarbeit) Wien 2010.

Abb. 3.6 Online-Spendenformular für Firmenspendenaktion

- Das Unternehmen *Google* ist bereit, gemeinnützigen Organisation Werbeplatz auf seiner Suchmaschine („Google AdWords") im Rahmen seines Programms „Google Grants" bis zu einem Wert von 10.000 bzw. 40.000 USD pro Monat kostenlos anzubieten (siehe Kap. 2.7.2.1).
- Das Unternehmen *ebay* ermöglicht Online-Auktionen von Gegenständen aus dem Besitz von Stars und unvergesslichen Begegnungen mit Prominenten zugunsten gemeinnütziger Organisationen im Rahmen der Initiative „Stars & Charity" (siehe Kap. 2.3.2.1).
- Das Unternehmen *Burda Wireless* ermöglicht gemeinnützigen Organisationen die (fast) kostenlose Akquistion von SMS-Spenden mit Hilfe der sog. „Charity SMS" (siehe Kap. 2.3.3.1).
- Das Unternehmen *United Internet* ermöglicht *UNICEF* im Katastrophenfall den Versand von E-Mails an die 42 Mio. in Deutschland registrierten Kunden der Marken *web.de*, *GMX* und *1&1* zur Akquisition von Spenden (siehe Kap. 2.3.2.1).

Einsatzfeld 2 Eine gemeinnützige Organistion stellt einem Unternehmen seine Online-Infrastruktur inklusive Vertriebs- und Kommunikationskanäle gegen Bezahlung einer Provision zur Verfügung. Dadurch wird ein wirtschaftlicher Geschäftsbetrieb begründet.

Einsatzfeld 3 Ein Unternehmen stellt einer gemeinnützigen Organistion seine Offline-Infrastruktur inklusive Vertriebs- und Kommunikationskanäle zur Verfügung.

Beispiele

- Die Franchise-Nehmer des Unternehmens *McDonald's* und andere Unternehmen stellen der *McDonald's Kinderhilfe Stiftung* ihre Infrastruktur zur Verfügung, in dem sie das Aufstellen von Spendenhäuschen für Restgeldspenden im Kassenbereich ihrer Vertriebsstandorte ermöglichen (siehe Kap. 2.3.3.2).
- 17 Handelsunternehmen (darunter *Netto*, *Penny* und *Douglas*) stellen der Stiftung *Deutschland rundet auf* ihre Infrastruktur in Form der Kassensysteme in ihren Filialen zur Verfügung, damit Kunden ihren Rechnungsbetrag bequem zugunsten der Stiftung aufrunden können.
- Die *Starwood Hotels* (zunächst noch unter dem Namen *ITT Sheraton Hotels*) stellen *UNICEF* seit 1995 im Rahmen der Aktion *Check Out for Children* ihre Infrastruktur in Form der Kassensysteme in ihren Hotels zur Verfügung, damit Hotelgäste ihren Rechnungsbetrag um eine Mikrospende in Höhe von einem Dollar erhöhen können.
- Das Unternehmen *Lidl* stellt dem *Bundesverband Deutsche Tafeln e. V.* seine Infrastruktur zur Verfügung, in dem es Kunden in seinen Filialen ermöglicht, das Pfand auf zurückgegebene Flaschen über einen speziellen Knopf auf dem Pfandautomaten zu spenden statt es sich auszahlen zu lassen. Im Zeitraum zwischen 2008 und 2012 wurden an 5.500 Pfandrückgabeautomaten in 3.300 Lidl-Filialen insgesamt 5 Mio. € Pfandspenden gesammelt.
- Das Unternehmen *Lufthansa* stellt der *HelpAlliance* und den *SOS Kinderdörfer Global Partner* seine Infrastruktur zur Verfügung, in dem es Kunden im Rahmen seines Vielfliegerprogramms „Miles & More" ermöglicht, gesammelte Punkte zugunsten der Organisationen zu spenden.
- Das Unternehmen *Airbus* stellt seit dem Jahr 2000 seine Infrastruktur zur Verfügung, in dem es Mitarbeitern im Rahmen des Payroll-Giving über seine Lohnabrechnungs-Software ermöglicht, die Cent-Beträge ihrer monatlichen Nettobezüge zugunsten der Aktion *Glückspfennig* zu spenden (siehe Kap. 2.3.3.2).

Einsatzfeld 4 Eine gemeinnützige Organistion stellt einem Unternehmen seine Offline-Infrastruktur inklusive Vertriebs- und Kommunikationskanäle gegen Bezahlung einer Provision zur Verfügung. Dadurch wird ein wirtschaftlicher Geschäftsbetrieb begründet.

Beispiel

Eine gemeinnützige Organisationen nützt ihre Vertriebs- und Kommunikationskanäle für den Vertrieb einer Affinity Credit Card. Dabei handelt es sich um eine Kreditkarte mit ganz normaler Zahlungsfunktion. An ihrer Verbreitung hat jedoch nicht nur das Kreditkartenunternehmen bzw. die ausgebende Bank ein Interesse, sondern auch die jeweilige Organisation. Sie tritt als sog. Co-Branding-Partner der Bank auf, da zusätzlich zum Logo der Bank und des Kreditkartenunternehmens auch das der Organistion auf der Karte abgebildet wird. Die Organisation empfiehlt die Karte ihren Förderern und leistet dadurch Vertriebsunterstützung für das Kreditkartenunternehmen. Für jeden, durch die Organisation geworbenen, neuen Kreditkartennutzer erhält die Organisation vom Kreditkartenunternehmen zunächst ein Prämie (von ca. 5 €) und darüber hinaus eine prozentuale Beteiligung an den, von den Förderern getätigten Kartenumsätzen (ca. 0,25 % des Kreditkartenumsatzes). Aber auch die Förderer haben ein Interesse an der Affinity Credit Card. Sie erhalten sie nämlich zu einer geringen Jahresgebühr oder gar kostenlos. Zudem wissen sie, dass sie mit jeder Nutzung ihrer Kreditkarte auch ihre Organisation unterstützen.

Eine empirische Untersuchung von *Horne/Worthington* ergab für Großbritannien, dass die Einnahmen aus der Affinity Credit Card lediglich unter einem Prozent der Gesamteinnahmen der befragten Organisationen lag. Dabei gab es aber durchaus Organisationen, die durch die Kreditkarte bereits über einer Million Pfund eingenommen hatten. Zusätzlich zum finanziellen Aspekt erhoffen sich die Organisationen auch noch einen positiven Effekt für Bekanntheit und Image.[7] Schließlich wird die Karte (selbstverständlich auf Kosten der Kreditkartenorganisation) breit umworben:

- Versand eines Mailings an alle Förderer der Organisation (Spender, Paten, Mitglieder etc.),
- Auslage von Faltblättern mit Informationen in den Bankfilialen und Einrichtungen der Organisation,
- Schaltung einer Anzeige durch die ausgebende Bank in der Zeitschrift der Organisation.
- Schaltung von DRTV-Spots.

Unbedingt sollte vorab aber die Einstellung der Förderer zu Kreditkarten erforscht werden, um zu vermeiden, dass die Förderer dieses Instrument als zu „kommerziell“ ablehnen, obwohl die Bank alle Kosten übernimmt. In Großbritannien werden Affinity Credit Cards in erster Linie von großen Organisationen wie UNICEF, Rotes Kreuz und Action Aid eingesetzt. Aber auch kleineren Organisationen steht sie durchaus offen. Die sollten jedoch mindestens einen Stamm von 20.000 Förderern haben. Obwohl der Einsatz von Affinity Credit Cards in Großbritannien ständig wächst, macht ihr Anteil nur 5 % aller etwa 30 Mio. ausgegebenen Karten aus.[8]

Beispiel

Das Unternehmen *Pax-Bank* gibt an Mitglieder der Organisation *Deutscher Verein vom Heiligen Lande* eine Affinity Credit Card heraus (siehe Abb. 3.7). Durch die Nutzung der Kreditkarte fördern die Mitglieder gleichzeitig auch ihre Organisation.

[7] Vgl. Horne, Suzannne; Steve Worthington: Paying the price: The affinity credit card re-lationship, in: Journal of Nonprofit and Voluntary Sector Marketing - An International Journal, Heft 1, (Henry Stewart Publications) London 1997, S. 58–63.

[8] Vgl. Oliver, Brian: On the cards, in: Professional Fundraising, Heft 4/1997, S. 20–23.

Abb. 3.7 Beispiel einer deutschen Affinity Credit Card

3.2.5 Unternehmensstiftung (Corporate Foundation)

Eine weitere Möglichkeit für ein Unternehmen, sich im Rahmen seiner CSR zu engagieren, ist die Errichtung einer gemeinnützigen Unternehmensstiftung (engl.: Corporate Foundation), auch „CSR-Stiftung" genannt. Eine Unternehmensstiftung ist eine Stiftung (siehe Kap. 4.1), für die ein Unternehmen („Stifterunternehmen" genannt) das Stiftungsvermögen und ggf. laufende Mittel bereitstellt. Dem *Bundesverband Deutscher Stiftungen* sind über 300 solcher Stiftungen bekannt.[9]

Beispiele

- Allianz Umweltstiftung,
- BMW Stiftung Herbert Quandt,
- Deutsche Bank Stiftung,
- Deutsche Telekom Stiftung,
- Siemens Stiftung.

[9] Vgl. Arbeitskreis Unternehmensstiftungen des Bundesverbandes Deutscher Stiftungen: Zehn Empfehlungen für gemeinnützige Unternehmensstiftungen, Berlin 2010 (www.stiftungen.org/unternehmensstiftungen).

Manche Unternehmen übertragen ihre CSR-Aktivitäten ganz auf ihre gemeinnützige Unternehmensstiftung. Wendet sich eine Organisation mit Bitte um Bereitstellung von Geld-, Sach- oder Dienstleistungen an ein solches Unternehmen, so wird sie an die Unternehmensstiftung verwiesen. Manche Unternehmen haben sogar mehrere Unternehmensstiftungen errichtet, die – klar abgegrenzt – unterschiedliche Satzungszwecke verfolgen.

Beispiel

Die *RheinEnergie Stiftungen* des regionalen Energieversorgungsunternehmens *RheinEnergie* in Köln umfassen mittlerweile eine *RheinEnergie Stiftung Kultur*, eine *RheinEnergie Stiftung Familie* und eine *RheinEnergie Stiftung Jugend/Beruf, Wissenschaft.*

Abzugrenzen sind Unternehmensstiftungen von „unternehmensverbundenen Stiftungen" (siehe Abb. 3.8), die sich wiederum in „Unternehmensträger-Stiftungen" und „Unternehmensbeteiligungs-Stiftungen" unterteilen lassen.

3.3 Management des Unternehmens-Fundraising

Die Akquisition von Geld-, Sach- und Dienstleistungen bei Unternehmen (Unternehmens-Fundraising) erfordert ein systematisches Management. Dieses spezielle Management unterscheidet sich zwar nicht grundsätzlich vom allgemeinen Fundraising-Management mit seinen Teilschritten Analyse, Planung, Durchführung und Kontrolle (siehe Kap. 6). Es sind jedoch einige Besonderheiten zu berücksichtigen, auf die im Folgenden überblicksartig am Beispiel des Sponsoring eingegangen werden soll.[10] Vorab gibt Abb. 3.9 einen Überblick.

3.3.1 Analyse

Erster Schritt im Management des Unternehmens-Fundraising muss eine ausführliche Analyse der Ausgangssituation sein. Vor einer Ansprache von Unternehmen als potenzielle Sponsoren sind folgende Fragen von der Organisation zu beantworten:

- Welches (innovative) Projekt der Organisation ist besonders gut für eine Unternehmenspartnerschaft geeignet und lässt sich auch medienwirksam darstellen (Bedarfsanalyse)?
- Welche Geld-, Sach- und/oder Dienstleistungen benötigt die Organisation in welcher Höhe und Dauer für dieses Projekt (Bedarfsanalyse)?

[10] Eine ausführliche Darstellung findet sich beispielsweise bei: Bortoluzzi Dubach, Elisa; Frey, Hansrudolf: Sponsoring - Der Leitfaden für die Praxis, 5. Aufl., (Haupt) Bern/ Stuttgart/Wien 2011.

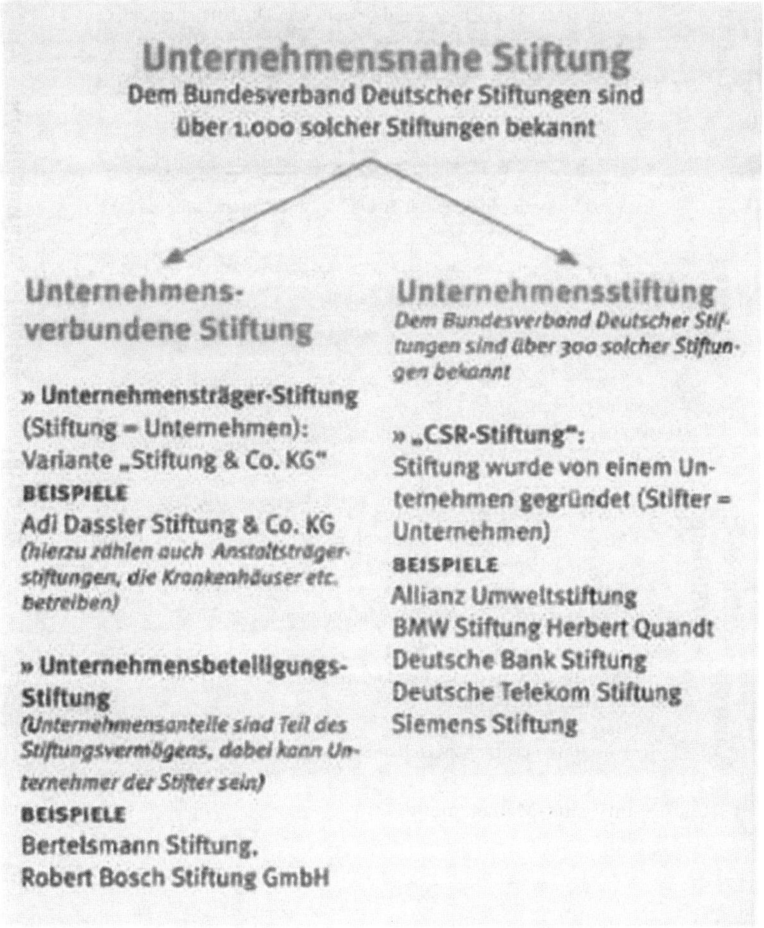

Abb. 3.8 Unternehmensnahe Stiftungen. (Quelle: Arbeitskreis Unternehmensstiftungen des Bundesverbandes Deutscher Stiftungen: Zehn Empfehlungen für gemeinnützige Unternehmensstiftungen, Berlin 2010 (www.stiftungen.org/unternehmensstiftungen))

- Ist das Projekt auf lokaler, regionaler, nationaler oder gar internationaler Ebene angesiedelt? Welche Unternehmenspartner „auf Augenhöhe" kommen als potenzielle Sponsoren infrage, die ebenfalls auf lokaler, regionaler, nationaler oder internationaler Ebene agieren?
- Welche Branchen und Unternehmen mit hoher Glaubwürdigkeit und ähnlicher Zielgruppe (siehe unten) wie die Organisation kommen als potenzielle Sponsoren infrage (siehe Tab. 3.3)?
- Welche, für einen Sponsor interessanten Gegenleistungen kann eine Organisation anbieten?
- Sollte die Organisation einen oder mehrere Sponsoren (Haupt- und Neben-Sponsoren) gewinnen?

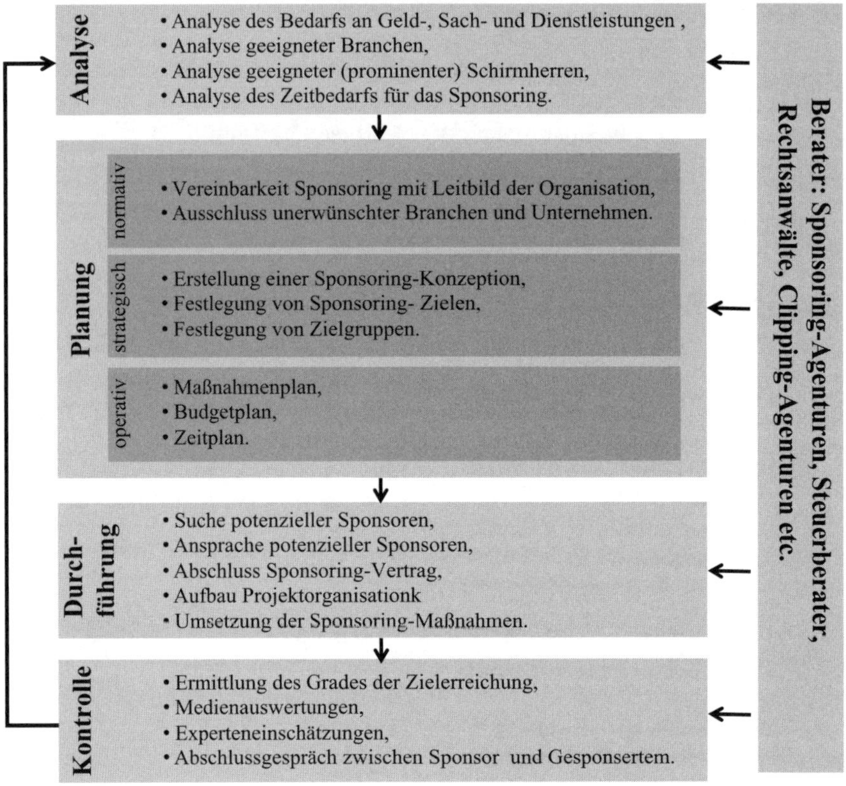

Abb. 3.9 Überblick Sponsoring-Management

Tab. 3.3 Glaubwürdigkeit im Hinblick auf soziales Engagement. (Quelle: Europäische Sponsoring-Börse (1998, S. 97))

Unternehmen/Branche	Glaubwürdigkeit (in % der Befragten)
Bekleidungshäuser	43
Gas-, Wasser-, Elektrizitätswerke	47
Musikgeschäfte	48
Lebensmittelhändler/Supermärkte	49
Buchhandlungen	56
Sportgeschäfte	57
Regionale Mineralwassermarken	59
Banken/Sparkassen	66
Tageszeitungen	74
Regionale Radiosender	75

Tab. 3.4 Vorlaufzeiten im Sponsoring. (Quelle: Brockes (2002, S. 19))

Sponsoring-Summe (in Euro)	Vorlaufzeit (in Wochen)
Bis 2.500	10
Bis 25.000	30
Ab 25.000	50

- Mit welchem zeitlichen Vorlauf für die Akquisition von Sponsoren muss eine Organisation vor Beginn des Projektes rechnen (siehe Tab. 3.4)?
- Welche (haupt- bzw. ehrenamtlichen) Mitarbeiter innerhalb der Organisation oder bei einem externen Dienstleister sollen das Sponsoring-Management durchführen?
- Welchen prominenten Schirmherren kann eine Organisation für das Sponsoring gewinnen?

3.3.2 Planung

Wie auch die Planung in allen anderen Bereichen, umfasst die Sponsoring-Planung eine normative (langfristige), strategische (mittelfristige) und operative (kurzfristige) Planungsebene.

Im Rahmen der *normativen* Sponsoring-Planung sind sind von der Organisation als Gesponserter (manchmal auch Sponsoring-Nehmer genannt) folgende Fragen zu beantworten:

- Ist Sponsoring grundsätzlich mit dem Leitbild der Organisation (siehe Kap. 6.2.4) vereinbar? Gegenbeispiel: Die Umweltorganisation *Greenpeace* verzichtet bewusst auf jegliche Unterstützung von Unternehmen, um ihre Unabhängigkeit von Unternehmen zu waren.
- Akzeptieren die wichtigsten Stakeholder der Organisation (z. B. Mitglieder, Mitarbeiter, Ehrenamtliche) das Sponsoring?
- Mit welchen Unternehmen bzw. Branchen sollte eine Organisation (nicht) kooperieren (siehe Kap. 3.5)?

Ist ein Sponsoring grundsätzlich möglich, wird auf Basis der normativen Vorgaben und der Analyseergebnisse im Rahmen der *strategischen* Sponsoring-Planung von der Organisation eine Sponsoring-Konzeption entwickelt, die Antworten auf folgende Fragen gibt:

- Durch welche Maßnahmen …
- … von wem (Sponsor, Gesponserter, beide) …
- … wann …
- … in welchem Gebiet (lokal, regional, national, international) …

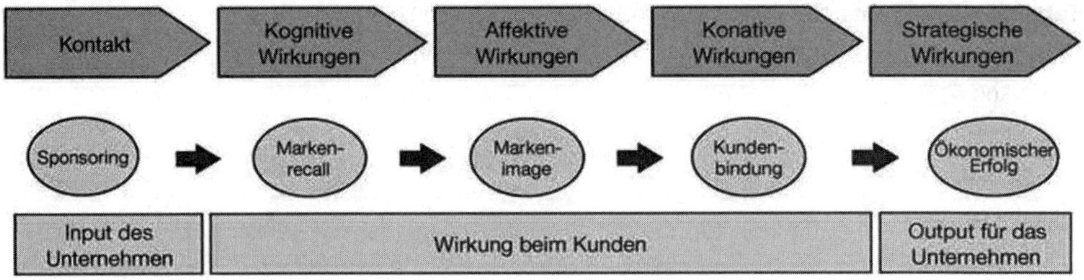

Abb. 3.10 Erfolgskette aus Sicht des Sponsors. (Quelle: Bruhn (2010, S. 50)

- … bezüglich welcher Zielgruppe(n) durchgeführt, …
- … können welche (operationalisierbaren) Ziele des Sponsors …
- … und im Gegenzug welche (operationalisierbaren) Ziele des Gesponserten …
- … im Rahmen des Sponsoring so erreicht werden, dass die Austauschbeziehung zu einer (möglichst langfristig) ausgeglichenen Win-Win-Situation führt.

Da sowohl der Sponsor als auch der Gesponserte den Erfolg des Sponsoring nach Durchführung an der Erreichung seiner jeweiligen Ziele festmachen wird, sind diese vorab möglichst klar zu benennen und zu operationalisieren. Ausgehend von den übergeordneten Zielen der Unternehmens- und Marketing-Kommunikation sowie der kommunikativen Positionierung des Unternehmens bzw. einzelner Marken nennt *Bruhn* auf Seiten des **Sponsors** folgende mögliche Sponsoring-Ziele entlang einer Erfolgskette (siehe Abb. 3.10):[11]

- Psychologische Ziele:
  - Kognitive Ziele: Markenbekanntheit, Markenerinnerung (Marken-Recall),
  - Affektive Ziele: Aufbau, Pflege und Modifikation des Images, Generierung von Goodwill, Vertrauen und Akzeptanz bei den Zielgruppen sowie Dokumentation gesellschaftlicher Verantwortung (CSR).
  - Konative Ziele: Bindung, Zufriedenheit, Kontaktpflege, Verbesserung der Beziehungsqualität und Vertrauensaufbau bei Kunden und Mitarbeitern.
- Ökonomische Ziele:
  - Gewinn.
  - Umsatz.
  - Kosten.

In Analogie können auch die Ziele des **Gesponserten** entlang einer Erfolgskette betrachtet werden:

[11] Bruhn, Manfred: Sponsoring – Systematische Planung und integrativer Einsatz, 5. Aufl., (Gabler) Wiesbaden 2010, S. 48–52.

- Psychologische Ziele:
  - Kognitive Ziele: Markenbekanntheit, Markenerinnerung (Marken-Recall). Eine Partnerschaft mit einem bekannten und anerkannten Sponsor kann gerade für kleinere, noch unbekanntere gemeinnützige Organisationen positive Auswirkungen auf die Markenbekanntheit haben. Beispiel: In einer frühen Phase profitierten die noch relativ unbekannten *Tafeln* stärker von der Markenbekanntheit ihres Sponsors *Mercedes-Benz*, als umgekehrt.
  - Affektive Ziele: Aufbau, Pflege und Modifikation des Images, Generierung von Goodwill, Vertrauen und Akzeptanz einer Organisation bei allen Ressourcenbereitstellern (Sponsoren, Stiftungen und staatliche Institutionen, aber auch Privatpersonen) und anderen wichtigen Stakeholdern.
  - Konative Ziele: Bindung, Zufriedenheit, Kontaktpflege, Verbesserung der Beziehungsqualität und Vertrauensaufbau bei allen Ressourcenbereitstellern (Sponsoren, Stiftungen und staatliche Institutionen, aber auch Privatpersonen) und anderen wichtigen Stakeholdern.
- Ökonomische Ziele:
  - Akquisition von Geldleistungen in einer bestimmten Höhe.
  - Akquisition von Sachleistungen in einer bestimmten Höhe.
  - Akquisition von Dienstleistungen in einer bestimmten Höhe.
  - Nutzung aller geeigneten Vertriebskanäle des Sponsors.
  - Nutzung aller geeigneten Kommunikationskanäle des Sponsors.

Zusätzlich zu den Zielen, sind im Rahmen der Sponsoring-Konzeption auch die Zielgruppen des Sponsoring zu definieren. Sowohl die Zielgruppen des Sponsors (z. B. Konsumenten, Handelspartner, Kapitalgeber, Lieferanten, Politiker, Verbandsvertreter, Verbraucherorganisationen, Mitarbeiter, Meinungsmultiplikatoren und Medienvertreter) als auch die Zielgruppen des Gesponserten (z. B. Spender, Sponsoren, Stiftungen, Mitarbeiter, Ehrenamtlich, Vorstand, Politiker, Kirchenvertreter, Meinungsmultiplikatoren und Medienvertreter) sind möglichst detailliert nach demografischen, soziografischen, psychografischen und verhaltensbezogenen Merkmalen zu beschreiben (siehe Kap. 6.2.3.1). Je größer die Schnittmenge der Zielgruppe(n) des Sponsors mit der/denen des Gesponserten umso interessanter das Sponsorship für beide Seiten (siehe Abb. 3.11).[12]

Auf Basis des Sponsoring-Konzeptes werden im Rahmen der *operativen* Sponsoring-Planung folgende Pläne erstellt:

- Maßnahmenplan (Suche und Ansprache potenzieller Sponsoren, Entwurf und Abschluss eines Sponsoring-Vertrages),
- Budgetplan (geplante Einnahmen und Ausgaben),
- Zeitplan (Vorbereitung, Durchführung, Nachbereitung und – wenn möglich – dauerhafte Fortführung).

---

[12] Vgl. Bruhn, Manfred: Sponsoring – Systematische Planung und integrativer Einsatz, 5. Aufl., (Gabler) Wiesbaden 2010, S. 53–55.

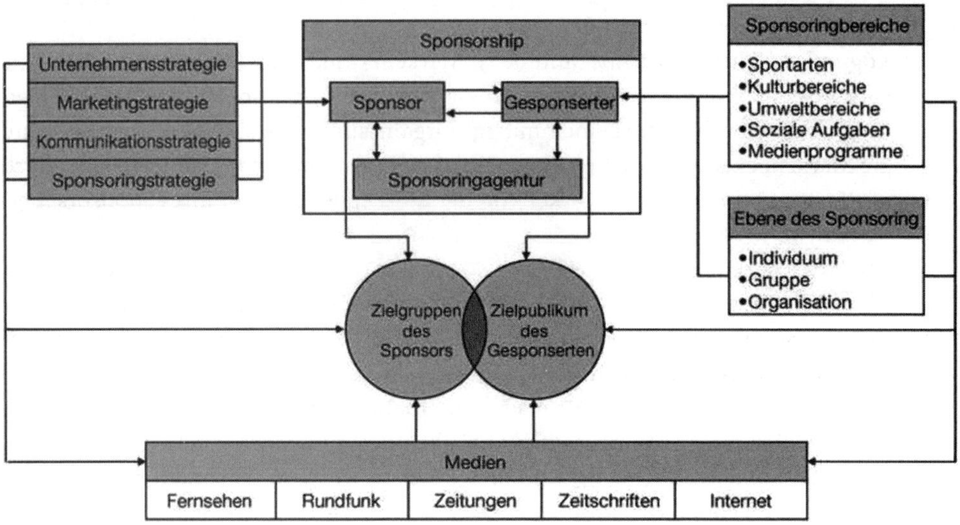

Abb. 3.11 Zielgruppenplanung im Sponsoring. (Quelle: Bruhn (2010, S. 54)

3.3.3 Durchführung

Die wichtigsten Schritte bei der Durchführung eines Sponsoring-Projektes sind die Suche potenzieller Sponsoren, die Ansprache potenzieller Sponsoren, der Abschluss eines Sponsoring-Vertrages und die Umsetzung der Sponsoring-Maßnahmen.

Nachdem im Sponsoring-Konzept eine oder mehrere Branchen festgelegt wurden, gilt es, geeignete Unternehmen zu finden, die als (potenzielle) Sponsoren infrage kommen. Bei der **Suche** können (Branchen-) Verbände, Adress- und Branchenbücher, Industrie- und Handelskammern, Ständeorganisationen, Handwerkskammern und natürlich das Internet hilfreich sein. Ziel der Suche ist, einen Pool von 30–100 potenziellen Sponsoren zu ermitteln. Besonders interessant sind Unternehmen, die im Jahr des Sponsoring-Projektes ein (Firmen-) Jubiläum feiern können und im Idealfall sogar noch einen thematischen Bezug zum Projekt des Gesponserten (der sozialen Organisation) haben.

Die anschließende **Ansprache** der Unternehmen erfolgt in vier Schritten. In Schritt 1 wird telefonischer Kontakt mit dem Unternehmen aufgenommen. Ziel ist, den richtigen Ansprechpartner für Sponsoring im Unternehmen mit Namen und Funktion zu identifizieren, und ihm die Zusendung eines Sponsoring-Angebotes anzubieten. In Schritt 2 wird diesem Ansprechpartner ein schriftliches Sponsoring-Angebot zugeschickt mit der Ankündigung ihn dazu in den nächsten Tagen einmal anzurufen. Das Sponsoring-Angebot umfasst:

- ein kurzes Anschreiben (eine Seite) mit Bezug auf das Telefonat,
- eine kurze Darstellung der Projektidee (zwei Seiten), die die Attraktivität für den Sponsor herausstellt und Anknüpfungspunkte für dessen Marketing nennt,

- eine kurze Beschreibung der Zielgruppe(n) des Sponsors und des Gesponserten (siehe oben) und deren Überschneidung.
- Auflistung der vom Sponsor erwarteten Leistungen: Geld-, Sach- und Dienstleistungen sowie Zurverfügungstellung von Infrastruktur.
- Auflistung der Gegenleistungen für den Sponsor. Schätzung der Reichweite zu erwartender Medienberichterstattung (falls möglich).

Etwa ein bis zwei Wochen nach Zusendung des Sponsoring-Angebots erfolgt in Schritt 3 ein erneuter Anruf des Sponsoring-Verantwortlichen. Gefragt wird, ob das Sponsoring-Angebot angekommen ist, ob es dazu noch Fragen gibt und ob es im Rahmen eines Besuches (Schritt 4) persönlich erläutert werden kann. Sind die Hürden der ersten drei Schritte erfolgreich übersprungen und kommt es tatsächlich zu einem persönlichen Treffen, so kann von einem entsprechenden Interesse des Unternehmens ausgegangen werden. Die Chancen, dass das Sponsoring-Angebot so oder in einer abgewandelten, auf das Unternehmen besser zugeschnittenen Form angenommen wird, sind gut.[13]

War die Ansprache erfolgreich, so sollte die künftige Zusammenarbeit in Form eines **Sponsoring-Vertrages** geregelt werden.[14] Um (spätere) Missverständnisse zwischen Sponsor und Gesponserten, und damit verbundene Enttäuschungen, zu vermeiden, sollten Absprachen zu folgenden Bereichen unbedingt schriftlich festgehalten werden:

- (Messbare) Ziele des Sponsoring,
- Leistungen des Sponsors,
- Gegenleistungen des Gesponserten,
- Zuständigkeiten bei der Durchführung,
- Laufzeit des Vertrages und Kündigung,
- Einbindung von Beratern und/oder Agenturen.

Zu Beginn der Durchführung eines Sponsoring-Projekts werden zunächst eine Aufbauorganisation und eine Ablauforganisation festgelegt (siehe Kap. 6.5). Da Sponsoring-Engagements Projektcharakter haben (nach DIN 69901 ist ein Projekt ein Vorhaben, bei dem innerhalb einer definierten Zeitspanne ein definiertes Ziel erreicht werden soll, und das sich dadurch auszeichnet, dass es im Wesentlichen ein einmaliges Vorhaben ist) wird in aller Regel eine **Projektorganisation** gewählt. Auf beiden Seiten (Sponsor und Gesponserter) werden zunächst feste Ansprechpartner benannt, an die sich die jeweils andere Seite während des gesamten Projektes jederzeit wenden kann. Zwischen den beiden Ansprechpartnern sollte es einen regelmäßigen Austausch über den Fortschritt des Projekts und die (Nicht-) Erreichung von (Zwischen-) Zielen geben. Sämtliche Absprachen sollten protokolliert und allen anderen Beteiligten am Sponsoring-Projekt zeitnah zugänglich gemacht werden. Falls nötig, sind im laufenden Projekt Kurskorrekturen vorzunehmen. Ziel der Durchführung ist auch der Aufbau eines Vertrauensverhältnisses zwischen beiden Seiten.

[13] Vgl. Brockes, Hans-Willy: Sponsoren gewinnen leicht gemacht, Planegg 2002.

[14] Siehe hierzu: Poser, Ulrich; Backers, Bettina: Sponsoring-Vertrag, 4. Aufl., (Beck) München 2010.

Im Idealfall entsteht eine vertrauensvolle und langfristige Beziehung (Relationship Fundraising). Es ist wesentlich effizienter mit wenigen Sponsoren eine langfristige Partnerschaft zu pflegen als ständig neue Sponsoren aufwendig gewinnen zu müssen. Die persönlichen Kontakte zu den Sponsoring-Verantwortlichen in einem Unternehmen sind deshalb genauso zu pflegen wie die zu Großspendern (siehe Kap. 2.1.7.2).

3.3.4 Kontrolle

Für Sponsor und Gesponserten ist von zentraler Bedeutung, den Erfolg des gemeinsamen Engagements während und nach dem Sponsoring-Projekt kontrollieren zu können. Unter Sponsoring-Kontrolle wird die ständige, systematische Überprüfung und Beurteilung der Planung, Durchführung und Ergebnisse aller Sponsoring-Aktivitäten verstanden. Der Erfolg eines Sponsorships entscheidet über künftige Aktivitäten des Unternehmens im Sponsoring und ist daher auch für den Gesponserten von größtem Interesse. Nur wenn sich eine Sponsoring-Maßnahme im Wettbewerb mit anderen kommunikationspolitischen Maßnahmen bewährt, wird es von einem Unternehmen auch fortgeführt. Der Erfolg eines Sponsorships macht sich am Grad der Erreichung der vorher geplanten Sponsoring-Ziele fest. Aus diesem Grund ist es wichtig, dass sich Sponsor und Gesponserter zu Beginn des Projektes im Rahmen der Sponsoring-Planung auf realistische und v. a. messbare Sponsoring-Ziele verständigen und diese auch schriftlich festhalten.

Dabei darf nicht unterschätzt werden, dass die Messung der Erreichung von Sponsoring-Zielen (wie beispielsweise „Verbesserung des Images") eine anspruchsvolle Herausforderung darstellt.[15] Ein methodisch einwandfreies Vorgehen würde Messungen entsprechend relevanter Image-Dimensionen vor und nach dem Sponsorship ebenso erforderlich machen, wie das Bilden einer Kontrollgruppe, die nicht von der Sponsoring-Maßnahme beeinflusst wird. Hinzu kommen weitere Probleme, die nicht Sponsoring-spezifisch sind, sondern auch die Wirkungsmessung aller anderen kommunikationspolitischen Maßnahmen betreffen:

- Haben andere kommunikationspolitische Maßnahmen die Sozial-Sponsoring-Wirkungen verstärkt, ergänzt oder behindert (Wirkungsinterdependenzen)?
- Welche Maßnahme hat welchen Wirkungsbeitrag geliefert (Wirkungszuordnung)?
- Gibt es Ausstrahlungseffekte wie Spill-over-Effekte (Auswirkungen auf nicht beabsichtigte Größen) oder Carry-over-Effekte (Auswirkungen zu späteren Zeitpunkten)?
- Haben externe, nicht beeinflussbare Variablen die Wirkung von Sozial-Sponsorships beeinträchtigt (externe Störeinflüsse)?

In der Sponsoring-Praxis geben zwar laut der bereits erwähnten Studie „Sponsoring Trends 2010" (siehe Kap. 3.1) 70,8 % der befragten Unternehmen an, den Erfolg ihres Sponso-

[15] Siehe hierzu: Dinkel, Michael; Seeberger, Jens: Planung und Erfolgskontrolle im Sportsponsoring, (ABC Verlag) Heidelberg 2007.

Abb. 3.12 Typische Fehler im Sponsoring. (Quelle: Urselmann (2009, S. 525–549, 543)

ring-Engagements zu kontrollieren. Empirische Kontrolluntersuchungen führen aber nur 20,1 % durch. 55,4 % evaluieren lediglich anhand von Medienauswertungen, 21,8 % anhand von Experteneinschätzungen und 9,3 % anhand sonstiger Methoden (Mehrfachnennungen waren möglich).[16]

Im Rahmen der Kontrolle kann auch überprüft werden, ob es Sponsor und Gesponsertem gelungen ist, typische Fehler im Sponsoring zu vermeiden. Einen Überblick über diese Fehler gibt Abb. 3.12:

3.4 Volumen von Unternehmen zur Verfügung gestellter Ressourcen

In Deutschland gibt es 2011 ca. 3,6 Mio. privatwirtschaftliche Unternehmen, wobei der Löwenanteil von 99,7 % auf kleine und mittlere Unternehmen (KMU) entfällt. Nach der Klassifikation des Instituts für Mittelstandsforschung wird unterschieden zwischen „kleinen Unternehmen" (bis zu 49 Mitarbeiter bzw. unter 10 Mio. € Jahresumsatz), „mittleren Unternehmen" (50 bis 499 Mitarbeiter bzw. 10 Mio. € bis 50 Mio. € Jahresumsatz) und „großen Unternehmen" (mindestens 500 Mitarbeiter bzw. mehr als 50 Mio. € Jahresumsatz).[17] 70 % aller Unternehmen sind inhaber- bzw. familiengeführt. Verlässliche Angaben zum Gesamtwert aller CSR-Aktivitäten aller Unternehmen in Deutschland gibt es nicht.

[16] Vgl. Hermanns, Arnold: Sponsoring Trends 2010 – Corporate Social Responsibility und Sponsoring im Fokus, Studie im Auftrag von BBDO Live, Bonn 2010, S. 20 (Studie steht auf bbdo-live.com zum kostenlosen Download bereit).

[17] Vgl. Maaß, Frank; Clemens, Reinhard: Corporate Citizenship – Das Unternehmen als guter Bürger, in: Institut für Mittelstandsforschung Bonn (Hrsg.): Jahrbuch zur Mittelstandsforschung, (Deutscher Universitätsverlag) Wiesbaden 2002.

Vorhanden sind lediglich Studien, die sich auf unterschiedliche Teilmengen aller deutschen Unternehmen beziehen.

Eine empirische Untersuchung, die 2006 in Form einer telefonischen Befragung von 501 Unternehmen (mit einem Jahresumsatz von mindestens 1 Mio. € und zehn Mitarbeitern) durchgeführt wird, als Kooperationsprojekt zwischen dem *Forschungszentrum für Bürgerschaftliches Engagement* an der *Universität Paderborn*, *FORSA* und dem *Centrum für Corporate Citizenship Deutschland (CCCD)*, ergibt, dass sich mit 96 % die große Mehrheit der Unternehmen in Form von Geldspenden, Sachspenden, kostenloser Bereitstellung von Dienstleistungen und kostenloser Nutzenüberlassung von Betriebseinrichtungen/Geräten/Räumen, Bereitstellung von Unternehmensmitarbeitern für gesellschaftliches Engagement, Unterstützung des ehrenamtlichen Engagements der Mitarbeiter, Zusammenarbeit mit gemeinnützigen Organisationen, Durchführung von Spendenaktionen oder Sammlungen, Gründung und Unterhalt von Stiftungen bzw. Sonstiges (als offene Kategorie) engagiert. Das Sponsoring wird in der Liste nicht aufgeführt, da es als eine Geschäftspraxis betrachtet wird. Anstelle eines Gesamtwertes aller Aktivitäten werden folgende Wertkategorien bezogen auf das Jahr 2005 ermittelt:

- Bis unter 5.000 € (29,1 % der Unternehmen),
- 5.000 bis unter 10.000 € (17,2 % der Unternehmen),
- 10.000 bis unter 50.000 € (30,5 % der Unternehmen),
- 50.000 bis unter 100.000 € (5,2 % der Unternehmen),
- 100.000 € und mehr (6,5 % der Unternehmen),
- Keine Angabe/weiß nicht (11,5 %).

Bei drei Viertel der Unternehmen bleibt der Wert des CSR-Engagements also unter 50.000 € pro Jahr.[18] Darüber hinaus ergibt die Untersuchung, dass

- fast drei Viertel der Unternehmen sich lokal bzw. regional mit CSR-Aktivitäten engagieren, nur 14,5 % auf nationaler und 13,6 % auf internationaler Ebene.
- weniger als ein Drittel der Unternehmen mit CSR-Aktivitäten ihrem Engagement messbare Zielsetzungen und Nutzenerwägungen zugrunde legen. Diese Ergebnisse decken sich mit denen der PwC-Studie „Corporate Citizenship – Was tun deutsche Großunternehmen?", die 2012 ein Fünftel der 500 größten deutschen Unternehmen befragt. Danach geben weniger als 40 % an, Ziele für ihre Corporate-Citizenship-Aktivitäten zu definieren, und nur etwa jedes fünfte Unternehmen evaluiert Corporate-Citizenship-Projekte.[19]

[18] Vgl. Centrum für Corporate Citizenship Deutschland (CCCD): Corporate Citizenship – gesellschaftliches Engagement von Unternehmen in Deutschland und im transnationalen Vergleich mit den USA, (Eigenverlag) Berlin 2007 (Survey steht auf www.cccdeutschland.org zum kostenlosen Download bereit).

[19] Vgl. PwC: Corporate Citizenship – Was tun deutsche Großunternehmen?, Berlin 2012 (Studie steht auf www.pwc.de/nachhaltigkeit zum kostenlosen Download bereit).

Tab. 3.5 Wert des Engagements inhabergeführter Unternehmen. (Quelle: FORSA (2005))

Spendenform	Spendenhöhe (in Mio. Euro)
Auf mindestens eine Art engagiert	10.333
Eigene Übernahme ehrenamtlicher Tätigkeiten (78 Mio. Std.)	2.417
Geldspenden des Unternehmens	1.484
Gründung/Finanzierung einer Stiftung oder eines Fördervereins	919
Kostenlose Erbringung von Dienstleistungen	749
Geldspende aus Privatvermögen	811
Veranstaltung oder andere Kontakte mit „Stakeholdern"	671
Kooperation mit der öffentlichen Hand bei der Durchführung öffentlicher Aufgaben	641
Übernahme ehrenamtlicher Tätigkeiten durch den Partner (26 Mio. Std.)	633
Kostenlose Überlassung von Produkten oder Waren	587
Kostenlose Überlassung von Einrichtungen und Geräten	558
Freistellung von Mitarbeitern für ehrenamtliche Tätigkeiten („Corporate Volunteering")	378
Einrichtung oder Finanzierung einer Institution als Mäzen	92
Spendenaktion, bei der ein festgelegter Teil des Verkaufserlöses gespendet wurde („Cause Related Marketing").	89
Sonstiges Engagement	304

- nur 1,5 % der Unternehmen mit CSR-Aktivitäten für das CSR eine Personalstelle oder Abteilung eingerichtet haben.
- KMU fast ausschließlich reaktiv auf Anfragen von aussen reagieren, während fast zwei Drittel der Großunternehmen proaktiv vorgehen und sich passende Organisationen suchen.[20]

Eine andere repräsentative Befragung, die *FORSA* im Auftrag der *Initiative Neue Soziale Marktwirtschaft (INSM)* 2005 unter dem Titel „Corporate Social Responsibility in Deutschland" bei ca. 1.000 inhabergeführten Unternehmen (mit einem Mindestumsatz von 100.000 €) durchführt, ergibt, dass sich 94 % auf mindestens eine der 14 genannten Arten (siehe Tab. 3.5) gemeinnützig engagieren. Der von *FORSA* hochgerechnete Wert des Engagements aller inhabergeführten Unternehmen beläuft sich auf 10,333 Mrd. €. Hinzu kommen noch etwa eine Mrd. Euro aus Erträgen von Unternehmensstiftungen. Eine differenzierte Aufstellung (siehe Tab. 3.5) zeigt jedoch, dass dieser Betrag nicht ein-

[20] Vgl. Backhaus-Maul, Holger; Braun, Sebastian: Gesellschaftliches Engagement von Unternehmen in Deutschland – Theoretische Überlegungen, empirische Befunde und engagementpolitische Perspektiven, in: Olk, Thomas; Klein, Ansgar; Hartnuß, Birger (Hrsg.): Engagementpolitik – Die Entwicklung der Zivilgesellschaft als politische Aufgabe, (VS Verlag) Wiesbaden 2010, S. 303–326.

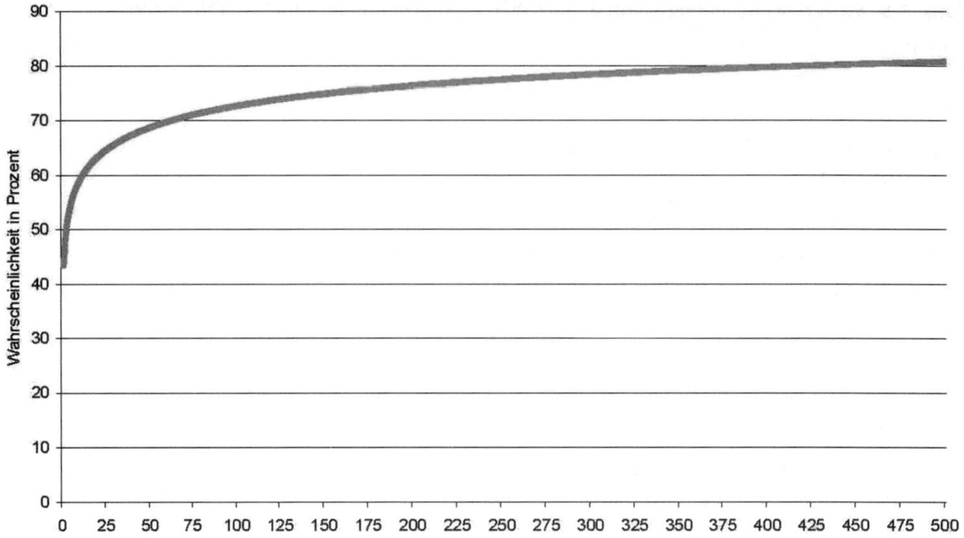

Abb. 3.13 Wahrscheinlichkeit, im Zeitraum 2006–2008 CSR-Aktivitäten durchzuführen nach der Größe des Unternehmens (Anzahl der Beschäftigten nach Vollzeitäquivalenten). (Quelle: KfW Bankengruppe (2011, S. 18))

fach zum Wert der von Privatpersonen bereitgestellten Ressourcen addiert werden darf, da wesentliche Elemente von den Unternehmern als Privatpersonen (z. B. Übernahme ehrenamtlicher Tätigkeiten, Geldspende aus Privatvermögen, Übernahme ehrenamtlicher Tätigkeiten durch den Partner) erbracht werden. An dieser Stelle entsteht regelmäßig ein Abgrenzungsproblem, da so mancher (mittelständische) Unternehmer seine Spende, aus steuerlichen Erwägungen heraus, mal als Privatperson zur Verfügung stellt, mal über sein Unternehmen.[21]

Eine weitere repräsentative Untersuchung, die die *KfW Bankengruppe* 2009 unter dem Titel „Corporate Social Responsibility im deutschen Mittelstand" bei 1.894 mittelständischen Unternehmen (mit einem Jahresumsatz von bis zu 500 Mio. €) in Form einer Zusatzbefragung zum KfW-Mittelstandspanel durchführt, ergibt, dass 58 % der mittelständischen Unternehmen in Deutschland ein CSR-Engagement eingehen. Der im Verhältnis zur *CCCD*-Studie (96 %) deutlich niedrigere Wert lässt sich dadurch erklären, dass bei der *KfW*-Studie auch kleinste Unternehmen mit weniger als fünf Beschäftigten in die Untersuchung einbezogen (und große Unternehmen ab 500 Mio. Jahresumsatz ausgeschlossen) werden, während bei der *CCCD*-Studie nur größere Unternehmen ab zehn Mitarbeitern und einem Jahresumsatz von mindestens 1 Mio. € berücksichtigt wurden (kleinere Unternehmen also nicht). Wie aus Abb. 3.13 ersichtlich wird, nimmt der Anteil von Unternehmen mit CSR-Engagement mit der Größe der Unternehmen, gemessen an der Anzahl der Beschäftigten (in Vollzeitäquivalenten), zu.

[21] Vgl. FORSA: „Corporate Social Responsibility" in Deutschland, (Eigenverlag) Berlin 2005.

Tab. 3.6 CSR-Engagement mittelständischer Unternehmen 2006–2008. (Quelle: KfW Bankengruppe (2011, S. 3))

	Anteil Unternehmen mit CSR	Anzahl der Unternehmen mit CSR[1)]	CSR-Ausgaben pro Jahr	CSR-Ausgaben pro Jahr und Unternehmen[2)]	Anteil CSR-Ausgaben am Jahresumsatz[3)]
	in Prozent		in Mrd. EUR	in EUR	in Prozent
insgesamt	58	2.140.000	6,00	3.000	0,21
darunter:					
weniger als 5 Beschäftigte	56	1.626.000	2,06	1.000	0,96
5 bis unter 10 Beschäftigte	59	230.000	0,94	4.000	0,19
10 bis unter 50 Beschäftigte	69	204.000	1,45	7.000	0,24
50 Beschäftigte und mehr	87	74.000	1,54	21.000	0,13

Anmerkung: auf die Grundgesamtheit aller mittelständischer Unternehmen hochgerechnete Werte.
[1)] gerundet auf Tausend Unternehmen;
[2)] nur CSR-aktive Unternehmen, gerundet auf Tausend EUR,
[3)] nur CSR-aktive Unternehmen

Der von der *KfW Bankengruppe* hochgerechnete Wert des Engagements beläuft sich auf 6 Mrd. € bzw. durchschnittlich 3.000 € pro Unternehmen und Jahr. Dieser Wert entspricht 0,21 % des Jahresumsatzes (siehe Tab. 3.6).[22]

Zusammengefasst könnte das CSR-Engagement deutscher Unternehmen demnach zwischen 6,0 Mrd. € (KfW-Studie) und 8,9 Mrd. € (*FORSA*-Studie, bereinigt um die Kategorien „Geldspende aus Privatvermögen" und „Übernahme ehrenamtlicher Tätigkeiten durch den Partner") bzw. sogar darüber liegen, da beide Studien nur Teilmengen aller deutscher Unternehmen betrachten. Unklar bleibt auch, inwiefern die Sponsoring-Ausgaben der Unternehmen in diesen Beträgen enthalten sind. Nur bei der *CCCD*-Studie sind sie explizit nicht enthalten, da Sponsoring als eine Geschäftspraxis und nicht als CSR-Engagement betrachtet wird. Viele, der an den unterschiedlichen Befragungen teilnehmenden Organisationen dürften ihre Sponsoring-Aktivitäten jedoch sehr wohl unter ihr CSR-Engagement subsumieren.

Auch für das Sponsoring-Volumen in Deutschland gibt es keine exakten Zahlen. Eine Schätzung zur Entwicklung des Sponsoring-Volumens von *Bruhn* gibt Tab. 3.7 wieder. Demnach haben sich die Gesamtausgaben für Sponsoring im Zeitraum von 1993 bis 2007 vervierfacht. Die dort angegebene Schätzung für das Jahr 2010 ist jedoch aus heutiger Sicht zu optimistisch gewesen. Der Fachverband Sponsoring (FASPO) kommt in seiner Studie „Sponsor Visions 2012" auf ein Volumen von 4,4 Mrd. € für das Jahr 2012 und ein Volumen von 4,8 Mrd. € für das Jahr 2014. Die Marke von 5 Mrd. € dürfte derzeit also noch nicht überschritten werden. Trotzdem ist das Wachstum im Sponsoring beachtlich und wird v. a. durch das Sport-Sponsoring und insbesondere das Fußball-Sponsoring getrieben.[23]

[22] Vgl. KfW Bankengruppe: Corporate Social Responsibility im deutschen Mittelstand, in: Standpunkt, Heft 7, Frankfurt/Main 2011 (Studie steht auf www.kfw.de zum kostenlosen Download bereit).

[23] Vgl. FASPO: Sponsor Visions 2012, Hamburg 2012 (Der ausführliche Report steht auf www.faspo.de zum Preis von 950 Euro zzgl. Mwst. zum Download bereit).

Tab. 3.7 Entwicklung des Sponsoring-Marktes in Deutschland (in Mrd. Euro). (Quelle: Bruhn (2010, S. 31)

Jahr	Sport-sponsoring	Kultur-sponsoring	Sozio-/Umwelt-sponsoring	Medien-sponsoring	Sponsoring gesamt
1993*	0,66	0,24	0,08	0,02	1,00
1994*	076	0,24	0,11	0,02	1,13
1995*	0,86	0,28	0,20,	0,03	1,37
1996*	0,97	0,28	0,23	0,05	1,53
1997	1,17	0,25	0,20	0,20	1,82
1998	1,27	0,25	0,20	0,25	1,97
1999	1,32	0,30	0,20	0,40	2,22
2000	1,48	0,30	0,20	0,46	2,44
2001	1,63	0,30	0,25	0,56	2,74
2002	1,60	0,30	0,30	0,60	2,80
2003	1,70	0,30	0,30	0,70	3,00
2004	1,90	0,40	0,30	0,80	3,40
2005	2,10	0,30	0,30	0,90	3,60
2006	2,70	0,30	0,30	1,00	4.30
2007	2,50	0,30	0,30	0.90	4,00
2008**	2,90	0,30	0,40	1,00	4,60
2009**	3,00	0,40	0,40	1,00	4,80
2010**	3,20	0,40	0,50	1,00	5,10

Umrechnungen in Euro für die Jahre 1993 bis 2001 zum Kurs 1 DM = 1,95583

* Mittelwerte aus ermittelten Spannweiten
** Prognosen im Jahr 2007

3.5 Ethische Aspekte des Fundraising bei Unternehmen

Unternehmen können zu wichtigen Partnern für gemeinnützige Organisationen werden. Damit stellen sich jedoch auch ethische Fragen. Wie in Kap. 3.3.2 bereits angedeutet, darf eine Unternehmenskooperation *jedoch* unter keinen Umständen das höchste Gut einer Organisation beeinträchtigen: ihre Glaubwürdigkeit. Die entscheidende Frage, wann eine solche Beeinträchtigung vorliegt, kann sehr unterentschiedlich eingeschätzt werden. Vor dem Abschluss von Unternehmenskooperationen sollte eine Organisation deshalb immer zunächst die Diskussion mit ihren wichtigsten Stakeholdern (z. B. Mitglieder, Mitarbeiter, Ehrenamtliche, Spender) suchen! Immer mehr Organisationen geben sich nach einer solchen Diskussion entsprechende Richtlinien oder treffen sogar normative Aussagen auf der Ebene ihres Leitbildes. Auszuschließen sind insbesondere Kooperationen mit Herstellern oder Händlern von Produkten oder Dienstleistungen, die in einem problematischen Verhältnis zu den Projekten einer Organisation stehen.

Beispiel

Die Hilfsorganisation *Welthungerhilfe* veröffentlicht auf ihrer Website Leitlinien für die Zusammenarbeit mit Unternehmen. Demnach können Kooperationsanfragen und Unternehmensspenden im Einzelfall zurückgewiesen bzw. beendet werden, wenn ein Unternehmen

- erkennbar und vorsätzlich Menschenrechte verletzt, insbesondere die Verwirklichung des Menschenrechts auf Nahrung verhindert oder Kinderarbeit einsetzt.
- erkennbar humanitäre, ökologische oder soziale Standards und grundlegende Arbeitsnormen fortwährend oder in unverhältnismäßiger Art und Weise missachtet.
- Rohstoffe in Entwicklungsländern fördert oder aus Entwicklungsländern exportiert, ohne die Verantwortung für negative soziale oder ökologische Folgen zu übernehmen.
- Landrechte in Entwicklungsländern missachtet oder deren Durchsetzung behindert.
- Kriegswaffen herstellt oder verbreitet oder Konfliktparteien und Regierungen unmittelbar unterstützt und dadurch das Humanitäre Völkerrecht bricht, Menschenrechte verletzt oder eine nachhaltige Entwicklung untergräbt.
- Menschen aus rassistischen Gründen, aufgrund ihres Geschlechts, ihrer sexuellen Orientierung, ihrer Behinderung, ihrer Religion oder ihrer Weltanschauung diskriminiert.

3.6 Was ich in diesem Kapitel gelernt habe

- Klären Sie mit den wichtigsten Stakeholdern Ihrer Organisation vorab, ob bzw. welche Unternehmenskooperationen als (nicht) akzeptabel empfunden werden!
- Geben Sie Ihrer Organisation klare Leitlinien für die Zusammenarbeit mit Unternehmen, an denen sich die Mitarbeiter Ihrer Organisation ebenso orientieren können wie die von (potenziellen) Kooperationspartnern!
- Sprechen Sie nicht nur große, sondern auch kleine und mittlere Unternehmen an!
- Sprechen Sie Unternehmen nicht nur auf Geldleistungen, sondern auch Sach- und Dienstleistungen sowie Nutzungsmöglichkeiten der Infrastruktur an!
- Denken Sie nicht nur an die Ressourcen des Unternehmens, sondern auch an die der Lieferanten, Mitarbeiter und Kunden des Unternehmens!
- Bauen Sie zunächst eine breite Basis von fördernden Privatpersonen auf, auf der Sie anschließend Ihr Fundraising gegenüber Unternehmen aufbauen können!
- Versuchen Sie die Motive eines Unternehmens für sein CSR-Engagement zu ergründen, um diese im Rahmen einer Kooperation bedienen zu können!
- Versuchen Sie, den Einstieg in eine Unternehmenskooperation über eine Anlassspende des Unternehmens (z. B. zu Weihnachten oder einem Firmenjubiläum) zu bekommen!
- Versäumen Sie nicht, Entscheider für Unternehmensspenden ähnlich intensiv zu betreuen bzw. zu binden wie Großspender unter Privatpersonen!
- Versuchen Sie auch Unternehmen, die anlässlich einer Katastrophe erstmals an Ihre Organisation spenden, zu binden!

- Prüfen Sie, ob es sinnvoll ist, benötigte Sachmittel direkt als Sachspende einzuwerben, und so den Umweg über eine Geldspende zu vermeiden!
- Prüfen Sie, ob es sinnvoll ist, benötigte Dienstleistungen direkt als Zeitspende einzuwerben, und so den Umweg über eine Geldspende zu vermeiden!
- Versuchen Sie – ähnlich dem Upgrading bei Privatpersonen – einen Unternehmenskontakt nach und nach zu intensivieren und auszubauen!
- Bedenken Sie, dass Sie mit einer Gegenleistung für erhaltene Geld-, Sach- und Dienstleistungen an ein Unternehmen ein Sponsoring begründen, das einen wirtschaftlichen Geschäftsbetrieb begründen kann!
- Erwartet ein Unternehmenspartner eine Gegenleistung, so versuchen Sie im Sinne des Sponsoring-Erlasses die Gegenleistung auf die Duldungsregelung oder eine Höflichkeitsgeste zu beschränken!
- Klären Sie vor jeder Unternehmenskooperation mit Gegenleistung, ob das für Ihre Organisation zuständige Finanzamt darin einen wirtschaftlichen Geschäftsbetrieb sieht?
- Liegt ein wirtschaftlicher Geschäftsbetrieb über der Freigrenze von 35.000 € pro Jahr vor, achten Sie darauf, dass der Sponsoring-Betrag nach Steuern ausreichend hoch für die erbrachten Gegenleistungen ist!
- Recherchieren Sie, welche Unternehmensstiftungen zugunsten Ihres Satzungszwecks ausschütten!
- Professionell gemanagte Unternehmenskooperationen erhöhen die Chance auf eine langjährige Zusammenarbeit!
- Sprechen Sie potenzielle Unternehmenspartner (erst nach entsprechender Recherche) individuell an!
- Arbeiten Sie den Nutzen der Kooperation für das Unternehmen deutlich heraus!
- Definieren Sie klare und möglichst gut operationalisierte Ziele (für das Unternehmen und Ihre Organisation), an deren Erreichungsgrad anschließend der Erfolg der Kooperation gemessen werden soll!
- Kommunizieren Sie Ihrem Unternehmenspartner regelmäßig, offen und ehrlich alle Erfolge und Misserfolge des gemeinsamen Projekts!

Weiterführende Literatur zu diesem Kapitel

Adkins, S.: Cause Related Marketing – Who Cares Wins. Elsevier, Oxford (1999)

Backhaus-Maul, H., Braun, S.: Gesellschaftliches Engagement von Unternehmen in Deutschland – Theoretische Überlegungen, empirische Befunde und engagementpolitische Perspektiven. In: Olk, T., Klein, A., Hartnuß, B. (Hrsg.) Engagementpolitik – Die Entwicklung der Zivilgesellschaft als politische Aufgabe, S. 303–326. VS Verlag, Wiesbaden (2010)

Backhaus-Maul, H., Biedermann, C., Polterauer, J., Nährlich, S. (Hrsg.): Corporate Citizenship in Deutschland – Bilanz und Perspektiven. VS Verlag, Wiesbaden (2010)

Bertelsmann, S.: Corporate Citizenship planen und messen mit der iooi-Methode. Eigenverlag, Gütersloh (2010)

Bortoluzzi Dubach, E., Frey, H.: Sponsoring – Der Leitfaden für die Praxis, 5. Aufl. Haupt, Bern (2011)

Brockes, H.-W.: Sponsoren gewinnen leicht gemacht. Planegg (2002)

Bruhn, M.: Sponsoring – Systematische Planung und integrativer Einsatz, 5. Aufl. Gabler, Wiesbaden (2010)

Bundesfinanzministerium: Sponsoring-Erlass (Ertragsteuerliche Behandlung des Sponsoring – Erörterung mit den obersten Finanzbehörden der Länder in der Sitzung Est. V/97 vom 25. Bis 27.6.1997 – außerhalb der Tagesordnung – BMF-Schreiben vom 9.7.1997 – IV B 2 – S. 2144–118/97).

Centrum für Corporate Citizenship Deutschland (CCCD): Corporate Citizenship – gesellschaftliches Engagement von Unternehmen in Deutschland und im transnationalen Vergleich mit den USA. Eigenverlag, Berlin (2007) (Survey steht auf www.cccdeutschland.org zum Download bereit).

Dinkel, M., Seeberger, J.: Planung und Erfolgskontrolle im Sportsponsoring. ABC Verlag, Heidelberg (2007)

Europäische, S.-B.: Sponsoring regionaler Veranstaltungen. St. Gallen (1998)

FASPO: Sponsor Visions 2012. Hamburg (2012) (Der ausführliche Report steht auf www.faspo.de zum Preis von 950 Euro zzgl. Mwst. zum Download bereit)

FORSA: „Corporate Social Responsibility" in Deutschland. Eigenverlag, Berlin (2005)

Haibach, M.: Handbuch Fundraising – Spenden, Sponsoring, Stiftungen in der Praxis, 4. Aufl. Campus, Frankfurt a. M. (2012)

Hardtke, A., Kleinfeld, A.: Gesellschaftliche Verantwortung von Unternehmen – Von der Idee der Corporate Social Responsibility zur erfolgreichen Umsetzung. Gabler, Wiesbaden (2010)

Haunert, F.: Unternehmenskooperation – Firmenspenden, Corporate Volunteering, Sponsoring, in: Fundraising Akademie : Fundraising – Handbuch für Grundlagen, Strategien und Methoden, S. 442–456, 4. Aufl. Gabler, Wiesbaden (2008).

Horne, S., Steve, W.: Affinity cards: How to ensure a beneficial relationship in. In: Saxon-Harrold, S.K.E., Kendall, J. (Hrsg.) Researching the Voluntary Sector, S. 51–58. Charities Aid Foundation (1993)

Horne, S., Steve, W.: Paying the price: The affinity credit card relationship. J. Nonprofit Volunt. Sect. Mark. – Int. J. **1** (Henry Stewart Publications), 58–63 (1997)

Initiative Neue Soziale Marktwirtschaft: „Corporate Social Responsibility" in Deutschland. Berlin (2005)

KfW Bankengruppe: Corporate Social Responsibility im deutschen Mittelstand. Standpunkt, Heft 7, Frankfurt a. M. (2011) (Studie steht auf www.kfw.de zum kostenlosen Download bereit)

Kießling, H., Buchna, J.: Gemeinnützigkeit im Steuerrecht, 5. Aufl., S. 171 f., 202 und 236. Achim (1994)

Kröselberg, M.: Payroll Giving, in: Fundraising Akademie : Fundraising – Handbuch für Grundlagen, Strategien und Instrumente, 4. Aufl., S. 348–350. Gabler, Wiesbaden (2006)

Leitz, C.: Corporate Social Responsibility – Stand der Forschung und Entwicklungstrends. Books on Demand, Norderstedt (2012)

Maaß, F., Clemens, R.: Corporate Citizenship – Das Unternehmen als guter Bürger. In: Institut für Mittelstandsforschung Bonn (Hrsg.) Jahrbuch zur Mittelstandsforschung. Deutscher Universitätsverlag, Wiesbaden (2002)

Müller, M., Schaltegger, S. (Hrsg.): Corporate Social Responsibility – Trend oder Modeerscheinung? oekom, München (2007)

Oliver, B.: On the cards. Professional Fundraising **4**, 20–23 (1997)

Oloko, S.: Nachhaltiges Marken-Management durch Cause related Marketing, Tectum, Marburg 2010

Poser, U., Backers, B.: Sponsoring-Vertrag, 4. Aufl. Beck, München (2010)

PwC: Unternehmen als Spender – Eine Befragung unter den 500 größten Aktiengesellschaften in Deutschland zu ihrem Spendenverhalten und ihren Kriterien für die Spendenvergabe, Frankfurt. a. M. (2007) (Studie steht auf www.pwc.de/nachhaltigkeit zum kostenlosen Download bereit).

PwC: Corporate Citizenship – Was tun deutsche Großunternehmen? Frankfurt a. M. (2012) (Studie steht auf www.pwc.de/nachhaltigkeit zum kostenlosen Download bereit).

Schlegelmilch, B.B., Woodruffe, H.: A Comparative Analysis of the Affinity Card Market in the USA and the UK. Int. J. Bank Mark. **5**, 12–23 (1995)

Schubert, R., Littman-Wernli, S., Tingler, P.: Corporate Volunteering – Unternehmen entdecken die Freiwilligenarbeit. Haupt, Bern (2002)

Sommeregger, M.: CSR 2.0 – Soziale Online-Spendenplattformen als neues Instrument für Corporate Giving? Eine Untersuchung am Beispiel von betterplace.org. Magisterarbeit, Wien (2010)

Urselmann, M.: Fundraising. In: Arnold, U., Maelicke, B. (Hrsg.) Lehrbuch der Sozialwirtschaft, 3. Aufl., S. 525–549. Nomos, Baden Baden (2009)

Wühle, M.: Mit CSR zum Unternehmenserfolg – Gesellschaftliche Verantwortung als Wertschöpfungsfaktor. VDM, Saarbrücken (2007)

Zimmermann, O.: Endlich eine einheitliche steuerliche Behandlung des Sponsoring durch die Finanzbehörden. BSM-Newsl – Informationsbulletin der Bundesarbeitsgemeinschaft Sozialmarketing e. V. **4**, 30–34 (1997)

4 Fundraising bei Stiftungen

Neben Privatpersonen und Unternehmen werden Stiftungen zu immer wichtigeren Ressourcenbereitstellern für das Fundraising.

4.1 Stiftung und Stiftungs-Fundraising

Unter einer **Stiftung** versteht man eine juristische Person, die einen vom Stifter bestimmten (Stiftungs-) Zweck dauerhaft fördern soll und dazu von ihm mit einer (Stiftungs-) Organisation und einem (Stiftungs-) Vermögen (z. B. Geld, Wertpapiere, Land, Wald, Immobilien) ausgestattet wird. Dabei wird in der Regel das Vermögen auf Dauer erhalten und nur der Fruchtertrag des Vermögens (z. B. Zinsen, Dividende, Pacht, Miete) für die Erfüllung des Stiftungszwecks verwendet. Im Rahmen des Fundraising wird nun versucht, bei ausgewählten Stiftungen per Antragsverfahren Mittel aus dem i. d. R jährlich auszuschüttenden Fruchtertrag einzuwerben. Diese Form des Fundraising soll hier als **Stiftungs-Fundraising** bezeichnet werden. Gemeint ist also das Fundraising *bei* Stiftungen, nicht das Fundraising *für* Stiftungen. Da Stiftungen – gerade in Zeiten niedriger Zinsen – zunehmend auch Fundraising in eigener Sache gegenüber Dritten betreiben, um ihr Stiftungsvermögen zu erhöhen, wird auch das Fundraising *für* Stiftungen verwirrenderweise manchmal als Stiftungs-Fundraising bezeichnet.

Für das so verstandene Stiftungs-Fundraising kommen jedoch nicht alle, sondern nur bestimmte Stiftungen infrage. Da Stiftungen sehr vielfältig in unterschiedlichsten Rechts- und Erscheinungsformen auftreten können, ist es wichtig, in den folgenden Kapiteln zumindest einen Überblick (aus der Perspektive des Fundraising) zu gewinnen, welche Stiftungen im Rahmen des Fundraising angesprochen werden können. Eine ausführliche Darstellung aller Rechts- und Erscheinungsformen von Stiftungen würde den Rahmen dieses

M. Urselmann, *Fundraising*,
DOI 10.1007/978-3-658-01795-8_4, © Springer Fachmedien Wiesbaden 2014

Buches jedoch sprengen. Dafür sei beispielsweise auf das Werk von *Wigand/Heuel/Stolte/Haase-Theobald* verwiesen, auf dem auch die folgenden Ausführungen beruhen.[1]

4.2 Erscheinungsformen von Stiftungen

4.2.1 Stiftungen des bürgerlichen vs. öffentlichen Rechts

Stiftungen können in privatrechtlicher oder öffentlich-rechtlicher Form existieren. Privatrechtliche Stiftungen sind in Deutschland **Stiftungen des bürgerlichen Rechts** (§§ 80–88 BGB). Sie können den Privatinteressen von Einzelnen, von Familien (**Familienstiftungen**) oder von Unternehmen (**Unternehmensstiftungen** oder **unternehmensverbundene Stiftungen**, siehe auch Kap. 3.2.5) dienen. Zu den **öffentlich-rechtlichen Stiftungen** gehören Stiftungen, die von staatlichen Hoheitsträgern (**staatliche Stiftungen**, **kommunale Stiftungen**) oder den Kirchen (**kirchliche Stiftungen**) nach eigenen Rechtsvorschriften errichtet und verwaltet werden. Durch das Stiftungs-Fundraising können sowohl Stiftungen des bürgerlichen Rechts als auch Stiftungen des öffentlichen Rechts als Ressourcenbereitsteller angesprochen werden, sofern sie gemeinnützig tätig sind (siehe nächstes Kapitel).

4.2.2 Gemeinnützige vs. privatnützige Stiftungen

Eine weitere (gerade für das Fundraising) wichtige Unterscheidung ist die von privatnützigen und gemeinnützigen Stiftungen. Bei **privatnützigen Stiftungen** kommt der Satzungszweck nur einem begrenzten Personenkreis (z. B. den Mitgliedern einer Familie oder der Mitarbeitern eines Unternehmens) zugute. Bei einer **gemeinnützigen Stiftung** ist die Tätigkeit einer Stiftung hingegen darauf gerichtet, die Allgemeinheit auf materiellem, geistigem oder sittlichem Gebiet selbstlos zu fördern (§ 52 Abs. 1 Satz 1 AO). Welche Zwecke im Einzelnen als gemeinnützig anerkannt sind, regelt die Abgabenordnung (§ 52 Abs. 2 AO). Ob der Satzungszweck einer Stiftung als gemeinnützig anerkannt wird, entscheidet die Finanzverwaltung, da bei Anerkennung der Gemeinnützigkeit die Stiftung steuerlich begünstigt wird. Neben gemeinnützigen Zwecken werden auch mildtätige Zwecke (§ 53 AO) und kirchliche Zwecke (§ 54 AO) steuerlich begünstigt (siehe Kap. 1.2), und manchmal der Einfachheit halber mit unter den Begriff „Gemeinnützigkeit" subsummiert. Für das Stiftungs-Fundraising ist es nur sinnvoll, steuerbegünstigte (gemeinnützige, mildtätige und kirchliche) Stiftungen anzusprechen, nicht aber privatnützige.

[1] Wigand, Klaus; Heuel, Markus; Stolte, Stefan; Haase-Theobald, Cordula: Stiftungen in der Praxis – Recht, Steuern, Beratung, 3. Aufl., (Gabler) Wiesbaden 2011.

4.2.3 Selbständige vs. unselbständige Stiftungen

Sowohl privatrechtliche als auch öffentlich-rechtliche Stiftungen sind **selbständige Stiftungen** im Sinne des Stiftungsrechts mit eigener Rechtspersönlichkeit (deshalb auch **rechtsfähige Stiftungen** genannt). Davon ist die **unselbständige Stiftung** (auch **treuhänderische Stiftung**, **nichtrechtsfähige Stiftung** oder **fiduziarische Stiftung** genannt) zu unterscheiden. Hier überträgt der Stifter einer natürlichen oder juristischen Person als Treuhänder Vermögenswerte zur Verfolgung des von ihm vorgegebenen (gemeinnützigen) Stiftungszwecks. Die Errichtung der Treuhandstiftung erfolgt entweder durch Abschluss eines Treuhand- und Geschäftsbesorgungsvertrags zwischen dem Stifter und dem Treuhänder oder durch Schenkung unter Auflage des Stifters an den Treuhänder.

Die Vorteile der Treuhandstiftung liegen in ihrer leichten und ohne Genehmigung durch die Stiftungsbehörde möglichen Errichtung bei gleichzeitiger Möglichkeit der Steuerbefreiung. Eine staatliche Anerkennung für die Errichtung einer Treuhandstiftung ist nicht erforderlich, weil sie keiner Stiftungsaufsicht unterliegt und weil die Verwaltung vollständig dem Treuhänder übertragen werden kann. Zudem ist eine Mindestkapitalausstattung nicht erforderlich.[2]

Aus Fundraising-Sicht stellen Treuhandstiftungen einerseits interessante Ressourcenbereitsteller dar. Andererseits können sie auch ein interessantes Vehikel im Rahmen des Großspender- und Testamentspender-Fundraising für solche Spender sein, die zu Lebzeiten oder von Todes wegen einer Organisation einen größeren Betrag unkompliziert und steueroptimiert sowie nachhaltig zukommen lassen (und sich manchmal auch verewigen) möchten.

4.2.4 Gemeinschaftsstiftungen und Bürgerstiftungen

Stiftungen, die von *einem* Stifter ausgestattet werden, werden **Einzelstiftung** genannt. Solche, die von *mehreren* Stiftern ausgestattet werden, bezeichnet man als **Gemeinschaftsstiftungen**. Eine spezielle Ausprägung der Gemeinschaftsstiftung stellt die **Bürgerstiftung** dar. Bürgerstiftungen sind rechtsfähige Stiftungen des bürgerlichen Rechts. Ihr Ziel ist es, einer größeren Zahl von Bürgern und Unternehmen einer Stadt, eines Landkreises oder einer Region die Verwirklichung verschiedener gemeinnütziger Zwecke unter einem gemeinsamen Dach zu ermöglichen.[3] Mittlerweile (Stand 2012) gibt es bundesweit 326 Bürgerstiftungen mit einem Stiftungskapital von zusammen 208,2 Mio. €. Das Stiftungskapital sorgte im Zeitraum zwischen 2005 und 2011 für Ausschüttungen von insgesamt knapp 56 Mio. €. Hinzu kommen noch Spenden von Bürgern, Unternehmen und sonstigen In-

---

[2] Vgl. Schiffer, Jan K. (Hrsg.): Die Stiftung in der Beraterpraxis, 3. Aufl., (Deutscher Anwaltverlag) Bonn 2012, § 11.

[3] Vgl. Bertelsmann Stiftung: Bürgerstiftungen – Engagement von Bürgern für Bürger, (Eigenverlag) Gütersloh 2006, S. 4.

stitutionen, die sich allein im Jahr 2011 auf insgesamt 9,6 Mio. € beliefen.[4] Aus Fundraising-Sicht können deshalb auch Bürgerstiftungen interessante Ressourcenbereitsteller darstellen.

4.2.5 Stiftungs-GmbH und Stiftungs-Verein

Verwirrenderweise wird der Begriff der Stiftung auch auf Konstrukte angewandt, die keine Stiftungen im eigentlichen Sinne sind. So können auch steuerbegünstigte Zwecke verfolgende Gesellschaften wie z. B. GmbHs (**Stiftungs-GmbH**) oder Vereine (**Stiftungs-Verein** bzw. Stiftungsverein) als Stiftungen bezeichnet werden. Dies ist dann zulässig, wenn eine Gesellschaft ein einem bestimmten Zweck gewidmetes Vermögen verwaltet bzw. ein Verein über eine kapitalartige Vermögensausstattung (oder jedenfalls eine gesicherte Anwartschaft darauf) verfügen kann, damit eine dem Wesen der Stiftung entsprechende Aufgabenerfüllung zumindest über einen gewissen Zeitraum sichergestellt ist.[5] Die Rechtsform der GmbH bzw. des Vereins in Verbindung mit dem rechtlich nicht geschützten Zusatz „Stiftung" wird gewählt, um der staatlichen (Rechts-) Aufsicht und Kontrolle zu entgehen, der rechtsfähige Stiftungen des bürgerlichen Rechts unterliegen. Dafür unterliegen Stiftungs-GmbHs und Stiftungs-Vereine uneingeschränkt dem Handels-, GmbH- und Vereinsrecht. Ein weiterer Grund liegt im Wunsch, vom positiven Image der Bezeichnung „Stiftung" zu profitieren.[6]

Beispiele

- Robert Bosch Stiftung GmbH,
- Klaus Tschira Stiftung gGmbH,
- Konrad-Adenauer-Stiftung e. V.,
- Stiftung Jugend forscht e. V.

Zusätzlich verwirrend ist die Nutzung der Abkürzung „g" für „gemeinnützig" bei Stiftungs-GmbHs. Wie bereits ausgeführt, *müssen* Stiftungs-GmbHs steuerbegünstigte Zwecke verfolgen, weshalb die im Beispiel erwähnte Stiftung von Klaus Tschira, Mitgründer des Software-Unternehmens *SAP AG*, auch mit *Klaus Tschira Stiftung* ***g****GmbH* firmiert. Die gemeinnützige *Robert Bosch Stiftung GmbH* hingegen führt die Abkürzung „g" für „gemeinnützig" nicht in ihrer Firmierung. Der Grund für diese unterschiedliche Handhabung

[4] Vgl. Aktive Bürgerschaft (Hrsg.): Diskurs Bürgerstiftungen – Was Bürgerstiftungen bewegt und was sie bewegen, (Eigenverlag) Berlin 2013, S. 50.

[5] Vgl. Schiffer, Jan K. (Hrsg.): Die Stiftung in der Beraterpraxis, 3. Aufl., (Deutscher Anwaltverlag) Bonn 2012, S. 47.

[6] Vgl. Campenhausen, Axel Freiherr v.: Stiftungsrechts- Handbuch, 3. Aufl., (Beck Juristischer Verlag) München 2007, § 2 Rn. 19.

liegt darin, dass manche Gerichte die Auffassung vertreten, die Abkürzung „gGmbH" stelle keine zulässige Angabe der Gesellschaftsform bei einer gemeinnützigen GmbH dar und könne nicht ins Handelsregister eingetragen werden.[7]

Stiftungs-GmbHs und Stiftungs-Vereine sind als gemeinnützige Körperschaften für das Stiftungs-Fundraising interessant, sofern sie fördernd (und nicht nur operativ) tätig sind (siehe nächstes Kapitel).

4.2.6 Operative vs. fördernde Stiftungen

Zusätzlich zu den vorgenannten Erscheinungsformen von Stiftungen, die sich aus den einschlägigen Gesetzen ableiten lassen, gibt es noch eine ganze Reihe von Erscheinungsformen von Stiftungen, die aus wissenschaftlich motivierten Systematisierungen entstanden sind. Für das Fundraising von besonderer Bedeutung ist die Unterscheidung zwischen operativen und fördernden Stiftungen. Während eine **operative Stiftung** selbst operativ tätig ist und die Erträge ihres Stiftungskapitals in eigene Projekte investiert, schüttet eine **fördernde Stiftung** (auch **Förderstiftung** bzw. in der Schweiz **Vergabestiftung** genannt) ihre Erträge an Dritte aus, die den Satzungszweck erfüllen können. Es gibt auch Stiftungen, die sowohl operativ als auch fördernd tätig sind. Für das Fundraising sind demnach nur solche Stiftungen interessant, die ganz oder zumindest teilweise fördernd tätig sind.

Beispiel

Die *Bertelsmann Stiftung* ist eine operative Stiftung, die ihr Budget ausschließlich in Projekte investiert, die sie selbst konzipiert, initiiert und auch in der Umsetzung begleitet.

Fazit

Im Rahmen des Fundraising können nur solche gemeinnützigen Stiftungen angesprochen werden, die ganz oder teilweise fördernd tätig sind. Dabei ist unerheblich, ob es sich um Einzelstiftungen, Gemeinschaftsstiftungen, Bürgerstiftungen, Unternehmensstiftungen, Stiftungs-GmbHs oder Stiftungs-Vereine handelt.

4.3 Management des Stiftungs-Fundraising

Das Stiftungs-Fundraising bedarf eines systematischen Management. Dieses ist dem Management des Unternehmens-Fundraising (z. B. in Form des Sponsoring) sehr ähnlich (siehe Kap. 3.3). Abbildung 4.1 gibt einen Überblick. Im Folgenden werden die wichtigsten Schritte im Rahmen der Analyse, Planung, Durchführung und Kontrolle überblicksartig

[7] Siehe beispielsweise Beschluss des OLG München vom 13.12.2006 (Az. 31 Wx 84/06, NWB 19/2007, 1589).

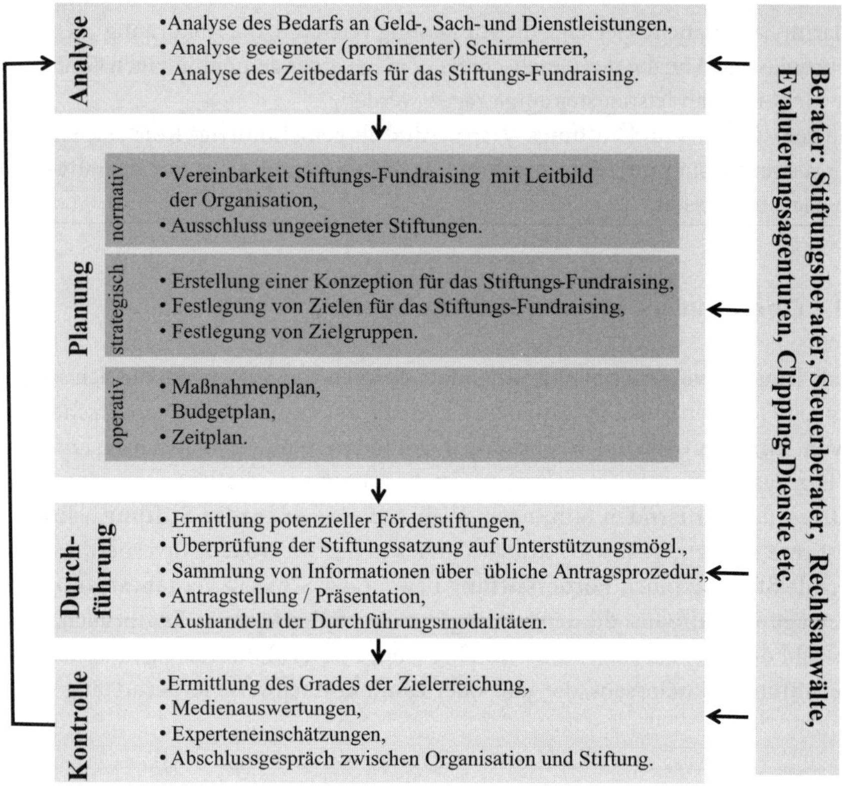

Abb. 4.1 Management des Stiftungs-Fundraising

vorgestellt. Eine ausführliche Darstellung aller Schritte würde den Rahmen dieses Buches sprengen. Näheres hierzu findet sich beispielsweise bei *Bortoluzzi-Dubach.*[8]

4.3.1 Analyse

Erster Schritt im Management des Stiftungs-Fundraising muss eine ausführliche Analyse der Ausgangssituation sein. Vor einer Ansprache von Stiftungen als potenzielle Ressourcenbereitsteller sind folgende Fragen von der Organisation zu beantworten:

- Welches (innovative) Projekt der Organisation ist besonders gut für die Förderung durch eine Stiftung geeignet und lässt sich auch medienwirksam darstellen (Bedarfsanalyse)?

[8] Bortoluzzi Dubach, Elisa: Stiftungen - Der Leitfaden für Gesuchsteller, 2. Aufl., (Huber Verlag) Frauenfeld/Schweiz 2011.

- Welche Leistungen benötigt die Organisation in welcher Höhe und Dauer für dieses Projekt (Bedarfsanalyse)?
- Welche thematischen Bezüge im engeren und weiteren Sinne können hergestellt werden? Beispiel: Für das Stiftungs-Fundraising zugunsten des Parkfriedhofs *Südwestkirchhof Stahnsdorf* können thematische Bezüge zu Stiftungen in den Bereichen Kultur und Botanik sowie zu den (Familien-) Stiftungen der auf dem Friedhof begrabenen Personen bzw. Familien hergestellt werden.
- Können die benötigten Leistungen von einer Stiftung alleine bereitgestellt werden, oder müssen sie auf mehrere Stiftungen verteilt werden?
- Welche, für eine Stiftung interessanten Gegenleistungen (z. B. Medienaufmerksamkeit) kann eine Organisation anbieten?
- Mit welchem zeitlichen Vorlauf für die Gewinnung von Stiftungen muss eine Organisation vor Beginn des Projektes rechnen?
- Welche (haupt- bzw. ehrenamtlichen) Mitarbeiter innerhalb der Organisation und/oder bei einem externen Dienstleister sollen das Management des Stiftungs-Fundraising durchführen?
- Welchen prominenten Schirmherren kann eine Organisation gewinnen?

4.3.2 Planung

Wie auch die Planung in allen anderen Bereichen, umfasst die Planung des Stiftungs-Fundraising eine normative (langfristige), strategische (mittelfristige) und operative (kurzfristige) Planungsebene.

Im Rahmen der *normativen* Planung des Stiftungs-Fundraising sind von der Organisation folgende Fragen zu beantworten:

- Ist das Stiftungs-Fundraising grundsätzlich mit dem Leitbild der Organisation (siehe Kap. 2.4) vereinbar? Gegenbeispiel: Verzichtet eine Organisation bewusst auf jegliche Unterstützung von Unternehmen, um ihre Unabhängigkeit von Unternehmen zu waren, so kann sie konsequenterweise auch keine Mittel von den geschätzt ca. 100 Unternehmens-Stiftungen annehmen (siehe Kap. 4.5).
- Akzeptieren die wichtigsten Stakeholder der Organisation (z. B. Mitglieder, Mitarbeiter, Ehrenamtliche) das Stiftungs-Fundraising?
- Mit welchen (Unternehmens-) Stiftungen sollte eine Organisation (nicht) kooperieren?

Ist ein Stiftungs-Fundraising grundsätzlich möglich, wird auf Basis der normativen Vorgaben und der Analyseergebnisse im Rahmen der *strategischen* Planung von der Organisation eine Stiftungs-Fundraising-Konzeption entwickelt, die insbesondere klare Ziele für das Stiftungs-Fundraising benennen muss. Da sowohl die Stiftung als auch die geförderte Organisation den Erfolg der Förderung nach Durchführung an der Erreichung ihrer jeweiligen Ziele festmachen wird, sind diese vorab möglichst klar zu benennen und zu operationalisieren. Während Stiftungen in der Vergangenheit den Erfolg ihres Input in geförderte Projekte in erster Linie an deren Output festmachten, legen mittlerweile immer mehr Stiftungen (aber auch Unternehmen und öffentliche Geldgeber) Wert darauf, den Erfolg von geförderten Projekten am Outcome und Impact zu messen. Dazu kann die von der *Bertelsmann Stiftung* entwickelte iooi-Methode (Akronym für Input – Output – Outcome – Impact) herangezogen werden, die zwar für die Wirkungsmessung von Engagement im Rahmen des Corporate Citizenship entwickelt wurde, sich aber auch auf die Wirkungsmessung von Projekten ausdehnen lässt, die durch Stiftungen oder öffentliche Ressourcenbereitsteller gefördert werden.

Bei der iooi-Methode werden vier Kategorien zu Grunde gelegt:

- Input: Im Rahmen des Projektes eingesetzte professionelle, materielle und finanzielle Ressourcen (z. B. Geld-, Sach- und Dienstleistungen),
- Output: Direkte Leistung, die mit dem Input durch das Projekt erzielt wurde (z. B. realisierte Veranstaltungen, dokumentierte Aktivitäten),
- Outcome: Ergebnisse und unmittelbare, kurzfristige Wirkung des Projektes für den Ressourcenbereitsteller (Unternehmen bzw. Stiftung), das gemeinnützige Anliegen und die betroffenen Zielgruppen (messbar z. B. in Menge der Teilnehmer an Workshops oder Anzahl der erreichten Personen bei bestimmten Programmen),
- Impact: Mittel- bis langfristige Veränderung in der Folge des Projektes in der Gesellschaft, die möglicherweise über den Rahmen und die engere Zielgruppe des Engagements hinaus erreicht wird.[9]

Beispiel

Das unabhängige, gemeinnützige Analyse- und Beratungshaus *Phineo* gAG prüft gemeinnützige Projekte mit einer Analysemethode auf ihre Wirksamkeit, die auf der iooi-Methode basiert.

Auf Basis des Stiftungs-Fundraising-Konzeptes werden im Rahmen der *operativen* Planung folgende Pläne erstellt:

- Maßnahmenplan (Suche und Ansprache potenzieller Stiftungen),
- Budgetplan (geplante Einnahmen und Ausgaben),
- Zeitplan (Vorbereitung, Durchführung, Nachbereitung und – wenn möglich – längerfristige Fortführung).

4.3.3 Durchführung

Einen Überblick über die wichtigsten Schritte bei der Durchführung des Stiftungs-Fundraising gibt Abb. 4.2:

[9] Vgl. Bertelsmann Stiftung: Corporate Citizenship planen und messen mit der iooi-Methode, (Eigenverlag) Gütersloh 2010.

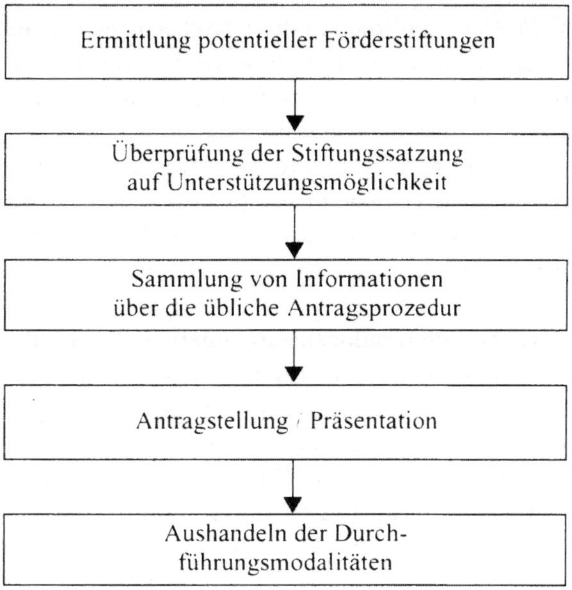

Abb. 4.2 Schritte bei der Durchführung des Stiftungs-Fundraising. (Quelle: Urselmann 2009, S. 525–549, S. 546)

Schritt 1: Ermittlung potenzieller Förderstiftungen,

In Schritt 1 sind mit Hilfe von Stiftungsverzeichnissen potenzielle Förderstiftungen zu ermitteln, die qua Satzung das zu fördernde Projekt unterstützen könnten. Leider gibt es kein Stiftungsverzeichnis, das alle Stiftungen in Deutschland vollständig auflistet. Folgende Verzeichnisse stehen jedoch zur Verfügung:

- Der *Bundesverband Deutscher Stiftungen* gibt das „Verzeichnis Deutscher Stiftungen" mit Portraits von ca. 19.000 Stiftungen als Buch und CD heraus (7. Aufl., Berlin 2011).
- Im Internet veröffentlich der *Bundesverband Deutscher Stiftungen* kostenlos den „Index Deutscher Stiftungen" (www.stiftungsindex.de) mit Kurzinformationen und Links zu ca. 9.000 Stiftungen.
- Maecenata Stiftungsführer, 6. Aufl., Berlin 2010.
- Daneben gibt es noch zahlreiche regionale Stiftungsverzeichnisse der Bundesländer (z. B. das „Stiftungsverzeichnis für das Land NRW" im Internet: www.mik.nrw.de/stiftungsverzeichnis-fuer-das-land-nrw).

Als Förderer kommen auch ausländische Stiftungen (z. B. aus USA, Schweiz und Österreich) infrage, die international fördern. Die umfassendste Datenbank US-amerikanischer – und zunehmend auch global handelnder – Förderer bietet das *Foundation Center* in New York mit Informationen zu mehr als 108.000 Stiftungen, Unternehmensspendern und öffentlichen Wohltätigkeitsorganisationen an. Insgesamt stellten US-Stiftungen alleine im Jahr 2012 ca. 492 Mrd. US-Dollar weltweit an Fördermitteln (auch an deutsche Organisationen) zur Verfügung. Damit deutsche Organisationen dieses Angebot künftig noch besser nutzen können, wurde im Juni 2013 das *Foundation Center Berlin* im Haus der *Initiati-*

ve ProDialog eröffnet. In der Dorotheenstraße 35 in Berlin-Mitte erhalten gemeinnützige Organisationen werktags zwischen 9.00 und 18.00 Uhr kostenfreien Zugang zum Wissen des US-amerikanischen Foundation Centers. Daneben unterstützen Seminare und eine Fachbibliothek die Fördermittelakquise.

Wurden geeignete Stiftungen gefunden, so sind deren Satzungen auf Unterstützungsmöglichkeiten zu überprüfen (Schritt 2) und Informationen über das übliche Antragsverfahren zu sammeln (Schritt 3). Im Vordergrund steht die Recherche folgender Aspekte in den Verzeichnissen, Stiftungsunterlagen oder im Internet:

- Gibt es Informationen zur Förderpolitik der Stiftung?
- Gibt es Informationen zum Antragsverfahren?
- Fördert die Stiftung in der benötigten Größenordnung?
- Hat die Stiftung eigene Förderrichtlinien?
- Fordert die Stiftung die Verwendung bestimmter Antragsformulare?
- Welche Projekte fördert die Stiftung aktuell?
- Zu welchen Zeitpunkten schüttet die Stiftung aus?
- Mit welchen Vorlaufzeiten ist zu rechnen?

Im Rahmen eines Telefonates wird das Projekt der Stiftung kurz vorgestellt und geklärt, ob eine Förderung überhaupt in Betracht kommt. Selbst wenn ein Projekt den Satzungszweck voll trifft, kann es trotzdem nicht in Betracht kommen, da

- Fördermittel der Stiftung langfristig verplant wurden,
- die Förderpolitik geändert wurde,
- die Fördertätigkeit wegen sinkender Erträge eingeschränkt wurde
- in einem bestimmten Jahr andere Förderschwerpunkte bestimmt wurden.

Kommt das Projekt grundsätzlich infrage, so ist noch nach dem richtigen Ansprechpartner für die Antragstellung zu fragen. Die Professionalität, mit der eine Organisation diese Punkte im Vorfeld einer Antragstellung klärt, ist für die Stiftung bereits ein erster Indikator für die Güte der Abwicklung im Falle einer eventuellen späteren Bewilligung.

Bei der Antragstellung selbst (Schritt 4) kommt es darauf an, das Aussergewöhnliche, Kreative und Innovative seines Projekts schnell und anschaulich auf den Punkt zu bringen. Die Bereitstellung von Ressourcen durch eine Stiftung stellt eine freiwillige und einseitige Leistung dar. Daraus darf freilich nicht geschlossen werden, dass Stiftungen frei von eigenen Interessen wären. Vielmehr suchen viele Stiftungen unter den Antragstellern Organisationen aus, deren zu fördernde Projekte ein möglichst großes Interesse der Öffentlichkeit bzw. der Medien hervorrufen. Von einer entsprechenden Berichterstattung der Medien profitiert schließlich auch die fördernde Stiftung.

Ein Förderantrag umfasst in der Regel:

- ein kurzes Anschreiben,
- eine kurze Projektvorstellung bzw. -zusammenfassung,

- eine ausführliche Projektbeschreibung,
- einen detaillierten Kostenplan,
- einen Zeitplan und
- Angaben zum Ansprechpartner der antragstellenden Organisation.

Nach Antragstellung kann es sein, dass Rückfragen zu beantworten, Präzisierungen zu geben und noch benötigte Unterlagen nachzureichen sind. Auch ein persönliches Treffen kann sinnvoll sein. Wird eine Förderung durch die Stiftung bewilligt, so sind die Durchführungsmodalitäten auszuhandeln (Schritt 5). Je professioneller die Abwicklung all dieser Schritte durch die beantragende Organisation, umso höher die Wahrscheinlichkeit für eine eventuelle spätere erneute Förderung durch die Stiftung.

4.3.4 Kontrolle

Wie bereits erwähnt, ist für Stiftung und Organisation von zentraler Bedeutung, den Erfolg des gemeinsamen Engagements während und nach dem Projekt kontrollieren zu können. Der Erfolg des Projektes entscheidet darüber, ob eine Stiftung eine Organisation über das Projekt hinaus unterstützen wird. Zwar fördern Stiftungen ein Projekt i. d. R nicht langfristig, sie könnten – bei Erfolg – jedoch weitere Projekte der Organisation fördern. Deshalb ist wichtig, die persönliche Beziehung zur Stiftungen (bzw. den handelnden Mitarbeitern) genauso zu pflegen (Relationship Fundraising) wie zu Großspendern (siehe Kap. 2.1.7.2). Wie auch bei den anderen Ressourcenbereitstellern spielt der angemessene Dank eine wichtige Rolle.

Beispiel

Das Kinderhilfswerk *UNICEF* dankt fördernden Stiftungen im Rahmen seines Geschäftsberichts für die erhaltene Förderung (siehe Abb. 4.3).

4.4 Volumen von Stiftungen zur Verfügung gestellter Ressourcen

Wie schon bei Privatpersonen und Unternehmen, liegen auch bei Stiftungen statt exakter Zahlen zu Anzahl und Vermögen von Stiftungen sowie dem Volumen zur Verfügung gestellter Ressourcen nur grobe Schätzungen vor. Zwar ist – aufgrund des erforderlichen Anerkennungsverfahrens – die Anzahl der rechtsfähigen Stiftungen bürgerlichen Rechts in Deutschland bekannt. Ende 2012 waren es 19.551. Die Anzahl der jährlich neu errichteten rechtsfähiger Stiftungen bürgerlichen Rechts ist in der Nachkriegszeit kontinuierlich gestiegen (siehe Abb. 4.4). Zum einen liegt dies am wachsenden Wohlstand in der längsten Friedensperiode der deutschen Geschichte. Zum anderen aber auch an den bereits erwähnten Erhöhungen der steuerlichen Förderung aus den Jahren 2000 („*Gesetz zur wei-*

Danke!

UNICEF kann nur helfen, weil viele Menschen unsere Arbeit für Kinder großzügig unterstützen. Herzlichen Dank an alle Spender, an die über 178.000 UNICEF-Paten, die 8.000 ehrenamtlichen Helferinnen und Helfer in Deutschland, die Mitarbeiter im In- und Ausland, die Mitglieder des Deutschen Komitees für UNICEF und an alle Freunde und Partner, die 2011 mitgeholfen haben. Jeder Beitrag zählt – und gemeinsam können wir für Kinder Großes bewegen. Stellvertretend für alle Unterstützer sind hier – soweit sie nicht anonym bleiben möchten – Stiftungen und Unternehmen genannt, die UNICEF im Jahr 2011 mit Zuwendungen von mehr als 50.000 Euro unterstützt haben.

Star-Fußballer Lionel Messi ist UNICEF-Botschafter

Prominente Unterstützer

Viele Prominente unterstützen UNICEF durch öffentliche Auftritte. Sie alle arbeiten – so wie auch der Vorstand und die Mitglieder des Deutschen Komitees für UNICEF – ehrenamtlich.

Pressearbeit

Stiftungen

Ann-Kathrin-Linsenhoff-UNICEF-Stiftung
Balance-Stiftung
BASF Stiftung
Bild hilft e.V. Ein Herz für Kinder
Dr. Rau Stiftung, Schweiz
Harold A. und Ingeborg L. Hartog-Stiftung
MAC AIDS FUND
Robert Bosch Stiftung
RTL II/Stiftung RTL-Wir helfen Kindern e.V.
Stiftung Berliner Philharmoniker
Stiftung Elementarteilchen
Stiftung The Child and Tree Fund
Stiftung United Internet for UNICEF

Abb. 4.3 Dank an Förderstiftungen im Geschäftsbericht. (Quelle: UNICEF 2011, S. 37 Ausschnitt)

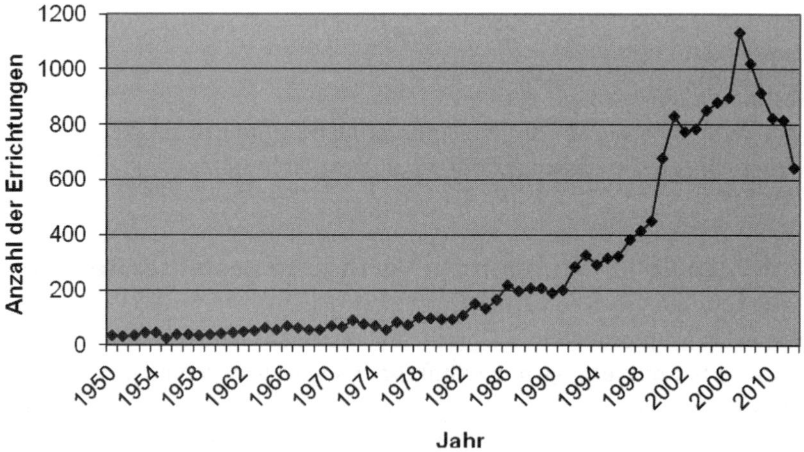

Abb. 4.4 Errichtungen rechtsfähiger Stiftungen bürgerlichen Rechts in Deutschland. (Quelle: Bundesverband Deutscher Stiftungen (www.stiftungen.org))

teren steuerlichen Förderung von Stiftungen") und 2007 („*Gesetz zur weiteren Stärkung des bürgerschaftlichen Engagements (Hilfe für Helfer)*"). Nicht bekannt ist jedoch die Anzahl der nicht-rechtsfähigen Stiftungen (Treuhandstiftungen) in Deutschland. Schätzungen schwanken stark zwischen 20.000 und 45.000.[10] Der *Bundesverband Deutscher Stiftungen* schätzt das Gesamtvermögen aller Stiftungen in Deutschland auf ca. 100 Mrd. €, wovon ca. 70 Mrd. € auf die rechtsfähigen Stiftungen bürgerlichen Rechts entfallen. Die Ausgaben für satzungsgemäße Zwecke schätzt er auf ca. 17 Mrd. €, wovon jedoch nur etwa 5 Mrd. € aus eigenen Vermögenserträgen stammen (der „Rest" aus öffentlichen Finanzierungsanteilen). Der Anteil der gemeinnützigen Stiftungszwecke wird auf 95 % geschätzt.[11]

4.5 Ethische Aspekte des Fundraising bei Stiftungen

Auf den ersten Blick erscheint das Fundraising bei Stiftungen als ethisch unbedenklich; kommen doch sowieso nur als gemeinnützig anerkannte Stiftungen infrage. Gibt es jedoch ethische Vorbehalte gegenüber bestimmten Unternehmen bzw. Branchen (siehe Kap. 3.5), so müssen diese konsequenterweise auch gegenüber Unternehmensstiftungen dieser Unternehmen gelten. Manchmal bestehen auch ethische Vorbehalte gegenüber dem stifterischen Engagement einzelner Unternehmer.

Beispiel

Der Unternehmer und Mitgründer des Metro-Konzerns, *Otto Beisheim*, geriet in Kritik, als bekannt wurde, dass er von 1941 bis 1945 der „Leibstandardte-SS Adolf Hitler" angehört hatte. Sein stifterisches Engagement in Höhe von 10 Mio. € zugunsten des Gymnasiums Tegernsee scheiterte an Protesten gegen eine Umbenennung in „Otto Beisheim Gymnasium". Zu einer anderen Entscheidung kam die private Wirtschaftshochschule „WHU – Otto Beisheim School of Management" in Valender, der Otto Beisheim 1993 50 Mio. Mark spendete.

4.6 Was ich in diesem Kapitel gelernt habe

- Nutzen Sie das große Potenzial, das im Stiftungs-Fundraising steckt!
- Klären Sie mit den wichtigsten Stakeholdern Ihrer Organisation vorab, ob bzw. welche (Unternehmens-) Stiftungen als (nicht) akzeptabel empfunden werden!

[10] Vgl. Schiffer, Jan K. (Hrsg.): Die Stiftung in der Beraterpraxis, 3. Aufl., (Deutscher Anwaltverlag) Bonn 2012, S. 423.

[11] Vgl. Bundesverband Deutscher Stiftungen 2012 (Das Faktenblatt steht auf www.stiftungen.org zum kostenlosen Download bereit).

- Verschaffen Sie sich mit Hilfe der verschiedenen Stiftungsverzeichnisse einen Überblick über die jährlich wachsende Anzahl von gemeinnützigen Förderstiftungen, die für eine Förderung Ihrer Organisation infrage kämen!
- Recherchieren Sie im Vorfeld einer Ansprache detailliert, ob eine Förderung infrage kommen könnte!
- Haben Sie Geduld, da Stiftungs-Fundraising i. d. R keine Förderung „von jetzt auf gleich" erreichen kann!
- Prüfen Sie auch, ob Ihre Organisation von Bürgerstiftungen gefördert werden könnte!
- Prüfen Sie, ob eine Mischfinanzierung verschiedener Stiftungen und/oder Unternehmen interessant für Ihr Projekt sein könnte!
- Verfolgen Sie regelmäßig, welche jedes Jahr neu errichteten Förderstiftungen für eine Förderung infrage kommen könnten!
- Prüfen Sie (ggf. mit Hilfe spezialisierter Stiftungsberater vor Ort), ob Förderstiftungen im Ausland (z. B. Schweiz, Österreich, USA) für eine Förderung infrage kommen könnten!
- Recherchieren Sie, welche Projekte eine infrage kommende Stiftung in der Vergangenheit gefördert hat!
- Suchen Sie vor einer Antragstellung den telefonischen Kontakt zu einer infrage kommenden Stiftung!
- Respektieren Sie das jeweils von einer Stiftung entwickelte Antragsverfahren und die gewünschten Antragsformulare!
- Stellen Sie Ihr innovatives Projekt kurz und prägnant dar! Achten Sie darauf, dass das Besondere an Ihrem Projekt sofort verstanden werden kann!
- Definieren Sie gemeinsam mit einer fördernden Stiftung vor Durchführung des Projektes die Ziele, anhand deren Erreichung der Erfolg des Projektes anschließend bewertet werden soll!
- Bauen Sie Vertrauen bei Stiftungen auf, indem Sie nach Durchführung des geförderten Projektes nicht nur die Erfolge, sondern selbstkritisch auch die Misserfolge des Projektes benennen!
- Bauen Sie eine persönliche Beziehung im Sinne des Relationship Fundraising zu Entscheidern in Stiftungen auf!
- Vergessen Sie nicht, Stiftungen (wie allen anderen Ressourcenbereitstellern auch) zeitnah und angemessen zu danken!

Weiterführende Literatur zu diesem Kapitel

Aktive Bürgerschaft (Hrsg.): Diskurs Bürgerstiftungen – Was Bürgerstiftungen bewegt und was sie bewegen. Eigenverlag, Berlin (2013)

Bertelsmann Stiftung: Bürgerstiftungen – Engagement von Bürgern für Bürger. Eigenverlag, Gütersloh (2006)

Bertelsmann Stiftung: Corporate Citizenship planen und messen mit der iooi-Methode. Eigenverlag, Gütersloh (2010)

Bortoluzzi Dubach, E.: Stiftungen – Der Leitfaden für Gesuchsteller, 2. Aufl. Huber Verlag, Frauenfeld (2011)

Bundesverband Deutscher Stiftungen: www.stiftungen.org

Bundesverband Deutscher Stiftungen: Stiftungen in Zahlen, Errichtungen und Bestand rechtsfähiger Stiftungen des bürgerlichen Rechts in Deutschland im Jahr 2006. Eigenverlag, Berlin (2007)

Bundesverband Deutscher Stiftungen: Verzeichnis deutscher Stiftungen, 7. Aufl. Eigenverlag, Berlin (2011)

Bundesverband Deutscher Stiftungen: Stiftungen in Zahlen. www.stiftungen.org zum kostenlosen. (2012)

Campenhausen, A.F. v: Stiftungsrechts-Handbuch, 3. Aufl. Beck Juristischer Verlag, München (2007)

Haibach, M.: Handbuch Fundraising – Spenden, Sponsoring, Stiftungen in der Praxis. Campus, Frankfurt (2012)

Hoffmann-Steudner, H.: Die Gründung einer Stiftung – Ein Leitfaden für Stifter und Berater. Bundesverband Deutscher Stiftungen, Berlin (2008)

Lindlacher, P., Strachwitz, R.G., Mecking, C.: Stiftungen nutzen – Stiftungen gründen. München (2004)

Mecking, C., Weger, M.: Die Stiftung in der Fundraising-Konzeption. Köln (Bank für Sozialwirtschaft) (2006)

Schiffer, J.K. (Hrsg.): Die Stiftung in der Beraterpraxis, 3. Aufl., S. 47. Deutscher Anwaltverlag, Bonn (2012)

Starz, S.: Stiftungsmarketing. In: Fundraising, A. Fundraising – Handbuch für Grundlagen, Strategien und Methoden, 4. Aufl., S. 435–441. Gabler, Wiesbaden (2008)

Strachwitz, R.: Unternehmen als Sponsoren, Förderer, Spender und Stifter. Gabler, Wiesbaden (1993)

Strachwitz, R., Mercker, F.: Stiftungen in Theorie, Recht und Praxis – Handbuch für ein modernes Stiftungswesen. Duncker & Humblot, Berlin (2005)

Toepler, S.: Das gemeinnützige Stiftungswesen in der modernen demokratischen Gesellschaft – Ansätze zu einer ökonomischen Betrachtungsweise. Maecenata, München (1997)

UNICEF: Geschäftsbericht, S. 37. (2011) (Ausschnitt)

Urselmann, M.: Fundraising. In: Arnold, U., Maelicke, B. Lehrbuch der Sozialwirtschaft, 3. Aufl., S. 525–549, S. 546. Nomos, Baden Baden (2009)

Urselmann, M.: Erhöhung des Stiftungskapitals durch Fundraising. In: Schiffer, J.K. (Hrsg.) Die Stiftung in der Beraterpraxis, 3. Aufl., S. 156. Deutscher Anwaltverlag, Bonn (2012)

Urselmann, M.: Professionelles Fundraising für Bürgerstiftungen. In: Aktive Bürgerschaft Diskurs Bürgerstiftungen – Was Bürgerstiftungen bewegt und was sie bewegen, S. 186. Berlin (2013)

Weger, H.-D.: Die Stiftung in der Fundraising-Konzeption, Fachschriften der Bundesarbeitsgemeinschaft Sozialmarketing e. V., Heft 10. Nonprofit Verlag, Bietigheim-Bissingen (1997)

Wigand, K., Heuel, M., Stolte, S., Haase-Theobald, C.: Stiftungen in der Praxis – Recht, Steuern, Beratung, 3. Aufl. Gabler, Wiesbaden (2011)

5 Fundraising bei öffentlichen Ressourcenbereitstellern

In der Definition des Fundraising-Begriffs (siehe Kap. 1.3) wurden vier Gruppen von Ressourcenbereitstellern (Privatpersonen, Unternehmen, Stiftungen und öffentliche Institutionen) unterschieden. Nach Privatpersonen, Unternehmen und Stiftungen soll abschließend noch das Fundraising gegenüber öffentlichen Ressourcenbereitstellern vorgestellt werden. Zuwendungen der öffentlichen Hand sind für gemeinnützige Organisationen in Deutschland von großer Bedeutung. Sie stellen zwei Drittel der Einnahmen gemeinnütziger Organisationen.[1] Zum Vergleich: In den USA machen öffentliche Zuwendungen nur ein Drittel der Einnahmen gemeinnütziger Organisationen aus.[2] Allerdings ist der Anteil öffentlicher Zuwendungen an den Einnahmen gemeinnütziger Organisationen in Deutschland seit der deutschen Wiedervereinigung rückläufig, weshalb immer mehr Organisationen ihr Fundraising zunehmend auf Privatpersonen, Unternehmen und Stiftungen ausrichten.

Den öffentlichen Ressourcenbereitstellern ist zunächst die Europäische Union (EU) zuzurechnen, die milliardenschwere Förderprogramme auflegt, von denen gemeinnützige Organisationen profitieren können (siehe Kap. 5.1). Auf nationaler Ebene stellen Bund, Länder und Kommunen öffentliche Ressourcen zur Verfügung (siehe Kap. 5.2). Selbst Gerichte können in Deutschland den öffentlichen Ressourcenbereitstellern zugerechnet werden, wenn sie Bußgelder und Geldauflagen zugunsten gemeinnütziger Organisationen verhängen (siehe Kap. 5.3). Gleiches gilt für die Amtskirchen in Deutschland, die als Körperschaften des öffentlichen Rechts aus Kirchensteuermitteln gemeinnützige Organisationen bzw. deren Projekten fördern können (siehe Kap. 5.4).

Selbst für Experten ist es schwer, den Überblick zu behalten, da öffentliche Zuwendungen in unterschiedlichen Förderrahmen (als institutionelle Förderung oder Projektför-

---

[1] Vgl. Priller, Eckhard; Zimmer, Annette: Der Dritte Sektor: Wachstum und Wandel – Aktuelle deutsche Trends, (Verlag Bertelsmann Stiftung) Gütersloh 2001, S. 28.

[2] Vgl. Salomon, Lester M.; Anheier, Helmut K.: Der Dritte Sektor – Aktuelle internationale Trends, (Verlag Bertelsmann Stiftung) Gütersloh 1999, S. 24.

M. Urselmann, *Fundraising*,
DOI 10.1007/978-3-658-01795-8_5,

derung), unterschiedlichen Zuwendungsverfahren (Detailsteuerung, Inkrementalismus, Wettbewerb, Kontrakt-Management oder Runder Tisch), unterschiedlichen Finanzierungsarten (Vollfinanzierung, Fehlbedarfsfinanzierung, Anteilsfinanzierung oder Festbetragsfinanzierung) und auf unterschiedlichen Förderebenen (Kommune, Land, Bund oder EU) vergeben werden.[3] Gerade für Einsteiger ist die Gefahr groß, sich im Dickicht des „Förderdschungels“ zu verirren,[4] weshalb eine Vielzahl von spezialisierten Beratern, Ratgebern, Aus- und Weiterbildungsangeboten sowie Internet-Plattformen Hilfestellung anbieten (dazu später mehr).

Selbst wenn ein passendes Förderprogramm eines öffentlichen Ressourcenbereitstellers identifiziert werden kann, ist der mit der Antragstellung verbundene bürokratische Aufwand nicht zu unterschätzen. Hinzu kommt, dass öffentliche Zuwendungen meist nur eine Teilfinanzierung ermöglichen – der Differenzbetrag muss anderweitig eingeworben werden. Trotz all dieser Einschränkungen kann das Fundraising gegenüber öffentlichen Ressourcenbereitstellern jedoch sehr lohnenswert sein. Schließlich kann es um hohe Förderbeträge gehen, die – im Gegensatz zur Ressourcenbereitstellung durch Unternehmen und Stiftungen – häufig auch in eine kontinuierliche Unterstützung münden können.[5] Dann sind der hohe bürokratische Aufwand und der lange zeitliche Vorlauf gerechtfertigt.

5.1 Fördermittel der Europäischen Union

Je nach Satzungszweck, können die internationalen Fördermittel der EU ein großes Potenzial für das Fundraising einer gemeinnützigen Organisation darstellen. Europäische Förderprogramme sind in fast allen Einzelbudgets der EU enthalten. Die EU organisiert ihre Förderung im Rahmen jeweils siebenjähriger Förderperioden. In der Förderperiode 2007–2013 förderte die EU im Umfang von insgesamt 975 Mrd. € bzw. ca. 126,5 Mrd. € pro Jahr. Von den jährlich ca. 126,5 Mrd. € flossen

- 36 % (45,5 Mrd. €) in die verschiedenen Europäischen Strukturfonds:
  - EFRE – Europäischer Fonds für regionale Entwicklung,
  - ESF – Europäischer Sozialfonds,
  - EGFL – Europäischer Garantiefonds für die Landwirtschaft,
  - ELER – Europäischer Landwirtschaftsfonds für die Entwicklung des ländlichen Raumes,
  - EFF – Europäischer Fischereifonds.
- 34 % (42,7 Mrd. €) in Direktzahlungen und Marktmaßnahmen für die europäische Landwirtschaft,
- 10 % (12,4 Mrd. €) in die ländliche Entwicklung,
- 20 % (25,3 Mrd. €) in Programme, die zentral von der EU verwaltet werden („Brüsseler Fördertöpfe“).

[3] Vgl. Gahrmann, Christian: Strategisches Fundraising, (Gabler) Wiesbaden 2012, S. 47–49.

[4] Vgl. Pichert, Daniel: Erfolgreich Fördermittel einwerben, (Stiftung Mitarbeit) Bonn 2011, S. 164.

[5] Vgl. Gahrmann, Christian: Strategisches Fundraising, (Gabler) Wiesbaden 2012, S. 50.

Über drei Viertel des EU-Haushalts werden von den jeweiligen nationalen und regionalen Behörden verwaltet. Hierbei handelt es sich in erster Linie um die Strukturfonds und Agrarbeihilfen. Die Antragsteller müssen ihre Förderanträge bei den für sie zuständigen nationalen, regionalen und kommunale Behörden einreichen, die auch informieren und unterstützen (siehe nächstes Kapitel). Lediglich Anträge an die zentral verwalteten „Brüsseler Fördertöpfe" sind direkt bei der EU-Kommission oder bei den Exekutivagenturen für die einzelnen Programme einzureichen. Diese Stellen bieten üblicherweise keine umfangreiche Beratung von Antragstellern. Dafür existieren in den Mitgliedsstaaten entsprechende nationale Kontaktstellen, bei denen Antragsteller Informationen, Beratung und Unterstützung bei der Antragstellung erhalten können. In der nächsten EU-Förderperiode (von 2014 bis 2020) wird der neue Finanzrahmen etwas unterhalb bei rund 960 Mrd. € liegen.[6] Die prozentuale Verteilung der Gelder auf die verschiedenen Förderbereiche wird jedoch im Großen und Ganzen vergleichbar zur vorherigen Förderperiode bleiben.

Die EU fördert in großem Umfang Organisationen bzw. deren Projekte im Umwelt- und Naturschutz, in Wissenschaft und Forschung, für nachhaltige Entwicklung, im Bildungs- und Ausbildungsbereich, bürgerschaftliches Engagement, technologische Vorhaben, Jugendprojekte und Integration von benachteiligten Menschen in den Arbeitsmarkt. Der Weg zu den Fördermitteln ist jedoch steinig. *Pichert* beschreibt 10 Stolpersteine und wie sie übersprungen werden können:[7]

- Zu kurze Vorlaufzeit: Anträge auf EU-Fördermittel sind umfangreich und benötigen eine ausreichende Vorlaufzeit sowie eine gute Zeitplanung!
- Unrealistische Erwartungen bzgl. Art und Höhe der Förderung: Die EU leistet überwiegend Projektförderung und keine institutionelle Förderung (Personalkosten)!
- Fehlende internationale Dimension eines Projektes: Viele EU-Programme fördern nur Projekte, die auf einer grenzüberschreitenden Kooperation basieren!
- Eine Projektidee entspricht nicht den Vorgaben: Die EU fördert nur Projekte die ihren formalen und inhaltlichen Förderbedingungen vollständig entsprechen!
- Es gibt keine zentrale Datenbank, die über alle vorhandenen EU-Förderprogramme informiert: Die benötigten Informationen müssen zusammengetragen werden über Informationsveranstaltungen, Internet-Recherche, externe Berater, E-Mail-Newsletter und Publikationen mit Best-Practice-Beispielen (siehe unten)!
- Das Einwerben von EU-Fördermitteln ist zeitaufwendig und kann nicht „nebenbei" erledigt werden: EU-Fundraising ist „Chefsache" und muss von der Geschäftsführung einer Organisation unterstützt werden oder zumindest in enger Abstimmung mit dieser erfolgen!

[6] Vgl. BMWi http://www.foerderdatenbank.de/Foerder-DB/Navigation/Foerderwissen/eu-foerderung.html (Zugriff am 22.08.2013).

[7] Vgl. Pichert, Daniel: Die zehn Stolpersteine des EU-Fundraisings – … und wie Organisationen sie überspringen können, Berlin 2011. Der Ratgeber kann kostenlos als pdf auf www.europaberatung-berlin.de heruntergeladen werden.

- Die EU finanziert meist nur einen Teil des Gesamtbudgets eines Projektes: Die Organisation muss den Restbetrag als Kofinanzierung bei anderen Ressourcenbereitsteller einwerben!
- Die EU stellt Anforderungen an die Rechtsform des Projektträgers: Es muss geklärt werden, ob eine Institution förderfähig ist!
- Die EU bearbeitet nur Anträge, die alle formalen Erfordernisse erfüllen: Antragsunterlagen müssen vollständig eingereicht werden, die gültigen Antragsformulare verwenden, alle benötigten Angaben machen, die erforderlichen Bescheinigungen umfassen, und von der zeichnungsberechtigten Person unterschrieben sein!
- Die entscheidenden Gutachter der EU-Programme erwarten aussagefähige und überzeugende Bewerbungen, nicht oberflächlich ausgefüllte Formulare!

Zusammenfassend gilt es also herauszufinden, *wann* man für *welches* Projekt *wo* mit Hilfe *welcher* Antragsformulare Fördermittel beantragen kann. Dafür leisten Datenbanken eine erste wichtige Hilfestellung. Ähnlich wie bei Stiftungen gibt es zwar auch für EU-Fördermittel kein zentrales Verzeichnis, das wirklich lückenlos alle EU-Förderprogramme auflistet. Zumindest die wichtigsten Förderprogramme können jedoch mit Hilfe der folgenden Förderdatenbanken selektiert werden:

- Förderdatenbank „Förderprogramme und Finanzhilfen des Bundes, der Länder und der EU“ des *Bundesministeriums für Wirtschaft und Technologie* (www.foerderdatenbank.de) (siehe nächstes Kapitel),
- Auf ihrer Website www.europa.eu bietet die EU unter der Rubrik „Wie funktioniert die EU“ – „EU-Finanzhilfen“ Hilfestellung bei der Suche passender EU-Förderprogramme an.
- Ein umfassendes EU-Fachinformationssystem (EUFIS) bietet die *Bank für Sozialwirtschaft* (seit September 2013 kostenlos) an (www.eufis.eu). Den Kern der Datenbank bildet die Darstellung der relevanten EU-Förderprogramme inklusive der Strukturfonds. Die Suche nach geeigneten EU-Förderprogrammen in den Bereichen „Soziales und Beschäftigung“, „Bildung, Jugend und Kultur“, „Gesundheit und Forschung“, „Regional- und Strukturpolitik“, „Wirtschaft und Information“ sowie „Menschenrechte und Migration“ wird durch die praxisgerechte Aufbereitung der Ausschreibungstexte hinsichtlich verschiedener Kriterien wie „Antragsberechtigte“, „Zielgruppen“ oder „Förderzeitraum“ unterstützt.

Viel Zeit lässt sich sparen, wenn man (zumindest für den Einstieg) die Unterstützung erfahrener Berater in Anspruch nimmt. Der noch junge Verband *EU-Fundraising Association e. V.* widmet sich der Arbeit rund um europäische Projekte und EU-Fördermittel. Da er noch keine öffentlich einsehbare Dienstleisterliste anbietet, hier eine Auswahl (ohne Anspruch auf Vollständigkeit) bekannter Berater für EU-Fundraising:

- *emcra GmbH* (www.emcra.eu), Ansprechpartner: Michael Kraack,
- *EU Warehouse* (www.eu-warehouse.be), Ansprechpartnerin: Kerstin Weertz,
- *Förder-Lotse* Beratung (http://foerder-lotse.de/beratung.html), Ansprechpartner: Torsten Schmotz.
- *EuropaBeratung Berlin* (www.europaberatung-berlin.de), Ansprechpartner: Daniel Pichert,
- *Europe Direct* Beratungsstellen (http://europa.eu/europedirect/index_de.htm).

Wer sich tiefer in das EU-Fundraising einarbeiten möchte, kann sich bei folgenden Anbietern (Auswahl ohne Anspruch auf Vollständigkeit) ausbilden lassen:

- *emcra GmbH*: Zertifizierte berufsbegleitende Weiterbildung „Qualifizierung zum EU-Fundraiser" (http://www.emcra.eu/eu-fundraiser),
- *EuroConsults*: Fortbildung zum EU-Fundraiser (http://www.euroconsults.eu/eu-foerdermittelseminare/fortbildung-zum-eu-fundraiser.html),
- *Förder-Lotse* Seminare (http://foerder-lotse.de/seminar.html),
- *Europäische Akademie für Steuern, Wirtschaft und Recht*: Master of Management in EU Funds (www.euroakad.eu/eu-funds-master.html).

Aktuelle Informationen zum EU-Fundraising liefern folgende Newsletter:

- EU-Fördertipp (alle 14 Tage kostenfrei herausgegeben durch emcra): www.emcra.eu/foerdertipp,
- FörderInfo Aktuell (herausgegeben durch die EKD): www.ekd.de/bevollmaechtigter/bruessel/newsletter/anmeldung.php
- Xing-Gruppe „EU-Fundraising" www.xing.com/net/eufundraising.

5.2 Fördermittel von Bund, Ländern und Kommunen

Das Einwerben von Fördermitteln bei Bund, Ländern und Kommunen ähnelt in der Vorgehensweise stark dem Einwerben von Fördermitteln bei der EU. Auch auf nationaler, regionaler und lokaler Ebene gibt es unübersichtlich viele Möglichkeiten von Förderkonstellationen zwischen öffentlichen Geldgebern und gemeinnützigen Organisationen. Entsprechend langwierig wird die Suche vor allem für noch unerfahrene Akteure, die noch kein Beziehungsnetzwerk aufbauen konnten. Da die Förderziele und Institutionen zu vielfältig sind, und einem zu schnellen Wandel unterworfen sind, gibt es keinen allgemeinen

Wegweiser.[8] Einen ersten Einstieg bei der Suche nach öffentlichen Finanzierungsquellen ermöglicht jedoch die im vorangegangenen Kapitel bereits erwähnte Förderdatenbank „Förderprogramme und Finanzhilfen des Bundes, der Länder und der EU" des *Bundesministeriums für Wirtschaft und Technologie* im Internet zur Verfügung (www.foerderdatenbank.de). Förderprogramme und Finanzhilfen können mit Hilfe einer „Schnellsuche" selektiert werden nach:

- Fördergeber: Bund, Länder, EU,
- Fördergebiet: Bundesland des Antragstellers,
- Förderberechtigte: Existenzgründer, Unternehmen, Bildungseinrichtung, Forschungseinrichtung, Hochschule, Kommune, Öffentliche Einrichtung, Privatperson, Verband/Vereinigung.
- Förderbereich: Existenzgründung & -festigung, Unternehmensfinanzierung, Arbeit, Aus- & Weiterbildung, Außenwirtschaft, Beratung, Energieeffizienz & Erneuerbare Energien, Forschung und Innovation, Gesundheit und Soziales, Infrastruktur, Kultur, Medien & Sport, Landwirtschaft & Ländliche Entwicklung, Messen und Ausstellungen, Regionalförderung, Städtebau und Stadterneuerung, Umwelt- und Naturschutz, Wohnungsbau & -modernisierung.
- Förderart: Zuschuss, Darlehen, Bürgschaft, Beteiligung, Garantie.

Alternativ kann man sich auch durch einen „Förderassistenten" Schritt für Schritt zu infrage kommenden Förderprogrammen führen lassen. Ist ein geeignetes Programm gefunden, unterliegt der zu stellende Förderantrag ähnlich hohem bürokratischen Aufwand wie bei der Beantragung von EU-Mitteln.

5.3 Bußgelder und Geldauflagen

Ebenfalls zu den öffentlichen Ressourcenbereitstellern gezählt werden können Richter und Staatsanwälte sowie ausgewählte Finanz- und Hauptzollämter, die über Zuweisungen in Form von Bußgeldern oder Geldauflagen entscheiden. Zwar sind die Zahlung von Privatpersonen oder Unternehmen zu leisten. Die Entscheidung, ob diese Zahlungen jedoch an die Staatskasse oder eine gemeinnützige Organisation geleistet werden müssen, fällen Vertreter öffentlicher Institutionen. Gemeinnützige Organisationen bemühen sich im Rahmen des sog. „Bußgeld-Marketing" bzw. „Geldauflagen-Marketing" aktiv darum, solche Zuweisungen zu erhalten. Diese spezielle Form des Fundraising gibt es nur in Deutschland. Das Gesamtvolumen der Zuweisungen von Gerichten, Staatsanwaltschaften und Finanzbehörden an gemeinnützige Organisationen wird auf ca. 100–120 Mio. € pro Jahr geschätzt. Da die Gelder i.d. R nicht zweckgebunden sind, sind sie für Organisationen besonders attraktiv.

[8] Vgl. Belle, Manfred: Fördergelder aus öffentlicher Hand, in: Fundraising Akademie (Hrsg.): Fundraising – Handbuch für Grundlagen, Strategien und Methoden, 4. Aufl., (Gabler) Wiesbaden 2008, S. 429–434.

Die Begriffe „Bußgeld“ und „Geldauflage“ werden im Fundraising oft synonym verwendet. In Ermangelung eines geeigneten Oberbegriffs wird dann einheitlich von „Bußgeld-Marketing“ oder „Bußgeld-Fundraising“ gesprochen. Juristisch gesehen, ist dies jedoch nicht korrekt. Ein Bußgeld (auch Buße oder Geldbuße) ist eine verwaltungsrechtliche Sanktion, die i.d. R bei Ordnungswidrigkeiten verhängt wird. Darunter versteht man weniger schwere Verstöße gegen das geltende Recht, die zwar sanktioniert werden, jedoch keine Geld- oder Freiheitsstrafen zur Folge haben (z. B. Falschparken, zu schnelles Fahren, Verstoß gegen Meldepflichten). Geldauflagen hingegen können von einem Staatsanwalt (mit Zustimmung des Gerichts und des Beschuldigten) im Zusammenhang mit der Einstellung eines Strafverfahrens erteilt werden (§ 153a der Strafprozessordnung) oder von einem Richter, der eine Freiheitsstrafe zur Bewährung aussetzt (§ 56b Strafgesetzbuch). Gesetzlich sind dabei keine Kriterien festgelegt, wohin das Geld fließt, solange der Empfänger gemeinnützig ist. Die Entscheidung liegt allein beim zuständigen Staatsanwalt bzw. Richter. Es gibt lediglich eine Richtlinie, laut der Staatsanwälte angehalten sind, Einrichtungen der Opferhilfe besonders zu berücksichtigen. Von Bußgeldern und Geldauflagen abzugrenzen sind Geldstrafen, die nur durch ein Urteil oder einen Strafbefehl angeordnet werden und grundsätzlich an die Staatskasse fließen.[9]

Beispiel

Im sog. Mannesmann-Prozess, bei dem es um Prämienzahlungen bei der Übernahme von *Mannesmann* durch *Vodafone* ging, wurde das Gerichtsverfahren 2007 eingestellt gegen Zahlung von Geldauflagen in Höhe von insgesamt 5,8 Mio. €. Mehr als 4.000 gemeinnützige Organisationen wollten in den Genuss der Zahlungen kommen. 363 Organisationen erhielten jeweils Beträge zwischen 1.000 und 30.000 €. 60 % der Geldauflagen wurden zugunsten der Staatskasse erteilt.

Erfolgreiches Bußgeld- und Geldauflagen-Marketing setzt ein systematisches Vorgehen im Rahmen des Fundraising voraus, das von *Billeter/List-Gessler* beschrieben wird.[10] Um überhaupt Zuteilungen erhalten zu können, ist Voraussetzung, dass sich eine gemeinnützige Organisation bei den Oberlandesgerichten (OLG) in eine dafür vorgesehene Liste aufnehmen lässt. Der offizielle Titel dieses Verzeichnisses ist „Liste der gemeinnützigen Einrichtungen, die an der Zuweisung von Geldauflagen interessiert sind“. Irritierender Weise sprechen jedoch viele Oberlandesgerichte von einer „Bußgeldliste“.[11] Die Antragsformulare können auf der Website der jeweils listenführenden Stelle heruntergeladen werden.

[9] Vgl. Ruh, Sabine T.: Buhlen um die Gunst der Richter: Bußgeld-Fundraising – ein Millionen-Deal, auf: die-stiftung.de – Portal für Stifter und Philanthropen - b Projekte & Praxis - b Fundraising (Zugriff am 26.08.2013).

[10] Billeter, Hanspeter; List-Gessler, Brigitte: Bußgeldmarketing, in: Fundraising Akademie (Hrsg.): Fundraising – Handbuch für Grundlagen, Strategien und Methoden, 4. Aufl., (Gabler) Wiesbaden 2008, S. 410–420.

[11] Siehe beispielsweise: www.olg-karlsruhe.de/servlet/PB/menu/1187055/index.html (Zugriff am 10.09.2013).

Als Nachweise sind i.d. R beizufügen die Vereinssatzung, der Vereinsregisterauszug, der Freistellungsbescheid des für die Organisation zuständigen Finanzamtes (als Nachweis der Gemeinnützigkeit), eine Verpflichtungserklärung zur Mitteilung der zugeflossenen Geldbeträge sowie die Einverständniserklärung, dass der Bericht über die Höhe der erhaltenen Gelder und deren Verwendung veröffentlicht wird. Der Eintrag gilt dann je nach OLG für ein bis zwei Jahre. Die OLGs reichen die Unterlagen der Organisation dann an die mit Strafsachen betrauten Mitarbeiter auch in den nachgeordneten Gerichten weiter.

Die Eintragung in die sogenannten Bußgeldlisten ist zwar conditio sine qua non, reicht alleine jedoch nicht für erfolgreiches Bußgeld- und Geldauflagen-Marketing aus. Da auf einer Bußgeldliste zwischen 500 und 2.000 Organisationen verzeichnet sein können, ist es wichtig, die zuweisenden Richter und Staatsanwälte noch einmal individuell auf eine Organisation und ihre Projekte aufmerksam zu machen und in regelmäßigem (schriftlichen) Kontakt zu bleiben. Besonders geeignet für die Kontaktaufnahme sind (ehrenamtliche) Mitarbeiter der Organisation, die selbst Juristen sind (oder waren) und über persönliche Kontakte verfügen. Um bei Richtern und Staatsanwälten in Erinnerung zu bleiben, werden ihnen zwei bis vier Mailings pro Jahr geschickt. Ihre Adressen finden Organisationen im jährlich erscheinenden „Handbuch der Justiz" des *Deutschen Richterbundes*. Allerdings muss noch bei den jeweiligen Behörden recherchiert werden, da nicht einmal die Hälfte der ca. 30.000 Richter und Staatsanwälte als Zuweiser infrage kommt und hohe Fluktuation in den Behörden herrscht. Einfacher ist es, aktuelle Adressen potenzieller Zuweiser bei spezialisierten Dienstleistern bzw. Listbrokern zu mieten (siehe unten).

Im Sinne des Relationship Fundraising ist zu Richtern und Staatsanwälten ein ähnliches Vertrauensverhältnis aufzubauen wie zu privaten (Groß-) Spendern und Entscheidern in Unternehmen und Stiftungen. Am besten gelingt dies durch Service und Zuverlässigkeit. Zum Standard sollte gehören, Richtern und Staatsanwälten Adressetiketten der Organisation zuzuschicken, auf denen auch das Bußgeldkonto angegeben ist (auf das natürlich auch Geldauflagen eingehen können). Die Adressetiketten erleichtern den Zuweisern das Ausfüllen der Bescheide. Auch Überweisungsträger auf die Kontonummer des Bußgeldkontos mit dem Verwendungszweck „keine Spende" gehören zum Standard. Dabei sollte jede gemeinnützige Organisation ein separates Bußgeldkonto (neben dem Spendenkonto) eröffnen, damit die Eingänge von Bußgeldern, Geldauflagen und Spenden strikt voneinander getrennt werden können. Dies ist erforderlich, da die Zahler von Bußgeldern oder Geldauflagen keine Zuwendungsbestätigung erhalten dürfen. Sie sollen die Sanktion nicht auch noch steuerlich geltend machen können. Ebenfalls zu gutem Service gehört, den Eingang von Bußgeldern und Geldauflagen zeitnah und vollständig unter Einhaltung des Datenschutzes gegenüber den Richtern und Staatsanwälten zu bestätigen, damit die Zuweiser sicher sein können, dass eine verhängte Strafe auch tatsächlich und (bei Ratenzahlung) vollständig geleistet wurde. Erleichtert wird die Administration von Bußgeldern und Geldauflagen durch eine professionelle Fundraising-Software (siehe Kap. 2.1.4). Besonders engagierte Zuweiser sollten zudem – wie Großspender (siehe Kap. 2.1.7) – individuell behandelt werden.

Bei fehlenden Personalkapazitäten kann das Bußgeld- und Geldauflagen-Marketing ganz oder teilweise auf externe Dienstleister ausgelagert werden (Outsourcing). Hier eine (unvollständige) Liste auf Bußgeld- und Geldauflagen-Marketing spezialisierter Dienstleister:

- *Billeter Fundraising*, Pforzheim, Ansprechpartner: Hanspeter Billeter,
- *pro bono Fundraising GmbH & Co KG*, Berlin,
  Ansprechpartner: Mathias Kröselberg,
- Brigitte List-Gessler, Würzburg, freie Beraterin,
- *V & M Service GmbH*, Konstanz, Ansprechpartner: Wolfgang Happes.

5.4 Fördermittel aus Kirchensteuern

Neben rein kirchlichen Zwecken werden aus Kirchensteuermitteln auch gemeinnützige und mildtätige Zwecke gefördert. Entsprechend können auch nicht-kirchliche Organisationen (des Dritten Sektors) versuchen, im Rahmen ihres Fundraising Mittel aus Kirchensteuern einzuwerben.

Beispiel

Organisationen wie Caritas, Kolping und Deutsche Pfadfinderschaft St. Georg (DPSG) erhalten von der katholischen Kirche Gelder aus Kirchensteuermitteln für nicht-regelfinanzierte Leistungen wie z. B. Beratungsleistungen (Allgemeine Sozialberatung, Schuldnerberatung, Schwangerschaftsberatung, Ehe-, Lebens- und Familienberatung, Arbeitslosenberatung, Migrationsberatung etc.) oder Jugendhilfe.

Religionsgemeinschaften wie die katholische und evangelische Kirche, die in Deutschland als Körperschaften des öffentlichen Rechts anerkannt sind, können von ihren Mitgliedern eine (Kirchen-) Steuer erheben. Rechtsgrundlage ist Artikel 140 des Grundgesetzes in Verbindung mit Artikel 137 der Weimarer Verfassung. Als Körperschaften des öffentlichen Rechts werden die Kirchen aus Fundraising-Sicht den öffentlichen Ressourcenbereitstellern zugerechnet. Mit Ausnahme des Kantons Waadt, werden übrigens auch in allen schweizerischen Kantonen Kirchensteuern erhoben, wenn auch in verschiedenen, von den jeweiligen Kantonen individuell geregelten Formen.

Im Jahr 2012 betrugen die Einnahmen aus Kirchensteuern in Deutschland 5,2 Mrd. € bei der *Katholischen Kirche*[12] und 4,6 Mrd. € bei der *Evangelischen Kirche in Deutschland (EKD)*.[13] Groben Schätzungen zufolge, werden bei der *Katholischen Kirche* ca. 10 % der Kirchensteuereinnahmen für den Bereich „Schule und Bildung" sowie weitere ca. 10 %

[12] Vgl. www.dbk.de/zahlen-fakten/kirchensteuer (abgefragt am 10.09.2013).

[13] Vgl. www.ekd.de/statistik/kirchensteuer.html (abgefragt am 10.09.2013).

für den Bereich „Soziales und Karitatives“ ausgegeben. Bei der EKD werden ca. 10 % für den Bereich „Schule, Bildung, Soziales und Karitatives“ ausgegeben. Vergeben werden diese Mittel i.d. R über die jeweiligen Diözesen bzw. Landeskirchen. Ein einheitliches Antragsverfahren gibt es nicht. Möchte eine gemeinnützige Organisation Mittel aus Kirchensteuern einwerben, wendet sie sich an die für sie zuständige Diözese bzw. Landeskirche, um sich über das jeweils praktizierte Vergabeverfahren zu informieren.

5.5 Was ich in diesem Kapitel gelernt habe

- Prüfen Sie, ob Sie für Ihre Organisation bzw. einzelne Projekte Fördermittel der EU einwerben können!
- Lassen Sie sich von der verwirrenden Vielfalt der Förderprogramme nicht gleich abschrecken! Versuchen Sie – anfangs am besten mit Hilfe eines kompetenten Beraters – einen schnellen Überblick über Ihre Möglichkeiten zu bekommen!
- Rechnen Sie bei Förderprogrammen der EU mit langen Vorlaufzeiten!
- Erwarten Sie von der EU Projektförderung, keine institutionelle Förderung!
- Wenn Ihr Projekt den Förderbedingungen der EU nicht hundertprozentig entspricht, müssen sie es anpassen – jedoch nicht um den Preis, sich „verbiegen“ zu müssen!
- Reichen Sie nur vollständige Anträge bei der EU ein!
- Nutzen Sie bei Ihrer Suche nach öffentlichen Finanzierungsquellen die Förderdatenbank „Förderprogramme und Finanzhilfen des Bundes, der Länder und der EU“ des *Bundesministeriums für Wirtschaft und Technologie* im Internet! Sie ist nicht umfassend, liefert aber einen guten Einstieg!
- Wägen Sie ab, ob sich Bußgeld- und Geldauflagen-Marketing für Ihre Organisation rechnet!

Weiterführende Literatur zu diesem Kapitel

Belle, M.: Fördergelder aus öffentlicher Hand. In: Fundraising Akademie (Hrsg.) Fundraising – Handbuch für Grundlagen, Strategien und Methoden, 4. Aufl., S. 429–434. Gabler, Wiesbaden (2008)

Biege, H.: Geldbußen einwerben und verwalten – Musterbriefe. In: Brenner, G., Nörber, M. (Hrsg.) Öffentlichkeitsarbeit und Mittelbeschaffung – Grundlagen, methodische Bausteine und Ideen. Juventa, Weinheim (1996)

Billeter, H., List-Gessler, B.: Bußgeldmarketing. In: Fundraising Akademie (Hrsg.) Fundraising – Handbuch für Grundlagen, Strategien und Methoden, 4. Aufl., S. 410–420. Gabler, Wiesbaden (2008)

BMWi. http://www.foerderdatenbank.de/Foerder-DB/Navigation/Foerderwissen/eu-foerderung.html (Zugriff am 22.08.2013)

Gahrmann, C. (Hrsg.): Strategisches Fundraising Gabler, Wiesbaden (2012)

Hatscher, S.: Kirchensteuer und Kirchgeld. In: Fundraising Akademie (Hrsg.) Fundraising – Handbuch für Grundlagen, Strategien und Instrumente, 1. Aufl., S. 983–992. Gabler, Wiesbaden (2001)

Kraack-Tichy, H.: Chancen als EU-Fundraiser – Analyse des Arbeitsmarktes für EU-Fundraiser im Bildungs-, Jugend-, Sozial- und Kulturbereich. In: Bonn W. (Hrsg.) Arbeitsmarkt – Bildung, Kultur & Sozialwesen, Heft 25, S. 4–8. (2010)

Pichert, D.: Die zehn Stolpersteine des EU-Fundraisings – … und wie Organisationen sie überspringen können, Berlin 2011. Der Ratgeber kann kostenlos als pdf auf www.europaberatung-berlin.de heruntergeladen werden

Pichert, D. (Hrsg.): Erfolgreich Fördermittel einwerben. Stiftung Mitarbeit, Bonn (2011)

Priller, E., Zimmer, A. (Hrsg.): Der Dritte Sektor: Wachstum und Wandel – Aktuelle deutsche Trends, S. 28. Verlag Bertelsmann Stiftung, Gütersloh (2001)

Ruh, S.T.: Buhlen um die Gunst der Richter: Bußgeld-Fundraising – ein Millionen-Deal, auf: die-stiftung.de – Portal für Stifter und Philanthropen - > Projekte & Praxis - > Fundraising (Zugriff am 26.08.2013)

Stückemann, W.: Transparenz der Vergabe von Geldbußen an gemeinnützige Organisationen – Eine Dokumentation anhand der Praxis der Bundesländer. In: Hüttemann, R., Rawert, P., Schmidt, K., Weitemeyer, B. (Hrsg.) Non Profit Law Yearbook 2009, S. 21–45. Heymanns Verlag, Köln (2010)

Salomon, L.M., Anheier, H.K. (Hrsg.): Der Dritte Sektor – Aktuelle internationale Trends Verlag Bertelsmann Stiftung, Gütersloh (1999)

www.olg-karlsruhe.de/servlet/PB/menu/1187055/index.html (Zugriff am 10.09.2013).

Fundraising-Management

6

Aus den vorangegangenen Kapiteln wird deutlich, dass dem Fundraising eine Vielzahl unterschiedlichster Maßnahmen zur Verfügung stehen, um Geld-, Sach- und Dienstleistungen bei Privatpersonen, Unternehmen, Stiftungen und öffentlichen Ressourcenbereitstellern zu akquirieren. Ziel des Fundraising muss nun sein, das Fundraising-Budget in diejenige Kombination von Fundraising-Maßnahmen zu investieren, die – abgestimmt auf die individuelle Ausgangssituation einer bestimmten Organisation – den Gesamtertrag des Fundraising (als Summe der Erträge der einzelnen Fundraising-Maßnahmen) maximiert, um den Projekten einer Organisation möglichst viele Ressourcen zur Erfüllung ihrer satzungsgemäßen Aufgaben zur Verfügung stellen zu können (Maximalprinzip). Alternativ kann man das Ziel des Fundraisig auch darin sehen, einen bestimmten, vorab festgelegten Gesamtertrag in diejenige Kombination von Fundraising-Maßnahmen zu investieren, der die geringsten Kosten verursacht (Minimalprinzip). Mathematisch betrachtet, steckt hinter professionellem Fundraising in beiden Fällen ein anspruchsvolles Optimierungsproblem, auf das später in Kap. 6.8 noch ausführlich einzugehen sein wird. Das beschriebene Optimierungsproblem kann nur mit Hilfe eines systematischen Fundraising-Management gelöst werden. Aus diesem Grunde wurde in der Definition des Fundraising-Begriffs (siehe Kap. 1) auch explizit die erforderliche systematische Vorgehensweise betont, die im Folgenden näher vorgestellt werden soll.

Unter Management soll hier die zielorientierte Steuerung (einer Organisation) unter effektiver (wirksamer) und effizienter (wirtschaftlicher) Nutzung der vorhandenen Ressourcen verstanden werden. Im Sinne einer funktionalen Betrachtung wird Management als ein Komplex von Aufgaben und Prozessen verstanden.[1] Die Überlegungen basieren im

---

[1] Siehe Schubert, Herbert: Zur Logik des modernen Managementbegriffs, in: Schubert, Herbert (Hrsg.): Sozialmanagement – zwischen Wirtschaftlichkeit und fachlichen Zielen, 2. Aufl., (VS Verlag) Wiesbaden 2005, S. 63–86.

M. Urselmann, *Fundraising*,
DOI 10.1007/978-3-658-01795-8_6, © Springer Fachmedien Wiesbaden 2014

Wesentlichen auf dem **Freiburger Management-Modell.**[2] Nur im Detail werden Modifikationen vorgeschlagen, auf die an gegebener Stelle eingegangen wird.

Im Freiburger Management-Modell wird die **Steuerung** als die zentrale Management-Aufgabe betrachtet. Die Steuerung umfasst, untrennbar mit einander verbunden, …

- … die **Planung** verbindlicher Ziele bzw. Soll-Vorgaben sowie die Kontrolle der Erreichung dieser Soll-Vorgaben nach Durchführung (Soll-Ist-Vergleich) …
- … im Rahmen der vereinbarten Qualitätsstandards (**Qualitäts-Management**) …
- … mit Hilfe des **Controlling** (als Planung und Kontrolle unterstützendes Informationssystem).

Um die Ziele einer Organisation zu erreichen, steuert ein Manager also mit Hilfe der Planung, des Controlling und des Qualitäts-Management. Eine überblicksartige Zusammenfassung und Veranschaulichung aller, in den folgenden Kapiteln detailliert auszuführenden Zusammenhänge liefert vorab Abb. 6.1. In der Abbildung ist das Fundraising-Management dem Ressourcen-Management auf der Beschaffungs- bzw. Input-Seite zuzuordnen.

Neben Planung, Controlling und Qualitäts-Management werden im Freiburger Management-Modell noch die Management-Aufgaben Willensbildung/-sicherung, Führung, Organisation und Innovation genannt. Mit Ausnahme der Willensbildung/-sicherung werden alle Management-Aufgaben in den nachfolgenden Kapiteln näher ausgeführt. In Abweichung zum Freiburger Management-Modell wird die Willensbildung/-sicherung mit ihren vier Phasen (Entscheidungsvorbereitung, Entscheidung, Realisation und Kontrolle) hier als integraler Bestandteil der Planung angesehen, nicht als eine separat zu behandelnde Management-Aufgabe.

6.1 Planung im Fundraising

6.1.1 Warum Planung?

Planung ist eine, wenn nicht die zentrale Management-Aufgabe. Bevor mit dem Fundraising begonnen werden kann, sollte zunächst ausführlich geplant werden. Natürlich löst ein Aufruf zur Planung üblicherweise keine spontane Begeisterung aus. Planung wird gerne als bürokratisch und lästig empfunden, und die dazugehörige Kontrolle als Überwachung und mangelndes Vertrauen missverstanden. Eine wissenschaftliche Untersuchung der Erfolgsfaktoren im Fundraising ergab jedoch ein sehr eindeutiges Ergebnis: Diejenigen unter den befragten Organisationen, die intensiv, detailliert und kontinuierlich planten, erwiesen sich als höchst signifikant (!) erfolgreicher als solche, die dies nicht taten. In dieser Deutlichkeit überraschend, erwies sich der Einsatz der Planung damit als einer der

[2] Siehe Lichtsteiner, Hans; Gmür, Markus; Giroud, Charles; Schauer, Reinbert: Das Freiburger Management-Modell für Nonprofit-Organisationen, 7. Aufl., (Haupt) Bern/Stuttgart/Wien 2013.

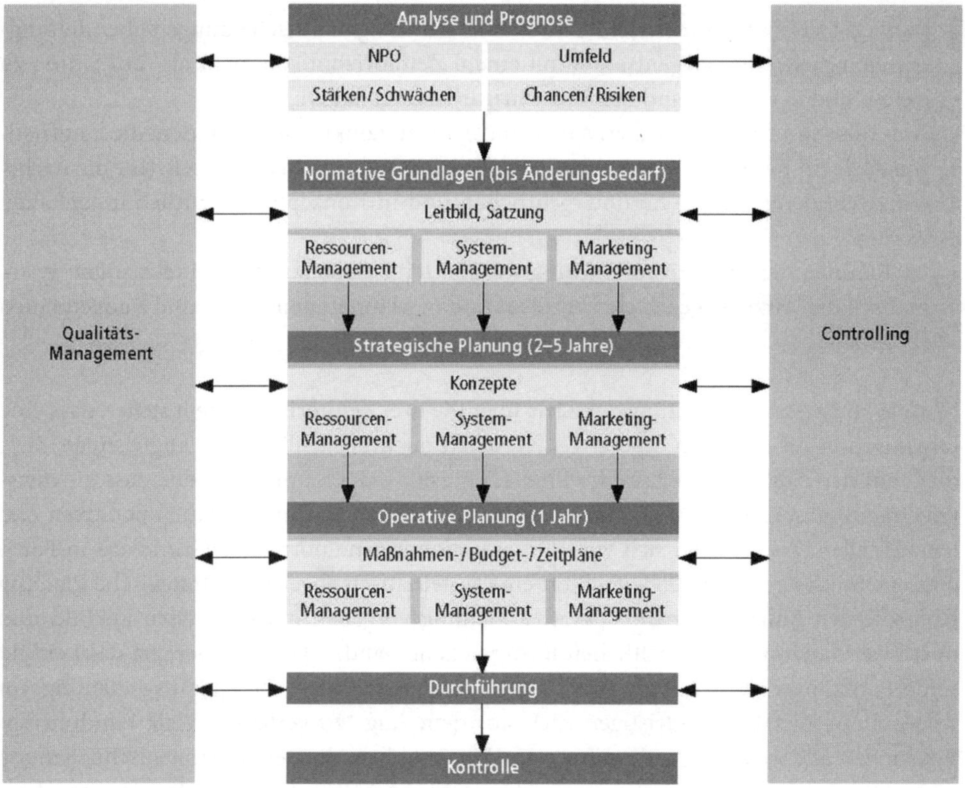

Abb. 6.1 Management-Aufgabe Steuerung (bestehend aus Planung, Controlling und Qualitäts-Management). (In Anlehnung an Lichtsteiner, Hans; Gmür, Markus; Giroud, Charles; Schauer, Reinbert: Das Freiburger Management-Modell für Nonprofit-Organisationen, 7. Aufl., (Haupt) Bern/Stuttgart/Wien 2013., S. 109. Die vorgenommenen Änderungen werden in den nachfolgenden Kapiteln begründet.)

stärksten Erfolgsfaktoren im Fundraising überhaupt.[3] Oder umgekehrt: Organisationen, die nicht, nur oberflächlich oder halbherzig planten, waren eindeutig weniger erfolgreich. Die Mühen einer ordentlichen Planung zahlen sich demnach aus! Entsprechend soll diesem Kapitel angemessen Platz eingeräumt werden. In einem ersten Schritt ist zunächst zu klären, was unter Planung zu verstehen ist.

6.1.2 Was ist Planung?

Wer plant, trifft heute Entscheidungen darüber, welche **Ziele** er in Zukunft wie erreichen möchte. Dabei lassen sich drei Zeithorizonte unterscheiden:

[3] Vgl. Urselmann, Michael: Erfolgsfaktoren im Fundraising von Nonprofit-Organisationen, (Gabler) Wiesbaden 1998, S. 210–221.

- Zunächst sind im Rahmen der **normativen Grundlagen** Entscheidungen über die langfristigen Ziele einer Organisation mit einem Zeithorizont von mehr als fünf Jahren zu treffen und in Satzung und Leitbild schriftlich festzuhalten.
- Anschließend sind die normativen Grundlagen zu konkretisieren in dem die langfristigen Ziele im Rahmen der **strategischen Planung** auf mittelfristige Ziele (für die nächsten zwei bis fünf Jahre) heruntergebrochen und in Konzepten schriftlich festgehalten werden.
- Im Rahmen der **operativen Planung** werden schließlich aus den mittelfristigen systematisch die kurzfristigen Ziele abgeleitet und in Maßnahmen-, Zeit- und Budgetplänen festgehalten.

Nur die konsequente Ableitung der Ziele über die drei Zeithorizonte stellt sicher, dass eine Organisation im täglichen, operativen Geschäft auch tatsächlich ihre langfristigen Ziele nicht aus den Augen verliert. In der Praxis zeigt sich jedoch immer wieder, dass die meisten Organisationen (auch im Fundraising) bestenfalls Jahresplanungen mit operativen Zielen aufstellen. Zwar haben sich viele Organisationen eine normative Grundlage in Form eines Leitbildes gegeben. Da jedoch oft eine systematisch abgeleitete strategische Planung fehlt, die den Rahmen für die operative Planung vorgeben müsste, stehen Leitbild und operative Planung ohne inhaltlichen Bezug nebeneinander. Dadurch verliert das Leitbild seine Funktion als Orientierungsrahmen. Umgekehrt riskiert die operative Planung, im Alltag die prioritäten langfristigen Ziele aus dem Auge zu verlieren. Viele Fundraising-Führungskräfte wenden ein, dass ihnen im Alltag schlicht die Zeit für strategische Planung fehle. Die Gültigkeit des Graham'schen Gesetzes scheint auch im Fundraising ungebrochen: „Operativ dringende, aber für die Zukunftssicherung unwichtige Fragen verdrängen strategisch wichtige, aber nicht dringende Entscheidungen.“ Im Interesse eines maximalen Fundraising-Erfolges ist es jedoch originäre und unverzichtbare Aufgabe von Führungskräften im Fundraising, eine systematische strategische Fundraising-Planung in Zusammenarbeit mit ihren Mitarbeitern im Fundraising sicherzustellen, und sich im Rahmen der dafür benötigten Zeit aus dem Tagesgeschäft auszuklinken.

Im Zusammenhang mit der (Fundraising-) Planung ist in der Praxis noch ein weiteres Problem verbreitet: Geschäftsführung und Vorstand geben im Rahmen der Gesamtplanung für die Organisation strategische Fundraising-Ziele vor, vollkommen losgelöst von einer systematischen strategischen und operativen Fundraising-Planung. Da möge sich das Fundraising im nächsten Jahr doch bitte noch um eine weitere Million bemühen. Davon, wie realistisch dieses Ziel – natürlich ohne ein entsprechend angehobenes Budget – erreicht werden kann, wird gerne abstrahiert. In den folgenden Kapiteln soll deshalb der Versuch unternommen werden, beispielhaft aufzuzeigen, wie systematische Fundraising-Planung, eingebettet in die Gesamtplanung einer Organisation über alle drei Zeithorizonte idealtypisch aussehen könnte.

Wer plant, entscheidet also. Eine Entscheidung sollte allerdings erst gefällt werden, wenn eine solide Entscheidungsgrundlage vorliegt. Dazu ist die der Entscheidung zugrunde liegende Ausgangssituation zunächst umfassend und kritisch zu analysieren und zu bewerten. Ohne vorherige **Analyse** läuft Planung Gefahr, unrealistische (zu hohe oder zu niedrige) Ziele zu setzen. Beides zieht unerwünschte Folgen nach sich, da an der Formulierung der Ziele auch der Erfolg einer Organisation festgemacht wird. Erfolg wird betriebswirtschaftlich über den Erreichungsgrad der Ziele definiert. Erfolgreich ist demnach, wer seine Ziele erreicht. Waren diese unerreichbar hoch definiert worden, können sie nicht erreicht werden und demotivieren Mitarbeiter auf Dauer genauso wie zu niedrig festgelegte Ziele, bei denen eine Organisation hinter ihren Möglichkeiten zurückbleibt – was auch demotivierend sein kann. Die Kunst des Management besteht also darin, auf Basis solider Analysen zwar ehrgeizige aber realistische Ziele zu formulieren.

Stellt sich als nächstes die Frage, *wer* die Macht hat, im Rahmen der Planung über die Ziele einer Organisation entscheiden zu dürfen? Wer hat die Macht die Zieldefinition einer Organisation beeinflussen zu können? In Profit-Organisationen ist diese Frage relativ leicht zu beantworten: Entscheidend sind zunächst einmal die Anteilseigner (Aktionäre, Gesellschafter etc.) oder neudeutsch **Shareholder**. Fundraising betreiben laut Definition jedoch nur steuerbegünstigte Organisationen. Letztere existieren in Deutschland zum allergrößten Teil in der Rechtsform des eingetragenen Vereins (e. V.), der keine Anteilseigner kennt. Vielmehr gehört ein Verein sich selbst. In Vereinen werden Entscheidungen deshalb nicht von Anteilseignern sondern – nach basisdemokratischen Regeln – vom Souverän eines Vereins getroffen: der Mitgliederversammlung bzw. (zwischen den Mitgliederversammlungen) dem gewählten ehrenamtlichen Vorstand, der bei größeren Organisationen eine hauptamtliche Geschäftsführung berufen kann. Neben Mitgliederversammlung, Vorstand und Geschäftsführung kann es aber noch eine ganze Reihe anderer Anspruchsgruppen (**Stakeholder**) geben, die – je nach Organisation mehr oder weniger – Macht haben, Einfluss auf die Zielentscheidungen des Vereins geltend machen zu können (siehe Abb. 6.2):

- Die wichtigsten Stakeholder **innerhalb** des Systems NPO sind neben den Mitgliedern, Vorstand und Geschäftsführung die haupt- und ehrenamtlichen Mitarbeiter. Wie oben angedeutet, werden demnach auch die Mitarbeiter versuchen, die Zieldefinition in ihrem Sinne zu beeinflussen (**System-Management**).
- Die wichtigsten Stakeholder **außerhalb** des Systems NPO sind auf der **Beschaffungsseite** die verschiedenen denkbaren Ressourcenbereitsteller: Öffentliche Ressourcenbereitsteller versuchen ebenso auf das Zielsystem einer Organisation Einfluss zu nehmen wie Privatpersonen (Spender), Unternehmen (Unternehmensspender, Sponsoren) und Stiftungen. Im Rahmen des hier vorrangig interessierenden Fundraising-Managements müssen also ggf. auch Vorstellungen der Ressourcenbereitsteller Eingang in das Zielsystem einer Organisation finden (**Ressourcen-Management**).
- Wichtige Stakeholder **außerhalb** des Systems sind auf der **Absatzseite** die verschiedenen denkbaren (potenziellen) Abnehmer der Leistungen einer Organisation: Klienten versuchen auf das Zielsystem der NPO ebenso Einfluss zu nehmen wie deren Angehörige (**Marketing-Management**).

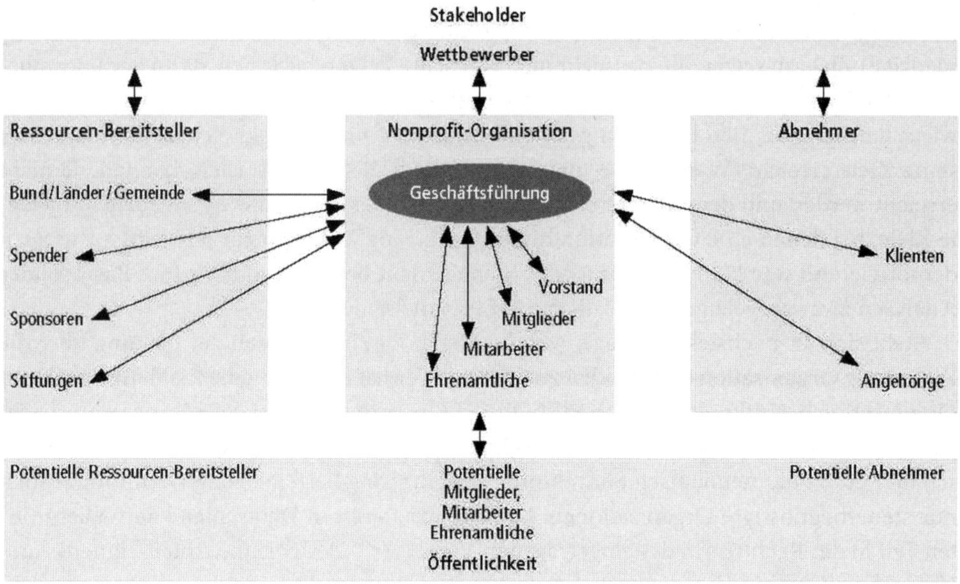

Abb. 6.2 Stakeholder einer gemeinnützigen Organisation

Da – je nach Organisation – sehr unterschiedliche Stakeholder Einfluss auf die Zielfestlegung haben können, ist im Rahmen der Analysephase des Management eine **Stakeholder-Analyse** durchzuführen, um die wichtigsten Stakeholder zu identifizieren und sie anschließend an der Planung zu beteiligen. Dazu sollten Ziele nicht einseitig von Geschäftsführung und Vorstand vorgegeben, sondern mit den wichtigsten Stakeholdern ausgehandelt und verbindlich vereinbart werden. Auch im Fundraising sollte die Geschäftsführung einer Organisation die Fundraising-Ziele nicht einfach nur vorgeben, sondern mit der Abteilungsleitung Fundraising und den zuständigen Mitarbeitern aushandeln und verbindlich vereinbaren. Nur so kann sichergestellt werden, dass die Ziele auch als Maßstab für den eigenen Erfolg von den Mitarbeitern akzeptiert werden.

Alle Stakeholder-Gruppen versuchen also, Einfluss auf die Zielentscheidungen einer Organisation zu nehmen, was in der Praxis zu erheblichen Zielkonflikten führen kann und eine Management-Funktion in einer Organisation zu einer anspruchsvollen Aufgabe werden lässt, die auch großes politische Geschick erfordert. Sind die Ziele zumindest mit den wichtigsten Stakeholder-Gruppen in Form von Soll-Vorgaben vereinbart, ist im Rahmen der Planung anschließend festzulegen, mit welchen **Maßnahmen** die gesteckten Ziele erreicht werden sollen und wer diese Maßnahmen (Zuständigkeit) wann (Zeit) zu welchen Kosten (Budget) durchführt.

Nach der Durchführung muss zur Planung immer noch die **Kontrolle** hinzukommen, da Planung ohne Kontrolle sinnlos ist, und Kontrolle ohne Planung nicht möglich wäre.[4] *Steinmann/Schreyögg* beschreiben diesen Zusammenhang als „Zwillingsfunktion" von Planung und Kontrolle.[5] Im Rahmen der Kontrolle werden nach Durchführung der Maßnahmen den Plan- bzw. Sollvorgaben die korrespondierenden Ist-Werte gegenübergestellt und dadurch Abweichungsinformationen generiert. Im Sinne eines Regelkreismodells sollen diese Abweichungsinformationen Auslöser für Korrekturentscheidungen am Ende (Feedback-Funktion der Kontrolle) bzw. besser noch prozessbegleitend während der Kontrollperiode (Feedforward-Funktion der Kontrolle) sein, um Korrekturen ohne Zeitverzögerung vornehmen zu können.[6] Planung und Kontrolle müssen deshalb in ein entsprechendes Informationssystem, das Controlling, eingebettet sein, das ständig die benötigten internen und externen Daten, Informationen und Analyseergebnisse zur Verfügung stellt. Das Controlling stellt somit eine wichtige Steuerungshilfe dar, das die Planungs- und Kontrollprozesse durch geeignete Informationsbereitstellung und -koordination unterstützt (siehe eigenes Kapitel).

Um eine möglichst wirksame Kontrolle durchführen zu können, sollten Ziele im Rahmen der Planung SMART festgelegt werden. Ziele sind demnach…

- **S**pezifisch (konkret und individuell),
- **M**essbar (überprüfbar),
- **A**ktionsbezogen (beeinflussbar),
- **R**ealistisch (erreichbar) und
- **T**erminierbar (den Zeithorizonten zuordenbar) festzulegen.

Zusammenfassend werden im Rahmen der Planung also …

… zukunftsorientierte Entscheidungen getroffen (Entscheidungsvorbereitung, Entscheidung, Ingangsetzung und Kontrolle) …

… bezüglich der Ziele, Maßnahmen und Mittel …

… für die drei Zeithorizonte der normativen (langfristigen), strategischen (mittelfristigen) und operativen (kurzfristigen) Planung.

Eine grafische Veranschaulichung liefert der Planungswürfel in Abb. 6.3.

6.1.3 Normative Grundlagen und ethische Standards

Ausgangspunkt aller Planung (und damit auch der Fundraising-Planung) sind die normativen Grundlagen, die im **Leitbild** einer Organisation festgehalten sein sollten. Das

[4] Vgl. Böcker, Franz: Marketing-Kontrolle, (Kohlhammer) Stuttgart 1988, S. 22.

[5] Vgl. Steinmann, H.; Schreyögg, G.: Management. Grundlagen der Unternehmensführung – Konzepte, Funktionen und Praxisfälle, Wiesbaden 1991, S. 103.

[6] Vgl. Weber, Jürgen: Einführung in das Controlling. Teil 1: Konzeptionelle Grundlagen, Stuttgart 1991, S. 87.

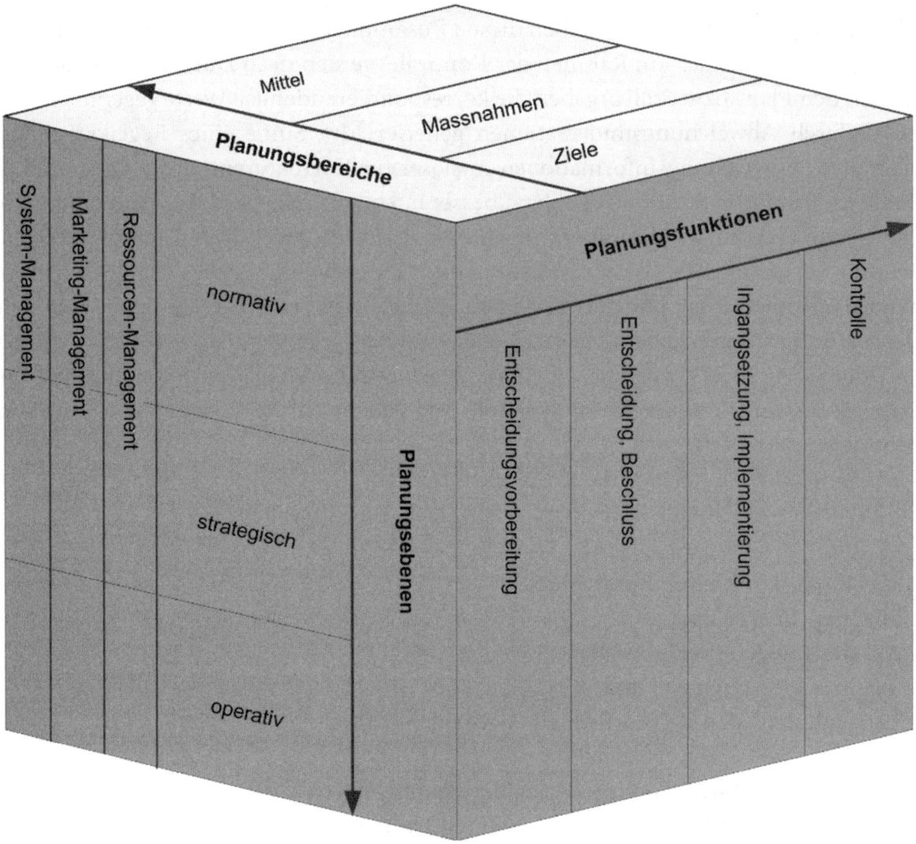

Abb. 6.3 Der Planungswürfel. (Quelle: Lichtsteiner, Hans; Gmür, Markus; Giroud, Charles; Schauer, Reinbert: Das Freiburger Management-Modell für Nonprofit-Organisationen, 7. Aufl., (Haupt) Bern/Stuttgart/Wien 2013., S. 105.)

Leitbild ist eine schriftliche Ausformulierung des Selbstverständnisses einer Organisation: Wer sind wir? Wo wollen wir hin (langfristige Ziele)? Was treibt uns an (Werte)?

Beispiel

Im Leitbild des Deutschen Caritasverbandes werden folgende Ziele benannt: Den Menschen in seiner Würde schützen, Solidarisch miteinander leben in einer pluralen Welt und Verpflichtung über Grenzen hinweg. Die der Zielsetzung zugrundeliegenden Werte werden in der Präambel benannt: Caritas ist konkrete Hilfe für Menschen in Not. Richtschnur ihrer Arbeit sind Weisung und Beispiel Jesu Christi. Die Hinwendung zu den Hilfebedürftigen und die Solidarität mit ihnen ist praktizierte Nächstenliebe.

Ziel des Leitbildes ist, allen (potenziellen) Stakeholdern das Selbstverständnis der Organisation, ihre Ziele und Werte zu kommunizieren. Die (potenziellen) Stakeholder sollen die

Organisation einschätzen und sich entscheiden können, ob sie sich mit dem formulierten Selbstverständnis der Organisation identifizieren können und mit ihr in Austauschbeziehungen treten wollen, oder nicht. Da Leitbilder manchmal umfangreich ausformuliert sein können, machen sich viele (potenzielle) Stakeholder nicht die Mühe des Durchlesens. Deshalb sollte zusätzlich versucht werden, das Selbstverständnis einer Organisation auf nur einen einzigen Satz, das sog. „**Mission Statement**", zu kondensieren.

Beispiele

- Amerikanisches Rotes Kreuz: "Helping people prevent, prepare for and cope with emergencies"
- Amerikanische Pfadfinderinnen: "It is our mission to help each girl reach their own highest potential"
- Amerikanische Heilsarmee: "It is our mission to make citizens out of the rejected"

Ein Leitbild legt eine verbindliche Grundlage für die anschließende strategische und operative Planung. Seine Formulierung kann deshalb nicht nur Sache einiger Weniger (z. B. des Vorstandes oder der Geschäftsführung) sein, die das Leitbild anschließend „von oben nach unten" als allgemein verbindlich erklären. Das Risiko wäre zu groß, dass sich andere wichtige Stakeholder der Organisation in einem als „aufgesetzt" empfundenen Leitbild anschließend nicht wiederfinden können. Das Leitbild verkäme in einer solchen Situation zu einer bloßen Worthülse ohne Bedeutung für die tägliche Arbeit und wäre damit als Steuerungsinstrument wertlos. Wie immer in der Planung, muss vielmehr auch der Formulierung von langfristigen Zielen im Rahmen eines Leitbilds eine entsprechende Analyse und Abwägung in Form einer **Leitbildentwicklung** vorausgehen. An der Leitbildentwicklung müssen Vertreter aller wichtigen Stakeholder der Organisation beteiligt werden. Nur so haben alle die Gelegenheit, an der Formulierung der langfristigen Ziele angemessen beteiligt zu werden. Nur so besteht eine Chance, dass sich anschließend alle (oder wenigstens die meisten) mit dem Leitbild identifizieren und es in der täglichen Praxis auch tatsächlich anerkennen, umsetzen und leben.

Jeder, der den Prozess einer Leitbildentwicklung schon einmal mitgemacht hat, weiß, dass es sich dabei in den meisten Fällen um einen langwierigen und schwierigen Prozess handelt. Im Rahmen der Leitbilddiskussion wird schließlich festgelegt, welches Selbstverständnis sich eine Organisation gibt, und welche Richtung sie langfristig einschlagen möchte. Solche grundsätzlichen und langfristigen Überlegungen sind schließlich unabdingbare Voraussetzung für mittel- und kurzfristige Planung. Wie sonst wollte man planen, wohin man in diesem und den nächsten fünf Jahren kommen möchte, wenn man nicht weiß, in welche Richtung man grundsätzlich gehen will. Aber selbst wenn sich eine Organisation auf ein gemeinsames Leitbild einigen kann, ist es damit nicht ein für alle mal getan. Vielmehr muss jedes Leitbild in regelmäßigen Abständen hinterfragt und überprüft werden. Spätestens wenn es eine neue Mehrheit für Änderungswünsche gibt, ist es weiterzuentwickeln.

Nicht selten bilden sich Fraktionen, die in unterschiedliche Richtungen ziehen möchten. Im Extremfall blockieren sie sich gegenseitig und damit die Entwicklung der gesamten Organisation. In der Folge wird dann auch strategisches und operatives Planen unmöglich, da es keine klaren und einheitlichen Zielvorgaben mehr gibt. Gerade dieser Extremfall zeigt, dass eine Leitbilddiskussion trotz aller Konflikte und Schwierigkeiten zu gemeinsamen langfristigen Zielen kommen muss. Lassen sich die Interessen verschiedener Fraktionen nicht mehr „unter einem Dach" bündeln, bricht eine Organisation auseinander bzw. spaltet sich ein Teil der Organisation ab und gründet eine neue Organisation („Spin-off").

Beispiele

- Die Organisation *Oro Verde* ist eine Abspaltung des *WWF.*
- Die Organisation *Robin Wood* ist eine Abspaltung von *Greenpeace.*
- Eine Fraktion der SPD spaltete sich 2004 ab und gründete die WASG, die sich 2007 mit der PDS zur neuen Partei „Die Linke" zusammenschloss. Die Fraktion hatte bzgl. der Hartz-Gesetze andere Zielvorstellungen als die Mehrheit der SPD.

Für den Einzelnen kann ein solcher Prozess sehr schmerzhaft sein. Aus der Leitbildentwicklung heraus erkennen einzelne Stakeholder, dass sie sich mit „ihrer" Organisation plötzlich nicht mehr identifizieren können. Im Extremfall bleibt dem Einzelnen oder einer Minderheit dann nur noch, die Organisation zu verlassen.

Obwohl ihre Finanzierung einen durchaus wichtigen Teilbereich des Selbstverständnisses einer Organisation ausmacht, umfassen die meisten Leitbilder keine Vorgaben, die Auswirkungen auf die strategische und operative Fundraising-Planung haben. Dabei gibt es im Zusammenhang mit dem Fundraising zahlreiche Aspekte, die das Selbstverständnis einer Organisation fundamental betreffen: Durch welche Finanzierung können wir unsere Unabhängigkeit garantieren? Wie wollen wir uns finanzieren? Welche ethischen Grundsätze legen wir dabei zugrunde? Wie wollen wir uns nicht finanzieren?

So gibt es beispielsweise Organisationen, deren Selbstverständnis eine Zusammenarbeit mit bestimmten Ressourcenbereitstellern ausschließt. Ist eine solche normative Entscheidung im Leitbild einer Organisation verbindlich „verbrieft", hat dies weitreichende Auswirkungen auf das strategische und operative Fundraising, das auf Geld-, Sach- und Dienstleistungen der betreffenden Ressourcenbereitsteller verzichten muss.

Beispiele

- Die Umweltschutzorganisation *Greenpeace* verzichtet bewusst auf Ressourcenbereitstellung durch Unternehmen, um ihre Unabhängigkeit von der Wirtschaft zu wahren.
- Die Jugendhilfeorganisation *Off Road Kids* verzichtet bewusst auf öffentliche Gelder und setzt ganz auf Fundraising bei Privatpersonen, Unternehmen und Stiftungen.

- Viele Kultureinrichtungen empfinden das Einwerben privater Ressourcen als „peinliche Bettelei" und sehen ausschließlich den Staat in der Pflicht.

Andere Organisationen differenzieren innerhalb einer bestimmten Gruppe von Ressourcenbereitstellern zwischen solchen, bei denen eine Kooperation mit dem eigenen Selbstverständnis vereinbar ist, und solchen, bei denen das nicht der Fall ist.

Beispiele

- Grundsätzlich arbeitet das Kinderhilfswerk *UNICEF* mit Unternehmen als Ressourcenbereitstellern zusammen. Verzichtet wird jedoch auf eine Kooperation mit Alkohol- und Tabakkonzernen.
- Das christliche Kinder- und Jugendwerk *Die Arche* verzichtete 2006 auf die öffentliche Entgegennahme einer vierstelligen Spende eines Berliner Bordells, da es dies nicht mit ihren Werten vereinbaren konnte.

Auch gibt es Organisationen, die bestimmte Produkte oder Vertriebskanäle des Fundraising für nicht vereinbar mit ihrem Selbstverständnis halten. So lehnten einige Organisationen in den 1990er Jahren das Produkt Testamentspende als „Erbschleicherei" ab. Andere Organisationen stehen bestimmten Vertriebskanälen des Fundraising (z. B. Telefon-Fundraising, Face-to-Face-Fundraising, Mailings, Online-Fundraising) aus grundsätzlichen Erwägungen heraus kritisch gegenüber, und verzichten lieber auf deren Einsatz. Findet eine solche Einschätzung eine Mehrheit in der Mitgliederversammlung (und bei anderen wichtigen Stakeholdern) so entwickelt sie normative Kraft und bindet das strategische und operative Fundraising. Umgekehrt darf aber auch die besonders kritische Sicht einiger Weniger nicht ein Fundraising blockieren, das eine große Mehrheit innerhalb der Organisation bereit wäre mitzutragen. Eine grundsätzliche Klärung und Aufnahme in das Leitbild erscheint deshalb wünschenswert, um klare Vorgaben für das Fundraising zu schaffen.

Das grundsätzliche Einverständnis der wichtigsten Stakeholder ist übrigens schon ganz zu Beginn jeglicher Fundraising-Aktivitäten conditio sine qua non. Ohne das mehrheitliche Wohlwollen von Mitgliederversammlung, Vorstand, Geschäftsführung sowie haupt- und ehrenamtlichen Mitarbeitern ist der Aufbau von Fundraising in einer Organisation nicht möglich. Diese Erfahrung haben beispielsweise deutsche Universitäten beim Aufbau von Fundraising in den 2000er Jahren schmerzlich machen müssen, wenn es ihnen vorab nicht gelungen war, Konsens zwischen den wichtigsten Stakeholdern (Präsidium/Rektorat, Dekanate, Professoren, Studierende, bereits vorhandene Fördervereine, Öffentlichkeitsarbeit, Datenschutzbeauftragter, IT etc.) herzustellen. Eine Organisation muss eine gewisse Mindestbereitschaft für den Aufbau von Fundraising aufbringen können, die im Englischen „**Institutional Readiness**" genannt wird.[7] Erfahrungsgemäß kann davon nicht auto-

[7] Vgl. Schulz, Lothar: Institutional Readiness, in: Fundraising Akademie (Hrsg.): Fundraising – Handbuch für Grundlagen, Strategien und Methoden, 4. Aufl., (Gabler) Wiesbaden 2008, S. 97–101.

matisch ausgegangen werden – und sei der finanzielle Druck auf die Organisation noch so gross. Im Gegenteil: Lang ist die Liste der Vorbehalte. Grundtenor: „Es ist entwürdigend, dass wir jetzt auch noch betteln müssen! Unsere wichtigen Aufgaben hat der Staat zu finanzieren!". Um diesen, sehr ernst zu nehmenden Vorbehalten begegnen zu können, ist ein neu eingestellter Fundraiser gut beraten, zunächst organisationsintern Vertrauen aufzubauen. Ohne die Unterstützung der Kollegen (insbesondere auf der Projektseite), oder gar gegen deren Interessen, kann ein Fundraiser nicht erfolgreich sein.

Damit die Stakeholder wissen, welche **ethischen Standards** eine Organistion an ihr Fundraising legt, sollten diese auf normativer Ebene aufgegriffen und im Leitbild explizit angesprochen werden. Orientieren kann sich eine Organisation an den „Grundregeln für eine gute, ethische Fundraising-Praxis", die für Mitgliedsorganisationen des *Deutschen Fundraising Verbandes* verbindlich sind. Die Grundregeln betreffen wichtige Fragen der Integrität, der Transparenz, der Fairness, der Entscheidungsfreiheit (insbesondere bestehender und potenzieller Förderer), der Privatsphäre, des Datenschutzes, der Mittelverwendung, der Weiterbildung von haupt und ehrenamtlichen Mitarbeitern im Fundraising, des fachlichen Austausches, der Vergütung von Fundraisern, der Selbstbestimmung, der Befangenheit und Interesseneskonflikte sowie der Vorteilsnahme wie Vorteilsgewährung im Zusammenhang mit dem Fundraising.[8] Der *Fundraising Verband Austria* hat mit seinem „FVA-Ehrenkodex" ähnliche ethische Standards entwickelt; ebenso der schweizerische Fundraising-Verband *Swiss Fundraising* mit seinen „Richtlinien für das Fundraising".

Organisationen, die das „DZI-Spenden-Siegel" (eine Art TÜV-Plakette für geprüfte Spendenorganisationen) tragen wollen, verpflichten sich auf die ethischen Standards, die das DZI im Rahmen seiner „Spenden-Siegel-Leitlinien" definiert. Die Standards betreffen die Zielsetzung, Leitung und Aufsicht, Werbung und Öffentlichkeitsarbeit, Mittelverwendung, Vergütung, Rechnungslegung und Prüfung sowie die Transparenz bei der Mittelbeschaffung.[9] Zur weiteren Konkretisierung der Standards hat das *DZI* gemeinsam mit dem *VENRO* die Handreichung „Ethik in Spenden-Mailings" erarbeitet (siehe Kap. 2.5.2.4), die auch die *VENRO* Kodizes (*VENRO* Verhaltenskodex und Kodex Entwicklungsbezogene Öffentlichkeitsarbeit) konkretisieren soll.

Einen ethisch-moralischen Kodex für seine Mitglieder definiert auch der *Deutsche Spendenrat* im Rahmen seiner Grundsätze. Der Kodex betrifft

- Geschenke, Vergünstigungen, Versprechen bzw. Gewährung sonstiger Vorteile im Zusammenhang mit der Mitglieder- und Spenderwerbung.
- Provisionszahlungen bei der Einwerbung von Mitgliedern oder Zuwendungen.
- Werbung, die gegen die guten Sitten und anständigen Gepflogenheiten verstößt.

---

[8] Die „Grundregeln für eine gute, ethische Fundraising-Praxis" stehen auf der Website des *Deutschne Fundraising Verbandes* zum Download bereit (www.fundraisingverband.de).

[9] Die „Spenden-Siegel-Leitlinien" stehen auf der Website des *Deutschen Zentralinstituts für soziale Fragen* zum Download bereit (www.dzi.de).

- Berücksichtigung allgemein zugänglicher Sperrlisten und Richtlinien zum Verbraucherschutz.
- Beachtung aktueller datenschutzrechtlicher Bestimmungen.
- Berücksichtigung gesetzlicher Regeln im Umgang mit Spendern.
- Wahrung der Persönlichkeitsrechte bei Formen des Direktmarketings wie Brief-, Telefon-, Haustür- und Straßenwerbung.
- Verzicht auf psychischen Druck im unmittelbaren, persönlichen Zielgruppenkontakt.[10]

6.1.4 Strategische Fundraising-Planung

Auf Basis der normativen Grundlagen, und der vom strategischen Controlling zur Verfügung gestellten Analyseergebnisse (siehe Kap. 6.2.2), sind im Rahmen der strategischen Fundraising-Planung für einen Planungshorizont von bis zu fünf Jahren Entscheidungen zu fällen, welche Ziele mit Hilfe welcher Strategien mittelfristig erreicht werden sollen. Die Entscheidungen sind in einem **Fundraising-Konzept** schriftlich festzuhalten. Eine detaillierte Darstellung des strategischen Fundraising würde den Rahmen dieses Buches sprengen. Dazu wird auf die Arbeit von *Gahrmann* verwiesen.[11] Hier erfolgt stattdessen eine Konzentration auf die wichtigsten strategischen Entscheidungen.

Insbesondere ist zu entscheiden,

- welche Ressourcen insgesamt (in den nächsten fünf Jahren) einzuwerben sind, abgeleitet aus den übergeordneten Entwicklungszielen der gesamten Organisation.
- von welchen Ressourcenbereitstellern (Privatpersonen, Unternehmen, Stiftungen, öffentliche Ressourcenbereitsteller) welche Ressourcen in welcher Höhe eingeworben werden sollen.
- welche Produkte (z. B. Einzel-, Dauer-, Groß-, Testaments-, Anlass-, Restgeld-, Mikrospende etc.) bei welchen Zielgruppen welche Beträge einwerben sollen.
- über welche Vertriebskanäle (Postvertrieb, Online-Vertrieb, Telefonvertrieb, persönlicher Vertrieb) welche Produkte vertrieben werden sollen.
- über welche Kommunikationskanäle welche Produkte zielgruppenadäquat kommuniziert werden sollen.
- wie bei einer föderal gegliederten Organisation das Fundraising arbeitsteilig zwischen den verschiedenen Gliederungsebenen organisiert werden soll.

Eine Entscheidung ist dann von strategischer Dimension, wenn ihre Implikationen von mehrjähriger Auswirkung sind. Da viele strategische Entscheidungen im Fundraising mit größeren Investitionen auf mehrere Jahre verbunden sind, sollten sie nicht ständig kurz-

[10] Die „Grundsätze“ stehen auf der Website des *Deutschen Spendenrates* zum Download bereit (www.spendenrat.de).

[11] Gahrmann, Christian: Strategisches Fundraising, (Gabler) Wiesbaden 2012.

fristig wieder revidiert werden, sondern eine gewisse nachhaltige Verbindlichkeit geniessen.

Beispiel

Entscheidet sich eine Organisation im Rahmen der strategischen Fundraising-Planung, bislang nicht angesprochene Ressourcenbereitsteller (z. B. Stiftungen) künftig anzusprechen, oder bislang nicht eingesetzte Produkte (z. B. die Testamentsspende) künftig einzusetzen, oder bislang nicht genutzte Vertriebskanäle (z. B. das Online-Fundraising) künftig zu nutzen, oder bislang nicht genutzte Kommunikationskanäle (z. B. TV-Spots) künftig zu nutzen, so sind alle diese Entscheidungen zunächst einmal mit mehr oder weniger hohen Investitionen verbunden, die sich in der Regel erst mittelfristig rentieren.

6.1.4.1 Entscheidungen bzgl. der Ressourcenbereitsteller

Wie bereits mehrfach erwähnt, haben die meisten gemeinnützigen Organisationen die Rechtsform eines eingetragenen Vereins. Chronologisch gesehen, finanzieren sich neu gegründete Vereine zunächst über Beiträge ihrer Mitglieder und Spenden, also über von Privatpersonen bereitgestellte Ressourcen. Die Entscheidung, in einem nächsten Schritt beispielsweise Unternehmen oder Stiftungen als potenzielle neue Ressourcenbereitsteller anzusprechen (sofern keine normativen Entscheidungen entgegenstehen), ist von strategischer Bedeutung und sollte auch als solche wahrgenommen und behandelt werden. Es ist wenig sinnvoll, in blindem operativem Aktionismus „einfach mal spontan ein paar Unternehmen um Geld zu bitten". Eine Entscheidung für die Ansprache von Unternehmen oder Stiftungen ist von mehrjähriger und damit strategischer Bedeutung. Bevor durch die Ansprache (hoffentlich) zusätzliche Einnahmen generiert werden können, sind zunächst Investitionen in Know-how zu tätigen: Literatur, Seminare, Kongresse, Ausbildungsgänge, Beauftragung von Beratern oder Einstellung entsprechend qualifizierter Mitarbeiter. Bis solche Investionen die erforderlichen Renditen in Höhe eines Mehrfachen der eingesetzten (Personal- und Sach-) Mittel erbringen können,[12] vergeht i. d. R mehr als ein Jahr. So bekommt die Entscheidung eine strategische Dimension.

6.1.4.2 Entscheidungen bzgl. der anzubietenden Produkte

Ebenfalls in den Bereich der strategischen Fundraising-Planung fallen Entscheidungen darüber, welche (Fundraising-) **Produkte** Ressourcenbereitstellern angeboten werden sollen. Führt eine Organisation bislang beispielsweise kein systematisches Großspender-Fundraising (siehe Kap. 2.3.5) durch, so ist die Entscheidung, künftig ein oder mehrere Großspender-Produkte anzubieten, von mehrjähriger und damit strategischer Bedeutung. Bevor durch die Ansprache (potenzieller) Großspender (hoffentlich) zusätzliche Ein-

[12] Möchte eine Organisation beispielsweise einen Verwaltungskostenanteil von 20% nicht überschreiten, so bedeutet dies umgekehrt, dass eine durchschnittliche Investition ins Fundraising verfünffacht warden muss.

nahmen generiert werden können, sind auch hier zunächst Investitionen in Know-how zu tätigen: Literatur, Seminare, Kongresse, Ausbildungsgänge, Einstellung entsprechend qualifizierter Mitarbeiter, Beauftragung von Beratern etc. Bis solche Investitionen die erforderlichen Renditen in Höhe eines Mehrfachen der eingesetzten (Personal- und Sach-) Mittel erbringen können, vergeht i. d. R mehr als ein Jahr. Gleiches gilt für Entscheidungen bzgl. anderer neuer (Spenden-) Produkte (z. B. Restgeldspende, Mikrospende etc.).

Da eine detaillierte Analyse im Vorfeld der strategischen Entscheidung ergeben kann, dass die Bedürfnisse von Ressourcenbereitstellern bezogen auf ein bestimmtes (Spenden-) Produkt sehr heterogen sind, kann die Entscheidung für eine **Segmentierung** des betreffenden (Teil-) Marktes erforderlich werden. So können beispielsweise (potenzielle) Testamentspender sehr unterschiedliche Bedürfnisse haben: Während die Einen eine Erbschaft oder ein Vermächtnis bevorzugen, interessieren sich Andere mehr für eine (Zu-) Stiftung oder ein Stifterdarlehn. Je stärker (Spenden-) Produkte ausdifferenziert werden, umso passgenauer können sie die Bedürfnisse der Spender befriedigen. Andererseits erhöht eine Ausdifferenzierung jedoch auch die Komplexität und damit die Kosten im Fundraising. Hier ist im Rahmen der strategischen Fundraising-Planung sauber abzuwägen.

6.1.4.3 Entscheidungen bzgl. der zu wählenden Vertriebs- und Kommunikationskanäle

Im Rahmen der strategischen Fundraising-Planung sind anschließend für jedes Fundraising-Produkt Entscheidungen über die zu wählenden **Vertriebskanäle** zu fällen. Auch diese Entscheidungen sind mit Investitionen von mehrjähriger Auswirkung verbunden und erfordern daher auch mindestens mittelfristige Gültigkeit. Entscheidet man sich beispielsweise, das Produkt „Dauerspende“ gegenüber Privatpersonen persönlich mittels Face-to-Face-Fundraising zu vertreiben, so verursacht diese Entscheidung nicht unerhebliche (Anfangs-) Investitionen, insbesondere wenn die Entscheidung zugunsten einer Inhouse-Lösung ausfällt (siehe nächstes Kapitel).

Erfahrungsgemäß polarisieren Entscheidungen über zu wählende Vertriebskanäle die verschiedenen Stakeholder-Gruppen sehr stark. Der Entscheidung, ob ein Spendenprodukt über den Postvertrieb und/oder persönlichen Vertrieb und/oder Online-Vertrieb und/oder das Telefon vertrieben wird, gehen nicht selten hitzige Debatten voraus. Groß sind die Befürchtungen, dass gerade Vertriebsaktivitäten am Telefon oder im Rahmen des persönlichen Vertriebs (an einem Stand oder der Haustüre) von den Umworbenen als Belästigung empfunden werden könnten. Um diese wichtigen strategischen Entscheidungen nicht zum Spielball situativer Stimmungsschwankungen in unterschiedlichen Gremien werden zu lassen, sollte vorab eine grundsätzliche Klärung auf Ebene der normativen Grundlagen erfolgen.

Langfristig gesehen, müssen jedoch auch Vertriebsentscheidungen selbstverständlich reversibel bleiben, um flexibel genug auf Veränderungen im Umfeld reagieren zu können. So standen Vertriebskanäle wie beispielsweise die Straßensammlung, Haustürsammlung und die (kirchliche) Kollekte praktisch jahrhundertelang im Vordergrund, wurden dann aber (Anfang der 1980er Jahre) stark durch den effizienteren Postvertrieb zurückgedrängt, der seinerseits zunehmend vom Online- und Telefon-Vertrieb verdrängt wird. Auch Vertriebskanäle scheinen so etwas wie einem **Lebenszyklus** zu unterliegen.

Nach dem klassischen Lebenszyklus-Modell sind vier Entwicklungsphasen unterscheidbar:

- *Einführungsphase*: Organisationen nutzen neu entwickelte Vertriebskanäle für ihr Fundraising (Beispiel: Online-Fundraising).
- *Wachstumsphase*: Auch andere Organisationen übernehmen den neuen Vertriebskanal. Der Einsatz des Vertriebskanals wächst stark (Beispiel: Telefon-Fundraising, Face-to-Face-Fundraising).
- *Sättigungsphase*: Der Vertriebskanal ist weit verbreitet, weiteres Wachstum ist kaum noch möglich (Beispiel: Postvertrieb).
- *Degenerationsphase*: Der Vertriebskanal ist aus unterschiedlichen Gründen (der technologischen, politischen oder sozialen Entwicklung) veraltet. Es wird zwar noch eingesetzt, aber mit sinkendem Erfolg (Beispiel: Kirchliche Kollekte).

Wenn die verschiedenen Vertriebskanäle (aber auch Kommunikationskanäle und Fundraising-Produkte) einem Lebenszyklus unterliegen, ist von großer Bedeutung, welche Vertriebskanäle eine Organisation einsetzt. Organisationen, die lediglich Vertriebskanäle in der Reife- oder Degenerationsphase einsetzen, riskieren sinkende Erträge aus den vorhandenen Vertriebskanälen, und an steigenden Einnahmen aus neuen, zukunftsträchtigeren Vertriebskanälen (aber auch Kommunikationskanälen und Fundraising-Produkten) in der Einführungs- oder Wachstumsphase nicht mehr oder zu spät partizipieren zu können und so „Marktanteile" zu verlieren. Die Erfahrung zeigt jedoch, dass die meisten Organisationen ihre Vertriebskanäle eher zufällig bzw. historisch begründet und reaktiv auswählen, als proaktiv strategisch geplant. Ob der jeweilige Vertriebskanal noch Zukunft hat bzw. Aufwand und Ertrag noch in einem vernünftigen Verhältnis stehen, wird nicht (ausreichend) analysiert und bei Entscheidungen berücksichtigt. Hierbei kann die **Portfolio-Analyse** einen wichtigen Beitrag liefern (siehe Kap. 6.2.2).

Eine empirische Untersuchung ergab, dass es einen sehr signifikanten (!) Einfluß zwischen der Zukunftsträchtigkeit der Fundraising-Produkte, Vertriebs- und Kommunikationskanäle einer Organisation und ihrem Fundraising-Erfolg gibt. Organisationen, die einen zukunftsträchtigen **Fundraising-Mix** aus Fundraising-Produkten, Vertriebs- und Kommunikationskanälen einsetzten, erwiesen sich als deutlich erfolgreicher als andere, die über einen weniger zukunftsträchtigen Fundraising-Mix verfügten.[13]

Fazit: Eine Organisation ist gut beraten, ihren spezifischen Fundraising-Mix regelmäig darauf zu überprüfen, ob dieser auch einen ausreichenden Anteil an zukunftsträchtigen Fundraising-Produkten, Vertriebs- und Kommunikationskanälen aufweist. Sollte dies nicht der Fall sein, so muss rechtzeitig investiert werden. Rechtzeitig deshalb, weil bei der

[13] Vgl. Urselmann, Michael: Erfolgsfaktoren im Fundraising von Nonprofit-Organisationen, (Gabler) Wiesbaden 1998, S. 222–230.

Einführung eines neuen Fundraising-Produktes, Vertriebs- und Kommunikationskanals immer eine gewisse Anlaufzeit benötigt wird. Entsprechend ist es auch nicht möglich, einen veralteten Fundraising-Mix von heute auf morgen fundamental umzustrukturieren. Bis die Umstrukturierung Früchte trägt, könnten die dafür nötigen Investitionen zwischenzeitlich den Verwaltungskostenanteil (siehe Kap. 6.2) zu lange zu stark belasten. Der Umstrukturierungsprozess muss deshalb ein kontinuierlicher sein. Der Investitionsbedarf für die kontinuierliche Modernisierung des Fundraising-Mixes muss über einen mittelfristigen Zeithorizont aus Überschüssen der vorhandenen Fundraising-Produkte so finanzierbar sein, dass auch in einer Übergangszeit ein akzeptabler Verwaltungskostenanteil sichergestellt bleibt. Sehr ähnliche Überlegungen gelten für strategische Entscheidungen im Zusammenhang mit der Wahl zukunftsträchtiger **Kommunikationskanäle**, die immer wieder auf das sich änderende Kommunikationsverhalten der Stakeholder angepasst werden muss.

6.1.4.4 Entscheidungen bzgl. der zu wählenden Zahlungssysteme

Auch die Zahlungsgewohnheiten der Stakeholder, insbesondere der privaten Spender, ändern sich im Laufe der Zeit. Auf diese Änderungen muss das Fundraising reagieren, um den Bedürfnissen der Spender nachhaltig gerecht werden zu können. Entsprechend muss im Rahmen der strategischen Fundraising-Planung entschieden werden, welche Zahlungssysteme (siehe Kap. 2.4.7) den Spendern angeboten werden sollen. Auch hier ist die Einführung jedes neuen Zahlungssystems zunächst einmal mit zusätzlichen Kosten verbunden. Kosten verursacht nicht nur das Entgeld für den Anbieter des Zahlungssystems. Auch die (Anpassung der) Kommunikation der Zahlungssysteme gegenüber den Stakeholdern verursacht Kosten. Entsprechend sollten Entscheidungen zu den Zahlungssystemen mindestens mittelfristige Gültigkeit haben, und daher auf strategischer Ebene gefällt werden.

Die (strategischen) Entscheidungen bzgl. der zu wählenden Zahlungssysteme stehen dabei in engem Zusammenhang mit den (strategischen) Entscheidungen bzgl. der zu wählenden Vertriebskanäle für die verschiedenen Fundraising-Produkte:

- Bevorzugte Zahlungssysteme des Postvertriebs sind Überweisung, Dauerauftrag und Lastschrifteinzug.
- Bevorzugte Zahlungssysteme des persönlichen Vertriebs sind Lastschrifteinzug und Barzahlung.
- Bevorzugte Zahlungssysteme des Telefonvertriebs sind Lastschrifteinzug, Kreditkarte und Bezahlung über die Telefonrechnung.
- Bevorzugte Zahlungssysteme des Online-Vertriebs sind Überweisung, Lastschrifteinzug, Kreditkarte, Online-Zahlungssysteme und künftig Mobile Payment.

Die stärksten Veränderungen im Zahlungsverhalten von Stakeholdern werden durch die Entwicklungen im Internet getrieben. Die großen Player versuchen, eigene Zahlungssysteme zu etablieren und zu einem Standard zu entwickeln, den nach Möglichkeit auch andere im Internet nutzen sollen. Wie bereits erwähnt, folgte auf die Entwicklung des Zahlungssystems PayPal durch *ebay*, die Entwicklung des Zahlungssystems „Amazon Payments" durch das Online-Handelsunternehmen *Amazon* für seine mehr als 16 Mio. Kunden alleine in Deutschland (Stand 2013). Sobald eine entsprechende Verbreitung von Amazon Payments vorliegen wird, dürfte es für die Abrechnung von Spenden ähnlich interessant werden wie PayPal. Noch stärker dürfte jedoch der Trend zur direkten Bezahlung über das Smartphone im Rahmen des Mobile Payment werden. Wann eine gemeinnützige Organisation sinnvollerweise in welches neue Zahlungssystem einsteigt, ist im Rahmen der strategischen Fundraising-Planung zu entscheiden. Voraussetzung ist, dass im Rahmen des strategischen Controlling (siehe Kap. 6.2.2) das Zahlungsverhalten der Spender und seine Veränderung kontinuierlich analysiert werden.

6.1.4.5 Entscheidungen bzgl. des Outsourcings von Fundraising-Aktivitäten

Im Rahmen der strategischen Fundraising-Planung ist auch die sog. Make-or-Buy-Entscheidung zu treffen, ob das Fundraising von der Organisation selber (Inhouse) durchgeführt oder ganz bzw. teilweise an externe Dienstleister ausgelagert werden soll (**Outsourcing**). Zwischen kompletten Inhouse-Lösungen und kompletten Outsourcing-Lösungen existieren in der Praxis auch alle denkbaren Zwischenformen. Ein Komplett-Outsourcing kann für Organisationen sinnvoll sein, die bei Null ins Fundraising einsteigen und selbst noch über keinerlei Fundraising-Know how verfügen. Sie überlassen den Aufbau des Fundraising einer erfahrenen Agentur und entscheiden zu einem späteren Zeitpunkt neu, das bereits aufgebaute Fundraising in die Organisation einzugliedern bzw. Inhouse zu betreiben.

Ebenfalls sinnvoll kann ein weitgehendes Outsourcing für Organisationen in der **Katastrophenhilfe** sein, deren Fundraising-Aktivitäten sehr unregelmäßig und nicht vorhersagbar (weil abhängig von Katastrophen) sind. Das Outsourcing ermöglicht diesen Organisationen eine wesentlich höhere Flexibilität, da die Unwägbarkeiten auf den Dienstleister übertragen werden. Dieser kann beispielsweise aufgrund unterschiedlicher Kunden und anderer arbeitsrechtlicher Möglichkeiten besser die Schwankungen im Fundraising ausgleichen.

In der Praxis können praktisch alle Bereiche des Fundraising auf spezialisierte Dienstleister ausgelagert werden.[14] Es gibt Dienstleister, die sich auf bestimmte

- Ressourcenbereitsteller spezialisiert haben, und bezogen auf das Fundraising gegenüber Privatpersonen, Unternehmen, Stiftungen oder öffentlichen Ressourcenbereitstellern (insbesondere EU) beraten.
- Fundraising-Produkte spezialisiert haben: z. B. Dauerspenden, Großspenden, Testamentspenden, Sponsoring, Bußgeld.

[14] Eine umfassende Aufstellung von Anbietern kann kostenlos im Mitgliederverzeichnis auf der Website des Deutschen Fundraising Verbandes (www.fundraisingverband.de) unter „Dienstleister" eingesehen werden.

- Vertriebskanäle spezialisiert haben: z. B. Postvertrieb (Mailing), Telefon-Fundraising, Face-to-Face-Fundraising, Online-Fundraising.
- Kommunikationskanäle spezialisiert haben: z. B. Events, TV-Shows, DRTV-Spots, Plakate etc.
- Fundraising-Infrastruktur spezialisiert haben: z. B. Aufbau, Betrieb und Auswertung einer Fundraising-Datenbank,

Da Outsourcing-Verträge i. d. R mehrjährig abgeschlossen werden, sind Make-or-Buy-Entscheidungen im Rahmen der strategischen Fundraising-Planung zu treffen.

6.1.4.6 Entscheidungen bzgl. des Aufbaus von Fundraising in föderal strukturierten Organisationen

Wie bereits angedeutet, stehen föderal strukturierte Organisationen mit Bundes-, Landes-, Bezirks- und Kreisverbänden sowie Ortsvereinen (wie z. B. das Deutsche Rote Kreuz, die Arbeiterwohlfahrt oder der Naturschutzbund Deutschland) bzw. landeskirchlich oder diözesan strukturierte Organisationen (wie Diakonie oder Caritas) in Sachen Fundraising vor einer zusätzlichen Herausforderung. In den letzten Jahren wurde begonnen, auf den verschiedenen Ebenen eigene Fundraising-Aktivitäten durchzuführen. Leider ohne sich mit den anderen Ebenen des Verbandes abzustimmen. In der Konsequenz kann dies zu unkoordinierter Mehrfachansprache potenzieller Spender durch die verschiedenen Gliederungsebenen führen. Gerade in der Vorweihnachtszeit finden (potenzielle) Spender gleich mehrfach Mailings von ein und derselben Organisation in ihren Briefkästen. Dass die Mailings von verschiedenen Gliederungsebenen des Verbandes kommen, wird gar nicht bemerkt. Da sie von einer Organisation zu kommen scheinen, ist die Verärgerung über derlei Mehrfachansprache und die damit einhergehende Ressourcenverschwendung groß.

Ein gemeinsamer, ganzheitlicher Fundraising-Ansatz über alle föderalen Ebenen hinweg hat nur dann Aussicht auf Erfolg, wenn die Interessen aller betroffenen föderalen Ebenen partnerschaftlich berücksichtigt werden. Das Deutsche Rote Kreuz ist die erste Organisation, die bereits 1999 damit begonnen hat, ein gemeinschaftliches Konzept für ein integriertes Fundraising über die verschiedenen föderalen Ebenen hinweg zu entwickeln. Es basiert auf der Grundüberlegung, dass jede föderale Ebene ihre Adressen von (potenziellen) Spendern in eine gemeinsame, zentrale Datenbank einbringt. Beim Einbringen in die gemeinsame Datenbank wird jede einzelne Adresse auf den jeweiligen „Adresslieferanten" (Bundes-, Landes- oder Kreisverband) codiert, d. h. mit einem Zahlencode versehen, der den Rückschluss zulässt, welche Verbandsgliederung die jeweilige Adresse einmal in gemeinsame Datenbank eingebracht hat. Werden mit dem zentralen Adressbestand später Fundraising-Aktionen wie z. B. gemeinsame Mailings durchgeführt, so können eventuelle Erträge über die Codierung dem jeweiligen Adresslieferanten eindeutig zugeordnet werden. Mit einer speziellen Abrechnungssoftware werden die zentral realisierten Fundraising-Erträge dann monatlich oder quartalsweise mit den Adresslieferanten abgerechnet.

Der Hauptvorteil des integrierten Fundraisings liegt darin, dass durch das gemeinsame Vorgehen Größenvorteile in Form geringerer Fundraising-Kosten pro Adresse realisiert werden können, ohne die individuellen Interessen der jeweiligen föderalen Ebenen zu vernachlässigen. Solche Größenvorteile entstehen beispielsweise bei Druck und Versand von Mailings. Es macht in Bezug auf die Stückkosten einen großen Unterschied, ob 500 Kreisverbände jeweils 1.000 Adressen anschreiben, oder einmal zentral 500.000 Adressen angeschrieben werden. Ein weiterer Vorteil liegt darin, dass durch die zentrale Koordination eine unerwünschte Mehrfachansprache einzelner Spender im Vorfeld ausgeschlossen werden kann. Da alle Ebenen einer föderalen Organisation erst von den Vorteilen des gemeinsamen Vorgehens überzeugt werden müssen, bedarf ein solches Projekt eines mittel- bis langfristigen Planungshorizonts.

Aufgrund des bereits geschilderten Professionalisierungs- und damit auch Kostendrucks werden föderal strukturierte Organisationen ihre Fundraising-Aktivitäten früher oder später koordinieren müssen. Dabei wird integriertes Fundraising bei international agierenden Organisationen nicht auf der Bundesebene haltmachen. Nach demselben Modell zentral geführter, codierter Adressbestände werden Fundraising-Aktivitäten auch international integriert werden können. Mit dem Siegeszug des Euro und des Internets (das sowieso keine Ländergrenzen kennt) wird dies spätestens mit Harmonisierung des Gemeinnützigkeitsrechts in Europa der Fall sein.

Gelänge es, teuere Organisationsegoismen zu überwinden, so wäre auch denkbar, dass kirchliche und kirchennahe Organisationen aus ökonomischen Gründen ihre Fundraising-Aktivitäten im Sinne eines integrierten Fundraisings zentral koordinieren ohne andererseits ihre jeweilige Eigenständigkeit aufgeben zu müssen. Die Größenvorteile, die Organisationen wie Misereor, Missio, Adveniat, Renovabis, Sternsinger, Caritas u. a. auf der katholischen bzw. Organisationen wie Brot für die Welt, Diakonie u. a. auf der evangelischen Seite gemeinsam realisieren könnten, wären enorm. Zusammen sind die genannten Organisationen schließlich für ein jährliches Spendenvolumen von bis zu einer halben Milliarde Euro gut.

6.1.5 Operative Fundraising-Planung

Aus der strategischen Fundraising-Planung sind im Rahmen der operativen Fundraising-Planung für einen Planungshorizont von einem Jahr kurzfristige Ziele abzuleiten und schriftlich festzuhalten. Anschließend muss für jedes einzelne operative Ziel festgelegt werden, mit welcher Maßnahme bzw. mit welchen Maßnahmen dieses Ziel erreicht werden soll. Für jede einzelne Maßnahme ist ein Maßnahmenplan aufzustellen, der aufzeigt, welches Ziel wie mit der Maßnahme erreicht werden soll. In der Praxis wird eine solche operative Planung sehr detailliert für die Vertriebskanäle (Mailings, Telefon-Fundraising, Face-to-Face-Fundraising, Online) bestimmter Produkte (v. a. Einzel- und Dauerspende), weniger detailliert für andere Produkte (Groß- und Testamentspende, Restgeld- und Mikrospende) durchgeführt. Ziel muss eine detaillierte Planung für alle Produkte sein.

Beispiel

Im Rahmen der strategischen Planung werden Aussagen getroffen, welche Beträge bei welchen Ressourcenbereitstellern (Privatpersonen, Unternehmen, Stiftungen, öffentliche Ressourcenbereitsteller) in den nächsten fünf Jahren in welcher Höhe eingeworben werden sollen. Eine Organisation X, die bislang nur öffentliche Gelder eingeworben hat, setzt sich 2015 zum strategischen Ziel, bis 2020 10 % ihrer Einnahmen aus Spenden von Privatpersonen zu bekommen. Dieses mittelfristige Ziel ist nun in kurzfristige Jahresziele herunterzubrechen. 2016 soll mit der Ansprache von Privatpersonen durch Aufbau eines systematischen Fundraising begonnen werden. Da mit drei Jahren bis zum Break Even Punkt gerechnet werden muss, wird das Ziel für die Jahre 2016 bis 2018 noch mit 0 % Einnahmen von Privatpersonen angesetzt. Für das vierte Jahr (2019) steckt sich die Organisation das Ziel, bereits 5 % zu erreichen. Im fünften Jahr (2020) wird dann das operative Ziel auf die 10 % gesetzt, die schon in der strategischen Planung festgelegt worden sind. Anschließend werden für 2006 entsprechende Maßnahmen zur künftigen Einwerbung von Spenden sowie Zeitplan, Zuständigkeiten und Budget geplant.

Beispiel

Im Rahmen der strategischen Planung werden Aussagen getroffen, welche Beträge auf welcher Stufe der Spenderpyramide (Erst-, Mehrfach-, Dauer-, Groß- und Testamentspender) in fünf Jahren eingeworben werden sollen. Eine Organisation Y, die bereits zahlreiche Spender, bisher jedoch noch nie eine Testamentspende erhalten hat, setzt sich 2015 zum strategischen Ziel, bis 2020 3 % ihrer Einnahmen aus Erbschaften und Vermächtnissen zu erhalten. Eine vorangegangene Benchmarking-Analyse hat ergeben, dass einer befreundeten Organisation vergleichbarer Größe gelungen war, erstmals nach fünf Jahren Erbschafts-Fundraising Einnahmen in dieser Größenordnung zu erzielen. Daraus leitet die Organisation Y folgende operative Ziele ab: Für die Jahre 2016 bis 2019 jeweils 0 % Einnahmen aus Testamentspenden. Im fünften Jahr (2020) wird dann das operative Ziel auf die 3 % gesetzt, die schon in der strategischen Planung festgelegt worden sind. Anschließend werden für 2016 entsprechende Maßnahmen zum Aufbau des Erbschafts-Fundraising sowie Zeitplan, Zuständigkeiten und Budget geplant.

Beispiel

Im Rahmen der strategischen Planung werden Aussagen getroffen, welche Beträge über welche Vertriebskanäle in fünf Jahren eingeworben werden sollen. Eine Organisation Z, die offline bereits zahlreiche Spenden bekommt, bisher jedoch noch kein Online-Fundraising betreibt, setzt sich 2015 zum strategischen Ziel, bis 2020 5 % ihrer Einnahmen aus Online-Fundraising zu erhalten. Eine Studie, die das Controlling als Entscheidungsgrundlage beisteuern konnte, hat nämlich ergeben, dass dies eine realistische Zielgröße sei. Daraus leitet die Organisation Z folgende operative Ziele ab: Für das Jahr

2016 noch keine Online-Spende, da in diesem Jahr erst die technischen Vorraussetzungen für Online-Spenden auf der Homepage der Organisation Z einzurichten sind (Integration eines Online-Spendenformulars etc.). Die entsprechenden Kosten werden budgetiert. Für die Jahre 2017, 2018 und 2019 wird der Anteil der Online-Spenden auf 1, 2 und 3 % an den Gesamtspendeneinnahmen geplant. Im fünften Jahr (2020) wird dann das operative Ziel auf die 5 % der Einnahmen gesetzt, die schon in der strategischen Planung festgelegt worden sind. Anschließend werden für 2016 entsprechende Maßnahmen zum Aufbau des Online-Fundraising sowie Zeitplan, Zuständigkeiten und Budget geplant.

Im Idealfall werden in der operativen Planung bei komplexen Fundraising-Prozessen alle einzelnen Schritte bzw. Vorgänge in einem Maßnahmenplan inklusive Zeitplan, Zuständigkeitsplan und Budgetplan schriftlich festgehalten. Ohne einen solchen schriftlichen Plan ist eine wirksame Kontrolle oft nicht möglich. Und ohne Kontrolle keine sinnvolle und vollständige Planung!

Beispiel

Der Gesamtprozess „Versand eines Mailings" ist sehr komplex. Er umfasst die folgenden Teilprozesse:

- Briefing der Agentur durch die Organisation,
- Startmeeting in der Agentur,
- Angebotseinholung bei Lieferanten (Druckerei, Lettershop etc.),
- Präsentation von Entwürfen bei der Organisation,
- Überarbeitung der Entwürfe durch Agentur,
- Freigabe der endgültigen Version durch Organisation,
- Adressverarbeitung,
- Druck,
- Lettershop,
- Postauflieferung,
- Archivierung,
- etc.

Jeder dieser Teilprozesse kann seinerseits aus weiteren (Unter-) Prozessen bestehen. Im Beispiel kann der Teilprozess „Adressverarbeitung" aus folgenden Unterprozessen bestehen:

- Beschaffung von Fremdadressen (besteht seinerseits aus verschiedenen Unterprozessen),
- Bereitstellung der Eigenadressen der Organisation an die Agentur,
- Adressen in ein einheitliches Format bringen,
- Vergabe von Werbecodes,
- Matchcode-Abgleich/Doublettenabgleich,

- Portooptimierung,
- Lieferung der Adressdaten an die Laserdruckerei,
- Meldung der genauen Auflagenhöhe an die Produktion,
- Abrechnungsprotokoll erstellen,
- etc.

An diesem Beispiel zeigt sich, aus wie vielen Teil- und Unterprozessen ein Gesamtprozess auch im Fundraising bestehen kann. Damit wird unmittelbar einsichtig, wie hoch bei dieser Komplexität auch die Gefahr werden kann, dass sich Fehler einschleichen. Um den Überblick nicht zu verlieren, sollte **Projekt-Management-Software** (wie z. B. Microsoft Project) eingesetzt werden. Mit Hilfe dieser Software können alle (Teil-) Prozesse inklusive Zeit- und Zuständigkeitsplan übersichtlich in einer Tabelle aufgelistet werden (siehe Tab. 6.1).

Im Rahmen der operativen Fundraising-Planung werden jedoch nicht nur finanzielle Ziele festgelegt. Es werden auch Ziele für eine ganze Reihe von Kennzahlen definiert, die sich in der Steuerung des Fundraising bewährt haben. Hier eine kurze Liste der wichtigsten Kennzahlen, die in Kap. 6.2.3 noch näher vorgestellt werden:

- Response-Quote,
- Durchschnittsspende,
- Return on Investment (ROI),
- Umwandlungsquote,
- Lifetime Value,
- Verwaltungskostenanteil,
- Kosten für die Gewinnung eines Erstspenders.

Beispiel

Im Rahmen der operativen Planung sieht eine Organisation vor, im nächsten Jahr vier Mailings zu verschicken. Für jedes der vier Mailings werden als Zielvorgabe genaue Soll-Werte für die wichtigsten Kennzahlen definiert, anhand derer der Erfolg der Maßnahmen nach Durchführung evaluiert werden kann. Für jede einzelne Adressgruppe, deren Einsatz in einem Mailing geplant ist, werden Zielvorgaben für die Kennzahlen Response-Quote, Durchschnittspende und ROI festgelegt (siehe Tab. 6.2). Nach Durchführung der Maßnahme werden vom Controlling auch die tatsächlich erzielten Ist-Werte neben die Soll-Werte eingetragen. Aus dem Vergleich von Soll- und Ist-Werten können dann wichtige Erkenntnisse für den nächsten Planungszyklus gezogen werden.

In den beiden Kap. 6.6 und 6.7 wird der gesamte Prozess der Fundraising-Planung (im Zusammenspiel mit den anderen Management-Aufgaben Controlling, Qualitäts-Management, Organisation, Führung und Innovation) an zwei konkreten Beispielen verdeutlicht.

Tab. 6.1 Beispiel für operative Planung eines Mailings mit Hilfe der Software MS Project (Ausschnitt)

Terminplan
Direktmarketingaktion: DIN Lang-Mailing

Nr.		Vorgangsname	Dauer	Anfang	Ende	Vorgänger	Ressourcennamen
153		**Adressverarbeitung**	**28 Tage**	**Mi 07.03.07**	**Mo 16.04.07**		
154		Adressdaten Bereitstellung	1 Tag	Fr 06.04.07	Fr 06.04.07	21EA+15 Tage	ADRESS;PROD;Kunde1
155		1. EDV-Spezifik./TPL an EDV - Mark.Research VORBRIEFING	0 Tage	Mi 07.03.07	Mi 07.03.07	6	ADRESS;PROD
156		2. EDV-Spezifik./TPL an EDV - Mark.Research	0 Tage	Do 15.03.07	Do 15.03.07	21	ADRESS;PROD
157		Adressdaten Konvertieren	1 Tag	Mo 09.04.07	Mo 09.04.07	154;155;156	ADRESS;PROD
158		Adressdaten Werbecodevergabe	1 Tag	Di 10.04.07	Di 10.04.07	157	ADRESS;PROD
159		Adressdaten Matchcode-Abgleich	1 Tag	Mi 11.04.07	Mi 11.04.07	158	ADRESS;PROD
160		Adressdaten Portooptimieren Infopost/Postvertriebstück	1 Tag	Do 12.04.07	Do 12.04.07	159	ADRESS;PROD
161		Adressdaten aufbereiten zur Lieferung an Laserdruckerei	1 Tag	Fr 13.04.07	Fr 13.04.07	160	ADRESS;PROD
162		Adressdaten liefern an Laserdruckerei	1 Tag	Fr 13.04.07	Fr 13.04.07	161AA	ADRESS;PROD
163		Adressauflage an PROD/EK	1 Tag	Mo 16.04.07	Mo 16.04.07	161	ADRESS;PROD;EK
164		Versandlisten liefern an Lettershop	1 Tag	Mo 16.04.07	Mo 16.04.07	161	ADRESS
165		Adressdaten Abrechnungsprotokoll	1 Tag	Mo 16.04.07	Mo 16.04.07	161	ADRESS
166		Adressdaten Protokolle an Adresseigner	1 Tag	Mo 16.04.07	Mo 16.04.07	161	ADRESS;Kunde1
167		Adressdaten Info das geliefert an PRODUKTION	1 Tag	Mo 16.04.07	Mo 16.04.07	161	ADRESS;PROD
168		**Programmierung/Laserbeschriftung**	**18 Tage**	**Mi 25.04.07**	**Fr 18.05.07**		
169		Kundenfreigabe ANSCHREIBEN erteilt ?	1 Tag	Mi 25.04.07	Mi 25.04.07	120	KREA;ADRESS;PROD
170		Brieftext von KREATION an Mark.Research	1 Tag	Do 26.04.07	Do 26.04.07	169	LAY;LAY3;ADRESS;KREA
171		Brieftext an Lektor	1 Tag	Do 26.04.07	Do 26.04.07	170AA	ADRESS
172		Brieftext evtl. Änderungen vom Lektor besprechen	1 Tag	Do 26.04.07	Do 26.04.07	171AA	ADRESS;KREA
173		Brieftext / Programmiervorlage erstellen	1 Tag	Fr 27.04.07	Fr 27.04.07	172	ADRESS
174		EDV-Checkliste erstellen	1 Tag	Fr 27.04.07	Fr 27.04.07	161AA;173AA	ADRESS
175		Brieftext/Prog.vorlage/Checkliste/Datenaufbau an Programmierung	1 Tag	Mo 30.04.07	Mo 30.04.07	173;174	ADRESS
176		Br//Che.... Info das geliefert an PRODUKTION	0 Tage	Mo 30.04.07	Mo 30.04.07	175	ADRESS
177		Beschrifteprogramm erstellen	2 Tage	Di 01.05.07	Mi 02.05.07	175	LiefLASER
178		B/Z gedruckt , am Laser Originalpapier angeliefert für Lasertest ?	0 Tage	Di 08.05.07	Di 08.05.07	152	PROD;LiefB/Z
179		Lasertestandruck erstellen Originalpapier oder PDF	1 Tag	Mi 09.05.07	Mi 09.05.07	162;177;178	LiefLASER
180		Original-Lasertestandruck oder PDF an Agentur	1 Tag	Do 10.05.07	Do 10.05.07	179	LiefLASER;ADRESS
181		Laserfreigabe von GFS an Laserdruckerei	1 Tag	Fr 11.05.07	Fr 11.05.07	180	ADRESS;LiefLASER
182		Laserbeschriftung	5 Tage	Mo 14.05.07	Fr 18.05.07	181	PROD;LiefLASER
183		gelaserter B/Z liefern an Lettershop	0 Tage	Fr 18.05.07	Fr 18.05.07	182	PROD;LiefLASER
184		**Lettershop**	**35,5 Tage**	**Mo 16.04.07**	**Mo 04.06.07**		
185		Info Adressauflage an Lettershop erhalten?	0 Tage	Mo 16.04.07	Mo 16.04.07	163AA	PROD;EK
186		FOLDER angeliefert ?	0 Tage	Fr 11.05.07	Fr 11.05.07	132	PROD
187		VERSANDHÜLLE angeliefert ?	0 Tage	Do 10.05.07	Do 10.05.07	142	PROD
188		gelaserte B/Z Rollen angeliefert ?	0 Tage	Fr 18.05.07	Fr 18.05.07	183	PROD
189		Versandunterlagen angeliefert ?	0 Tage	Mo 16.04.07	Mo 16.04.07	164	PROD
190		B/Z Schneiden/Falzen	7 Tage	Mo 21.05.07	Di 29.05.07	183AA+30%	PROD;LiefLS
191		Kuvertieren DINLang, 2 Teile	7 Tage	Do 24.05.07	Mo 04.06.07	190AA+50%;142;132	PROD;LiefLS
192		Portovorauszahlung vom Kunden eingetroffen?	0 Tage	Di 29.05.07	Di 29.05.07	195AA-4 Tage	PROD
193		Muster an Agentur	1 Tag	Mi 30.05.07	Mi 30.05.07	191AA+50%	PROD;LiefLS
194		Muster an Kunde	1 Tag	Do 31.05.07	Do 31.05.07	193	PROD
195		**Postauflieferung**	**0 Tage**	**Mo 04.06.07**	**Mo 04.06.07**	**191**	**KREA;PROD;Kunde1;Kunde2,Kur**
196		**Lieferantenrechnungen prüfen**	**1 Tag**	**Mi 06.06.07**	**Do 07.06.07**	**195AA+2 Tage**	
197		Lief.rechnung REPORT prüfen	1 Tag	Mi 06.06.07	Do 07.06.07	195AA+2 Tage	EK
198		Lief.rechnung VERSANDH. prüfen	1 Tag	Mi 06.06.07	Do 07.06.07	195AA+2 Tage	EK
199		Lief.rechnung Druck B/Z prüfen	1 Tag	Mi 06.06.07	Do 07.06.07	195AA+2 Tage	EK
200		Lief.rechnung LASER prüfen	1 Tag	Mi 06.06.07	Do 07.06.07	195AA+2 Tage	EK

Seite 4 von 5

Tab. 6.2 Beispiel für Kennzahlen in der operativen Planung (Mailing)

Planung Mailing 1/2006

Adressgruppe	Anzahl Adressen (Soll)	Anzahl Adressen (Istl)	Anzahl Spender (Soll)	Anzahl Spender (Istl)	Response-Quote (Soll)	Response-Quote (Ist)
Spender						
Letzte Spende 2005	2'431		389		16.00%	
Letzte Spende 2004	2'016		181		9.00%	
Letzte Spende 2003	1'874		56		3.00%	
Letzte Spende 2002	1'589		32		2.00%	
Mitglieder	1'211		0			
Interessenten						
Kunden Hausnotruf	3'621		145		4.00%	
Kunden Essen auf Rädern	2'158		65		3.00%	
Teilnehmer Reise	321		6		2.00%	
Besucher	211		3		1.50%	
Angehörige	500		10		2.00%	
Fremdadressen						
Fremdadressgruppe 1	10'000		100		1.00%	
Fremdadressgruppe 2	10'000		100		1.00%	
Gesamt	**35'932**		**1'088**		**3.03%**	

6.1.6 Planung unbedingt schriftlich

Sämtliche Planungsschritte vom Leitbild über die strategische bis zur operativen Fundraising-Planung sollten unbedingt schriftlich festgehalten werden. Nur so ist es möglich, am Ende einer Planungsperiode die geplanten Soll-Werte mit den tatsächlichen Ist-Werten zu vergleichen und so wertvolle (Abweichungs-) Informationen als Grundlage für den nächsten Planungszyklus zu erhalten. Im Rahmen der eigenen empirischen Untersuchung konnte für die schriftliche Fixierung der Fundraising-Planung ein höchst signifikanter (!) Erfolgseinfluss nachgewiesen werden.[15] Werden Ziele nur vage formuliert, nicht eindeutig operationalisiert und nicht schriftlich fixiert, ist wirkungsvolle Planung nicht möglich. Natürlich legt sich eine Fundraising-Abteilung mit eindeutigen Zielvorgaben auch fest und kann anschließend daran gemessen werden. Will man das nicht, braucht aufwendige Planung jedoch gar nicht erst betrieben zu werden.

[15] Vgl. Urselmann, Michael: Erfolgsfaktoren im Fundraising von Nonprofit-Organisationen, (Gabler) Wiesbaden 1998, S. 210–222.

6.1.7 Was ich in diesem Kapitel gelernt habe

- Planen Sie das Fundraising Ihrer Organisation detailliert und kontinuierlich!
- Klären Sie im Rahmen Ihrer nächsten Leitbilddiskussion, ob Ihre Stakeholder mehrheitlich auf irgendwelche Einschränkungen (z. B. bezüglich der Ressourcenbereitsteller oder der Vertriebskanäle) für das Fundraising Ihrer Organisation bestehen!
- Benennen Sie in Ihrem Leitbild auch Ihre ethischen Standards im Fundraising!
- Machen Sie auf Basis Ihrer normativen Grundlagen eine strategische Fundraising-Planung und leiten Sie daraus eine operative Fundraising-Planung ab!
- Formulieren Sie alle Ihre strategischen Fundraising-Ziele explizit und operationalisieren Sie sie in Form messbarer und überprüfbarer Soll-Werte!
- Leiten Sie aus Ihren strategischen Fundraising-Zielen systematisch messbare operative Fundraising-Ziele ab!
- Beziehen Sie in die Festlegung Ihrer strategischen und operativen Fundraising-Ziele alle betroffenen Mitarbeiter aktiv mit ein! Jeder sollte diese Soll-Vorgaben akzeptieren können!
- Halten Sie schriftlich fest, mit welchen Maßnahmen Sie Ihre Fundraising-Ziele erreichen wollen (Maßnahmenplan)!
- Machen Sie für jede Maßnahme einen Zeit-, Zuständigkeits- und Budgetplan (Wer macht wann, was und zu welchen Kosten?)!
- Kontrollieren Sie die Einhaltung Ihrer Planung!
- Analysieren Sie Abweichungen von der Planung!
- Kommunizieren Sie Ihren Kollegen, ob die Fundraising-Ziele erreicht wurden oder nicht und warum!
- Planen Sie unbedingt schriftlich!
- Schielen Sie nicht auf den schnellen, sondern suchen Sie den langfristigen und nachhaltigen Erfolg für Ihr Fundraising! Sensibilisieren Sie Ihre wichtigsten Stakeholder (insbesondere Mitgliederversammlung, Vorstand und Geschäftsführung) für diese Sicht!
- Räumen Sie, insbesondere bei Einführung des Fundraising, mit unrealistischen und überzogenen Erwartungen an den kurzfristigen Erfolg Ihres Fundraising auf!
- Sind Sie, insbesondere bei Einführung des Fundraising, mit befristeten Arbeitsverträgen sehr kurzer Laufzeit (unter drei Jahren) vorsichtig!
- Fragen Sie sich, welche Fundraising-Produkte, Vertriebs- und Kommunikationskanäle Ihre Organisation einsetzt und wie zukunftsträchtig diese sind!
- Überprüfen Sie kontinuierlich, ob Ihre Organisation über einen ausgeglichenen Fundraising-Mix mit einem ausreichenden Anteil an zukunftsträchtigen Fundraising-Produkten, Vertriebs- und Kommunikationskanälen verfügt!
- Investieren Sie rechtzeitig in neue, zukunftsträchtige Fundraising-Produkte, Vertriebs- und Kommunikationskanäle!
- Treffen Sie als Organisation, die neu ins Fundraising einsteigt, zunächst eine strategische Entscheidung, welche Fundraising-Produkte, Vertriebs- und Kommunikationskanäle sie in welcher Reihenfolge mit welchem Investitionsbedarf nacheinander aufbauen

wollen! Diese Entscheidung dem Zufall zu überlassen oder alle Instrumente gleichzeitig und planlos anzutesten, wäre fahrlässig!

- Vernachlässigen Sie Ihre „traditionellen" Fundraising-Produkte, Vertriebs- und Kommunikationskanäle jedoch nicht, solange sie noch Erträge bringen!
- Wenn Sie in einer föderal, landeskirchlich oder diözesan strukturierten Organisation arbeiten, beginnen Sie rechtzeitig, in Ihrem Verband eine Diskussion über die Integration der Fundraising-Aktivitäten über die verschiedenen Verbandsebenen hinweg zu initiieren! Am besten bevor es zu Verärgerung der Spender durch Mehrfachansprache kommt!
- Nutzen Sie Größenvorteile und Kostenoptimierung durch integriertes Fundraising!

6.1.8 Weiterführende Literatur zu diesem Kapitel

Fischer, K.: Strategische Planung im Fundraising. In: Fundraising Akademie (Hrsg.) Fundraising – Handbuch für Grundlagen, Strategien und Methoden, 4. Aufl., S. 211–224. Gabler, Wiesbaden (2008)

Gahrmann, C.: Strategisches Fundraising. Gabler, Wiesbaden (2012)

Grüning, R.: Grundzüge der Planung in Nonprofit-Organisationen. Der Schweizer Treuhänder. **10**, 787–792 (1994)

Jastram, S.M.: Strategisches Fundraising, Berlin (2007)

Kasten, A.: Budgetplanung. In: Fundraising Akademie (Hrsg.) Fundraising – Handbuch für Grundlagen, Strategien und Methoden, 4. Aufl., S. 136–151. Gabler, Wiesbaden (2008)

Lichtsteiner, H., Gmür, M., Giroud, C., Schauer, R.: Das Freiburger Management-Modell für Nonprofit-Organisationen, 7. Aufl. Haupt, Wien (2013)

Matzke, S.: Marktforschung. In: Fundraising Akademie (Hrsg.) Fundraising – Handbuch für Grundlagen, Strategien und Methoden, 4. Aufl, S. 600–612. Gabler, Wiesbaden (2008)

Purtschert, R., Schwarz, P.: Planung im Fundraising – Ein analytisch-systematischer Marketing-Ansatz. Die Unternehmung. **2**, 133–148 (1994), aber auch: Schwarz, Peter: Management in Nonprofit Organisationen – Eine Führungs-, Organisations- und Planungslehre für Verbände, Sozialwerke, Vereine, Parteien usw., S. 327–519. Haupt, Bern (1992)

Schlegelmilch, B.B., Tynan, A.C.: Market Segment-Oriented Fund-Raising Strategies – An Empirical Analysis. Market. Intellig. Plan. **11**(12), 16–24 (1989)

Schlegelmilch, B.B., Tynan, A.C.: The Scope for Market Segmentation within the Charity Market – An Empirical Analysis. Manager. Decis. Econ. 127–134 (1989)

Schulz, L.: Institutional Readiness. In: Fundraising Akademie (Hrsg.) Fundraising – Handbuch für Grundlagen, Strategien und Methoden, 4. Aufl., S. 97–101. Gabler, Wiesbaden (2008)

Urselmann, M.: Erfolgsfaktor Fundraising-Planung. In: Fundraising Akademie (Hrsg.) Fundraising – Handbuch für Grundlagen, Strategien und Instrumente, 1. Aufl., S. 485–498. Gabler, Wiesbaden (2001)

6.2 Controlling im Fundraising

6.2.1 Was ist Controlling?

Neben der Planung ist das Controlling ein zweites wichtiges Steuerungsinstrument des Management. Das Controlling ist ein Informationssystem, das das Management kontinuierlich mit planungs- und kontrollrelevanten Informationen über die Organisation und ihr Umfeld versorgt. Das Controlling liefert die (Informations-) Grundlagen für (Ziel-) Entscheidungen, die das Management im Rahmen der Planung zu fällen hat. In der Praxis wird Controlling gerne mit Kontrolle übersetzt. Diese Übersetzung greift jedoch viel zu kurz. Zwar hat Controlling auch etwas mit Kontrolle zu tun. Schließlich liefert es ja Informationen an die Planung, die – wie im vorangegangenen Kapitel ausgeführt – ohne Kontrolle nicht durchführbar wäre. Neben dieser vergangenheitsorientierten hat das Controlling aber auch eine sehr stark zukunftsorientierte Dimension. Durch Bereitstellung möglichst präziser und aussagekräftiger Informationen versucht das Controlling das Management bei seinen, im Rahmen der Planung zu treffenden und auf die Zukunft bezogenen Entscheidungen zu unterstützen. Wie ein Radar liefert das Controlling Entscheidungsgrundlagen ohne selbst zu entscheiden. Das Treffen von Entscheidungen ist dem Management vorbehalten. Zusammenfassend lässt sich sagen, dass Controlling nicht nur vergangenheitsorientiertes Kontroll- sondern auch zukunftsorientiertes Steuerungsdenken umfasst.

Wie bei der Planung wird auch im Controlling eine strategische (mittelfristige) und eine operative (kurzfristige) Dimension unterschieden.

6.2.2 Strategisches Fundraising-Controlling

Das strategische Controlling beobachtet kontinuierlich und systematisch das sich immer rascher verändernde Umfeld einer Organisation. Es unterstützt die normative und strategische Planung als Registrator von Umfeldveränderungen und Initiator von internen Anpassungs- und Veränderungsprozessen. Ohne diesen Radar läuft das Management Gefahr, wichtige Veränderungsprozesse im Umfeld nicht oder nicht rechtzeitig zu erkennen. Was zu Fehlentscheidungen führen kann – im Extremfall mit existentiellen Folgen. Ziel des strategischen Controlling ist also, das Management bei seiner zentralen Aufgabe der Existenzsicherung der Organisation zu unterstützen.

Bezogen auf das Fundraising hat das strategische Controlling dem Management beispielsweise Antworten auf folgende Fragen zu liefern:

- In welchen Veränderungen im Umfeld unserer Organisation stecken Risiken für die lang- und mittelfristige Finanzierung unserer Projekte?
- In welchen Veränderungen im Umfeld unserer Organisation stecken Chancen für die lang- und mittelfristige Finanzierung unserer Projekte?
- Wo hat unsere Organisation (im Verhältnis zu anderen Organisationen) Stärken bzw. Schwächen in der lang- und mittelfristigen Finanzierung der Projekte? Wo könnten (aus dem Vergleich mit anderen Organsiationen) Ansatzpunkte für Verbesserungen und Weiterentwicklungen sein?
- Wie entwickeln sich die verschiedenen Fundraising-Produkte sowie ihre Vertriebs- und Kommunikationskanäle, und was heißt das für unser Fundraising?

Aus diesen Fragen wird noch einmal deutlich, dass richtig verstandenes Controlling eben nicht nur vergangenheitsorientiertes Kontroll- sondern zukunftsorietiertes Steuerungsdenken ist, dem im Idealfall sogar eine innovationsfördernde Rolle zukommt. Das strategische Controlling bedient sich einer Reihe von Analyseinstrumenten, die auch für das Fundraising von hohem Interesse sind. Im Folgenden sollen mit der SWOT-Analyse und der Portfolio-Analyse beispielhaft zwei wichtige Analyseinstrumente vorgestellt werden. Einen Überblick über den Zusammenhang zwischen den verschiedenen Analyseinstrumenten gibt vorab Abb. 6.4.

6.2.2.1 SWOT-Analyse

Ein wichtiges und weit verbreitetes Analyse-Instrument des strategischen Contolling stellt die **SWOT-Analyse** dar. Hinter dem Akronym SWOT verbergen sich folgende Begriffe:

Strengths:	Stärken der analysierten Organisation
Weaknesses:	Schwächen der analysierten Organisation
Opportunities:	Chancen, die sich aus Entwicklungen in der Umwelt für die analysierte Organisation ergeben
Threats:	Risiken, die sich aus Entwicklungen in der Umwelt für die analysierte Organisation ergeben

Bei einer SWOT-Analyse bezogen auf das Fundraising-Management werden einerseits die Stärken und Schwächen im Fundraising einer Organisation mit Hilfe der **Potenzialanalyse** und der **Konkurrenzanalyse** analysiert (siehe unten). Andererseits werden mit Hilfe der **Marktanalyse** und der **Umfeldanalyse** aber auch die Chancen und Risiken analysiert, die sich durch Entwicklungen im Umfeld der Organisation für das Fundraising der Organisation ergeben können. Die Analyse von Stärken und Schwächen beleuchtet dabei die interne Situation der Organisation, während die Analyse der Chancen und Risiken das externe Umfeld der Organisation untersucht. Fundraiser sind ständig gefordert, sich Gedanken zu machen, wie sie durch Förderung der Stärken und Reduzierung der Schwächen in ihrem Fundraising – mittels entsprechender Planung – neue Fundraising-Chancen für ihre Organisation erschließen und Risiken vermeiden können.

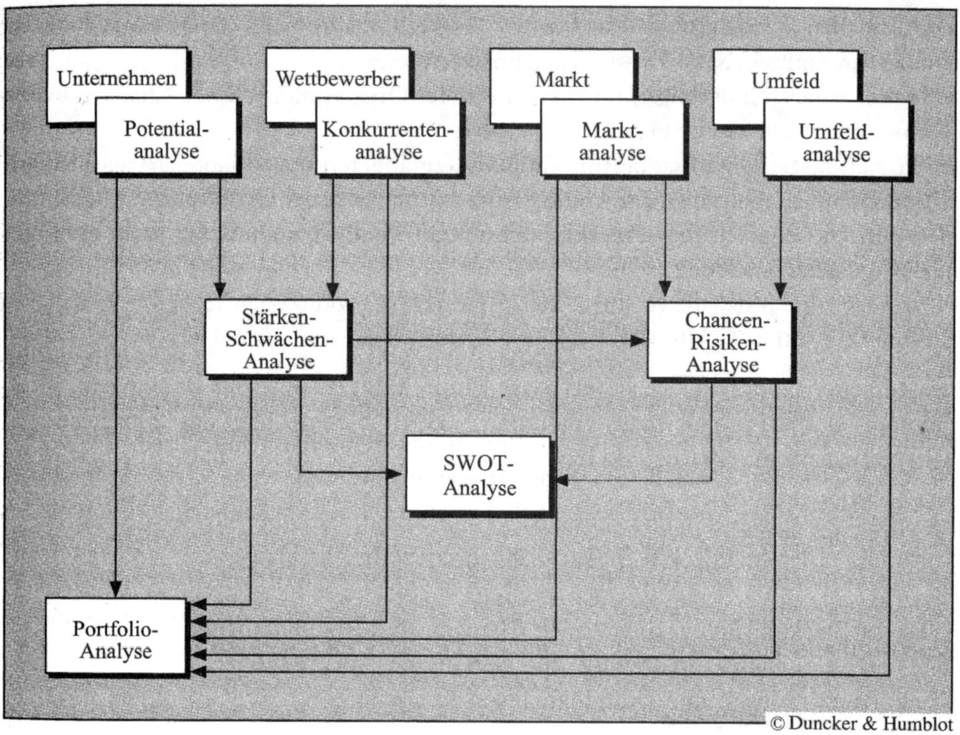

Abb. 6.4 Zusammenhang zwischen SWOT- und Portfolio-Analyse. (Quelle: Nieschlag, Robert; Dichtl, Erwin; Hörschgen, Hans: Marketing, 19. Aufl., Berlin 2002, S. 103.)

Um Entwicklungen im Umfeld systematischer analysieren zu können, wird im Rahmen der **Umfeldanalyse** gerne noch die **PEST-Analyse** hinzugenommen. PEST ist ein Akronym für:

Political	Politisches Umfeld der Organisation,
Economical	Ökonomisches Umfeld der Organisation,
Social	Soziales Umfeld der Organisation,
Technological	Technologisches Umfeld der Organisation.

Gemeinsames Ziel von SWOT- und PEST-Analyse ist es, ein systematisches Analyse-Raster für die strategische Planung zur Verfügung zu stellen (siehe Tab. 6.3). Unsere durch Globalisierung und Technisierung geprägte Welt verändert sich aus politischer, ökonomischer, sozialer und technologischer Sicht immer schneller. Diese Veränderungen haben natürlich auch Auswirkungen auf das Fundraising und müssen deshalb in der (strategischen) Fundraising-Planung entsprechend berücksichtigt werden. SWOT- und PEST-Analyse wollen helfen, Chancen und Risiken, die sich aus den Veränderungsprozessen im Umfeld ergeben, so schnell wie möglich erkennen zu können, um sie in der Fundraising-Planung frühzeitig und angemessen berücksichtigen zu können.

Tab. 6.3 Analyse-Raster für SWOT- und PEST-Analyse

	Chancen aus Umfeldveränderungen	Risiken aus Umfeldveränderungen
Politisches Umfeld	Chancen aus politischen Umfeldveränderungen	Risiken aus politischen Umfeldveränderungen
Economical/Ökonomisches Umfeld	Chancen aus ökonom. Umfeldveränderungen	Risiken aus ökonom. Umfeldveränderungen
Soziales Umfeld	Chancen aus sozialen Umfeldveränderungen	Risiken aus sozialen Umfeldveränderungen
Technologisches Umfeld	Chancen aus technolog. Umfeldveränderungen	Risiken aus technolog. Umfeldveränderungen

Beispiele

- **Chancen**, die sich aus Veränderungen im **politischen** Umfeld für das Fundraising ergeben:
  - Der „*Sponsoring-Erlass*" verbessert die steueriche Behandlung von Sponsoring-Erträgen für steuerbegünstigte Organisationen.
  - Das „*Gesetz zur weiteren steuerlichen Förderung von Stiftungen*" erhöht die Attraktivität von Stiftungserrichtungen.
  - Das „*Gesetz zur weiteren Stärkung des bürgerschaftlichen Engagements (Hilfe für Helfer)*" schafft u. a. höhere steuerliche Abzugsfähigkeit für Spender und Stifter.
- **Risiken**, die sich aus Veränderungen im **politischen** Umfeld für das Fundraising ergeben: Politische Diskussionen über eine Abschaffung der Kirchensteuer stellen ein enormes Risiko für die Finanzierung kirchlicher und kirchennaher Organisationen in Deutschland dar.
- **Chancen**, die sich aus Veränderungen im **ökonomischen** Umfeld für das Fundraising ergeben: Die wachsende Bedeutung des Themas „*Corporate Social Responsibility*" eröffnet neue Chancen für das Fundraising gegenüber Unternehmen als Ressourcenbereitsteller.
- **Risiken**, die sich aus Veränderungen im **ökonomischen** Umfeld für das Fundraising ergeben: Wachstumsschwächen in der deutschen Wirtschaft können das CSR-Engagement vieler Unternehmen reduzieren.
- **Chancen** die sich aus Veränderungen im **sozialen** Umfeld für das Fundraising ergeben: Fast siebzig Jahre Frieden seit Ende des zweiten Weltkriegs haben Wohlstand erzeugt, der von Privatpersonen zu immer größeren Teilen auch gemeinnützigen Organisationen zu Lebzeiten oder von Todes wegen zur Verfügung gestellt wird.
- **Risiken**, die sich aus Veränderungen im **sozialen** Umfeld für das Fundraising ergeben: Die Bedeutung gesellschaftlicher Themen kann sich in einer medialen Welt schnell ändern. So haben Themen wie „Entwicklungszusammenarbeit" und „Kirche" in den letzten Jahren an Bedeutung verloren, was sich auch in rückläufigen Spendeneinnahmen niederschlägt.

- **Chancen**, die sich aus Veränderungen im **technologischen** Umfeld für das Fundraising ergeben: Mit Hilfe des Internets kann das Fundraising eine große Anzahl (potenzieller) Spender schnell und günstig erreichen (insbesondere in der Katastrophenhilfe).
- **Risiken**, die sich aus Veränderungen im **technologischen** Umfeld für das Fundraising ergeben: Wird auf die Einführung von SEPA nicht rechtzeitig und umfassend reagiert, birgt dies erhebliche Risiken auch für das Fundraising.

Neben den Ergebnissen der Umfeldanalyse fließen in die Chancen-Risiken-Analyse auch die Ergebnisse der **Marktanalyse** ein, die Kunden und Zielgruppen (im Falle des Fundraising die verschiedenen Gruppen von Ressourcenbereitstellern) analysiert. Derzeit (Stand 2013) liefert die Marktanalyse beispielsweise folgende Ergebnisse: Das Fundraising gegenüber **Privatpersonen** ist geprägt von einem zunehmenden Verdrängungswettbewerb auf dem Spendenmarkt. Wie in Kap. 2.1 bereits ausgeführt, ist der Anteil der Bevölkerung, der spendet („Spenderquote") von 40 % im Jahr 2007 auf 35 % im Jahr 2011 gesunken, während die Anzahl der neu auf den deutschen Spendenmarkt drängenden Organisationen kontinuierlich steigt. Das schwieriger werdende Umfeld lässt Fundraiser Ausschau nach neuen Ressourcenbereitstellern halten. **Stiftungen** erlangen als Ressourcenbereitsteller einen immer größeren Stellenwert. Durch zunehmenden Wohlstand und erhöhte steuerliche Förderung, hat sich die Anzahl der Stiftungen seit 2000 stark erhöht (siehe Kap. 4.4). Der *Bundesverband Deutscher Stiftungen* schätzt, dass sich die Zahl der Stiftungen noch vor 2050 verdreifachen wird.[16] In dieser Entwicklung steckt ein hohes strategisches Potenzial für das Fundraising. Daran ändern auch die derzeit vergleichsweise geringen Stiftungserträge aufgrund der aktuellen Niedrigzinsphase nichts. Aber auch **Unternehmen** gewinnen als Ressourcenbereitsteller an Bedeutung. Die aktuellen Entwicklungen rund um das Thema CSR (siehe Kap. 3.1) verbreiten Optimismus, dass künftig mit der Freisetzung zusätzlicher Potenziale im Unternehmensbereich zu rechnen ist. Bei den **öffentlichen Ressourcenbereitstellern** dürfte auf nationaler Ebene in den nächsten Jahren mit stagnierenden oder gar sinkenden Potenzialen gerechnet werden. Lediglich auf EU-Ebene scheinen aus deutscher Sicht noch deutliche Wachstumspotenziale vorhanden zu sein. Deutsche Organisationen nutzen Förderprogramme der EU traditionell unterdurchschnittlich. Getrieben durch Berater, die fachliche Unterstützung bei der mühsamen Erschließung des „Förderdschungels" anbieten, ist jedoch Bewegung in diesen Bereich des Fundraising gekommen.

Vor diesem Hintergrund dürfte die strategische Fundraising-Planung in den nächsten Jahren auf eine stärkere Diversifikation bezüglich der anzusprechenden Ressourcenbereitsteller setzen (sofern nicht längst geschehen). Diese Entwicklung sollte jedoch stärker als bisher mit den Bedarfen auf der Projektseite abgeglichen werden, da die verschiedenen Ressourcenbereitsteller unterschiedliche Präferenzen bei ihren Förderaktivitäten haben. Die meisten Stiftungen und viele Unternehmen sehen sich gerne als „Geburtshelfer" für innovative Projekte. Sie investieren auch gerne in neue Infrastruktur (z. B. Gebäude), nicht

[16] Vgl. Bundesverband Deutscher Stiftungen: Stiftungssektor stabil auf Wachstumskurs, Pressemitteilung, Berlin 02.02.2012.

jedoch in ihren dauerhaften Unterhalt. Dieser sollte aus verlässlichen, nachhaltigen Quellen finanziert werden. Hierfür kommen eher Privatpersonen, die als Dauerspender oder (Zu-) Stifter für eine Stiftung der Organisation nachhaltig Verantwortung übernehmen. Hier sollten die Präferenzen der Ressourcenbereitsteller im Rahmen systematischerer **Bedarfsanalysen** künftig besser mit den Bedarfen auf der Projektseite einer Organisation abgestimmt werden: Welche Projekte brauchen wann warum wieviel Geld? Die Projekte müssen überzeugend und realistisch sein, und schlüssig einen nachvollziehbaren Bedarf darstellen!

Darüber hinaus sind die Ressourcenbereitsteller als **Zielgruppen** des Fundraising im Rahmen der Marktanalyse noch detaillierter zu analysieren und zu bestimmen. Bezüglich der Ressourcenbereitsteller Unternehmen und Stiftungen wurde dies bereits in Kap. 3 respektive Kap. 4 angesprochen. Hier sollen noch Überlegungen zur Marktanalyse bezüglich der Zielgruppe Privatpersonen als Ressourcenbereitsteller angestellt werden. Analysiert werden demografische, soziografische, psychografische, geografische und verhaltensbezogene Merkmale der jeweiligen Zielgruppe für jedes einzelne Fundraising- bzw. Spendenprodukt.[17]

Beispiel

Mit Hilfe des Verbraucherpanels „*GfK CharityScope*" identifiziert das Marktforschungsunternehmen *GfK* durch Zielgruppenanalyse potenzielle Testamentspender einer Organisation anhand folgender Merkmale:

- Soziodemografische Merkmale,
- Einstellungen,
- Freizeitverhalten,
- ehrenamtliche Tätigkeit,
- Mediennutzung (Print/TV/Internet-Genres),
- bisheriges Spendenverhalten,
- Konfession und Gottesdienstbesuch.

Soweit die Chancen und Risiken, die sich aus Veränderungen im Umfeld einer Organisation für ihr Fundraising ergeben (können). Diese Chancen und Risiken müssen als gegeben akzeptiert werden. Eine einzelne Organisation ist nicht in der Lage, sie zu verändern. Sie muss sich also anpassen und in ihrer Planung entsprechend darauf einstellen. Ganz anders bei den Stärken und Schwächen einer Organisation im Fundraising. Wenn sie es schafft, ihre Stärken und Schwächen ehrlich zu analysieren und sie sich schonungslos klarzumachen, kann sie Einfluss nehmen: Stärken ausbauen und Schwächen abbauen.

Die Analyse von Stärken und Schwächen im Fundraising wird durch Analyse und Vergleich der eigenen Potenziale im Fundraising (im Rahmen der **Potenzialanalyse**) mit den

[17] Vgl. Urselmann, Michael: Zielgruppenansätze im Fundraising, in: Halfmann, Marion (Hrsg.): Zielgruppen im Konsumentenmarketing: Segmentierungsansätze, Trends, Umsetzung, (Gabler) Wiesbaden 2013.

Potenzialen der Wettbewerber bzw. Konkurrenten im Fundraising (**Konkurrentenanalyse** oder **Konkurrenzanalyse**) erreicht (siehe Abb. 6.4). Im Rahmen der Konkurrenzanalyse wird versucht, möglichst viele Informationen über das Fundraising der (wichtigsten) Wettbewerber zu sammeln:

- Wie hoch sind die Fundraising-Erlöse des Wettbewerbers?
- Wie verteilen sich die Fundraising-Erlöse auf die verschiedenen Ressourcenbereitsteller?
- Welche Fundraising-Produkte bietet der Wettbewerber zu welchem Preis an?
- Wie verteilen sich die Fundraising-Erlöse auf die verschiedenen Fundraising-Produkte?
- Auf welchen Vertriebskanälen bietet der Wettbewerber seine Fundraising-Produkte jeweils an?
- Auf welchen Kommunikationskanälen kommuniziert der Wettbewerber seine Fundraising-Produkte?

Erschwert wird die Konkurrenzanalyse durch die Tatsache, dass es in Deutschland keine Publizitätspflicht für steuerbegünstigte Organisationen gibt. Welche Informationen Wettbewerber über ihr Fundraising auf ihrer Website oder in ihrem jährlichen Geschäftsbericht preisgeben, ist ganz ihnen selbst überlassen. Erst durch die Verleihung des „Transparenz-Preises" durch *PriceWaterhouseCooper* (PwC) seit 2005, sind immer mehr (größere) Organisationen bereit, freiwillig höhere Standards an die Transparenz ihrer Rechnungslegung anzulegen.

Eine wesentlich systematischere und effektivere Möglichkeit, die Stärken und Schwächen im Fundraising einer Organisation zu ermitteln, ist das **Benchmarking** (siehe Kap. 6.3.6). Aber auch die regelmäßige Befragung der wichtigsten Stakeholder kann wertvolle und v. a. objektivere Hinweise auf Stärken und Schwächen im Fundraising geben als eine Selbsteinschätzung. Spender und Sponsoren sind i. d. R ebenso bereit, im Rahmen einer schriftlichen Befragung Feedback zu den Stärken und Schwächen des Fundraising einer Organisation zu geben wie Mitarbeiter und Ehrenamtliche im Fundraising. Um jedoch der Gefahr vorzubeugen, eine wichtige Anspruchsgruppe zu übersehen, empfiehlt es sich, vorab eine systematische **Stakeholder-Analyse** durchzuführen. Die Stakeholder-Analyse ermittelt alle relevanten Stakeholder einer Organisation und priorisiert sie nach der Bedeutung für die Organisation.

6.2.2.2 Portfolio-Analyse

Neben der SWOT-Analyse ist die **Portfolio-Analyse** ein wichtiges Analyseinstrument und eine wertvolle Entscheidungshilfe, die das strategische Controlling der strategischen Planung zur Verfügung stellen kann. Hier soll erstmals der Versuch unternommen werden, die Überlegungen der für kommerzielle Unternehmen entwickelten Portfolio-Analyse auf die nicht-kommerzielle Situation im Fundraising zu übertragen. Dazu werden im Folgenden zunächst die Grundüberlegungen der Portfolio-Analyse in ihrem ursprünglichen kommerziellen Kontext kurz skizziert. Eine ausführliche Darstellung der Portfolio-Analyse findet sich beispielsweise bei *Nieschlag/Dichtl/Hörschgen*, auf der auch die folgenden Ausführungen beruhen.[18]

Bei der Portfolio-Analyse wird ein Unternehmen als Gesamtheit seiner verschiedenen strategischen Geschäftseinheiten (SGE) gesehen. Um die Komplexität strategischer Entscheidungen in Bezug auf gleich mehrere SGEs besser beherrschen zu können, ist Ziel der Portfolio-Analyse, die anstehenden strategischen Entscheidungen zu strukturieren und zu visualisieren. Dazu wird jede einzelne SGE eines Unternehmens, entsprechend ihrer Entwicklungsphase und Bedeutung für das Unternehmen, grafisch in einer zweidimensionalen Matrix abgebildet. Das Management soll dadurch einen besseren Überblick erhalten, sich stärker mit der Zukunft des Unternehmens auseinander setzen und für jede SGE eine zu wählende Normstrategie ableiten können.

Unter den verschiedenen Portfolio-Konzepten, die in der Wirtschaft entwickelt wurden, soll hier exemplarisch das Marktwachstums-Marktanteils-Portfolio des Beratungsunternehmens *Boston Consulting Group* (BCG) vorgestellt werden, da es am bekanntesten geworden ist und sich am besten auf das Fundraising übertragen lässt. Bei diesem Portfolio werden die verschiedenen SGE in einer Matrix mit den beiden Dimensionen „Marktwachstum" (als umfeldbezogener Parameter) und „Marktanteil" (als unternehmensbezogener Parameter) verortet.

Das Marktwachstums-Marktanteils-Portfolio basiert einerseits auf den Überlegungen des Erfahrungskurvenkonzeptes und andererseits auf dem Produkt-Lebenszyklus-Modell. Das **Erfahrungskurvenkonzept** postuliert, dass sich bei jeder Verdoppelung des kumulierten Absatzes eines Produktes durch Erfahrungseffekte ein Kostenreduzierungspotenzial von ca. 20 bis 30 % ergibt (siehe Abb. 6.5). Daraus wird zum einen abgeleitet, dass ein Unternehmen seinen Marktanteil ausbauen sollte, da Unternehmen mit höherem Marktanteil grundsätzlich ein höheres Kostensenkungspotenzial besitzen. Und zum anderen sollte ein Unternehmen Märkte mit Wachstum bevorzugen, da sich dort die kumulierte Produktionsmenge relativ einfach verdoppeln lässt.

Nach dem **Produkt-Lebenszyklus-Modell** unterliegen Produkte einer Art „Lebenszyklus" bzw. „Lebensweg" aus vier unterscheidbaren „Lebensphasen": Einführungsphase, Wachstumsphase, Reifephase und Rückgangsphase. Manchmal wird auch noch die vorgelagerte Entwicklungsphase als fünfte Phase einbezogen (siehe Abb. 6.6). Dabei findet das stärkste Wachstum in den beiden ersten Phasen (Einführungsphase und Wachstumsphase) statt.

Teilt man die Dimensionen „Marktwachstum" und „Marktanteil" im Portfolio jeweils in die Kategorien „niedrig" und „hoch" ein, so entsteht eine Matrix mit vier Quadranten (siehe Abb. 6.7), in der man jede SGE grafisch verorten kann. Dem unterschiedlich hohen Umsatz der einzelnen SGE trägt man durch entsprechend große Kreise Rechnung. Je größer der Kreis umso größer der Umsatz, den die SGE beiträgt. Auf diese Weise hat man die verschiedenen SGE bereits entsprechend ihres Marktwachstums, Marktanteils und Umsatzes visualisiert.

[18] Vgl. Nieschlag, Robert; Dichtl, Erwin; Hörschgen, Hans: Marketing, 19. Aufl., Berlin 2002, S. 138–143.

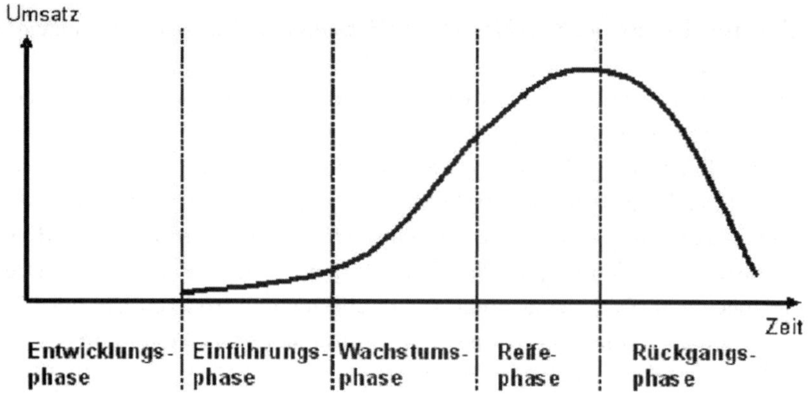

Abb. 6.5 Erfahrungskurve. (Quelle: Meffert, Heribert; Burmann, Christoph; Kirchgeorg, Manfred: Marketing, Grundlagen marktorientierter Unternehmensführung, Konzepte – Instrumente – Praxisbeispiele, 11. Auflage, Gabler, Wiesbaden 2012, S. 281)

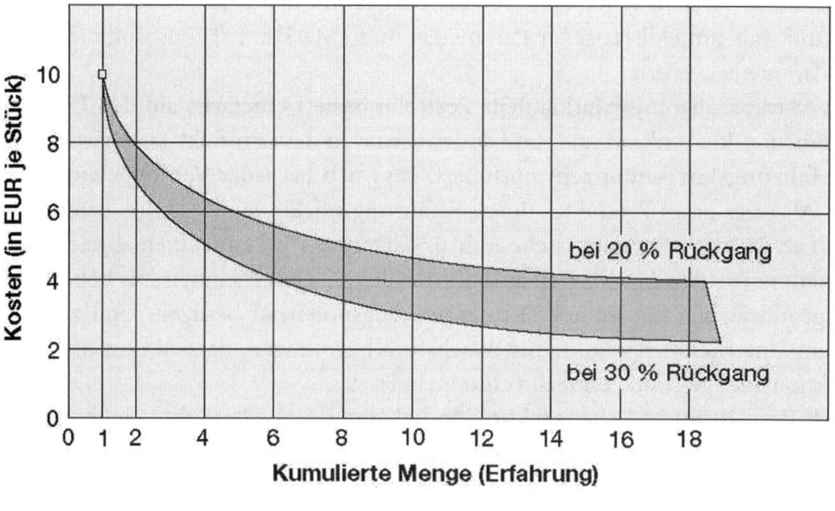

Abb. 6.6 Das Produkt-Lebenszyklus-Modell

Je nach Quadrant, in dem eine SGE verortet wird, wird auch eine passende Normstrategie für das SGE vorgeschlagen:

SGE, die in den Quadranten links oben fallen, werden „**Nachwuchsprodukte**" genannt, die sich noch in der Einführungsphase ihres Lebenszyklusses befinden. Sie versprechen starkes Wachstum, weisen aber noch einen geringen Marktanteil auf. Da noch unklar ist, ob sie das Potenzial für eine erfolgreiche Geschäftsentwicklung haben oder nicht, werden sie im Englischen auch „**Question Marks**" („Fragezeigen") genannt. Entsprechend werden zwei Normstrategien vorgeschlagen: Entweder kann sich das Unternehmen für eine Offensivstrategie entscheiden, bei der auf starke Marktanteilsausweitung gesetzt wird, um

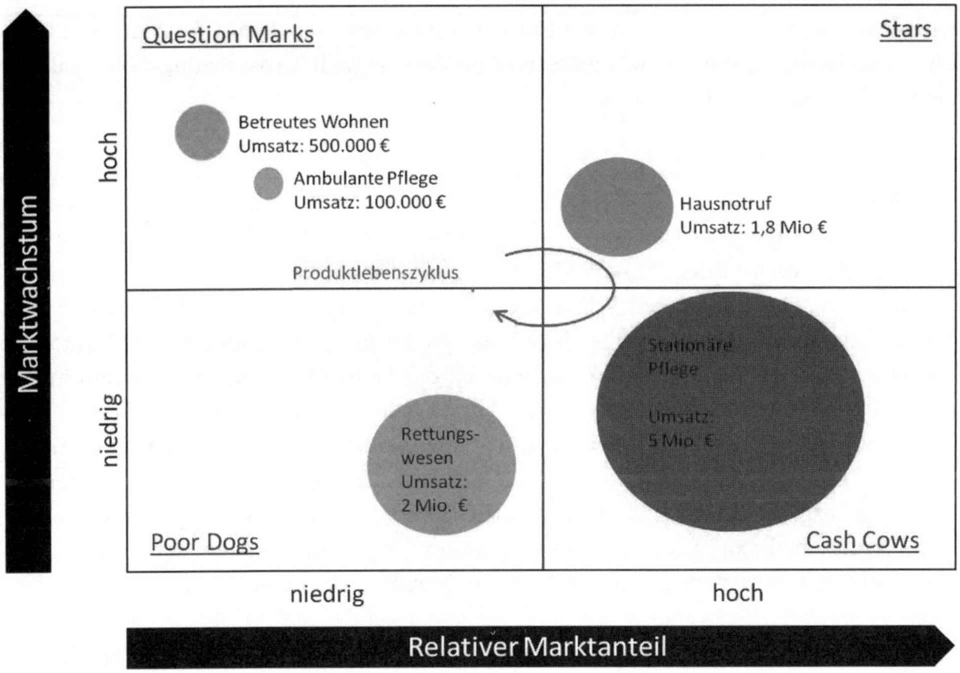

Abb. 6.7 Marktwachstums-Marktanteils-Portfolio eines Unternehmens

von Erfahrungskurveneffekten profitieren zu können. Entsprechend muss stark in die SGE investiert werden. Oder aber, das Unternehmen traut der SGE letztlich doch nicht genug Potenzial zu und entscheidet sich für eine Rückzugsstrategie, bei der nicht mehr in die SGE investiert wird. Die SGE wird in diesem Fall aufgegeben bzw. verkauft.

SGE, die in den Quadranten rechts oben fallen, werden „**Stars**" genannt, die bereits in die Wachstumsphase ihres Lebenszyklusses gelangt sind. Sie haben immernoch Wachstumsmöglichkeiten und weisen bereits einen hohen Marktanteil auf. Sie erzielen Gewinne, die aber zugunsten einer weiteren Marktanteilsausdehnung reinvestiert werden sollten. Entsprechend wird für Stars die Investitionsstrategie als Normstrategie empfohlen.

SGE, die in den Quadranten rechts unten fallen, werden „**Cash Cows**" („Melkkühe") genannt. Diese SGE haben die Reifephase ihres Lebenszyklusses erreicht. Aufgrund ihres mittlerweile hohen Marktanteils profitieren sie von Kostenvorteilen. Die entsprechend hohen Gewinne werden nicht mehr reinvestiert, da das Marktwachstum in der Reifephase sinkt. Stattdessen sieht die Normstrategie vor, die erzielten Gewinne in aussichtsreiche Nachwuchsprodukte und Stars zu investieren bzw. abzuschöpfen.

SGE, die in den Quadranten links unten fallen, werden „**Poor Dogs**" („Arme Hunde") genannt, die in der Sättigungs- bzw. Rückgangsphase ihres Lebenszyklusses angekommen sind. Sie verfügen weder über einen hohen Marktanteil noch befinden sie sich in Wachstumsmärkten. Solange sie noch Gewinne erzielen, sollten diese in Nachwuchsprodukte und Stars investiert werden. Sobald die betroffene SGE jedoch in die Verlustzone abgleitet, wird als Normstrategie eine Desinvestitionsstrategie empfohlen. Die SGE ist aus dem Portfolio zu entfernen, wenn sie nicht anderweitige Vorteile (z. B. Cross Selling-Potenziale für andere SGE) bieten kann.

Beispiel

Eine gemeinnützige Organisation betreibt fünf SGEs (siehe Abb. 6.7). Die größte SGE ist die „Stationäre Pflege“ mit 5 Mio. € Umsatz. Deren Gewinne investiert die Organisation zu einem größeren Teil in die SGE „Hausnotruf“, die in den letzten Jahren stark gewachsen ist (Umsatz 1,8 Mio. €), und in der die Organisation ihren Marktanteil weiter steigern möchte. Einen kleineren Teil der Gewinne der Cash Cow „Stationäre Pflege“ investiert die Organisation in die Nachwuchsprodukte „Betreutes Wohnen“ und „Ambulante Pflege“. Da das Investitionsvolumen leider nicht für einen zügigen Ausbau beider Nachwuchsprodukte ausreicht, entscheidet das Management für eine Offensivstrategie bzgl. der SGE „Ambulanten Pflege“ und eine Rückzugsstrategie bzgl. der SGE „Betreutes Wohnen“. Die SGE „Rettungswesen“ (Poor Dog) arbeitet schon seit längerem nicht mehr kostendeckend und müsste deshalb verkauft werden.

Übertragen auf das strategische Fundraising, könnte die Portfolio-Analyse beispielsweise bei der Entscheidung darüber behilflich sein, welche (Norm-) Strategie für welches Spendenprodukt (Einzelspende, Dauerspende, Großspende, Testamentspende, Anlassspende, Mikrospende oder Restgeldspende) einer Organisation angewandt werden soll.

Beispiel

Eine Organisation bezieht den Großteil ihrer Erträge aus Kleinspenden (siehe Abb. 6.8). Zwar erhält die Organisation immer wieder auch Großspenden. Sie glaubt jedoch, die Eträge mit Hilfe eines professionellen Großspender-Fundraising noch deutlich steigern zu können. Voraussetzung wäre, stärker als bisher in das Großspender-Fundraising zu investieren. Ähnliches gilt für die Dauerspenden. Durch höhere Investitionen in ein systematischeres Dauerspender-Fundraising könnten die Erträge noch deutlich gesteigert werden. Zu dieser Einschätzung kommt die Organisation aufgrund einer SWOT-Analyse und eines durchgeführten Benchmarking. Auch führt sie vielversprechende Tests bzgl. Mikrospenden und Anlassspenden durch. Die Erträge aus den Kleinspenden reichen derzeit jedoch nicht für größere Investitionen in Mikro- und Anlassspenden aus. Die Organisation entscheidet sich, diese Mittel (zunächst) lieber in den Ausbau der Produkte Dauer- und Großspende zu investieren.

Neben der Entscheidungshilfe bzgl. der verschiedenen Spendenprodukte, könnte die Portfolio-Analyse aber auch als Entscheidungshilfe bzgl. der Nutzung der verschiedenen Vertriebskanäle des Fundraising eingesetzt werden.

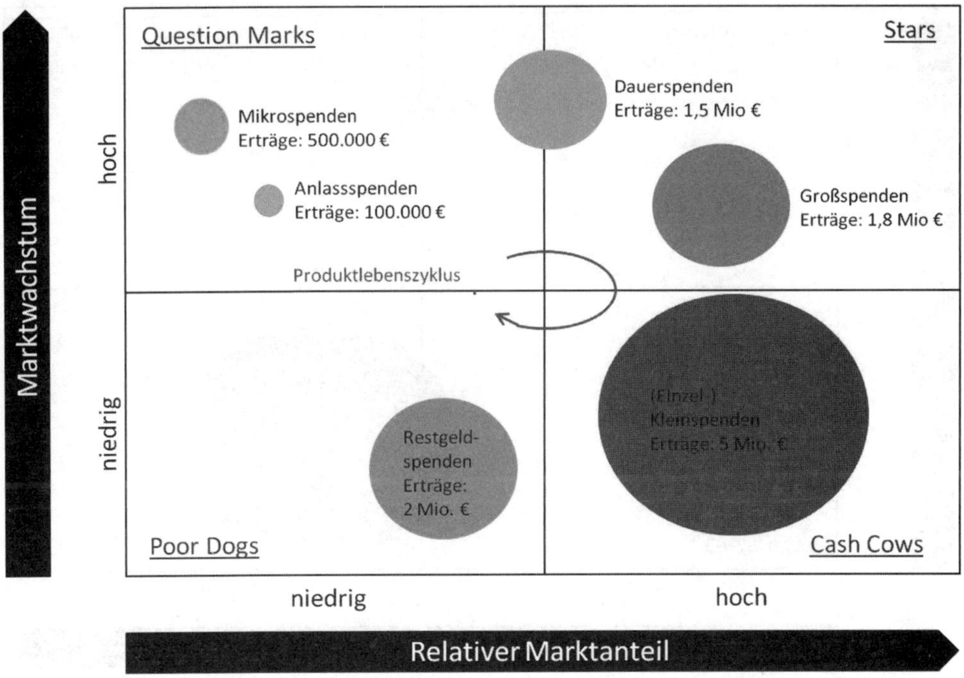

Abb. 6.8 Marktwachstums-Marktanteils-Portfolio Spendenprodukte

Beispiel

Eine Organisation hat die strategische Entscheidung zu fällen, über welche Vertriebskanäle sie ihr Spendenprodukt Dauerspende vertreiben soll (siehe Abb. 6.9). Jede Nutzung eines neuen Vertriebskanals ist zunächst mit Investitionen verbunden. Die meisten Dauerspender gewinnt die Organisation klassisch über den Postvertrieb, in dem sie in Mailings auf die Möglichkeit der Dauerspende hinweist. Auch die Gewinnung von Dauerspendern im Internet (über die eigene Website und die eigene Facebook-Fanpage) ist schon relativ erfolgreich, erfordert aber den weiteren Ausbau. Die Organisation hat erste Tests für das Face-to-Face-Fundraising und das Telefon-Fundraising durchgeführt. Sie muss sich nun entscheiden, welchen Vertriebskanal sie mit entsprechenden Investitionen ausbauen möchte bzw. welchen Vertriebskanal sie (zunächst) zurückstellen muss.

Zusammenfassend lässt sich sagen, dass Organisationen mit dem strategischen Controlling analysieren, ob sie die richtigen Dinge tun („to do the right things"). Bezogen auf das Fundraising-Controlling wird angesichts der rapiden Umfeldveränderungen gefragt: Spricht die Organisation die richtigen Ressourcenbereitsteller an? Hat sie die richtigen Fundraising-Produkte dafür? Nutzt sie die richtigen Vertriebs- und Kommunikationskanäle? In Abgrenzung dazu, fragt das operative Fundraising-Controlling, ob eine Organisation die (mit Hilfe des strategischen Fundraising-Controlling als richtig identifizierten) Dinge dann auch operativ richtig tut („To do things right").

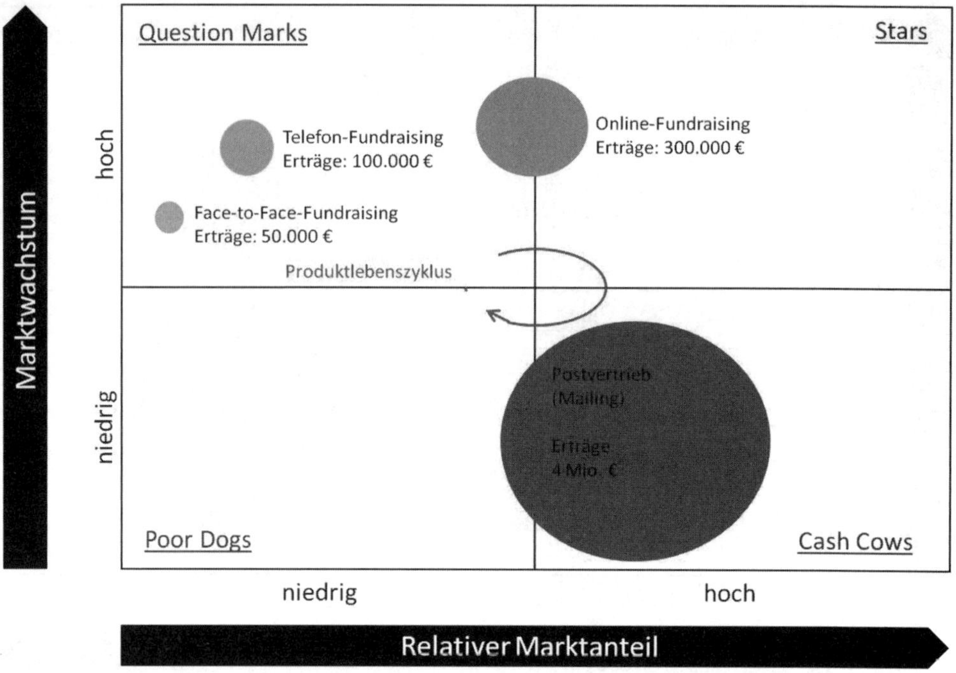

Abb. 6.9 Marktwachstums-Marktanteils-Portfolio Vertriebskanäle

6.2.3 Operatives Fundraising-Controlling

Das operative Fundraising-Controlling unterstützt das Management bei der kurzfristigen Steuerung von weitgehend feststehenden Aufgabenbereichen, die vorab mit Hilfe des strategischen Controlling im Rahmen der strategischen Planung festgelegt worden sind. Zusammenfassend lässt sich mit *Horak*[19] festhalten, dass das operative Controlling …

- primär quantitative Informationen erzeugt (während das strategische Controlling primär qualitative Informationen erzeugt),
- primär intern ausgerichtet ist (während das strategische Controlling primär extern ausgerichtet ist),
- primär kurzfristig ausgerichtet ist (während das strategische Controlling primär mittelfristig ausgerichtet ist),
- primär strukturiert ist (während das strategische Controlling primär wenig strukturiert ist),
- primär formalistisch ist (während das strategische Controlling primär kreativ ist).

[19] Vgl. Horak, Christian: Controlling in Nonprofit-Organisationen – Erfolgsfaktoren und Instrumente, Wiesbaden 1995, S. 114.

Das operative Fundraising-Controlling arbeitet mit Abweichungsanalysen (Soll-Ist-Vergleichen) zu **Fundraising-Kennzahlen**, die wichtige Informationen als Entscheidungsgrundlage für die Zielfestlegung im Rahmen der operativen Fundraising-Planung liefern. Ermittelt werden die Fundraising-Kennzahlen durch systematische Auswertung der Fundraising-Datenbank („Database Marketing") und mit Hilfe des Rechnungswesens, insbesondere der Kosten- und Leistungsrechnung. Viele, v. a. kleinere Organisationen verfügen jedoch über keine Kosten- und Leistungsrechnung. Natürlich können sie die wichtigsten Kennzahlen trotzdem ermitteln. Auch wenn dies mühsam und langwierig werden kann, ist das Ergebnis den Aufwand wert. Ganz schwierig wird es, wenn nicht einmal eine geeignete Fundraising-Datenbank vorliegt. Diese ist Grundvorraussetzung für erfolgreiches Fundraising und sollte deshalb so bald wie möglich angeschafft und eingesetzt werden (siehe Kap. 2.1.4).

Im Folgenden wird ein Überblick über die wichtigsten Kennzahlen im Fundraising gegeben. Dabei wird der Schwerpunkt auf Kennzahlen des Fundraising gegenüber Privatpersonen als Ressourcenbereitsteller gelegt.

6.2.3.1 Umwandlungsquoten

Eine erste Gruppe von Kennzahlen bezieht sich auf die verschiedenen Stufen der Spenderpyramide. Die Logik des Relationship-Fundraising baut darauf auf, Menschen durch systematisches Upgrading immer näher an eine Organisation heranzuführen und sie – auf Wunsch – immer mehr Verantwortung übernehmen zu lassen. Durch das eingangs beschriebene Vorgehen versucht eine Organisation durch gezielte Upgrading-Maßnahmen aus Interessenten nach Möglichkeit Erst-, Mehrfach-, Dauer-, Groß- und sogar Testamentspender zu machen. In diesem Zusammenhang stellen die **Umwandlungsquoten** erste interessante Kennzahlen dar. Sie geben Auskunft darüber, in welchem Maße das Upgrading auf jeder Stufe der Spenderpyramide gelingt.

Begonnen wird in der Basis der Spenderpyramide. Als erstes wird die Umwandlungsquote von Interessenten zu Erstspendern ermittelt. Wie viel Prozent der Interessenten können zu Erstspendern gemacht werden? Voraussetzung für die Ermittlung dieser Kennzahl ist, dass eine Organisation ihre Interessenten mit Adresse systematisch in ihrer Fundraising-Datenbank erfasst (siehe Kap. 2.1.2.2), damit später ausgewertet werden kann, welche unter den Interessenten zu einem späteren Zeitpunkt eine Spende getätigt haben. Dabei sollte nicht nur das erste Jahr nach Gewinnung der Interessentenadresse analysieren werden, sondern auch die Folgejahre. Wie bereits ausgeführt, ist es vollkommen normal, dass Interessenten u. U. nicht gleich im ersten Jahr zu einer Erstspende bereit sein werden sondern erst in einem späteren Jahr.

Die verbreitetste Maßnahme, aus Interessenten Erstspender zu machen, ist das (Fremdadress-) Mailing. Hier wird die Umwandlungsquote **„Response-Quote"** genannt. Sie gibt (in Prozent) an, wie viele der angeschriebenen Menschen auf das Mailing mit einer Spende reagieren. Wie hoch diese Kennzahl ausfällt, hängt von der angeschriebenen Adressgruppe ab. Werden Fremdadressen angemailt, so bewegen sich die Response-Quoten erfahrungsgemäß zwischen 0,1 % und 1,5 %. Mit einer Response-Quote von 1 % können Organisationen heute zufrieden sein. Anfang der 1990er Jahre konnten bei guten Kaltadresslisten noch Response-Quoten von bis zu 5 % erreicht werden. Die ständig wachsende Zahl von Wettbewerbern auf dem Spendenmarkt, die praktisch alle auch Kaltadressen in ihren Mailings einsetzen, hat z. T. zu einer wahren Mailing-Flut in den Briefkästen geführt. Die Angeschriebenen können längst nicht mehr auf jede Anfrage hin spenden. Entsprechend sinkt auch die Response-Quote spürbar. Bei Mailings an „warme" Adressen (von Menschen, die an schon einmal an die Organisation gespendet haben) fallen die Response-Quoten natürlich deutlich höher aus. Sie können 10 %, 20 % oder gar 30 % erreichen – je nach dem wie gut die Adressen im Rahmen des Database Marketing selektiert wurden (siehe Kap. 6.3).

Beispiel

Tabelle 6.4 zeigt die wichtigsten Kennzahlen, die mit Hilfe des operativen Controlling für ein bestimmtes Mailing (hier: Weihnachts-Mailing 2006) ausgewertet werden. Neben der hier interessierenden Response-Quote werden auch noch die Durchschnittsspende und der ROI analysiert, die im Folgenden noch zu erläutern sein werden.

Die Kennzahl „Umwandlungsquote" wird nicht nur für die Umwandlung von *Interessenten zu Erstspendern* berechnet, sondern auch für die Umwandlung von *Erst- zu Mehrfachspendern*. Erstaunlicherweise gelingt es durch Upgrading-Maßnahmen bei höchstens der Hälfte der Erstspender, sie zu Mehrfachspendern zu machen, die mindestens eine zweite Spende geben. Diese Kennzahl gibt einen deutlichen Hinweis darauf, dass in der Betreuung und Bindung von Erstspendern noch ein großes Potenzial schlummert.

Bei der Berechnung der Umwandlungsquote von *Mehrfach zu Dauerspendern* ergibt sich in der Praxis das Problem, dass selbst Organisationen, die über eine Fundraising-Datenbank verfügen, i. d. R nicht alle Dauerspender auch als solche identifizieren können. Dauerspender, die eine Lastschrifteinzugsermächtigung erteilt haben, sind in der Datenbank natürlich problemlos erkennbar. Nicht aber solche, die bei ihrer Bank einen Dauerauftrag eingerichtet haben (außer sie haben die Organisation über die Einrichtung des Dauerauftrages informiert, was erfahrungsgemäß nur selten vorkommt). In der Praxis behilft man sich in diesem Fall wie folgt: In der Datenbank werden alle Spender mit einem Kennzeichen „Dauerauftragsspender" markiert, die mindestens vier gleich hohe Zahlungen pro Jahr auf denselben Verwendungszweck überweisen. Bei ihnen wird angenommen, dass sie einen quartalsweisen Dauerauftrag eingerichtet haben. Alternativ kann auch das strengere Kriterium angesetzt werden, mindestens zwölf gleich hohe Zahlungen pro Jahr auf denselben Verwendungszweck überwiesen zu haben (monatlicher Dauerauftrag). In beiden Fällen können freilich Dauerspender nicht erkannt werden, die nur einmal pro Jahr per Dauerauftrag spenden. Auch muss nicht jeder, der vier gleich hohe Überweisungen auf einen Verwendungszweck tätigt, zwingend ein Dauerspender sein. Theoretisch kann es sich natürlich genauso gut um einen Mehrfachspender handeln, der ohne Dauerauftrag einfach nur vier einzelne Überweisungen tätigt. Es handelt sich also lediglich um ein Be-

Tab. 6.4 Kennzahlen für Mailings

Weihnachts-Mailing 2006 (Gesamtkosten: 15.887,04 €)	Adress-menge (SOLL)	Adress-menge (IST)	Anzahl Spender (SOLL)	Anzahl Spender (IST)	Response-Quote (SOLL)	Response-Quote (IST)	Spenden-summe (SOLL)	Spenden-summe (IST)	Durchschn. spende (SOLL)	Durchschn. spende (IST)	ROI (SOLL)	ROI (IST)
Eigenadressen												
Spender	**8'946**		**1'601**		**17.90%**		**48'744.00 €**		**30.45 €**		**10.48**	
Letzte Spende 2006	3'854		987		25.61%		30'597.00 €		31.00 €		15.27	
Letzte Spende 2005	2'698		489		18.12%		14'670.00 €		30.00 €		10.46	
Letzte Spende 2004	1'520		102		6.71%		2'856.00 €		28.00 €		3.61	
Letzte Spende 2003	874		23		2.63%		621.00 €		27.00 €		1.37	
Mitglieder	**4'665**		**385**		**8.25%**		**9'671.00 €**		**25.12 €**		**3.99**	
Ordentliche Mitglieder	1'547		83		5.37%		1'909.00 €		23.00 €		2.37	
Fördermitglieder	2'687		287		10.68%		7'462.00 €		26.00 €		5.34	
Passive Mitglieder	431		15		3.48%		300.00 €		20.00 €		1.34	
Interessenten	**1'941**		**69**		**3.55%**		**3'036.00 €**		**44.00 €**		**3.01**	
durch Plakat geworben	423		26		6.15%		572.00 €		22.00 €		2.60	
durch Fülleranzeige geworben	258		10		3.88%		210.00 €		21.00 €		1.57	
auf Homepage geworben	698		23		3.30%		2'024.00 €		88.00 €		5.58	
durch Beilagen geworben	211		5		2.37%		120.00 €		24.00 €		1.09	
Besucher Tag der offenen Tür	351		5		1.42%		110.00 €		22.00 €		0.60	
Fremdadressen												
Fremdadressliste 1	5'000		48		0.96%		960.00 €		20.00 €		0.37	
Fremdadressliste 2	5'000		74		1.48%		1'480.00 €		20.00 €		0.57	
Fremdadressliste 3	5'000		12		0.24%		240.00 €		20.00 €		0.09	
Gesamt	30'552		2'189		7.16%		64'131.00 €		29.30 €		4.04	

helfsverfahren zur Identifikation von Dauerspendern, das zwar nicht perfekt, aber immernoch besser als gar kein Verfahren ist.

Auch die Umwandlungsquoten von *Mehrfach- bzw. Dauerspendern zu Großspendern* (bzw. den drei Großspenderkategorien High, Major und Top Donor) und von *Großspendern zu Testamentspendern* können ermittelt werden. Da die Anzahl der Testamentspender bei der großen Mehrheit der Organisationen jedoch relativ gering ist, sollte für jeden Testamentspender einzeln analysiert werden, ob sich dieser vor seiner Testamentspende bereits als Spender engagiert hatte. Es wird also nachgeforscht, ob die Testamentspende Ergebnis des Relationship Fundraising war. Letzteres kann sein, muss aber nicht. In der Praxis erhalten Organisationen immer wieder Testamentspenden von Personen, die vorher nicht schon als Spender in Erscheinung getreten waren. Eine Faustformel besagt, dass dies bei etwa der Hälfte der Testamentspender der Fall ist. Ihre Testamentspende war demnach gleichzeitig auch Erstspende.

Im Idealfall vergleicht eine Organisation ihre so gewonnenen Umwandlungsquoten mit denen anderer Organisationen im Rahmen eines **Benchmarking** (siehe Kap. 6.3.6). Dadurch erfährt sie, ob ihre Umwandlungsquoten vergleichsweise hoch oder niedrig sind. Sollte das Benchmarking beispielsweise ergeben, dass die eigene Umwandlungsquote von Erst- zu Mehrfachspendern geringer ist als die vergleichbarer Organisationen, so könnte im Rahmen der operativen Planung das Ziel formuliert werden, die Umwandlungsquote auf einen bestimmten Wert zu steigern. Anschließend sind (siehe Planungswürfel) in der operativen Planung Maßnahmen zu benennen, mit deren Hilfe dieses Ziel erreicht werden kann. Eine solche Maßnahme könnte beispielsweise sein, jeden Erstspender telefonisch zu bedanken um ihn so besser an die Organisation zu binden. Eine andere Maßnahme könnte der Versand des bereits erwähnten Service-Scheckheftes an jeden Erstspender sein. Auch so kann die Bindung und damit potenziell auch die Umwandlungsquote zum Mehrfachspender gesteigert werden. Übrigens: Ist ein Benchmarking mit anderen, vergleichbaren

Organisationen nicht möglich, so sollten die Umwandlungsquoten zumindest intern, über die Jahre hinweg, miteinander verglichen werden.

Analog zu den Umwandlungsquoten im Upgrading, gibt es natürlich auch Umwandlungsquoten im **Downgrading**. Dabei fällt ein bestimmter (prozentualer) Anteil von Spendern einer bestimmten Stufe der Spenderpyramide auf eine niedrigere Stufe zurück. Das bekannteste Beispiel für diese Art von Umwandlungsquote ist die bereits erwähnte „**Attrition Rate**", wörtlich übersetzt „Abnutzungsrate". Diese, vor allem im Zusammenhang mit dem Produkt Dauerspende eingesetzte Kennzahl gibt an, welcher Anteil der (über einen bestimmten Vertriebskanal) gewonnenen (Dauer-) Spender innerhalb einer bestimmten Frist kündigt bzw. storniert, und dadurch auf die Stufe der Interessenten bzw. Inaktiven zurückfällt.

Beispiel

Die Attrition Rate von Dauerspendern, die über den Vertriebskanal Face-to-Face-Fundraising (am Stand) gewonnen wurden, beträgt bis zu 40 % im den ersten 12 Monaten (siehe Kap. 2.5.5.4).

Zusammenfassend zeigt die Gesamtheit der Umwandlungsquoten über alle Stufen auf, wie Steil die spezifische Spenderpyramide einer Organisatione ist. Abweichend vom idealtypischen Verlauf in der Spenderpyramide, nehmen Spender in der Praxis freilich nicht immer jede Stufe in der Reihenfolge der Spenderpyramide. Wie am Beispiel der Testamentspender bereits erwähnt, können sie auch eine oder gleich mehrere Stufen überspringen. Ebenso ist es möglich, dass sie von einer höheren wieder auf eine niedrigere Stufe zurückfallen.

6.2.3.2 Wanderungsanalysen

Auf jeder Stufe der Spenderpyramide gibt es also Zugänge von Spendern, die mit einer bestimmten Umwandlungsquote von einer niedrigeren Stufe – ausgelöst durch eine bestimmte Fundraising-Maßnahme – upgegradet, oder einer höheren Stufe – laut Inaktivitätsdefinition – downgegradet wurden. Ebenso gibt es auf jeder Stufe der Spenderpyramide Abgänge von Spendern, die mit einer bestimmten Umwandlungsquote – ausgelöst durch eine bestimmte Fundraising-Maßnahme – auf eine höhere Stufe upgegradet, oder – laut Inaktivitätsdefinition – downgegradet wurden. Ein Beispiel für die möglichen Zu- und Abgänge von Spendern liefert Abb. 6.10 für die Stufe der Dauerspender. Sie können analog auch für jede andere Stufe der Spenderpyramide abgebildet werden.

Jeder Spender „durchwandert" im Zeitraum seines Engagements für die Organisation also verschiedene Stufen der Spenderpyramide auf seinem individuell gewählten Weg, in dem er auf die verschiedenen Fundraising-Maßnahmen reagiert bzw. nicht reagiert. So gibt es Spender, die gleich nach der Erstspende wieder inaktiv werden. Entsprechend kurz war ihre Wanderung durch die Spenderpyramide. Andere Erstpender übernehmen gleich im Rahmen des Dankanrufs auf ihre Erstspende eine Dauerspende, geben später zusätzlich noch ab und zu eine Großspende und vermachen am Ende ihres Lebens der Organisation sogar den Rest ihres Vermögens als Testamentspende. Ihre Wanderung durch die Spender-

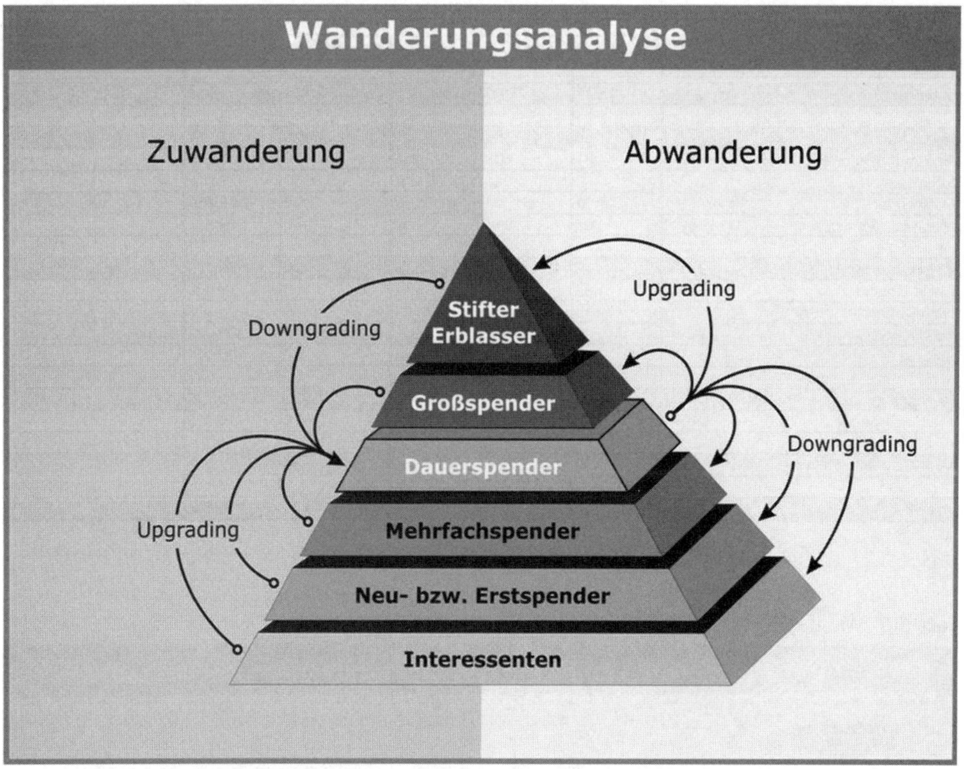

Abb. 6.10 Zu- und Abgänge auf der Stufe der Dauerspender

pyramide ist dann wesentlich länger und kann mehrere Jahre oder gar Jahrzehnte dauern. Das systematische Analysieren der Spenderwege durch die Spenderpyramide im Rahmen des operativen Fundraising-Controlling soll hier als **Wanderungsanalyse** bezeichnet werden. Ein Beispiel für eine Wanderungsanalyse auf der Stufe der Dauerspender liefert Tab. 6.5. Tabelle 6.6 zeigt die Wanderungsanalyse eines bestimmten Zeitraums von allen Stufen zu allen Stufen der Spenderpyramide.

6.2.3.3 Kennzahlen zu Fundraising-Erlösen

Eine weitere zentrale Kennzahl des Fundraising ist der Erlös einer einzelnen Fundraising-Maßnahme bzw. der **Gesamterlös** aller Maßnahmen. Die genauen Erlöse jeder einzelnen Fundraising-Maßnahme sollten im Rahmen des operativen Controlling so detailliert wie möglich erfasst werden.

Tab. 6.5 Wanderungsanalyse für die Stufe der Dauerspender

Dauerspender	2005 IST	2006 IST	Zuwachs	2007 PLAN	Zuwachs	2007 IST	Zuwachs
Status gehalten	1'023	1'086	6.2%	1'150	5.9%		
Neuzugänge	486	553	13.8%	620	12.1%		
Neu im Kalenderjahr	81	103	27.2%	120	16.5%		
Interessenten	1	41	4000.0%	50	22.0%		
Erstspender	1	44	4300.0%	50	13.6%		
Mehrfachspender	403	365	-9.4%	400	9.6%		
Abgänge durch Upgrades	47	51	8.5%	100	96.1%		
Major Donors	32	42	31.3%	50	19.0%		
High Donors	3	4	33.3%	20	400.0%		
Top Donors	1	1	0.0%	10	900.0%		
Stiftung	11	4	-63.6%	20	400.0%		
Abgänge durch Downgrades	397	378	-4.8%	320	-15.3%		
Mehrfachspender	397	378	-4.8%	320	-15.3%		
Verluste (Abwanderung, Tod etc.)	4	56	1300.0%	60	7.1%		
Anzahl Dauerspender	1'061	1'154	8.8%	1'290	11.8%		

Tab. 6.6 Wanderungsanalyse über alle Stufen der Spenderpyramide

Wanderungsanalyse

Wanderung

nach → / von ↓	Interessent ohne Adresse	Interessent mit Adresse	Erst-/ Einfach-spender	Mehrfach-spender	Dauer-spender	Groß-spender	Testaments-spender
Interessent ohne Adresse		120	10	5	0	0	0
Interessent mit Adresse			230	20	10	0	0
Erst-/ Einfach-spender		150		30	12	0	0
Mehrfach-spender		40	35		80	0	0
Dauer-spender		20	5	3		2	1
Groß-spender		1	1	2	3		3
Testaments-spender		0	0	0	0	0	

Upgrading

Downgrading

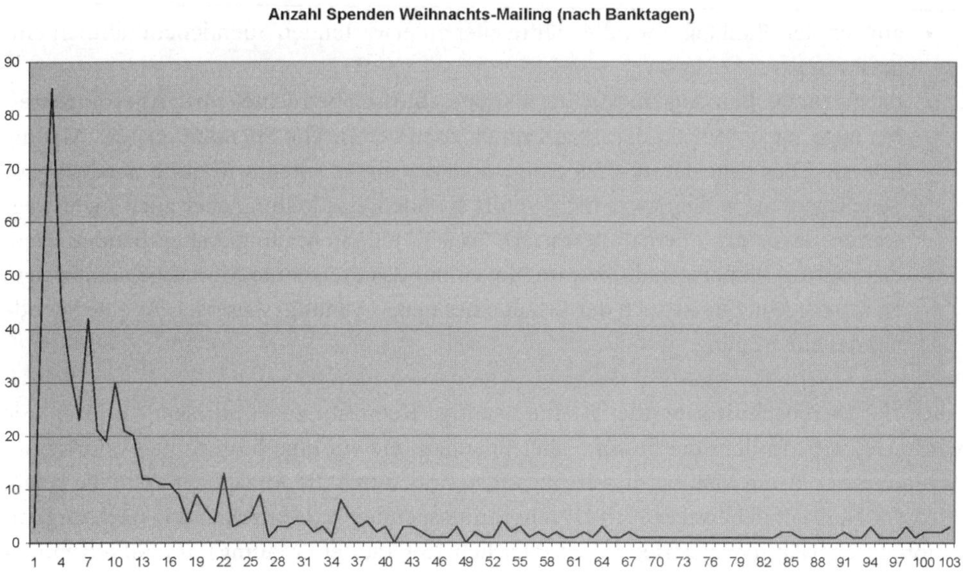

Abb. 6.11 Typische Verlaufskurve eines Mailings

Beispiel

In Tab. 6.4 werden die Erlöse eines bestimmten Mailings (hier: Weihnachts-Mailing 2006) ausgewertet, differenziert nach den verschiedenen Zielgruppen des Mailings (Interessenten, Spender, Mitglieder und verschiedene Fremdadress-Listen).

Erfahrene Fundraiser werten ihre Mailings sogar tagesgenau nach Banktagen aus. Banktage sind alle Tage, an denen eine Bank Überweisungen tätigt, also alle Montage bis Freitage ohne Feiertage. Mit den so gewonnenen Analyseergebnissen sind sie anschließend in der Lage, schon kurz nach Postauflieferung eines Mailings bzw. nach wenigen Banktagen eine valide Schätzung für den gesamten, zu erwartenden Erlös für das Mailing abzugeben. Im Rahmen des operativen Controlling wird also versucht, mit Hilfe von Erfahrungswerten aus der Vergangenheit einen Prognosewert zu errechnen. Dabei macht man sich zu nutze, dass die Verlaufskurve der Anzahl der Spenden pro Banktag einer gewissen Gesetzmäßigkeit unterliegt.

Beispiel

Eine typische Verlaufskurve eines Mailings zeigt Abb. 6.11. Zu den genannten Gesetzmäßigkeiten gehört, dass …

- die höchste Anzahl an Spenden pro Tag bereits nach wenigen Banktagen (i. d. R nach drei oder vier Banktagen) erreicht wird.
- die Höhe dieses ersten Peaks danach in der Verlaufskurve zu keinem weiteren Zeitpunkt mehr erreicht werden wird.

- am zehnten Banktag etwa die Hälfte aller zu erwartenden Spendeneinnahmen eingefahren ist.
- nach dem 60. Banktag ein Mailing als abgeschlossen betrachtet wird. Allerdings treffen auch nach dem 60. Banktag immer noch vereinzelte Spenden auf das Mailing hin ein. Dies liegt daran, dass einige Spender ein erhaltenes Mailing zunächst zur Seite legen. Sie wollen zwar nicht sofort spenden, das Mailing aber auch nicht wegwerfen, da sie das Thema interessiert. So wird auf ein Mailing erst gespendet, wenn das nächste Monatsgehalt bzw. im November das dreizehnte Monatsgehalt auf dem Konto eingeht. Oft ist auch der Erhalt eines neuen Mailings Auslöser für eine Spende auf das alte Mailing.

Auch die **Durchschnittsspende** ist eine wichtige Kennzahl zu Fundraising-Erlösen. Sie wird errechnet, in dem die Summe aller Spenden, die auf eine bestimmte Fundraising-Maßnahme (z. B. ein Mailing) hin eingegangen sind, durch die Anzahl der Spenden geteilt wird. Im Normalfall bewegen sich Durchschnittsspenden in Deutschland je nach Organisation und gewähltem Vertriebskanal zwischen 25 € (auf ein Mailing) und 90 € (Online-Fundraising).

Beispiel

In Tab. 6.4 wird je nach angesprochener Zielgruppe (Interessenten, Spender, Mitglieder und Fremdadresslisten) mit Durchschnittsspenden von 20 € bis 88 € geplant.

Einen Schritt weiter geht die Kennzahl **„Lifetime Value"**. Sinngemäß könnte Lifetime Value (LTV) mit „Lebensspendensumme" übersetzt werden. Sie betrachtet nicht nur den Erlös, den ein Spender auf eine einzelne Fundraising-Maßnahme hin spendet, sondern den Gesamtwert aller Spenden, die ein Spender im Laufe seines Lebens an eine bestimmte Organisation gibt. Genau genommen ist mit „Lifetime" also nicht die physische Lebenszeit eines Spenders gemeint, sondern nur der Unterstützungszeitraum zwischen seiner ersten und seiner letzten Spende an eine bestimmte Organisation. Unterstützt ein Spender mehrere Organisationen, so bezieht sich die Kennzahl LTV nicht auf die Lebensspendensumme, die er an alle Organisationen zusammen gibt, sondern immer nur auf die Lebensspendensumme, die er an eine einzelne Organisation gibt. Ein und derselbe Spender, hat – wenn er mehrere Organisationen unterstützt – für jede unterstützte Organisation i. d. R also auch einen anderen LTV.

Der LTV ist eine wichtige Kennzahl und Orientierungsgröße, mit deren Hilfe eine Organisation ablesen kann, ob die Professionalisierung ihres Fundraising vorankommt. Durch ein kontinuierlich verbessertes Upgrading sollte es einer Organisation gelingen, ihren dynamisch errechneten LTV nach Möglichkeit jedes Jahr zu steigern. Schließlich steigen auch die Fundraising-Kosten kontinuierlich – insbesondere die Gewinnungskosten für Erstspender (aufgrund des zunehmenden Verdrängungswettbewerbes).

In Theorie und Praxis haben sich verschiedene Berechnungsvarianten für den LTV entwickelt, die im Folgenden mit ihren jeweiligen Vor- und Nachteilen kurz vorgestellt werden sollen.

6.2.3.3.1 Berechnungsvariante 1

Eine erste Berechnungsvariante versteht unter dem LTV eines Spenders einer bestimmten Organisation die *durchschnittliche* Lebensspendensumme aller Spender dieser Organisation.

Beispiel

Organisation A hatte nur zwei Spender. Spender 1 hat acht Jahre lang jährlich 100 € gespendet. Seine Lebensspendensumme beträgt also 800 €. Spender 2 hat nur einmal den Betrag von 200 € gespendet, danach nicht mehr. Seine Lebensspendensumme beträgt demnach 200 €. Der LTV der Spender von Organisation A ist als durchschnittliche Lebensspendensumme also (800 € + 200 €)/2 = 500 €.

Bei dieser Berechnungsvariante tritt das Problem auf, zu erkennen, wann eine Spende tatsächlich als die letzte anzusehen ist, die ein Spender gemacht hat. Schließlich kann eine Spende nur dann eindeutig als letzte Spende erkannt werden, wenn ein Spender danach verstirbt. Ein Spender, der noch lebt, könnte theoretisch noch eine weitere Spende geben, auch wenn er schon seit Jahren nicht mehr gespendet hat, z. B. in Form einer letzten Zuwendung von Todes wegen (Erbschaft, Vermächtnis, (Zu-) Stiftung). Streng genommen dürfte der LTV also eigentlich nur über die durchschnittlichen Lebensspendensummen der bereits verstorbenen Spender berechnet werden. Ein solches Vorgehen hätte jedoch den gravierenden Nachteil, dass die Berechnung stark verzögert würde. Schließlich könnten alle Spender nicht sofort, sondern u. U. erst stark zeitlich verzögert nach ihrem Tod in die Berechnung einbezogen werden. Auch kann in der Praxis nicht sichergestellt werden, dass eine Organisation auch immer vom Tod eines Spenders erfährt. Auf jeden Fall wäre ein so berechneter LTV ständig veraltet.

Der Unterstützungszeitraum eines Spenders sollte deshalb auch dann als beendet betrachtet werden, wenn ein Spender als inaktiv definiert wird und die dann (hoffentlich automatisch) einsetzenden Rückgewinnungsmaßnahmen erfolglos blieben (auch wenn sich dieser Spender noch bester Gesundheit erfreut). Wann eine Organisation einen Spender als inaktiv definiert, ist in der Praxis sehr unterschiedlich. Die Spanne reicht von 12 Monaten ohne Spende bis 24 Monate ohne Spende (siehe Kap. 2.1.3.4). Der Vorteil dieser Berechnungsmethode liegt darin, dass die Aktualität des errechneten Wertes für den LTV deutlich höher ist. Schließlich ist der Wert maximal 24 Monate plus Zeitspanne für die Rückgewinnungsmaßnahme veraltet. Der Nachteil liegt darin, dass der LTV dann zu gering berechnet wird, wenn ein als inaktiv betrachteter Spender wider Erwarten später doch noch einmal spendet (und wenn es „nur“ noch einmal von Todes wegen ist).

Diese Überlegungen münden in eine erste Berechnungsvariante für den LTV mit folgendem Vorgehen:

1. Selektion aller verstorbenen Spender und Selektion aller inaktiv gewordenen Spender aus der Datenbank, bei denen Rückgewinnungsmaßnahmen erfolglos geblieben sind. Als Variante könnte bei alten NPO mit langer Fundraising-Historie die Selektion auf diejenigen Spender begrenzt werden, die in den letzten zehn Jahren verstorben oder inaktiv geworden sind, um eine gewisse Aktualität des berechneten LTV sicherzustellen.
2. Errechnung der Lebensspendensumme für jeden einzelnen selektierten Spender.
3. Errechnung des Durchschnitts aller ermittelten individuellen Lebensspendensummen.

Der LTV sollte nur für natürliche Personen berechnet werden, nicht für institutionelle Spender wie z. B. Unternehmen, Pfarrgemeinden oder Ordensgemeinschaften. Letztere müssen also aus obiger Selektion herausgefiltert werden. Bei den natürlichen Personen können in die Lebensspendensumme eingerechnet werden Einzelspenden, Dauerspenden wie (Förder-) Mitgliedsbeiträge (sofern eine Zuwendungsbestätigung ausgestellt wird) und Patenschaftsbeiträge, Großspenden, Erbschaften, Vermächtnisse und Zuwendungen an Stiftungen der Organisation. Da die LTV-Berechnung eine Durchschnittswertberechnung ist, sollten streng genommen immer zwei Werte berechnet werden: Einmal *mit* Berücksichtigung von „Ausreißern" nach oben in Form von Erbschaften, Vermächtnissen und (Zu-) Stiftungen, und einmal *ohne*.

Die so durchgeführte Berechnung kann anschließend noch beliebig verfeinert werden. So wird beispielsweise im Rahmen des operativen Controlling analysiert, ob auf unterschiedlichen Vertriebskanälen (z. B. Kaltadress-Mailing vs. Face-to-Face-Fundraising) gewonnene Dauerspender anschließend auch unterschiedliche LTVs aufweisen.

Beispiel

Es wird analysiert, ob ein Face-to-Face gewonnener Dauerspender vielleicht leichter gewonnen, nicht aber so gut gebunden werden kann. Sie könnten einen geringen LTV aufweisen, da sie eine höhere Attrition Rate und kürzere Verweildauer aufweisen. Nach dieser Logik wäre folglich derjenige Vertriebskanal einzusetzen, der langfristig für einen maximalen LTV sorgt, und nicht nur kurzfristig einen guten Return-on-Investment (siehe nächstes Kapitel) erzielt.

Eine weitere Verfeinerung sollte eine *dynamische* Berechnung des LTV sein. So könnte der LTV z. B. immer auf Basis der verstorbenen und inaktiv gewordenen Spender der letzten zehn Jahre berechnet und im Sinne eines iterativen Verfahrens jedes Jahr aktualisiert werden. Auf diese Weise würde berücksichtigt, dass es einer Organisation gelingen kann, den LTV eines Spenders durch Professionalisierung des Fundraising nach und nach zu steigern.

6.2.3.3.2 Berechnungsvariante 2

Bei Berechnungsvariante 2 wird der LTV berechnet, indem die Summe aller Spenden (aller Privatspender zusammen) der letzten zehn Jahre geteilt wird durch die Anzahl der Personen, die in den letzten zehn Jahren mindestens eine Spende getätigt haben.

$$Lifetime\ Value\ 2009 = \frac{Gesamtspendeneinnahmen\ 1999-2008}{Anzahl\ Personen,\ die\,1999-2008 \geq 1x\ gespen\,\mathrm{det}}$$

Der Vorteil dieser Variante liegt unmittelbar ersichtlich darin, dass die Berechnung deutlich einfacher durchzuführen ist als bei der ersten Berechnungsvariante. Der Nachteil ist ein Genauigkeitsverlust, da einerseits Spender in die Berechnung einbezogen werden, die über das Ende des Betrachtungszeitraums hinaus noch weiter spenden werden (deren Unterstützungszeitraum also noch nicht abgeschlossen ist). Andererseits werden auch Spender einbezogen, deren Spendenaktivitäten *vor* dem zehnjährigen Betrachtungszeitraum begonnen hatten, ohne dass diese Spenden berücksichtigt werden. Bei einer großen Anzahl von Spendern gleichen sich beide Effekte nach dem Gesetz der großen Zahlen jedoch wieder bis zu einem bestimmten Grade aus. Zumal der durchschnittliche Unterstützungszeitraum eines Spenders auf acht bis zehn Jahre geschätzt wird. Diese Berechnungsvariante eignet sich also nur für größere Organisationen (mit mindestens 100.000 aktiven Spendern), die bereits auf mindestens zehn Jahre Erfahrung im Fundraising zurückblicken können.

6.2.3.3.3 Berechnungsvariante 3

Eine weitere Berechnungsvariante stammt von Sargeant/Jay[20]. Anstelle einer vergangenheitsbezogenen Durchschnittsbetrachtung wird eine *prospektive* Berechnung eines *individuellen* LTV für jeden einzelnen Spender einer Organisation nach folgender Formel vorgeschlagen:

$$\mathrm{LTV} = \sum_{i=1}^{n} C_i (1+d)^{-i}$$

Wobei:

C_i = Nettoerlöse (Erlöse minus Kosten) aller Fundraising-Aktivitäten eines Jahres i,
d = Abzinsungsfaktor (zur Inflationsbereinigung im Betrachtungszeitraum),
n = erwartete Unterstützungsdauer des Spenders (in Jahren).

[20] Vgl. Sargeant, Adrian; Jay, Elaine: Fundraising Management: Analysis, Planning and Practice, (Routledge, Chapman & Hall) London u.a. 2004, S. 144-150 und Sargeant, Adrian; Jay, Elaine: Building Donor Loyalty – The Fundraiser's Guide to Increasing Lifetime Value, (Jossey-Bass) San Francisco 2004, S. 161–170.

Bei dieser Berechnungsvariante wird also für jeden *einzelnen* Spender einer Organisation wie folgt vorgegangen:

1. Abschätzung der erwarteten Unterstützungsdauer n des Spenders (in Jahren).
2. Abschätzung der wahrscheinlichen zukünftigen Nettoerlöse aller Fundraising-Aktivitäten (C) für jedes der n Jahre.
3. Abdiskontierung (Abzinsung) der wahrscheinlichen, zukünftigen Nettoerlöse aller Fundraising-Aktivitäten (C) eines Jahres i mit einem Abzinsungsfaktor d auf deren Barwert (Gegenwartswert).
4. Summierung aller Barwerte.

Der Vorteil dieser Berechnungsvariante liegt darin, dass durch die individuelle Betrachtung jedes einzelnen Spenders der großen Heterogenität unter den verschiedenen Spendern besser Rechnung getragen wird als bei der Durchschnittsbetrachtung der anderen Berechnungsvarianten. Kennt man den LTV eines einzelnen Spenders, kann man auch seinen Beitrag zum Gesamterfolg besser einschätzen. Auch weist die zukunftsorientierte Betrachtung höhere Aktualität auf als die vergangenheitsorientierte Betrachtung der anderen Berechnungsvarianten.

Der Nachteil dieser Berechnungsvariante liegt darin, dass die für die Berechnung benötigten Variablen in der Praxis, wenn überhaupt, nur äußerst schwer zu ermitteln sind. Dies beginnt mit der Abschätzung der erwarteten Unterstützungsdauer eines individuellen Spenders. *Sargeant/Jay* schlagen hierzu aus Vereinfachungsgründen einen fünfjährigen Betrachtungszeitraum vor, obwohl die Unterstützungsdauer in der Praxis deutlich länger sein kann. Auch das Abschätzen künftiger Nettoerlöse mehrere Jahre im Voraus dürfte von der Praxis kaum leistbar sein. Setzt es doch voraus, dass eine Organisation alle ihre Fundraising-Maßnahmen bereits fünf Jahre im Voraus festgelegt sowie deren Erlöse und Kosten errechnet hat. Auch die Abschätzung realistischer Abzinsungsfaktoren ist ein nicht zu unterschätzendes Unterfangen. Der von *Sargeant/Jay* vorgeschlagene Wert von 10 % erscheint jedenfalls deutlich zu hoch.

Obwohl von hohem Erkenntnisinteresse, stellen in der Fundraising-Praxis bislang nur die wenigsten Organisationen systematische und regelmäßige LTV-Berechnungen an. Es bleibt abzuwarten, welche Berechnungsvarianten sich in der Praxis durchsetzen werden. Interessant wird in diesem Zusammenhang, ob die verschiedenen Berechnungsvarianten zu ähnlichen Ergebnissen bzgl. der Höhe des LTV einer Organisation gelangen werden.

6.2.3.4 Kennzahlen zu Fundraising-Kosten

Den Erlösen der verschiedenen Fundraising-Maßnahmen (im Einzelnen und in Summe) sind ihre jeweiligen Kosten gegenüberzustellen. Entsprechend den Stufen der Spenderpyramide, muss berechnet werden, wie hoch jeweils die Kosten der Gewinnung, Betreuung und Rückgewinnung von Erst-, Mehrfach-, Dauer-, Groß- und Testamentspendern sind. Am einfachsten ist die Kostenberechnung, wenn die entsprechenden Maßnahmen der Gewinnung, Betreuung und Rückgewinnung im Outsourcing von einem Dienstleister durchgeführt werden, der dafür anschließend eine Rechnung stellt. Sobald eine Organisation die Maßnahmen jedoch (ganz oder teilweise) selbst durchführt, wird es in der Praxis erfahrungsgemäß schwieriger mit der Kostenberechnung. In aller Regel verfügen gemeinnützige Organisationen nicht über eine ausgereifte Kostenrechnung. Bei den meisten Fundraising-Maßnahmen stellen die Personalkosten den größten Kostenblock dar. Eine saubere Erfassung und Zuordnung von Personalkosten auf Fundraising-Maßnahmen würde jedoch ein Zeiterfassungssystem erfordern, dessen Nutzung von den Mitarbeitern im Fundraising gerne als „lästiger administrativer Zusatzaufwand", manchmal sogar als „verdächtiges, potenzielles Überwachungsinstrument", missverstanden und folglich abgelehnt wird. Eine zumindest grobe Zeiterfassung und Zuordnung zu einzelnen, später zu bewertenden Fundraising-Maßnahmen sollte jedoch regelmäßig durchgeführt werden.

Beispiel

In einem Mailing zur Gewinnung von Erstspendern werden 10.000 Kaltadressen angeschrieben. Es werden 100 Neuspender gewonnen (Response-Quote: 1 %). Die externen Produktionskosten belaufen sich auf 1 € pro Adresse (inkl. Adressmiete und Porto) bzw. 10.000 € Gesamtkosten, die ein externer Mailing-Dienstleister in Rechnung stellt. Hinzu kommen die internen Personalkosten des Fundraisers, der den Gesamtprozess rund um das Mailing (siehe Kap. 2.5.2) aus der Organisation heraus steuert. Für die Steuerung des Gesamtprozesses benötigt der Fundraiser laut Zeiterfassung 22 Tage seiner Jahresnettoarbeitszeit von 220 Tagen (= 365 Tage – Wochenendtage, Feiertage, Urlaubstage, Krankheitstage, Weiterbildungstage etc.). Sein Jahresbruttogehalt zzgl. Arbeitgeberanteile für die Sozialversicherungen beträgt 50.000 €. Die anteiligen Personalkosten für das Mailing belaufen sich demnach auf 22/220 × 50.000 € = 5.000 €. Verteilt man die Summe aus externen Produktionskosten (10.000 €) und internen Personalkosten (5.000 €) auf die 100 gewonnenen Erstspender, so belaufen sich die Gewinnungskosten eines Erstspenders auf 150 €.

Dieses Beispiel zeigt, wie sehr die Gewinnungskosten von Erstspendern in den letzten 20 Jahren in dem Maße stark gestiegen sind, wie die Respone-Quoten auf Kaltadress-Mailings in diesem Zeitraum auf ein Fünftel (1 % in 2010 im Verhältnis zu 5 % in 1990) stark gesunken sind. Bei einer Response-Quote von damals 5 % verteilten sich die Gesamtkosten von 15.000 € noch auf 500 Erstspender (statt nur 100). Entsprechend lagen die Gewinnungskosten eines Erstspenders bei nur 30 € statt 150 €.

Leider werden die (Voll-) Kosten für die Gewinnung eines Erstspenders (inklusive interner Personalkosten) in der Praxis nur sehr selten systematisch errechnet. Bei weiter sinkenden Response-Quoten ist die Erstspendergewinnung via Kaltadress-Mailing künftig noch solange sinnvoll, wie die dadurch entstehenden Kosten in einem sinnvollen Verhältnis (siehe nächstes Kapitel) zu den zu erwartenden Spenden bzw. dem LTV der gewonnenen Erstspender stehen. Alleine aus diesem Grunde ist eine Berechnung des LTV im Rahmen des operativen Controlling unverzichtbar. Errechnet man – in Analogie zur (durchschnittlichen) Lebensspendensumme des LTV – eine Kennzahl „Lifetime Cost (LTC)" als „Lebenskostensumme" aller Fundraising-Maßnahmen gegenüber einem einzelnen Spender, wird schnell deutlich, dass die Gewinnungskosten i. d. R den mit Abstand größten Anteil an den LTC eines Spenders ausmachen. Die anschließend anfallenden Betreuungskosten sind i.d. R deutlich niedriger.

Beispiel

Der zu Vollkosten in Höhe von 150 € gewonnene Erstspender unterstützt die Organisation durchschnittlich über eine Zeitdauer von acht Jahren. In diesem Zeitraum erhält er durchschnittlich sechs Mailings pro Jahr zu durchschnittlichen Vollkosten in Höhe von 1,50 € pro Stück. Die Betreuungskosten belaufen sich demnach auf $8 \times 6 \times 1{,}50$ € = 72 €, und liegen demnach deutlich unter den Gewinnungskosten.

Mit ständig sinkenden Response-Quoten werden die Gewinnungskosten von (Erst-) Spendern so stark steigen, dass künftig mehr Augenmerk auf die Bindung aktiver und Rückgewinnung inaktiver Spender gelegt werden muss. Die Budgets dürften in den nächsten Jahren immer stärker in diese Richtung umgeschichtet werden. Auch wird die gängige Praxis stärker zu hinterfragen sein, einmal gewonnenen Erstspendern auch dann noch jahrelang Mailings zuzuschicken, wenn diese schon seit Jahren inaktiv geworden sind, und der Versuch einer Reaktivierung nie unternommen wurde.

6.2.3.5 Kennzahlen zu Verhältnis aus Kosten und Erlösen

Sehr wichtig für die Beurteilung des Erfolges einer einzelnen Fundraising-Maßnahme, oder aller Fundraising-Aktivitäten in toto, sind Kennzahlen, die Kosten und Erlöse ins Verhältnis zueinander setzen. Die im Fundraising am meisten verbreitete Kennzahl dürfte der **Return on Investment (ROI)** sein, der die Spendenerlöse einer Fundraising-Maßnahme (z. B. eines Mailings) ins Verhältnis zu ihren Kosten setzt. Für den ROI gibt es mehrere Berechnungsarten. Die einfachste lautet:

$$ROI = \frac{Erl\ddot{o}se\ einer\ Fundrai\sin g - Ma\beta nahme}{Kosten\ einer\ Fundrai\sin g - Ma\beta nahme}$$

Die Kennzahl ROI kann wie folgt interpretiert werden:

- Ein ROI = 1 (manchmal auch: 100 %) bedeutet demnach, dass die Erlöse einer Fundraising-Maßnahme exakt so hoch waren wie die durch sie verursachten Kosten. Man spricht von Kostendeckung.
- Bei einem ROI > 1 waren die Erlöse höher als die Kosten. Die Fundraising-Maßnahme konnte also auf Anhieb einen finanziellen Überschuss erwirtschaften. Ein ROI = 2 (manchmal auch: 200 %) sagt aus, dass eine Maßnahme doppelt so viel erlösen konnte als sie gekostet hat.

- Bei einem ROI < 1 waren die Spendenerlöse kleiner als die Kosten. So besagt ein ROI = 0,1 dass nur 10 % der Kosten gedeckt werden konnten.

Eine weitere wichtige Kennzahl stellt der bereits mehrfach erwähnte **Verwaltungskostenanteil** dar. Immer wieder möchten Spender wissen, welchen Anteil der eingeworbenen Mittel eine Organisation in ihre Verwaltung steckt und damit nicht mehr in die Projekte investieren kann. Auch möchten sie mit Hilfe des Verwaltungskostenanteils die Effizienz von Organisationen miteinander vergleichen können. Lange Zeit war jedoch nicht definiert, was genau unter dem Begriff Verwaltungskosten zu verstehen ist. Das *Institut der Wirtschaftsprüfer* schlägt 1995 ein umfassenderes Begriffsverständnis vor, wonach Verwaltungskosten alle diejenigen Kosten seien, die nicht unmittelbar den Einsatz der Spendenmittel im Rahmen des jeweiligen Förderzwecks betreffen.[21] 2006 legt eine Arbeitsgruppe aus Vertretern des *DZI*, der *DGCS* und zehn Spendenorganisationen ein gemeinsam erarbeitetes Konzept zur Berechnung der Werbe- und Verwaltungskosten vor.[22] Darin werden alle Ausgaben einer Organisation einerseits in Projektausgaben und andererseits in Werbe- und Verwaltungsausgaben unterteilt:

Die **Projektausgaben** umfassen die Ausgaben für

- Projektförderung
  - Unmittelbar satzungsgemäße Ausgaben für Projekte, Programme, Dienstleistungen und Einrichtungen (inkl. projektinterner Verwaltung).
  - Ausgaben für Projekt- und Koordinationsbüros.
  - Satzungsgemäße Unterstützung anderer Organisationen und Projektträger.
- Projektbegleitung
  - Betreuung der Projekte.
  - Einem Projekt vorgelagerte Tätigkeiten (Vorbereitung und Auswahl geeigneter Projekte, Prüfung von Unterstützungsanträgen).
  - Einem Projekt nachgelagerte Tätigkeiten (Controlling, Revision, Evaluierung von Projekten).
- Kampagnen-, Bildungs- und Aufklärungsarbeit (sofern in der Satzung als eigenständiger Zweck verankert).

Die **Werbe- und Verwaltungsausgaben** umfassen dagegen die Ausgaben für

- Werbung und allgemeine Öffentlichkeitsarbeit inkl.
  - Ausgaben zur Beschaffung von Ressourcen aus allen Fundraising-Quellen.
  - Ausgaben für Selbstdarstellung und Imagearbeit.

[21] Vgl. Institut der Wirtschaftsprüfer: Zur Rechnungslegung und Prüfung spendensammelnder Organisationen, Düsseldorf 1995, S. 6.

[22] Das Papier kann von den Websites des dzi (www.dzi.de) oder der DGCS (www.dgcs.de) kostenlos heruntergeladen werden.

  - Ausgaben für Kurzinformationen über Notlagen.
  - Ausgaben für Projektberichterstattung und Rechenschaftslegung.
- Verwaltungsausgaben (zur Gewährleistung der Grundfunktionen der betrieblichen Organisation und des betrieblichen Ablaufs) inkl.
  - Ausgaben für Leitungs- und Aufsichtsgremien.
  - Ausgaben für Finanz- und Rechnungswesen.
  - Ausgaben für Personalverwaltung und Organisation.

Bezogen auf diese Klassifizierung verwendet das *DZI* folgende Einstufung zur Vertretbarkeit von Werbe- und Verwaltungskosten:

- Werbe- und Verwaltungskosten unter 10 % werden als „niedrig" erachtet.
- Werbe- und Verwaltungskosten zwischen 10 % und 19 % werden als „angemessen" erachtet.
- Werbe- und Verwaltungskosten zwischen 20 % und 35 % werden als „vertretbar" erachtet.

Obige Klassifizierung wird bereits im Rahmen der Prüfungen zur Vergabe des DZI-Spenden-Siegels angewendet. Das DZI-Spenden-Siegel ist eine Art TÜV-Plakette für geprüfte Spendenorganisationen auf dem deutschen Spendenmarkt. Die Klassifizierung wurde mit einem ähnlichen Projekt der *ZEWO*, der schweizerischen Partnerorganisation des *DZI*, abgestimmt. Damit existieren in beiden Ländern nahezu identische Werbe- und Verwaltungsausgabendefinitionen.

Obwohl damit eine genaue Definition des Verwaltungskostenanteils (bzw. präziser des Werbe- und Verwaltungsausgabenanteils) vorliegt, kann dieser jedoch nicht ohne weiteres als Vergleichsmaßstab für die Effizienz von Organisationen herangezogen werden. Die Gründe dafür sind vielfältig: Zunächst einmal kann der Verwaltungskostenanteil einer kleinen Organisation nicht mit dem einer großen Organisation verglichen werden. Kritiker weisen darauf hin, dass der Verwaltungskostenanteil kleinere, durchaus leistungsfähige Organisationen benachteiligt, da es für sie, bei ihrem insgesamt kleineren Spendenetat, besonders schwierig sei, die Möglichkeiten der Kostendegression voll auszuschöpfen. Aufgrund des veröffentlichten relativ höheren Verwaltungskostenanteils erhielten sie noch weniger Spenden, was letztlich nur zu einer weiteren Konzentration des Spendenmarktes führen würde.[23] Vollends deutlich wird dieses Argument, wenn eine (kleine) Organisation noch jung und im Aufbau befindlich ist. In dieser Lebenszyklusphase ist die Organisation gezwungen, einen höheren Anteil ihrer Einnahmen in den Aufbau ihrer Verwaltung zu stecken als eine bereits größere und etablierte Organisation.

Darüber hinaus merkt eine eigens eingesetzte *Fund-Raising Costs Task Force* des amerikanischen Fundraising-Verbandes *Association of Fundraising Professionals (AFP)* (vormals: *National Society of Fund-Raising Executives (NSFRE)* an, dass der Verwaltungskostenanteil

[23] Vgl. Mann, Robert; Bokatt, Werner: Spendenmarkt Deutschland – Parteien, Verbände, Stiftungen, Wohlfahrtsverbände, Hilfsorganisationen, (Hohenheim) Hamburg 1985, S. 93.

auch von der Popularität des Spendenzwecks abhängt.[24] Es ist unmittelbar nachvollziehbar, dass es ungleich mehr (Werbe-) Aufwand bedarf, Mittel für ein Gefangenenresozialisations- oder ein Drogenhilfeprojekt einzuwerben als für ein Kinderhilfsprojekt.

Auch weist das DZI in oben erwähntem Konzeptpapier darauf hin, dass der Verwaltungskostenanteil zweier Organisationen mit unterschiedlicher Finanzierungsstruktur nicht miteinander vergleichbar wäre. Erhält eine Organisation einen hohen Anteil öffentlicher Zuwendungen, so würde ihr Verwaltungskostenanteil deutlich geringer ausfallen als bei einer Organisation, die sich ausschließlich aus Spenden finanziert, da öffentliche Zuwendungen mit deutlich niedrigeren Werbe- und Verwaltungsausgaben verbunden wären.

Trotz all dieser Einschränkungen sollte sich jedoch jede Organisation ihre Werbe- und Verwaltungsausgaben als Planungsgröße definieren und über die Jahre beobachten.

► **Tipp** Wenn Sie Interesse an einem vertieften Gedankenaustausch zum Thema Controlling in Nonprofit-Organisationen im Allgemeinen bzw. Controlling im Fundraising im Speziellen haben, dann wenden Sie sich an die DGCS (www.dgcs.de). Sie führt regelmäßig spezielle Seminar- und Fortbildungsprogramme zu diesem Thema durch und organisiert Stammtische (Adressse im Anhang).

6.2.4 Was ich in diesem Kapitel gelernt habe

- Führen Sie– falls nicht schon geschehen – in Ihrer Organisation ein systematisches Fundraising-Controlling ein!
- Führen Sie im Rahmen Ihres strategischen Fundraising-Controlling regelmäßig SWOT- und PEST-Analysen durch, um keine Veränderung im Umfeld Ihrer Organisation zu übersehen, die Auswirkung auf Ihr Fundraising haben könnte!
- Führen Sie eine Stakeholder-Analyse durch um die Interessen der wichtigsten Stakeholder Ihrer Organisation in Ihrem Fundraising angemessen zu berücksichtigen!
- Analysieren Sie ständig, wie sich Ihre Ressourcenbereitsteller, Fundraising-Produkte und Vertriebskanäle verändern und was das für Ihr Fundraising heißt!
- Versuchen Sie, die Überlegungen der Portfolio-Analyse gewinnbringend auf Ihre Fundraising-Produkte und Vertriebskanäle anzuwenden!
- Steuern Sie Ihr (operatives) Fundraising mit Analysen der Soll-Ist-Abweichung der wichtigsten Fundraising-Kennzahlen!
- Entwickeln Sie für jede Ressourcenbereitstellergruppe, jedes Fundraising-Produkt und jeden Vertriebskanal wenige, aber aussagekräftige Kennzahlen!
- Analysieren Sie bei privaten Ressourcenbereitstellern die Umwandlungsquoten und die Wanderung innerhalb der Spenderpyramide!
- Errechnen Sie den Lifetime Value Ihrer Spender um einen Anhaltspunkt für die Kosten zur Gewinnung eines Erstspenders zu erhalten!

---

[24] Vgl. Guidelines Useful to Not-for-Profit Organizations for Evaluating the Appropriateness of Their Fund-Raising Costs, hrsg. von der NSFRE, Alexandria (USA) 1995.

- Analysieren Sie zumindest den ROI jeder von Ihnen durchgeführten Fundraising-Maßnahme!
- Versuchen Sie eine vergleichbare Organisation zu finden, die Interesse an einem Benchmarking der wichtigsten Fundraising-Kennzahlen hat!

6.2.5 Weiterführende Literatur zu diesem Kapitel

Bono, L.M.: NPO-Controlling – Professionelle Steuerung sozialer Dienstleistungen. Schäffer Poeschel, Stuttgart (2006)

Greenfield, J.M.: Fund-Raising Cost Effectiveness – A Self-Assessment Workbook. Wiley, San Francisco (1996)

Hagemann, M.: Kostenrechnung. In: Fundraising Akademie (Hrsg.) Fundraising – Handbuch für Grundlagen, Strategien und Instrumente, 4. Aufl., S. 169–186. Gabler, Wiesbaden (2006)

Horak, C.: Stakeholder-Management für Nonprofit-Organisationen, in: VM, 20 Jg., Freiburg/Schweiz , Nr. 3, S. 16–26. (1995)

Horak, C.: Controlling in Nonprofit-Organisationen – Erfolgsfaktoren und Instrumente. Deutscher Universitäts-Verlag, Wiesbaden (1995)

Imran, H.: Fundraising – Grundlagen, Database-Marketing und Financial Controlling für Nonprofit-Organisationen, Saarbrücken (2006)

Reiss, H.-C.: Controlling und Soziale Arbeit – Ein Beispiel aus der Freien Wohlfahrtspflege. Hermann Luchterhand, Neuwied u.a. (1993)

Sargeant, A., Jay, E.: Fundraising Management: Analysis, Planning and Practice. Routledge, Chapman & Hall, London u.a. (2004)

Sargeant, A., Jay, E.: Building Donor Loyalty – The Fundraiser's Guide to Increasing Lifetime Value. Jossey-Bass, San Francisco (2004)

Theuvsen, L.: Stakeholder-Management – Möglichkeiten des Umgangs mit Anspruchsgruppen, Münsteraner Diskussionspapiere zum Nonprofit-Sektor – Nr. 16, (2001)

Urselmann, M.: Zielgruppenansätze im Fundraising. In: Halfmann, Marion (Hrsg.) Zielgruppen im Konsumentenmarketing: Segmentierungsansätze, Trends, Umsetzung. Gabler, Wiesbaden (2013)

Warwick, M.: Increase Donors' Lifetime Value. In: The NonProfit Times, o. Jg., S. 58–59. (1993)

6.3 Qualitäts-Management im Fundraising

Nach Planung und Controlling soll nun das **Qualitäts-Management** als drittes Steuerungsinstrument im Fundraising-Management vorgestellt werden. Dazu ist zunächst zu klären, was sich hinter dem Begriff des Qualitäts-Management im Allgemeinen und für das Fundraising im Speziellen verbirgt.

6.3.1 Was ist Qualitäts-Management?

Zunächst ist zu fragen, was unter **Qualität** zu verstehen ist. Hierzu liegt eine Definition der ISO-Normenreihe vor: „Qualität ist die Gesamtheit von Merkmalen einer Einheit bezüglich ihrer Eignung, festgelegte und vorausgesetzte Erfordernisse zu erfüllen". Die Qualität einer Sache oder Dienstleistung wird also danach bewertet, in wieweit es ihr gelingt, in Bezug auf ihre (wichtigsten Bewertungs-) Merkmale bestimmte (festgelegte oder vorausgesetzte) Erfordernisse bzw. Erwartungen zu erfüllen. Im Mittelpunkt der Bewertung oder Beurteilung von Qualität steht also der Grad der Übereinstimmung von erwarteter und wahrgenommener Qualität. Ferner muss die Dimension der Nachhaltigkeit hinzukommen. Kurz: Eine Sache oder Dienstleistung ist von hoher Qualität, wenn es ihr dauerhaft gelingt, die in sie gesetzten Erwartungen in hohem Maße zu erfüllen. Es gibt also keine objektive Qualität. Sie ist vielmehr relativ in Bezug auf sie gesetzten subjektiven Erwartungen.

Demnach ist auch Qualität im Fundraising subjektiv. Sie hängt vom Erfüllungsgrad der Erwartungen an das Fundraising ab. Wessen Erwartungen? Den Erwartungen der wichtigsten Stakeholder im Fundraising:

- Zuvorderst sind hier natürlich die Spender zu nennen. Sie vertrauen ihre Ressourcen einer Organisation an und erwarten, dass sie – wie ein Treuhänder – diese Ressourcen möglichst effektiv und effizient im Sinne der Zielsetzungen der Organisation einsetzen. Qualität im Fundraising bedeutet also, einen möglichst hohen Erfüllungsgrad der Spendererwartungen bzw. eine möglichst hohe **Spenderzufriedenheit** zu erreichen.
- Daneben hängt die Qualität von Fundraising aber auch von den Erwartungen der Mitarbeiter im Fundraising ab. Sie stehen in direktem Kontakt zu den Spendern und beeinflussen dadurch die, von den Spendern erlebte Qualität unmittelbar. Qualität im Fundraising bedeutet also auch, einen möglichst hohen Erfüllungsgrad der Erwartungen der Mitarbeiter im Fundraising bzw. eine möglichst hohe **Mitarbeiterzufriedenheit** in der Fundraising-Abteilung zu erreichen.
- Und schließlich stellt auch die Öffentlichkeit eine wichtige Stakeholdergruppe für das Fundraising dar. Ihr schuldet eine Organisation mittelbar ihre Gemeinnützigkeitsanerkennung und die damit verbundene Steuerbefreiung. Es ist in ihrem existentiellen Interesse, den Erwartungen der Öffentlichkeit an Transparenz, Effektivität und Effizienz gerecht zu werden. Zudem befinden sich in der Öffentlichkeit ja auch die potenziellen Spender von morgen. Qualität im Fundraising bedeutet also auch einen möglichst hohen Erfüllungsgrad der Erwartungen in der Öffentlichkeit bzw. eine möglichst hohe **Zufriedenheit in der Öffentlichkeit** zu erreichen.

Fazit: Fundraising ist von hoher Qualität, wenn es die wichtigsten Erwartungen der Spender und Mitarbeiter im Fundraising nachhaltig und in hohem Grade erfüllen kann sowie die Akzeptanz und Unterstützung der übrigen Stakeholder (allen voran der Öffentlichkeit) findet.

Entsprechend ist Qualitäts-Management ein Steuerungsinstrument, das eine kontinuierliche Verbesserung der Qualität aller Leistungen (->Leistungs- bzw. Ergebnisqualität), Prozesse (->Prozessqualität) und (Organisations-) Strukturen (->Strukturqualität) in einer Organisation plant und kontrolliert (bewertet). Von der Systematik her geht Qualitäts-Management in denselben Schritten vor wie die beiden anderen Steuerungsinstrumente Planung und Controlling: Basierend auf einer Analyse der Ausgangssituation können realistische (Qualitäts-) Ziele definiert werden. Anschließend sind Maßnahmen zu benennen, wie die (Qualitäts-) Ziele erreicht werden sollen. Für die Maßnahmen sind Maßnahmen-, Zeit- und Budgetpläne aufzustellen (siehe Planungswürfel). Nach Durchführung der Maßnahmen ist die Zielerreichung zu kontrollieren – ein neuer Planungszyklus beginnt. Wie auch Planung und Controlling, ist Qualitäts-Management niemals abgeschlossen sondern ein fortwährender Prozess der Verbesserung von Leistungen, Prozessen und Strukturen. Die Möglichkeiten der Qualitätsverbesserung in diesen drei Bereichen werden in den folgenden Kapiteln näher vorgestellt und auf das Fundraising bezogen.

6.3.2 Leistungsqualität im Fundraising

Ausgangspunkt des Qualitäts-Management ist die Leistungsqualität. Wenn denn Qualität am Erfüllungsgrad der Erwartungen (=Zufriedenheit) der wichtigsten Stakeholder festzumachen ist, dann müssen sich auch die, im Rahmen des Qualitäts-Management festzulegenden Qualitätsziele auf diesen Erfüllungsgrad beziehen. Es gilt, die verschiedenen Qualitätsziele gut gegeneinander abzuwägen, da sie z. T. konfliktär zueinander stehen. So ist beispielsweise eine hohe Spenderzufriedenheit zwar sehr wichtig. Sie kann jedoch nicht beliebig weit ausgedehnt werden, da Maßnahmen zur Erhöhung der Spenderzufriedenheit i. d. R auch mit entsprechenden Kosten verbunden sind. Zu hohe Kosten würden jedoch der Effizienzerwartung der Öffentlichkeit zuwider laufen, die ja einen geringen Verwaltungskostenanteil erwartet.

Die auf die verschiedenen Stakeholdergruppen bezogenen Qualitätsziele sind also gut gegeneinander abzuwägen und aufeinander abzustimmen. Wie schon bei Planung und Controlling können deshalb auch im Qualitäts-Management sinnvolle Ziele (Soll-Vorgaben) erst definiert werden, nachdem vorab eine entsprechende Analyse des Ist-Zustandes durchgeführt wurde. In einem ersten Schritt muss das Qualitäts-Management im Fundraising also die aktuelle (Ist-) Zufriedenheit der Spender, Mitarbeiter und Öffentlichkeit ermitteln, bevor Ziele in Form von Soll-Zufriedenheitswerten definiert werden können. Im Folgenden wird exemplarisch die Erforschung der Spenderzufriedenheit erläutert. Diese ist bei jeder Organisation unterschiedlich und muss deshalb auch von jeder Organisation individuell erforscht werden. Dazu können die klassischen Methoden der Marktforschung (Befragung und Beobachtung) eingesetzt werden.

Erforschung der Spenderpräferenzen durch Befragung Eine **Befragung** kann schriftlich (Fragebogen) oder (fern-) mündlich (Interview) durch die Organisation selbst oder ein beauftragtes externes Marktforschungsinstitut bzw. eine Telefon-Fundraising-Agentur erfolgen. Trotz ihrer zentralen Bedeutung glauben viele Organisationen, aus finanziellen Gründen auf die Erforschung der Spenderzufriedenheit verzichten zu können bzw. müssen und enthalten sich so grundlegende Informationen für ihr Fundraising vor: „Research is one of fundraising's most under-used tools."[25] Eine Befragung zur Spenderzufriedenheit sollte folgende Dimensionen umfassen, und die Spender auch bewerten lassen, welche Bedeutung die jeweilige Dimension für sie hat (da nur die wichtigsten Dimenisionen wirklich relevant für die subjektiven Qualitätsvorstellungen sind):

- Gesamtzufriedenheit mit der Organisation:
  - Effektivität (Wirksamkeit) der Organisation,
  - Effizienz (Wirtschaftlichkeit) der Organisation (z. B. Höhe des Vewaltungskostenanteils),
  - Medienberichterstattung über die Organisation,
  - Selbstdarstellung der Organisation in der Öffentlichkeit.
- Zufriedenheit mit den Projekten der Organisation.
- Zufriedenheit mit der Spenderbetreuung:
  - Information der Spender (Newsletter, Jahresbericht etc.),
  - Vertriebs- und Kommunikationskanäle (Mailing, Telefon, E-Mail, Homepage etc.)
  - Umfang und Frequenz der Informationen,
  - Rechtzeitige/zuverlässige Zusendung der Zuwendungsbestätigung,
  - Reaktion auf Beschwerden und Anregungen,
  - Erreichbarkeit am Telefon,
  - Freundlichkeit am Telefon,
  - Akzeptanz der Durchführung von Upgrading-Maßnahmen.
- Bereitschaft zur Weiterempfehlung.

Die Bewertung der einzelnen Kategorien könnte z. B. nach Schulnotensystem erfolgen. So ließe sich für jede Kategorie aus den Bewertungen aller befragten Spender eine Durchschnittsnote errechnen. Würde beispielsweise die Kategorie „Freundlichkeit am Telefon" eine Durchschnittsnote von 2,5 erhalten, so könnte daraus das (Qualitäts-) Ziel abgeleitet werden, bis zur nächsten Befragung eine Durchschnittsnote von 2,0 als Soll-Vorgabe erreichen zu wollen. Als Maßnahme zur Erreichung dieses Ziels wird eine Schulung aller Mitarbeiter mit Spenderkontakt geplant, wie sie ihre Freundlichkeit am Telefon steigern können. Im Maßnahmen-, Zeit- und Budgetplan wird genau festgelegt, wann diese Schulung wo, mit welchem Trainer, mit welchen Mitarbeitern und mit welchem Budget durchgeführt wird.

Im Idealfall kann eine Organisation alle ihre Spender regelmäßig befragen. Für kleinere Organisationen kann dies auch durchaus ein gangbarer Weg sein. Für größere Organisationen ist dies jedoch unverhältnismäßig aufwendig. Sie beschränken die Befragung auf eine Stichprobe von 1.000 bis 2.000 Spendern, die repräsentativ für die Grundgesamtheit aller ihrer Spender stehen.

[25] Burnett, Ken: Relationship Fundraising – A Donor-Based Approache to the Business of Money Raising, (White Lion Publishing) London 1992, S. 68.

Erforschung der Spenderpräferenzen durch Beobachtung Eine weitere Möglichkeit, die Zufriedenheit der Spender zu ermitteln ist die Beobachtung. Auch aus der Beobachtung des Verhaltens lassen sich Rückschlüsse auf die Zufriedenheit der Spender ziehen. Beobachtet werden kann das Spendenverhalten eines Spenders, aber auch sein Informationsverhalten, Beschwerdeverhalten, Abwanderungsverhalten u. v. m. Im Fundraising kommen dabei zwei Methoden eine besondere Bedeutung zu: Dem Test und dem Database Marketing.

Eine spezielle Variante, die Bedürfnisse und Erwartungen der Spender durch Beobachtung des Spendenverhaltens zu erforschen, ist das Durchführen von **Tests**. Profis testen jede Fundraising-Maßnahme bevor sie sie dauerhaft und regelmäßig durchführen, nach Möglichkeit in verschiedenen Varianten. Auf diese Weise sollen Fehlinvestitionen so früh wie möglich erkannt und gestoppt werden. Fundraiser sollten keine Angst haben, auch mal einen Flop zu landen. Flops sind auch den erfahrensten Fundraisern schon unterlaufen. Aber sie sollten Angst davor haben, Flops nicht so früh wie möglich zu erkennen und zu beenden. Schließlich gilt es, das investierte Fundraising-Budget maximal zu vermehren, nicht, es unverantwortlicherweise zu vergeuden. Dabei sind Tests ein wichtiges Hilfsinstrument.

So verschicken viele Organisationen ihre Mailings in verschiedenen Text- und/oder Gestaltungsvarianten. Mal legen sie einem Mailing zusätzlich ein „Give-away" bei, mal nicht. Dadurch soll herausgefunden werden, welche Variante den Bedürfnissen ihrer Förderer am besten gerecht wird. Über die Jahre erhalten sie dadurch detaillierte Informationen über die Erwartungen ihrer Förderer an sie.[26]

Spender geben am liebsten für ein möglichst konkretes Anliegen. Entsprechend wichtig ist es, die Präferenzen jedes Spenders für bestimmte Themen bzw. noch konkreter für bestimmte Projekte zu kennen. Immer mehr multithematische Organisationen, die für sehr unterschiedliche Themen stehen (so sammelt beispielsweise die Caritas im Bereich Altenpflege und Migration ebenso wie für AIDS- und Obdachlosenprojekte), sind deshalb dazu übergegangen, ihren Spendern alternativ verschiedene Themen bzw. Projekte zu verschiedenen Themen anzubieten. Bei einem Mailing braucht ein Spender nur noch die Projektnummer des ihn interessierenden Projektes in den vorbereiteten Zahlschein einzutragen. Das Wahlverhalten eines Spenders ermöglicht der Organisation dann den Rückschluss auf die Themen- bzw. Projektaffinität des Spenders. Auch in diesem Beispiel könnte man also von Informationsgewinnung durch Test sprechen.

Ziel ist, jeden Spender möglichst individuell nach seinen Bedürfnissen anzusprechen. In den USA ist UNICEF bereits 1997 dazu übergegangen, Mailings in 24 Textvarianten zu verschicken. Große Organisationen verschicken heute bis zu 100 verschiedene Mailing-Varianten pro Aussendung. Im Computerzeitalter wäre theoretisch sogar eine individuelle Ansprache jedes einzelnen Spenders im Sinne des sog. „One-to-One"-Marketing denkbar. Noch stehen jedoch die Kosten dafür in keinem Verhältnis zu den Erträgen.

Neben der Durchführung von Tests wird v. a. **Database Marketing** eingesetzt, um die Präferenzen und Erwartungen von Spendern zu erforschen. Unter Database Marketing im

[26] Vgl. Kachorek, Joseph P.: Direct Mail Testing for Fund Raisers – What to Test, How to Test, How to Interpret the Results, (Precept Press) Chicago 1991.

Fundraising versteht man die systematische Auswertung und Nutzbarmachung der in der Fundraising-Datenbank enthaltenen Informationen über die Spender der Organisation. Ziel ist, die Bedeutung eines jeden Spenders für die Organisation bewerten zu können und ihm zum richtigen Zeitpunkt mit den richtigen Argumenten ein möglichst maßgeschneidertes Förderangebot machen zu können.

Zur Bewertung eines Förderers bzw. dessen (Förder-) Potenzials für die Organisation werden sog. **Scoring-Modelle** eingesetzt. Aufgrund eines individuell festgelegten Punktbewertungsschemas schätzt eine Organisation das (Spenden-) Potenzial jedes ihrer Spender ab. Je mehr Merkmale, die als spendenrelevant erkannt wurden, ein Spender aufweist, umso höher wird seine Punktzahl (engl.: Score). Je höher das Scoring, desto höher ist ein Spender in seiner Bedeutung für die Organisation einzustufen und umso günstiger sind die Aussichten, von ihm weitere Spenden zu erhalten. Das heißt letztlich auch: Je höher das Scoring, umso intensiver muss sich die Organisation um den Spender kümmern.

Beispiel

Das wohl bekannteste Scoring-Modell im Fundraising ist das aus dem Versandhandel stammende **RFM-Modell**. Hinter dem Akronym RFM steht:

- **R**ecency: Wann hat ein Spender das letzte Mal gespendet?
- **F**requency: Wie oft spendet ein Spender pro Jahr?
- **M**onetary Value: Wieviel gibt ein Spender pro Spende?

Das Scoring, das ein Spender erhält ist demnach umso höher,

- je kürzer seine letzte Spende zurückliegt (Recency),
- je öfter er im Jahr spendet (Frequency), und
- je mehr er pro Spende gibt (Monetary Value).

Eine Veranschaulichung des RFM-Modells liefert Abb. 6.12.

So zeichnen sich beispielsweise Spender im Segment I dadurch aus, dass sie im letzten Jahr über drei Mal mehr als 10.000 €[27] gegeben haben. Ihr Scoring wird entsprechend hoch angesetzt. Die Organisation könnte sie als Top Donor definieren und als solche sehr intensiv und persönlich betreuen (siehe Kap. 2.1.7.2).

Spender in Segment II haben im letzten Jahr zwei bis drei Mal einen Betrag zwischen 1.000 und 10.000 € gegeben. Die Organisation könnte sie als High- oder Major-Donor definieren und als solche betreuen (siehe Kap. 2.1.7.3 und 2.1.7.4).

Spender in Segment III haben seit über drei Jahren nicht mehr gespendet. Ihr Scoring ist entsprechend niedrig. In diesem Segment sollte die Orgnisation über ein Reaktivierungsprogramm versuchen, Spender zurückzugewinnen. Hierfür bietet sich der Einsatz des Telefon-Fundraising an.

Scoring-Modelle helfen also bei der Entscheidung, wie intensiv ein Förderer betreut werden sollte. Damit kann mit Hilfe von Scoring-Modellen auch Antwort auf die Frage ge-

[27] Die DM-Beträge wurden der Einfachheit und Aktualität halber durch Euro-Beträge ersetzt.

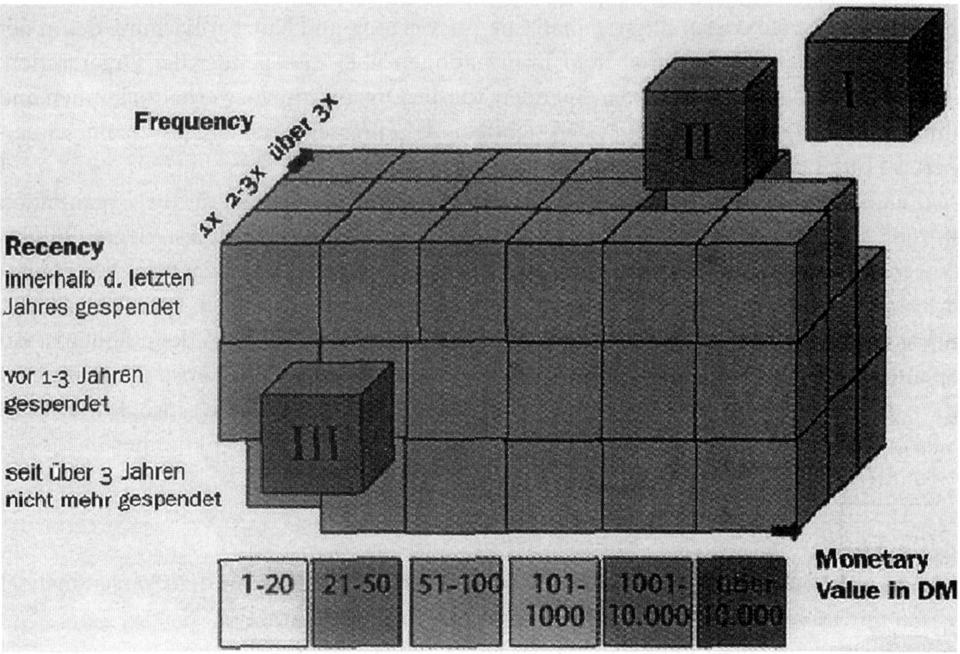

Abb. 6.12 Das RFM-Modell. (Quelle: Lühe, Markus von der: So gewinnt UNICEF mehr Spender, in: Database Marketing, Heft 1, 1997, S. 14-16, S. 14)

funden werden, ob und wie oft ein Spender im Jahr angeschrieben werden sollte. Auf diese Weise können Streuverluste beim Versand von Mailings minimiert werden, die dadurch entstehen, dass immer auch (potenzielle) Spender angeschrieben werden, die (gerade) nicht spenden möchten.

Obwohl mit dem RFM-Modell durchaus Erfolge bei der Mailing-Optimierung erzielt werden, liegt die Schwäche des Modells darin, dass eben nur der Einfluss der drei verhaltensbezogenen Merkmale (Recency, Frequency und Monetary Value) eines Spenders berücksichtigt werden kann. Eine gut gepflegte Fundraising-Datenbank hat jedoch weit mehr Merkmale der Spender gespeichert, die ebenfalls Einfluss auf deren Spendenneigung haben könnten. Dies könnte theoretisch jedes gespeicherte demografische, soziografische, psychografische, geografische oder verhaltensbezogene Merkmale eines Förderers sein. Zusätzlich können durch gezielte Abfragen der relationalen Fundraising-Datenbank noch weitere interessante Merkmale analysiert werden:

- Gibt ein Spender spontan oder nur auf Ansprache (z. B. durch ein Mailing)?
- Auf welche Themen spricht ein Spender (stärker) an?
- Gibt ein Spender nur zu bestimmten Zeiten im Jahr?
- Welche Zahlungssysteme bevorzugt ein Spender?

Um aus diesem Berg an Informationen über die Spender die relevanten Informationen ans Tageslicht befördern zu können, wurden verschiedene Methoden das „Data Mining“ entwickelt. Eine auch im Fundraising bereits eingesetzte Methode ist *CHAID* (Chi-squared Automatic Interaction Detection). *CHAID* segmentiert eine Menge von Datensätzen (der Spender) hinsichtlich einer abhängigen Variablen (der Spendenneigung) und sucht systematisch nach den besten Prädiktoren, also Merkmalen, die einen gewissen voraussagbaren Einfluss auf die Spendenneigung eines Förderers haben. Durch den Einsatz von *CHAID* konnte bei *UNICEF* das Mailing-Volumen (und damit die Fundraising-Kosten) bei gleichbleibendem Spendenaufkommen drastisch gesenkt worden sein. Ein wichtiger Prädiktor für die Spendenneigung eines UNICEF-Spenders war beispielsweise dessen Themenaffinität (z. B. „Hunger in Afrika“ oder „Katastrophenhilfe in Asien“).[28]

Die Bedeutung der Themenaffinität von Spendern mag auch folgendes Beispiel verdeutlichen: Eine kirchliche Organisation bietet Leistungen auf sehr unterschiedlichen Gebieten, von der Altenpflege bis zur Obdachlosenhilfe, an. Als sie zusätzlich die Betreuung AIDS-Erkrankter übernimmt, verliert sie ein Segment langjährige Spender, die mit AIDS Promiskuität, Homosexualität und Drogensucht assoziieren und deshalb nicht mehr bereit sind, die Organisation zu unterstützen. Ganz allgemein kann Organisationen mit einem „Bauchladen“ unterschiedlichster Projekte nur empfohlen werden, ihren Spendern die Unterstützung einzelner Projekte anzubieten.

Die eigene wissenschaftliche Untersuchung ergab, dass diejenigen Organisationen, die die erwähnten Techniken der Erforschung der Spenderpräferenzen systematisch einsetzen, sich als signifikant erfolgreicher erwiesen, als solche, die dies nicht tun! Allen Organisationen kann daher nur dringend empfohlen werden, die Bedürfnisse ihrer Spender durch Befragung und Beobachtung möglichst detailliert zu erforschen![29]

6.3.3 Prozessqualität im Fundraising

Qualität im Fundraising wird über den Erfüllungsgrad der Erwartungen der Spender (und anderer wichtiger Stakeholdergruppen) definiert. Im vorangegangenen Kapitel wurde deutlich, dass die Zufriedenheit der Spender dabei unmittelbar von der Qualität der (immateriellen) Gegenleistung abhängt, die sie für ihre Spende erhalten (Leistungsqualität). Diese hängt ihrerseits jedoch davon ab, in welcher Qualität die hinter der Leistung stehenden Prozesse ablaufen können (Prozessqualität). So hängt beispielsweise die (Leistungs-) Qualität einer rechtzeitig mit korrektem Inhalt zugeschickten Zuwendungsbestätigung davon ab, dass der gesamte Prozess von der Erfassung der Spende über die Abfrage der diesbezüglichen Erwartungen der Spender und die Abstimmung mit Bedankungsbriefen bis zum Versand der Zuwendungsbestätigung vorab ordentlich erfasst, optimiert und doku-

[28] Vgl. Lühe, Markus von der: So gewinnt UNICEF mehr Spender, in: Database Marketing, Heft 1, 1997, S. 14–16, S. 16.

[29] Vgl. Urselmann, Michael: Erfolgsfaktoren im Fundraising von Nonprofit-Organisationen, (Gabler) Wiesbaden 1998, S. 89 f. und S. 158 ff.

mentiert wurde. Besonders klar wird die Bedeutung der Prozessqualität in diesem Beispiel, wenn eine Zweitschrift für eine Zuwendungsbestätigung ausgestellt werden muss. Hier ist der Prozess noch komplexer und die Fehleranfälligkeit damit noch höher.

Ziel ist eine möglichst hohe Prozessqualität, d. h. alle Prozesse sollen von kontinuierlich hoher Qualität sein. Dies ist im Fundraising mit seinem hohen Personalanteil freilich ungleich schwerer zu erreichen als in einem industriellen Produktionsprozess mit Maschinen. Die **Prozessoptimierung** im Rahmen des Qualitätsmangement vollzieht sich in folgenden Schritten:

Schritt 1: Jeder Mitarbeiter erfasst (zunächst jeder für sich) seine verschiedenen Aktivitäten, analysiert sie und bringt – wo möglich – bereits Anregungen für Verbesserungen ein.

Schritt 2: Die Aktivitäten der einzelnen Mitarbeiter werden in einer Übersicht zusammengefasst.

Schritt 3: In der Aktivitätenübersicht werden die Zusammenhänge zwischen den einzelnen Aktivitäten, also die verschiedenen Prozesse identifiziert:

- Wer bekommt wann was von wem,
- macht wann was damit und
- gibt es wann an wen wie weiter?

Schritt 4: Zuordnung der verschiedenen (Einzel-) Aktivitäten zu den identifizierten Prozessen in ihrer zeitlichen Reihenfolge. Darstellung in einem Ablauf- bzw. Flussdiagramm.

Schritt 5: Überprüfung, ob einzelne Teilprozesse ohne Qualitätsverlust vereinfacht oder gar weggelassen werden können, oder ob zusätzliche Teilprozesse erforderlich sind.

Schritt 6: Beurteilung der bestehenden Prozesse auf Effektivität und Effizienz.

Schritt 7: Entwicklung von Prozessverbesserungsideen und Festlegung spezifischer Qualitätsstandards für die einzelnen Teilprozesse.

Schritt 8: Test der neu konzipierten Prozesse. Schriftliche Dokumentation der Prozessbeschreibungen in einem Qualitätshandbuch.

Beispiel

In Kapitel „Operative Fundraising-Planung" haben wir gesehen, wie komplex und damit fehleranfällig im Fundraising der Prozess „Versand eines Mailings" ist. Hier ist eine Prozessoptimierung in den beschriebenen Schritten dringend zu empfehlen. Abbildung 6.13 zeigt einen Ausschnitt aus einem Flussdiagramm, das wiederum Teil eines Qualitätshandbuches der Agentur *GFS Fundraising Solutions* ist.

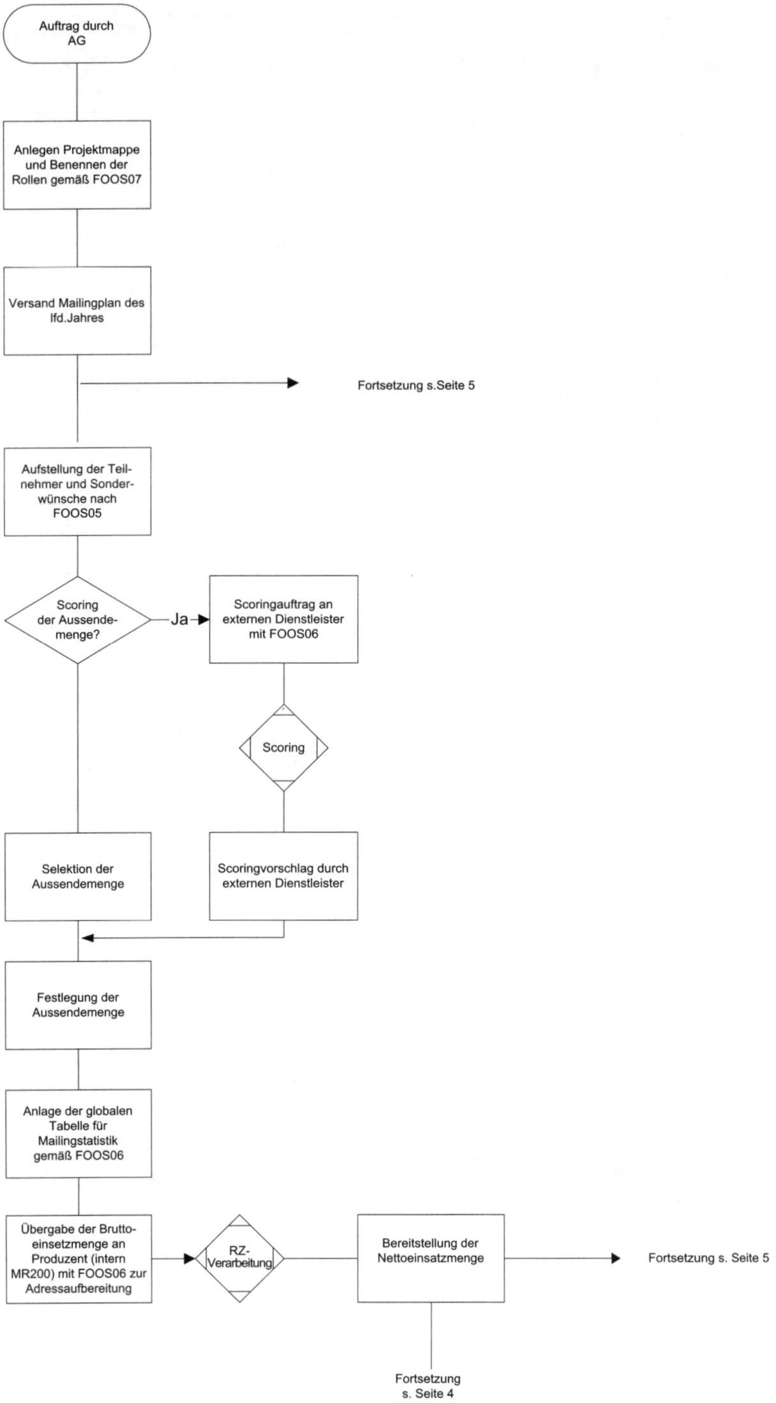

Abb. 6.13 Beispiel für ein Flussdiagramm zum Prozess „Versand eines Mailings" (Ausschnitt)

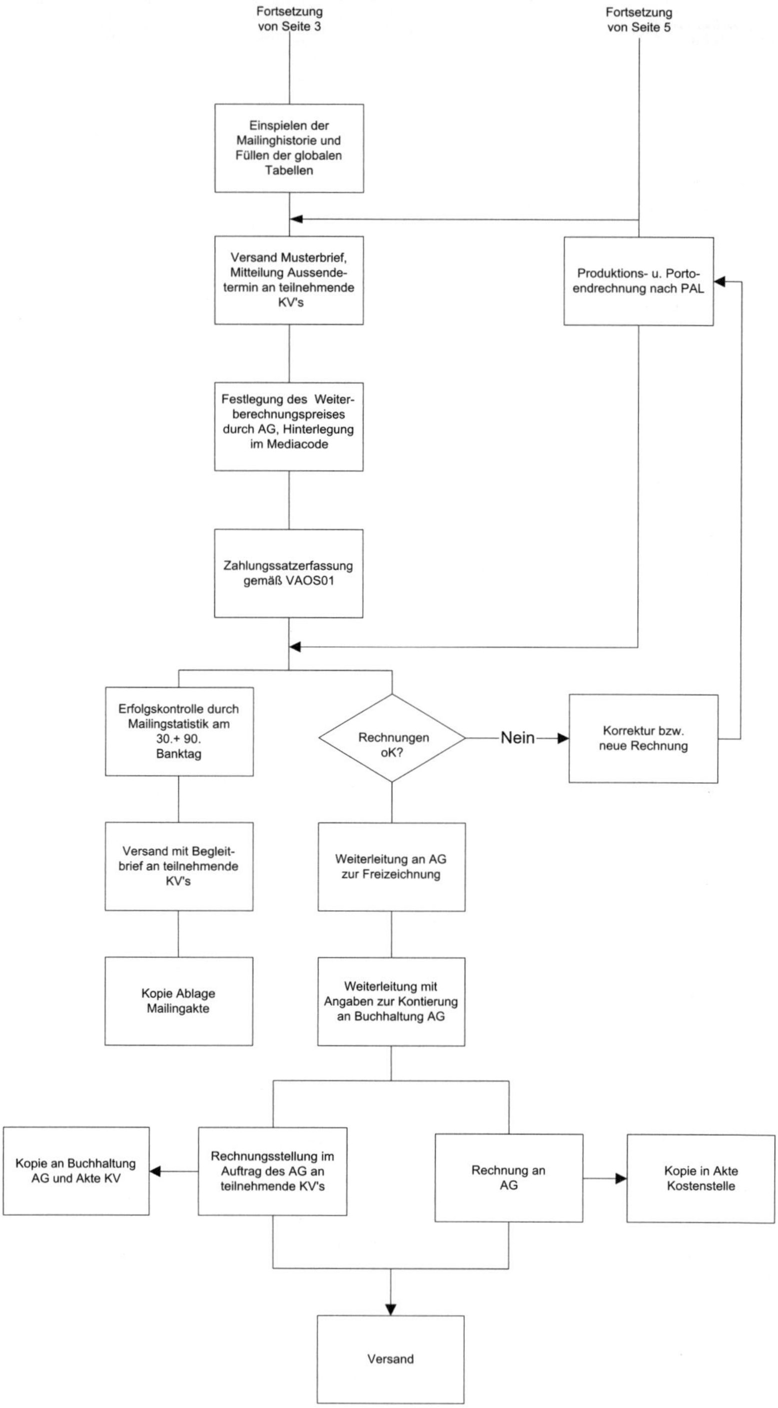

Abb. 6.13 (Fortsetzung)

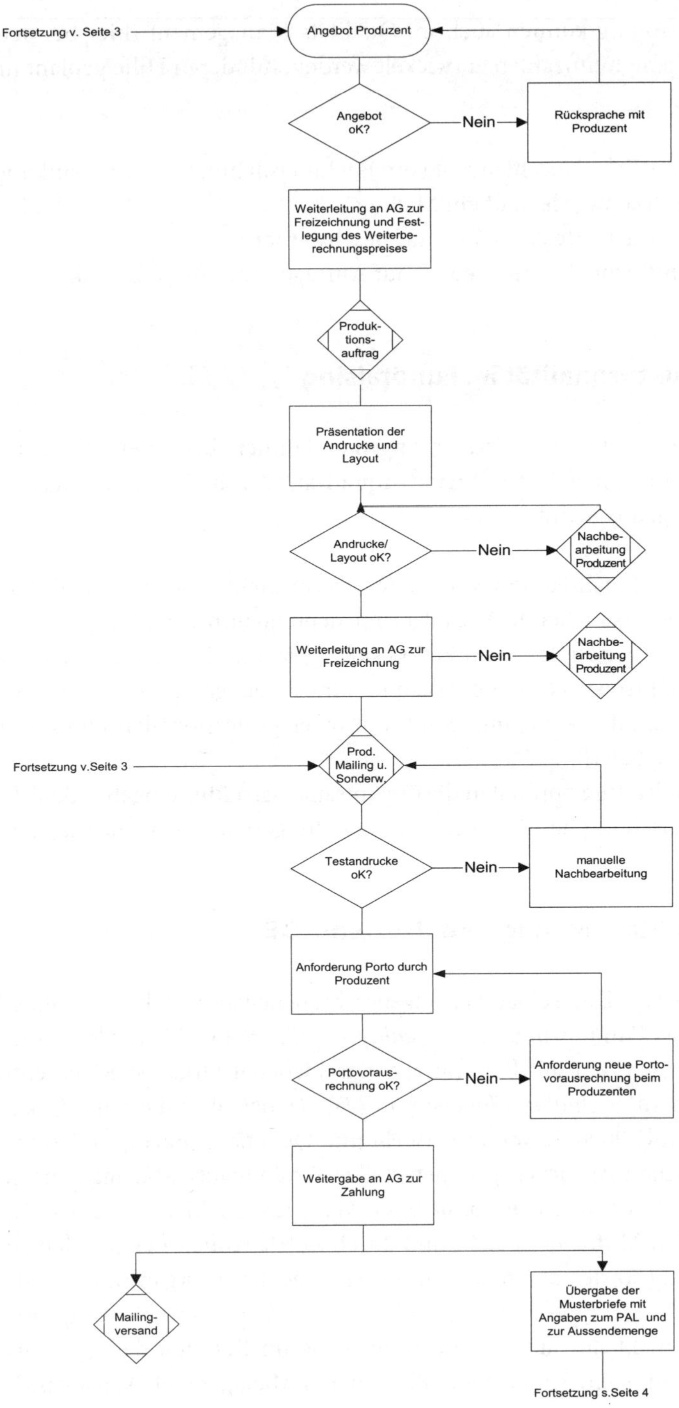

Abb. 6.13 (Fortsetzung)

Wie im Controlling können auch im Qualitäts-Management (hier bei der Prozessqualität) verschiedene Kennzahlen entwickelt werden, mit deren Hilfe geplant und kontrolliert werden kann:

- Durchschnittliche Durchlaufzeit vom Buchungsdatum bis zur Bedankung der Spenden.
- Anteil der Beschwerden auf ein Mailing.
- Durchschnittliche Reaktionszeit auf Beschwerden.
- Durchschnittliche Reaktionsdauer auf Anfragen (per Brief, E-Mail)

6.3.4 Strukturqualität im Fundraising

Um eine hohe Leistungsqualität erbringen zu können, bedarf es neben einer hohen Prozessqualität auch einer hohen **Strukturqualität**. Damit sind u. a. folgende strukturellen Voraussetzungen gemeint:

- Anzahl und Qualifikation von Fundraisern: Steht eine, für qualitativ hochwertiges Fundraising ausreichende Anzahl ausreichend qualifizierter Fundraiser zur Verfügung? Wie wird die benötigte Qualifikation sichergestellt? Siehe hierzu auch Kap. 6.5.
- Technische Infrastruktur: Steht dem Fundraiser ein geeigneter Arbeitsplatz mit Telefon und Internet zur Verfügung? Kann mit einer professionellen Fundraising-Datenbank gearbeitet werden?
- Ist das Fundraising optimal in die Organisationsstruktur eingebunden? Ist der Informationsaustausch mit der Projektabteilung sichergestellt? Siehe hierzu auch Kap. 6.4.

6.3.5 Qualitäts-Managementsystem TQE

Seit 2006 gibt es in Deutschland ein eigenes, branchenspezifisches Qualitäts-Managementsystem für das Fundraising. *Total Quality Excellence (TQE)* wurde von der Fundraising Akademie gemeinsam mit Fundraisern verschiedener Organisationen entwickelt. Es basiert auf dem *Total Quality Management (TQM)*, das über die reine Prozessorientierung der DIN EN ISO 9000 ff. weit hinausgeht und Qualität in Bezug zu den Erwartungen der unterschiedlichen Anspruchsgruppen stellt: „Total Quality Management ist eine auf Mitwirkung aller ihrer Mitglieder basierende Management-Methode einer Organisation, die Qualität in den Mittelpunkt stellt und durch Zufriedenheit der Kunden auf langfristigen Geschäftserfolg sowie auf Nutzen für die Mitglieder der Organisation und für die Gesellschaft zielt".[30] Das „Total" beim TQM verdeutlicht den Anspruch, die geforderte Qualitätsorientierung nicht nur auf Prozessoptimierung im Rahmen des Qualitäts-Management zu beschränken, sondern auch auf alle anderen Management-Aufgaben (Planung, Cont-

[30] Definition des TQM nach DIN EN ISO 8402, 1995.

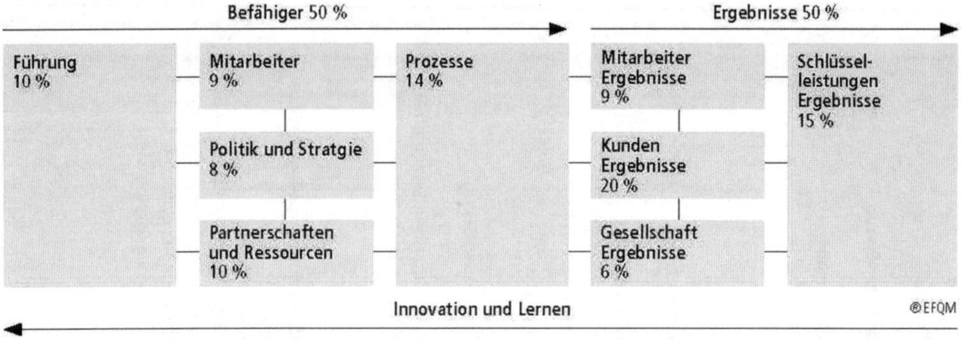

Abb. 6.14 Qualitätsmodell der EFQM

rolling, Organisation, Führung und Innovation) auszudehnen und das TQM dadurch zu einer umfassenden Management-Konzeption zu erheben.

Sehr schön lässt sich dieser Anspruch am Beispiel des Qualitätsmodells der *European Foundation for Quality Management (EFQM)* verdeutlichen, das auf dem TQM-Gedanken basiert. Das EFQM-Modell betrachtet neun, als besonders qualitätsrelevant eingestufte Bereiche der Leistungs-, Prozess- und Strukturqualität (siehe Abb. 6.14). Zu jedem der neun Bereiche gibt es eine Reihe qualitätsrelevanter Aussagen. Die Mitarbeiter der Organisation treffen nun zu jeder Aussage gemeinsam eine kritische Selbstbewertung, die in einer Punktzahl quantifiziert wird. Abbildung 6.14 zeigt auch, wie hoch jeder der neun Bereich prozentual in die Gesamtbewertung eingeht. Bei der Selbstbewertung müssen sich die Mitarbeiter auf eine Punktzahl einigen. Kommen sie zunächst zu unterschiedlichen Einschätzungen, so stellt die entstehende Diskussion den Ausgangspunkt für den anzustrebenden Prozess der Qualitätssteigerung dar.

Das oben erwähnte TQE der *Fundraising Akademie* basiert ebenfalls auf TQM und stellt eine branchenspezifische Variante des EFQM-Modells dar. Es ist das erste und bislang einzige Qualitäts-Managementsystem, das auf die spezifischen Anforderungen des Fundraisings und der Rahmenbedingungen im deutschen Spendenmarkt abgestimmt ist. Dem TQE liegt ein kausales Wirkungsgefüge aus „Treibern“, „Befähigern“ und „Ergebnissen“ zugrunde.[31] Abbildung 6.15 liefert eine Übersicht über die als qualitätsrelevant eingestufte Elemente der Leistungs-, Prozess- und Strukturqualität im Fundraising. Zu jedem Element wurden Fragen für die Selbstbewertung entwickelt. Alle Fragen wurden in einem „TQE Kompendium des Fundraisings“ zusammengefasst, das für 129 € (Stand 2013) bei der *Fundraising Akademie* bestellt werden kann (www.fundraising-akademie.de). Der TÜV *Rheinland* bietet interessierten Organisationen die Möglichkeit, sich auf Basis von TQE extern zertifizieren zu lassen. Damit kann eine Organisation öffentlich mit dem erreichen Qualitätsniveau werben und Vertrauen aufbauen.

[31] Vgl. Kesting, Verena: Qualitätsmanagement, in: Fundraising Akademie (Hrsg.): Fundraising – Handbuch für Grundlagen, Strategien und Methoden, 3. Aufl., (Gabler) Wiesbaden 2006, S. 200-208, S. 202 ff.

Treiber

1. Analyse-, Planungs-, Führungs- und Kontrollsysteme

1.1 Organisationsphilosophie
1.1.1 Vision/Mission
1.1.2 Ethikgrundsätze
1.1.3 Treuhänderische Grundsätze
1.1.4 Verbraucherschutzgrundsätze
1.1.5 Führungsgrundsätze
1.1.6 Qualitätsziele
1.1.7 Strategie(n)

1.2 Geschäftsfeld-Analyse und Geschäftsplanung
1.2.1 Umfeld-/Unternehmensanalyse
1.2.2 Businessplanung
1.2.3 Investitionsplanung
1.2.4 Kennzahlenplanung

1.3 Managementsysteme
1.3.1 Qualitäts- und Effektivitäts-Management
1.3.2 Betriebswirtschaftliche Informations- und Steuerungssysteme
1.3.3 Innovations-/Veränderungs-Management
1.3.4 Kommunikationssteuerung

1.4 Ermittlung von Anforderungen/ Kampagnendefinition
1.4.1 Auftraggeber-Anforderungen
1.4.2 Aktions-/Kampagnen-Definition

1.5 Unternehmensinterne Abstimmung und Partnerschaften

Befähiger

2. Mitarbeiter

2.1 Rekrutierung
2.2 Qualifizierung
2.3 Beurteilung und Entlohnung
2.4 Personalentwicklung
2.5 Personaleinsatz
2.6 Ehrenamtliche/freiwillige Mitarbeiter
2.7 Personalführung

3. Aufbau-/Ablauforganisation und Prozesse

3.1 Aufbau- und Ablauforganisation
3.2 Funktions- bzw. Stellenbeschreibungen
3.3 Prozessplanung, -definition, Spezifikation
3.4 Prozessdokumentation
3.5 Prozesskostenanalyse
3.6 Prozesssicherung und -optimierung
3.7 DRM-Prozess (Donor Relationship Management)

4. Ressourcen und Technik

4.1 Arbeitsmittel/Arbeitsplatzgestaltung
4.2 Spendenverwaltung und DMS-System
4.3 Absicherung der „Know-how"-Verfügbarkeit
4.4 Desaster-Recovery-Ressourcen und Datensicherheit
4.5 Datenschutz

Ergebnisse

5.1 Mitarbeiter-Bezug

5.1.1 Zufriedenheit
5.1.2 Fluktuation
5.1.3 Krankenstand

5.2 Spender-Bezug

5.2.1 Zufriedenheit
5.2.2 Reklamationsquote
5.2.3 Spenderstruktur

5.3 Auftraggeber-Bezug

5.3.1 Vereinbarungserfüllung/Zufriedenheit
5.3.2 KPIs (Key Performance Indicators)

5.4 BWL-/Performance-Ergebnisse

5.4.1 Kostenstruktur
5.4.2 Kostenstellen-/Kostenträger-Ergebnisse
5.4.3 Quartals-/Jahresabschluss-Kennzahlen
5.4.4 Fundraising-spezifische Performance-Ergebnisse

Abb. 6.15 Übersicht über das TQE-Modell

6.3.6 Benchmarking im Fundraising

In den vorangegangenden Kapiteln haben wir gesehen, dass Qualitäts-Management eine kontinuierliche Verbesserung der Leistungs-, Prozess- und Strukturqualität anstrebt. Wie wir gesehen haben, basieren Qualitäts-Managementsysteme wie EFQM und TQE auf Selbstbewertung. In diesem Zusammenhang stellt sich für jede Organisation die Frage, wie groß das Potenzial für Verbesserungen ist bzw. welches Maximum an Optimierung überhaupt erreichbar ist. Diese Frage kann nur im Vergleich mit anderen Organisationen beantwortet werden. Hier setzt das sog. **Benchmarking** an. Ganz allgemein gesagt, betreiben Organisationen Benchmarking um sich anhand wichtiger Kennzahlen mit anderen Organisationen zu vergleichen. So kann das eigene (Leistungs-, Kosten- oder Qualitäts-) Niveau relativiert werden. Benchmarking kann in allen Bereichen eingesetzt werden, die mit Hilfe von Kennzahlen gesteuert werden.

Beispiel

Der Lifetime Value eines Spenders der Organisation A beträgt 421 €. Von der vergleichbaren Organisation B erfährt A, dass der Lifetime Value eines Spenders dort 568 € beträgt und somit um ein Drittel höher liegt. Damit kann Organisation A das Steigerungspotenzial für den Lifetime Value seiner Spender quantifizieren.

Kesting unterscheidet zwei Methoden des Benchmarking:[32]

- In **anonymisierten Benchmark-Studien** werden relevante Kennzahlen in einer möglichst großen und repräsentativen Stichprobe erhoben und statistisch ausgewertet. Jede teilnehmende Organisation kann anschließend die eigenen Kennzahlen mit dem Stichprobendurchschnitt und dem Besten in der Stichprobe („Best Practice“) vergleichen. Da die Studie anonymisiert ist, kann jedoch nicht festgestellt werden, wer der Beste ist und warum. Diese Form von Benchmarking betreiben auch Wettbewerber gemeinsam, da alle von den Erkenntnissen profitieren, ohne dass der Beste sein „Erfolgsrezept“ offenlegen muss.
- Beim **offenen Partner-Benchmarking** werden dagegen nicht nur ein Kennzahlenvergleich angestellt sondern auch Einblicke in Verfahren und Methoden der „Best Practice“-Lösung gegeben. Diese Form von Benchmarking legt „Erfolgsrezepte“ offen und wird deshalb v. a. von verschiedenen Einheiten einer Organisation zum organisationsinternen Vergleich herangezogen. So könnten sich im Fundraising beispielsweise Landesverbände einer föderalen Organisation im offenen Partner-Benchmarking miteinander vergleichen und so voneinander profitieren ohne sich zu schaden.

[32] Vgl. Kesting, Verena: Qualitätsmanagement, in: Fundraising Akademie (Hrsg.): Fundraising – Handbuch für Grundlagen, Strategien und Methoden, 3. Aufl., (Gabler) Wiesbaden 2006, S. 200–208, S. 206 ff.

Seit 2011 gibt es auch im deutschsprachigen Raum die Möglichkeit, an einem professionellen Fundraising-Benchmarking teilzunehmen. Gemeinsam mit dem auf Fundraising-Benchmarking spezialisierten Tochterunternehmen *Target Analytics* des weltweit größten Fundraising-Dienstleisters *Blackbaud* aus den USA bietet der Autor ein offenes Partner-Benchmarking an (siehe www.urselmann.de).

6.3.7 Was ich in diesem Kapitel gelernt habe

- Führen Sie Qualitäts-Management in Ihr Fundraising ein um neben Planung und Controlling ein weiteres Steuerungsinstrument zur Verfügung zu haben!
- Sorgen Sie für hohe Leistungs-, Prozess- und Strukturqualität in Ihrem Fundraising!
- Erforschen Sie bei der Leistungsqualität zunächst die Zufriedenheit (= Erfüllungsgrad der Erwartungen) der wichtigsten Stakeholder (Spender, Mitarbeiter in der Fundraising-Abteilung und Öffentlichkeit) durch Befragung oder Beobachtung!
- Führen Sie zu allen Fundraising-Maßnahmen ständig Tests durch, um unter verschiedenen Varianten diejenige zu finden, die den Erwartungen Ihrer Spender am besten gerecht wird!
- Schaffen Sie sich durch systematisches Database Marketing ein leistungsfähiges Informationssystem für Ihr Fundraising!
- Analysieren Sie mit Hilfe des Database Marketing die Präferenzen Ihrer Spender! Wenn Sie selbst noch keine Erfahrung mit Database Marketing haben, lassen Sie sich anfangs von einem Spezialisten coachen!
- Setzen Sie Methoden des Database Marketing wie beispielsweise das RFM-Modell und CHAID ein!
- Sorgen Sie für hohe Prozessqualität in dem Sie die Prozesse in Ihrem Fundraising systematisch analysieren, dokumentieren und optimieren!
- Prüfen Sie, ob Sie das Qualitäts-Managementsystem TQE einführen können!
- Schätzen Sie über Benchmarking Ihre Potenziale für Qualitätsverbesserungen ab!
- Prüfen Sie, ob Sie an einem offenen Partner-Benchmarking teilnehmen können!

6.3.8 Weiterführende Literatur zu diesem Kapitel

Fundraising Akademie. (Hrg.): Das Total Quality Excellence Kompendium des Fundraisings – Der detaillierte Management-Leitfaden für maximale Qualität der Spendenwerbung. Frankfurt (2006)

Huldi, C.: Database Marketing. St. Gallen (1992)

Detering, R.: Database, in: Fundraising Akademie (Hrsg.): Fundraising – Handbuch für Grundlagen, Strategien und Instrumente, 4. Aufl., S. 586–599. Gabler, Wiesbaden (2006)

Kesting, V.: Qualitätsmanagement. In: Fundraising Akademie (Hrsg.) Fundraising – Handbuch für Grundlagen, Strategien und Methoden, 4. Aufl., S. 200–208. Gabler, Wiesbaden (2008)
Kreutzer, R.T.: Database Marketing – Erfolgsstrategie für die neunziger Jahre, in: Dallmer, Heinz (Hrsg.): Handbuch Direct Marketing, 6. Aufl. S. 623–642. Wiesbaden (1991)
Lange, M.: Qualitätsmanagement im Fundraising. Stiftung & Sponsoring. **2**, 9–11 (2001)
Link, J., Brändli, D., Schleuning, C., Kehl, R.E. (Hrsg.): Handbuch des Database Marketing, IM Fachverlag Marketing Forum, Ettlingen (1997)
Lühe, Markus von der: So gewinnt UNICEF mehr Spender. Database Marketing. **1**, 14–16 (1997)
Rodd, J.: Models of database marketing ((Henry Stewart Publications) London). J. Nonprofit. Voluntary. Sector. Market. Inter. J. **2**, 176–183 (1997)
Rodd, J.: Using data analysis in strategic legacy marketing ((Henry Stewart Publications) London). J. Nonprofit. Voluntary. Sect. Mark. Inter. J., 3. Jg. **1** (1998)
Rosegger, H., Schneider, H., Hönig, H.-J.: Database fundraising: Wie Sie Ihr Fundraising zum Erfolg führen. Fachverlag IM-Marketing-Forum, Ettlingen (2000)
Schüring, H.: Database Marketing, 2. Aufl. Verlag moderne industrie, Landsberg und Lech (1992)

6.4 Organisation im Fundraising

6.4.1 Was ist Organisation?

Im Rahmen der Management-Aufgabe „Organisation" sind zum einen Strukturen (Aufbauorganisation) und zum anderen Prozesse und Abläufe (Ablauforganisation) so zu gestalten, dass eine Organisation möglichst effektiv und effizient arbeiten kann. Da die Gestaltung und Optimierung von Prozessen (im Fundraising) bereits im vorangegangenen Kapitel zum Qualitäts-Management behandelt wurde, soll in diesem Kapitel der Schwerpunkt auf die Aufbauorganisation (im Fundraising) gelegt werden.

6.4.2 Aufbauorganisation im Fundraising

In den vorangegangenen Kapiteln wurde deutlich, wie wichtig es ist, das Fundraising durch Planung, Controlling und Qualitäts-Management systematisch zu steuern. Professionelles Fundraising ist ein komplexer und zeitaufwendiger Prozess, der nicht „nebenbei" erledigt werden kann. Vielmehr sind Strukturen und personelle Zuständigkeiten zu schaffen, deren Umfang von der Größe der Organisation und ihrer Fundraising-Strategie („structure follows strategy") abhängt. Im Stellenplan der Organisation sind eine oder mehrere **Stellen** für das Fundraising vorzusehen. Ob es sich um eine halbe oder ganze oder gar mehrere Stellen handelt, die ehrenamtlich oder hauptamtlich besetzt werden, hängt von der Größe der Organisation ab. Als Faustformel sollte eine Vollzeitstelle im Fundraising (mittelfristig) Ressourcen im Wert von 500.000–800.000 € pro Jahr generieren. Sehr erfahrene Fundraiser werben sogar bis zu einer Million Euro pro Jahr ein.

Im Rahmen der Aufbauorganisation (des Fundraising) sind Stellen zu beschreiben, ihre Verankerung in der Gesamtstruktur der Organisation zu definieren und in einem Organigramm grafisch zu veranschaulichen. Eine **Stellenbeschreibung** sollte – in Abstimmung mit der, im Rahmen der Planung gewählten Strategie – zumindest folgende Punkte umfassen:

- Genaue Stellenbezeichnung,
- Zielsetzung der Stelle,
- Aufgaben, die durch den Stelleninhaber zu erledigen sind,
- Mindestqualifikation und Anforderungen an die Stelle (Ausbildung, Berufserfahrung, Kenntnisse, Fähigkeiten, persönliche Eigenschaften),
- Kompetenzen und Befugnisse der Stelle,
- Pflichten der Stelle,
- Hierarchische Einordnung der Stelle,
- Stellvertretungsregelung zur Stelle.

Eine solche Stellenbeschreibung bildet die Grundlage für:

- die Personalbeschaffung,
- den Personaleinsatz,
- die Personalbewertung und Vergütung,
- die Weiterbildung des Personals (siehe auch nächstes Kapitel).

Mehrere (Fundraising-) Stellen können wiederum eine (Fundraising-) **Abteilung** bilden. Zwischen den Stellen und Abteilungen wird ein hierarchisches Gefüge mit Über- und Unterordnung (bezogen auf die Kompetenzen und Verantwortungen) festgelegt. Untergeordnete Organisationseinheiten berichten an die ihnen übergeordnete(n) Organisationseinheit(en) und haben Weisungsbefugnis gegenüber den ihnen untergeordneten Organisationseinheiten. Die so im Rahmen der Aufbauorganisation gebildete Struktur kann dann in Form eines Organigramms grafisch veranschaulicht werden.

Wie ist das Fundraising in die Aufbauorganisation einer Organisation eingebunden? Die Antwort auf diese Frage hängt, wie bereits erwähnt, sehr stark von der Größe der Organisation, ihrer Entwicklungsstufe und der Bedeutung ab, die dem Fundraising innerhalb der Organisation beigemessen wird. Zunächst ist Fundraising eigentlich „Chefsache". Am besten wäre, wenn (potenzielle) Spender von „höchster Stelle" angesprochen würden. Es wurde bereits mehrfach darauf hingewiesen, dass das persönliche Gespräch im Fundraising unschlagbar ist. Selbst in sehr kleinen Organisationen findet man immer wieder auch (ehrenamtliche) Vorstandsmitglieder, die – im Rahmen ihrer zeitlichen Möglichkeiten – erfolgreich erste Schritte im Fundraising gehen. Mit dem systematischen Ausbau des Fundraising sind sie dann jedoch irgendwann (zeitlich und/oder fachlich) überfordert.

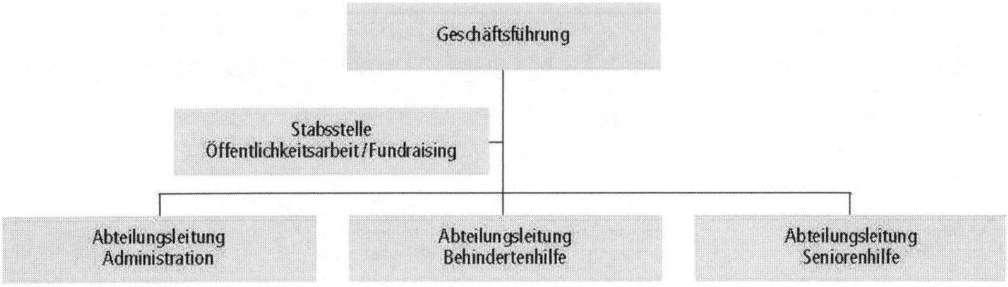

Abb. 6.16 Beispiel Stabsstelle „Öffentlichkeitsarbeit und Fundraising"

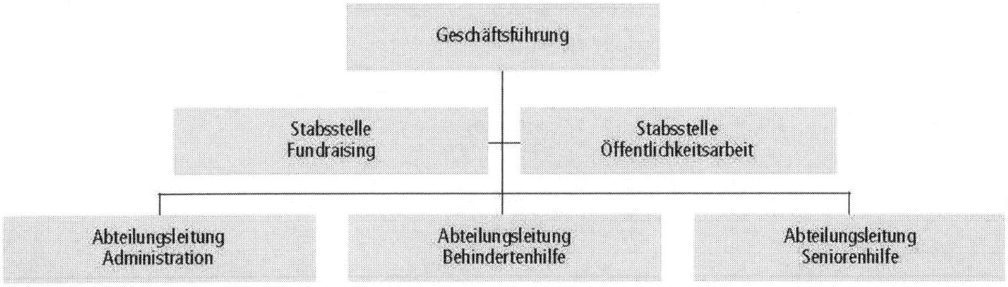

Abb. 6.17 Beispiel Stabsstelle „Fundraising"

Mit zunehmender Größe einer Organisation muss zur Bewältigung aller Aufgaben früher oder später eine hauptamtliche Geschäftsführung eingesetzt werden. Dem persönlichen Fundraising-Gespräch mit dem Spender stehen dann (Personal-) Kosten gegenüber. Wie oben bereits ausgeführt, stehen diese Kosten i. d. R nur bei Spendern in der Spitze der Spenderpyramide (Großspendern und Testamentspendern) in einem vertretbaren Verhältnis zu den Spendeneinnahmen. Entsprechend kann Großspender-Fundraising durchaus „Chefsache" auch einer hauptamtlichen Geschäftsführung bleiben. In der Praxis tritt jedoch schnell eine zeitliche Überlastung der Geschäftsführung ein. Zu ihrer Entlastung richtet die Geschäftsführung einer kleinen oder mittelgroßen Organisation dann eine (halbe oder ganze) **Stabsstelle** Fundraising ein. Eine Stabsstelle ist eine spezialisierte Leitungshilfsstelle, die fachspezifische Aufgaben (wie z. B. Fundraising, Controlling oder Öffentlichkeitsarbeit) übernimmt, ohne jedoch selbst Entscheidungs- und Weisungskompetenz zu haben. Aufgrund der inhaltichen Nähe zur Öffentlichkeitsarbeit (siehe Kap. 2.6.2) ist das Fundraising (zunächst) oft bei einer Stabsstelle Öffentlichkeitsarbeit angesiedelt wird. Entsprechend findet sich im Organigramm so mancher Organisation eine Stabsstelle „Öffentlichkeitsarbeit und Fundraising" (siehe Abb. 6.16).

Größere Organisationen richten eine eigene Stabsstelle „Fundraising" ein, die neben einer Stabsstelle „Öffentlichkeitsarbeit" stehen kann (siehe Abb. 6.17):

Wächst eine Organisation und ihr Fundraising weiter, so gibt es zwei Alternativen:

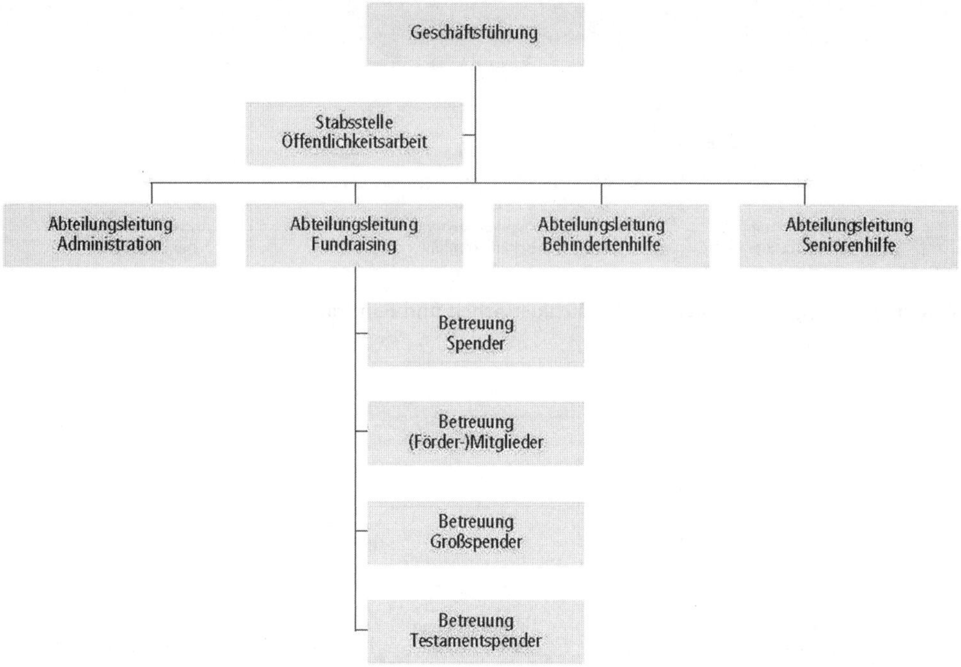

Abb. 6.18 Beispiel Fundraising-Abteilung mit mehreren Stellen

- Alternative 1: Die Organisation belässt es bei der Stabsstelle und lagert alle zusätzlich erwachsenden Aufgaben nach und nach auf einen oder mehrere externe Dienstleister aus (Outsourcing). Die Stabsstelle beschränkt sich auf die Steuerung des Fundraising, also Planung, Controlling und Qualitäts-Management. Die Durchführung aber überlässt sie den externen Dienstleistern.
- Alternative 2: Die Organisation baut eine eigene Abteilung auf, die nach und nach mehrere Stellen für das Fundraising umfasst. Oft beziehen sich die verschiedenen Stellen einer Fundraising-Abteilung dann auf die verschiedenen Stufen der Spenderpyramide. Es werden also eigene Stellen (siehe Abb. 6.18) eingerichtet für die Gewinnung und Betreuung von
  - (Erst- und Mehrfach-) Spendern,
  - Dauerspendern (Paten, Fördermitglieder etc.),
  - Großspender,
  - Testamentspender.

Sehr große Organisationen fassen nicht nur ihre Stellen in Abteilungen zusammen, sondern die Abteilungen nochmals in Bereichen. Ein Bereich „Fundraising" kann dann durchaus bis zu fünf Abteilungen mit bis zu 50 Stellen umfassen oder mehr (siehe Abb. 6.19).

Bezogen auf verbundene Organisationen ist eine weitere Herausforderung aus organisatorischer Sicht zu meistern, wenn eine Organisation in der Rechtsform eines eingetrage-

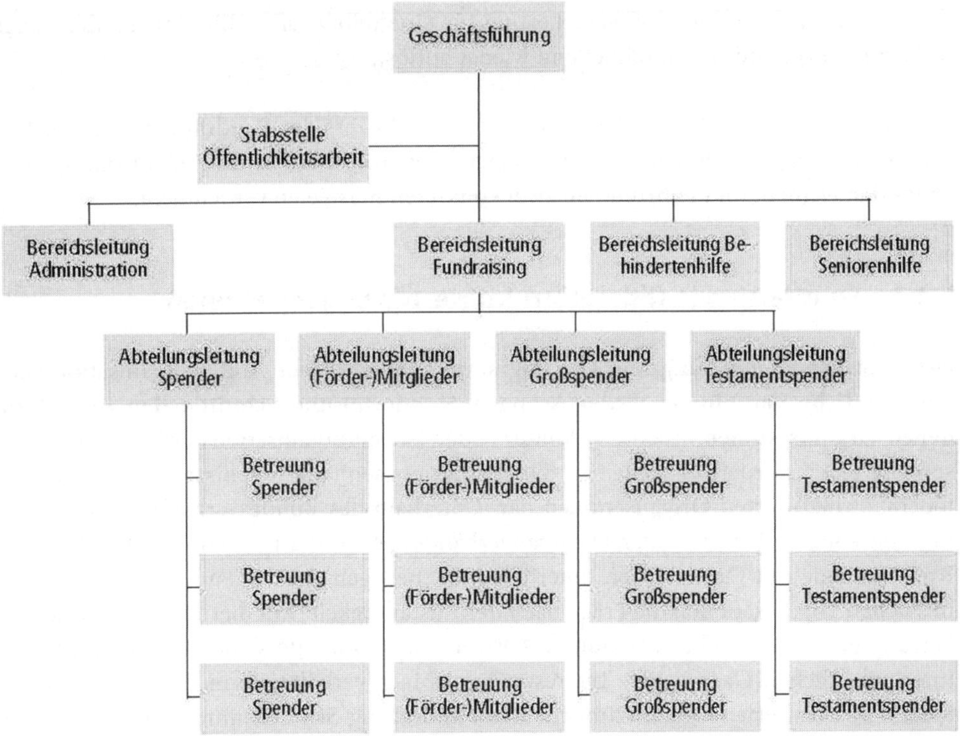

Abb. 6.19 Beispiel Fundraising-Bereich mit mehreren Abteilungen

nen Vereins aus steuerlichen Gründen eine Stiftung gründet, deren einziger Förderzweck die Unterstützung der Projekte des e. V. ist. Durch das *Gesetz zur weiteren steuerlichen Förderung von Stiftungen* sind eine Vielzahl von Stiftungen mit genau dieser Zielsetzung gegründet worden. Erhebliches Konfliktpotenzial birgt die (potenzielle) Konkurrenz, die im Fundraising von Verein und Stiftung entstehen kann. Im Idealfall gelingt es, organisatorisch Personalunion zumindest in der Leitungsfunktion beider Strukturen herzustellen.

Zusätzlich zu den dauerhaften Strukturen der Aufbauorganisation einer Organisation werden temporäre Strukturen immer wichtiger. Auch im Fundraising steigt die Bedeutung des **Projekt-Management** ständig. Ein Projekt ist ein Vorhaben, das innerhalb eines fest definierten Zeitraums (mit eindeutigem Anfangs- und Enddatum) ein bestimmtes Ziel erreichen soll. Da es sich in der Regel um ein einmaliges Vorhaben handelt, wird dafür keine dauerhafte sondern nur eine temporäre Struktur gebildet.

Beispiel

Soll in einer Organisation eine neue Fundraising-Datenbank angeschafft werden, so ist eine Projektgruppe „Fundraising-Datenbank“ aus Vertretern der Abteilungen Fundraising, Buchhaltung und EDV zu bilden, die gemeinsam mit einem externen Berater und dem Anbieter der Software-Lösung für eine reibungslose Einführung der neuen Lösung sorgt und sich anschließend wieder auflöst.

In den beiden Kap. 6.6 und 6.7 wird der gesamte Prozess der Fundraising-Organisation (im Zusammenspiel mit den anderen Management-Aufgaben Planung, Controlling, Qualitäts-Management und Führung) an zwei konkreten Beispielen verdeutlicht.

6.4.3 Fundraising in föderal strukturierten Organisationen

Neben Stellenbeschreibung und Organigramm werden in der Aufbauorganisation auch die **räumliche Verteilung** (Niederlassungen, Standorte) und **Schnittstellen zu verbundenen Organisationen** (Tochter-, Mutter- oder Partnerorganisation) definiert. Eine besondere Herausforderung stellen in diesem Zusammenhang organisatorische Fragen in föderal strukturierten Organisationen dar. Unterhalb des Bundesverbandes einer Organisation kann es Landes- oder Diözesanverbände geben, die ihrerseits in Bezirks- oder Kreisverbände mit Ortsvereinen unterteilt sind. Bezogen auf das Fundraising stellt sich in solchen Organisationen die Frage nach der Zuständigkeit. Auf diese Frage lässt sich erfahrungsgemäß keine allgemeingültige Antwort geben. Zu unterschiedlich sind die Strukturen, rechtlichen Grundlagen, Interessen und Machtverhältnisse in den verschiedenen föderal strukturierten Organisationen. Aus Fundraising-Sicht ist immer ein Spagat zwischen zentraler Effizienz und (dezentraler) Ortsnähe hinzubekommen. Dazu zwei grundsätzliche Empfehlungen:

- Die „Massenansprache" der Spender in der Basis der Spenderpyramide (insbesondere in Form von Mailings) sollte aus Kostengründen auf möglichst hoher Verbandsebene zentral durchgeführt werden. Vorraussetzung ist jedoch die Bereitschaft der Zentrale, auf die regionalen Besonderheiten der unteren Verbandsebenen individuell einzugehen. So muss beispielsweise jeder Untergliederung auf Wunsch ermöglicht werden, in einem zentral verschickten Mailing individuell auf ihre regionalen Projekte hinweisen zu können. In einem bestimmten Rahmen ist dies sowohl technisch möglich als auch wirtschaftlich vertretbar.
- Die Zuständigkeit für die persönliche Ansprache der Spender in der Spitze der Spenderpyramide (Großspender aufwärts) sollte möglichst dezentral bei den unteren Verbandsebenen liegen. Zum einen ist in föderalen Strukturen die Spendenbereitschaft vieler Spender eher regional als national ausgerichtet. Zum anderen sprechen aber auch rein praktische Erwägungen für eine regionale Ansprache (kurze Anfahrtswege für Treffen, Dialekt etc.). Die Zentrale sollte ihre dezentralen Gliederungen jedoch bei der Gewinnung und Betreuung der Groß- und Testamentspender mit Know-how und Infrastruktur unterstützen.

6.4.4 Was ich in diesem Kapitel gelernt habe

- Schaffen Sie in Ihrer Organisation so schnell wie möglich, eigene personelle Zuständigkeiten für das Fundraising, auch wenn diese zunächst nur temporär und ehrenamtlich wahrgenommen werden können!
- Wenn Sie dauerhaft mindestens sechsstellige Beträge aus dem Fundraising erwarten, investieren Sie sobald wie möglich in eine hauptamtliche Fundraising-Stelle!
- Siedeln Sie die erste Fundraising-Stelle als Stabsstelle an der Geschäftsführung an!
- Wenn mit dem Ausbau des Fundraising weitere Stellen im Fundraising benötigt werden, entscheiden Sie, ob Sie diese an einen externen Dienstleister auslagern (Outsourcing), der durch Ihre Stabsstelle gesteuert wird! Oder ob Sie die Stabsstelle zu einer eigenen Fundraising-Abteilung ausbauen!
- Schaffen Sie beim Aufbau einer Fundraising-Abteilung Zuständigkeiten für die Spender auf den verschiedenen Stufen der Spenderpyramide!
- Definieren Sie für jede Stelle im Fundraising eine aussagekräftige Stellenbeschreibung!
- Sorgen Sie im Fundraising einer föderal strukturierten Organisation für eine sinnvoll Arbeitsteilung zwischen zentralem und regionalem Fundraising!
- Sorgen Sie in Ihrer Organisation für die nötige „Institutional Readiness"! Werben Sie für Ihr Fundraising und seine Notwendigkeit! Informieren Sie und versuchen Sie, zu überzeugen!

6.4.5 Weiterführende Literatur zu diesem Kapitel

Gubser, M.: Lieber in Würde untergehen. Einige Bemerkungen zur Institutional Readiness FundInfo 1/2005, Schweizer Fundraising-Verband, Zürich (2005)

Schreyögg, G.: Grundlagen der Organisation – Basiswissen für Studium und Praxis. Gabler, Wiesbaden (2012)

Schulz, L.: Institutional Readiness. In: Fundraising Akademie (Hrsg.) Fundraising – Handbuch für Grundlagen, Strategien und Methoden, 4. Aufl., S. 97–101. Wiesbaden (2008)

Schwarz, P.: Organisation in Nonprofit-Organisationen – Grundlagen. Strukturen, Wien (2005)

Wallmeyer, G.: Strategische Positionierung des Fundraisings. In: Fundraising-Akademie (Hrsg.) Fundraising – Handbuch für Grundlagen, Strategien und Methoden, 4. Aufl., S. 101–109. Wiesbaden (2008)

6.5 Führung im Fundraising

Fundraising-Management wurde definiert als systematische Steuerung des Fundraising auf Fundraising-Ziele hin, unter effektiver und effizienter Nutzung der vorhandenen Ressourcen. Es gilt also, die im Rahmen der Planung selbst gesteckten Ziele möglichst gut zu erreichen. Dies wird umso anspruchsvoller, je mehr Menschen daran beteiligt sind. Ob am Fundraising Wenige oder Mehrere, Haupt- oder Ehrenamtliche beteiligt sind; damit sich alle nach Kräften dafür einsetzen, die gemeinsamen Fundraising-Ziele möglichst effektiv und effizient zu erreichen, bedarf es entsprechender Führung.

6.5.1 Was ist Führung?

Oft wird der Begriff Führung synonym zum Begriff Management verwandt (Management ist Führung). Hier soll Führung im Sinne der Menschen- bzw. Mitarbeiterführung als eine Management-Aufgabe neben anderen verstanden werden. In diesem Sinne ist Führung Verhaltensbeeinflussung, die eine bestmögliche **Leistungsbereitschaft** und **Leistungsfähigkeit** der geführten (haupt- und ehrenamtlichen) Mitarbeiter bewirken soll, um eine optimale Zielerreichung zu gewährleisten. Führung im Fundraising möchte demnach das Wollen, die Motivation der Fundraiser (ihre Leistungsbereitschaft) ebenso positiv im Sinne der verfolgten Fundraising-Ziele beeinflussen wir deren Können, Wissen und Erfahrung (ihre Leistungsfähigkeit).

Wollen und Können eines Fundraisers hängen eng mit seiner Zufriedenheit am Arbeitsplatz zusammen. Im Kapitel zum Qualitäts-Management wurde aufgezeigt, dass die Zufriedenheit der Spender (mit der Qualität des Fundraising) am Erfüllungsgrad der subjektiven Erwartungen festgemacht wird. Analog hängt auch die Zufriedenheit der Mitarbeiter im Fundraising vom Erfüllungsgrad deren subjektiver Erwartungen an ihre Fundraising-Stelle ab. Dabei sind Spender- und Mitarbeiterzufriedenheit unmittelbar miteinander verknüpft. „Spenderzufriedenheit" (als Voraussetzung für das Upgrading in der Spenderpyramide) kann nur mit zufriedenen Fundraisern erreicht werden. Nur Fundraiser, die mit ihrer eigenen Arbeitssituation zufrieden sein können, sind bereit, sich für die Zufriedenheit anderer, in diesem Fall der Spender, einzusetzen. Auch wenn es für diesen Zusammenhang bisher kaum theoretisch fundierte und empirisch auf breiter Basis abgesicherte Ergebnisse gibt, so ist seine Plausibilität doch unbestritten.[33]

Für Organisationen ist die Mitarbeiterzufriedenheit aber auch noch aus einem weiteren Grunde von zentraler Bedeutung. Um den Verwaltungskostenanteil möglichst gering zu halten, werden Mitarbeiter in Organisationen i. d. R geringer entlohnt als für vergleichbare Tätigkeiten im kommerziellen Bereich. Die materielle Benachteiligung wird von Mitarbeitern jedoch bewusst in Kauf genommen, da die ideelle, gemeinnützige, oft humanitäre Zielsetzung der Organisation als sinnstiftend und befriedigend

[33] Vgl. Töpfer, Armin: Kundenzufriedenheit durch Mitarbeiterzufriedenheit, in: Personalwirtschaft, o.Jg., 1995, Nr. 8, S. 10–15, S. 10.

empfunden wird und dadurch einen immateriellen Ausgleich schafft.[34] *Drucker* ist sogar der Meinung, dass NPOs den POs insofern überlegen sind, als sie aufgrund ihrer ideellen Zielsetzung stärker zur Mitarbeit und zum persönlichen Engagement motivieren.[35] Dieser Zusammenhang gilt in besonderem Maße natürlich für ehrenamtliche Mitarbeiter von Organisationen, die ganz auf (materielle) Entlohnung verzichten. Umgekehrt aber läuft eine Organisation, der es nicht (mehr) gelingt, materielle Benachteiligung mit entsprechender Mitarbeiterzufriedenheit und Identifikation auszugleichen, stärker als ein kommerzielles Unternehmen Gefahr, qualifizierte und besonders motivierte Mitarbeiter zu verlieren. Um eine möglichst hohe Zufriedenheit der Mitarbeiter im Fundraising zu erreichen, muss es einer Organisation also gelingen, trotz sparsamer Mittelversendung die Leistungsbereitschaft und die Leistungsfähigkeit nach Kräften zu fördern.

6.5.2 Förderung der Leistungsbereitschaft der Fundraiser

Die beste Fundraising-Planung nützt nichts, wenn die Mitarbeiter in der Fundraising-Abteilung nicht (mehr) ausreichend motiviert sind, sie auch nach Kräften umzusetzen. Zur Förderung der Motivation der Mitarbeiter im Fundraising stehen einer Organisation grundsätzlich immaterielle und materielle Anreize zur Verfügung. An **immateriellen** Anreizen kann eine Organisation ihren Mitarbeitern im Fundraising folgendes anbieten:

- eine offene Informationspolitik,
- Partizipation,
- eine angenehme Arbeitsatmosphäre,
- Anerkennung.

Die motivatorische Bedeutung einer **offenen Informationspolitik** wird in der Praxis insbesondere der NPOs oftmals unterschätzt.[36] Existenz, Inhalt, Qualität und Timing von Informationen beispielsweise über Situation und Entwicklung der Organisation, neue Aktivitäten und Projekte, neue Mitarbeiter, Aus- und Weiterbildung etc. haben auch im Fundraising von NPOs einen zu berücksichtigenden Einfluss auf die Motivation der Mitarbeiter und damit auf den Fundraising-Erfolg.

---

[34] Vgl. Zimmer, Annette: Management- und Marketingprobleme kultureller Initiativen und Vereine, in: Strachwitz, Rupert Graf; Toepler, Stefan (Hrsg.): Kulturförderung – Mehr als Sponsoring, (Gabler) Wiesbaden 1993, S. 395–412, S. 398-400; Raffée, Hans; Wiedmann, Klaus-Peter ; Abel, Bodo: Sozio-Marketing, in: Irle, Martin (Hrsg.): Handbuch der Psychologie, Göttingen 1983, S. 675–768.

[35] Vgl. Drucker, Peter F.: What Business Can Learn From Nonprofits, in: HBR, o.Jg., 1989, S. 88–93.

[36] Vgl. Klein, Thomas; Endres, Christian: Mitarbeiterinformation – Die unterschätzte Ressource, in: Personal – Zeitschrift für Human Resource Management, o.Jg., 1995, Nr. 6, S. 280–285.

Beispiel

In der UNICEF-Zentrale in New York werden den (Fundraising-) Mitarbeitern Videos über UNICEF-Projekte vor Ort gezeigt, die gleichzeitig informieren und motivieren sollen. Im Alltagsgeschäft weit ab der Projekte würden sonst viele Fundraiser Gefahr laufen, zu vergessen, wofür sie sich eigentlich tag täglich bemühen. Noch informativer und motivierender ist freilich für Fundraising-Mitarbeiter, die Projekte der Organisation von Zeit zu Zeit selbst vor Ort besuchen zu können.

Auch **Partizipation** an Entscheidungen kann (Fundraising-) Mitarbeiter motivieren. Der Partizipationsgrad misst die Beteiligung hierarchisch niedrigerer Stellen/Mitarbeiter an Entscheidungen höherer Instanzen[37] und ist in unterschiedlich starken Ausprägungen denkbar. Das Spektrum reicht von Nicht-Beteiligung an Entscheidungen, über Förderung der Akzeptanz von Entscheidungen der hierarchisch höheren Stelle (hier der Leitung der Fundraising-Abteilung) durch das Einholen der Meinung der hierarchisch niedrigeren Stelle, bis hin zu Berücksichtigung dieser Meinung bei der Entscheidungsfindung einschließlich einer dauerhaften und „echten" Mitbestimmung und (im weitestgehenden Fall) umfassender Delegation von Entscheidungsverantwortung an hierarchisch niedrigere Stellen.[38]

Als zusätzlicher immaterieller Anreiz zur Förderung der Mitarbeitermotivation wird in der Literatur auch eine **angenehme Arbeitsatmosphäre** bzw. Betriebsklima ebenso genannt wie die **Anerkennung** einer Mitarbeiterleistung durch übergeordnete Stellen. Trotz der hohen Bedeutung des Fundraising für eine Organisation erhalten nur wenige Fundraiser Anerkennung für ihre Leistung. Sie sollte zumindest ausgesprochen werden, wenn im Rahmen der jährlichen Mitarbeitergespräche eine ausreichend hohe Zielerreichung des Fundraisers festgestellt werden kann.

Die wichtigsten **materiellen** Anreize liefern:

- eine leistungsgerechte Entlohnung,
- ‚Incentives' und
- Aufstiegsmöglichkeiten.

Der wohl wichtigste materielle Anreiz dürfte von einer **leistungsgerechten Entlohnung** ausgehen. Gemeinnützige Organisationen stehen nun aber vor dem Dilemma, einerseits möglichst qualifizierte und motivierte Mitarbeiter im Fundraising einsetzen zu wollen, um möglichst viele Gelder einwerben zu können, andererseits aber nicht die dafür angemessenen Gehälter bezahlen zu wollen, um möglichst viele Ressourcen den Projekten der NPO bereitstellen zu können. Vor diesem Hintergrund erscheint die Frage interessant, welche Erfolgsrelevanz dem Einkommen der Fundraiser beizumessen ist. Auch dieser Frage wur-

[37] Vgl. Steinle, Claus: Delegation, in: Frese, Erich (Hrsg.): Handwörterbuch der Organisation, 3. Aufl., (Schäffer Poeschel) Stuttgart u.a. 1992, S. 502.

[38] Vgl. Staehle, Wolfgang: Management, 5. Aufl., (Vahlen) München 1990, S. 797.

de im Rahmen der eigenen empirischen Untersuchung nachgegangen. Die Ergebnisse werden am Ende des Kapitels vorgestellt.

Im Zusammenhang mit leistungsgerechter Bezahlung werden im kommerziellen Bereich oft auch Fragen der Erfolgsbeteiligung und anderer leistungsabhängiger materieller Anreize (‚**Incentives**') diskutiert. Unter Erfolgsbeteiligung wird eine Zahlung des Unternehmens/der Organisation an den Mitarbeiter verstanden, die über die reine Entlohnung hinausgeht und die auf längerfristiger Basis an den (wirtschaftlichen) Erfolg einer größeren Einheit (hier der Fundraising-Abteilung) gekoppelt ist.[39] Primäres Ziel der Erfolgsbeteiligung ist, die Motivation der Mitarbeiter zu höherer Arbeitsleistung, Produktivität, Einsatzbereitschaft, Kostenbewusstsein und Identifikation mit dem Unternehmen/der Organisation zu fördern.[40]

Erfolgsbeteiligungen im Fundraising sind bei NPOs äußerst umstritten, zumal wenn sie bei organisationsexternen Fundraisern eingesetzt werden. Die Organisationen wissen (bzw. vermuten), dass ihre Spender das Idealbild des ehrenamtlich „Sammelnden" im Kopf haben und eine Erfolgsbeteiligung (in welcher Form auch immer) als unmoralische persönliche Bereicherung und Kommerzialisierung missbilligen würden. Dies dürfte wohl selbst dann noch gelten, wenn es einer Organisation gelänge, durch Erfolgsbeteiligung ihrer Fundraiser nachweislich mehr Geld einzuwerben. Entsprechend lehnt auch der *Deutsche Fundraising Verband* ausschließlich oder überwiegend erfolgsabhängige Vergütung in seinen „Grundregeln für eine gute, ethische Fundraising-Praxis" Der erfolgsabhängige Anteil darf demnach höchstens 50 % der jeweiligen Vergütung betragen (siehe Kap. 2.5.5.7).

Als eine weitere Möglichkeit, Mitarbeiter durch materielle Anreize zu motivieren, kann das Aufzeigen von Entwicklungs- bzw. **Aufstiegsmöglichkeiten** angesehen werden. Allerdings können nur große Organisationen ihren Fundraisern Aufstiegsmöglichkeiten von der Sachbearbeitung über die Abteilungsleitung zur Bereichsleitung anbieten. Kleinere Organisationen ohne diese Hierachieebenen (und das sind die meisten) haben diese Möglichkeit nicht.

Ebenfalls motivierend kann schließlich ein starkes „Wir-Gefühl" innerhalb der Organisation und hohe Identifikation mit den Zielen der Organisation wirken. Gerade in gemeinnützigen Organisationen, mit ihren nicht-kommerziellen, ideellen und damit identifikationsstarken Zielsetzungen, kommt diesem Motivationsaspekt eine besondere Bedeutung zu.

6.5.3 Förderung der Leistungsfähigkeit der Fundraiser

Die Leistungsfähigkeit bzw. das fachliche Können eines Fundraisers kann mittlerweile auch im deutschsprachigen Raum durch eine ganze Reihe geeigneter Aus- und Weiterbil-

[39] Vgl. Berthel, Jürgen: Personal-Management – Grundzüge für Konzeptionen betrieblicher Personalarbeit, 2. Aufl., (Schäffer Poeschel) Stuttgart 1989, S. 333 f.

[40] Vgl. Scholz, Christian: Personalmanagement, 4. Aufl., (Vahlen) München 1994, S. 483 f.

dungsmöglichkeiten gefördert werden. Diese werden später in den Kap. 7.1 und 7.2 noch näher vorgestellt. Leider investieren viele Organisationen im Sinne sparsamer Verwendung von Spendengeldern zu wenig in die ständige Weiterbildung ihrer Fundraiser.

Umfangreiche statistische Analysen im Rahmen der eigenen empirischen Untersuchungen brachten ein deutliches Ergebnis. Von allen oben genannten Faktoren zur Förderung der Leistungsbereitschaft und Leistungsfähigkeit stellte sich bei den befragten 106 Organisationen die ideelle Förderung der Fundraising-Mitarbeiter als weit wichtiger heraus als Partizipation und materielle Förderung. Insbesondere die Motivation durch hohe Identifikation mit den Zielen der Organisation und durch ein starkes „Wir-Gefühl", aber auch durch eine angenehme Arbeitsatmosphäre hatte einen höchst signifikanten Einfluss auf den Fundraising-Erfolg der Organisationen. Organisationen, die die ideelle Motivation ihrer Mitarbeiter also gezielt förderten, erwiesen sich als deutlich erfolgreicher als solche, die dies nicht taten.

Gerade kirchliche Organisationen überschätzten die intrinsische Motivation ihrer (Fundraising-) Mitarbeiter bei weitem. Dies konnte aus den Ergebnissen einer separat durchgeführten Mitarbeiterbefragung ermittelt werden. Viele kirchliche Organisationen gingen wohl stillschweigend davon aus, dass die Arbeit für den guten kirchlichen Zweck selbst schon ausreichend motivieren müsste. Irgendwelche Maßnahmen zur Motivation der Fundraiser wurden nicht ergriffen. Bei anderen Organisationen, die die Identifikation ihrer Mitarbeiter mit den Zielen der Organisation (z. B. durch Projektbesuche, Videos, aber auch viele andere Maßnahmen) immer wieder förderten, wirkte sich dies signifikant auf den Fundraising-Erfolg aus.[41]

6.5.4 Was ich in diesem Kapitel gelernt habe

- Sorgen Sie im Interesse hoher Spenderzufriedenheit auch für hohe Mitarbeiterzufriedenheit unter den Fundraisern Ihrer Organisation!
- Fördern Sie die Leistungsbereitschaft der Fundraiser Ihrer Organisation durch immaterielle Anreize wie eine offene Informationspolitik, Partizipation, eine angenehme Arbeitsatmosphäre und Anerkennung.
- Fördern Sie die Leistungsbereitschaft der Fundraiser Ihrer Organisation durch materielle Anreize wie eine leistungsgerechte Entlohnung, Incentives und Aufstiegsmöglichkeiten.
- Fördern Sie die Leistungsfähigkeit der Fundraiser Ihrer Organisation durch geeignete Aus- und Weiterbildungsmöglichkeiten für Fundraiser im In- und Ausland!
- Fördern Sie v. a. die ideelle Motivation Ihrer Fundraiser!
- Sorgen Sie für hohe Identifikation Ihrer Fundraiser mit den Zielen Ihrer Organisation!

[41] Vgl. Urselmann, Michael: Erfolgsfaktoren im Fundraising von Nonprofit-Organisationen, (Gabler) Wiesbaden 1998, S. 169–175.

- Bieten Sie Ihren Fundraisern dazu immer wieder Projektbesuche, Videos über Projekte und jede weitere Möglichkeit an, die den Fundraisern in ihrer täglichen Arbeit die Bedeutung ihrer Tätigkeit für den Zweck der Organisation klar macht!

6.5.5 Weiterführende Literatur zu diesem Kapitel

Berthel, J.: Personal-Management – Grundzüge für Konzeptionen betrieblicher Personalarbeit, 2. Aufl. Schäffer Poeschel, Stuttgart (1989)

Klein, T., Endres, C.: Mitarbeiterinformation – Die unterschätzte Ressource. Personal – Zeitschrift für Human Resource Management, o. Jg., Nr. 6, S. 280–285. (1995)

Roßrucker, K.: Arbeitszufriedenheit und ihre Folgen in helfenden Berufen. Lang, Frankfurt/Main u. a. (1990)

Staehle, W.: Management, 8. Aufl. Vahlen, München (1999)

Thom, N.: Personalentwicklung als Instrument der Unternehmensführung, Habil. Schäffer Poeschel, Stuttgart (1987)

Töpfer, A.: Kunden-Zufriedenheit durch Mitarbeiter-Zufriedenheit. Personalwirtschaft. 8, 10–15 (1995)

Scholz, C.: Personalmanagement, 6. Aufl. Vahlen, München (2013)

6.6 Beispiel 1 für Fundraising-Management

In den vorangegangenen Kapiteln wurde gezeigt, wie das Fundraising einer Organisation mit Hilfe von Planung, Controlling, Qualitäts-Management, Organisation und Führung systematisch so „gemanagt" bzw. gesteuert werden kann, dass die Fundraising-Ziele und damit letztlich auch die Satzungsziele der Organisation erreicht werden. Alle Überlegungen sollen in diesem und dem folgenden Kapitel noch einmal anhand von zwei Beispielen veranschaulicht werden.

In diesem Kapitel geht es in Beispiel 1 um die fiktive Organisation „Kinderhilfe". Sie ist seit fünf Jahren mit zehn Mitarbeitern regional in Berlin tätig. Ihr jährlicher Etat liegt bei 350.000 €. Über die Aufbauphase hinaus finanziert sich die Kinderhilfe bis heute ausschließlich aus öffentlichen Mitteln. Nach den Anstrengungen der Gründungsjahre möchte der Verein eine Zwischenbilanz ziehen und die weitere Zukunft planen. Hier sollen ausschließlich diejenigen Überlegungen vorgestellt werden, die die Kinderhilfe bezogen auf ihr Fundraising anstellt.

In einem ersten Schritt führt die Kinderhilfe eine **SWOT-Analyse** durch, um sich ein Bild von ihren eigenen Stärken und Schwächen, aber auch den Chancen und Risiken zu machen, die sich aus ihrem Umfeld ergeben:

- Als **Schwäche** wird erkannt, dass die Kinderhilfe in ihrer Finanzierung zu 100 % von der öffentlichen Hand abhängig ist und bisher über keine weiteren Geldquellen verfügt.

- Diese Tatsache stellt auch ein erhebliches **Risiko** dar, da die öffentlichen Mittel für den sozialen Bereich seit Jahren gekürzt werden. Es wird befürchtet, dass die öffentlichen Mittel in fünf Jahren deutlich unter dem heutigen Niveau liegen werden.
- Würde die Kinderhilfe ihr Fundraising auf private Geldquellen und Stiftungen ausdehnen, so läge im Thema „Kinder" eine eindeutige **Chance**. Für Kinder können relativ einfach private Spenden mobilisiert werden. Auch gibt es zahlreiche Stiftungen, die das Thema fördern.
- Als **Stärke** sieht die Kinderhilfe, dass ihre Strukturen aufgrund ihrer erst kurzen Existenz noch nicht verkrustet sind. Im Gegenteil ist noch viel von der Flexibilität und dem Engagement der „Gründerjahre" übrig. Einer Ausdehnung des Fundraising auf private Geldquellen und Stiftungen stehen alle Mitarbeiter offen gegenüber.

Bei Gründung der Kinderhilfe wurde ein **Leitbild** entwickelt. Von ihrem darin formulierten Selbstverständnis her, sieht sich die Kinderhilfe als einen unabhängigen, freien Träger. Vor diesem Hintergrund wird aus der SWOT-Analyse das **strategische Ziel** abgeleitet, die finanzielle Abhängigkeit von der öffentlichen Hand Schritt für Schritt zu reduzieren. Dieses Ziel wird wie folgt präzisiert:

- Der Anteil öffentlicher Gelder soll durch den systematischen Aufbau von Fundraising in den nächsten fünf Jahren von 100 % auf 80 % reduziert werden. 20 % der Mittel sollen in fünf Jahren von Privatpersonen und von Stiftungen kommen. Sponsoring möchte man momentan nicht einsetzen, da man vermutet, dass die Eltern Unterstützung durch Unternehmen ablehnen. Diese Vermutung soll jedoch noch durch eine Befragung der Eltern verifiziert werden.
- Aufgrund von Erfahrungswerten eines Beraters erwartet man, den Break Even Punkt im Fundraising nach drei Jahren zu erreichen.
- Orientiert an den Vorgaben des DZI sollen nach fünf Jahren die Fundraising-Aufwendungen nicht mehr als 35 % der Erträge ausmachen.

Um diese Ziele erreichen zu können, werden im Rahmen der **strategischen Planung** für die nächsten fünf Jahre die folgenden **Maßnahmen** grob definiert:

- Maßnahmen in Jahr 1:
  - Einrichtung einer halben Stabsstelle Fundraising,
  - Erwerb und Aufbau einer Fundraising-Datenbank,
  - Beginn mit der Interessentengewinnung,
  - Spendergewinnung durch ein erstes Mailing zu Weihnachten,
  - Einwerben von Bußgeldern durch einen vorhandenen Kontakt zu einem Richter,
  - Ansprache von Förderstiftungen,
  - Befragung der Eltern, ob sie mit Sponsoring einverstanden wären.
- Maßnahmen in Jahr 2:
  - Ausbau der Interessentengewinnung,

Tab. 6.7 Übersicht über die strategische Grobplanung der Kinderhilfe

Kinderhilfe	Jahr 1	Jahr 2	Jahr 3	Jahr 4	Jahr 5
Erträge	**20'000.00 €**	**65'000.00 €**	**90'000.00 €**	**120'000.00 €**	**160'000.00 €**
Spenden	10'000.00 €	15'000.00 €	30'000.00 €	50'000.00 €	90'000.00 €
Bußgelder	10'000.00 €	10'000.00 €	10'000.00 €	10'000.00 €	10'000.00 €
Stiftungen	- €	40'000.00 €	50'000.00 €	60'000.00 €	60'000.00 €
Aufwendungen	**55'000.00 €**	**55'000.00 €**	**65'000.00 €**	**75'000.00 €**	**75'000.00 €**
Personal	25'000.00 €	30'000.00 €	30'000.00 €	30'000.00 €	30'000.00 €
Büro, Telefon, Material	5'000.00 €	5'000.00 €	5'000.00 €	5'000.00 €	5'000.00 €
Datenbank	15'000.00 €	- €	- €	- €	- €
Malings	10'000.00 €	20'000.00 €	30'000.00 €	40'000.00 €	40'000.00 €
Ergebnis	**- 35'000.00 €**	**10'000.00 €**	**25'000.00 €**	**45'000.00 €**	**85'000.00 €**
Ergebnis, kumuliert	- 35'000.00 €	- 25'000.00 €	- €	45'000.00 €	130'000.00 €

  - Spendergewinnung durch zwei Mailings (Weihnachten, Ostern),
  - Einwerben von Bußgeldern durch einen vorhandenen Kontakt zu einem Richter,
  - Ansprache von Förderstiftungen.
- Maßnahmen in Jahr 3:
  - Maßnahmen wie in Jahr 2,
  - Spendergewinnung durch drei Mailings (März, Juli, November),
  - Gewinnung und Betreuung von (Förder-) Mitgliedern,
  - Ermittlung der Spenderzufriedenheit durch Befragung.
- Maßnahmen in Jahr 4:
  - Maßnahmen wie in Jahr 3,
  - Spendergewinnung durch vier Mailings (März, Juli, September, November),
  - Gewinnung und Betreuung von Großspendern,
- Maßnahmen in Jahr 5:
  - Maßnahmen wie in Jahr 4,
  - Gewinnung und Betreuung von Testamentspendern.

Einen groben Überblick über die geplanten Aufwendungen und Erträge zu diesen Maßnahmen verschafft Tab. 6.7.

Diese grobe strategische Planung ist nun im Rahmen der **operativen Planung** zunächst für das erste Jahr zu präzisieren. Die operative Planung der Jahre 2–5 erfolgt dann später, immer Mitte des jeweiligen Vorjahres. Zur Veranschaulichung der operativen Planung sollen hier exemplarisch zwei Maßnahmen herausgegriffen und detailliert im Sinne des Planungswürfels geplant werden. Sowohl für die Maßnahme „Einrichtung einer halben Stabsstelle Fundraising" als auch für die Maßnahme „Erwerb und Aufbau einer Fundraising-Datenbank" zeigen Tab. 6.8 und 6.9 einen schriftlichen Maßnahmenplan inklusive Zeitplan, Zuständigkeitsplan und Budgetplan. Diese Maßnahmenpläne erlauben ein monatliches Controlling zu allen geplanten Maßnahmen.

Tab. 6.8 Maßnahmenplan „Einrichtung einer halben Stabsstelle Fundraising“

Maßnahmenplan «Einrichtung einer Stabsstelle Fundraising»			
Maßnahme	**Zuständigkeit**	**Zeit**	**Budget**
Formulierung einer Stellenbeschreibung	Geschäftsführung, Berater	Januar Jahr 1	1'000.00 €
Beauftragung eines Personalvermittlers	Geschäftsführung	Januar Jahr 1	1'000.00 €
Personalsuche	Personalvermittler	Januar - März	7'000.00 €
Sichtung der Vorschläge des Personalvermittlers	Sekretariat, Geschäftsführung	März Jahr 1	- €
Bewerbungsgespräche mit interessanten Kandidaten	Geschäftsführung, Mitarbeiter	April Jahr 1	1'000.00 €
Ausarbeitung eines Arbeitsvertrages	Geschäftsführung	April Jahr 1	- €
Einstellung des geeignetsten Kandidaten	Geschäftsführung	Juni Jahr 1	- €
Einarbeitung des neuen Mitarbeiters	Mitarbeiter	Juni Jahr 1	- €
		Summe	**10'000.00 €**

Tab. 6.9 Maßnahmenplan „Erwerb und Aufbau einer Fundraising-Datenbank“

Maßnahmenplan «Erwerb und Aufbau einer Fundraising-Datenbank»			
Maßnahme	**Zuständigkeit**	**Zeit**	**Budget**
Bedarfsanalyse und Erarbeitung eines Pflichtenheftes	Fundraiser, Berater, EDV	Juni Jahr 1	2'000.00 €
Marktanalyse und Identifikation geeigneter Anbieter	Fundraiser, Berater, EDV	Juli Jahr 1	1'000.00 €
Einladung und Briefing geeigneter Anbieter	Fundraiser, EDV	Juli Jahr 1	- €
Ausschreibung unter geeigneten Anbietern	Fundraiser	August Jahr 1	- €
Beauftragung des besten Anbieters	Geschäftsführung, Fundraiser	August Jahr 1	- €
Installation der Datenbank und Customizing	Anbieter, EDV, Fundraiser	Sept. Jahr 1	8'000.00 €
Übernahme vorhandener Daten	Anbieter, EDV, Fundraiser	Sept. Jahr 1	2'000.00 €
Schulung zur Nutzung der Fundraising-Datenbank	Anbieter, Fundraiser	Sept. Jahr 1	2'000.00 €
		Summe	**15'000.00 €**

6.7 Beispiel 2 für Fundraising-Management

In Beispiel 2 geht es um das Fundraising-Management der fiktiven katholischen Organisation „Sanctus“. Sanctus wurde nach dem Krieg gegründet und leistet mit heute insgesamt 20 Mitarbeitern Missionsarbeit. Im Fundraising sind drei hauptamtliche Mitarbeiter beschäftigt, die eine eigene, kleine Abteilung „Spendenwesen“ bilden. Ein Mitarbeiter ist für Mailings zuständig, ein Mitarbeiter organisiert Haus- und Straßensammlungen und ein Mitarbeiter ist Ansprechpartner für Pfarrgemeinden, die Sanktus in Form von Kollekten unterstützen. Die eine Hälfte der Einnahmen in Höhe von etwa 10 Mio. € stammt aus Kirchensteuermitteln, die andere aus bundesweiten Mailings, Haus- und Straßensammlungen sowie Kollekten. Da die Einnahmen seit Jahren rückläufig sind, fordert der Vorstand ein neues, zukunftsträchtiges Fundraising-Konzept.

Mit Unterstützung eines externen Beraters wird zunächst eine **SWOT-Analyse** durchgeführt, um sich ein Bild von den eigenen Stärken und Schwächen, aber auch den Chancen und Risiken zu machen, die sich aus dem Umfeld ergeben. Die Analyse ergibt folgende **Schwächen**:

- Sanctus ist mit den Kirchensteuermitteln zu 50 % von einer **Einnahmequelle** abhängig, die seit Jahren rückläufig ist.
- Der von Sanctus eingesetzte **Fundraising-Mix** umfasst mit den Kollekten Vertriebskanäle, deren Bedeutung im Fundraising schwindet. Zukunftsträchtige Fundraising-Produkte und Vertriebskanäle sind im Mix nicht vertreten.
- Das **Upgrading** von Sanctus endet in der Spenderpyramide auf der Stufe der Dauerspender. Groß- und Testamentspender werden bisher nicht systematisch gewonnen und betreut.

Eine **PEST-Analyse** ergibt folgende **Risiken** im Umfeld von Sanctus:

- **Soziales Umfeld**: Wie auch die evangelische Kirche kämpft die katholische Kirche mit Mitgliederschwund. Neben Kirchenaustritten liegt die Ursache vor allem in der demografischen Entwicklung. Weniger Geburten bedeuten weniger Taufen und damit weniger Kirchenmitglieder. Der Trend zur Verlagerung von direkten auf indirekte Steuern senkt zudem die Berechnungsbasis für die Kirchensteuer. Da bei diesen Entwicklungen keine Trendwende in Sicht ist, werden die Einnahmen aus Kirchensteuern und Kollekten weiter sinken. Dies hat natürlich auch negative Auswirkungen auf die Einnahmen von Sanctus.
- **Soziales Umfeld**: Der Erfolg im Fundraising ist auch vom Medieninteresse für ein gemeinnütziges Thema abhängig. Aufgrund der Säkularisierung der Gesellschaft geraten religiöse Themen in den Hintergrund. Für Sanctus besteht das Risiko, dass das Thema „Mission" an gesellschaftlicher Relevanz verliert. Entsprechend schwieriger wird es, für das Thema künftig (neue) Spender zu gewinnen.
- **Politisches Umfeld**: Immer wieder flammen in der politischen Diskussion Forderungen auf, die Kirchensteuer ganz abzuschaffen. Sollte diese Forderung eines Tages eine politische Mehrheit bekommen, so würde nicht nur für die Amtskirchen sondern auch für Sanctus ein zentrales Finanzierungsinstrument komplett entfallen.
- **Politisches Umfeld**: Immer mehr Bundesländer verzichten unter dem Vorwand des Bürokratieabbaus auf ihre Sammlungsgesetze, die auch die Genehmigung von Haus- und Straßensammlungen regeln. Da wo Sammlungen künftig ohne Genehmigung durchgeführt werden können, sinkt das Potenzial für Sanctus. Zum einen durch die steigenden Konkurrenz, zum anderen durch die dann wieder zunehmende Verunsicherung der Bevölkerung aufgrund von Meldungen über „schwarze Schafe".

Die **PEST-Analyse** identifiziert aber auch **Chancen**, die sich aus Entwicklungen im sozialen Umfeld für Sanctus ergeben. Der deutschsprachige Raum erlebt derzeit die längste Friedensperiode seiner Geschichte. Durch den Wegfall kriegsbedingter Zerstörung konnten seit 1945 enorme Vermögenswerte aufgebaut werden. Um Erbschaftssteuern zu vermeiden, aber auch weil durch die demografische Entwicklung immer öfter keine natürlichen Erben mehr vorhanden sind, ist ein wachsender Teil der Bevölkerung bereit, auch gemeinnützige Organisationen testamentarisch zu bedenken. Hieraus ergibt sich ein enormes Fundraising-Potenzial. Auch für Sanctus, dessen **Stärke** es ist, über einen relativ alten und oft wohlhabenden Spenderstamm zu verfügen. Durch ihre hohe religiöse Motivation identifizieren sich die Spender sehr stark mit Sanctus.

Aus den Ergebnissen dieser SWOT-Analyse werden folgende **strategischen Ziele** für die nächsten fünf Jahre abgeleitet:

- Die Abhängigkeit von der Kirchensteuer soll gesenkt, der Anteil von privaten Spenden von 50 % auf 60 % erhöht werden. Da angenommen wird, dass die Kirchensteuermittel in Höhe von derzeit 5 Mio. € in fünf Jahren auf 4 Mio. € zurückgehen werden, sollen die derzeitigen 5 Mio. € aus privaten Spenden in fünf Jahren auf 6 Mio. € gesteigert werden.
- Um die Existenz von Sanctus trotz aller Risiken im sozialen und politischen Umfeld langfristig zu sichern, soll eine Stiftung gegründet werden. In fünf Jahren soll das Stiftungskapital eine Million Euro betragen.

Laut **Leitbild** verfolgt Sanctus mit seinen Missionsprojekten nicht nur pastorale sondern auch caritative Ziele. Nach langen und zum Teil heftigen Diskussionen in der Mitgliederversammlung wird beschlossen, in der Fundraising-Kommunikation künftig auch stärker die caritativen Erfolge der Sanctus-Projekte hervorzuheben um damit auch neue Zielgruppen anzusprechen zu können, die eher „säkular" ausgerichtet sind.

Um diese Ziele erreichen zu können, wird im Rahmen der **strategischen Planung** festgelegt, in den nächsten fünf Jahren das Upgrading in der Spenderpyramide systematisch auf die Stufen der Großspender und der Testamentspender auszudehnen. Folgende **Maßnahmen** werden grob definiert:

- Maßnahmen in Jahr 1:
  - Einstellung eines Großspenderbetreuers,
  - Erstellung eines Großspenderkonzeptes mit Hilfe eines externen Beraters,
  - Gründung einer Stiftung mit Hilfe eines externen Stiftungsberaters.
- Maßnahmen in Jahr 2:
  - Durchführung einer zweistufigen Großspendergewinnung,
  - Erstellung einer Erbschaftsbroschüre.
- Maßnahmen in Jahr 3:
  - Durchführung von Vorträgen zum Thema „Vererben" mit Hilfe externer Fachreferenten der „Deutschen Vereinigung für Erbrecht und Vermögensnachfolge (DVEV)",
  - Durchführung eines Großspender-Events.
- Maßnahmen in Jahr 4:
  - Organisation einer Großspenderreise in ein Projektland,
  - Durchführung von Vorträgen zum Thema „Stiftung" mit Hilfe externer Fachreferenten der „Deutschen Vereinigung für Erbrecht und Vermögensnachfolge (DVEV)".

Tab. 6.10 Übersicht über die strategische Grobplanung von Sanctus

Sanctus	Jahr 1	Jahr 2	Jahr 3	Jahr 4	Jahr 5
Erträge Sanctus e.V.	**10'000'000 €**	**10'000'000 €**	**10'000'000 €**	**10'000'000 €**	**10'000'000 €**
Kirchensteuermittel	5'000'000 €	4'750'000 €	4'500'000 €	4'250'000 €	4'000'000 €
Kollekten	1'000'000 €	990'000 €	980'000 €	970'000 €	960'000 €
Haus-/Straßensamml.	1'000'000 €	980'000 €	960'000 €	940'000 €	920'000 €
Spenden	3'000'000 €	3'100'000 €	3'200'000 €	3'300'000 €	3'400'000 €
Großspenden	- €	180'000 €	360'000 €	540'000 €	720'000 €
(Zu-) Stiftung	**- €**	**150'000 €**	**200'000 €**	**200'000 €**	**450'000 €**
Aufwendungen	**10'000'000 €**	**10'000'000 €**	**10'000'000 €**	**10'000'000 €**	**10'000'000 €**
Projekte	8'000'000 €	7'945'000 €	7'890'000 €	7'835'000 €	7'780'000 €
Personal	1'000'000 €	1'020'000 €	1'040'000 €	1'060'000 €	1'080'000 €
Verwaltung	500'000 €	510'000 €	520'000 €	530'000 €	540'000 €
Spendenwerbung	500'000 €	525'000 €	550'000 €	575'000 €	600'000 €

Tab. 6.11 Maßnahmenplan „Gründung einer Stiftung"

Maßnahmenplan «Gründung einer Stiftung»			
Maßnahme	**Zuständigkeit**	**Zeit**	**Budget**
Erstellung eines Stiftungskonzeptes	Großspenderbetreuer, Berater	Juni Jahr 1	4'000.00 €
Präsentation des Stiftungskonzeptes im Vorstand	Großspenderbetreuer	Juli Jahr 1	- €
Ausarbeitung Stiftungsgeschäft und Satzung	Großspenderbetreuer, Berater	August Jahr 1	1'000.00 €
Vorabklärung mit Stiftungsbehörde	Berater	August Jahr 1	500.00 €
Einreichung des Antrags auf Anerkennung d. Stiftung	Berater	Sept. Jahr 1	500.00 €
Anerkennungsverfahren	Regierungspräsidium	Sept. - März	
Überweisung des Stiftungsvermögens	Stiftungsvorstand	März Jahr 2	50'000.00 €
Info der Spender über Aufnahme der Stiftungstätigkeit	Großspenderbetreuer	März Jahr 2	- €
		Summe	**56'000.00 €**

- Maßnahmen in Jahr 5:
  - Durchführung eines Großspender-Events,
  - Durchführung von Vorträgen zum Thema „Vererben" mit Hilfe externer Fachreferenten der „Deutschen Vereinigung für Erbrecht und Vermögensnachfolge (DVEV)".

Einen groben Überblick über die geplanten Aufwendungen und Erträge zu diesen Maßnahmen verschafft Tab. 6.10.

Diese grobe strategische Planung ist nun im Rahmen der **operativen Planung** zunächst für das erste Jahr zu präzisieren. Die operative Planung der Jahre 2–5 erfolgt dann später, immer Mitte des jeweiligen Vorjahres. Zur Veranschaulichung der operativen Planung sollen hier exemplarisch zwei Maßnahmen herausgegriffen und detailliert im Sinne des Planungswürfels geplant werden. Sowohl für die Maßnahme „Gründung einer Stiftung" als auch für die Maßnahme „Durchführung von Erbrechtsvorträgen" zeigen Tab. 6.11 und 6.12 einen schriftlichen Maßnahmenplan inklusive Zeitplan, Zuständigkeitsplan und Budgetplan. Diese Maßnahmenpläne erlauben ein monatliches Controlling zu allen geplanten Maßnahmen.

Tab. 6.12 Maßnahmenplan „Durchführung von Erbrechtsvorträgen"

Maßnahmenplan «Durchführung von Erbrechtsvorträgen»			
Maßnahme	**Zuständigkeit**	**Zeit**	**Budget**
Erstellung eines Vortragskonzeptes	Großspenderbetreuer, DVEV	Januar Jahr 3	- €
Präsentation des Vortragskonzeptes im Vorstand	Großspenderbetreuer	Januar Jahr 3	- €
Test des Votragskonzeptes an zwei Standorten	Großspenderbetreuer, DVEV	März Jahr 3	1'000.00 €
Planung der Vortragsorte und -zeiten mit der DVEV	Großspenderbetreuer	April Jahr 3	- €
Versand der Einladungsschreiben zu den Vorträgen	Großspenderbetreuer	Mai Jahr 3	1'000.00 €
Zusendung der Teilnahmebestätigungen	Großspenderbetreuer	März Jahr 3	500.00 €
Durchführung der Vorträge	Referent DVEV	Juni Jahr 3	2'000.00 €
Nachsendung des gewünschten Infomaterials	Großspenderbetreuer	Juli Jahr 3	500.00 €
Evalulierung der Veranstaltungen	Großspenderbetreuer	Juli Jahr 3	- €
		Summe	**5'000.00 €**

6.8 Fundraising als komplexes Optimierungsproblem

Wie bereits mehrfach erwähnt, steckt hinter professionellem Fundraising ein anspruchsvolles Optimierungsproblem: Ziel eines Fundraisers muss sein, das ihm anvertraute Fundraising-Budget – abgestimmt auf die individuelle Ausgangssituation der Organisation – so zu investieren, dass der durch das Fundraising erzielte Nettoertrag (Fundraising-Erlöse minus Fundraising-Kosten) maximiert wird, um den Projekten einer Organisation möglichst viele Ressourcen zur Erfüllung ihrer satzungsgemäßen Aufgaben zur Verfügung stellen zu können. Dazu sind im Rahmen der Fundraising-Planung weitreichende Entscheidungen zu fällen:

- Wie ist das vorhandene Fundraising-Budget so auf die verschiedenen Fundraising-Maßnahmen gegenüber den verschiedenen Gruppen von Ressourcenbereitstellern (Privatpersonen, Unternehmen, Stiftungen, öffentliche Ressourcenbereitsteller) aufzuteilen, dass der dadurch erzielte Nettoertrag maximiert wird?
- Wie ist das vorhandene Fundraising-Budget so auf die verschiedenen Fundraising-Maßnahmen bezüglich der verschiedenen Stufen der Spenderpyramide aufzuteilen, dass der dadurch erzielte Nettoertrag maximiert wird?
- Wie ist das vorhandene Fundraising-Budget so auf die verschiedenen Fundraising-Maßnahmen der Gewinnung, Betreuung/Bindung und Rückgewinnung aufzuteilen, dass der dadurch erzielte Nettoertrag maximiert wird?
- Wie ist das vorhandene Fundraising-Budget so auf die verschiedenen Fundraising-Maßnahmen aufzuteilen, dass der dadurch erzielte Nettoertrag nicht nur kurz-, sondern auch mittel- und langfristig maximiert wird? Diese Frage ist besonders anspruchsvoll, da sich viele Investitionen in Fundraising-Maßnahmen erst mittel- bis langfristig auszahlen.

Für international oder gar global operierende Organisationen erhöht sich die Komplexität des Optimierungsproblems zusätzlich noch dadurch, dass Entscheidungen zu fällen sind, in welchen Ländern Fundraising in welchem Umfang betrieben werden soll. Die Fundraising-Märkte der verschiedenen Länder befinden sich in unterschiedlichen Lebenszyklusphasen. Einerseits weisen einige Fundraising-Märkte westlicher Industrienationen nach starken Wachstumsphasen durchaus gewisse Sättigungseffekte auf, die durch zunehmenden Verdrängungswettbewerb ausgelöst werden. Andererseits ist in Schwellenländern wie z. B. den BRICS-Staaten (Brasilien, Russland, Indien, China und Südafrika) zwischenzeitlich eine Mittelschicht herangewachsen, die einen interessanten Fundraising-Markt der Zukunft mit hohem Wachstumspotenzial darstellt. Länder, die lange Jahre Empfängerländer waren (und es teilweise auch heute noch sind), werden zunehmend zu Geberländern, in denen globale Organisationen mit eigenen Fundraising-Aktivitäten präsent sein müssen. Auch hier sind Investitionen zu tätigen, die sich erst mittel- bis langfristig rechnen werden. Auch hier können die Überlegungen der Portfolio-Analyse (siehe Kap. 6.2.2.2) angestellt werden.

Beispiel

Ein *Fundraising Investment Fund Committee* berät bei *Greenpeace*, wie durch globale Budget-Umschichtungen interessante neue Fundraising-Märkte für *Greenpeace* erschlossen werden können. Der Aufbau von Fundraising-Aktivitäten in weiteren Länderbüros erfordert zwar Investitionen, die zu Lasten der Fundraising-Budgets in den etablierten Länderbüros gehen. Diese Investitionen werden sich aber langfristig noch stärker auszahlen. Ähnliche Überlegungen stellen derzeit immer mehr globale Organisationen an.

Bei allen bisherigen Überlegungen wurde von einem fest vorgegebenen Fundraising-Budget ausgegangen. Die Höhe des Fundraising-Budgets selbst wurde dabei aber nicht hinterfragt. Es ist jedoch von größter Bedeutung, sich bei allen Optimierungsbemühungen auch Gedanken über die optimale Höhe des Fundraising-Budgets zu machen und diese nicht einfach als gegeben zu akzeptieren. Tatsächlich dürfte in der Praxis die Höhe des Fundraising-Budgets einer Organisation nur in den seltensten Fällen das Ergebnis immer wieder neu angestellter Optimierungsüberlegungen sein. Vielmehr scheint eine gewisse historische Kontinuität im Vordergrund der Überlegungen zu stehen. Ob eine substantielle Steigerung (oder Kürzung) des Fundraising-Budgets gegenüber den Vorjahren zu einer deutlichen Optimierung der Gesamterlöses führen könnte, wird in der Praxis nur in den seltensten Fällen systematisch hinterfragt und analysiert.

Eine solche Politik des Nichthinterfragens birgt jedoch die Gefahr, aufgrund eines zu geringen Fundraising-Budgets das Fundraising-Potenzial einer Organisation nicht voll zu erschließen. In der Konsequenz können den Projekten zur Erreichung der Organisationsziele auch nur geringere Mittel zugeführt werden als eigentlich möglich wäre. Eine Organisation bleibt dann hinter ihren Möglichkeiten zurück – letztlich zum Schaden der Projekte bzw. der durch sie unterstützten Menschen. *Steinberg* spricht in diesem Fall von einem „Underinvestment". Seiner Einschätzung nach sind die allermeisten gemeinnützigen Organisationen in den USA „unterinvestiert". Sie arbeiten mit zu niedrigen Fundraising-Budgets – zu Lasten einer optimalen Erreichung der Organisationsziele.[42] Diese Einschätzung dürfte erst recht für deutsche Organisationen gelten. Jede Organisation sollte sich deshalb kontinuierlich hinterfragen, ob nicht noch weitere Optimierungspotentiale – auch durch eine Erhöhung des Fundraising-Budgets – erschlossen werden könnten. Um es klar auf den Punkt zu bringen: Ziel der Optimierungsbemühungen im Fundraising ist nicht die Minimierung des Verwaltungskostenanteils (auch wenn einige Vorstände von Organisationen darauf gerne stolz sind), sondern die Maximierung des Nettoertrags (Fundraising-Erlöse minus Fundraising-Kosten). Ein möglichst hoher Nettoertrag soll möglichst viele Mittel für die Erreichung der Satzungsziele der Organisation zur Verfügung stellen.

Umgekehrt kann eine Organisation natürlich auch „overinvested" sprich „überinvestiert" sein. Dann ist ihr Fundraising-Budget größer als es sinnvollerweise sein sollte. Eine Kürzung des Fundraising-Budgets würde in diesem Fall zum Optimum führen. Eine Organisation ist ihren Stakeholdern geradezu schuldig, ständig nach diesem Optimum zu streben. Aber wie lässt sich das Optimum für die Höhe des Fundraising-Budgets einer Organisation ermitteln? Dieser Frage kann man sich zum einen *theoretisch* nähern. *Steinberg* leitet das Optimum auf analytischem Wege ab.[43] Seine Überlegungen sollen im Folgenden zumindest in den wichtigsten Grundzügen kurz erläutert werden. *Steinberg* geht von einem, in Abb. 6.20 dargestellten funktionalen Zusammenhang zwischen einem investierten Fundraising-Budget F (in US-Dollar) als unabhängiger Variable und Fundraising-Erträgen C (in US-Dollar) als abhängiger Variable aus.

Steinberg geht davon aus, dass selbst bei einem Fundraising-Budget von $F = 0$ ein positiver Fundraising-Ertrag C erzielt werden kann. Deshalb startet die Spendenertragsfunktion („Donative Revenue Function") am Nullpunkt der Abszisse mit einem positiven Wert. Dies ist eine realistische Annahme, gelingt es doch kleinen und jungen Organisationen durchaus, ihre ersten Mittel auch ohne Fundraising-Budget einzuwerben indem alle Beteiligten auf eine Vergütung zunächst komplett verzichten (müssen).

Im weiteren Verlauf steigt die Spendenertragsfunktion bis zum Punkt a zunächst nur langsam an. *Steinberg* argumentiert, dass ein geringes Budget zunächst primär in den Aufbau einer Infrastruktur investiert werden muss und nur geringe zusätzliche Spendenerträge erzielt. Das stärkste Wachstum der Spendenertragsfunktion wird im Abschnitt zwischen den Punkten a und b erzielt. Hier gelingt es, durch zusätzliches Budget die besten Spender zu aktivieren. Ab dem Punkt b können durch zusätzliche Budgets nur noch kritischere Spender mit höherem Aufwand gewonnen werden, weshalb die Kurve ab Punkt b in einen weniger steilen, konkaven Verlauf wechselt und in Punkt c ihr Maximum erreicht. Nach

[42] Vgl. Steinberg, Richard: Should Donors Care about Fund Raising?, in: Rose-Ackerman, Susan (Hrsg.): The Economics of Nonprofit Institutions – Studies in Structure and Policy, (Oxford University Press) New York, Oxford 1986, S. 347–364.

[43] Vgl. ebenda.

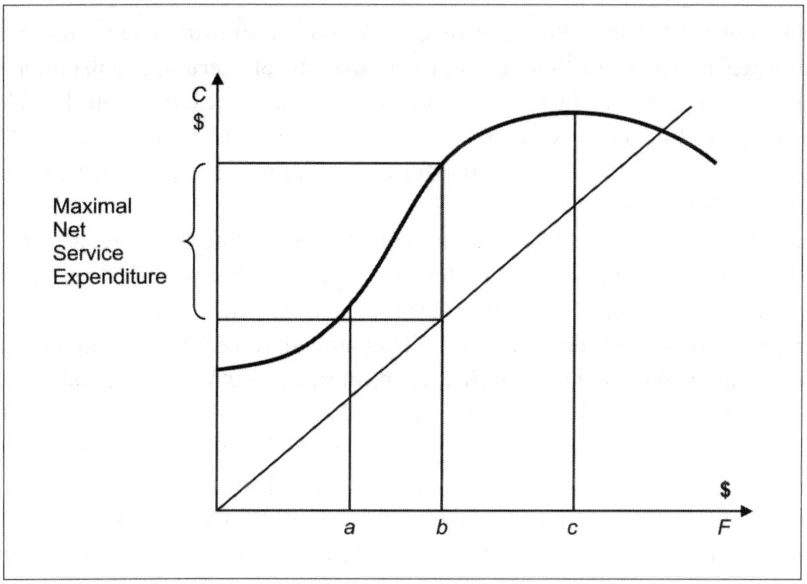

Abb. 6.20 Funktionaler Zusammenhang zwischen den Fundraising-Aufwendungen F und den Fundraising-Erträgen C einer einzelnen Organisation. (Quelle: Steinberg, Richard: Should Donors Care about Fund Raising?, in: Rose-Ackerman, Susan (Hrsg.): The Economics of Nonprofit Institutions – Studies in Structure and Policy, (Oxford University Press) New York, Oxford 1986, S. 349, basierend auf: Boyle, S.E.; Jacobs, P.: The Economics of Charitable Fundraising, Philanthropy Monthly, May 1978)

Einschätzung von *Steinberg* könnte eine Budgeterhöhung über den Punkt c hinaus sogar ein Gefühl der Bedrängung bei (potenziellen) Spendern auslösen und deshalb kontraproduktiv dazu führen, dass die Spendenerträge wieder abnehmen und ab dem Schnittpunkt mit der der Diagonalen nicht einmal mehr kostendeckend sind.

Ziel der Optimierung ist die Maximierung der Nettoerträge, also der Differenz zwischen den Fundraising-Erträgen und Fundraising-Aufwendungen (C-F). Grafisch betrachtet geht es also um die Maximierung des vertikalen Abstands zwischen der Spendenertragsfunktion und der Diagonalen. Dieser maximale Nettoertrag (von *Steinberg* „Maximal Net Service Expenditure" genannt) wird beim optimalen Fundraising-Budget b erreicht. Mathematisch gesprochen hat die Spendenertragsfunktion an dieser Stelle einen Wendepunkt.

Einschränkend weist *Steinberg* noch auf die Problematik hin, dass Fundraising-Verantwortliche gar nicht unbedingt an einer Maximierung der Nettoerträge interessiert sein müssen. Vielmehr scheint es einzelne zu geben, die eher an einer Maximierung des Fundraising-Budgets interessiert sind, weshalb *Steinberg* sie auch „Budget-Maximierer" nennt („Budget Maximizer"). Budget-Maximierer halten auch ein Budget oberhalb des Optimums b für sinnvoll, da bis zum Punkt c eine Steigerung des Fundraising-Budgets ja auch noch eine Steigerung der Bruttoerträge bedeuten – allerdings auf Kosten sinkender Nettoerträge. Im Geschäftsbericht der Organisation macht sich eine Steigerung der Bruttoerträge natürlich zunächst einmal sehr gut („Unser Fundraising konnte mehr Ressourcen einwerben"). Der zweite Teil der Wahrheit, dass die Steigerung der Bruttoerträge mit Einbußen bei den Nettoerträgen – auf Kosten der Projekte – „erkauft" wurden, bleibt – so die Hoffnung der Budget-Maximierer – unerkannt. Als Motivation für Budget-Maximierung vermutet *Steinberg* höheres Prestige für den Fundraising-Verantwortlichen und evtl. auch ein höheres Gehalt.

Soweit die theoretischen Überlegungen von *Steinberg*. Nun zu der Frage, wie das Optimierungsproblem im Fundraising in der Praxis gelöst werden kann. Zum einen ist also das optimale Fundraising-Budget zu ermitteln, mit dessen Einsatz der Nettoerlös aller Fundraising-Maßnahmen maximiert wird. Und zum anderen ist die optimale Aufteilung des Fundraising-Budgets auf die verschiedenen, alternativ zur Verfügung stehenden Fundraising-Produkte, Vertriebskanäle und Kommunikationskanäle zur Gewinnung, Bindung und Rückgewinnung der verschiedenen Ressourcenbereitstellter zu ermitteln. Hierzu hat die *FundOpt GmbH* aus Bonn ein modellgestütztes, nicht-lineares, dynamisches Optimierungsverfahren für Fundraising-Entscheidungen entwickelt, das auf stochastischem Spendenverhalten und einer Migrationsanalyse der Spender basiert. Dieses aufwendige Verfahren lohnt sich für große Spendenorganisationen, die bereits auf mehrjährige Fundraising-Erfahrung zurückblicken können. Kleineren Organisationen bleibt nur, sich in einem iterativen Verfahren, den funktionalen Zusammenhang zwischen der Höhe des Fundraising-Budgets und dem Nettoerlös im Fundraising nach und nach praktisch zu erschließen.

7 Weitere Informationsquellen zum Fundraising

Wer sein Fundraising-Fachwissen über die, am Ende eines jeden Kapitels empfohlene Literatur hinaus, vertiefen und ständig aktualisieren möchte, findet mittlerweile auch im deutschsprachigen Raum eine Vielzahl von Aus- und Weiterbildungsmöglichkeiten, Fachzeitschriften und Informationsquellen im Internet.

7.1 Ausbildungsmöglichkeiten im Fundraising

Eisfeld-Reschke und Widera listen 2012 in ihrer Marktstudie nicht weniger als 23 Ausbildungsangebote für Fundraising auf,

- die im deutschsprachigen Raum liegen,
- die einen Umfang von mindestens fünf Tagen aufweisen,
- deren Methodik über reine Wissensvermittlung hinausgeht,
- und die Kontroll- und Prüfungsinstanzen einsetzen.[1]

Exemplarisch sollen hier die beiden wichtigsten berufsbegleitenden Ausbildungsgänge kurz vorgestellt werden:

- *Zürcher Hochschule für Angewandte Wissenschaften (ZHAW)* in Winterthur: Die größte Fachhochschule der Schweiz bietet Interessenten aus dem gesamten deutschsprachi-

[1] Vgl. Eisfeld-Reschke, Jörg; Widera, Patrick: Fundraising lernen! Marktstudie Fundraising-Ausbildungen, (ikosom) Berlin 2012 (Studie kann über das Internet bezogen werden).

M. Urselmann, *Fundraising*,
DOI 10.1007/978-3-658-01795-8_7, © Springer Fachmedien Wiesbaden 2014

gen Raum einen internationalen Diplomlehrgang „Fundraising-Management“ an. Das Wichtigste in Kürze:
- Dauer: 12 Monate,
- Präsenzphasen: Zwei Intensivwochen und sechs Drei-Tages-Einheiten (Donnerstag bis Samstag). Projektarbeiten, Diplomarbeit, schriftliche und mündliche Prüfungen.
- Abschluss: Diplom (Diploma of Advanced Studies), staatlich anerkannt, anerkannt vom Schweizerischen Fundraising-Verband.
- Kosten: 10.600 Schweizer Franken (ca. 8.575 €) zzgl. Übernachtung und Verpflegung während der Präsenzphasen (Stand 2013).
- Weitere Informationen: *www.zkm.zhaw.ch/fundraising-management*
- Adresse: Siehe Kap. 7.5.

- *Fundraising Akademie gGmbH* in Frankfurt/Main: Die Fundraising-Akademie bietet in Deutschland den nationalen Studiengang Fundraising an. Das wichtigste in Kürze:
  - Dauer: 24 Monate,
  - Vier einwöchige Präsenzphasen, praxisnahe Agenturarbeiten, Hausarbeiten, mündliche Abschlussprüfung.
  - Abschluss: Zertifikat „Fundraising Manager“.
  - Kosten: 9.560 € inkl. Übernachtung und Verpflegung während der Präsenzphasen (Stand 2013).
  - Weitere Informationen: *www.fundraising-akademie.de*
  - Adresse: Siehe Kap. 7.5.

7.2 Weiterbildungsmöglichkeiten im Fundraising

Neben den genannten Ausbildungs- gibt es auch zahlreiche Weiterbildungsmöglichkeiten im Fundraising. Hier seien nur die wichtigsten genannt:

- Major Giving Institute: Berufsbegleitende Fortbildung zur „Großspenden-Fundraiser/-in“ in drei viertägigen Blöcken (*www.major-giving-institute.org*).
- International Fundraising Congress (*www.resource-alliance.org*),
- Deutscher Fundraising Kongress (*www.fundraising-kongress.de*),
- SwissFundraisingDay *(www.swissfundraisingday.ch),*
- Österreichischer Fundraising Kongress (*www.fundraisingkongress.at*),
- Bad Honnefer Fundraising-Forum (*www.fundraising-forum.de*),
- Treffen der 22 Regionalgruppen des *Deutschen Fundraising Verbandes (www.fundraisingverband.de/verband/regionalgruppen.html).*
- SwissFundraising-ERFA-Treffs in Basel, Bern, St. Gallen und Zürich (*www.swissfundraising.org/de/77/ERFA-Treffs.htm*).
- Fundraising-Frühstück des Fundraising Verbandes Austria.

7.3 Fundraising-Fachzeitschriften

Folgende Fachzeitschriften liefern aktuelle Informationen zum Fundraising:

- Fundraiser-Magazin *(www.fundraiser-magazin.de).*
- Stiftung & Sponsoring – Magazin für Nonprofit-Management und –Marketing (*www.stiftung-sponsoring.de*).
- Die Stiftung *(www.die-stiftung.de).*

7.4 Informationsquellen im Internet

Folgende Websites liefern aktuelle Informationen zum Fundraising:

- *www.online-fundraising.org,*
- *www.fundraising.de,*
- *www.sozialmarketing.de,*
- *www.ephilanthropy.org,*
- *http://weblog.spendenbank.de,*
- *www.facebook.com/UrselmannFundraisingConsulting,*
- *http://moviemondays.com.*

7.5 Wichtige Adressen für Fundraiser

AFP Association of Fundraising Professionals
4300 Wilson Boulevard, Suite 300
Arlington, VA 22203-4168
USA
www.afpnet.org

Aktive Bürgerschaft e. V.
Reinhardtstraße 25
10117 Berlin
www.aktive-buergerschaft.de

Bundesverband Deutscher Stiftungen e. V.
Haus Deutscher Stiftungen
Mauerstraße 93
10117 Berlin
www.stiftungen.org

Council on Foundations
2121 Crystal Drive, Suite 700
Arlington, VA 22202
USA
www.cof.org

Deutsche Gesellschaft für Management und Controlling in der Sozialwirtschaft e. V.
RheinAhrCampus Remagen
Joseph-Rovan-Allee 2
53424 Remagen
www.dgcs.de

Deutsche Vereinigung für Erbrecht und Vermögensnachfolge e. V. (DVEV)
Hauptstr. 18
74918 Angelbachtal
www.dvev.de

Deutscher Dialogmarketing Verband e. V.
Hasengartenstr. 14
65189 Wiesbaden
www.ddv.de

Deutscher Fundraising Verband e. V.
Chausseestr. 5
10115 Berlin
www.fundraisingverband.de

Deutscher Spendenrat e. V.
Bernauer Straße 115-118
13355 Berlin
www.spendenrat.de

Deutsches Zentralinstitut für soziale Fragen (DZI)
Bernadottestr. 94
14195 Berlin
www.dzi.de

ESB Europäische Sponsoring-Börse
Postfach 519
9001 St. Gallen
Schweiz
www.esb-online.com

European Foundation Center
AISBL
78, avenue de la Toison d'Or
1060 Brüssel
Belgien
www.efc.be

European Fundraising Association (EFA)
James Wattstraat 100
1097 DM Amsterdam
Niederlande
www.efa-net.eu

Fachverband für Sponsoring (FASPO)
Mittelweg 22
20148 Hamburg
www.faspo.de

Foundation Center Berlin
Initiative ProDialog
Dorotheenstr. 35
10117 Berlin
www.prodialog.org

Fundraiser Magazin GbR
Altlockwitz 19
01257 Dresden
www.fundraiser-magazin.de

Fundraising Akademie gGmbH
Emil-von-Behring-Str. 3
60439 Frankfurt am Main
www.fundraising-akademie.de

Fund Raising School
Lilly Family School of Philanthropy
550 West North Street, Suite 301
Indianapolis, IN 46202
USA
www.philanthropy.iupui.edu/the-fund-raising-school

Fundraising Verband Austria
Herbeckstr. 27
1080 Wien
Österreich
www.fundraising.at

Initiative ProDialog
Dorotheenstr. 35
10117 Berlin
www.prodialog.org

Qualitätszirkel Telefon-Fundraising (QTFR)
Oranienstr. 161
10969 Berlin
www.telefon-fundraising.de

Stifterverband für die Deutsche Wissenschaft
Barkhovenallee 1
45239 Essen
www.stifterverband.info

Stiftung ZEWO – Schweizerische Zertifizierungsstelle für gemeinnützige, Spenden sammelnde Organisationen
Lägernstrasse 27
8042 Zürich
Schweiz
www.zewo.ch

Swissfundraising – Der Berufsverband der FundraiserInnen
Oberer Graben 12
9001 St. Gallen
Schweiz
www.swissfundraising.org

The Resource Alliance
295 Kennington Road
London, SE11 4QE
Großbritannien
www.resource-alliance.org

Urselmann Fundraising Consulting GmbH
Bismarckstr. 18
53113 Bonn
www.facebook.com/UrselmannFundraisingConsulting
www.urselmann.de

Verbandsmanagement Institut (VMI)
Postfach 1559
1701 Freiburg
Schweiz
www.vmi.ch

Zürcher Hochschule für Angewandte Wissenschaften (ZHAW)
School of Management and Law
Zentrum für Kulturmanagement
Stadthausstr. 14
8400 Winterthur
Schweiz
www.zkm.zhaw.ch/fundraising-management

Weiterführende Literatur zu diesem Kapitel

Eisfeld-Reschke, J., Widera, P.: Fundraising lernen! Marktstudie Fundraising-Ausbildungen, ikosom, Berlin (2012) (Studie kann über das Internet bezogen werden)

Anhang

Experten

Die folgenden Fundraising-Experten haben dankenswerterweise mit ihrem Wissen zu diesem Buch beigetragen:

- Dr. Christopher Bangert, Deutscher Caritasverband e. V.,
- Johannes Bausch, Deutscher Spendenhilfsdienst GmbH (DSH),
- Henning Braem, EUFIS, BFS – Bank für Sozialwirtschaft AG,
- Eva Fuchs-Mischkulnig, TeleDialog GmbH,
- Sylvia Hartmann, Kindernothilfe e. V.,
- Jona Hölderle, Pluralog,
- Gregor Jungheim, Die Stiftung,
- Oliver Krems, Kindernothilfe e. V.,
- Dr. Christoph Mecking, Stiftungskonzepte GmbH,
- Holger Menze, FRC Spenden Manufaktur GmbH,
- Harald Meurer, Aktion HelpDirect e. V.,
- Wolfgang Mischkulnig, TeleDialog GmbH,
- Nina Neef, Spendino GmbH,
- Tom Neukirchen, GFS Fundraising Solutions GmbH,
- Arne Peper, GFS Fundraising Solutions GmbH,
- Ricarda Raths, Rote Nasen – Clowns im Krankenhaus e. V.,
- Thilo Reichenbach, Aktion Deutschland Hilft e. V.,
- Nicolas Reis, Altruja GmbH,
- Dr. Thomas Röhr, DRK Service GmbH, QTFR, QF2F,
- Dr. Stephan Schauhoff, Flick Gocke Schaumburg,
- Julian Schwarze, emcra GmbH,
- Thomas Stolze, Wikando GmbH (FundraisingBox),
- Dr. Karin Urselmann, Urselmann Fundraising Consulting GmbH,
- Manfred Welzel, McDonald's Kinderhilfe Stiftung,
- Franz Wissmann, DialogDirect GmbH,

M. Urselmann, *Fundraising*,
DOI 10.1007/978-3-658-01795-8, © Springer Fachmedien Wiesbaden 2014

Sachverzeichnis

M. Urselmann, *Fundraising*,
DOI 10.1007/978-3-658-01795-8, © Springer Fachmedien Wiesbaden 2014